中国区域金融稳定报告

（2019）

China Regional Financial Stability Report

(2019)

中国人民银行上海总部金融稳定分析小组　编

中国金融出版社

责任编辑：王雪珂
责任校对：刘　明
责任印制：程　颖

图书在版编目（CIP）数据

中国区域金融稳定报告．2019/中国人民银行上海总部金融稳定分析小组编．—北京：中国金融出版社，2019.9
ISBN 978-7-5220-0221-7

Ⅰ．①中…　Ⅱ．①中…　Ⅲ．①区域金融—研究报告—中国—2019
Ⅳ．①F832.7

中国版本图书馆CIP数据核字（2019）第159176号

中国区域金融稳定报告．2019
Zhongguo Quyu Jinrong Wending Baogao. 2019
出版发行　中国金融出版社
社址　北京市丰台区益泽路2号
市场开发部　（010）63266347，63805472，63439533（传真）
网上书店　http://www.chinafph.com
　　　　　（010）63286832，63365686（传真）
读者服务部　（010）66070833，62568380
邮编　100071
经销　新华书店
印刷　北京九州迅驰传媒文化有限公司
尺寸　210毫米×285毫米
印张　29.5
字数　770千
版次　2019年9月第1版
印次　2020年3月第2次印刷
定价　169.00元
ISBN 978-7-5220-0221-7

《中国区域金融稳定报告（2019）》编写组

组长：	孙　辉					
总纂：	饶庆文	董龙训	杜　斌	方　昕	林佐明	
统稿：	陈　静	宋玉刚	郑振东	郭　芳	郝智慧	
执笔：	第一章	郝智慧				
	第二章	孙　毅	袁　征	费　磊	郭　栋	
		韩永祯	高若尘	马军伟		
	第三章	张育春	吴晋科	丁小红		
	第四章	龚智强	彭宇松	王大波	罗　飞	
		荣　巍	何志远	农　婧		
	第五章	梁　蒙	李卓南	董　磊	刘　健	
	第六章	郝智慧				
	专　题	包艳龙	陈晓燕	陈云云	何志远	
		胡志强	居　姗	李国俊	卢立超	
		马德虎	孟　蝶	孙　毅	王　剑	
		王　亮	许黎华	杨　柳	张　媛	
		赵　强				

本报告涉及四个区域：东部地区十个省、直辖市，包括北京、天津、河北、上海、江苏、浙江、福建、山东、广东和海南；中部地区六个省，包括山西、安徽、江西、河南、湖北和湖南；西部地区十二个省、自治区、直辖市，包括内蒙古、广西、重庆、四川、贵州、云南、西藏、陕西、甘肃、青海、宁夏和新疆；东北地区三个省，包括辽宁、吉林、黑龙江。

本报告不含港、澳、台。

目　录

中国各地区金融稳定报告摘要（2019）

第一章 概 述

2018年，全球经济总体延续复苏态势，国内经济总体平稳、稳中有进。但是自下半年以来，宏观经济金融运行中的不确定因素增多，中美经贸摩擦给经济运行带来新的下行压力。面对复杂的国内外经济金融形势，中国人民银行各分支机构以习近平新时代中国特色社会主义思想为指导，贯彻党中央、国务院的工作部署，坚持稳中求进工作总基调，实施稳健中性的货币政策，支持民营和小微企业发展，防范化解重大风险攻坚战取得良好开局。新一届国务院金融稳定发展委员会成立，中国银行保险监督管理委员会成立，金融改革开放不断深化，各地区[①]经济金融保持平稳健康运行。

一、区域经济运行与金融稳定

2018年，各地区继续坚持稳中求进工作总基调，贯彻落实积极的财政政策和稳健中性的货币政策，大力推进供给侧结构性改革，产业结构持续优化，区域协调发展成效显著。

（一）各地区经济发展稳中向好，区域间相对差距持续缩小

2018年，各地区经济运行平稳，经济增速维持在合理增长区间。东部、中部、西部和东北地区生产总值分别达到48.10万亿元、19.27万亿元、18.43万亿元和5.68万亿元，同比分别增长6.67%、7.79%、7.33%和5.09%（见表1）。中部、西部地区经济发展速度继续高于东部地区（见图1）。其中，西部地区的贵州省和西藏自治区的经济增速均为9.10%，并列全国首位。中部、西部地区与东部地区相对差距继续缩小，区域经济增长协调性进一步增强。

表1　2018年各地区生产总值及增长率　单位：亿元，%

项目	东部地区		中部地区		西部地区		东北地区	
	2018年	2017年	2018年	2017年	2018年	2017年	2018年	2017年
地区生产总值	480 994.74	449 680.81	192 657.92	179 412.37	184 302.16	170 955.34	56 751.62	55 430.84
占全国GDP比例	52.58	52.56	21.06	20.97	20.15	19.98	6.20	6.48
增长率	6.67	7.18	7.79	8.00	7.33	8.12	5.09	5.14

① 指东部地区、中部地区、西部地区和东北地区。

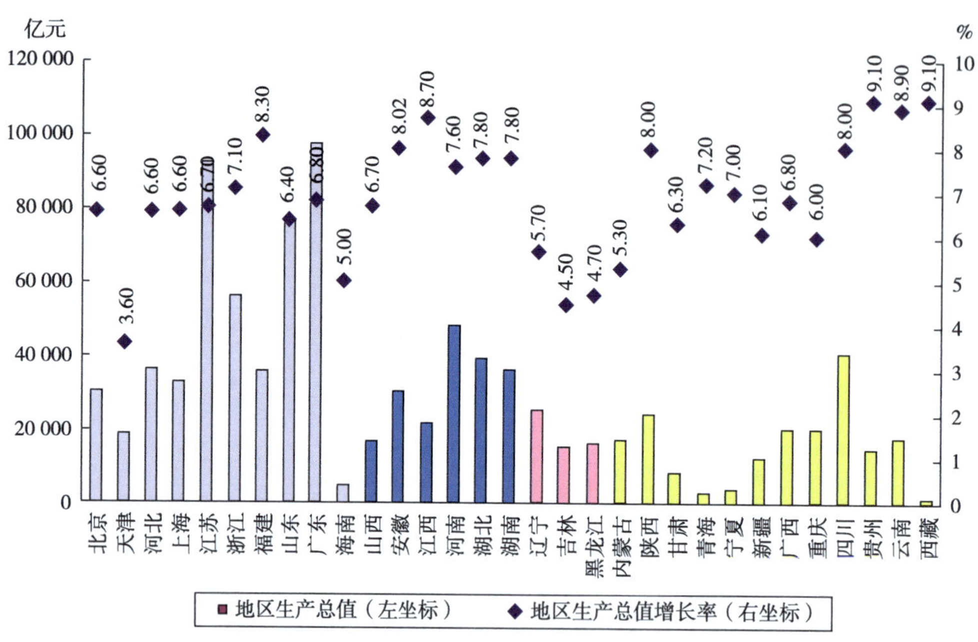

图 1　2018 年各省（自治区、直辖市）生产总值及增长率

（二）各地区三次产业结构持续优化，第三产业增加值占 GDP 比重稳步上升

2018 年，东部、中部、西部和东北地区第一产业增加值分别为 2.20 万亿元、1.62 万亿元、2.04 万亿元和 0.62 万亿元，同比分别增长 2.78%、3.19%、4.72% 和 3.18%，增速较上年分别降低 0.35 个、0.71 个、0.02 个和 1.16 个百分点。各地区全年粮食产量共 65 789 万吨，比上年减产 0.6%；谷物产量 61 019 万吨，比上年减产 0.8%；猪牛羊禽肉类总产量 8 517 万吨，比上年减产 0.3%；棉花产量 610 万吨，比上年增产 7.8%；水产品产量 6 469 万吨，比上年增长 0.4%；木材产量 8 432 万立方米，比上年增长 0.4%。

东部、中部、西部和东北地区第二产业增加值分别为 19.64 万亿元、8.48 万亿元、7.46 万亿元和 2.05 万亿元，同比分别增长 5.46%、7.23%、6.73% 和 5.25%。各地区增速有所分化，其中，东部、中部和西部地区增速较上年有所回落，分别回落 0.52 个、0.20 个和 1.54 个百分点。东北地区增速则较上年有所提高，上升了 1.88 个百分点。各地区第二产业占 GDP 比重均有所下降，东部、中部、西部和东北地区第二产业占 GDP 比重分别为 40.84%、43.99%、40.50% 和 36.06%，较上年分别回落 1.18 个、1.43 个、1.29 个和 1.28 个百分点。全年规模以上工业中，战略性新兴产业增加值比上年增长 8.9%。高技术制造业增加值比上年增长 11.7%，占规模以上工业增加值的比重为 13.9%。

东部、中部、西部和东北地区第三产业保持较快发展，全年实现增加值分别为 26.25 万亿元、9.17 万亿元、8.93 万亿元和 3.01 万亿元，同比分别增长 8.01%、9.33%、8.53% 和 5.47%（见图 2）。各地区第三产业占 GDP 比重持续上升，东部、中部、西部和东北地区第三产业占 GDP 比重分别为 54.58%、47.61%、48.45% 和 53.02%，较上年分别上升 1.53 个、2.58 个、1.72 个和 2.24 个百分点。

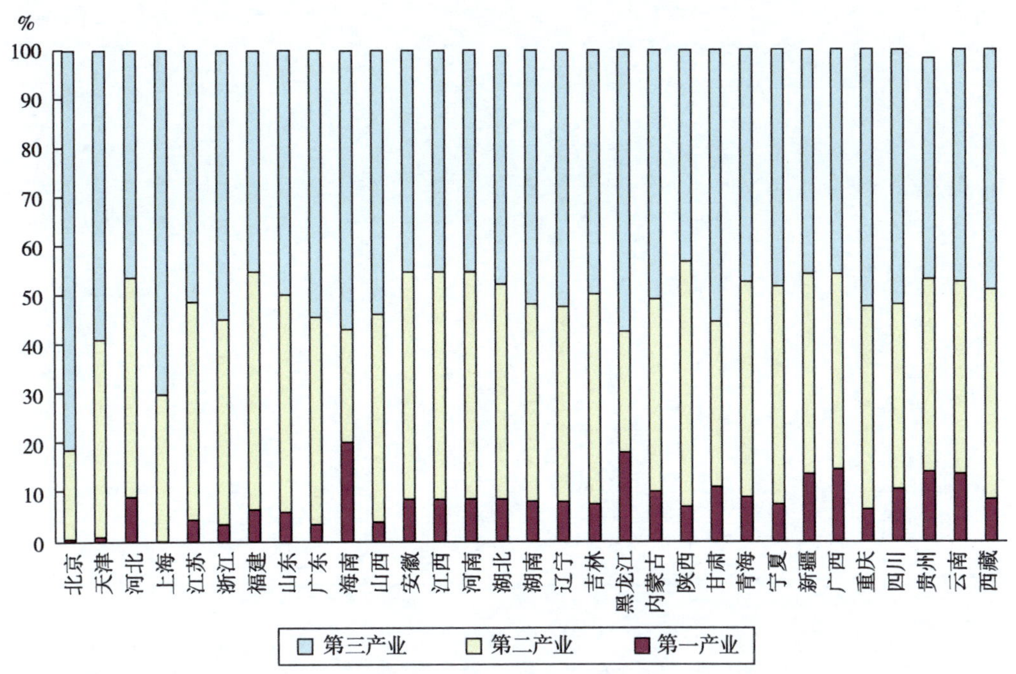

图2 2018年各省（自治区、直辖市）三次产业结构

（三）各地区消费持续增长，投资增速平稳，开放水平不断提高

各地区消费对经济增长的拉动作用进一步增强。2018年，社会消费品零售总额为38.10万亿元，同比增长9.0%。最终消费支出对经济增长的贡献率为76.2%，较上年提高18.6个百分点。全年实物商品网上零售额7.02万亿元，同比增长25.4%，占社会消费品零售总额的比重为18.4%，比上年提高3.4个百分点。城镇消费品零售额32.56万亿元，同比增长8.8%；乡村消费品零售额5.54万亿元，同比增长10.1%。按消费类型看，商品零售额33.83万亿元，同比增长8.9%；餐饮收入额4.27万亿元，同比增长9.5%。分地区看，东部、中部、西部和东北地区社会消费品零售总额分别为19.80万亿元、8.25万亿元、7.18万亿元和3.13万亿元，同比分别增长7.70%、10.44%、9.16%和6.12%（见图3）。

各地区固定资产投资平稳增长。2018年，各地区全社会固定资产投资64.57万亿元，同比增长5.9%，增速较上年回落1.1个百分点。其中固定资产投资（不含农户）63.56万亿元，同比增长5.9%。分地区看，东部、西部和东北地区固定资产投资（不含农户）同比分别较增长5.7%、4.7%和1.0%，增速分别较上年回落2.6个、3.8个和1.8个百分点。中部地区固定资产投资增速则有所上升，同比增长10.0%，增速较上年上升3.1个百分点。分产业看，第一产业固定资产投资2.24万亿元，比上年增长12.9%，增速较上年增加1.1个百分点；第二产业投资23.79万亿元，增长6.2%，增速较上年增长3.0个百分点；第三产业投资37.53万亿元，增长5.5%，增速较上年回落4.0个百分点。

各地区进出口总额创历史新高，开放水平不断提高。2018年，全国货物进出口总额30.51万亿元，比上年增长9.7%。其中，出口16.42万亿元，同比增长7.1%；进口14.09万亿元，

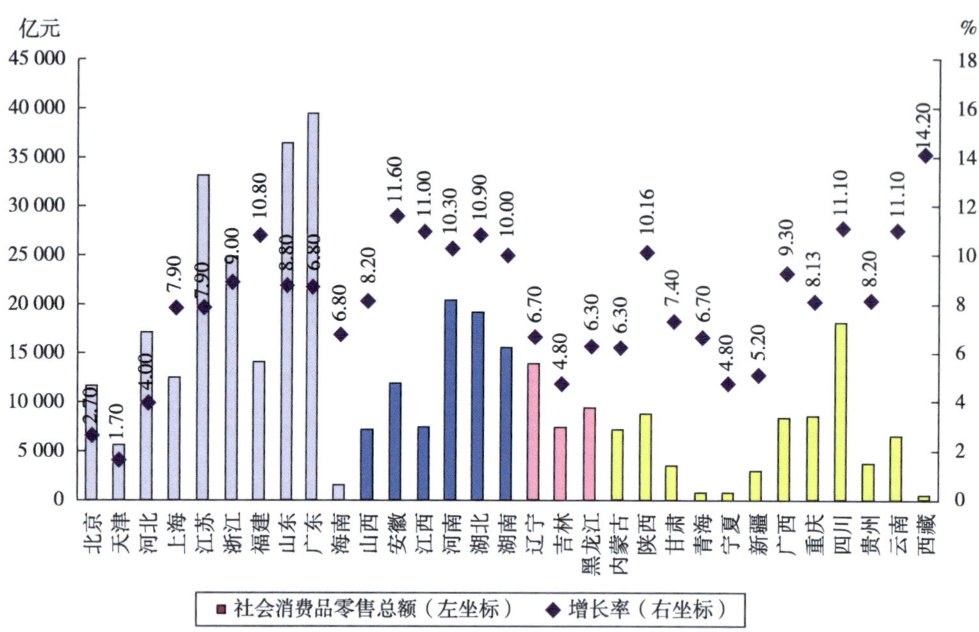

图3 2018年各省（自治区、直辖市）社会消费品零售总额及增长率

同比增长12.9%。货物进出口顺差2.33万亿元，比上年减少5 217亿元。全年服务进出口总额5.24万亿元，比上年增长11.5%。其中服务出口1.77万亿元，增长14.6%；服务进口3.47万亿元，增长10.0%。服务进出口逆差1.71万亿元。分地区看，东部、中部、西部和东北地区进出口贸易总额分别为44 625.49亿美元、3 104.76亿美元、3 652.30亿美元和2 290.76亿美元，同比分别增长7.29%、11.95%、17.93%和16.68%（见图4）。

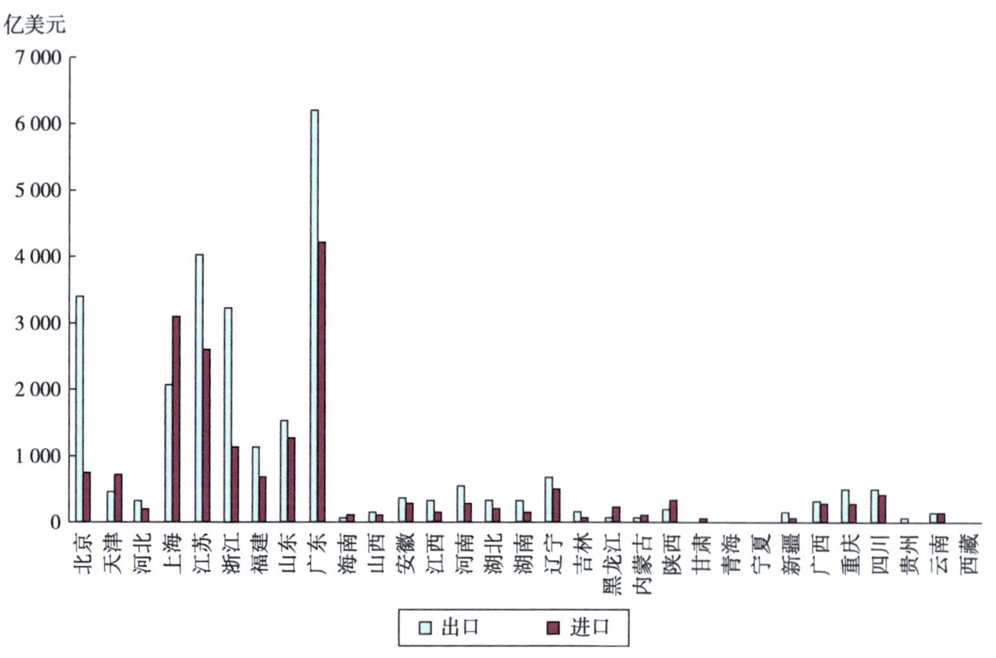

图4 2018年各省（自治区、直辖市）进出口情况

"一带一路"经贸合作成效显著。2018年，对"一带一路"沿线国家进出口总额8.37万亿元，比上年增长13.3%。其中，出口4.65万亿元，增长7.9%；进口3.72万亿元，增长20.9%。全年外商直接投资（不含银行、证券、保险领域）新设立企业60 533家，比上年增长69.8%。实际使用外商直接投资金额8 856亿元，增长0.9%，折合1 350亿美元，增长3.0%。其中"一带一路"沿线国家对华直接投资新设立企业4 479家，增长16.1%；对华直接投资金额424亿元，增长13.2%，折合64亿美元，增长16.0%。

（四）各地区消费价格指数涨幅温和，工业生产者价格涨幅回落

各地区消费价格指数走势稳定。2018年，CPI同比上涨2.1%，涨幅比上年扩大0.5个百分点，延续温和上涨态势。分类别看，医疗保健上涨较快，为4.3%，食品烟酒、衣着、居住、生活用品及服务、交通和通讯、教育和文化、其他用品和服务分别上涨1.9%、1.2%、2.4%、1.6%、1.7%、2.2%、1.2%。能源价格快速上涨，汽油和柴油价格受国际市场价格波动影响，分别上涨12.9%和14.3%，涨幅比上年均有所扩大，合计影响CPI上涨约0.25个百分点。受居民消费结构升级和劳动成本上升等因素影响，全年服务价格上涨2.5%，涨幅比上年回落0.5个百分点。分省份看，北京市、辽宁省、山东省、海南省、青海省CPI涨幅居全国前五位，同比均上涨2.5%；福建省、上海市、云南省和四川省CPI涨幅居后四位，同比分别上涨1.5%、1.6%、1.6%和1.7%。

工业生产者价格涨幅回落。2018年，工业生产者出厂价格同比上涨3.5%，涨幅比上年回落2.8个百分点。工业生产者购进价格同比上涨4.1%，涨幅比上年回落4个百分点。青海省、新疆维吾尔自治区和甘肃省的工业品出厂价格居前三位，同比分别上涨21.95%、11.20%和9.50%。受国际原油价格变动影响，石油及相关行业价格波动较大。石油和天然气开采业价格全年平均上涨24.3%，石油、煤炭及其他燃料加工业价格全年平均上涨16.0%。

（五）各地区财政收入稳步增长，居民收入与经济增长基本同步

2018年，全国一般公共预算收入18.34万亿元，同比增长6.2%，增速较上年回落1.2个百分点。其中税收收入15.64万亿元，同比增长8.3%。分地区看，东部、中部、西部和东北地区全年实现地方一般公共预算收入分别为5.81万亿元、2.19万亿元、1.91万亿元和0.51万亿元，同比分别增长6.82%、8.67%、7.14%和6.02%（见图5）。

各地区居民收入稳定增长，农村居民收入增速快于城镇。2018年，全年全国居民人均可支配收入28 228元，比上年名义增长8.7%，扣除价格因素，实际增长6.5%，与经济增长基本同步。按常住地分，城镇居民人均可支配收入39 251元，比上年增长7.8%，扣除价格因素，实际增长5.6%；农村居民人均可支配收入14 617元，比上年增长8.8%，扣除价格因素，实际增长6.6%。城乡居民人均收入倍差2.69，比上年缩小0.02。

（六）各地区房地产开发投资平稳较快增长，商品房销售增速继续回落

2018年，全国房地产开发投资12.03万亿元，比上年增长9.5%，增速同比提高2.5个百分点。其中，住宅投资8.52万亿元，增长13.4%，增速同比提高4个百分点。住宅投资占房地产

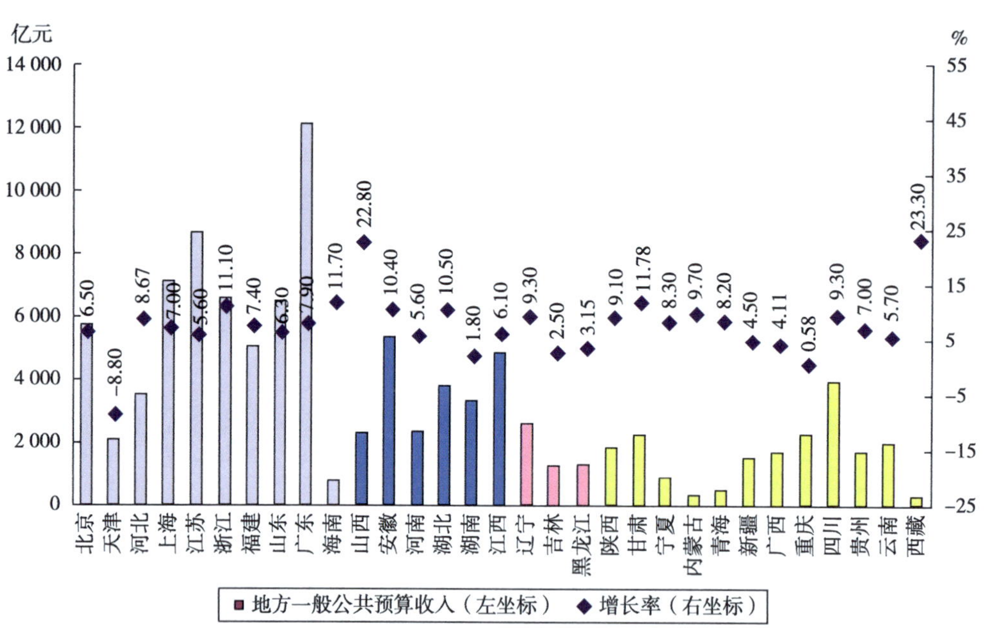

图5　2018 年各省（自治区、直辖市）地方一般公共预算收入及增长率

开发投资比重为70.8%。分地区看，东部、中部、西部和东北地区房地产开发投资分别为6.44万亿元、2.52万亿元、2.60万亿元和0.47万亿元，比上年分别增长10.9%、5.4%、8.9%和17.5%。

2018年，商品房销售面积17.17万平方米，比上年增长1.3%，增速同比回落6.4个百分点。其中，住宅销售面积增长2.2%，办公楼销售面积下降8.3%，商业营业用房销售面积下降6.8%。分地区看，东部和东北地区销售面积有所下降，分别为6.76万平方米和0.79万平方米，同比分别下降5.0%和4.4%。中部和西部商品房销售面积继续增长，分别为5.07万平方米和4.54万平方米，同比分别增长6.8%和6.9%。全国商品房销售额15.00万亿元，增长12.2%，比上年回落1.5个百分点。其中，住宅销售额增长14.7%，办公楼销售额下降2.6%，商业营业用房销售额增长0.7%。分地区看，东部、中部、西部和东北地区商品房销售额分别为7.93万亿元、3.38万亿元、3.11万亿元和0.57万亿元，同比分别增长6.5%、18.1%、23.4%和7.0%。其中，除东部地区增速提高0.9个百分点外，中部、西部和东北地区增速分别回落2.5个、0.1个和0.3个百分点。

（七）供给侧结构性改革深入推进，“三去一降一补”成效显著

供给侧结构性改革持续推进。去产能方面，坚持市场化、法制化手段去产能，各地区提前超额完成全年去产能任务。2018年，煤炭开采和洗选业、黑色金属冶炼和压延加工业产能利用率分别比上年提高2.4个和2.2个百分点。去库存方面，2018年末商品房待售面积比上年末减少6 510万平方米。去杠杆方面，杠杆率得到进一步控制，2018年，实体经济杠杆率243.7%，比上年下降了0.3个百分点。非金融部门杠杆率153.6%，比上年下降了4.6个百分点。规模以上工业企业整体资产负债率下降0.5个百分点。降成本方面，规模以上工业企业每百元主营业务

收入中的成本继续下降，比上年下降0.2元，全国企业和个人减负总规模达到1.3万亿元。补短板方面，生态环保、农业和社会领域投资加快增长，生态保护和环境治理业、农业固定资产投资（不含农户）分别比上年增长43.0%和15.4%。社会领域投资增长11.9%，增速高于全部投资增速6个百分点。

二、区域金融业与金融稳定

2018年以来，面对复杂多变的国内外经济金融形势，各地区金融业继续深化改革，推进业务创新和转型发展，不断优化融资结构，更有力地支持各地区经济结构调整和转型升级，服务实体经济能力不断提升，防范化解重大金融风险攻坚战取得良好开局。

（一）银行业

2018年，各地区银行业总体运行平稳，资产负债规模稳步增加，存贷款增长放缓，资产质量保持稳定，银行业改革不断深化，服务实体经济能力进一步提升。

1. 各地区银行业资产负债规模稳步扩张但增速放缓

截至2018年末，各地区银行业金融机构总资产268.24万亿元，总负债246.58万亿元，同比分别增长6.27%和5.89%，较上年分别回落2.41个和2.51个百分点。东部、中部、西部和东北地区银行业总资产同比分别增长14.94%、6.64%、5.08%和2.47%；占全国的比重分别为58.13%、16.13%、19.08%和6.66%。总负债同比分别增长14.78%、6.59%、6.82%和2.47%；占全国的比重分别为58.00%、16.21%、19.10%和6.69%（见图6）。

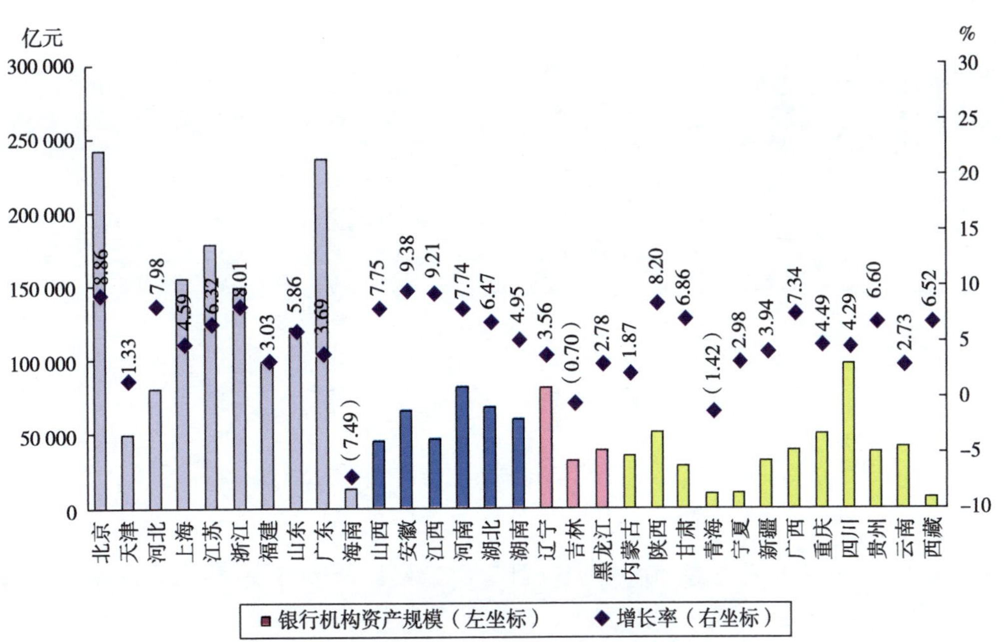

图6 2018年各省（自治区、直辖市）银行业金融机构资产规模及其增长率

2. 各地区银行业存贷款保持稳定增长但增速放缓

除东北地区外，其他地区存款增速持续回落。截至2018年末，东部、中部和西部地区金融机构本外币各项存款余额分别为95.50万亿元、28.79万亿元和31.99万亿元，同比分别增长5.68%、7.19%和4.27%，分别比上年回落0.58个、4.18个和4.88个百分点；东北地区各项存款余额10.28万亿元，同比增长7.41%，较上年提高2.79个百分点。从人民币存款期限看，定期存款在增量中占比上升。2018年，住户存款和非金融企业存款增量中定期存款占比为80.7%，比上年同期高25.9个百分点。从人民币存款部门分布看，住户存款和非银行业金融机构存款同比分别多增2.6万亿元和7 300亿元；非金融企业存款、政府存款同比分别少增1.9万亿元和1.4万亿元。

各地区贷款保持较快增长，金融支持实体经济能力稳步提升。截至2018年末，东部、中部、西部和东北地区金融机构本外币各项贷款余额分别为74.39万亿元、22.64万亿元、27.67万亿元和8.43万亿元，同比分别增长8.41%、14.95%、11.54%和7.06%（见图7）。其中，东部和西部地区增速较上年回落0.40个和0.77个百分点；中部和东北地区增速较上年提高0.66个和0.79个百分点。从人民币贷款部门分布看，住户贷款增速趋稳，2018年末为18.2%，比上年末低3.2个百分点。其中，个人住房贷款增速回落至17.8%，比上年末低4.4个百分点；非金融企业及机关团体贷款比年初增加8.3万亿元，同比多增1.6万亿元。

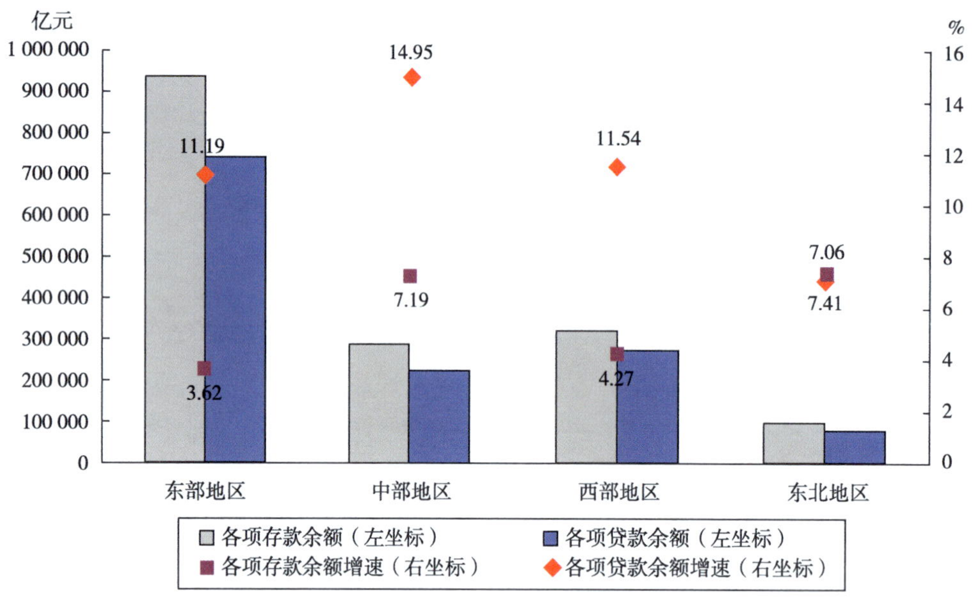

图7　2018年各地区银行业金融机构存贷款余额及其增长率

从人民币贷款期限看，中长期贷款增量比重回落。2018年末，中长期贷款比年初增加10.5万亿元，同比少增1.2万亿元，增量占比65.0%，比上年同期下降21.2个百分点。分地区看，东部、中部、西部和东北地区中长期贷款余额分别为45.37万亿元、15.17万亿元、19.93万亿元和4.77万亿元，同比分别增长12.98%、17.23%、15.13%和10.17%（见表2）。

表 2 2018 年各地区银行业金融机构中长期贷款情况 单位：亿元，%

项目	东部地区		中部地区		西部地区		东北地区	
	2018 年	2017 年	2018 年	2017 年	2018 年	2017 年	2018 年	2017 年
中长期贷款余额	453 667.05	401 563.21	151 748.56	107 846.07	199 344.68	173 148.96	47 654.91	43 256.67
增长率	12.98	17.96	17.23	14.01	15.13	17.69	10.17	10.59

3. 各地区银行业风险总体可控

截至 2018 年末，东部、中部、西部和东北地区银行业不良贷款余额分别为 11 361.49 亿元、5 114.78 亿元、6 975.49 亿元和 3 699.74 亿元，同比分别增长 17.16%、25.49%、14.85% 和 23.87%。东部、中部、西部和东北地区不良贷款率分别为 1.53%、2.26%、2.52% 和 4.39%，较上年分别提高 0.08 个、0.19 个、0.07 个和 0.60 个百分点。虽然各地区不良贷款率有所上升，但从资本充足率和拨备覆盖率来看，银行业风险总体可控。截至 2018 年末，全国商业银行（不含外国银行分行）核心一级资本充足率、一级资本充足率和资本充足率分别为 11.03%、11.58%、14.20%，比上年均略有上升；拨备覆盖率和贷款拨备率分别为 186.31% 和 3.41%，比上年末分别提高 4.89 个和 0.25 个百分点。

4. 各地区金融支持重点领域和薄弱环节力度加大

2018 年，金融支持民营小微企业发展、“三农” 等国民经济重点领域和薄弱环节力度不断加大。五部门[①]联合印发的《关于进一步深化小微企业金融服务的意见》从 8 个方面提出了 23 条缓解小微企业融资难、融资贵的具体措施。各地区积极引导银行业机构聚焦重大战略，发展科技金融、绿色金融、普惠金融。截至 2018 年末，制造业、基础设施行业和保障性安居工程贷款余额分别达到 17.1 万亿元、26.46 万亿元和 5.95 万亿元，涉农贷款余额 32.68 万亿元，扶贫小额信贷余额 2 488.9 亿元，支持建档立卡贫困户 641.01 万户。人民银行积极运用再贷款、再贴现和抵押补充贷款等工具引导金融机构加大对民营和小微企业等国民经济的重点领域和薄弱环节的支持。截至 2018 年末，支农再贷款余额为 3 290 亿元，支小再贷款余额为 2 172 亿元，扶贫再贷款余额为 1 822 亿元，再贴现余额为 3 290 亿元，对政策性和开发性银行发放的抵押补充贷款余额为 33 795 亿元。

（二）证券期货业

2018 年，各地区直接融资规模继续扩大，债券融资规模保持较快增长，证券业机构资产负债规模回升，期货市场回暖，区域股权市场稳步发展，多层次资本市场建设持续推进。

1. 股票成交量下降，期货市场有所回暖，基金业发展平稳

2018 年，沪、深两市股指总体呈下降走势（见图 8），创业板下跌明显。截至 2018 年末，上证综合指数收于 2 493.90 点，比上年末下跌 24.59%；深证成分指数收于 7 239.79 点，比上年末下跌 34.42%；创业板指数收于 1 250.53 点，比上年末下跌 28.66%。

股票市场成交量下降，创业板交投活跃度下降。2018 年，沪、深股市累计成交 89.77 万亿元，日均成交 3 694.06 亿元，同比减少 19.85%；创业板累计成交 15.9 万亿元，同比下降

① 指中国人民银行、中国银行保险监督管理委员会、中国证券监督管理委员会、国家发展和改革委员会、财政部。

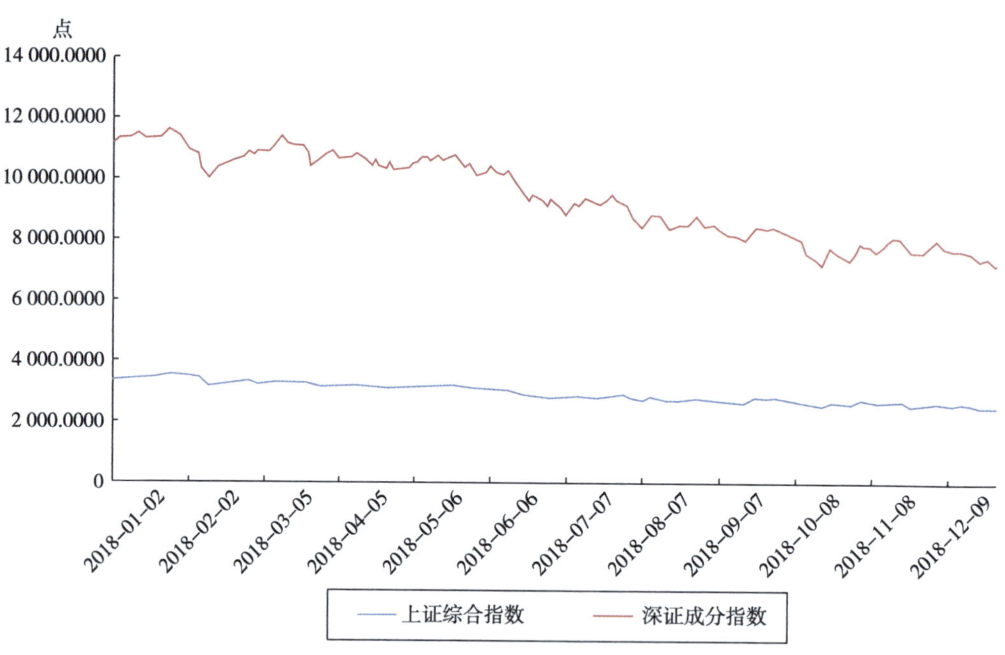

图8 2018年上证综合指数和深证成分指数走势

23.7%。截至2018年末，沪、深股市流通市值35.4万亿元，同比减少21.3%；创业板流通市值2.5万亿元，同比减少19.5%。

各地区期货成交有所回暖。2018年，全国期货市场累计成交量30.29亿手，同比下降1.54%；累计成交额210.82万亿元，同比增长12.20%。其中，商品期货成交量20.02亿手，占总成交量的99.10%；成交额184.10万亿元，占总成交额的87.61%。金融期货全年累计成交量0.27亿手，累计成交额26.12万亿元，同比分别增长10.63%和6.22%，分别占全国市场的0.90%和12.39%；上海期货交易所累计成交量和成交额同比分别下降13.84%和9.33%；郑州商品交易所累计成交量和成交额分别增长39.55%和78.88%；大连商品交易所全年累计成交量同比下降10.84%，累计成交额同比上升0.36%。

基金业总体发展平稳。截至2018年末，各地区共有基金管理公司120家。其中，中外合资公司44家，内资公司76家；取得公募基金管理资格的证券公司或证券公司资管子公司共13家，保险资管公司2家。以上机构管理的公募基金资产合计13.03万亿元，同比增长12.33%。其中，货币基金净值76 178.14亿元、混合型基金净值13 603.91亿元、债券型基金净值22 628.80亿元、股票型基金净值8 244.63亿元、QDII基金净值705.73亿元、封闭式基金8 985.29亿元。私募基金方面，各地区在中国证券投资基金业协会已登记的私募基金管理人24 448家，已备案私募基金74 642只，同比分别增长8.92%和12.38%。

2. 境内直接融资规模比重提升，债券融资规模继续扩张

2018年，各地区新增直接融资规模达2.85万亿元，比上年增加1.53万亿元，同比大幅增长115.93%。其中企业债券新增2.49万亿元，非金融企业境内股票融资新增0.36万亿元。从占比来看，2018年直接融资规模占社会融资规模比例为14.78%，比上年增加8个百分点。

从股票市场看，股票市场筹资额同比减少。2018年，各地区各类企业和金融机构在境内外

股票市场上通过发行、增发、配股、权证行权等方式累计筹资6 827亿元，同比下降41.9%；其中A股筹资5 530亿元，同比下降44.9%。分省份看，股票市场融资总额在千亿元以上的仅有两个，分别为北京和江苏。江苏、浙江和广东的IPO企业数量继续位居前三名，全年首发过会家数分别达22家、20家和17家；吉林、山西、黑龙江、甘肃、青海、内蒙古和宁夏全年无企业IPO。

从债券市场看，2018年累计发行各类债券43.1万亿元，同比增长7.5%。年末各类债券余额为86万亿元，同比增长15.1%。

3. 证券业机构资产负债规模由降转升，盈利水平持续下滑

各地区法人证券公司资产和负债规模由降转升。截至2018年末，东部、中部、西部和东北地区法人证券公司资产总额分别为36 291.56亿元、5 370.93亿元、5 357.65亿元和1 199.91亿元，同比分别增长0.16%、4.57%、1.06%和4.14%（见图9）。中部、西部和东北地区法人证券公司负债规模分别为3 649.60亿元、3 490.82亿元和868.82亿元，同比分别增长3.18%、0.38%和8.40%。东部法人证券公司负债规模25 144.82亿元，同比下降0.98%。

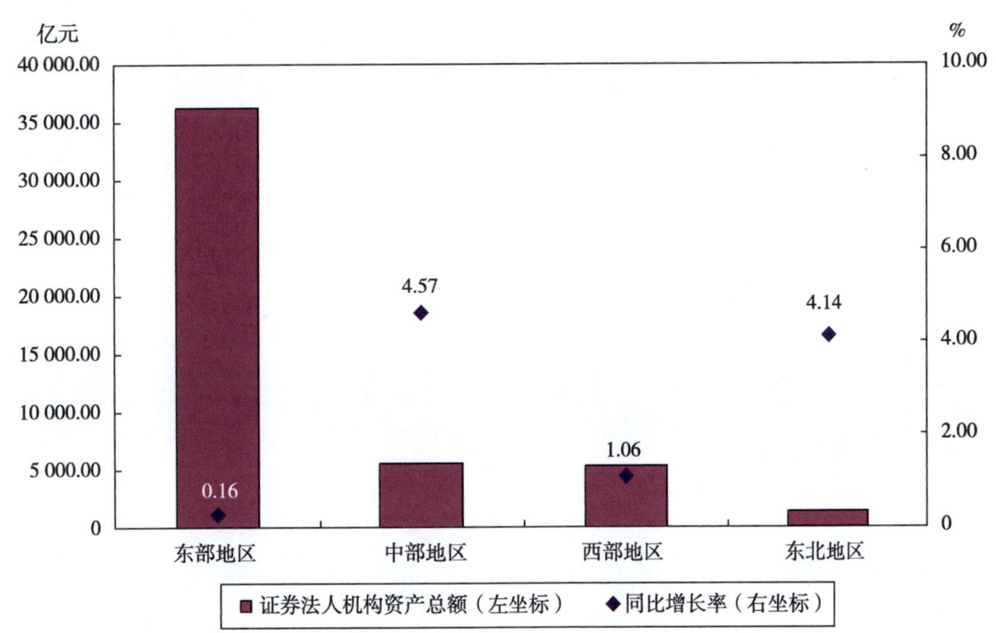

图9 2018年各地区法人证券公司资产规模变化情况

各地区的131家法人证券公司中有106家实现盈利，但营业收入和利润水平持续下滑，全年营业收入和净利润分别为2 662.87亿元和666.20亿元，同比分别下降14.47%和41.04%。其中，代理买卖证券业务净收入、证券承销与保荐业务净收入、财务顾问业务净收入、投资咨询业务净收入、资管业务净收入和证券投资收益同比分别下降24.06%、32.73%、11.06%、7.18%、11.35%和7.05%。

4. 新三板市场摘牌较多，区域性股权市场稳步发展

截至2018年末，各地区企业在新三板挂牌家数为10 691家，较上年减少939家，其中新增568家挂牌公司，摘牌数量达1 517家。新三板企业总股本达6 324.53亿股，可交易股份为

3 564.27亿股。

2018 年7 月1 日，《区域性股权市场信息报送指引（试行）》正式施行。截至2018 年末，全国设立34 家区域性股权市场，共有挂牌企业24 808 家，展示企业98 647 家，纯托管企业6 809 家，累计为企业实现各类融资9 063 亿元。

（三）保险业

2018 年，各地区保费收入增速回落，保险业总资产和保险资金运用规模稳步上升，服务实体经济能力不断提升，风险保障功能进一步发挥。

1. 各地区保费收入增长减缓，保险深度有所分化

2018 年，东部、中部和西部地区保险业分别实现原保费收入20 028.44 亿元、7 777.02 亿元和7 416.29 亿元，同比分别增长1.79%、8.99% 和8.23%，增速比上年分别回落13.67 个、16.67 个和9.76 个百分点。东北地区由升变降，实现原保费收入2 717.21 亿元，同比下降4.61%。从结构上看，东部地区和东北地区保费收入占比分别回落1.10 个和0.64 个百分点，中部和西部地区保费收入占比分别上升0.96 个和0.78 个百分点。

从保险深度来看，东部、中部、西部和东北地区保险深度分别为4.16%、4.04%、4.02% 和4.79%。其中，中部和西部地区较上年分别提高0.06 个和0.02 个百分点；东部和东北地区较上年分别降低0.21 个和0.35 个百分点。

2. 保险业总资产平稳增长，资金运用规模稳步增长

截至2018 年末，各地区保险业资产总额18.33 万亿元，同比增长9.4%。东部、中部、西部和东北地区保险机构资产总额同比分别增长7.79%、11.47%、11.09% 和8.89%。其中，除东部地区增速较上年回落1.22 个百分点外，中部、西部和东北地区增速较上年分别上升1.92 个、7.57 个和2.36 个百分点。

全年各地区保险公司资金运用余额164 088.38 亿元，同比增长9.97%。全年保险业资金运用余额为164 088.38 亿元，较上年增长9.97%。其中，银行存款24 363.50 亿元，占比14.85%；债券56 382.97 亿元，占比34.36%；股票和证券投资基金19 219.87 万亿元，占比11.71%；其他投资64 122.04 亿元，占比39.08%。

3. 各地区财产险和人身险业务增速均有所放缓

2018 年，东部、中部、西部和东北地区财产险分别实现保费收入5 784.87 亿元、2 134.47 亿元、2 321.78 亿元和716.23 亿元，同比分别增长8.82%、14.94%、8.99% 和9.97%，增速较上年分别回落3.83 个、1.88 个、4.79 个和2.62 个百分点（见表3）。分险种看，农业险和责任险业务持续快速发展，车险业务增速放缓。其中，农业险方面，东部、中部、西部和东北地区分别实现保费收入126.97 亿元、142.15 亿元、208.88 亿元和83.07 亿元，同比分别增长9.76%、21.18%、20.87% 和3.65%；责任险方面，东部、中部、西部和东北地区分别实现保费收入325.04 亿元、88.42 亿元、108.69 亿元和27.15 亿元，同比分别增长17.77%、29.87%、25.74% 和28.01%；车险方面，各地区保费收入增速放缓，东部、中部、西部和东北地区分别实现保费收入4 059.37 亿元、1 615.59 亿元、1 667.79 亿元和492.14 亿元，同比分别增长3.48%、7.68%、2.65% 和3.81%。

表 3　　2018 年全国各地区保险业分险种保费收入情况　　单位：亿元，%

项目	东部地区		中部地区		西部地区		东北地区	
	2018 年	2017 年	2018 年	2017 年	2018 年	2017 年	2018 年	2017 年
人身险保费收入	14 243.57	14 359.55	5 642.57	5 112.51	5 082.30	4 722.32	2 001.38	2 197.15
同比增长	-0.81	16.53	10.37	25.03	7.62	20.66	-8.91	23.44
占保险收入比例	71.12	72.98	72.55	71.65	68.53	68.91	73.66	77.13
财产险保费收入	5 784.87	5 316.12	2 134.47	1 857.01	2 321.68	2 130.09	716.23	651.31
同比增长	8.82	12.65	14.94	16.82	8.99	13.78	9.97	12.59
占保险收入比例	28.88	27.02	27.45	26.02	31.31	31.09	26.36	22.87

2018 年，各地区人身险保费收入增速明显回落。东部、中部、西部和东北地区人身险分别实现保费收入 14 243.57 亿元、5 642.57 亿元、5 082.30 亿元和 2 001.38 亿元。其中，东部和东北地区人身险保费收入由升转降，同比分别下降 0.81% 和 8.91%，中部和西部地区同比分别上升 10.37% 和 7.62%，增速较上年分别回落 14.67 个和 13.04 个百分点。健康险高速发展，东部、中部、西部和东北地区健康险保费收入同比分别增长 17.68%、43.43%、24.03% 和 22.91%；东部、中部和西部地区健康险保费收入占人身险比重分别为 19.67%、20.70%、20.33% 和 19.5%，较上年分别提高 3.09 个、5.14 个、2.58 个和 5.00 个百分点。

4. 各地区保险业赔款给付支出保持较快增长，风险保障水平快速提升

2018 年，东部、中部、西部和东北地区保险业各项赔款和给付支出分别为 6 410.60 亿元、2 483.80亿元、2 497.15 亿元和 857.58 亿元，同比分别增长 10.24%、8.72%、12.26% 和 8.40%。分险种来看，财产险赔付支出稳步增加，东部、中部、西部和东北地区全年财产险赔款支出分别为 3 283.17 亿元、1 109.74 亿元、1 186.34 亿元和 391.09 亿元，同比分别增长 17.53%、18.91%、10.63% 和 9.53%。其中，责任保险赔款支出同比分别增长 18.42%、57.66%、28.04% 和 20.21%。人身险赔款和给付支出方面，东部和中部地区人身险赔付支出增速放缓，西部和东北地区人身险赔付支出加快增长。东部、中部、西部和东北地区人身险赔款和给付支出分别为 3 127.43 亿元、1 374.06 亿元、1 302.67 亿元和 466.48 亿元，同比分别增长 2.49%、1.68%、13.08% 和 7.47%（见表 4）。

表 4　　2018 年全国各地区保险业赔款和给付支出情况　　单位：亿元，%

项目	东部地区		中部地区		西部地区		东北地区	
	2018 年	2017 年	2018 年	2017 年	2018 年	2017 年	2018 年	2017 年
赔款和给付支出	6 410.60	5 814.98	2 483.80	2 284.59	2 497.15	2 224.34	857.58	791.10
增长率	10.24	4.05	8.72	10.71	12.26	10.01	8.40	0.53
占全国比例	52.34	52.32	20.28	20.55	20.39	20.01	7.00	7.12
其中：人身险	3 127.43	3 051.57	1 374.06	1 351.33	1 302.67	1 152.03	466.48	434.05
增长率	2.49	3.21	1.68	9.70	13.08	5.27	7.47	-3.76
占总赔款和给付支出比例	48.79	52.48	55.32	59.15	52.17	51.79	54.39	54.87
财产险	3 283.17	2 793.38	1 109.74	933.27	1 186.34	1 072.33	391.09	357.05
增长率	17.53	6.13	18.91	12.20	10.63	15.61	9.53	20.47
占总赔款和给付支出比例	51.21	48.04	44.68	40.85	47.51	48.21	45.60	45.13

从风险保障看，2018 年，各地区保险业共提供风险保障金额 6 897.04 万亿元，同比增长 66.23%，高于原保险保费收入增速 62.31 个百分点。

5. 保险业助力脱贫攻坚，服务实体经济能力进一步增强

2018 年，各地区农业保险为 1.95 亿户次农户提供风险保障金额 3.46 万亿元，同比增长 24.01%；支付赔款 423.15 亿元，增长 26.51%；6 245 万户次贫困户和受灾农户受益，增长 31.83%；涉农小额贷款保证保险赔付支出 8.3 亿元，帮助 20 万农户撬动“三农”融资贷款 138 亿元。如“蔬菜之乡”山东寿光发生洪涝灾害后，通过保险机制赔付案件 9.95 万件，支付赔款 10.85 亿元；上海保险业累计服务了 1 893 家科技型中小微企业，共完成 65 个重点新兴项目承保，累计提供风险保障 214 亿元。

三、区域金融市场与金融稳定

2018 年，各地区金融机构积极参与各类型金融市场活动。货币市场利率稳中有降，债券市场整体运行平稳，人民币汇率市场化形成机制不断完善，外汇市场交易活跃，票据融资快速增长。金融市场在支持实体经济发展、满足企业融资需求、降低融资成本及杠杆水平等方面发挥了重要作用。

（一）货币市场运行平稳，市场利率稳中有降

2018 年，各地区金融机构同业拆借累计成交 139.3 万亿元，日均成交 5 528 亿元，日均成交由降转升，同比增长 75.7%。银行间市场债券回购累计成交 722.7 万亿元，日均成交 2.9 万亿元，同比增长 16.8%。从期限结构看，市场交易集中于隔夜品种，全年回购和拆借隔夜品种的成交量分别占各自总量的 81.6% 和 90.1%，占比分别较上年上升 1.1 个和 4.0 个百分点，基本保持稳定。交易所债券回购累计成交 231.1 万亿元，同比下降 11.2%。

货币市场利率稳中有降。2018 年 12 月，同业拆借月加权平均利率为 2.57%，比上年同期低 34 个基点；质押式回购月加权平均利率为 2.68%，比上年同期低 43 个基点；银行业存款类金融机构间利率债质押式回购月加权平均利率为 2.43%。Shibor 总体有所下行。2018 年末，隔夜和 1 周 Shibor 分别为 2.55% 和 2.90%，较上年末分别下降 29 个和 5 个基点；3 个月和 1 年期 Shibor 分别为 3.35% 和 3.52%，较上年末分别下降 157 个和 124 个基点。

利率互换交易继续保持较快增长。2018 年，人民币利率互换市场达成交易 18.85 万笔，同比增长 36.2%；名义本金总额 21.49 万亿元，同比增长 49.2%。

（二）银行间债券市场现券交易活跃，债券发行规模保持较快增长

2018 年，银行间债券市场现券交易 150.7 万亿元，日均成交 5 982 亿元，同比增长 46%。从交易品种看，主要以金融债券和国债现券交易为主，全年分别累计成交 109.3 万亿元和 12.5 万亿元，占比分别为 72.5% 和 15.6%，此外，银行间债券市场公司信用类现券交易累计成交 17.9 万亿元，占银行间市场现券交易的 11.9%；交易所债券现券成交 6.4 万亿元，同比增长 15.3%。

债券发行规模继续增长。2018 年，各地区累计发行各类债券 43.1 万亿元，同比增长 7.5%。分债券品种看，主要是非金融企业债务融资工具和同业存单发行增加较多，分别累计发行 5.79 万亿元和 21.08 万亿元，较上年多发行 1.77 万亿元和 0.9 万亿元。国内各类债券余额 86 万亿元，同比增长 15.1%。

（三）人民币汇率市场化形成机制不断完善，外汇市场交易持续活跃

2018 年，人民银行继续稳步深化汇率市场化改革，保持人民币汇率弹性，同时通过加强与市场沟通、提高远期售汇风险准备金率、重启中间价报价“逆周期因子”等方式，引导和稳定市场预期。我国跨境资本流动、外汇市场和汇率预期基本平稳。人民币汇率在合理均衡水平上保持基本稳定。

2018 年，银行间外汇市场人民币直接交易成交活跃，流动性明显提升，降低了微观经济主体的汇兑成本，促进了双边贸易和投资。其中，银行间外汇即期成交 7.6 万亿美元，同比增长 19.3%；人民币外汇掉期累计成交金额折合 16.4 万亿美元，同比增长 22.7%；人民币外汇远期累计成交 875 亿美元，同比减少 15.3%。

（四）票据融资快速增长，利率震荡下行

截至 2018 年末，商业汇票未到期金额为 9.4 万亿元，同比增长 14.9%。上半年票据承兑余额小幅增长，6 月末较年初增加 3 612 亿元，下半年增速有所加快，年末余额较年初增加 1.2 万亿元。从行业结构看，企业签发的银行承兑汇票余额仍集中在制造业、批发和零售业；从企业结构看，由中小型企业签发的银行承兑汇票约占三分之二。

截至 2018 年末，贴现余额为 5.8 万亿元，同比下降 48.7%。票据融资余额占各项贷款的比重为 4.2%，同比上升 1 个百分点。上半年票据融资平稳增长，6 月末较年初增加 3 857 亿元，下半年增速加快，年末余额较年初增加 1.9 万亿元。2018 年银行体系流动性合理充裕，票据市场资金供给有所增加，利率震荡下行。

四、区域金融基础设施与金融稳定

2018 年，各地区金融基础设施建设不断加强，金融生态环境持续改善。一是监管制度进一步健全。《资管新规》等一系列政策[①]出台，统一监管标准，消除多层嵌套、打破刚性兑付、降低期限错配、严格规范资金池，对防范化解金融风险起到重要作用。加快制定金融控股公司监管办法，选取招商局集团、上海国际集团、北京金融控股集团有限公司、苏宁集团和蚂蚁金服作为试点开展模拟监管，防范金融控股集团野蛮生长风险。《关于完善系统重要性金融机构监管的指导意见》发布，对我国的国内系统重要性金融机构的定义、范围、评估流程和总体方法进

① 《关于规范金融机构资产管理业务的指导意见》（以下简称《资管新规》）《关于进一步明确规范金融机构资产管理业务指导意见有关事项的通知》《商业银行委托贷款管理办法》（以下简称《委贷新规》）《商业银行理财业务监督管理办法》（以下简称《理财新规》）《证券期货经营机构私募资产管理业务管理办法》《证券期货经营机构私募资产管理计划运作管理规定》。

行了明确。二是互联网风险专项整治工作深入推进。网贷行业方面，“1+3”[①] 政策框架进一步落实，《关于开展P2P网络借贷机构合规监察工作的通知》发布，监管自律、市场协调配合的行业治理机制不断完善。三是个人银行账户分类管理机制不断完善，各地区人民银行开展支付安全风险专项排查工作，确保支付行业健康平稳发展。四是社会信用体系建设持续推进。综合信用服务机构试点工作加快推进，信用机构监管进一步加强，征信机构纳入负面清单管理，征信违法违规活动得到严厉查处。

五、区域金融改革与金融稳定

各地区区域金融改革继续深入推进，改革力度不断加大。范围涵盖东部沿海地区、中部工业化转型地区、西部欠发达地区和民族边疆地区，改革内容涉及金融业对外开放、粤港澳金融合作、绿色金融、农村金融、普惠金融等多个方面。

东部地区作为全国区域金融改革的“试验田”和“排头兵”，各项金融改革继续深入推进。一是海南自由贸易试验区获国务院批准成立，成为中国第12个自贸试验区，是我国迄今为止面积最大、第一个全域性的自贸试验区。二是上海自由贸易试验区各项金融改革力度不断扩大，创新力度持续提升。截至2018年，上海自贸区全面深化改革的3.0版方案中98项重点改革任务已经完成96项，实现三年任务、两年基本完成。2018年10月，服务贸易首张“负面清单”发布，进一步消除服务贸易壁垒，提升在全球经贸体系中的话语权。三是粤港澳大湾区金融融合发展进一步深化。2019年2月，《粤港澳大湾区发展规划纲要》发布，开创了粤港澳经济社会融合发展新局面。截至2018年末，港粤澳大湾区金融机构互设的分支机构已超过200家。

中部地区扎实推进金融改革创新工作，全力助推经济高质量发展。一是普惠金融、自贸区金融、绿色金融等领域改革创新力度持续加大。河南省普惠金融兰考模式在全省22个县市复制推广，自贸区金融服务体系建设取得积极进展，金融扶贫“卢氏模式”不断深化并在全国复制推广；江西省赣江新区绿色金融改革稳步推进；山西省晋城市金融支持资源型经济转型发展改革方案已上报国务院。二是农信社改制工作稳步推进。2018年末，河南省、山西省已经批准筹建的农村商业银行总数分别达到105家、68家，农村金融机构改革持续深化，农村金融服务水平不断提升。三是民营和小微企业金融服务等方面改革创新继续深化。不断推进民营和小微企业金融服务、金融精准扶贫、“两权”抵押贷款、外汇改革等方面改革创新工作，金融创新更加活跃，金融服务实体经济质效持续提升。

西部地区绿色金融改革持续推进，金融组织类型不断健全。新疆成立绿色金融改革双新实验区领导小组，建立全国首个绿色金融同业自律机制；昆仑银行成立西北首家绿色支行，发行5亿元绿色金融债。西安银行、甘肃银行分别在A股和H股市场成功上市。西部地区全年改制成立农村商业银行45家，新开业村镇银行26家。

东北地区农村金融改革继续推进。2018年，东北地区共有8家农村信用社改制成农村商业

---

① 《网络借贷信息中介机构业务活动管理暂行办法》《网络借贷信息中介机构备案登记管理指引》《网络借贷资金存管业务指引》《网络借贷信息中介机构业务活动信息披露指引》。

银行，新设村镇银行 7 家。吉林省农村金融改革不断深化，构筑农村新型普惠融资体系，累计铺设 1 600 家村级基础金融服务站；创新涉农金融产品，首创“价格保险 + 订单农业 + 融资担保”模式，试点涉及近 6 000 农户。

第二章　东部地区

2018年，东部地区坚持稳中求进工作总基调，深入推进供给侧结构性改革，深化金融业改革，积极落实稳健中性货币政策，坚决打好防范化解重大金融风险攻坚战；金融业运行整体稳健，金融支持实体经济能力进一步增强。但经济金融运行中的结构性矛盾和薄弱环节仍然突出。

一、经济稳步增长，但仍面临较大下行压力

2018年，东部地区生产总值48.10万亿元，比上年增长6.67%；增速比上年回落0.41个百分点；地区生产总值占全国的比重为52.58%，比上年提高0.02个百分点。其中，第一产业增加值2.20万亿元，增长2.78%；第二产业增加值19.64万亿元，增长5.46%；第三产业增加值26.25万亿元，增长8.01%。第一产业增加值占生产总值的比重为4.6%，比上年回落0.3个百分点；第二产业增加值比重为40.8%，比上年回落1.2个百分点；第三产业增加值比重为54.6%，比上年提高1.5个百分点。东部地区居民可支配收入持续快速增长，同比涨幅为6.0%~9.4%，其中北京市城镇居民可支配收入，上海市、浙江省农村居民可支配收入涨幅均超9%。居民消费价格指数温和上涨，同比涨幅为1.5%~2.5%，其中北京市、山东省、海南省涨幅达2.5%。

2018年，东部地区经济运行保持总体平稳，但经济发展面临的外部环境复杂严峻，内生动力依然不足，仍处于结构的深度调整期、瓶颈的突破期。一是投资需求有待提升。受中央防范化解地方政府隐性债务风险、房地产调控、企业利润增速放缓、市场信心不足等多方面因素影响，固定资产投资增速趋缓，对经济增长难以提供强力支撑，2018年东部地区固定资产投资（不含农户）比上年增长5.7%，增速低于全国0.2个百分点，比上年回落2.6个百分点。二是消费增长动力不足。受居民收入增速放缓、高房价对消费挤出效应凸显等因素叠加影响，东部地区社会消费品零售总额19.69万亿元，比上年增长5.0%，增速低于全国4.0个百分点，比上年回落4.6个百分点，居民消费增长面临较大挑战，新的消费热点亟须培育。三是外贸形势不容乐观。中美经贸摩擦升级、争端加剧，美方先后发起301调查、制裁中兴、调查华为、发布特别301报告等一系列贸易保护措施，东部地区遭受经贸摩擦案件数量和涉案金额呈上升趋势。全球经济增长回调导致外需不振，东南亚等新兴国家带来的竞争压力进一步加大，2018年东部地区进出口总额44 625.49亿美元，比上年增长7.29%。四是部分企业经营困难增多。受国内外经济下行、生产成本上升及利润下降、环保限产等因素影响，部分实体经济企业亏损面有所扩大。

如东部某省大企业担保圈风险仍较为明显，该省经过多年来的处置化解，目前仍有 33.85% 的企业贷款为保证贷款，比 2012 年下半年风险集中爆发时仅下降 3.5 个百分点。2018 年该省出险企业中有 319 家因担保圈/链风险蔓延导致出险，占比 25.1%，仍处于相对高位。

专栏 1　大型企业信用风险情况

随着融资渠道收窄及经济形势下行，前期扩张较快的大型企业问题逐步显现。经不完全统计，截至2018 年末，东部地区大型有问题企业共183 家，融资规模合计7 667.07 亿元。

一、大型有问题企业风险特点

2018 年出险企业家数呈激增态势。2018 年末，东部地区大型有问题企业中，出险时间为2018 年的有67 家，同比增长148.15%，占年末全部存续出险企业的45.27%。

零出险企业以民营企业为主。2018 年，随着出险企业增多，金融机构风险偏好下降明显，民营企业融资渠道收窄，进一步加剧了民营企业流动性问题。2018 年末，东部地区183 家出险企业中，民营企业共161 家[①]，占比87.98%。

出险行业集中于制造业和批发零售业。183 家出险企业中，制造业、批发和零售业企业分别有93 家和43 家，合计占比74.32%；融资规模分别为2 766.53 亿元、1 687.13 亿元，合计占比58.09%。此外，房地产业虽只有10 家企业出险，但融资规模达1 047.59 亿元，占总融资规模的13.66%。

出险企业多头融资现象明显。从出险企业融资涉及的金融机构数目来看，有129 家企业涉及从5 家及以上金融机构融资，企业的多头过度融资可能导致经营偏离主业，并最终造成风险。

二、政策建议

稳妥处置大型企业信用风险。根据出险企业持续经营前景的不同，采取差别化处置措施。对于经营前景较好的企业，以债委会等形式制订处置方案，避免银行盲目撤资。

多渠道支持民营企业融资。改善民营企业经营环境，提振市场信心，多渠道促进金融机构对民营企业以信贷、发债及股权等方式融资。

关注企业的过度融资、多头融资行为。加快推进落实《银行业金融机构联合授信管理办法（试行）》，商业银行应根据企业经营和财务情况测算其承债能力，与企业协商一致后共同确认联合授信额度，并监测联合授信额度使用情况。

资料来源：中国人民银行北京营业管理部金融稳定处。

二、房地产市场整体运行平稳，部分地区居民部门杠杆率上升过快

2018 年以来，在中央“坚持房住不炒”和“坚决遏制房价上涨”的基调下，各地调控政策

① 包含外商独资和中外合资企业。

仍以稳字为先。东部地区房地产市场整体保持平稳增长，2018 年房地产开发投资 6.44 万亿元，同比增长 10.9%，高于全国平均水平 1.4 个百分点；商品房销售面积 67 641 万平方米，同比下降 5.0%，销售额 7.93 万亿元，同比增长 6.5%。东部地区多个城市商品房销售面积同比下降明显，房价增速显著降温。如“3·17”房地产新政①以来，北京市房价连续 20 个月保持基本平稳，土地溢价率明显降低，交易市场回归理性，调控效果明显，但房地产需求仍保持在较高水平；天津市通过严格落实土地出让价格、新建商品房价格、二手房价格的“三价联控”原则，坚决遏制投机购房，满足群众合理住房需求，实现住房价格稳控目标。

在东部地区房地产市场平稳运行的同时，房地产开发企业债务偿付压力以及居民部门杠杆率仍保持较高水平，潜在风险值得关注。一是部分地区房地产贷款占比仍然较高。如福建省房地产贷款占各项贷款的 30.84%；海南省房地产贷款占贷款总额的 33.57%。二是房地产贷款资产质量承压加大。如海南省全省房地产不良贷款余额同比增加 17.63 亿元，不良贷款率同比提高 0.57 个百分点；上海市商业性房地产不良贷款余额占全部不良贷款余额的 14.52%，余额较上年增加 29.99 亿元。三是房地产企业债务偿付能力承压，房地产企业未来三年面临偿债高峰，集中还款压力较大，而中小型房企尤其是民营房企的再融资能力相对不足，极易导致资金链风险。四是需高度关注部分地区居民部门杠杆率变化情况。《中国杠杆率进程 2018 年度报告》显示，受住房按揭贷款拉动影响，我国居民部门杠杆率上升较快，其中，深圳市、浙江省、福建省居民部门杠杆率分别为 82.3%、75.7%、59.9%，分别比上年上升 3.5 个、10.3 个、2.3 个百分点，杠杆率远高于全国平均水平，随着经济增速进一步放缓，流动性不足可能引发更多违约风险。

专栏 2　东部地区居民部门杠杆率分析

近年来，东部地区居民部门住房贷款保持较快增长，杠杆率呈现持续上升态势。从监测情况看，我国东部地区居民部门贷款资产质量相对较好，整体债务风险可控，但应关注杠杆率持续增长的趋势和个别区域杠杆率较高等问题，切实降低居民部门债务水平提高对金融稳定的负面影响。

一、东部地区居民部门杠杆率情况

居民部门贷款增速放缓，结构较为稳定。2018 年末，东部地区居民部门贷款余额为 28.76 万亿元，较 2013 年增长 1.53 倍。从增速看，2014 年至 2018 年的同比增速分别为 13.10%、19.77%、29.93%、21.98% 和 17.90%，近三年增速逐步放缓。从结构看，居民部门贷款构成较稳定，主要为住房贷款和经营性贷款②，2018 年末的住房贷款和经营性贷款占比分别为 43.36%、25.27%，余额同比增速分别为 15.13%、16.25%。

① 主要包括提高房贷首付比例、限定最高贷款期限为 25 年等。

② 债务结构数据不包含上海市。

居民部门杠杆率逐年攀升，区域间差异较大。监测数据显示，2013 年至 2018 年东部地区居民部门杠杆率（住户部门贷款/GDP）呈逐年上升趋势。2018 年末，杠杆率为 59.79%，比 2013 年提高了 24.87 个百分点，高于全国平均水平 6.6 个百分点。从区域对比看，东部地区各省/直辖市居民部门杠杆率存在显著差异。2018 年末的指标显示，部分省/直辖市的居民部门杠杆率低于 50%，部分省/直辖市超过 60%，个别区域突破了 70%，最高与最低的区域相差 48 个百分点，各区域居民部门债务风险程度差别较大。

二、东部地区居民部门杠杆率风险分析

整体风险可控。从资产质量看，东部地区居民部门贷款资产质量较好。监测数据①显示，2018 年末，东部地区个人贷款（不含经营性贷款）不良贷款率平均值为 0.47%，低于同期东部地区银行业整体不良贷款率平均值 1.58 个百分点。从住房贷款的“偿债收入比”（房产支出与收入比，即 DSR）指标看，东部地区住房贷款 DSR 较为稳健，江苏、福建等四省的监测数据显示，DSR 低于 50% 的住房贷款占比为 94.65%，DSR 低于 30% 的占比为 46.35%。

从国际比较看，当前东部地区居民部门杠杆率低于发达国家平均水平（72.2%），与国际平均水平（59.2%）基本持平，但明显高于新兴市场经济体的平均水平（38.7%）②。国际货币基金组织认为，当居民部门杠杆率超过 30% 会影响中长期经济增长③，目前东部地区多数省/直辖市的居民部门杠杆率已经超过 30%，应持续关注居民部门杠杆率变动及其影响。

个别区域居民部门债务风险相对较高。监测数据显示，2018 年末东部地区个别省/直辖市的居民部门杠杆率指标突破了 70%；在城市层面，个别城市的居民部门杠杆率甚至超过了 90%。按照国际货币基金组织的界定，当杠杆率指标超过 65% 会影响到金融稳定，应密切关注相关省份和城市的居民部门债务风险。

三、政策建议

当前，我国经济发展进入新常态，更加注重提高发展质量。在这一背景下，应坚持以宏观审慎视角密切关注居民部门杠杆率变化，采取有效措施应对居民部门债务增速过快等问题。一是更好地解决群众居住问题。坚持“房子是用来住的、不是用来炒的”居住属性定位，落实城市主体责任，改革完善住房市场体系和保障体系，促进房地产市场平稳健康发展。二是督促金融机构稳健、合规经营，规范金融机构住房金融业务，加强消费信贷风险管理，严厉打击挪用消费贷款等行为。三是强化消费者金融素养，引导居民树立正确的理财观念，量力而行，避免过度负债。

资料来源：中国人民银行厦门市中心支行货币信贷管理处。

---

① 数据不包括浙江省。
② 国际清算银行公布的 2018 年第三季度数据。
③ 见国际货币基金组织发布的《全球金融稳定报告》（2017 年 10 月）。

三、结构性去杠杆稳步推进，民营企业债券违约等问题仍需关注

2018 年，东部地区结构性去杠杆稳步推进，宏观杠杆率尤其是政府部门和国有企业杠杆率整体稳中有降。截至 2018 年末，深圳市实体经济杠杆率为 283.1%，与上年持平，其中非金融企业部门杠杆率 200.2%，比上年下降 3.5 个百分点；政府部门杠杆率 0.6%，比上年上升 0.1 个百分点；市政府债务率 0.81%，为全国省级财政中最低。天津市去杠杆稳步实施，规模以上工业资产负债率为 58.0%，同比下降 1.9 个百分点。2018 年，河北省、福建省坚持“有扶有控”原则推进结构性去杠杆，稳妥化解地方政府债务风险，做好高负债行业企业降杠杆工作，持续推进过剩产能和僵尸企业出清，促进产业结构优化和发展动能转换。

随着资管新规、理财新规等正式实施，东部地区银行业表外业务有序收缩并逐步回归代客理财本源。如 2018 年末，北京市银行业表外业务余额同比增长 4.51%，但增速同比下降 20.93 个百分点，其中委托贷款同比下降 12.19%，托管资产增速同比下降 30.87 个百分点，金融去通道成效显著。上海市表外业务（不含金融衍生品）同比少增 3.47 万亿元，同比增速较上年下滑 20.9 个百分点；非现金管理项下委托贷款余额同比下降 11.38%，其中金融机构委托贷款下降 33.08%，委托投资同比下降 15.31%。深圳市表外融资净减少 2 236 亿元，同比多减 5 440 亿元。宁波市银行业表外业务（包含金融衍生品）余额 5.85 万亿元，同比增长 12.16%，但增速较上年大幅下降 55.22 个百分点。

东部地区有序推进结构性去杠杆，金融改革发展、金融产品不断丰富，但仍存在以下两方面问题：一是部分地区金融业的市场结构、经营理念、创新能力、服务水平还不能完全适应经济高质量发展的要求，金融供给侧结构性改革仍需优化融资结构和金融机构、市场、产品三个体系，为实体经济发展提供更高质效的金融服务。如山东省一些优质的中小民营企业运用债券市场融资的能力较弱，中低评级的民营企业发行债券难度和成本不断上升。广东、浙江、福建、海南等省市小额贷款公司、融资性担保公司、典当行等具有融资功能的非金融机构业务发展放缓，风险有所上升。二是债券违约风险较为明显。2018 年我国债券市场新增违约发行人 40 家，涉及违约债券 106 期，违约规模合计约 864.85 亿元，其中东部地区新增违约主体 20 家，主要分布在北京市、广东省、上海市、山东省、江苏省，发行主体主要为民营企业，违约企业普遍涉及大量银行等其他金融机构融资，债券违约极易导致风险在不同金融领域的传导。

专栏 3 债券违约及处置情况

2018 年，我国债券违约事件频发，违约数量和金额远超历史平均水平。随着债券融资支持政策加码，各方管控风险举措力度加大，2019 年债券市场违约风险将有所缓和。考虑到部分低评级主体债券再融资能力仍未得到明显改善，个别跨界经营且背负较大刚性债务的低资质民营企业债券违约风险仍需警惕。

一、非金融企业债券基本情况

债券融资规模稳步增长。近年来，全国非金融企业债券融资规模稳步增长。截至2018年末，全国非金融企业存续期内债券①共19 441只，余额18.95万亿元，涉及4 469家非金融企业，主要集中于建筑业和房地产业。分地区看，北京市、江苏省、广东省、浙江省债券融资余额占比较高，分别占比21.38%、10.87%、8.05%和5.51%。

债券违约风险有所上升。随着内外部经济环境不确定性因素增多，2018年我国共有125只债券违约，违约金额合计1 209.61亿元，债券违约数量较2017年增加90只，违约金额较2017年增加872.12亿元。其中2018年下半年，受融资收缩预期影响，共有102只债券违约，违约金额合计957.21亿元，违约债券数量和金额远高于上半年。

民营企业是债券违约风险集中爆发区。2018年民营企业债券违约数量和规模占比均超过9成，其中不乏多家上市公司。大部分民营企业违约前主体评级为AA级以下，评级等级较低。总体来看，违约发行人未呈现明显行业集中趋势，房地产业、化工业、综合性行业等均有分布。

二、债券违约原因分析

造成债券违约的风险因素多种多样，既有经济下行压力加大、行业政策调整、金融监管加强等外部因素，也有企业公司盈利能力下滑、盲目扩张、触发交叉保护条款等内部因素。

外部因素。一方面，当前我国经济总体平稳，但下行压力较大，部分周期性行业风险进一步暴露，债券违约概率上升，如煤炭、钢铁、化工等。另一方面，在金融监管政策趋严背景下，金融机构风险偏好下降，对于投资激进、杠杆率高、扩张过快的企业融资更趋审慎。虽然多部委出台多项支持民营企业的政策，但是低评级主体融资仍存在一定困难。

内部因素。一是企业利润下滑。2018年，受商誉减值、权益类投资收益减少等因素影响，部分上市公司业绩数据大幅下滑，短期内企业评级下调风险可能会有所上升，引发债券违约事件。二是企业盲目扩张。部分企业盲目多元化经营，背上了沉重的债务负担，再加上对新进入领域不熟悉，短期内多元化经营难以实现盈利，使得企业资金链越发紧张。三是触发交叉保护条款。受前期违约事项影响，2018年以来，部分债券触发交叉保护条款，如15永泰能源MTN002、18华阳经贸SCP002等。

三、政策建议

落实好金融支持措施。继续运用定向降准、定向中期借贷便利等政策工具，引导金融机构加大对民营企业支持力度。设立民营企业股权融资支持工具，积极推广民营企业债券融资工具，强化政策落地效果。充分发挥纾困基金作用，助力民营企业渡过难关。根据违约企业特点分类施策。有针对性地制订应对方案，提高违约债券处置效率。对丧失偿债能力，难以通过重组等方式解决债务困难的发债企业，在风险可控的前提下，打破刚性兑付，稳妥退出市场；对有市场发展前景、符合国家产业政策、出现临时流动性困难的企业，协调债务人推动债务重组、延长债务期限，为企业转型升级赢得更多时间和空间。

① 非金融企业债券包括在银行间、交易所等市场发债融资。本专栏数据均来自Wind。

完善违约债券处置制度。探索建立市场化、法治化的违约处置机制，拓宽违约市场化退出渠道，创新转让处置模式。完善债券违约处置相关法律机制，健全投资者保护机制。

强化地方政府风险处置责任。地方政府要充分发挥属地优势，督促违约企业积极实施自救，协调金融监管部门和相关金融机构，妥善应对风险事件。建立完善容错机制和免责条款，充分维护和调动地方政府处置风险的积极性。此外，要进一步明确债委会地位，提升债委会决议约束力，提高决议执行效果。

资料来源：中国人民银行南京分行金融稳定处。

四、银行业经营情况总体稳健，风险防控压力仍然较大

2018 年，东部地区银行业整体运行稳健。一是资产负债规模不断扩大，存贷款余额保持平稳增长。截至 2018 年末，东部地区银行业金融机构资产总额 132.04 万亿元，较年初增加 17.16 万亿元，同比增长 14.94%；负债总额 126.40 万亿元，较年初增加 16.28 万亿元，同比增长 14.78%；存款余额 95.50 万亿元，同比增长 5.68%；贷款余额 74.39 万亿元，同比增长 11.19%。二是营业收入稳步上升，中间业务收入占比略有下降。2018 年，东部地区银行业金融机构营业收入 2.93 万亿元，较上年增加 2 627.00 亿元，同比上升 9.86%；其中，中间业务收入 4 961.19 亿元，同比增长 0.25%，占营业收入的 16.95%，较上年降低 1.63 个百分点。

2018 年，东部地区银行业金融机构资产质量有所下降，不良贷款余额和不良贷款率“双升”。2018 年末，东部地区银行业金融机构不良贷款余额 1.14 万亿元，同比增长 17.16%，增速较上年末增加 13.82 个百分点；不良贷款率 1.53%，较上年末上升 0.08 个百分点，关注类贷款余额同比增长 4.64%，但各省市间资产质量明显分化，部分省市信用风险防控压力显著增大。2018 年，东部地区的天津市、河北省、上海市、山东省、海南省五个省市不良贷款率同比上升，北京市、江苏省、浙江省、福建省和广东省五个省市不良贷款率同比下降，各省市间不良贷款率差异最高达 4.38 个百分点。其中，个别省份不良贷款率较上年增加 3.25 个百分点，资产质量下滑较大。此外，自《资管新规》实施以来，东部地区银行机构在过渡期内以结构性存款替代“保本理财”业务，导致结构性存款规模大幅增长，相关风险也有所上升。

专栏 4 银行业机构结构性存款发展情况及存在问题分析

调查发现，在《资管新规》《理财新规》相继出台、商业银行流动性风险监管趋严、保本理财产品面临整改叠加居民保本需求等因素影响下，2018 年，东部地区样本银行①结构性存款规模快速增长，存在的部分问题亟须关注。

---

① 样本银行包括东部地区 10 个省市的 108 家银行机构，其中股份制商业银行总行 8 家，国有银行分支机构 49 家，城商行 42 家，农商行 9 家。

一、发展情况

结构性存款规模在前三季度快速增长，第四季度有所收缩。9 月末，东部地区样本银行结构性存款余额 3.38 万亿元，较年初增加 1.91 万亿元，增长 130.08%，总体规模达到了全年最高点。《理财新规》发布后，不具备衍生品交易业务资格的银行逐步停售结构性存款，结构性存款规模开始回落。12 月末，结构性存款余额 3.25 万亿元，较 9 月末减少 1 320.46 亿元。

结构性存款以利率挂钩型、本金保证型产品为主，单位储户占比居多。从产品类型看，利率挂钩型产品最多，占比 50.98%，商品挂钩型、汇率挂钩型产品次之，占比分别为 16.02% 和 15.48%，股票、信用及其他挂钩型产品合计占比 17.51%。从保本程度看，本金保证型占比 74.55%，收益保证型占比 25.37%，部分本金保证型占比 0.08%。从运营方式看，自主投资衍生品类占比 86.31%，委托投资衍生品类占比 13.69%。从储户构成看，单位结构性存款占比 68.90%，个人结构性存款占比 31.10%。

二、存在的问题

部分结构性存款产品的收益区间和行权条件设置不合理。一是收益率区间波动范围狭窄，且最低收益率明显高于一般存款利率。2018 年东部地区已兑付的结构性存款产品中，最低收益率高于 4%、最高与最低收益率相差在 0.5 个百分点以内的结构性存款金额占比 46.25%。二是挂钩衍生品的期权设置了较宽的波动区间和较短的观察期，实现最高收益率的行权条件发生概率几乎为 100%。在已兑付的结构性存款产品中，能够实现的、最高收益率在 4% 以上的结构性存款金额占比高达 80.27%。

结构性存款监管细则有待进一步完善。在会计核算方面，各银行结构性存款所纳入的负债项目尚未统一，不便于综合比较和统计分析。在分离管理方面，样本银行中有 12 家机构未按规定将基础资产与衍生交易资产分类记账和核算。在质押管理方面，当结构性存款利率高于票据贴现利率时，部分企业反复进行“质押结构性存款—开票—贴现—存入结构性存款”操作，存在空转套利现象。在宣传口径方面，部分银行过度强调结构性存款的保本特性和预期收益率，弱化对投资者的风险提示。

部分缺乏衍生品交易资质的中小银行流动性管理难度加大。在调查的样本银行中，共 24 家城市商业银行、5 家农村商业银行因未取得衍生品交易资质，有 28 家已停止开展结构性存款业务。部分银行表示，在其他有衍生品交易资质的银行仍持续发行结构性存款的情况下，无法继续开展业务将使其在存款市场竞争中处于不利位置，大大增加其后续流动性管理的难度，其中个别机构仍继续以委托有资质机构投资衍生品的模式发行结构性存款。

结构性存款利率偏高推升银行负债成本。结构性存款目前已成为银行吸收存款的主要工具。2018 年末，样本银行新增结构性存款余额在新增各项存款余额中的比重为 57.69%。但结构性存款的利率明显高于其他存款，抬升了银行机构的负债端流动性吸收成本，不利于资产端实体经济融资成本的压降。1～12 月，结构性存款加权平均利率约为 4.37%，较其他存款利率高 286 个基点。

三、相关建议

一是加强对产品设计和衍生品交易对手真实性等方面的监管，考虑把结构性存款利率水平纳入市场利率自律机制，探索建立银行同业间相互监督制度，引导发行主体合理定价。

二是加快出台结构性存款管理办法，统一产品结构、会计核算、宣传口径、质押管理、衍生品管理、信息披露、风险控制等方面的监管要求，为业务有序发展提供制度保障。

三是探索从促进中小银行发展的角度出发，适当允许经营稳健的中小银行与有资质机构合作发行结构性存款。同时，加强业务指导，引导具备成熟条件机构尽快获取衍生品交易资格牌照。

资料来源：中国人民银行广州分行金融稳定处。

东部地区中小法人银行机构经营总体稳健，存贷款规模均保持稳定增长，但各省之间、各中小法人银行机构之间经营状况分化较为明显。一是整体风险状况差别较大。如北京市、浙江省、福建省中小法人银行机构不良贷款率较低，平均不良贷款率约为 1.2%。山东省中小法人银行机构不良贷款率 4.55%，高于全省不良贷款率平均水平 1.23 个百分点。广东省农合机构的风险较为突出，农合机构不良贷款率达 3.54%，高于该省法人银行业整体水平 1.26 个百分点。二是风险抵补能力差异明显。从拨备覆盖率看，北京市中小法人银行机构拨备覆盖率较高，达到 268.85%，而广东省、山东省、河北省中小法人银行机构拨备覆盖率较低，仅略高于监管达标要求。从资本充足率看，广东省、河北省、厦门市中小法人银行机构的资本充足率水平较好，均在 13% 以上，而山东省有 40 家中小法人银行机构资本充足率低于监管标准。三是民营银行与传统银行相比经营发展仍存在一定限制，如尚未完全形成与其他商业银行的错位竞争优势，“一行一店”经营模式制约了金融服务的深度和广度，负债结构比较单一、一般性存款营销难度较大等。

专栏5　东部地区民营银行发展现状、制约因素及建议

我国于 2014 年启动民营银行试点工作，2015 年《关于促进民营银行发展的指导意见》（国办发〔2015〕49 号）出台后，我国民营银行步入改革发展机遇期，截至 2018 年末，已有 17 家民营银行获批成立，其中，10 家银行①分布在东部地区。

一、发展现状

截至 2018 年末，东部地区民营银行②总资产合计 4 359.09 亿元，同比增长 68.73%，其中各项贷款余额 2 224.95 亿元，同比增长 95.05%；总负债合计 3 988.14 亿元，同比增长

① 包括北京中关村银行、天津金城银行、上海华瑞银行、江苏苏宁银行、浙江网商银行、温州民商银行、福建华通银行、威海蓝海银行、深圳前海微众银行、梅州客商银行。

② 统计数据不包含江苏苏宁银行。

76.04%，其中各项存款余额2 645.78亿元，同比增长213.08%。2018年，实现净利润39.33亿元，同比增长85.72%。同时，东部地区民营银行整体信贷风险保持在较低水平，2018年末不良贷款率为0.68%，低于全国商业银行平均水平1.15个百分点。

从经营模式看，东部地区民营银行主要分为两类：一是互联网模式发挥主导作用的民营银行。这类银行主要基于互联网技术、数据、平台来开展业务。如深圳前海微众银行、浙江网商银行等。二是相对传统型民营银行。这类民营银行运营模式与区域性中小型银行的业务模式类似，部分银行一定程度上结合互联网平台，为客户提供线上线下服务。如上海华瑞银行、天津金城银行等。

二、面临的主要问题和困难

市场定位存在偏差，尚未完全形成与其他商业银行的错位竞争优势。总体来看，民营银行仍处于经营模式探索过程中，部分民营银行尚未形成属于自身独特且明确的经营方向；部分民营银行缺乏将相关发展战略落地的路径，在发展初期仍依靠同业业务扩张的捷径，偏离了发展定位，也背离了政策导向。

"一行一店"经营模式制约了金融服务深度和广度的提升。一是"一行一店"模式下，民营银行服务半径和客户群体受到很大的限制，难以形成一定规模的优质客户群。二是由于单一网点限制，在账户开立、客户面签、业务申请、贷款发放、贷后管理等实际操作中客户操作及便捷性欠缺，网点柜台结算服务便利性不足，造成客户服务体验不佳。

负债结构比较单一，一般性存款营销难度较大。受品牌知名度等客观因素影响，公众和企业客户对民营银行这一新生金融机构仍存在"不敢存、不愿存"的心理，部分民营银行较为依赖股东资金以及同业负债，一般性存款增长较为乏力，资金渠道单一。

整体抗风险能力较弱，风险管理面临挑战。一方面，作为股东的民营企业自身经营情况的变化可能影响民营银行的运营；另一方面，民营银行的客户群体主要为小微企业及个人，抵御周期波动的能力相对较弱。同时，部分民营银行公司治理、内控机制建设尚不完善，风险管理面临较大挑战。

三、促进民营银行稳健发展的建议

一是鼓励和探索民营银行资本补充多元化。建议在保持民营控股的前提下，探索以民营资本控股，多元化、市场化、专业化资本合作参与的股权结构，进一步增强民营银行资本实力。

二是适当放宽民营银行网点限制和业务准入资质。进一步完善民营银行差异化监管体系，允许其根据业务发展实际适度设立网点，并简化其业务资质准入流程。

三是引导民营银行找准市场定位。鼓励民营银行继续探索与传统商业银行"互补发展、错位竞争"的路径，逐步形成特色优势业务，形成差异化竞争优势，培育核心竞争力。

四是完善配套政策体系。建议地方政府完善激励约束机制，配套适当的财税支持政策、区域人才政策等，促进民营银行良性发展。

资料来源：中国人民银行福州中心支行金融稳定处。

五、证券期货业稳步发展，潜在风险因素不容忽视

2018 年东部地区证券业积极服务实体经济发展，支持供给侧结构性改革，实现稳健运行。一是上市公司数量稳步增长。东部地区境内上市公司数量达到 2 206 家，较上年增加 63 家。二是直接融资规模持续扩大。东部地区新发基金首次募集金额达 5 530.36 亿元，较上年增加 364.05 亿元，增长 7.05%。三是资本市场对外开放持续推进。深股通总成交 2.01 万亿元，同比增长 111.5%，港股通总成交 2.83 万亿港元，同比增长 25.4%。债券通（北向）总体运行平稳，国际机构投资者入市数量持续增长，截至 2018 年末已覆盖 24 个国家和地区，汇集全球 503 家机构投资者，全年交易总量 8 841 亿元人民币，日均交易量 35.8 亿元人民币。厦门两岸股权交易中心上线运行“台资板”，对大陆和台湾资本市场对接进行有益的探索。四是进一步创新产品、模式、机制，为科创企业提供融资服务，助力科创企业发展。为满足客户不同的融资需求，推出了资产证券化产品、保险债权计划等多类创新金融产品。着力加强对制造业科技创新、转型升级和科技型中小制造企业的金融支持，做好股权债权融资等服务工作。

在证券期货业稳步发展的同时，潜在风险仍不容忽视。一是证券公司部分经营指标同比下降。2018 年，东部地区法人证券公司营业收入 2 202.43 亿元，较上年减少 325.93 亿元，同比下降 12.89%。部分地区证券期货业机构盈利能力同比大幅下降，上海市证券公司营业收入和净利润分别同比下降 8.77% 和 48.34%；广东省证券公司营业收入和税后净利润分别同比下降 12.53% 和 23.85%；浙江省证券公司累计代理交易额、手续费收入和利润总额分别同比下降 14.36%、25.46% 和 57.63%。二是上市公司股权质押风险显现。2018 年以来，在经济下行压力加大、资本市场震荡背景下，东部地区部分上市公司股权质押融资风险突出，如厦门市 47 家上市公司中有 30 家存在大股东股票质押的情况，其中 7 家公司的第一大股东股权质押率达到 80% 以上，受前期资本市场大幅下挫影响，个别大股东股权已处于平仓线之下，面临被处置的风险。三是部分证券市场主体合规风控水平有待提高。如部分证券机构合规内控存在薄弱环节，投行业务尽职履责不到位，合规风控管理尚未实现全覆盖，合规总监、首席风险官和合规风控人员的独立性有待增强。部分新三板挂牌公司存在违规使用募集资金、控股股东及其他关联方违规占用资金、信息披露不实等问题。四是非法证券活动时有发生。部分省市非法证券活动整体呈反弹态势，非法投资咨询活动、非法境外期货活动不同程度地增加，非法证券期货活动涉众人数增多，且与非法集资、地方交易场所违法违规行为相互交织，对区域金融稳定造成一定负面影响。

六、保险业保障功能持续增强，部分领域风险值得关注

2018 年，东部地区保险业不断深化各项改革，稳步推进防风险、治乱象、补短板、服务实体经济等各项工作，充分发挥保险保障功能，总体保持平稳健康运行。一是保险公司规模稳步增长。截至 2018 年末，东部地区保险公司资产总额 5.75 万亿元，同比增加 4 152.14 亿元，增速 7.79%。其中人身险公司资产总额 5.00 万亿元，同比增加 3 332.51 亿元，增速 7.14%。二是保险公司经营效益继续增长。2018 年，东部地区保险公司实现保费收入 2.00 万亿元，同比增加 352.72 亿元，增

速1.79%。其中分红险、财产险和车险保费收入分别同比增长15.79%、8.82%和3.48%。三是保险行业服务实体经济能力进一步提升。上海推进“科技贷”“微贷通”等贷款履约保证保险项目和专利综合保险，支持上海保交所开发上线再保险交易服务平台，逐步发挥行业基础设施作用。北京保险资金通过债权计划投资北京市基础设施、科技园区等重点项目规模达1 796.5亿元。福建省信用保证保险保费收入增长62%，提供风险保障约1 900亿元，其中出口信用险为全省提供收汇风险保障268.9亿美元。四是保险行业社会服务保障功能进一步增强。上海保险业率先推进个人税收递延型商业养老保险试点工作，积极开展个人税收优惠型商业健康保险业务和工程质量潜在缺陷保险业务，制订完善巨灾保险试点方案。北京安全生产责任险全年累计为5万家次企业提供风险保障2 710.4亿元；医疗责任保险全年累计承保医疗机构1 188家次，快速化解医患纠纷案件1 068件。山东为全省超过400家次科技企业提供风险保障40多亿元，为人民群众养老和医疗积累准备金6 910亿元，为近4 267.8万人次提供了长期健康保险保障。海南省农业保险累计为农户提供了74.33万户次风险保障395.24亿元，同比增长2.09%，受益农户10.21万户次。

在保险业稳健运行的同时，仍存在以下问题值得关注。一是保险公司流动性风险需关注。2018年，东部地区人身险公司退保率仍然较高，满期给付压力依旧明显，如某省退保率达到18.25%，较上年上升达13.95个百分点，退保风险压力不断增大或引发中小法人保险公司流动性风险。此外，在保险业回归保障的大背景下，少数依赖中短存续期投资型产品的人身险公司业务持续收紧，新单保费收入受到影响，现金流承压。二是互联网保险市场的快速发展给保险业带来了新的风险因素。部分保险机构在开展互联网业务时存在宣传内容不规范、未明确说明免责条款等问题，涉嫌误导消费者；部分互联网平台暗藏“搭售”，在页面通过默认勾选的方式销售一些保险产品，未明确列明承保主体或代理销售主体，未完整披露保险产品条款等相关重要信息。三是跨领域交叉风险防范压力较大。如网贷行业风险向合作保险机构传染值得关注，某市网贷平台逾期、清盘、跑路等现象不断出现，风险正逐步传导至合作保险机构，部分P2P平台夸大融资性保证保险的保障责任，个别保险公司因与网贷平台合作发生大额亏损。个别省市非法集资向保险业渗透，保险代理人员代销非法理财产品等引发的非法集资问题较为突出。

七、定量评估

运用区域金融稳定定量评估模型，对东部地区的区域金融稳定状况进行评估。从定量评估结果来看，东部地区2018年金融稳定状况综合得分为77.3分，比上年下降2.5分，高于全国平均水平0.1分，处于较稳定区间①。其中，宏观经济、银行业、证券业和金融生态环境得分均高于全国平均水平，保险业得分略低于全国平均水平（见图10）。

从具体指标变动情况来看（见表5），东部地区共有3项指标较上年有所改善，11项指标较上年有所下降，11项指标基本与上年持平。在宏观经济方面，地区生产总值增长率、第三产业增加值增长率、全社会固定资产投资增长率、进出口总额增长率、城镇居民可支配收入增长率和社会消费品零售总额增长率均有所放缓，宏观经济整体得分较上年有所下降。银行业盈利能力指标得分有

① 将定量评估结果进行五大区间的等级评估：非常稳定（90分及以上）、稳定（80~90分）、较稳定（70~80分）、较不稳定（60~70分）和不稳定（60分以下）。

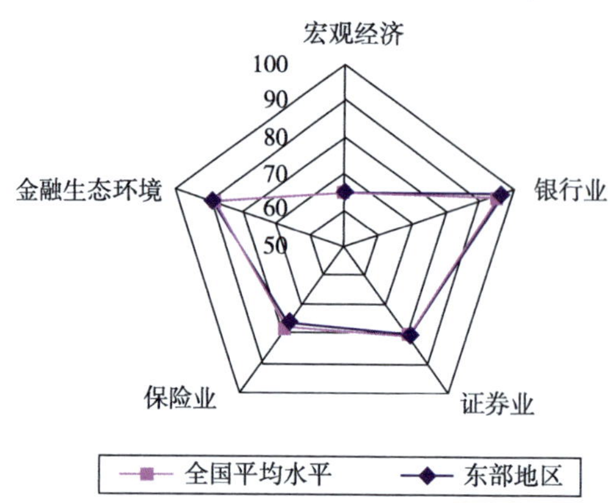

图 10　2018 年东部地区金融稳定状况和全国平均水平的比较

所上升，导致东部地区银行业总得分较上年小幅提高。金融生态环境有所改善，主要是地方法治环境调查综合得分提升较多。与此同时，东部地区证券业和保险业得分较上年出现下滑，证券业盈利能力持续放缓，导致得分较上年继续回落；保险业保费增速放缓，人身险退保率上升。

表 5　　2018 年东部地区评价指标及其变动情况

指标分类		变动方向	评价指标	变动情况		
				改善	稳定	下降
宏观经济		↓	地区生产总值增长率			✓
			第三产业增加值增长率			✓
			全社会固定资产投资增长率			✓
			社会消费品零售总额增长率			✓
			实际利用外资增长率		✓	
			进出口总额增长率			✓
			城镇居民可支配收入增长率			✓
			农村人均纯收入增长率		✓	
			居民消费价格指数		✓	
			城镇登记失业率		✓	
			典型城市房地产销售价格指数	✓		
金融机构	银行业	↑	核心资本充足率		✓	
			不良贷款率		✓	
			资产利润率	✓		
			流动比率		✓	
	证券业	↓	净资本充足率		✓	
			净资本负债率		✓	
			资产利润率			✓
	保险业	↓	应收保费率			✓
			保费收入增长率			✓
			寿险公司退保率			✓

续表

指标分类	变动方向	评价指标	变动情况		
			改善	稳定	下降
金融生态环境	↑	法治环境调查综合得分	✓		
		地方财政收入占 GDP 比重			✓
		银行服务密度		✓	
		征信数据库覆盖率		✓	

注：表中“↑”代表改善，“↓”代表下降，“→”代表稳定。

综合历史数据考察区域金融稳定变动趋势（见图 11），东部地区 2018 年金融稳定综合得分有所下降。分项来看（见图 12），宏观经济得分连续两年上升后出现小幅下降；银行业得分近年来一直维持在较高水平；证券业 2010 年以来一直处于稳定区间，但受证券公司盈利能力逐年放缓影响，得分连续三年出现下滑；保险业受保费收入放缓以及退保率持续上升影响，得分有所下降；东部地区的金融生态环境是各区域中较好的，多年得分都处于稳定区间。

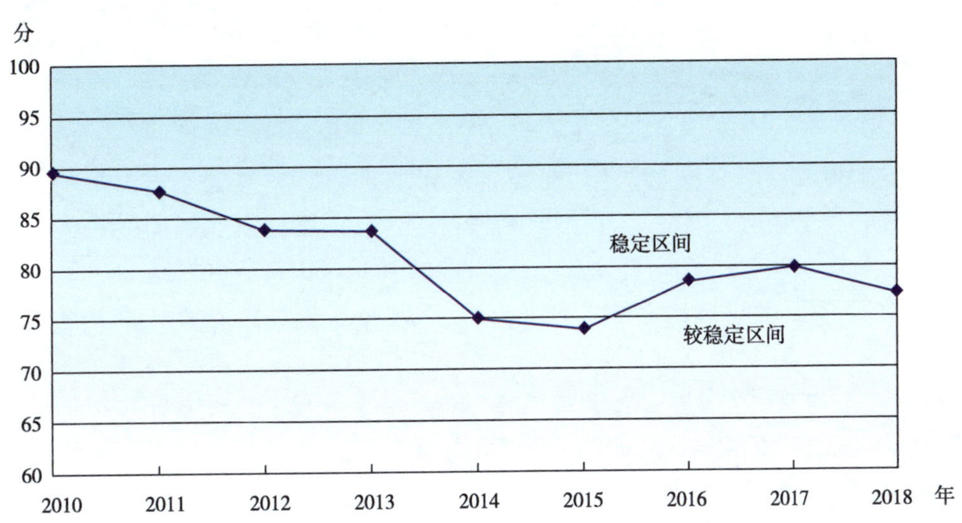

图 11　2010—2018 年东部地区金融稳定综合得分趋势

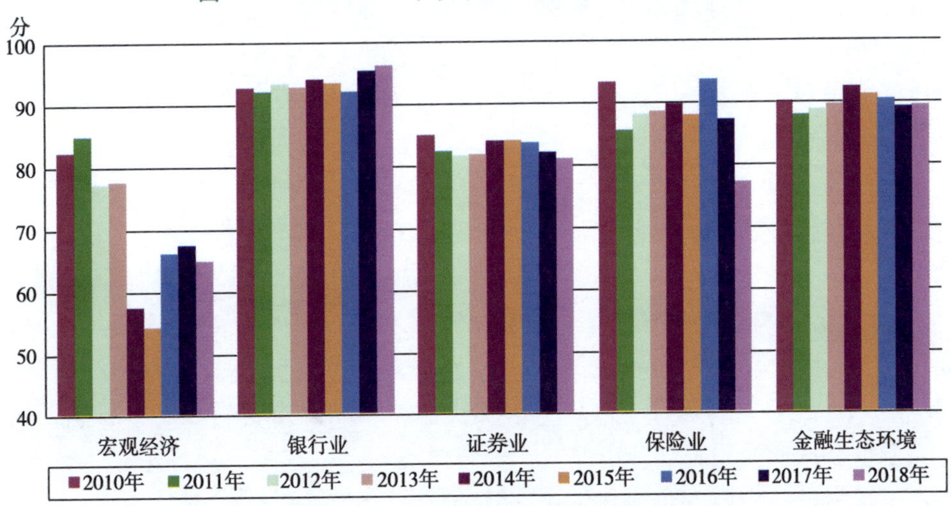

图 12　2010—2018 年东部地区金融稳定状况的比较

第三章　中部地区

2018年，面对错综复杂的国内外环境和艰巨繁重的改革发展稳定任务，中部地区坚持以习近平新时代中国特色社会主义思想为指导，坚持稳中求进工作总基调，贯彻新发展理念，落实高质量发展要求，深化供给侧结构性改革，推进三大攻坚战，经济实现了平稳健康发展、质量不断提升，金融风险总体可控，但经济下行压力依然较大，部分领域存量金融风险保持高位，防范化解金融风险工作依然繁重。

一、经济发展质量稳步提升，持续稳增长压力较大

2018年，中部地区生产总值19.27万亿元，同比增长7.79%，增速快于全国1.19个百分点，占全国的比重上升至21.40%。一是产业结构持续优化。第三产业增加值同比增长9.33%，增速快于地区生产总值增速1.54个百分点。三次产业结构由2017年的9.55:45.42:45.03调整为8.40:43.99:47.61，第三产业占比提高2.58个百分点，服务业对经济增长的贡献度不断提高。二是总需求稳步增长。2018年，中部地区全社会固定资产投资（不含农户）同比增长10%，高于全国水平4.1个百分点。其中，房地产开发投资2.52万亿元，同比增长5.4%。社会消费品零售总额8.25万亿元，同比增长6.52%。进出口总额3 104.76亿美元，同比增长11.95%；其中进口总额1 120.79亿美元，同比增长9.77%；出口总额1 983.97亿美元，同比增长13.20%。三是居民收入明显增长，物价水平温和上涨。中部地区各省城镇、农村居民可支配收入持续增长，同比涨幅分别在6.5%~8.8%、7%~9.1%。全年各省居民消费价格指数温和上涨，同比涨幅为1.8%~2.3%。

中部地区受中美经贸摩擦、资源环境约束趋紧等多重因素叠加影响，区域经济在高质量发展中面临一些问题和挑战。一是新旧动能接续转换不足。中部地区传统产业占比高，新经济势强力弱，短期内尚无法成为经济增长的主动力。山西省“一煤独大”的结构性矛盾没有得到根本改变，新兴产业保持快速增长，但规模较小，对经济增长的贡献和支撑不足；江西省工业增长主要依靠有色、钢铁、建材、石化等基础原材料产业，传统产业对全省工业利润增长贡献率超过60%，新兴产业总体规模较小，占全省工业比重不到20%。二是实体经济困难依然较多。中部地区金融与实体经济的良性循环尚未形成，实体经济特别是民营企业和小微企业融资难、融资贵等问题尚未得到根本缓解，受市场需求增长放缓，能源原材料、人工、用地成本较高等因素影响，企业盈利空间受限，部分市场主体经营困难加重。三是房地产市场去库存成效明显，部分省份投资增速回落。山西省加大房地产去库存力度，商品房待售面积、库存消化周期实现

“双下降”；河南省因城施策去库存，商品住宅消化周期缩短至 7 个月。河南省、安徽省、江西省、湖北省房地产开发投资增速明显回落，分别较上年回落 15.8 个、15.5 个、5.7 个、3.9 个百分点。四是财政收支矛盾仍然存在。2018 年，中部地区地方一般预算收入 21 942.17 亿元，同比增长 8.72%，一般预算支出 40 489.56 亿元，同比增长 9.55%，收支缺口加大。河南省、江西省、湖北省、湖南省、山西省财政收支缺口分别较上年增加 633.78 亿元、420.80 亿元、397.77 亿元、344.19 亿元、102.90 亿元。

二、金融风险防范化解和改革创新持续推进，部分领域风险仍需关注

中部地区重大金融风险攻坚战扎实推进，去杠杆、治乱象、抓规范、强监管等各项金融风险治理工作深入开展，存量风险有序化解，增量风险有效遏制；重点领域个案重大风险得到稳妥处置，政府债务置换工作稳步推进，非法集资、互联网金融等领域专项整治工作成效明显；重大金融风险处置预案持续修订完善，监管协调机制作用不断发挥，守住了不发生区域性金融风险的底线。中部地区金融改革持续深化，金融支持资源型经济转型发展改革创新试验区建设、绿色金融等改革试点工作快速推进，金融业服务实体经济高质量发展的能力不断提升，为金融风险防范化解工作释放改革红利，提供改革支撑。

专栏 6 中部地区金融改革实践与创新

2018 年，中部地区各省健全工作机制，强化政策配套，完善金融服务体系，金融改革创新精彩纷呈，支持实体经济发展取得明显成效。

一、河南金融改革“双区”比翼，金融服务创新不断

河南省兰考县普惠金融改革试验区探索形成了“一平台四体系”的兰考模式①，并在省内 22 个县市复制推广，2018 年末，兰考普惠金融指数在全省 105 个县排名稳居第 1 位，金融服务覆盖面、可得性、满意度显著改善。河南省深化金融改革创新，全力支持中国（河南）自由贸易试验区发展，制定出台多项制度文件，不断推进简政放权，推动金融市场双向开放，区内金融服务体系建设不断加快，贸易投融资便利化不断提升，金融创新支持经济发展效应逐步显现。

二、江西绿色金融改革深入推进，打造美丽中国“江西样板”

江西省赣江新区绿色金融改革创新试验区着力打造以绿色金融为特色的现代金融服务体系，推动全省绿色金融改革创新工作取得成效，为打造美丽中国“江西样板”提供强有力的金融支持。2018 年末，江西省绿色信贷余额 1 560.37 亿元，同比增长 34.07%，高于各项贷款增速 16.05 个百分点；赣江新区绿色贷款占各项贷款的比重为 5.3%，高于全省绿色贷款占比 0.2 个百分点。

① “数字普惠金融服务为平台，普惠授信、信用信息、金融服务、风险防控体系”的模式。

三、山西金融改革创新破冰，支持产业转型升级效果显现

山西省晋城市金融支持资源型经济转型发展改革创新试验区改革方案已上报国务院，金融改革进入实质性破冰阶段。晋城市探索通过支持绿色金融发展实现资源型地区经济转型，方案具体提出运用再贷款、再贴现等货币政策及宏观审慎管理工具引导信贷投放，实行提高绿色信贷风险容忍度、将绿色信贷实施情况与监管考核挂钩等绿色金融差异化监管政策，鼓励金融机构设立绿色金融专营机构，建立健全金融机构绿色金融激励约束机制等改革措施。

四、安徽金融改革创新扎实推进，金融服务实体经济持续发力

安徽省聚焦“两权”抵押贷款试点工作核心难题，探索“同村流转、定向处置”等多种形式的市场化抵押物流转处置机制；创新推动产业扶贫，全力推进金融精准扶贫，深化民营和小微企业金融服务工作，助力山鹰纸业发行2亿元短期融资券，成为中部地区较早使用中国人民银行总行再贷款资金创设民营企业债券融资支持工具的成功案例。

五、湖南金融改革创新稳妥推进，金融服务实体经济质效提升

湖南省推动应收账款融资，为长株潭城市群两型社会建设提供了有力的金融支持；推进湘江新区滨江金融中心建设，打造湖南金融中心；提请湖南省政府出台普惠金融相关文件，大力推进金融精准扶贫，构建绿色金融体系；提高金融双向开放水平，深化区域金融开放合作。

六、湖北金融改革创新活跃，金融服务实体经济力度增强

湖北省金融改革创新更加活跃，“两权”抵押贷款试点工作持续推进；武汉城市圈科技金融改革创新成效巩固；外汇管理改革成效明显，争取到自贸区外汇管理改革、资本项目收入支付便利化等试点资格；推动发行全国最大单“双创”专项债务融资工具和中西部地区首单民营企业债券融资支持工具。

资料来源：中国人民银行郑州中心支行金融稳定处。

面对错综复杂的宏观经济环境，部分领域风险有所显现，存在向金融业传导的隐患。一是高负债企业风险。企业债务主要为金融债务，企业违约将直接影响金融体系信用风险。部分省份银行对个别国企、央企、具有政府背景的控股集团给予大量授信，垒大户现象明显；个别集团内部公司之间交叉持股，互相担保，过度融资，风险不容忽视。如山西省国有企业平均资产负债率72.5%，高于全国央企和全国地方国有企业的平均资产负债率。二是房地产领域风险。2018年末，中部地区房地产开发贷款余额和个人住房贷款余额同比分别增长38.96%和24.16%，高于全部贷款增速24.01个和9.21个百分点；安徽省、湖北省、江西省、湖南省、河南省房地产领域贷款余额占全部贷款余额的比例分别为34.13%、32.21%、32.12%、30.76%、30.59%。在房地产调控背景下，房企销售回款缓慢，但房地产贷款增速仍处于高位，房地产贷款占比较高，部分地区房地产关注类贷款持续增长，房地产贷款质量存在下迁隐患。三是地方政府隐性债务风险。地方政府隐性债务规模大，在国家持续加大规范力度的背景下，地方政府隐性债务可能转化为政府显性债务或者企业债务，在处置隐性债务过程中可能将债务风险向金

融体系转移，相关风险需引起关注。

三、银行业总体运行稳健，风险防控压力依然较大

2018 年，中部地区银行业实力不断增强，盈利能力持续提升，服务实体经济质效不断提升。一是规模稳步增长，机构上市步伐加快。截至 2018 年末，中部地区银行业资产、负债总额 36.65 万亿元、35.33 万亿元，同比分别增长 6.64%、6.59%，全年实现利润 3 449.69 亿元，同比增长 1.42%。地方法人银行机构 1 119 家，新增 35 家。郑州银行成为全国首家“A＋H”上市城市商业银行，江西银行、九江银行成功在港交所上市，晋商银行上市工作快速推进。二是重点领域和薄弱环节的支持力度持续加大。江西省涉农贷款余额增速连续两年高于全省各项贷款增速；河南省小微企业、涉农、金融扶贫贷款余额同比分别增长 7.4%、10.9%、20.3%；湖南省重点产业贷款、绿色信贷同比分别增加 212.8 亿元、292.2 亿元。三是《资管新规》等重大监管政策落地执行情况较好。中部地区银行机构积极落实《资管新规》《关于加强非金融企业投资金融机构监管的指导意见》等重大监管政策，资管业务得到积极整改，股权管理规范性有效改善。

专栏 7　中部地区中小法人金融机构资管业务转型发展研究

2018 年 4 月 27 日，中国人民银行牵头出台了资管新规，对资管业务、非标投资的监管标准等方面进行了统一和规范。资管新规下中小金融机构理财产品转型、资产配置结构调整等整改措施积极推进，如何在过渡期内平稳转型，达到资管新规的监管要求，迫在眉睫。

一、新规出台前存在的问题

从中部地区地方中小法人金融机构来看，目前资管业务普遍存在多层嵌套、设立资金池等问题。一是同业理财问题较突出。部分农商行在发行同业理财的同时，购买他行同业理财产品，“互买互发”问题突出。同时部分监管评级在二级以下的农商行通过同业理财变相投资 AA 级（含）以下债券和非标产品。二是期限错配现象较普遍。金融机构通过设立“资金池”来实现期限错配。以银行理财产品为例，其负债端普遍以一年期以内的产品为主，但资产端期限远超一年。如某城商行理财投资资产剩余期限为 1 197.05 天，理财产品剩余期限 110.34 天，错配期限长达 1 086.71 天。三是多层嵌套转移表内资产。部分城商行、农商行通过多层资管产品嵌套向表内不良贷款企业融资，用于结清表内贷款，从而将表内不良贷款转移到表外。如某城商行有色金属行业的表外业务不良贷款余额 3.0 亿元，高于行业表内不良余额 2.3 亿元；表外行业不良率 29.61%，高于表内行业不良率 17.28 个百分点。

二、转型整改面临的新情况

2018 年，中部地区中小金融机构理财业务规模和收入普遍下滑，处于转型整改“阵痛期”。一是理财产品规模下降较快。中部地区法人机构个人理财产品和私人银行理财产品销售额均有明显减少，预期收益型产品未再新发，存量期次型产品到期后未再续发。部分农

商行理财产品竞争力不高，规模同比降幅达70%，部分中小银行理财收入降幅超过50%。二是资管业务转型难度较大。中部地区中小金融机构对资管业务净值化管理能力较差，客户对净值型产品接受程度较低，造成金融机构理财规模下降。与券商、基金公司等机构相比，中小金融机构在信息系统、投研能力、客户群体等方面存在明显差距。目前中部部分地区中小金融机构理财销售管理系统还不支持净值型产品销售，净值型功能还在开发之中。三是表内承接表外理财资产的压力加大。资管新规限制了银行通过表外理财对接非标资产的资金运作链条，需转向通过表内负债对接理财产品增速下滑分流的资金，中小金融机构表内资本约束压力较大。四是结构性存款规模上升，存在隐性刚性兑付。资管新规出台后，银行业结构性存款业务规模呈增长态势，但部分中小金融机构并没有衍生品交易资格，未真正与对应衍生品挂钩，往往通过变相“类固收产品”，隐性承诺刚性兑付。如某银行发行的结构性存款产品挂钩6个月Shibor利率，但利率浮动区间设置为1%～7.5%，行权概率几乎为零。

三、政策建议

一是加快净值化转型进度。金融机构应改进产品设计流程，建立科学的估值管理系统，加强开放式资管产品的流动性管理，建立净值型资管产品管理和销售体系。二是规范结构性存款业务。出台制度，规范结构性存款的业务实质、管理模式、风险隔离等内容，细化结构性存款的准入、销售和交易等规定，打击“假结构”性产品，严禁变相刚性兑付。三是加大宣传力度。加强正面宣传引导，回归资产管理业务实质，提高投资者风险意识，加快培育合格投资者，打造理性的资产管理市场。

资料来源：中国人民银行南昌中心支行金融稳定处。

中部地区银行业风险总体可控，存量风险有序化解，但重点领域风险防控压力仍然较大。一是资产质量有所下降。银行业不良贷款余额较上年增加1 038.79亿元，不良贷款率较上年上升0.19个百分点。安徽省、江西省、河南省不良贷款率分别较上年提高0.27个、0.38个、0.96个百分点；河南省、山西省、江西省不良贷款率分别高于全国1.38个、1.15个、0.52个百分点。二是中小法人银行机构风险突出。央行金融机构评级发现，中小法人银行普遍存在公司治理薄弱、内部控制不健全、风险防控能力不足等问题，部分高风险法人机构资产质量差，拨备计提不足，关联交易问题突出，风险化解难度大。三是表外业务潜藏风险需引起重视。受去杠杆、环保政策影响，部分企业偿债能力下降，银行表外业务风险不容忽视。

专栏8　中部地区银行业表外业务发展及潜在风险分析

2018年，在金融严监管、治乱象的背景下，中部地区银行业金融机构表外业务（含金融衍生品）保持低速增长，表外业务结构不断优化，服务实体经济能力稳步增强，但表外业务潜藏的风险隐患需要引起重视。

一、基本情况

据初步统计，2018 年末，中部地区银行业金融机构表外业务余额约为 20 万亿元，同比增长 2.18%。分省份看，山西、安徽、江西、河南、湖北、湖南省表外业务余额占中部地区表外业务余额的比重依次为 8.38%、15.52%、10.05%、17.98%、37.69%、10.38%。分业务类型看，担保类、承诺类余额分别为 2.95 万亿元、2.35 万亿元，同比分别增长 11.58%、5.29%，占全部表外业务的比重分别为 14.75%、11.77%；金融资产服务类余额为 14.45 万亿元，同比下降 0.63%，占全部表外业务的比重为 72.26%，受《委贷新规》《资管新规》等政策影响，中部地区银行业金融机构发行非保本表外理财产品、委托贷款、委托投资同比分别下降 7.68%、6.46%、14.89%，表外业务结构进一步优化。

二、潜在风险分析

一是信用风险不容忽视。信用证、银行承兑汇票、担保、理财等具有融资性质的表外业务，在交易对手无力兑现约定时易引发信用风险。近年来，经济转型升级压力加大，部分企业不能适应复杂多变的经济形势变化导致其偿债能力下降，表外业务面临的信用风险隐患增多。二是流动性风险压力加大。金融机构理财产品由于具有加杠杆、期限错配等特征，部分金融机构对理财产品流动性管理能力存在薄弱环节，存在一定的流动性风险隐患；同时，部分表外业务的风险敞口可能因交易对手违约导致金融机构垫款，进而引致其流动性风险加大。三是操作风险潜在隐患增多。表外业务尤其是新业务，由于缺少操作规范或风险控制流程设置不完善易引发操作风险。四是合规风险加大。部分金融机构从业人员由于对相关的监管法规或政策的学习不够深入，易引发合规风险。五是市场风险显现。随着利率、汇率市场化改革的深入推进和金融改革开放的深化，债券市场波动性增强，汇率波动幅度加大，部分金融衍生品业务面临的市场风险更加显性化。六是理财净值型产品转型压力加大。按照资管新规及其配套制度的要求，金融机构发行理财净值化产品需建立新的估值核算体系，同时还需要资管系统、个人理财销售系统、财务系统等信息系统的升级改造作为支撑，时间短、任务重，转型压力大。

三、对策建议

一是督促引导金融机构树立依法合规经营表外业务的理念。加强统筹协调，增强金融机构人员发展表外业务的合规意识，引导金融机构在依法合规的前提下开展表外业务，确保业务稳健发展。二是引导金融机构建立健全表外业务风险管理体系。提高表外业务的透明度、规范性，督促金融机构将表外业务风险管理纳入全面风险管理体系中，加强表外业务的内部控制与信息披露，完善表外业务风险管理信息系统建设，持续完善表外业务风险管理体系。三是强化表外业务监管。金融监管部门要进一步加强金融监管，明确资本要求、拨备计提等方面的监管政策，完善差异化监管要求，防范监管套利，有效防控表外业务风险。

资料来源：中国人民银行郑州中心支行金融稳定处。

四、多层次资本市场体系建设稳步推进，股权质押等风险隐患亟待关注

2018 年，中部地区证券业市场主体数量增多，综合实力进一步增强，融资功能进一步发挥，全年股票和债券市场融资达 19 532. 9 亿元，服务实体经济能力进一步提升。一是上市公司稳步发展，并购重组有序推进。2018 年末，中部地区共有境内上市公司 468 家，新增 13 家。其中，湖北省增加 5 家，江西省、湖南省分别增加 3 家，安徽省、河南省分别增加 1 家。境内上市公司本年股票市场累计募集资金 1 163. 09 亿元。各地区积极推进上市公司并购重组，山西省、湖北省分别有 6 家、5 家，上市公司并购重组分别实现 137. 03 亿元、76. 2 亿元。二是新三板挂牌交易企业数量减少。2018 年末，中部地区新三板挂牌企业 1 528 家，减少 93 家。河南省、湖北省新三板挂牌公司通过定向增发实现融资 18. 12 亿元、17. 93 亿元。三是区域股权交易中心快速发展。2018 年末，山西省、安徽省、河南省、江西省、湖南省区域股权交易中心挂牌企业分别有 1 744家、2 673 家、5 091 家、5 100 家、3 410 家。山西省、安徽省、河南省分别新增 180 家、814 家、2 696 家。湖北省通过区域股权市场开展股权融资 87. 27 亿元，增长 230. 57%。河南省 53 家中原股权交易中心挂牌及展示企业实现融资 20. 87 亿元。四是证券期货机构规模稳步扩大。2018 年末，中部地区共有法人证券公司 12 家，法人期货经纪公司 14 家。法人证券公司资产总额和净资产分别为 5 370. 93 亿元、1 730. 24 亿元，同比分别增长 4. 57%、8. 24%，法人证券公司营业收入和净利润分别为 138. 99 亿元、16. 11 亿元。境内证券市场交易额 247 213. 22 亿元，债券市场年累计筹资金额 16 682. 33 亿元，同比增长 128. 22%。山西省、安徽省、河南省、湖南省四省新增证券期货分支机构 104 家。其中，山西省新增 3 家证券分公司、7 家营业部，投资者资金账户、累计代理证券交易总额同比分别增长 10. 04%、9. 47%；安徽省全年新增 5 家证券分公司、21 家证券营业部和 1 家期货公司营业部，期货经营机构累计代理成交额 20. 55 万亿元。五是私募基金迅速发展。2018 年末，中部地区共有私募基金机构 1 244 家，新增 147 家，管理基金数量 2 757 只，同比增长 17. 72%，管理规模 6 919 亿元，同比增长 20. 81%。安徽省、江西省和湖北省私募基金管理规模分别为 3 199. 46 亿元、1 353. 8 亿元和 1 134 亿元，规模在中部地区排前三位；山西省私募基金全年实缴规模同比增长 271. 3%；河南省私募基金产品数量、管理规模分别增长 49. 4% 和 33. 1%。

证券市场发展中存在的问题和潜在风险隐患亟待关注。一是上市公司资产负债率偏高，股权质押风险较大。中部地区上市公司资产负债率高于 70% 情况较为普遍。山西省 17 家省属国有上市公司平均资产负债率 71. 51%；河南省上市公司中资产负债率超过 70% 的有 10 家，个别上市公司资产负债率超过 100%。部分上市公司大股东股权质押比例较高，在股市大幅波动的背景下，存在平仓和控制权变更风险。安徽省有 50 家民营上市公司进行股权质押业务，股权质押比例偏高，存在平仓风险。湖南省 104 家上市公司中有 77 家公司股票进行股权质押，其中 7 家公司被强制平仓。二是公司债违约风险不容忽视。2018 年，山西省龙跃集团、永泰能源公司债券发生实质性违约；安徽省中弘股份（已退市）、盛运环保两家上市企业相继发生债务违约；湖北省多只债券被划为风险类。三是证券期货机构经营效益大幅下降。2018 年，中部地区境内证券市场交易额下降 37. 42%。法人证券经营机构营业收入和净利润分别下降 14. 84% 和 69. 95%。山

西省 2 家法人证券公司营业收入、净利润分别下降 22.16%、41.82%，3 家期货公司亏损 0.08 亿元。江西省、湖南省 2018 年期货机构分别亏损 0.04 亿元、0.2 亿元。四是新三板退市企业较多。部分企业因盈利能力下降或净利润为负主动申请摘牌；部分企业因未依法履行信息披露职责或披露虚假信息被强制摘牌。2018 年，湖南省有 35 家企业退市，河南省有 30 家企业退市。五是部分地方交易场所违规经营问题仍然存在。中部地区个别交易场所投资者适当性把关不严，发行标的涉嫌违规，个别涉众产品存在兑付风险，需引起关注。

专栏 9　中部地区地方金融资产交易场所发展现状及问题分析

国务院清理整顿各类交易场所工作开展以来，地方滥设交易场所、违规违法经营现象得到有效遏制，整顿工作成效显著，但违规经营问题仍未根除。以中部地区地方金融资产交易场所（以下简称地方金交所）为例，对地方金交所的发展及风险问题进行分析。

一、发展现状

中部六省均设立了地方金融资产交易场所。业务类型主要有三种：一是发行定向融资计划。与国家批设的上海证券交易所、银行间债券市场发行私募债类似。企业向地方金交所提出发行申请，地方金交所审核通过，然后通过互联网官网或者手机 APP 渠道进行发售。同时，地方金交所发行的部分定向融资计划能够转让，但流动性无法与国家级债券市场相比。二是发行投资收益权产品。以应收账款等未来一定时间内预期可取得稳定收益的金融资产的合法权益为基础资产，并以该基础资产的收益权、产生的现金流作保障发行的产品。类似于国家级市场的资产证券化产品。三是转让不良资产。利用互联网平台优势，为各类不良资产包括金融机构的不良信贷资产转让提供撮合服务。不良资产转让方面，地方金交所普遍采用整体交易的方式，若征集到两个或两个以上符合资格条件的意向受让方，则采取网络竞价的方式确定受让方，实现资产的整体转让。

中部地区地方金交所的发展呈现以下特点：一是规模大且发展迅速。武汉金交所成立以来累计交易规模突破 3 万亿元，2018 年当年交易规模达到 1 784 亿元，合格会员数量约 8 000 家；山西金交所发展迅速，年均增长超过 100%，累计交易额 1 467 亿元。二是定向融资计划期限长、收益高。地方金交所发行的定向融资计划期限集中在一年期左右，最短期限为 3 个月，最长期限不超过两年。地方金交所普遍采用预期收益率模式发行产品，收益率在 7% 左右，个别产品收益率达到 8%，而同期正规金融机构的理财产品收益率仅为 3% ~5%。三是参与主体多样。定向融资计划的融资主体多为地方国有企业。不良资产转让的出让方为商业银行、地方资产管理公司和商业保理公司等。受让方或投资者为合格投资者。

二、存在问题及风险

（一）投资者适当性管理不严，降低了投资者门槛

地方金交所均建立了投资者适当性管理办法，从金融产品投资经历、金融资产总额等角度来甄别合格投资者，但制度执行情况不容乐观，在部分地方金交所 APP 上的实际操作

发现，个别机构仅需进行会员注册、绑定银行卡，进行风险评级后，即可购买相关产品，或者在地方金交所账户存量资产大于50万元即可认定为合格投资者。与中央金融管理部门监管的私募产品相比，地方金交所在投资者准入方面把关不严，适当性管理制度执行不到位，明显降低了投资者门槛。

（二）涉嫌转让对象、发行标的和拆分权益违规

部分地方金交所从事金融机构不良资产的转让，转让对象突破了监管部门关于“批量转让是指金融企业对一定规模的不良资产（10户/项以上）进行组包，定向转让给资产管理公司的行为”的规定①。个别地方金交所存在以电子商业承兑汇票、信托产品受益权为基础标的发行定向融资计划。此类产品涉嫌违反清理整顿各类交易场所部际联席会议关于未经国务院批准不得交易信贷、票据、保险等中央金融管理部门监管的金融产品的规定。个别地方金交所存在将同一个融资项目拆分为多个项目进行销售，涉嫌变相突破200人限制。

（三）信息披露和风险揭示不足

部分地方金交所官网标明其为省级政府批准的国有金融资产交易平台，目前发行的产品风险等级均为“低风险”。在认购协议、风险申明书、募集说明书中，突出强调保证增信措施，忽视对项目本身的描述和风险的评估。产品募集说明书明确规定“持续关注发行人的资信状况，出现可能影响本次直接融资计划认购人重大权益的事项时，及时向本次直接融资计划认购人披露”。但查阅地方金交所官网和APP，无信息披露的功能界面，无项目存续期的风险披露信息，风险披露，风险提示不到位。

三、相关建议

（一）加强监管协调，明确业务范围和功能定位

进一步发挥清理整顿各类交易场所部级联席会议机制的统筹、协调、督导作用，统筹协调中央金融管理部门和地方政府开展清理整顿工作，压实地方政府的监管和处置责任，发挥中央金融管理部门派出机构的指导和纠偏职能，加强协调配合，合力做好地方金交所的清理整顿和规范工作。督导建立对地方金交所的规范管理制度，建议参照规范地方股权交易中心的做法，在国家层面出台规范地方金交所的指导性文件，进一步明晰地方金交所的业务范围和功能定位，明确负面清单和正面清单，夯实规范化经营的制度基础。

（二）加大监管力度，稳妥处置存量风险

建立长效监管机制，强化非现场监测和现场检查，对降低投资者门槛、业务标的违规、风险管控不到位、资金托管未真实实现的地方金交所加大处罚惩戒力度，及时叫停相关业务，坚决查处违法违规问题，打早打小，加大责任追究力度，加大违法违规成本，不断净化市场环境。对于违规涉众的存量业务，按照稳妥审慎的原则分类处置，把握好力度和节奏，防止发生“处置风险的风险”。

资料来源：中国人民银行太原中心支行金融稳定处。

① 财政部、银监会《关于印发〈金融企业不良资产批量转让管理办法〉的通知》（财金〔2012〕6号）。

五、保险市场稳步发展，给付退保压力和市场秩序不规范依然存在

2018 年，中部地区保险业总体运行平稳，保费收入、赔款给付支出持续增长，发展质效不断提升。一是业务结构持续优化。财产险中的非车险保费收入同比增长 45.50%，高于车险业务 37.82% 的增速。其中，农业保险、责任保险保费收入同比分别增长 21.18%、29.87%。人身险中的意外险和健康险等保障型险种规模稳步增长，业务结构持续优化。二是服务实体经济能力进一步增强。2018 年，中部地区保险业在脱贫攻坚、医疗养老、农业保险、科技保险等方面进一步发力。山西省为扶贫业务提供风险保障 2.04 万亿元，赔付支出 6.50 亿元，50.50 万贫困户受益，包括城乡居民大病保险在内的健康险保费收入同比增长 35.58%，养老金业务实现保费收入同比增长 7.70%。安徽省农业保险为农业生产提供风险保障 1 267.35 亿元，同比增长 79.68%；科技保险为高新技术企业提供风险保障 1 812 亿元。湖北省出口信用保险已对接“一带一路”沿线 11 个国家，支持出口企业 1 283 家，为企业提供 65.13 亿元的风险保障。

保险业在稳健发展的同时仍然存在一些风险和问题。一是人身险满期给付和退保压力较大。受业务结构调整期保费增长下降、存量业务依赖中短存续期业务等因素影响，部分人身险公司退保金额大幅增长，满期给付处于高位，现金流出压力持续上升。2018 年，中部各省退保率在 5% ~9%，保持较高水平。安徽省已销售的趸交产品陆续进入给付高峰期；湖北省多家人身险公司推出的中短存续期产品陆续到期，给付压力大。二是保险市场集中度较高，发展不平衡现象普遍存在。2018 年，山西省财产险市场最大五家公司份额占 75.49%，最小十家份额仅占 4.76%；人身险市场最大五家公司份额占 69.52%，最小十家份额仅占 4.31%。安徽省财产险和人身险保费收入排名前五名公司市场份额分别达 80.75% 和 65.58%，中小保险机构市场份额占比仍偏小，竞争能力有待提高。湖北省财产险市场前三名公司份额占 73%，最小十家份额占 1.3%，人身险市场最小十家公司份额仅占 1.9%。三是合规风险和声誉风险等不容忽视。个别保险公司未按规定进行信息披露、客户回访，甚至存在客户信息和财务数据失真等行为；部分保险公司存在销售乱象，引发退保、纠纷等事件，消费者投诉大幅上升。2018 年，中部某省个别公司存在车险高定价高手续费捆绑销售现象，某省共收到保险行业有效投诉件 6 333 件，增长 41.84%。此外，与 P2P 网络借贷有关的保证保险风险及其他互联网保险风险也值得关注。

六、定量评估

从定量评估结果来看，2018 年中部地区金融稳定状况综合得分为 80.3 分，较上年下降 6.3 分，比全国平均水平高 3.1 分，处于稳定区间。其中宏观经济和保险业明显高于全国平均值，银行业、证券业和金融生态环境得分与全国平均值相近（见图 13）。

从具体指标变动情况来看（见表 6），中部地区共有 6 项指标较上年有明显改善，10 项指标较上年有所下降，9 项指标基本与上年持平。在宏观经济方面，实际利用外资、农村人均纯收入等指标有所改善，地区生产总值增长率、第三产业增加值增长率、固定资产投资增长率、社会消费品零售总额增长率、进出口总额增长率、典型城市房地产销售价格指数等多项指标得分均小幅下降，最终

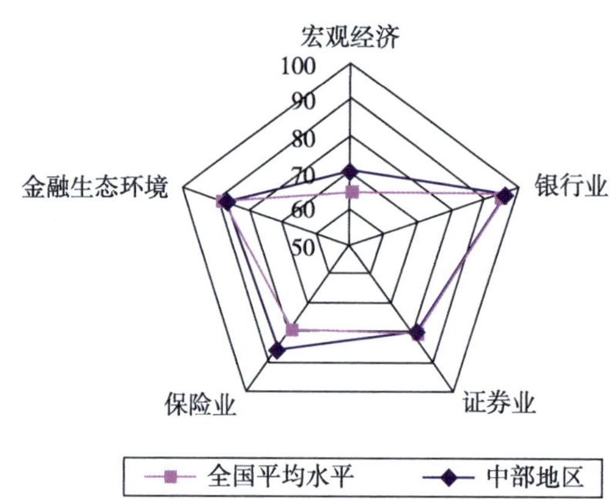

图 13　2018 年中部地区金融稳定状况和全国平均水平的比较

宏观经济得分较上年有所回落。银行业流动性水平回升，而其他指标基本与上年持平，因此中部地区银行业得分有所上升。证券业盈利能力下降、保险退保率小幅上升，中部地区证券业和保险业得分较上年有所回落。金融生态环境保险业得分略有上升，主要得益于法治环境、征信覆盖率等指标改善。

表 6　2018 年中部地区评价指标及其变动情况

指标分类		变动方向	评价指标	变动情况		
				改善	稳定	下降
宏观经济		↓	地区生产总值增长率			✓
			第三产业增加值增长率			✓
			全社会固定资产投资增长率			✓
			社会消费品零售总额增长率			✓
			实际利用外资增长率	✓		
			进出口总额增长率			✓
			城镇居民可支配收入增长率			✓
			农村人均纯收入增长率	✓		
			居民消费价格指数		✓	
			城镇登记失业率		✓	
			典型城市房地产销售价格指数			✓
金融机构	银行业	↑	核心资本充足率		✓	
			不良贷款率		✓	
			资产利润率		✓	
			流动比率	✓		
	证券业	↓	净资本充足率		✓	
			净资本负债率		✓	
			资产利润率			✓
	保险业	↓	应收保费率			✓
			保费收入增长率			✓
			寿险公司退保率	✓		

续表

指标分类	变动方向	评价指标	变动情况		
			改善	稳定	下降
金融生态环境	↑	法治环境调查综合得分	✓		
		地方财政收入占 GDP 比重		✓	
		银行服务密度		✓	
		征信数据库覆盖率	✓		

注：表中“↑”代表改善，“↓”代表下降，“→”代表稳定。

从历年综合得分变动趋势看（见图 14），中部地区金融稳定状况综合得分近两年有所下降，但始终保持在稳定区间。分项来看（见图 15），中部地区银行业和金融生态环境得分小幅回升，宏观经济、证券业和保险业得分小幅回落。

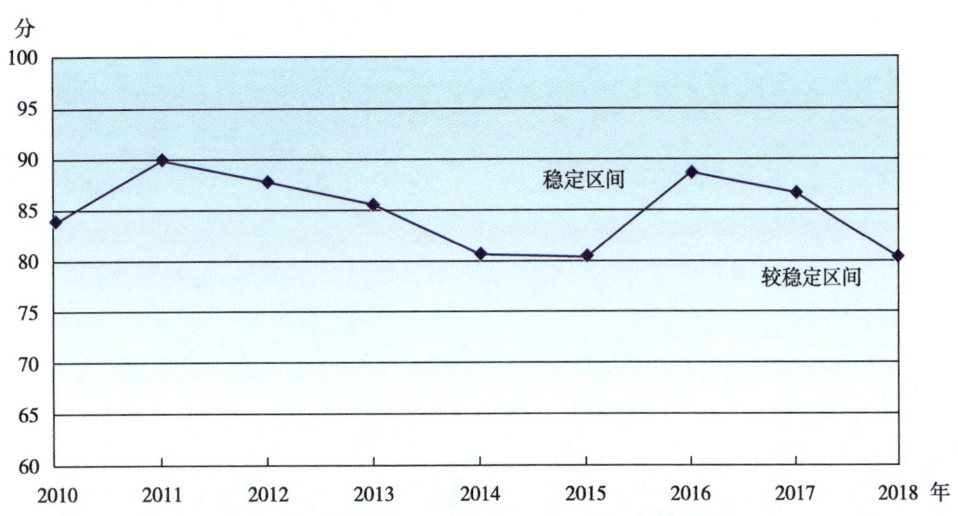

图 14　2010—2018 年中部地区金融稳定综合得分趋势

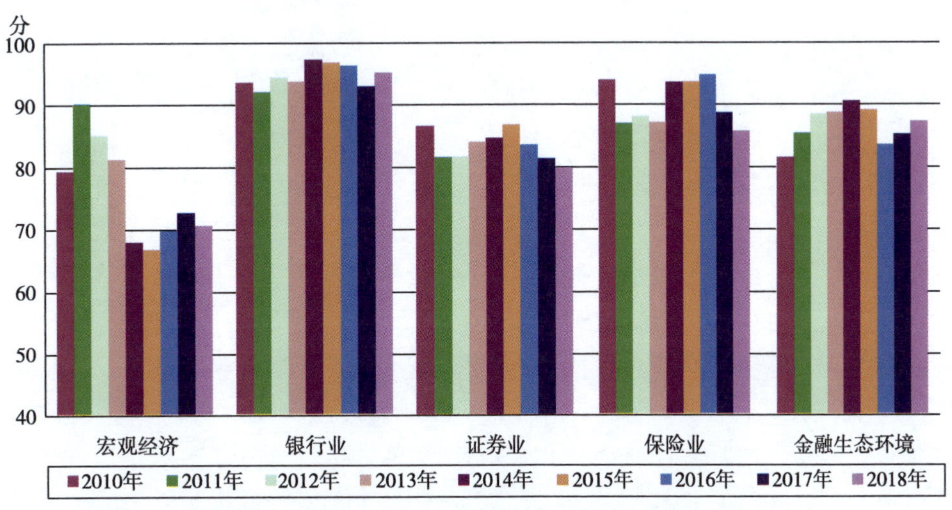

图 15　2010—2018 年中部地区金融稳定状况的比较

第四章　西部地区

2018年，西部地区坚持稳中求进工作总基调，持续推进西部大开发，深化供给侧结构性改革，深度融入“一带一路”建设，扎实打好三大攻坚战，地区经济运行保持在合理区间，开放区位优势进一步提升，外贸表现良好。金融体系稳健运行，金融改革有序推进，金融精准扶贫取得明显效果，金融风险总体可控，但在错综复杂的国际国内环境下，防风险仍面临一定挑战。

一、经济运行保持在合理区间，部分省市新旧动能转换仍面临压力

2018年，西部地区生产总值同比增长7.33%。其中，四川地区生产总值总量位列西部首位，西藏、贵州、云南的增速分别为9.1%、9.1%、8.9%，位列全国前三位。三次产业结构持续优化，由上年的11.48:41.79:46.73调整为11.05:40.50:48.45，第三产业占比持续扩大。投资和消费均增长，全年全社会固定资产投资（不含农户）同比增长4.70%，社会消费品零售总额同比增长9.16%。对外贸易增长明显，进出口总额同比增长17.93%。企业盈利能力下降，工业企业利润总额同比下降11.42%。地方收支结构不断改善，地方一般预算收入同比增长7.14%，一般预算支出同比下降6.71%。

部分地区传统行业发展增速放缓，新经济业态对经济发展的支撑动力不足。一是投资增速持续下降，对经济拉动作用持续减弱。受中美经贸摩擦等外部环境深刻变化、内部经济结构调整等影响，工业增长乏力，投资增长支撑薄弱，项目资金到位率不高，5个省份固定资产投资增幅同比下降，最高降幅达18.2%。二是居民消费升级乏力。陕西等地区居民人均可支配收入低于全国平均水平，重庆居民人均可支配收入同比少增，贵州等地区住房贷款增速大幅高于城乡居民收入增长速度，分流居民即时消费能力，对未来的消费动力或将产生影响。三是部分地区宏观杠杆率较高。宁夏国有企业杠杆率（不含票据融资和表外融资）为76.1%，同比增长5.3%，居民部门杠杆率升至51.8%。四是新动能发展不足。新疆产业结构中高技术制造业、战略新兴产业增加值仅占规模以上工业企业增加值的6.5%，新动能尚不足以承接转型期经济下行压力；甘肃规模以上战略性新兴产业和高技术企业工业增加值增速持续回落，约6.8%的战略性新兴产业降幅巨大；宁夏经济“倚重倚能”现象突出，高技术制造业增加值仅占规模以上工业比重的4.3%；四川制造业新旧动能转换仍面临低端制造业占比较大、产业融合发展程度不深、企业创新主体地位不强、产业布局有待优化等问题。五是部分地区经济结构调整缓慢，传统产业转型升级动力不足。受各项成本上升、资源环境约束增强等因素影响，部分地区企业提质增效进程缓慢。2018年云南企业营业总成本同比增长18.8%，但研发投入仅占营业成本的0.2%，

受人才、技术和资金等因素制约，企业转型升级进程缓慢。

专栏 10 中美经贸摩擦对重庆经济与金融稳定的影响

为跟踪了解中美经贸摩擦的影响，重庆营管部对辖区 50 家对美进出口依存度较高企业开展了专题调研。调研结果显示，样本企业订单流失、成本上涨，利润下滑明显，并对产业上下游关联企业造成了较大冲击，对地区经济增长、就业都有一定负面影响；对金融体系的影响暂不明显，但从中长期来看，随着相关企业及其关联企业经营持续承压，债务风险仍需关注。

一、对美出口情况及其影响

参与调研的出口企业 33 家，调查期出口额占全市对美出口总额的 71%。其中，出口商品在关税清单一、二的企业 20 家，出口商品在关税清单三的企业 13 家。影响主要表现为：一是近六成企业对美出口订单下滑、四成企业利润下滑。58% 的企业订单下降，45% 的企业利润下滑。二是劳动密集型企业就业受到较大影响。美国新一轮 2 000 亿美元贸易制裁名单从高新技术产品蔓延至中低附加值产品，该类制造业企业多为劳动密集型，重庆劳动密集型商品最大出口市场在美国，企业利润受到挤压的情况下对就业的影响较大。三是通用机械制造等产业上下游关联企业受到较大冲击。52% 的企业表示对上下游关联企业造成较大影响。

二、对美进口情况及其影响

参与调研的进口企业 17 家，调查期出口额占全市对美进口总额的 55%，其中，进口商品在关税清单一、二的企业 11 家，进口商品在关税清单三的企业 6 家。影响主要表现为：一是对汽车制造、医疗设备等企业影响明显。二是大幅提高企业进口成本。三是两成企业开工率下滑。四是近六成企业进口减少影响到上下游关联企业。59% 的企业表示经贸摩擦对上下游关联企业影响较大。

三、对金融稳定的影响

从目前来看，中美经贸摩擦对重庆金融稳定的影响还不明显，但是从中长期来看，随着中美经贸摩擦持续和不断升级，直接相关的进出口企业产业将持续承压。订单流失、成本上涨将直接加重相关进出口企业经营压力。如果企业经营效益持续下滑，债务风险也将随之加大。而且，在产业集群式发展模式下，中美经贸摩擦对龙头企业的经营压力，还会向关联的其他企业、行业传染，从而进一步加剧辖区企业债务风险释放的压力。

四、政策建议

一是密切关注中美经贸摩擦发展趋势，及时研判其对辖区产业发展、经济运行和金融稳定的影响。二是加强对重点企业的风险监测。密切关注对美进出口企业经营风险，及时研判并妥善化解重点企业债务风险，防止风险蔓延升级。三是研究完善应对机制。加强正面宣传和汇率预期引导，坚定市场信心，并积极引导金融机构创新汇率避险产品、加大开拓新兴市场、改进生产技术等，积极发展多边贸易。

资料来源：中国人民银行重庆营业管理部。

二、金融改革深入推进，金融精准扶贫等领域取得实效

金融机构改革持续推进，金融组织体系日趋完备。改革开放40多年来，西部地区金融机构改革成果日趋显著。城市商业银行加快上市步伐，西安银行IPO获通过，成为西北首家A股上市获准通过的城市商业银行。兰州银行已报送A股上市首发申请材料。甘肃银行成功在香港上市，成为西北首家上市银行。农村金融服务供给不断优化，辐射影响力持续拓宽，全年改制成立农村商业银行45家，新开业村镇银行26家。非银行金融机构不断完善，陕西长安金融资产管理有限公司组建工作正式展开。

2018年金融改革持续深入，金融服务提质增效。在严监管的金融形势下，资管新规等政策相继出台，西部地区金融机构主动进行业务调整，资金空转、多层嵌套等行为得到初步遏制，影子银行风险逐步收敛，金融业回归本源，服务实体经济成效显现。存款保险工作向纵深推进，投保机构的风险监测、识别和早期纠正进一步强化，存款保险差别费率机制逐步完善。

绿色金融政策支持持续提升，融资方式不断拓宽。2018年，新疆成立全国首个绿色金融自律组织，在全国率先编发绿色项目库，昆仑银行成立西北首家绿色支行，发行5亿元绿色金融债；全国首单1亿元绿色债券融资计划成功挂牌，全国首个绿色资产证券化项目已进入融资阶段。四川绿色金融发展全面推开，申建全国绿色金融改革创新试验区工作加快推进。

金融精准扶贫在多领域取得明显实效。一是加大贫困县域信贷投放力度。贵州贫困县贷款余额占当年贷款新增额的一半以上，16个深度贫困县贷款余额同比增长27.5%。西藏精准扶贫贷款余额是2018年全区GDP规模的95.08%，投入力度居全国首位。二是保险业积极助推脱贫攻坚。贵州贫困人口至少拥有大病、农房两份政策性保险保障，涉农保险特惠政策持续扩大，重点民生领域保险保障不断增强，保险业开展保险扶贫项目132个，提供风险保障7 771亿元，约66万人次贫困人口、4.72万户次贫困户获得赔款6.58亿元。陕西大病保险实现全覆盖，税优型健康保险全面推开。云南深入推进保险服务高原特色农业和“一村一品、一县一业”发展，为101.63万贫困人口提供“财产+人身”的490亿元风险保障。

三、银行业总体经营稳健，部分地方法人金融机构风险显现

银行业平稳运行，民营小微等薄弱领域的支持力度不断增强。截至2018年末，西部地区法人银行业金融机构合计1 405家，较上年增加15家。银行业金融机构本外币资产总额同比增长5.08%，其中本外币贷款余额同比增长11.54%。本外币负债总额同比增长4.82%，其中本外币存款余额同比增长4.27%。西部地区金融支持供给侧结构性改革持续深化，有效落实差异化信贷政策，重点支持高端成长型和战略性新兴产业等领域的改造和转型升级，稳妥推进化解过剩产能金融服务，全面深化民营小微等薄弱领域金融服务。四川700个重点项目贷款余额达到6 412.1亿元。贵州、西藏小微企业贷款余额同比分别增长35.8%和21.85%，分别高于各项贷款增速17.3个和9.19个百分点。

由于周期性和结构性因素、信贷增长和风险防控压力交织，西部地区银行业金融机构经营压力不断加大，相关领域风险有所显现。一是资产质量有所下降。截至2018年末，西部地区银行业金融机构不良贷款余额同比增长15%，不良贷款率同比上升0.08个百分点，7个省区银行业金融机构不良贷款率均上升。受处置手段单一、处置周期长、见效慢等因素影响，不良贷款持续化解面临困难。二是高风险金融机构占比较高，地域分布较集中。部分地区高风险机构占比17.06%，且在地域上呈现集中分布特征。同时，部分地区高风险机构数量增幅较大，某省区同比多增达29家。此外，少数高风险机构资产质量严重恶化，资本不足，资产安全性较差。三是部分银行业金融机构流动性有趋紧态势。某些机构负债来源严重依赖同业资金，极易受到市场波动影响；一些机构存款结构稳定性较差，优质流动性资产充足率、流动性匹配率等指标远低于监管标准；部分机构“短存长贷”特征明显，期限错配持续扩大，流动性管理能力不足，进一步加剧流动性风险。四是经营压力不断加大。受前期贷款快速增长、非标回表、不良贷款率上升等影响，法人银行机构资本不足问题凸显。五是案件风险仍然存在。银行业金融机构仍存在违法放贷、挪用资金、票据诈骗、同业业务违规操作等风险案件，一定程度上暴露出涉案机构内控合规、风险稽核等方面存在制度缺陷，流程管理、事后监督不足等问题。

专栏11　高风险银行业金融机构风险处置中的困难和问题

当前，西部地区银行业金融机构整体运行较为稳定，风险总体可控，但目前国内经济金融形势复杂多变，金融创新风险与传统金融风险并存，且交替传染。2018年，部分银行业金融机构资产质量持续下滑，前期积累的非标业务风险化解困难，风险抵补能力不足。其中，少数机构资本严重不足，关联交易、虚假交易等违规风险时有发生，少数机构高管因违法违规行为接受纪律审查和监察调查，个别机构声誉风险和流动性风险开始显现，在风险处置中遇到的困难和问题主要表现为如下几个方面。

一、存量不良贷款处置压力较大

一方面，受历史包袱、经营环境和自身管理等因素的影响，一些高风险银行存量信贷风险积聚较重，在风险化解过程中，面临着信用贷款催收难、担保贷款代偿难、抵质押品处置难等历史遗留问题，风险难以在短期内快速消化。另一方面，西部欠发达地区的法人银行不良贷款处置手段单一，机构普遍只能采用核销、清收、诉讼等传统方式进行风险处置，市场化创新处置手段不足。此外，一些银行在处置中仅通过转贷和借新还旧方式化解账面风险，未来不良贷款前清后冒压力较大。

二、影子银行业务风险逐渐显现

在《资管新规》出台前，一些高风险银行前期长期通过非标业务或表外业务等方式，与多家通道机构合作发放类信贷资金，风险逐步暴露后形成大量不良资产。同时，由于此类业务通常存在多层嵌套的情况，且通道方一般为异地机构，风险归属不清，责任不明，真实穿透底层资产困难，在风险清收化解中形成了重重阻力。

三、前期高管违法违规经营后续负面影响较大

一些农村中小法人银行发展偏离市场定位，个别高风险机构高管人员私欲膨胀，从业人员法律意识淡薄，只顾攫取高额收益和个人利益，出现了超额发放关联方贷款、借名贷款、违规出租账户等高风险违法违规现象。目前，虽然大多数前期违规行为已被规范，涉嫌违规违法的高管已被问责，但酿成了重大损失，致使机构长期受损恢复困难。

四、外部力量化解风险的路径需要进一步探索完善

一方面，高风险银行风险处置工作尚存在职责边界不清晰、协调机制不完善等问题。一些地区经济金融生态环境欠佳，在开展风险处置时较难处理区域发展与风险处置的矛盾，易诱发“处置风险的风险”。另一方面，促进高风险机构风险处置的制度安排还需进一步完善。如目前高风险机构的资本补充路径还较为单一，金融案件的诉讼周期较长且执行困难，财税政策对于高风险机构减负方面考虑存在不足等。此外，还需要进一步发挥存款保险基金处置功能，探索提供担保、损失分摊、资金支持等更丰富的市场化处置方式，切实打赢、打好防范化解重大风险攻坚战。

资料来源：中国人民银行贵阳中心支行。

四、证券期货业盈利能力大幅下降，上市公司股权质押融资风险较为突出

西部地区证券期货业平稳运行，但盈利能力显著下降。一是市场主体数量平稳增长。2018年西部地区法人类证券、基金（公募）、期货经纪公司数量分别为21家、5家和16家，较上年新增基金公司2家；境内上市公司数量合计474家，较上年增加13家；证券业投资者账户数合计5 164.71万户，同比增长14.86%。二是部分省区直接融资规模扩大，服务实体经济能力提升。2018年广西资本市场直接融资344.47亿元，同比增长92.44%；云南通过交易所市场新增直接融资447.97亿元；新疆各类企业从资本市场融资579.88亿元，同比增长9.30%。四川部分证券公司设立“支持民营企业发展纾困专项资金”，搭建“股权专家”平台为企业提供综合金融服务。三是证券期货公司盈利能力大幅下降。2018年西部地区法人证券机构实现营业收入194.91亿元，同比下降34.31%，净利润4.98亿元，同比下降91.78%。陕西、甘肃、青海、重庆四地法人期货公司净利润同比下降76.27%、42.24%、27.49%和3.9%。

部分省市上市公司股权质押融资风险较为突出。受经营绩效持续下降，偿债压力加大等因素影响，上市公司试图以股权质押融资缓解财务压力。因股市行情大幅波动，部分上市公司股价逼近股权质押警戒线，还有部分公司股价一度跌破平仓线，导致经营风险向金融机构蔓延。重庆50家上市公司中有40家存在股权质押融资情况，质押比例超过40%的公司有8家；西部某省37家上市公司中有20家存在股权质押融资情况，其中8家公司质押股票价格跌破平仓线，5家公司质押股票价格触发预警线。在系列纾困措施推动下，股权质押平仓风险得以暂时缓解，但仍需关注后续影响。

专栏12　债券违约对地区金融环境的影响

自2014年以来，受宏观经济下行、债券市场扩容以及货币政策趋紧等因素影响，西部地区债券市场相继发生违约事件，对地区金融环境产生不利影响。

一、债券发行及违约情况

根据Wind数据统计，2015—2018年，西部地区债券市场累计发行信用债券6 068只，占全国的16.63%，累计筹资金额49 092.42亿元，占全国的12.11%。2015—2018年，西部地区共有22家企业44只债券发生了债券违约事件，累计违约金额187.02亿元，共涉及十个省（区、市）。截至2018年末，西部地区仍有17家企业33只债券未兑付，涉及违约金额117.18亿元，完成兑付的债券金额仅占累计违约金额的三分之一左右。

从违约债券时间分布看，2015—2018年，西部地区债券市场债券违约规模分别为23.3亿元、56.47亿元、54.25亿元和53亿元，2016年是债券违约金额最高的一年。从违约债券类型看，中期票据和定向融资工具违约规模较大，占比分别为28.87%和23.53%。从债券上市交易场所看，违约主要发生在全国银行间市场，占比87.78%。从违约债券行业分布看，煤炭、钢铁、建筑等产能过剩及周期性行业债券违约规模较高，占比42.64%。从违约主体企业性质看，民企和地方国企占比较高，分别为48.66%和38.77%。

二、债券违约对地区金融环境的影响

（一）风险向金融机构传导，对地区金融风险防控产生不利影响。债券违约主体的债务总规模通常是其债券违约金额的数倍，且大部分资金最终都来源于金融机构，当债券发行人面临债券违约风险时，债券持有人会采取发放贷款、续发债券及发起设立并购基金等方式为到期债券及其他存量债券注入流动性，加剧了企业风险向金融机构的传导。

（二）影响地区信用环境，推高企业融资成本。个别违约债券处置时间较长，无实质性进展，影响了市场对企业的信心，推高了地区企业的发债成本，也影响了地区整体信用环境。

（三）债券发行难度增加，不利于多层次融资市场的形成。债券违约会使当地债务承销业务准入审查趋严，延长项目准入时间和难度；同时会使投资人对当地企业债券购买意愿下降，债券发行难度加大。

三、政策建议

一是加强债券违约风险监测和预警，建立动态的评价指标体系和监测系统，重点关注发生过违约的发债主体发行的债券以及产能过剩行业债券。二是完善信用债券信息披露制度，一旦发现债券发行人披露不真实、不完整、误导投资者信息的行为，加大惩处力度，以免引发信用风险。三是健全债券违约处置机制，切实打破刚性兑付，加快破产制度改革步伐，优化破产清算程序，完善投资者保护机制，有效维护投资者权益。

资料来源：中国人民银行呼和浩特中心支行。

五、保险业务转型持续推进，行业潜在风险仍待防范

西部地区保险业发展转型持续推进。一是保险业持续稳步增长，保障功能不断优化。2018年西部地区实现原保费收入7 416.29亿元，赔付支出2 497.15亿元，同比分别增长8.23%和12.26%。主要险种原保费收入和赔付支出方面，人身险同比分别增长7.62%和13.08%；财产险同比分别增长8.99%和10.63%；农业险同比分别增长20.87%和9.58%；责任险同比分别增长25.74%和28.04%。二是保险业风险管理与保障功能持续完善，服务实体经济效果不断显现。产业支持方面，2018年四川保险业提供风险保障85.86万亿元，同比增长25.12%，农业大灾保险县域试点顺利推进，地方特色农险产品达65种，支付赔款额达中央财政补贴总额的2.3倍。内蒙古保险业为主要粮食作物提供的风险保障覆盖面达95%，森林保险承保天然林、防护林实现全覆盖。甘肃实际保险资金投资连续三年突破100亿元，2018年投资10个保险项目，金额达171.02亿元，创历年新高。三是部分地区商业车险改革稳步推进。2018年，广西、陕西、青海三个地区在全国率先启动商业车险自主定价改革，进入费率改革完全市场化阶段，保费负担明显降低。如广西商业车险投保率提升4%，商业三责险保额提升40%，消费者保费负担车均下降35%。四是人身险回归保障功能。人身险进入转型升级期，压缩偏理财型短期业务，发展风险保障型和长期储蓄型业务。内蒙古人身险业务探底后重新步入中快速发展轨道，2018年保费增速排全国首位。宁夏人身险回归本源并保持稳定增速，原保费收入同比增长8.9%。转型升级也对个别地区发展带来阵痛，贵州2018年人身险保费收入增速同比下降11.19个百分点，呈连续下降趋势。

行业内潜在风险仍待防范。一是退保规模高位运行，加剧行业经营压力。2018年西部地区寿险退保金额同比增长125.75%，退保率超过5%的地区有10个，宁夏、西藏两地退保率超过15%，加剧中小人身险公司流动性压力，制约保险业务转型。二是责任险等险种增长较快，潜在风险值得关注。2018年宁夏责任险和保证保险保费收入同比分别增长41.51%和117.7%。四川责任险和保证保险保费收入同比分别增长30.31%和30.34%；广西、西藏两地责任险保费收入同比增长均超过40%。值得关注的是，责任险道德风险管理水平仍有待提高，保证保险受实体经济下滑、信贷违约现象增多和金融机构不良率攀升等因素影响，风险随之增加。三是车险业务占比收缩，财险公司收益下降。受2018年全国汽车销售量下滑的影响，汽车投保需求下降，车险保费收入仅同比增长2.65%，增速明显放缓，财险公司整体出现收益下滑趋势。重庆新车承保数量同比下降18.9%，承保利润同比下降40.90%；甘肃车险承保利润同比仅增长0.01%。四是保险欺诈呈现新动向。随着利用互联网实施跨区域诈骗和职业团伙诈骗等手段的出现，反保险欺诈难度进一步加大。不法分子通过非法渠道掌握投保人信息，冒充保险公司工作人员，以代理退保为诱骗手段，从中收取费用，或鼓动投保人办理涉嫌违法的保险“升级产品”。

六、金融基础设施建设持续完善，非法金融活动整治压力仍待缓解

金融基础设施建设不断完善，运行管理水平持续提升。一是支付惠民工程持续深入推进。

重庆在全国率先通过云闪付 APP 创新建设企业开户进度管理系统。四川实施“支付兴农工程”，持续加大对集中连片特困地区和深度贫困地区金融服务投入力度。二是社会信用体系建设模式不断创新。陕西在西安高新区以打造“园区＋市场化”为依托的信用金融服务新模式，推动实现园区政策、金融和信用等资源合理高效配置。重庆“农村信用信息基础数据库”顺利上线，累计评定信用村（镇）533 个。广西创建诚信园（商）区 37 个，对未与银行建立信贷关系的 3.88 万家小微企业提供信贷支持。三是金融消费权益保护工作进一步优化。四川、新疆两地实现 12363 呼叫热线省级统一接入，持续完善非诉讼纠纷解决机制，办结率近 100%。贵州投放“蒲公英”金融志愿服务咨询投诉电话公示牌 18 825 块，打通金融消费维权“最后一公里”。

非法金融活动泛滥势头受到有效遏制，但整体形势依然不乐观。一是区域内非法金融活动仍未根除。新疆、广西等地非法集资涉案金额和参与人数均明显下降，与此同时，西藏地区输入性非法集资风险和压力日益增大，举报线索和上级转办案件呈上升态势。此外，“泛理财化”成为现阶段非法集资的重要表现形式，呈现出传播速度快、覆盖范围广、涉及人数多的特点。二是互联网金融风险仍面临整治压力。经过前期专项整治，存量互联网金融风险有所缓解，但部分机构通过线下违规发行理财产品或提供担保、无证开展清算和支付业务或资金存管要求落实不到位，互联网金融风险整治仍面临较大压力。

七、定量评估

从定量评估结果来看，2018 年西部地区金融稳定状况综合得分为 72.2 分，处于较稳定区间，较上年下降 4.5 分，比全国平均水平低 5.0 分。其中证券业和保险业得分高于全国平均水平，宏观经济低于全国平均水平，银行业和金融生态环境得分与全国平均水平相近（见图 16）。

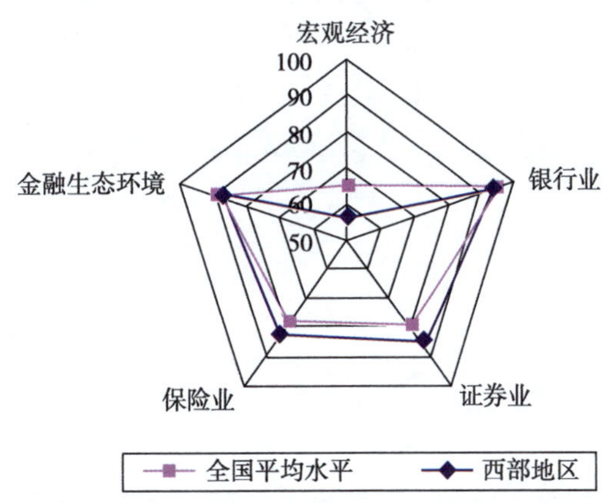

图 16　2018 年西部地区金融稳定状况和全国平均水平的比较

从具体指标变动情况来看（见表 7），西部地区共有 2 项指标较上年有所改善，12 项指标较上年有所下降，11 项指标与上年持平。在宏观经济方面，农村人均纯收入增长率有所改善，但第三产业增加值、实际利用外资、投资、消费、房价和城乡居民可支配收入等相关指标得分有所下降，因此宏观经济得分较上年回落。金融生态环境得分上升，得益于法治环境调查综合指标有所改善。银行业盈利能力下降，因此银行业得分有所下降。证券业和保险业得分均有所下降，主要是证券公司盈利能力下降以及保险公司保费收入增长放缓和退保上升等原因所致。

表 7　　2018 年西部地区评价指标及其变动情况

指标分类		变动方向	评价指标	变动情况		
				改善	稳定	下降
宏观经济		↓	地区生产总值增长率			✓
			第三产业增加值增长率			✓
			全社会固定资产投资增长率			✓
所			社会消费品零售总额增长率			✓
			实际利用外资增长率			✓
			进出口总额增长率		✓	
			城镇居民可支配收入增长率			✓
			农村人均纯收入增长率	✓		
			居民消费价格指数		✓	
			城镇登记失业率		✓	
			典型城市房地产销售价格指数			✓
金融机构	银行业	↓	核心资本充足率		✓	
			不良贷款率		✓	
			资产利润率			✓
			流动比率		✓	
	证券业	↓	净资本充足率		✓	
			净资本负债率		✓	
			资产利润率			✓
	保险业	↓	应收保费率			✓
			保费收入增长率			✓
			寿险公司退保率			✓
金融生态环境		↑	法治环境调查综合得分	✓		
			地方财政收入占 GDP 比重		✓	
			银行服务密度		✓	
			征信数据库覆盖率		✓	

注：表中“↑”代表改善，“↓”代表下降，“→”代表稳定。

从历年综合得分变动趋势看（见图 17），2018 年，西部地区金融稳定综合得分有所回落。分项来看（见图 18），2018 年西部地区宏观经济、银行业、证券业和保险业得分有所下降；金融生态环境得分继续回升。

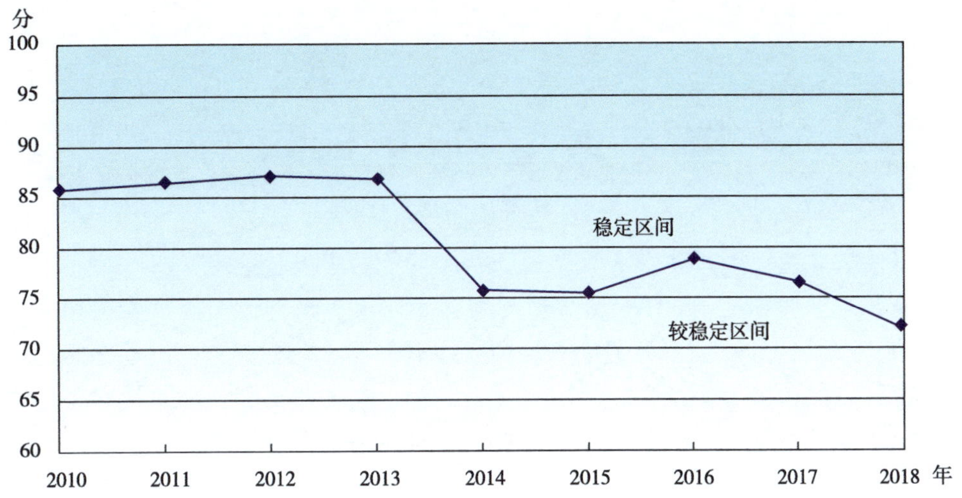

图 17　2010—2018 年西部地区金融稳定综合得分趋势

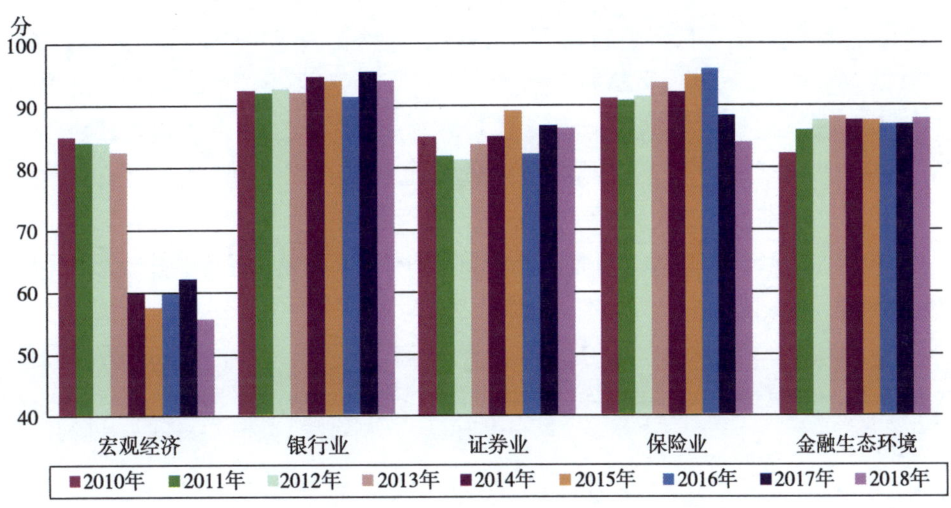

图 18　2010—2018 年中部地区金融稳定状况的比较

第五章　东北地区

2018年，东北地区深入贯彻落实党中央、国务院关于东北振兴的一系列决策部署，把握稳中求进工作总基调，贯彻新发展理念，落实高质量发展要求，经济运行保持总体平稳，供给侧结构性改革深入推进。金融业整体运行平稳，风险总体可控。

一、经济增长缓中趋稳，但内生动力和增长点不足

2018年，东北地区经济呈现缓中趋稳的态势，地区生产总值5.68万亿元。其中，辽宁省、吉林省、黑龙江省生产总值分别为2.53万亿元、1.51万亿元和1.64万亿元，同比分别增长5.7%、4.5%和4.7%，辽宁省增速较上年提升1.5个百分点，吉林省和黑龙江省增速较上年分别回落0.8个和1.7个百分点，三个省增速分别低于全国平均水平0.9个、2.1个和1.9个百分点。一是产业结构持续优化。2018年，东北地区三次产业比由上年的11.87:37.34:50.79调整为10.92:36.06:53.02，第一产业和第二产业比重分别下降0.95个和1.28个百分点，第三产业比重提高2.23个百分点，第三产业对经济的拉动作用进一步增强。二是外贸进出口增长显著。2018年，东北地区进出口累计完成1 606.97亿美元，同比增长17.39%。其中，辽宁省、吉林省和黑龙江省进出口总额分别为1 144.03亿美元、198.57亿美元和264.10亿美元，同比分别增长14.9%、8.6%和39.4%。

发展不充分、内生动力不足仍然是困扰东北地区经济发展的最大问题。一是区域经济发展相对缓慢。2018年，辽宁省、吉林省、黑龙江省生产总值分列全国31个省（自治区、直辖市）第14位、第24位和第23位；生产总值增速分列全国的第27位、第30位和第29位，与东部、中部地区相比，仍有较大差距。二是固定资产投资对经济增长仍未形成有效支撑。2018年，东北地区固定资产投资同比增长1.0%。其中，辽宁省和吉林省同比分别增长3.7%和1.6%，增速分别较上年提高3.6个和0.2个百分点；黑龙江省同比下降4.7%，增速较上年降低10.9个百分点。三是居民消费增势回落，对经济增长的拉动作用有限。2018年，东北地区社会消费品零售总额同比增长1.0%，增速较上年下降1.8个百分点。其中，辽宁省社会消费品零售总额增速较上年提高3.8个百分点；吉林省、黑龙江省社会消费品零售总额增速分别较上年降低2.7个和2.0个百分点。四是外部需求不足，外贸结构有待进一步调整和优化。2018年，东北地区贸易逆差3 071.40亿元，较上年扩大1 166.16亿元，且辽宁省、吉林省和黑龙江省外贸已连续三年呈逆差状态。

二、改革力度不断加大，调结构转方式仍需加力

2018年，东北地区继续深入推进供给侧结构性改革，“三去一降一补”任务加快落实。一是化解落后产能工作成效显著。辽宁省淘汰关闭年产30万吨以下煤矿25个，淘汰落后水泥产能54万吨；吉林省关闭矿井26处，淘汰落后产能605万吨，全面完成“地条钢”取缔工作；黑龙江省淘汰关闭小煤矿245处，淘汰落后产能1 483万吨。二是去库存工作取得新进展。辽宁省、吉林省商品房销售额同比分别增长7.1%、27.9%，房地产去库存，特别是县域取得较好成效；黑龙江省商品房库存比同期减少161万平方米，粮食去库存累计达930亿斤。三是降成本工作扎实推进。辽宁省落实减税降费政策，减免税费1 390亿元，工商企业用电成本降低41亿元；黑龙江省减免退税669.6亿元，一般工商业电价下降10.2%，金融机构贷款利率下降1.49个百分点。四是持续推进农业供给侧结构性改革。东北地区粮食总产量达2 666.1亿斤，占全国总产量的两成。辽宁省加快农业结构调整，调减玉米种植面积77.6万亩；吉林省粮食产量连续6年保持在700亿斤以上水平，农作物耕种收综合机械化率达到87.5%；黑龙江省统筹实施乡村振兴战略，农业综合生产能力不断增强，粮食总产量达1 501.4亿斤，实现“十五连丰”。

结构性矛盾尚未得到根本性改变，新旧动能接续转换亟待加快。一方面，东北地区工业运行对传统产业依赖依然较大，内生动力相对不足。工业形势好转主要得益于石油、煤炭、钢铁等能源原材料价格阶段性走高，部分行业产能过剩的矛盾尚未得到根本解决，高耗能、高污染行业占比较大，经济增长基础仍然不牢固；另一方面，新动能发展不充分，新旧动能“青黄不接”。东北地区传统产业转型难、提升难，新技术、新产业、新业态、新模式规模偏小且发展滞后，多点多业支撑的产业格局还没有根本形成，高质量、规模化的产业集群亟待培育，转方式、调结构仍然任重道远。

专栏13　金融支持资源型城市“去产能”过程中的风险防范

近年来，黑龙江省积极推进煤炭行业供给侧结构性改革，煤炭行业“去产能”工作取得阶段性成果，但煤矿职工安置、煤炭企业转型困难、信贷风险加大等问题是进一步推进金融支持“去产能”的最大阻碍。

一、金融支持煤炭“去产能”主要做法及成效

（一）执行差别化信贷政策助推煤炭“去产能”

积极贯彻落实《关于支持钢铁煤炭行业化解过剩产能实现脱困发展的意见》，执行差别化的信贷政策，合理引导信贷资源流向，对有发展前景和进行项目转型的煤炭企业继续给予信贷支持。截至2018年末，全省煤炭行业贷款余额118.87亿元，同比增长10.31%。对列入淘汰落后产能的煤炭企业，有序压降贷款，实现金融助力煤炭企业“去产能”。

（二）满足煤炭“去产能”失业职工的创业资金需求

煤炭“去产能”产生的下岗职工中有一部分人会有自主创业的意愿，需要资金扶持。

黑龙江省鸡西、鹤岗、双鸭山、七台河市（以下简称四煤城）通过开展创业担保贷款、小额担保贷款等业务支持下岗人员创业再就业。截至2018年末，四煤城创业担保贷款当年累计发放1.27亿元，余额达到2.59亿元，有效满足“去产能”失业人员的创业资金需求。

（三）保压有度，实现煤炭“去产能”的平稳过渡

现阶段，黑龙江省金融机构根据煤炭行业“去产能”的要求，协调应对，保压有度。对煤炭企业贷款不搞“急刹车”“一刀切”，避免强行抽贷引发不良后果。逐户排查已授信企业的流动性，测算清偿能力，对规模大、成本低、技术新、市场竞争力强的煤炭企业继续给予扶持；通过追加担保、替换借款主体等措施化解煤矿企业缩减甚至关停产能的风险，确保金融机构涉煤债权有序过渡，化解债务人违约风险，进一步缓解“小煤矿”整治工作所带来的压力。

二、“去产能”过程中的金融风险状况

（一）煤炭行业信贷资产质量持续承压

涉煤行业作为四煤城的主导行业，集聚地方大量金融资源。随着煤炭行业“去产能”深入推进，部分煤炭企业经营受到较大冲击，银行涉煤信贷资产质量下滑明显。截至2018年末，黑龙江省煤炭行业不良贷款率较年初上升0.49个百分点；近三年，四煤城煤炭行业不良贷款率均高于全市平均水平，其中，2018年某市煤炭行业不良贷款率接近40%，煤炭行业信贷资产质量持续承压。

（二）煤炭行业贷款集中度过高

目前，四煤城的新动能已经开始显现，但对金融资源的吸收力尚不足，银行业的信贷资源集中涌向煤炭“去产能”中的优势煤炭企业，据统计，黑龙江省煤炭行业贷款超过60%集中流向某国有大型煤炭集团及其附属企业。由于煤炭市场具有较大的不确定性，即便是延长产业链条，过高集中度依然会使贷款银行面临较大风险隐患。

三、政策建议

（一）优化资源配置，拓宽金融供给

继续执行差别化信贷政策，引导从煤炭行业释放出的信贷资金投向优势领域，为加快培育“新动能”提供金融支撑。支持企业拓宽融资渠道，优质企业可通过发行集合票据、短期融资券等方式增加资金来源。同时鼓励企业从投资机构、金融租赁公司等金融机构获取资金，改变单一的融资结构。金融机构通过小额担保贷款和创业担保贷款等方式重点支持下岗煤炭职工通过创业再就业，并做好跟踪监测。

（二）加强风险监测，防范金融风险

加强对煤炭企业涉及民间借贷和非法集资的监测，防止风险跨领域的交叉感染。重点关注信贷规模集中度过高的现象，引导信贷资源的合理投放，避免贷款在某行业或企业过度集中。金融机构要对列入煤炭“去产能”计划的涉煤贷款企业提前做好风险排查，弄清贷款抵押担保情况，掌握企业资产变动，做好处置预案。

（三）市场化原则，保障经济发展可持续化

针对煤炭企业暂时经营及转型困境，适当降低或取消矿产资源补偿费和煤炭安全生产

费，做好煤炭行业职工安置工作。制定奖惩措施，防止限产保能、边去边建、去小建大等痼疾，真正实现“去产能”。制定负面清单制度，让企业主体真正以市场化原则开展经营活动。同时，辅之以行政手段的必要支撑，培育具有发展后劲和可持续的新经济增长点。

资料来源：中国人民银行哈尔滨中心支行、中国人民银行大庆市中心支行。

三、银行业整体规模保持稳定，信用风险仍需关注

东北地区银行业金融机构资产负债规模整体小幅增长。截至2018年末，东北地区银行业金融机构资产总额15.14万亿元，同比增长2.51%，其中，辽宁省、吉林省和黑龙江省银行业金融机构资产总额分别为8.16万亿元、3.09万亿元和3.89万亿元，辽宁省和黑龙江省同比分别增长3.56%和2.78%，吉林省同比下降0.70%；东北地区银行业金融机构负债总额14.59万亿元，同比增长2.47%，其中，辽宁省、吉林省和黑龙江省银行业金融机构负债总额分别为7.87万亿元、2.97万亿元和3.75万亿元，辽宁省和黑龙江省同比分别增长3.93%和2.42%，吉林省同比下降1.15%。金融机构本外币各项存贷款业务保持稳健增长，辽宁省、吉林省和黑龙江省银行业金融机构本外币存款余额分别为5.53万亿元、2.21万亿元和2.55万亿元，同比分别增长10.04%、1.70%和7.10%；本外币贷款余额分别为4.50万亿元、1.90万亿元和2.03万亿元，同比分别增长9.01%、5.50%和4.42%。金融支持小微企业力度不断加强。截至2018年末，东北地区小微企业贷款余额8 550.9亿元，同比增长6.09%。

不良贷款高位运行，信用风险加速暴露。截至2018年末，东北地区金融机构不良贷款余额3 699.74亿元，同比增长23.87%；不良贷款率4.39%，较上年同期上升0.60个百分点，高于全国平均水平2.42个百分点。此外，东北地区“关注类”贷款余额同比增长35.58%；“关注类”贷款占比达6.35%，较上年同期上升1.34个百分点。大型企业贷款风险陆续暴露。辽宁省受东北特钢、辉山、丹东港等风险事件影响，企业直接融资难度加大，在银行间市场债券发行量同比下降24.1%；吉林省、黑龙江省多家大型企业存在债务违约风险，融资金额巨大，给多家银行业金融机构造成较为集中的风险压力。

四、法人银行机构改制工作稳步推进，风险防控形势严峻

截至2018年末，东北地区共有地方法人银行业金融机构375家，其中，城市商业银行18家、农村商业银行112家、农村信用社82家、村镇银行161家、民营银行2家。2018年，东北地区有8家农村信用社完成农村商业银行改制工作，其中，辽宁省4家，黑龙江省4家；新设村镇银行7家，其中，辽宁省2家，黑龙江省5家。从整体上看，东北地区完成改制的农村商业银行、新设立的村镇银行及民营银行除极个别经营指标外，经营状况均优于本省法人银行业金融机构平均水平。

在经济下行压力加大和监管趋严背景下，东北地区部分法人银行业金融机构风险暴露加快，经营指标下滑，不良贷款率升高，抗风险能力降低，加之风险案件频发，法人银行机构发展面临较大困难和挑战。截至2018年末，东北地区资本充足率低于8%的法人银行业金融机构较上年增加13家；不良贷款率高于5%的机构较上年增加37家；流动性比率低于25%的机构较上年增加2家。尚有60家农村信用社因为存量历史包袱沉重，财务缺口较大，改革募股困难等原因，改革工作进展延缓。部分机构仍然存在公司治理结构不健全，股权管理不完善，合规管理不到位等问题，风险防控意识淡薄，极易引发操作风险和道德风险。个别法人机构违规开展同业业务导致的风险事件给地区金融安全带来负面影响。

专栏14　中小法人银行业金融机构股东融资行为监管有待加强

近年来，地方中小法人银行业金融机构股份制改革快速推进，截至2018年末，东北地区共改制成立城市商业银行18家，农村商业银行112家，募集股份总计1 414.76亿股。非金融企业法人和自然人成为地方中小银行机构增资扩股投资者的主力军，此类股东持有的股份已经占全部股份的80%以上。目前，银行机构股权已成为股东持有的良性资产，不仅每年能带来利润分红，还可以通过质押的方式办理银行贷款，增加了股东资产的流动性。地方中小银行机构股权质押融资业务日益活跃的同时，部分金融机构股权质押融资业务管理方面仍存在一些问题，亟待规范。

一、股权质押状况及问题

据调查，东北地区多数法人城市商业银行和农村商业银行中，都有股东将股权进行质押融资活动的现象，城市商业银行已质押股权约占14.5%，农村商业银行已质押股权约占24.5%。人民银行、银保监会等相关部门对金融机构股权质押业务出台了相关文件进行了规范，各银行机构也建立了股权质押登记管理流程。在实际操作中，仍存在以下几方面问题。

（一）缺乏统一的股权质押登记场所

多数中小法人银行业金融机构均已经建立了股权托管机制，但当前对金融机构股东进行股权质押登记的场所缺乏明确统一的规定，选择登记场所由双方视情况而定。从实践情况看，登记场所的选择较为分散，主要有地方股权登记托管中心、当地工商行政管理局、当地市场和质量监督管理局等。而部分登记场所未实现信息共享，造成信息不对称，金融机构对股东股权质押情况难以全面掌握，存在重复登记、质押的风险。

（二）对股东质押信息登记不及时

虽然多数中小法人银行业金融机构明确规定了股东股本金管理、股权集中托管、股权登记确认、重大信息报告、股权质押、转让等事项，制定了股权质押、转让的办理流程等相关制度，但由于股权质押是股东与其他金融机构的融资活动，股东对主动报备信息的重视程度不够，造成信息的及时性和准确性不足，金融机构对于股东股权质押信息的变化难以及时掌握。

（三）部分股东股权质押比例偏高

金融机构股东股权被大量质押后，股东股权一旦被执行，易引发股权结构不稳定，可能对金融机构稳健经营造成影响。调查发现，部分金融机构已被质押的股权比例超过其全部股本的20%，多家机构存在股东将持有股份出质超过50%以上的情况，个别主要股东甚至将持有的全部股份进行了质押。

（四）质押融资出现逾期风险

多数金融机构股东的股权质押融资能够正常运作，但也出现少数机构的个别股东股权质押出现逾期的情况。例如，某城市商业银行有3家股东将持有的全部股份在某股份制商业银行等机构进行了质押贷款，合计7.2亿股，占该行股本总额的29.87%，在逾期后被全部查封。

二、政策建议

（一）健全区域股权交易机制，促进股权交易托管规范化

明确区域中小法人银行业金融机构股权质押托管登记的管理机制，健全商业银行股权转让市场设施，完善交易流转流程，建设信息化管理平台，增强股权质押登记的信息共享与透明度。同时，应结合实际完善股权质押融资相关业务指引，规范业务操作，促进健康发展。

（二）完善信息披露制度，加强穿透式监管

落实《关于加强非金融机构企业投资金融机构监管的指导意见》等监管要求，对主要股东应加强日常管理，要求主要股东主动进行信息披露，对其股权结构、负债情况、一致行动人及其变动情况进行定期披露。按照穿透原则和实质重于形式原则，加强金融机构股东资质审核，对股东的入股资金来源、关联交易、股权质押等情况进行重点监管。

（三）强化股权质押交易管理，防范违规行为

督促金融机构及其股东按照《关于加强商业银行股权质押管理的通知》等监管要求，规范开展股权质押贷款业务。各商业银行应加强对金融机构股权的估值管理，完善评估机制，制定被质押股权的处置转让办法。防范利用银行股权质押形式，代持银行股权、隐匿关联交易、抽逃银行资本、输送不当利益、违反信贷政策等违规行为。

资料来源：中国人民银行长春中心支行。

五、证券期货业稳健运行，市场融资能力和经营稳健性有待提升

截至2018年末，东北地区共有法人证券公司6家，其中，辽宁省3家，吉林省2家，黑龙江省1家；法人期货经纪公司7家，其中，辽宁省3家，吉林省2家，黑龙江省2家。东北地区证券市场交易额12.32万亿元，较上年下降5.82万亿元，同比下降32.08%，其中，辽宁省、吉林省和黑龙江省证券市场交易额分别为6.66万亿元、2.24万亿元和3.42万亿元，同比分别下降35.83%、21.42%和4.13%。东北地区投资者账户合计2 530.68万户，同比上涨12.41%，其中，辽宁省、吉林省和黑龙江省投资者账户数分别为1 443.21万户、374.32万户和713.15万户，同比分别增长9.42%、18.64%和8.79%。

当前，东北地区证券期货业发展面临的主要问题：一是资本市场发展缓慢，融资能力较弱。从上市公司看，东北地区共有A股上市公司151家，仅占全国A股上市公司总数的4.23%，其

中，辽宁省74家，吉林省41家，黑龙江省36家，全部低于全国省均115家的水平。从融资规模看，东北地区境内上市公司股票市场全年累计募集资金381.07亿元，其中，辽宁省、吉林省和黑龙江省分别为235.55亿元、140.82亿元和4.7亿元，同比分别下降15.46%、23.98%和90.90%。二是经营稳健性仍需加强。2018年，东北地区上市公司股权质押风险逐渐凸显，个别上市公司已经触及甚至跌破平仓线，辽宁省、吉林省和黑龙江省均有部分上市公司出现违约情况，经营稳健性受到影响。

专栏15　上市公司股权质押问题值得关注

2018年，受股票市场持续低迷影响，部分上市公司股价跌破股权质押平仓线。大股东维持控股权与金融机构维护资产安全之间出现矛盾，股份被动平仓也与股价连环下跌形成恶性循环。

一、上市公司股权质押成为普遍融资方式

近年来，A股上市公司通过股权质押方式融资成为越来越普遍的现象。据统计，截至2018年末，吉林省共42家上市公司，其中19家民营企业，6家中央国有企业，12家地方国有企业，5家其他企业。根据中国证券登记结算有限公司数据整理，其中有41家上市公司存在股票质押情况，股票质押存量43.2亿股，总笔数161笔，质押融资期限以1至2年期为主。

二、部分上市公司质押率较高

截至2018年末，吉林省内股票质押率超过60%的共有1家，股票质押率超过50%的共有2家，股票质押率超过30%的共有8家。部分上市公司的主要股东股票质押率超过90%。高比例股票质押率增大了大股东的流动性风险。上市公司一旦股价出现大幅下跌时，质押方会要求上市公司补充保证金或者抵押物，但由于股东质押率过高，将面临缺乏抵押物的情况，极易出现“爆仓”风险。大股东股份被强制平仓后，可能会失去对公司的控股权，造成公司控制权非正常更迭或影响经营稳定性。

三、个别上市公司债务纠纷加剧质押风险

2018年，吉林省内41家股权质押上市公司达到或触及预警线，总笔数为120笔；达到平仓线的有36家，总笔数为85笔；暂无强制平仓情况发生。其中，较为典型的是某中小板上市公司，由于前期盲目扩张，杠杆比率过高，资金链断裂造成债务违约，该公司股票被其他债权人司法冻结。其中，该公司第一大股东被司法冻结的股票占公司总股本的14.48%，第二大股东被司法冻结的股票占公司总股本的7.78%，二者合计持有公司股份2.7亿股被冻结。而两位大股东所持有公司股份累计已质押2.67亿股，占公司总股本的21.96%，即两位大股东所持有的公司股份已经基本上全部被质押并且被司法冻结或司法轮候冻结。而该公司股价自大股东股权被冻结后持续下跌，已大幅低于平仓线，质押权人金融机构将面临抵押物不足的损失风险。

资料来源：中国人民银行长春中心支行。

六、保险业保持良好发展态势，风险防控仍需加强

2018 年，东北地区保险业规模持续增大，市场体系不断完善。截至 2018 年末，东北地区共有法人保险公司 9 家（辽宁省 5 家、吉林省 3 家、黑龙江省 1 家），按机构类型，人身险公司 3 家、财险公司 6 家。省级分公司 198 家（辽宁省 112 家、吉林省 38 家、黑龙江省 48 家），按机构类型，政策性保险公司 1 家，人身险公司 110 家，财险公司 87 家。截至 2018 年末，东北地区保险机构资产总额 7 239. 6 亿元，当年实现原保险保费收入 2 717. 21 亿元，同比下降 4. 61%。保险深度 4. 79%，同比下降 0. 45 个百分点，保险密度为 2 496. 29 元/人，同比减少 120. 59 元/人。保险保障功能进一步增强。全年各类赔付支出 857. 58 亿元，较上年增加 66. 48 亿元，同比增长 8. 4%，其中，辽宁省、吉林省和黑龙江省保险赔付支出分别为 408. 12 亿元、192. 29 亿元和 257. 17 亿元，同比分别增长 8. 70%、9. 79% 和 6. 92%。服务实体经济能力稳步提升。辽宁省保险机构积极参与多样化医疗保障体系建设，满足多层次市场需求；吉林省对适度经营规模主体开展农业大灾保险；黑龙江省探索出口信贷政策与出口信用保险有效融合，破解小微企业风险保障难题。

当前，东北地区保险业发展面临的主要问题：一是保险业满期给付与退保支出仍然高位运行，容易导致流动性风险。二是保险业市场秩序有待规范，保险市场乱象时有发生，可能引发舆情风险和群体性事件。三是保险创新业务监管仍需加强。个别保险机构在网络平台推出名义上高额回报“吸睛”产品，宣传内容不合规，甚至有不法分子冒用保险机构名义伪造保单，涉嫌非法集资，侵害消费者合法权益，危害保险市场发展。

七、定量评估

从定量评估结果来看，2018 年东北地区金融稳定状况综合得分为 70. 3 分，处于较稳定区间，较上年下降 1. 3 分，比全国平均水平低 6. 9 分。其中宏观经济、银行业、证券业和保险业低于全国平均水平，金融生态环境得分与全国平均水平相近（见图 19）。

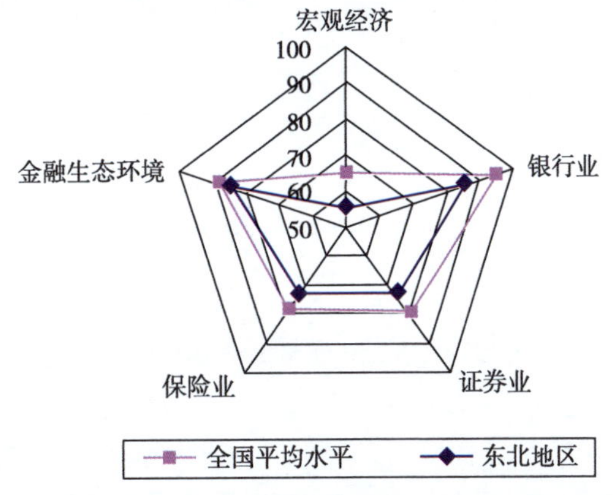

图 19　2018 年东北地区金融稳定状况和全国平均水平的比较

从具体指标变动情况来看（见表 8），东北地区共有 7 项指标较上年有所改善，5 项指标较上年有所下降，13 项指标与上年持平。在宏观经济方面，实际利用外资、进出口、消费、就业、城镇居民可支配收入和农村人均纯收入等指标相关指标得分均较上年有所改善，因此宏观经济得分较上年有所回升。金融生态环境得分上升，得益于法治环境调查综合指标有所改善。银行业、证券业由于盈利能力下降，因此得分下降。保险业由于保险公司保费收入增长放缓和退保上升等原因得分也有所下降。

表 8　　2018 年东北地区评价指标及其变动情况

指标分类		变动方向	评价指标	变动情况		
				改善	稳定	下降
宏观经济		↓	地区生产总值增长率		✓	
			第三产业增加值增长率		✓	
			全社会固定资产投资增长率		✓	
			社会消费品零售总额增长率	✓		
			实际利用外资增长率	✓		
			进出口总额增长率	✓		
			城镇居民可支配收入增长率	✓		
			农村人均纯收入增长率	✓		
			居民消费价格指数		✓	
			城镇登记失业率	✓		
			典型城市房地产销售价格指数			✓
金融机构	银行业	↓	核心资本充足率		✓	
			不良贷款率		✓	
			资产利润率			✓
			流动比率		✓	
	证券业	↓	净资本充足率		✓	
			净资本负债率		✓	
			资产利润率			✓
	保险业	↓	应收保费率		✓	
			保费收入增长率			✓
			寿险公司退保率			✓
金融生态环境		↑	法治环境调查综合得分	✓		
			地方财政收入占 GDP 比重		✓	
			银行服务密度		✓	
			征信数据库覆盖率		✓	

注：表中“↑”代表改善，“↓”代表下降，“→”代表稳定。

从历年综合得分变动趋势看（见图 20），2018 年东北地区金融稳定综合得分略有下降，但保持在较稳定区间。分项来看（见图 21），2018 年东北地区宏观经济继续回暖，金融生态环境得分略有回升，银行业、证券业和保险业得分有所下降。

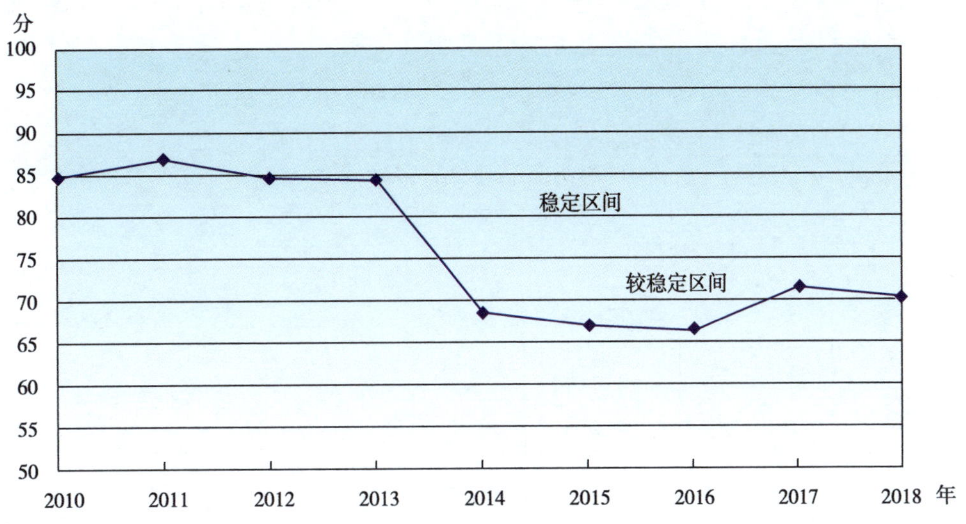

图 20　2010—2018 年东北地区金融稳定综合得分趋势

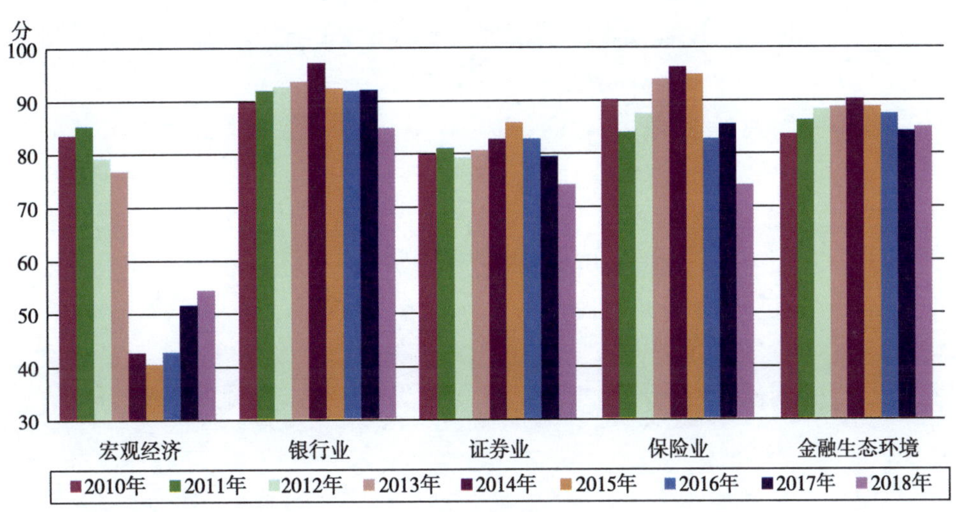

图 21　2010—2018 年东北地区金融稳定状况的比较

第六章　总体评估

一、总体评估

2018 年，各地区经济金融总体稳健运行，区域发展协调性显著增强。各地区经济发展总体平稳、稳中有进。农业生产增速放缓，工业生产总体稳定，服务业增加值继续领跑三大产业；物价水平温和上涨，就业基本稳定。各地区金融业改革不断深化，金融支持和服务实体经济力度不断加大。银行业总体运行平稳，资产负债规模稳步增加，银行体系风险总体可控，服务实体经济能力继续提升。证券业直接融资规模进一步扩大，债券融资规模快速增长，多层次资本市场建设稳步推进。保险业平稳发展，保险机构资产规模和资金运用规模稳步增长，风险保障功能进一步发挥。

2018 年，国际上不稳定不确定因素明显增加，国内经济下行压力加大，面对复杂多变的国内外经济金融形势，各地区存在一些影响金融稳定的因素。经济方面，实体经济困难较多，消费增长相对乏力，有效投资后劲不足。民营小微企业融资难融资贵问题依然存在。金融业方面，银行业金融机构风险防控压力较大，资产质量整体下滑，部分法人机构风险暴露。证券业经营机构盈利能力持续下降，债券市场违约事件有所增多，上市公司股权质押风险不容忽视。保险业满期给付和退保风险依然存在。

区域经济总体协调发展，但各地区经济金融发展存在的不稳定因素有所差别。分地区看，东部地区经济高质量发展的内生动力依然不足，部分地区房贷过快增长推高了居民杠杆率，民营企业债务违约事件频发；部分中小法人银行机构风险程度较高；证券公司盈利能力明显下滑；非法证券活动时有发生；互联网保险风险、跨领域交叉传染风险防范压力加大。中部地区新旧动能转换不足，经济持续稳增长压力依然较大；部分区域高负债企业和房地产等领域潜在风险不容忽视；银行业风险防控压力加大，公司债券违约和证券业股权质押风险值得关注，保险业给付退保压力和市场秩序不规范依然存在。西部地区消费升级乏力；银行业资产质量有所下降，部分省市高风险金融机构集中；证券业盈利能力大幅下降；中小保险公司的现金流承压。东北地区经济发展相对缓慢，经济复苏的基础尚不稳固；银行业信用风险仍需关注，大型企业贷款风险陆续暴露；上市公司直接融资能力和经营稳健性有待进一步提升；保险业创新产品有待规范，监管需进一步加强。

从定量评估的结果来看（见图 22），2018 年区域金融稳定状况综合得分排序结果为：中部地区、东部地区、西部地区和东北地区分列第一至第四。具体来说，各地区综合得分均受宏观经济分值偏低的影响，西部和东北地区宏观经济得分与其他地区有一定差距。各地区银行业得分均较高；西部地区的证券业得分较高，主要原因在于西部省份证券公司的盈利能力稍高于东部和中部地区；中部和西部地区的保险业得分高于其他两个地区，主要得益于保费收入增长率相对较高和退保率较低；金融生态环境得分，东部地区最高，中部和西部其次，东北地区稍低。

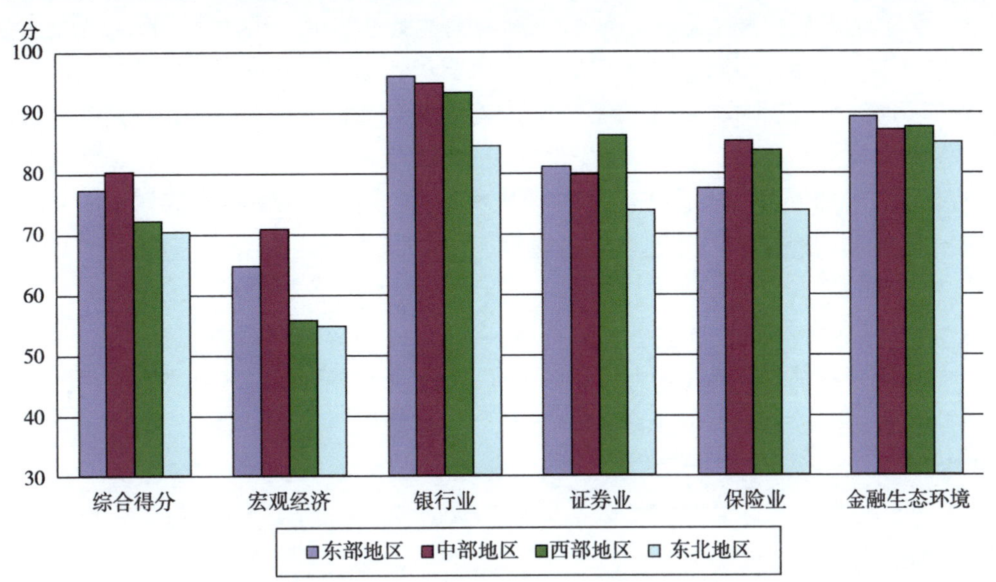

图 22　2018 年全国各地区金融稳定综合得分对比

二、维护区域金融稳定需关注的方面

当前，从国际上看，全球经济整体虽延续复苏态势，但经济增长势头有所放缓，经贸摩擦和市场波动风险加大。从国内看，我国经济运行虽保持在合理区间，但下行压力加大，经济运行稳中有变、变中有忧。因此，需要高度关注和重视经济金融运行中存在的问题和风险，守住不发生系统性风险的底线，确保区域经济金融平稳运行。

（一）区域经济运行中需关注的方面

1. 各地区经济增长继续分化，经济增长的内生动力仍待增强

2018 年，各地区经济增长保持在合理区间，但增速均有所下降，且各地区下降速度有所分化。东部、中部、西部和东北地区生产总值同比分别增长 6.67%、7.79%、7.33% 和 5.09%，较上年分别回落 0.51 个、0.21 个、0.79 个和 0.05 个百分点。消费增速减慢，有效投资增长乏力。2018 年，社会消费品零售总额实际增速为 6.9%，增速较上年有所回落，主要是受汽车类商品增速放缓的影响。社会消费品类占比较大的汽车类商品增速比上年回落 8.0 个百分点。投资增速放缓，第三产业投资增速回落。2018 年，全社会固定资产投资同比增长 5.9%，增速较上年回落 1.1 个百分点。分地区看，除中部地区外，东部、西部和东北地区固定资产投资增速较上年均有所回落，分别回落 2.6 个、3.8 个和 1.8 个百分点。各地区第三产业投资同比增长 5.5%，增速较上年回落 4.0 个百分点。

2. 政府部门财政收支缺口持续扩大，地方政府债务风险仍需关注

2018 年，各地区政府部门总杠杆率[①]从上年的 36.4% 升至 37.0%，上升了 0.6 个百分点。同时，近年来各地区政府部门财政收支缺口不断扩大，东部、中部、西部和东北地区地方财政收支缺口分别为 2.12 万亿元、1.85 万亿元、3.37 万亿元和 8 649.58 亿元。除西部地区比上年略有下降以外，东部、中部和东北地区财政收支缺口持续扩大。部分地区地方政府债务偿还压力较大。地方政府举债资金大多来自金融机构，一旦偿债能力下降，易导致金融机构资产质量下降。同时，政府偿债能力下降将导致承建地方基础设施项目的企业资金回收困难，信用风险向实体企业传导。

3. 居民部门杠杆率上升较快，住房贷款增速回落但短期消费贷增速仍然较快

2018 年，居民部门杠杆率上升趋势仍未缓解，由 2017 年的 49.4% 升至 53.2%，从 2008 年至 2018 年共上升 35.3 个百分点，年均增幅 3.5 个百分点，处于较快增长时期。具体来看，居民贷款规模达 47.9 万亿元，其中中长期消费贷 29.0 万亿元，占比 60.5%；短期消费贷 8.8 万亿元，占比 18.4%。短期消费贷款同比增长 29.3%，较上年有所回落，但依然高于居民全部贷款的增速，是拉动居民杠杆率上升的主要动力。个人住房贷款增速持续回落，年末为 17.8%，较上年低 4.4 个百分点。随着新一代消费群体借贷意愿不断增强和互联网金融持续发展，包括信用卡、基于互联网的信用类产品、消费金融类贷款、现金贷等在内的信用类消费贷款的共债与杠杆风险需要关注。

（二）区域金融业发展中需关注的方面

1. 区域银行业方面

一是各地区银行业资产质量有所下降，信用风险仍需关注。各地区银行机构不良贷款余额均保持较高增速，且不良贷款率均有所提升。东部、中部、西部和东北地区银行业不良贷款余额同比分别增长 17.16%、25.49%、14.85% 和 23.87%。不良贷款率较上年分别提高 0.12 个、0.19 个、0.07 个和 0.60 个百分点。与此同时，截至 2018 年末，东部、中部、西部和东北地区关注类贷款余额占各项贷款的比重分别为 3.48%、3.01%、4.51% 和 6.35%，仍处在较高水平。除中部地区外，东部、西部和东北地区关注类贷款余额较上年分别增长 4.64%、5.19% 和 35.58%。

二是中小法人银行风险有所上升。2018 年第一季度央行金融机构评级发现，在 3 969 家银行机构中，评级结果在 8～10 级[②]的机构有 420 家，占比 10.58%，其中农村信用社 235 家、村镇银行 109 家、农村商业银行 67 家，均为中小法人银行机构。评级较差的中小银行机构普遍存在公司治理薄弱、内部控制和风险管理不到位、激励约束机制不健全等问题，导致资产质量差，拨备计提不足，风险化解难度大。

三是银行业各类风险事件时有发生，内控管理仍需加强。2018 年 3 月，《银行业金融机构从业人员行为管理指引》发布，但部分银行机构仍存在内控系统失衡、内部管理不严格等现象。违规套取票据资金、违规销售理财产品、高管贪污受贿等案件时有发生。此类案件往往金额巨

① 数据来源于国家金融与发展实验室国家资产负债表研究中心发布的《中国杠杆率进程 2018 年度报告》。

② 金融机构评级结果分为 10 级，级别越高，风险越大。

大、涉及面广、影响程度较深，银行机构内控管理和员工行为规范仍需完善。

2. 区域证券业方面

一是上市公司股票质押风险需持续关注。截至2018年末，深沪证券交易所股票质押回购质押股票总市值20 010亿元，占沪深股票总市值的4.6%。受经济下行压力加大和资本市场异常波动等多重因素影响，一些上市公司股东质押股份濒临平仓以及强制平仓事件可能导致公司股权变动，影响其经营稳定性。据统计，截至2018年末，A股市场质押股票3 433只，市值4.23万亿元，约占A股总市值的9.76%，触及平仓线（履约保障比例小于130%）的质押股票市值占A股市场质押股票市值的17.86%，相关风险不容忽视。

二是债券违约事件有所增多。2018年共有125只债券违约，违约金额合计1 209.61亿元，债券违约数量较上年增加90只，违约金额较上年增加872.12亿元。债券违约主体大部分是民营企业，违约数量和规模占比均超过9成。

三是证券公司盈利能力持续下滑。2018年，各地区的131家法人证券公司中有106家实现盈利，比上年少14家。营业收入和利润水平持续下滑，全年营业收入和净利润同比分别下降14.47%和41.04%。

3. 区域保险业方面

一是人身险公司退保风险仍处高位，流动性风险需要关注。2018年，各地区人身险公司退保额保持较快增长势头，同比增长18%。人身险公司满期给付能力面临考验，高退保率可能引发的流动性风险需引起重视。另外，也要防范因此引发的公司声誉风险和大规模退保事件。

二是车险业务发展放缓。受新车销量下降和商业车险费率改革影响，车险保费收入增速低迷，特别是商业车险保费收入低速增长。中国保信[①]数据显示，2018年全国承保车辆商业保险保单保费6 149亿元，同比增长仅2.6%。此外，车险业务监管不断加强，部分地区保险机构车险业务仍有违法违规行为，监管部门对相关机构采取停止商业车险条款和费率的监管措施。

三是互联网保险业务风险防范压力加大。随着互联网保险的快速发展，保险的经营方式、产品类型不断拓宽，部分机构和个人借助互联网非法经营保险业务、非法销售保险产品等情况时有发生。而且互联网保险业从业机构经营的网络平台整改不到位可能引发新型风险。

三、展望

2019年，是新中国成立70周年，是全面建成小康社会、实现第一个百年奋斗目标的关键之年，也是打好防范化解重大风险攻坚战的关键之年。要坚持以习近平新时代中国特色社会主义思想为指导，贯彻党的十九大精神，落实党中央、国务院的决策部署，按照稳中求进工作总基调，以供给侧结构性改革为主线，做好“稳就业、稳金融、稳外贸、稳外资、稳投资、稳预期”工作，深化金融改革开放，进一步提高金融服务实体经济的能力，守住不发生系统性风险的底线。

---

① 中国保险信息技术管理有限责任公司。

专题一 金融支持深度贫困地区脱贫攻坚成效及现状调查

2017年，中办国办印发了《关于支持深度贫困地区脱贫攻坚的实施意见》，指出西藏、四省藏区、南疆四地州和四川凉山州、云南怒江州、甘肃临夏州（以下简称三区三州），以及贫困发生率超过18%的贫困县和贫困发生率超过20%的贫困村，自然条件差、经济基础弱、贫困程度深，是脱贫攻坚中的硬骨头。为落实中央精神，要进一步加大攻坚力度，瞄准突出问题和重要任务精准发力，确保三区三州等地同全国一道全面建成小康社会。扶贫攻坚金融支持不可或缺，但扶贫信贷又具有一定的风险性。所以管好用好扶贫资金、防范扶贫资金信贷风险、提高资金使用效率显得尤为重要。

由于获取调查数据之故，本专题的研究对象包括西藏、四川省藏区①、南疆四地州②和四川凉山州、云南怒江州、甘肃临夏州（以下简称深度贫困地区）。本专题所指的深度贫困地区在范围上与三区三州是有所区别的。

一、深度贫困地区经济发展及贫困群体基本情况

（一）GDP占比低，人均GDP均低于所在省/自治区平均水平

2018年，深度贫困地区共实现地区生产总值6 441.4亿元，仅占所在省/自治区总额的8%。其中南疆四地州地区生产总值最高，达2 415.80亿元。四川省藏区、南疆四地州、四川凉山州、云南怒江州、甘肃临夏州地区生产总值分别占各自所在省/自治区的1.5%、19.8%、3.8%、0.9%、3.1%。深度贫困地区人均生产总值分别比各自所在省/自治区平均水平低26 599元/人、20 276元/人、16 975元/人、18 915元/人、7 488元/人。其中南疆四地州与新疆人均地区生产总值差距最大。

（二）财政收入占比较低，收入来源少

2018年，深度贫困地区共实现一般公共预算总收入868.94亿元，仅占所在省/自治区总额的8.4%。其中南疆四地州一般公共预算总收入达247.65亿元。四川省藏区、南疆四地州、四川凉山州、云南怒江州、甘肃临夏州一般公共预算总收入分别占各自所在省/自治区的1.4%、16.2%、5.6%、0.3%、3.7%。

---

① 四川省藏区包括甘孜藏族自治州和阿坝藏族羌族自治州。

② 南疆四地州包括阿克苏、喀什、和田地区和克孜勒苏柯尔克孜自治州。

表1　2018年深度贫困地区经济发展情况

地区	GDP/亿元	人均GDP/元	固定资产投资/亿元	社会消费品零售总额/亿元	一般公共预算总收入/亿元
西藏	1 477.63	43 827	2 252.04	597.58	319.42
四川省藏区	597.87	28 493	747.04	179.63	54.69
南疆四地州	2 415.80	23 295	1 092.00	342.59	247.65
四川凉山州	1 533.19	31 794	960.84	649.60	220.80
云南怒江州	161.56	29 536	157.38	37.84	10.86
甘肃临夏州	255.35	12 490	—	93.88	15.52

（三）贫困人口占比高且分布较为集中

截至2018年末，深度贫困地区贫困人口总数达413.16万人。其中南疆四地州贫困人口最多，达282.47万人。南疆四地州、云南怒江州贫困人口数占所在省/自治区总人口的比重超过20%，分别为27.2%、26.1%。四川凉山州、甘肃临夏州贫困人口数占所在省贫困总人口比重较高，分别为44.6%、14.8%。总体来看，南疆四地州、云南怒江州、四川凉山州、甘肃临夏州贫困程度相对较高。

（四）农民人均纯收入较低

2018年，深度贫困地区农民人均纯收入均低于所在省/自治区平均水平。其中云南怒江州农民人均纯收入最低，仅为6 449元。四川省藏区、南疆四地州、四川凉山州、云南怒江州、甘肃临夏州农民人均纯收入分别比各自所在省/自治区平均水平低1 193元/人、1 551元/人、783元/人、4 319元/人、1 987元/人。云南怒江州与云南省农民人均纯收入差距最大，贫困程度最为突出。

表2　2018年深度贫困地区基础数据及贫困人口情况

地区	总人口/万人	贫困人口/万人	城镇化率/%	农民人均纯收入/元
西藏	337.15	64.47	30.9	11 450
四川省藏区	209.83	3.85	34.6	12 138
南疆四地州	1 037.00	282.47	24.2	9 491
四川凉山州	521.29	31.70	35.4	12 548
云南怒江州	54.70	14.29	32.9	6 449
甘肃临夏州	205.88	16.38	36.0	6 817

二、深度贫困地区金融扶贫工作措施及成效

金融是实体经济的血脉。做好金融支持脱贫攻坚工作，是金融业的社会责任。深度贫困地区围绕“七个一批”[①]，以“两免”[②] 扶贫小额信用贷款为重点，以金融支持产业扶贫为突破，

① “七个一批”，即发展生产脱贫一批、转移就业脱贫一批、易地搬迁脱贫一批、生态补偿脱贫一批、教育脱贫一批、医疗补助脱贫一批、社会保障兜底脱贫一批。

② “两免”，即免抵押、免担保。财政对扶贫贷款进行全额贴息。

把扶贫、扶志与扶智有效结合起来，激发贫困人口内生动力，实现可持续稳定脱贫，成效显著。

（一）发放金融精准扶贫贷款帮助贫困人口脱贫

深度贫困地区金融机构向有劳动能力、有信贷需求的建档立卡贫困户，投放5万元以下的扶贫小额贷款。该种贷款由财政全额贴息，3年以内免抵押、免担保、执行基准利率。截至2018年末，深度贫困地区金融精准扶贫贷款余额达到2 203.91亿元。西藏、四川省三州（四川省藏区、四川凉山州）、南疆四地州、云南怒江州、甘肃临夏州金融精准扶贫贷款余额分别为1 416.29亿元、571.15亿元、77.17亿元、46.23亿元、93.07亿元。其中西藏余额最高，达到1 416.29亿元，占全区贷款总规模的31%，与西藏2018年地区生产总值几乎持平。2018年，四川省通过向四川省藏区和四川凉山州发放金融精准扶贫贷款方式帮助1 171个村退出贫困村，脱贫人口26.6万人。

（二）金融支持产业扶贫，实现产业结构优化升级

新疆阿克苏地区通过支持特色农业等扶贫重点、积极支持特色农林产业加工、优势产业集群以及重点工业园区等方式累计发放产业扶贫贷款66.73亿元，促进贫困地区产业集聚、结构调整和转型升级。四川省通过组织省级金融机构赴深度贫困地区开展产业扶贫专项融资对接方式带动建档立卡贫困户脱贫。云南怒江州大力支持“绿色香料、峡谷蜂蜜、特色畜禽”等绿色食品品牌，累计发放产业扶贫贷款90.63亿元，从而形成“村有主导产业、户有增收项目、长期稳定增收”的产业体系。

（三）发放易地扶贫搬迁贷款帮助贫困户实现新居梦

截至2018年末，西藏累计发放易地扶贫搬迁贷款131.02亿元，26.60万贫困人口受益，占贫困总人口的45%。四川、甘肃累计向本省深度贫困地区发放易地扶贫搬迁贷款金额分别达14.03亿元、6.98亿元，帮助贫困户实现新居梦。

（四）完善农村金融基础设施，提升深度贫困地区金融服务可得性

截至2018年末，西藏累计设立助农取款服务点5 775个，覆盖乡镇684个、行政村4 690个，覆盖率分别达到100%和88%。云南怒江州共布设ATM 273台，乡镇覆盖率达97%，同时将288个经营状态好、业务覆盖面积大的惠农支付服务点升级为普惠金融服务站，实现了惠农业务站点的行政村全覆盖。甘肃临夏州助农取款服务点覆盖率达到82.93%，ATM、POS机分别达到631台和1.62万台。通过完善农村金融基础设施方式，深度贫困地区已基本实现“基础金融服务不出村、综合金融服务不出镇”。

三、深度贫困地区扶贫领域信贷存在的问题

农业脆弱性，加之贫困户生产能力和适应市场能力较弱，使农户扶贫贷款存在一定风险。随着扶贫贷款规模增加、到期日期临近，存在的问题将逐步显现。

（一）贫困户还款能力不足

深度贫困地区多数贫困家庭劳动力只掌握简单、原始生产技能，且大多从事传统小规模种养殖业，受自然灾害、市场行情等影响，生产收益不稳定，贫困户还款能力较弱。另外，扶贫小额贷款期限较短，与农业生产发展的回报周期不匹配，致使贫困户难以在短时间内还清贷款。

（二）贫困户还款意愿不强，分期还款到期时归还率低

由于是政府贴息贷款，部分建档立卡贫困户将贷款理解为财政救助或扶贫资金，借款意愿强还款意愿弱，期望“出政策”免除还本义务。调查显示，新疆喀什地区英吉沙县、麦盖提县、泽普县按分期还款计划到期时还款率仅为3.7%、7.1%、9.5%，塔什库尔干县和巴楚县还款率分别为30%和39%。

（三）部分贷款用途不真实，贷后管理不到位，致使扶贫小额信贷使用不规范

按照政策规定，精准扶贫贷款必须用于脱贫致富相关产业。但部分贫困户缺乏相应的生产技能，难以找到适合自身发展的产业和项目，在获得贷款资金后，部分贷款资金被用于建房、婚丧嫁娶、看病、还债、补贴家用等非生产性支出，部分贷款资金长期被闲置或被无偿借用。调查发现，部分地区也存在向缺乏劳动力、超龄等不符合贷款条件的贫困户发放扶贫小额信贷的违规现象。部分村委会或驻村工作队只要求银行加快放款进度，不管资金使用方向，只重视贷款发放数量，不问资金使用成效，“重放贷、轻管理”现象严重。此外，金融机构贷后检查不到位，致使扶贫小额贷款资金使用监督几乎处于“真空状态”。

（四）风险补偿机制不健全、风险补偿基金代偿不明确

部分地区和地州虽然建立了风险补偿机制，但是仅按照贷款额的1%建立风险补偿金，规模较小。同时，县级财政无力追加风险补偿金，无法抵御重大风险。部分地区和地州对风险补偿金使用政策不明确，贷款出现风险后没有明确的启动风险补偿资金的程序，导致风险补偿资金难以发挥作用。

（五）政策性农业保险覆盖有限，保险功能亟须增强

深度贫困地区保险产品费率较低，同时地方财政对保险机构补贴不足，保险机构积极性不高，致使政策性农业保险覆盖率、保障水平都较低。另外，深度贫困地区广大农户保险意识淡薄，对农业保险认识不足，普遍存在侥幸心理，投保意识不高，也阻碍了政策性农业保险的推广。在政策性农业保险覆盖不足的情况下，农户因灾返贫、因灾致贫不在少数。

四、防范深度贫困地区扶贫领域信贷潜在风险的对策及建议

（一）做好相关制度设计，多方筹措风险补偿金和贴息资金

深度贫困地区大多数县域财力不足，按要求筹足风险补偿金难度较大。目前，多数地区仅

扶贫小额信贷有较为完善的风险补偿机制和贴息资金。需要积极探索通过“政担银企户”多方合作模式对产业金融精准扶贫贷款进行风险补偿和贴息，加大对多方共担风险模式的推广，进一步健全扶贫信贷的风险补偿机制和贴息制度。

（二）加强“两免”贷款贷后管理，最大限度地防控金融风险

加强金融扶贫贷款管理，严格规范扶贫小额信贷用途，深入开展自查自纠、“回头看”，防范和化解扶贫小额信贷风险。同时，优化金融扶贫考核体系，适当提高监管容忍度，明确相关部门职责，确保扶贫贷款风险可控。

（三）积极发展农村保险市场，发挥保险风险保障功能

深度贫困地区需拓宽政策性农业保险区域覆盖范围，大力推进“惠农保”“特农保”“扶贫保”等服务“三农”的特色惠农保险业务。探索保险与农业订单相结合的模式，加强涉农保险基层服务体系建设，增强农业生产抗风险能力。

（四）加大扶贫产业培育力度

深度贫困地区需试点探索面上投放与重点投放、农户小额投放与龙头企业大额扶持带动相结合的益贫带贫机制，加大对特色产业和村级经合组织的扶持力度，以经济效益为目标，大力发展订单、仓单质押等产业链、供应链金融，发挥“金融＋产业＋就业”模式，通过流转土地、吸纳务工、入股分红以及提供技术、销售支持等手段，不断增强贫困户产业发展信心，带动其增加收入、脱贫致富。

（五）加强易地扶贫搬迁资金管理

深度贫苦地区要做好易地扶贫搬迁贷款资金投向、用途、额度、利率等情况的跟踪监测相关工作，防范贷款被挤占挪用，确保专款专用。支持各地发行地方政府债券，保障易地扶贫搬迁融资需求，协助做好易地扶贫搬迁专项贷款资金的置换工作。严格落实省级投融资主体还款责任，推动探索易地扶贫搬迁贷款资金动态偿还机制，避免偿还责任虚置落空和后续还款压力过大。

（六）加快推动深度贫困地区信用体系建设

深度贫苦地区要继续推进信用户、信用村、信用乡镇评定工作，健全贫困户信用评价体系。对存在不良信用记录的建档立卡贫困户，认真查找信用记录形成原因，开展信用救助，有针对性地帮助其重建良好信用。在风险可控、商业可持续的前提下，大力发展信用贷款业务，提高信用贷款比例。

资料来源：中国人民银行乌鲁木齐中心支行、
中国人民银行成都分行、
中国人民银行拉萨中心支行、
中国人民银行兰州中心支行、
中国人民银行昆明中心支行。

专题二　IFRS9 实施对银行业金融机构的影响

2014 年 7 月，国际会计准则理事会发布了《国际财务报告准则第 9 号——金融工具》（以下简称新准则 IFRS9）。根据与国际会计准则理事会签署的准则趋同路线图①，2017 年 3 月，我国财政部发布了《企业会计准则 22 号——金融工具确认和计量》等 3 项文件（也称中国版 IFRS9）。IFRS9 涉及金融工具分类、金融资产减值模型等多方面的调整和变化，并影响金融机构会计核算、盈利能力以及资产负债配置决策等。本专题从银行业金融机构视角分析我国施行 IFRS9 的影响。

一、实施背景

国际金融危机爆发前，国际财务报告中金融工具的分类与计量适用的准则为《国际会计准则——金融工具：确认与计量》（以下简称 IAS39）。我国也沿用了 IAS39 对金融资产的相关规定。

2008 年国际金融危机爆发后，IAS39 逐步暴露出一些问题和不足，具体表现为以下两个方面：一是金融资产分类的随意性较大，企业为平滑利润，将大部分金融资产归类至可供出售科目，盈余管理操纵空间较大；二是减值计提采用的是已发生损失法，仅在客观证据表明已发生信用损失事项且影响未来现金流的情况下才确认减值，并不考虑预期损失信息，难以准确反映金融资产的真实风险情况。为解决这些问题，国际会计准则理事会相继发布系列修改文件。2009 年 11 月，《国际财务报告准则第 9 号——金融工具》（IFRS9）公布，对原有的金融资产分类进行调整，将金融资产四分类改为两分类；2010 年 10 月，加入对负债的分类与计量描述；2013 年 11 月，加入套期保值会计计量内容；2014 年 7 月，国际会计准则理事会发布了 IFRS9 的最终版本，除了在两分类基础上增加了“以公允价值计量且其变动计入其他综合收益”形成三种分类之外，还调整了资产减值内容，将之前的“已发生损失模型”改为“预期发生损失模型”，并规定于 2018 年 1 月 1 日正式生效。

按照中国企业会计准则与国际财务报告准则持续趋同的方向，财政部于 2017 年 3 月 31 日修订发布了《企业会计准则第 22 号——金融工具确认和计量》（CAS22）、《企业会计准则第 23 号——金融资产转移》（CAS23）、《企业会计准则第 24 号——套期会计（CAS24）》三项新金融工具相关会计准则，三者合称为“中国版 IFRS9”。境内外同时上市的企业，以及在境外上市并采用国际财务报告准则或企业会计准则编制财务报告的企业自 2018 年 1 月 1 日起施行中国版 IFRS9，其他境内上市企业自 2019 年 1 月 1 日起施行，非上市企业自 2021 年 1 月 1 日起施行。

① 2010 年 4 月 2 日，财政部发布了《中国企业会计准则与国际财务报告准则持续趋同路线图》，该路线图全面回顾总结了自 2005 年以来我国企业会计准则建设、趋同、实施和等效经验与成绩，并提出了我国企业会计准则与国际财务报告准则持续趋同的方向、策略和时间安排。

二、新准则 IFRS9 与旧准则 IAS39 的比较分析

（一）金融资产类别由“四分类”改为“三分类”

旧准则 IAS39 下，金融资产按照持有目的、自身特征以及所属市场环境，划分为公允价值计量且其变动计入当期损益的金融资产、持有至到期投资、贷款和应收款项、可供出售金融资产四大类，分别对应不同的会计计量方法。新准则 IFRS9 将金融资产简化为三类，分别为以摊余成本计量的金融资产[①]（AC）、以公允价值计量且其变动计入其他综合收益的金融资产[②]（FV－OCI）、以公允价值计量且其变动计入当期损益的金融资产[③]（FV－PL）。相比旧准则，新准则简化了金融资产的分类，同时提高了分类的客观性以及会计处理的一致性。

表 1　IFRS9 与 IAS39 在金融工具分类和计量上的比较

比较类别	旧准则 IAS39	新准则 IFRS9
分类原则	每一类金融资产都有具体的分类标准，集金融工具的性质、使用方式和管理层意图于一体，复杂、主观性强	对所有金融资产的分类适用于一个原则：金融资产的业务模式和合同现金流量特征
分类结果	①以公允价值计量及其变动计入当期损益的金融资产（FV－PL）； ②持有至到期投资； ③贷款及应收款项； ④可供出售金融资产	①摊余成本计量的金融资产（AC）； ②以公允价值计量且其变动计入其他综合收益的金融资产（FV－OCI）； ③以公允价值计量及其变动计入当期损益的金融资产（FV－PL）
默认金融资产类别	除了 FV－PL 外，其余金融资产都可以被指定为可供出售类别，且不符合其他三类的金融资产，也可划为可供出售	FV－PL 是金融资产的默认类别，只有满足特定条件才能被归为另两类

资料来源：根据财政部新准则文件整理。

（二）分类标准变更为基于业务模式和合同现金流特征进行划分

旧准则下金融资产的划分主要取决于持有金融资产的意图和目的，在判断上具有一定主观性；新准则下对于债务工具分类，主要基于主体管理该金融资产的业务模式和合同现金流量特征（SPPI 测试[④]）两个维度进行划分，且业务模式的认定需考虑业绩评价方法和报酬的决定因素、风险及风险管理方式等，合同现金流量特征的认定需通过 SPPI 测试，并以客观事实为依据，

---

① Amortized Cost，AC，其特征以收取合同现金流为目标、现金流仅为对本金和利息的支付。

② Fair Value through other comprehensive income，FV－OCI，既以收取合同现金流为目标又以出售该金融资产为目标、现金流仅为对本金和利息的支付。

③ Fair Value through profit or loss，FV－PL，前述两类以外的金融资产。

④ SPPI 的全称为：solely payments of principal and interest on the principal amount outstanding。在测试时判断金融资产的合同现金流量是否仅为本金和以未偿付本金金额为基础的利息支付，只有符合该项现金流量特征的金融资产在同时符合上述业务模式测试标准的条件下，才能分为 AC 类或 FV－OCI 类。

在一定程度上减少了主观操纵空间。

（三）金融资产减值准备计提由“已发生损失法”改为“预期损失法”

旧准则下金融资产减值采用“已发生损失法”，即当有客观证据表明该金融资产发生减值时才计提减值，实际减值占比较低；新准则下采用“预期损失法”，要求考虑包括前瞻性信息在内的各种可获得信息，使得减值准备反映未来预期的信用损失情况。具体来看，新准则采用“三阶段模型”，即将金融资产分为三个阶段，减值的计提取决于金融工具所处阶段。同时，新准则明确了将贷款承诺和财务担保合同等表外资产纳入减值计提范围。

表 2　　新准则金融资产减值的“三阶段模型”

项目	第一阶段	第二阶段	第三阶段
阶段特征	该金融资产的信用风险自初始确认后并未显著增加	该金融资产的信用风险自初始确认后已显著增加	该金融资产已发生信用减值
损失准备的确认	未来 12 个月内的预期信用损失	整个存续期内的预期信用损失	整个存续期内的预期信用损失
利息收入的确认	资产账面总额 × 资产收益率	资产账面总额 × 资产收益率	金融资产的摊余成本 × 经信用调整的实际利率

三、新准则 IFRS9 对银行业金融机构的影响

商业银行是金融工具相关准则应用最广泛、最深入的会计主体，按照财政部分阶段施行的原则，2018 年 1 月 1 日施行的商业银行主要有 23 家，其中 A + H 股上市银行 9 家、仅 H 股上市银行 14 家①。对照新旧准则的不同点，新准则对商业银行的财务报表及相应配套制度建设等产生影响。

（一）扩大了以公允价值计量的金融资产范围

新准则下，金融资产按照 FV – PL 为分类基础，只有符合特定条件才能被分类为 AC 或 FV – OCI。对比旧准则下银行资产负债表涉及金融资产的五个科目，可供出售金融资产和应收款项类投资影响较大，部分原被放置在该科目重大金融资产将会被计入损益科目，其他类别如交易性金融资产、持有至到期投资、客户贷款及垫款三类影响不大，具体如下。

一是交易性金融资产。目前大部分商业银行的交易性金融债资产科目主要包括债券投资、股票投资、基金投资、理财产品等。在新准则下，大部分资产仍被归入 FV – PL 科目，交易性金融资产科目受影响不大。

二是可供出售金融资产。目前商业银行可供出售金融资产科目放入的金融资产较多，未被归入其他三项的金融资产被直接归入可供出售金融资产，具体科目包括但不限于债券投资、权

① A + H 股上市银行主要有工商银行、建设银行、农业银行、中国银行、交通银行、招商银行、中信银行、民生银行、光大银行，仅 H 股上市银行主要有邮储银行、重庆农商行、重庆银行、徽商银行、哈尔滨银行、盛京银行、青岛银行、锦州银行、郑州银行、天津银行、浙商银行、九台农商行、广州农商行、中原银行。

益投资、基金投资、资产支持计划、资产信托计划及资产管理计划、购买他行理财产品等。由于可供出售金融资产科目的复杂性，在新准则下，该科目受到影响较大，如债券投资在新准则下仍可被分为 FV－OCI 类；权益投资一般被分至 FV－PL 类，非上市公司股权投资可被指定为 FV－OCI 类，但不可再重分类；基金类投资将直接被分至 FV－PL 类；各种资产管理计划，需要根据穿透按照底层资产计入，购买的他行理财资产如果无法穿透，将直接归入 FV－PL 类。

三是持有至到期投资。目前商业银行持有至到期投资科目中主要为债券，在新准则下，只要可以通过现金流测试，仍以摊余成本计量。

四是应收款项投资。目前商业银行应收款项类投资科目主要是债券投资和各类非标资产；在新准则下，债券仍可以摊余成本计量，但各类非标资产需要穿透。

五是客户贷款及垫款。目前商业银行客户贷款及垫款科目下主要是贷款和票据贴现业务，在新准则下，贷款基本都可以通过现金流和业务模式测试，以摊余成本计量。

以 A＋H 股上市的工商银行、中信银行、光大银行、招商银行为样本，选取其 2018 年末年报披露数据，对比新旧会计准则中金融资产变化情况。在新准则下，截至 2018 年末，上述 4 家银行 FV－PL 类金融资产合计为 16 672.58 亿元，较 2017 年该项下指标增长 1.8 倍。特别是光大银行、招商银行、中信银行分别增长 8.2 倍、4.1 倍、3.71 倍。而 AC 类及 FV－OCI 类金融资产增幅变化不大、占比略有下降，如采用 2017 年末数据按照新准则重新计算，上述 4 家银行以摊余成本计量的金融资产及以公允价值计量且变动计入综合收益的金融资产占比分别下降 0.93 个、1.32 个百分点。

（二）加大了利润的波动性

在旧准则下，可供出售金融资产公允价值的变动是计入其他综合收益；在新准则下这部分资产要对合同现金流重新进行评估，如果被划分为 FV－PL，其公允价值变动计入当期损益，会加大银行当期利润的波动性。根据新准则下金融资产的分类，原可供出售金融资产中权益类工具从 FV－OCI 转化为 FV－PL，其公允价值变动计入当期损益，影响机构利润水平。以招商银行为例，该行 2018 年年报财务报表附录中披露的“其他综合收益”数据显示，2018 年该行因会计政策变更调整提高利润 24.9 亿元，占该行净利润的 3.31%。

（三）增加了资产减值准备计提规模

在新准则下，银行对减值准备的计提从已发生损失法改为预期信用损失法，计提范围也拓展至贷款承诺和财务担保合同，对信用风险已经显著恶化的金融资产计提要求由未来 12 个月的预期信用损失变为整个存续期的预期信用损失，这将导致银行计提的减值准备大幅增加。欧洲银行管理局 EBA（2016）发布的 IFRS9 影响评估报告以及德勤（2015）对全球 IFRS 银行业调查报告均显示，业界普遍预期，新准则实施后金融资产减值准备将显著提升。以中信银行为例，该行 2018 年年报披露以 2017 年各项数据为基数，如按新会计准则计提减值准备则会增加 13.43%，特别是表外信贷资产减值准备大幅增长 10.34 倍。2018 年徽商银行由于执行新会计准则新计提以公允价值计量且其变动计入其他综合收益金融资产的减值准备、其他类减值准备分别为 5.58 亿元、6.35 亿元。

（四）资产负债配置决策考虑因素增多

需重点关注 IFRS9 实施后计量方式发生转变的金融资产，尤其是原先以摊余成本计量，后来划入 FV－PL 类的利率敏感性金融资产。该类资产在利率下降时，会增加当期利润，而在利率上升时会减少当期利润。对该类资产应进行利率敏感性测算，在实际的资产配置决策中，需在对利率走势充分分析和研判的基础上，才能决定该增持还是减持。同时，商业银行在进行日常流动性管理、维持特定利率管理和久期管理时，所使用的金融工具大多属于"为收取合同现金流和出售而持有"，该类资产的具体分类将直接影响利润和减值计提，IFRS9 实施后商业银行资产负债管理部门在配置该类资产时，需与财务管理部门共同建立积极有效的沟通机制，综合全行利益进行匹配。

（五）重构会计科目体系及分类流程

按照此前的 IAS39/CAS22 要求，金融机构使用的金融资产会计科目以及会计核算系统均按四分类原则设置。随着 IFRS9 的逐步实施，各家机构原有金融资产四分类会计科目需变更为金融资产三分类会计科目，会计科目体系需要重构，核心业务系统也需配合改造。

四、相关建议

（一）金融机构应加强对新准则实施的评估，进一步强化风险管理、加强业务审慎经营、完善信息系统建设

一是制订实施 IFRS9 的总体方案，及早评估实施新准则 IFRS9 带来的可能影响，制订详细的资源、数据及系统需求计划，并做好应对措施。二是强化风险管理，切实提升资产质量。金融机构应以实施新准则为契机，强化风险、资本和收益平衡的理念，健全风险管理机制，及时足额确认减值准备，为完善业务发展策略、优化业务结构、提高资产质量提供有力的支持。三是以审慎经营为抓手，提高业务转型力度。新准则下对资产的重分类，提高了以公允价值变动计入当期损益资产的比重，可能造成利润表的波动，进而影响资本充足等监管指标。金融机构应转变经营模式，合理配置各类资产，降低新准则对总体经营的影响。四是改造核心业务系统，提升人员素质。金融机构应对现有的财务系统、业务系统、风险管理系统进行整合改造，重新设计改良工作流程，加强不同部门之间的沟通与协作。

（二）金融管理部门应关注新会计准则实施后金融机构经营行为变化，强化对主要监管指标的监测力度和风险预判

一是密切跟踪金融机构实施新准则的进展，督促金融机构提前做好相关应对措施。指导中小法人机构提早做好会计准则、系统和人员方面的准备工作，确保会计准则转换的平稳过渡。二是加强对金融机构实施新准则后的影响分析。加强对金融机构经营行为变化的监测，特别是因金融资产计量变化造成的资本充足水平、成本收入比等监管指标变动情况，引导金融机构合

规审慎经营。三是加强对金融机构风险趋势的预判。对于因实施新准则所造成的金融机构利润波动、资本充足水平下降等情况，借助央行评级、存款保险现场核查等手段，摸清金融机构风险底数，提早做好风险预案。

资料来源：中国人民银行合肥中心支行、
中国人民银行宣城市中心支行。

专题三　地方法人银行利润分配中存在的问题及建议

近年来，随着金融业的快速扩张，法人银行业机构经历了一段“高分红、高派息”的黄金期。但受宏观经济形势以及机构自身经营等因素影响，法人银行业普遍面临着经营风险加大、盈利能力下降等问题。在此背景下，法人银行机构现行利润分配机制中的弊端逐渐显现，成为影响法人机构持续、健康发展的制约因素。本专题以东部某省为例，深入分析当前地方法人银行机构利润分配中存在的问题，并提出政策建议。

一、近三年利润分配情况

约五成机构近三年均进行分红。① 2015—2017 年，该省法人银行业机构均进行分红的比例为 44.4%，两次分红的机构占比 11.6%，一次分红的机构占比 9.2%，三年内从未进行过分红的机构占比 34.8%（其中有部分村镇银行成立不足三年）。

现金分红为主要分红方式。2017 年该省法人银行业机构有 104 家（占全部分红机构的 75.36%）采用现金分红，有 3 家（占全部分红机构的 2.17%）采用送股分红，有 31 家（占全部分红机构的 22.46%）采用现金与送股综合分红。

分红比例呈下降趋势。2017 年该省法人银行业机构（剔除未分红的机构）统算分红比例为 7.89%，较 2016 年、2015 年下降 0.47 个、1.12 个百分点。

分红资金占净利润比例呈上升趋势。2017 年，该省法人银行业机构（不含三年内新设机构）净利润合计为 214.96 亿元，较 2016 年、2015 年分别下降 14.12% 和 11.54%。2017 年分红资金为 86.1 亿元，较 2016 年、2015 年分别下降 2.43% 和 8.9%。受净利润下降等因素影响，分红资金占净利润的比例总体呈上升趋势（剔除未分红机构），2017 年该比例为 52.21%，较 2016 年、2015 年上升 10.43 个、9.48 个百分点。

二、应关注的问题

（一）农商行普遍存在强制分红问题，易引发道德风险

目前地方法人银行机构的股份均为非流通股，溢价空间小，流通能力差，由此导致分红成为法人机构股东实现投资收益的唯一手段，“强制分红”成为地方法人机构历年来利润分配的“潜规则”。2015—2017 年该省均有超九成的农商行每年均进行分红。而根据相关要求，“拨备

① 年度分红计划由法人机构年度股东大会审定，召开股东大会的截止时间为次年 6 月末。故本专题数据时间段为 2015—2017 年。

覆盖率低于150%；拨贷比低于2.5%；资本充足率低于10.5%的，原则上不得进行现金分红”。按照此标准，2017年，共有39.1%（39家）的农商行不能进行现金分红。但在实际操作中，出于维护股东稳定等因素考虑，主管部门通过了其中35家农商行股金分红方案，并进行了现金分红。据调查，部分地方法人机构的管理层同时又是持股较多的自然人股东，对股东权益变现的倾向性较强，导致部分地方法人机构存在“重分红、轻发展”的短视经营思路。同时，部分股东通过贷款入股，面临较大利息支付压力，对现金分红的需求较高。如某农商行2017年底拨备覆盖率为27.28%，按规定不应进行分红，但该机构股东贷款入股比例较高，大多数股东承担了较大的贷款利息支付压力，对股利支付率的要求也比较高，为维持股权稳定，机构不得不实施现金分红。

（二）部分机构出现分红侵蚀资本的情况，加大机构经营风险

2017年该省共有75.36%的法人银行机构采用现金分红，对银行机构的盈利能力提出了较高要求。但近年来，机构受经营状况恶化等因素影响利润不断下降，以现金分红为主的分红方式使部分机构不得不动用未分配利润进行分红，直接导致机构资本净额下降，资本状况出现恶化。2017年，共有60家、占所有分红机构43.48%的银行动用了往年的未分配利润进行分红。如2017年某农商行现金分红6 120万元，其中使用未分配利润5 165万元，直接导致资本充足率下降近0.4个百分点，2017年末该行资本充足率已降至3.4%，远低于监管要求。

（三）股本扩张速度过快，加大机构负担

2017年末该省中小法人银行（剔除近三年开业的机构）总股本达到1 379.5亿股，较2015年增加143.85亿股，增幅为11.64%。银行通过增资扩股消化部分不良贷款、增大资本规模，能够在一定程度上减轻监管指标压力，有助于增强自身的发展实力。但如果短期内快速扩张资本规模，而自身的经营管理水平又与之不相适应，将导致管理层面临较大的经营业绩压力，分红压力明显加大。如某农商行股本总额已突破5亿元，加权股金分红比例11%，每年股金分红成本维持在较高水平，在当前整体经济形势下行情况下，分红压力逐年增大。又如某农商行2016年按照每股2元的价格定向募集股金14 000万股，总计资本金2.8亿元用于充实资本，化解不良贷款，其中溢价的1.4亿元资本金用于购置不良资产。虽然短期内化解了部分账面不良贷款，但同时也导致股本增大，机构分红压力明显增加，2017年该行分红资金占当年净利润的73.29%，较2015年增加26.44个百分点，股本分红负担过重成为该行下一步经营中面临的新问题。

（四）分红未达预期目标，对机构持续经营带来负面影响

一是收益降低导致股东持股意愿下降。如某农商行不良贷款率逐年增加，拨备覆盖率不断下降，2017年该行分红比例为4.5%，但考虑溢价入股、个人所得税等因素，实际分红比例仅为2.05%，已明显低于同期限理财产品收益率，导致股东持股意愿下降，影响股本的稳定性。二是分红次数较少，未达股东预期。调查结果显示，2017年共有44.8%的机构未进行分红，其中有85家村镇银行三年内从未进行分红。分红次数较少，容易造成股东的负面情绪，从而引起对

银行发展前景的担忧。三是分红比例降低，易引发负面舆情。近三年该省中小法人银行统算分红比例逐年下降，可能会向社会传递经营恶化的信号，易引发声誉风险。如某城商行反映其股东（尤其是自然人股东）对分红诉求较强烈，在未进行分红年度，自然人股东多次通过行风热线、政府在线、电话问询等方式反映问题。

三、相关建议

（一）监管部门加强对法人机构监管，避免出现强制分红等问题

建议监管部门明确监管目标，将分红与当前经济形势、地方法人机构经营实际相结合，把控好地方法人机构利润分配工作。对分红比例较高的法人机构加大现场核查的力度，核实其利润真实性情况，并督促法人机构审慎经营，避免法人机构在监管指标不达标情况下进行高额分红。对于持股份额较大的股东，实行穿透式监管，严禁以贷入股等不合规行为。

（二）法人机构正确管理股东预期，建立透明稳定股东收益回报政策

地方法人机构在确定分红政策方面，应着重加强与股东的沟通与协调，适当引导股东预期，充分披露银行经营情况和发展战略，逐步建立透明、持续、稳定的分红机制，处理好稳定经营与回报股东的平衡，维持投资者信心和银行机构稳健经营。在因经营不善导致未分红的情况下，应加强与股东的沟通，取得股东的谅解，避免股东盲目转股、撤股。同时，建议采取多样化分红方式，激励股东参与管理的积极性。

（三）优化股权结构，改进股权交易

优质股东是良好公司治理的基础。地方法人机构应筛选优质股东，加快引进战略投资股东，尤其应优先选择境内外合格的银行业金融机构持股，包括管理规范、实力雄厚的大中型商业银行、外资银行等，突出“引资”“引智”“引技”的有机结合，优化董事会构成，吸收先进的经营管理理念、技术手段和风控机制。逐步探索建立县域股权交易场所引导资金合理流动，股权合理退让，使得中小股东可以采取“用脚投票”的方式行使监督管理权利。

资料来源：中国人民银行济南分行。

专题四　A 股市场股权质押风险分析及应对

股权质押是符合条件的资金融入方以所持有的股票质押，向符合条件的资金融出方融入资金，并约定在未来返还资金、解除质押的交易。其实质是上市公司股东拿股票作质押向金融机构融入资金。我国 A 股市场股权质押业务定位于服务实体经济、解决股东融资难的问题，绝大多数资金融入方为上市公司主要股东或实际控制人，资金用途主要用于企业经营周转。质押方一般为证券公司、商业银行及信托公司等，为防范违约风险，质押方会通过设定质押率、利率、警戒线和平仓线等来控制股价波动带来的未能偿付风险。2018 年，受宏观经济转型、金融去杠杆、股市异常波动和中美经贸摩擦等因素影响，A 股市场上市公司股权质押风险总体可控，但潜在的平仓风险、流动性风险、控制权非正常转移风险等隐患需要重视并采取相关措施加以应对。

一、股权质押融资基本情况

（一）股权质押规模平稳增长后逐渐回落

Wind 数据显示，A 股市场以股权质押业务发生时参考市值计算，股权质押规模在 2013 年首次突破万亿元后呈现平稳增长趋势，至 2018 年后缓慢回落，2015 年、2016 年、2017 年股权质押规模同比增速分别为 91.09%、10.14%、13.26%，2018 年股权质押规模同比回落 31.22%。

（二）股权质押以券商场内质押为主，解押时间集中在近两年

2013 年以前，股权质押业务主要集中在场外质押，以银行和信托等为主体，自 2013 年 6 月股权质押业务正式在沪深证券交易所开通以来，由于券商开展股权质押业务具有融资效率高、融资成本相对较低、专业化程度高、客户资源丰富等优势，券商股权质押业务迅速增长，券商已代替银行成为最大的质押方。Wind 数据统计，2018 年末，以券商为质押方的场内股权质押规模占总股权质押规模的比例逾七成以上，以银行和信托为质押方的场外质押规模占比约两成。据粗略测算，2018 年、2019 年是股权质押解押的集中时间窗口，2020 年以后股权质押到期规模逐渐减少。

二、当前股权质押存在的主要风险隐患

（一）股票价格剧烈波动引致平仓风险

近年来，随着股票价格的异常波动，股权质押面临的平仓风险逐渐加大。一方面，随着股

票价格向下调整，质押权人有抛售相关股票的意向；另一方面，股票可能被平仓之类的负面消息会引起市场恐慌，造成股价短期暴跌，进一步加大股票平仓风险。据统计，截至2018年末，A股市场质押股票3 433只，市值约4.23万亿元，触及平仓线（履约保障比例小于130%）的质押股票市值占比约为17.86%，相关风险不容忽视。

（二）股票平仓引发公司控制权非正常转移风险

部分上市公司实际控制人股权质押比例过高，所持未质押股份不足，当面临市场流动性趋紧、融资渠道收窄时，出质人如不能依照合约如期赎回质押股权或无法在公司股价跌至预警线、平仓线时及时采取补充担保物、追加保证金、提前还款等措施，可能引发强制平仓风险，造成公司实际控制权非正常转移，在这种情况下，既不利于上市公司管理层的稳定，也可能对上市公司的日常运营造成冲击。如某上市公司实际控制人抵押给某证券公司的股票因触及平仓线被资金提供方强制平仓，导致实际控制权转移。

（三）股票平仓增大流动性风险

股权质押面临平仓风险可能致使股东和上市公司面临流动性风险，极端情况下还可能致使股票本身丧失流动性。当股东被质押方要求采取追加保证金等措施时，将直接冲击股东的短期流动性，也可能会损害公司整体利益和股权稳定性，进一步给上市公司发债资质、大股东现金流等方面带来负面预期。

（四）上市公司及其实际控制人违规风险

股权质押的融资金额、质押成本、预警线、平仓线、补充质押股份的数量等均与上市公司股价密切相关，实际控制人出于增加融资金额、在市场下滑时稳定股价等方面的动机，可能操纵上市公司有选择性地披露利好公告，编造重大事项频繁或长时间停牌，甚至通过财务造假虚增利润，还可能存在通过关联交易掏空上市公司、不履行业绩补偿相关承诺、非法占用公司资金等侵害上市公司利益的违规违法事项。如某上市公司实际控制人除股票质押的个人借款外，还存在冒用公司名义作为借款人或担保人的其他债务，相关控制人被依法立案调查。

（五）质权人无法及时处置质押股权风险

在实际控制人无法赎回或补充质押的情况下，质权人可通过处置质押股权来回收资金，但目前股权处置限制较为严格，除常规的限售、减持规定外，还存在一系列不确定事项导致质押股权的价值核定和处置存在一定困难。如某集团因多项股票质押式回购违约、融资租赁逾期支付等问题导致其部分上市子公司股票被司法冻结，质权人无法及时处置质押股权。

三、相关建议

（一）加强预期管理，稳定市场情绪

当前，面对复杂严峻的国内外经济金融形势，市场情绪依旧脆弱，股权质押本身的风险远

小于恐惧情绪所带来的负面影响。因此，加强预期管理，稳定市场信心尤为重要。一方面要贯彻新发展理念，落实高质量发展要求，持续深化经济结构调整，加快培育经济增长新动力，增强经济增长的韧性。另一方面要落实好稳健的货币政策，加强前瞻性预调和微调，引导和稳定市场预期，保持流动性合理充裕，及时防范化解金融风险。

（二）完善监管制度，全面推进动态监管

要加强股权质押风险监测。充分运用科技监管手段，明确监管重点，及时掌握股东质押情况，督促股东及时做好信息披露。进一步强化对股东股权质押行为的监管。完善分类分层次的差异化披露要求，加强风险提示，强化日常监管，密切关注上市公司控股股东或第一大股东高比例股权质押风险，强化穿透式披露，做好风险预判，完善风险应急预案，切实防范化解股权质押风险。

（三）多措并举，用市场化手段纾解股权质押平仓风险

一是综合采取质押展期和赎回等措施应对平仓风险。积极协调上市公司与质押方，推动股东采取补充担保物使股权质押展期或筹集资金提前回购部分质押股票的方式应对平仓风险。二是引导重要股东有序解除质押。鼓励重要股东通过清理变现部分资产等方式筹措资金，有序解除股权质押，主动降低股权质押比例，有效降低风险。三是督促券商认真做好股权质押风险防范有关工作，适当下调质押率的同时提高质押利率，有效管控股权质押风险。

（四）推动市场主体提高合规意识和风险管理水平，筑牢风险防线

要强化股东和高级管理人员的合规意识，提高上市公司规范运作水平。不断强化风险意识和法律意识，持续完善风险控制体系，建立全面的风险防范和应急体系，推动上市公司采取有效措施防范和隔离股权质押引发的相关风险，不断提高股权质押风险应对和防范化解能力。及时督促和协助相关上市公司及相关主体履行信息披露义务。持续加强投资者教育，警示投资者牢记“买者自负”的原则，引导投资者警惕大股东高杠杆股票，规避高质押比例股票，防范市场风险。

（五）加强沟通协作，有效整合监管资源

一是做好数据采集。落实国务院关于全面推进金融业综合统计工作要求，加强“一行两会”、沪深证券交易所、中国证券登记结算有限公司等相关部门股权质押信息的整合与共享，建立场内场外统一标准的、分板块、分行业的全口径数据库，为市场主体研判股权质押风险提供重要参考。二是加强政策衔接，协调风险处置。完善各监管部门的沟通、会商机制，积极做好股权质押风险监测、识别、预警和处置各项工作，坚决守住不发生系统性金融风险的底线。

资料来源：中国人民银行郑州中心支行。

专题五　非金融企业投资金融机构的现状与问题

近年来，国内外经济形势持续低迷，实体部门与金融部门的收益差距趋于扩大。随着金融机构改革的不断深化和金融综合经营的演进发展，非金融企业投资金融机构[①]的数量和规模呈明显上升之势，在促进金融机构发展壮大的同时，也加大了实业与金融业领域交叉传染的风险，非金融企业投资银行业机构的问题尤为突出。

一、非金融企业投资金融机构的现状与特点

（一）非金融企业广泛投资金融机构

江苏省 187 家法人金融机构中，非金融企业投资的有 176 家，占比高达 94%。安徽省有 137 家法人银行存在持股 1% 以上的非金融企业股东，占全省法人银行总数的 89%。山东省 251 家法人银行共有非金融企业股东 8 105 个，平均每家约 32 个。其中，城商行平均每家 114 个，农商行平均每家约 52 个，村镇银行平均每家约 7 个。

（二）非金融企业投资金融机构的方式多样

非金融企业投资金融机构主要有三种方式：直接主导或参与新设金融机构；借原股东退出或部分退出之机，受让金融机构股权；借增资扩股之机，出资参股金融机构。其中，第一种方式最为常见，江苏省有 60% 的非金融企业都是采取此种方式入股金融机构。

（三）部分地区房地产企业和政府融资平台投资比重较高

广东省法人金融机构的非金融企业主要股东（持股占比 5% 及以上）共 521 家，其中，来自房地产行业的企业共有 95 家，占比 18.23%。安徽省法人银行的房地产企业股东共计 76 户，投资金额 21.15 亿元，占总股本的 7.81%，其中，多数为民营房地产企业（70 户、18.61 亿元）。此外，部分银行的政府融资平台股东投资占比较高，有些农商行和村镇银行的政府融资平台股东持股比例甚至超过 10%。

（四）民营企业股东户数和股本占比较大

安徽省法人银行持股比例为 1% 以上的非金融企业股东共 1 283 户，总股本 271.28 亿元。其中，民营企业股东 1 136 户、投资股本 207.63 亿元，占总户数和总股本的比重分别为 88.54% 和 76.54%；国有企业股东 144 户、投资股本 63.17 亿元，占总户数和总股本的比重分别为 11.22%

① 本专题所指金融机构仅限于地方法人金融机构。

和 23.29%。广东省法人金融机构的非金融企业股东中，国有企业 74 家，占比 14.2%；民营企业及其他类型企业 436 家，占比 83.69%。山东省法人银行的非金融企业股东中，国有企业 112 家，占比 8.64%；民营企业 1 185 家，占比 91.36%。

（五）民企股东较少形成实质性控股

广东省法人金融机构的 521 家非金融企业主要股东中，控股股东（持股超过 50% 或者虽不足 50% 但具有实质控制权的股东）只有 10 个。江苏省法人金融机构的非金融企业股东中，民营企业股东占比近八成，但仅有 6 家民营企业股东对所投金融机构拥有实质控制权。

二、非金融企业投资金融机构的主要问题

（一）超限参控股多家同类金融机构

2018 年 1 月公布的《商业银行股权管理暂行办法》规定，“同一投资人及其关联方、一致行动人作为主要股东参股商业银行的数量不得超过 2 家，或控股商业银行的数量不得超过 1 家”。但由于此前未对非金融企业持股金融机构的家数进行限制，实际参控股金融机构数量超限的现象较为普遍。例如 A 省同一投资人及其关联方、一致行动人作为主要股东参股商业银行的数量达到 3 家及以上的有 10 个，最多的同时参股 7 家银行。B 省某新材料有限公司及其关联方、一致行动人共持有 9 家法人银行的股份，其中持有 5% 及以上股权的法人银行 6 家。

（二）过度依赖持股金融机构提供融资

非金融企业投资金融机构，除了获取分红以外，还意图利用股东地位获取融资便利。例如 C 省的调查结果显示，在与持股金融机构存在直接贷款关系的 144 家样本企业中，有 34 家企业的直接贷款余额超过原始出资额，加上关联贷款则有 46 家企业的贷款总额超过了原始出资额，占样本总量的 31.94%。其中，有 34 家企业的直接贷款余额与负债之比超过 50%，占比最高的甚至达到 99.93%。由于部分银行对主要股东的授信管理不审慎、不严格，导致股东贷款的不良问题突出，企业经营风险极易向金融机构传导。例如 B 省法人银行的股东及关联方贷款余额合计 252.95 亿元，其中有 22.43 亿元贷款已划为不良，不良率高达 8.87%。

表 1　B 省非金融企业股东及其关联方在持股银行的贷款情况　单位：亿元

	城商行	农商行	村镇银行	合计
正常	55.98	153.54	2.9	212.42
关注	0	17.54	0.56	18.1
不良：	0	22.01	0.42	22.43
次级	0	11.08	0.09	11.17
可疑	0	10.75	0.05	10.8
损失	0	0.14	0.15	0.29
已核销	0	0.04	0.13	0.17
合计	55.98	193.09	3.88	252.95
不良贷款率	0	11.40%	10.82%	8.87%

（三）不符合金融机构股东资质要求

《中国银监会办公厅关于加强中小商业银行主要股东资格审核的通知》规定“主要股东包括战略投资者持股比例一般不超过20%”，《村镇银行管理暂行规定》要求“单个自然人股东及关联方持股比例不得超过村镇银行股本总额的10%”，但部分企业股东通过关联关系规避这一规定。例如A省某高速集团公司与其关联方合计持有该省某城商行47.12%的股份，某实业发展公司及其关联方合计持有该省另一家城商行44%的股份；E省某村镇银行9个股东中，有5位股东存在关联关系，持股占比合计35%，与发起行持股比例相当。此外，还有非金融企业股东出现经营恶化、涉诉，甚至破产等不符合股东资质的情形。例如某银行800多家非金融企业股东中，有70多户法人股东被注销、吊销、列入失信名单等；某银行的一个非金融企业股东，其资产负债率高达97%，且2015—2017年持续亏损。

（四）股东行为不规范，影响金融机构稳健经营

相当比例的非金融企业股东以追求金融业高回报率为主要目的，普遍存在“重分红、轻发展”的导向，在农商行表现得尤为突出，“强制分红”也成为农商行历年来利润分配的“潜规则”。例如D省41家农商行，2018年股本平均分红比例为12.8%；A省某农商行2017年度现金分红2 325万元，其中使用未分配利润1 580万元，直接导致资本充足率下降约0.25个百分点。如果机构盈利状况不能得到有效改善，强制分红将导致机构资本被进一步侵蚀。此外，还有个别非金融企业滥用股东和董事权利，干预金融机构正常经营。例如F省某银行的两个非金融企业股东合计持股比例10%，实际控制人为同一自然人，这两个股东强制要求金融机构对其及关联企业提供优惠授信，并在诉求不达的情况下，多次在股东大会和董事会上，对于无关自身利益的议案投反对或弃权票，导致银行重大决策事项无法及时落实。

（五）投资金融机构的资金来源不合规

《商业银行股权管理暂行办法》规定“商业银行股东应当使用自有资金入股商业银行，不得以委托资金、债务资金等非自有资金入股”，但实际上仍有部分企业利用负债资金或委托资金投资金融机构。例如A省的调查显示，在1 297家非金融企业主要股东中，以负债资金出资的有88家，占比6.78%；以委托资金出资的有6家，占比0.46%。以负债出资入股的绝大部分为农商行（23家），其中个别机构涉及股权比例较大。如某农商行有7家股东的入股资金为负债资金，合计持股比例为29%；另一家农商行有5家股东以负债资金入股，合计持股比例高达37.4%。此外，部分机构主要股东的股权与自身资本规模不成比例，存在负债入股的可能性。

（六）主要股东的股权质押率过高

银行股东往往会利用持有的银行股权进行质押融资，并且股权质押比例普遍较高，股权质押超股权净值的也不在少数。例如A省的调查显示，该省共有292家非金融企业主要股东存在股权质押情况。其中，城商行股东24家，农商行股东234家，村镇银行股东34家；将股权100%质押的有176家，占比60.27%，平均股权质押比例达88.26%。B省某农商行的8家股东

质押股权数量超过其持有股权的50%，个别股东股权质押比例甚至达到100%，但该行并未按监管要求对这些股东在股东大会和派出董事在董事会上的表决权进行限制。高比例股权质押增加了企业的脆弱性，企业一旦出现风险，容易给市场造成冲击，也影响所持股银行机构的股权稳定。

三、政策建议

（一）强化金融机构的股东资质管理

金融监管部门应贯彻落实《关于加强非金融企业投资金融机构监管的指导意见》中关于股东资质的要求，严把股东准入关。对于存量非金融企业股东，进行排查摸底，实行清单制管理，通过设置过渡期，逐步加以规范。对于那些问题严重的非金融企业股东，应以清退股金等方式，依法积极稳妥实施市场化退出，避免风险的传递。金融机构则要认真审查股东资质和入股资金来源，及时提示和约束股东违规行为。同时明确企业股东作为投资主体对金融机构负有更多的信息披露义务，严格要求其对自身重大信息和入股资金来源进行真实性披露，加大虚假披露的处罚力度。

（二）督促金融机构整改股权管理问题

金融监管部门应督促金融机构着力整改法人股过度集中、一企多投数量超标、股权质押过度却未限制股东权利等问题，通过股权流转、增资扩股、发行资本债等方式持续优化股权结构。进一步规范金融机构股权质押行为，尤其是对于持股5%以上的主要股东，应进一步细化股权质押比例的上限、融资金额及融资期限等问题。督促金融机构绘制股东股权结构穿透图，全面掌握股东及关联方信息，规范股东及关联方贷款、股权质押贷款，加强股权相关业务的审计监督和风险评价，严防股东利用股权质押、转让、代持、关联交易等方式抽逃银行资本、输送不当利益等风险。

（三）进一步加强关联交易的风险管理

金融监管部门应完善关联交易监管细则，加强关联交易的信息披露，进一步规范关联交易的披露内容、披露形式、披露范围、披露频率。严格执行金融机构无关联交易承诺函、逐笔报告制度等，并进一步加强现场核查力度，防范股东干预金融机构正常经营，施加不当的经营压力。金融机构应建立关联交易管理制度，贯彻穿透式原则要求，将实际控股股东、关联方、一致行动人及最终受益人作为关联方进行管理。严禁通过授信、担保、隐性合同等方式隐匿关联交易，规避监管。商业银行应严格控制股东贷款规模，加强第二还款来源管理，对于股东贷款金额大于其在银行股权净值的，需审慎决策。

（四）健全金融机构与股东的风险隔离机制

非金融企业股东要建立健全实业板块和金融板块在人、财、信息等方面的风险隔离机制，防止利益输送和不当关联交易，防范风险跨机构、跨业态传染。金融机构要建立有效的决策、执行、监督相互制衡的机制，强化董事会决策机制，避免大股东或实际控制人滥用控制权。进一步完善与非金融企业股东经营风险的隔离，规避由于股东质押金融机构股权引发的各类风险。对于已经质押金融机构股权的股东，金融机构应对股东财务情况进行跟踪监测分析，密切关注质押股权冻结、拍卖等情况，并进一步完善相应的应急预案。

（五）建立完善联动监管的工作机制

建立包括司法、工商、税务及金融监管部门等在内的金融机构股权信息共享平台，提供较为完整的股东资格审核相关信息，提升股东资格审核时所需信息的质量，并将股东不良记录、失信、纳税、股权质押、冻结等信息及时共享，以便各部门动态掌握相关信息，及时采取联合防控和处置措施。金融监管部门应与司法机关协调沟通，出台相关司法解释，从制度层面统一股权司法拍卖的股东准入条件。明确法院在拍卖金融机构股东股权时，需提前与金融机构沟通，共同对竞拍人的资格进行审核，只有符合金融机构股东资格的才能参与竞拍。

资料来源：中国人民银行上海总部。

专题六　应加强对地方政府债务问题的持续关注

2014 年，《中华人民共和国预算法》（2014 年修正）、《国务院关于加强地方政府性债务管理的意见》（国发〔2014〕43 号）实施，地方政府显性债务得到有效控制。但个别地方政府通过融资平台公司、政府和社会资本合作模式、政府投资基金、政府购买服务等方式违规变相举债所形成的隐性债务迅速增加，在经济增速放缓的背景下，应予关注和警惕。

一、基本情况

（一）地方政府债务规模得到有效控制

2015 年以来，财政部对地方政府债务余额实行限额管理，各地发债规模均控制在债务限额以内。2016 年至 2018 年，全国地方政府债务年末余额分别为 15.32 万亿元、16.5 万亿元和 18.4 万亿元，同期全国人大批准的债务限额分别为 17.2 万亿元、18.8 万亿元和 21 万亿元；地方政府债券发行规模分别为 6.0 万亿元，4.4 万亿元和 4.2 万亿元①。截至 2018 年末，地方政府债券剩余平均年限 4.4 年，其中一般债券 4.4 年、专项债券 4.6 年；平均利率 3.51%，其中一般债券利率 3.5%、专项债券利率 3.52%。

（二）债务状况地区差异较大

Wind 数据显示，从总量上看，截至 2018 年末，江苏省、山东省、浙江省地方政府债务余额位列全国前三，存量规模均超万亿元，占全国地方政府债务余额的比重分别为 7.15%、5.55%、5.26%。西藏自治区地方政府债务余额最少，仅为 134 亿元，占比不足 0.1%。从负债率来看，青海省、贵州省、内蒙古自治区、云南省、辽宁省和黑龙江省偿债压力较大，青海省、贵州省地方政府负债率较高，接近 60% 的警戒线；广东省、西藏自治区地方政府负债率较低，均低于 10%。从举债空间上看，2018 年末，湖南省、天津市地方政府债务已接近债务限额上限，债务余额占当年地方政府债务限额的比重均超过 95%；北京市、上海市地方政府债务余额占当年政府债务限额的比重小于 65%，仍有一定举债空间。

（三）地方政府隐性债务增速放缓，但规模仍然较大

截至 2018 年末，全国城投债余额为 7.7 万亿元②，增加 5 600 亿元，同比增长 8%；2004—2016 年，年均增加幅度都超过 1 万亿元，同比增速均在 20% 以上。城投债作为地方政府隐性债务的重要组成部分，其增速的放缓反映了地方政府隐性债务增速的下降趋势。但地方经济发展

① 数据来源：财政部预算司。

② 数据来源：《中国杠杆率进程 2018 年度报告》。

对基础设施建设投资的依赖仍然较高，隐性债务规模相对较大。审计署公告显示，2018 年，全国至少有 8 个省（自治区、直辖市）的 11 个市区通过签订借款合同的方式，新增地方政府隐性债务 138.34 亿元。

二、需关注的风险

（一）地方政府债务偿还压力较大

近几年，宏观经济下行压力加大，减税降费政策相继实施，地区生产总值和地方政府财政收入增速放缓，地方财政收支缺口扩大，个别负债规模较大的地方政府，甚至连偿还利息都捉襟见肘。2018 年末，某县级政府本级债务及负有担保责任的债务余额共计 48 亿元，每年应付利息多达 6 500 万元，而该县全年的财政收入仅 5 亿元左右，债务总量与财政收入缺口过大，基本无偿债能力。此外，个别地方政府违规举债，隐性债务大量增长也带来较大风险隐患，地方政府面临较大的偿债压力。

（二）金融机构信用风险和流动性风险增加

目前，地方政府举债资金大多来自金融机构，在地方政府财政收入增速放缓、偿债能力下降的情况下，易导致金融机构不良资产增加。相关调研显示，某市级政府通过融资租赁公司和银行贷款举债，因缺乏有效的还款来源，已出现逾期 1.1 亿元，而 2019 年到期债务本息将达 57 亿元，相关金融机构面临较大的信用风险。又如兴业银行对某市国土资源收购储备中心贷款 5 亿元，以收储的土地使用权作为抵押物，还款来源主要是未来土地出让金收益，一旦土地价格下跌，偿债能力削弱，易引发流动性风险。

（三）信用风险向实体企业传导

政府偿债能力下降将导致承建地方基础设施项目的企业资金回流受困，直接影响企业经营稳健性。以西部地区某企业为例，该企业大量承建政府项目，2018 年 6 月末，账面现金余额仅 80.72 万元，而应收账款高达 3 156.37 万元，承建的 61 个项目合计未拨付、结算工程款超过 4 000万元，接近该企业 2017 年营业收入的 80%。再以某上市公司为例，该企业通过政府和社会资本合作模式参与政府投资的园林建设、水系治理和生态修复等项目，2018 年 9 月末，该企业应收账款余额高达 99.76 亿元，比上年末增加 33.52%，占净资产的比重高达 82.31%，应收账款增速远超营业收入增速，对公司资金周转及盈利产生较大负面影响。

三、相关建议

（一）完善地方债务信息统计和披露制度

针对地方政府债务种类多、来源广、结构繁的特点，完善信息披露制度，健全全口径地方政府债务统计、监测、分析和预警机制，为规范地方政府融资行为、加强违规债务清理整顿、防范化解债务风险提供准确信息和决策依据。

（二）重点加强对隐性债务的处置

对隐性债务的规模、结构、年限全面筛查梳理，摸清底数，准确掌握债务链条可能出现问题的节点。对有资产、可运转、有效益、可变现的隐性债务要规范运作合理化解；对资产不完整、资金运转困难、低效无效的隐性债务要明确责任、限定时间，通过进一步优化政府投资结构、盘活债务资产，多渠道、多手段稳妥解决。

（三）加强对政府投融资行为的约束

加强源头规划，按照政府预算统一性与完整性的原则，将地方政府性债务分门别类纳入政府预算统一管理。明确地方政府是防范化解债务风险工作的“第一责任人”，本着“谁举债、谁负责”的原则，规范债务管理，对新增债务结构作出合理安排，避免规模快速扩张和债务集中到期。研究建立综合反映地方债资金使用效率和效果的绩效评价体系，加大绩效评价结果应用力度，举债必问效、无效必问责。

（四）完善地方政府财政收支管理

地方政府要积极转变职能，创新管理办法，尊重市场规律，依靠多元化的投资主体、科学规范的制度设计积极拓展融资渠道。进一步加强预算编制法制化、科学化、精细化，合理安排支出规模，提高财政资金使用效率，实现政府财政效率最优化。

资料来源：中国人民银行哈尔滨中心支行、
中国人民银行牡丹江市中心支行。

中国各地区
金融稳定报告摘要
（2019）

北京市金融稳定报告摘要

2018年，北京市经济运行稳中提质，产业转型升级加快，高质量发展稳步推进；银行业金融机构整体稳健运行，各项贷款保持较高增速，资产质量持续向好，风险抵御能力较强；在京法人证券公司资本实力增强，基金公司管理基金资产净值提高；保险业保费收入有所下降，业务结构明显改善，社会服务功能进一步增强。

一、经济运行情况

2018年，北京市经济运行总体平稳，高质量发展稳步推进。在转换发展动力、优化首都功能、提升城市品质和增进人民福祉等方面取得积极成效。

（一）经济运行总体平稳，稳中提质

2018年，北京市实现地区生产总值30 320亿元，按可比价格计算，比上年增长6.6%。分产业看，第一产业实现增加值118.7亿元，下降2.3%；第二产业实现增加值5 647.7亿元，增长4.2%；第三产业实现增加值24 553.6亿元，增长7.3%。全年新经济实现增加值10 057.4亿元，按现价计算，增长9.3%，占全市经济的比重为33.2%，比上年提高0.4个百分点。其中，高技术产业增加值6 976.8亿元，增长9.4%；战略性新兴产业增加值4 893.4亿元，增长9.2%。

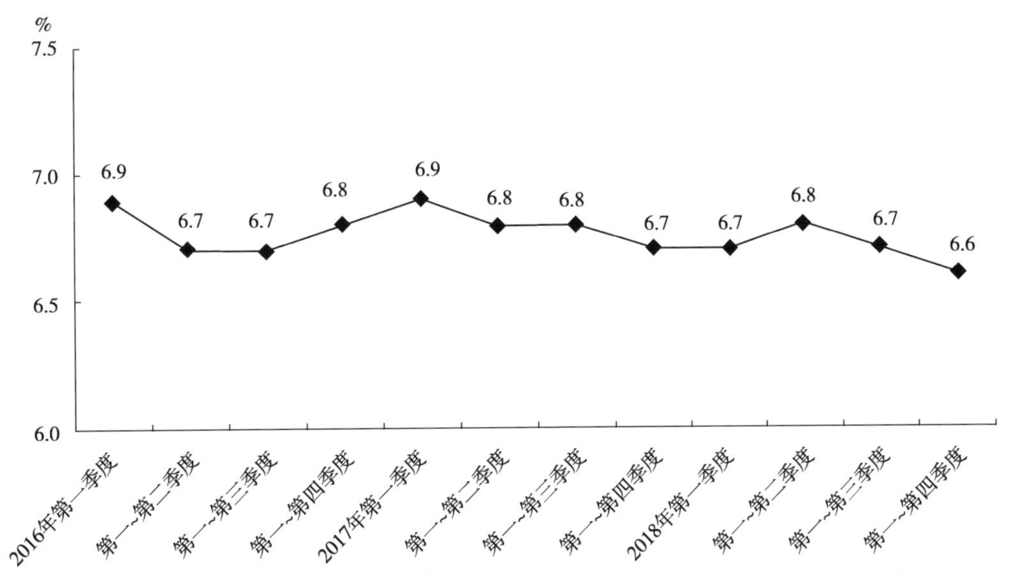

数据来源：北京市统计局。

图1　2016年以来北京市地区生产总值季度累计增速

（二）产业结构进一步优化，转型升级继续推进

2018 年，在北京市传统农业进一步收缩的同时，农业的生态功能不断增强。全年实现农林牧渔业总产值 296.8 亿元，比上年下降 3.7%；其中，在新一轮百万亩造林工程拉动下，林业产值同比增长 61.7%，占农林牧渔业总产值的比重为 32.1%，比上年提高 13 个百分点。都市型现代农业稳步发展，观光园、民俗游分别实现总收入 27.3 亿元和 13 亿元。设施农业效益提升，亩均效益实现 2.5 万元/亩，比上年提高 2.2%。

规模以上工业增加值同比增长 4.6%（按可比价格计算），其中，高技术制造业和战略性新兴产业增加值分别增长 13.9% 和 7.8%。重点行业中，医药制造业增长 16.2%，计算机、通信和其他电子设备制造业增长 15.2%，电力、热力生产和供应业增长 12.2%，汽车制造业下降 5.8%。

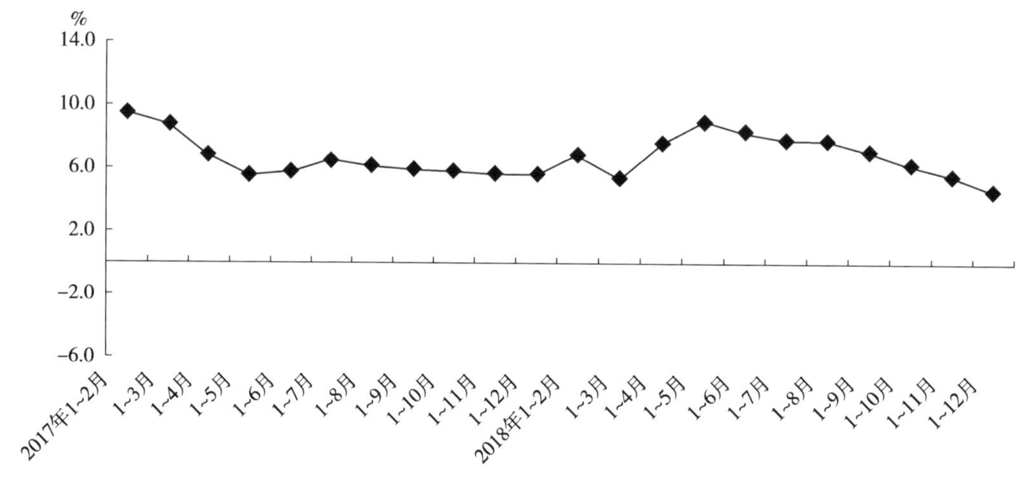

数据来源：北京市统计局。

图 2　2017 年以来规模以上工业增加值累计增速

第三产业增加值同比增长 7.3%，高于地区生产总值增速 0.7 个百分点，对经济增长的贡献率达到 87.9%。其中，金融、科技服务、信息服务等优势行业在北京市地区生产总值中的比重为 40.1%，比上年提高 1.8 个百分点；贡献率合计达到 67%，比上年提高 12.9 个百分点。金融业实现增加值 5 084.6亿元，增长 7.2%；信息传输、软件和信息技术服务业实现增加值 3 859 亿元，增长 19%；科学研究和技术服务业实现增加值 3 223.9 亿元，增长 10.4%。

（三）投资结构继续优化，保障性住房建设稳步推进

2018 年，北京市全社会固定资产投资比上年下降 9.9%。分领域看，基础设施投资同比下降 10.7%，其中，交通运输领域投资增长 1.1%；房地产开发投资增长 3.4%，其中，保障性住房投资增长 44.1%，占房地产开发投资的 31.7%，同比提高 9 个百分点。分产业看，第一产业投资增长 8.9%；第二产业投资下降 43.2%；第三产业投资下降 6.3%，其中，符合首都发展方向的行业投资较快增长，信息传输、软件和信息技术服务业投资增长 31.2%，文化、体育和娱乐业投资增长 11.8%，科学研究和技术服务业投资增长 7.7%。

保障性住房建设稳步推进。全市保障性住房新开工面积 1 049.2 万平方米，占全市商品房新开工

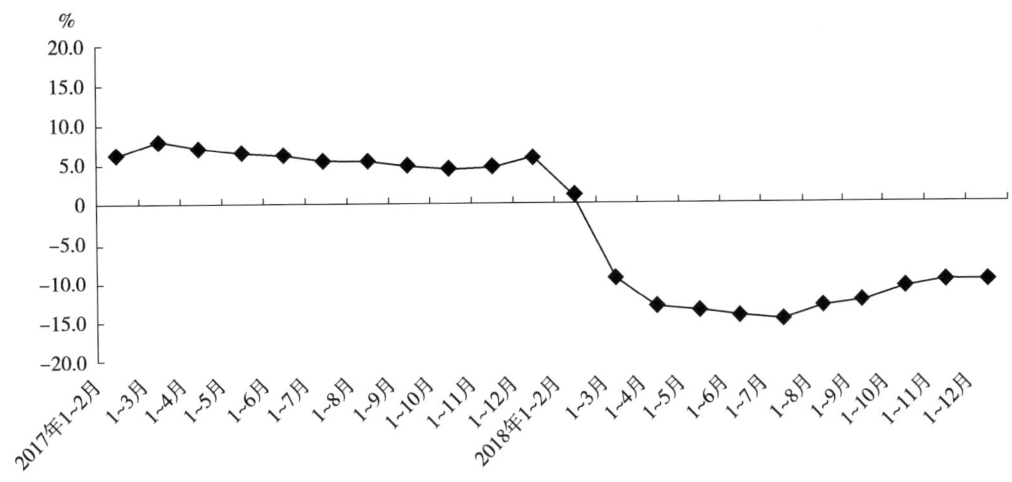

数据来源：北京市统计局。

图3　2017 年以来北京市全社会固定资产投资累计增速

面积的 45. 2%，比上年提高 3. 9 个百分点。保障性住房销售面积 221. 7 万平方米，占全市新建商品房销售面积的 31. 8%，比上年提高 1. 3 个百分点。

（四）市场消费增势较好，服务性消费贡献超过八成

2018 年，北京市实现市场总消费额 25 405. 9 亿元，比上年增长 7. 4%。其中，实现服务性消费额 13 658. 2 亿元，增长 11. 8%，占市场总消费额的 53. 8%，对总消费增长的贡献率达到 82. 6%。实现社会消费品零售总额 11 747. 7 亿元，比上年增长 2. 7%；其中，限额以上批发和零售业企业实现网上零售额 2 632. 9 亿元，增长 10. 3%，拉动全市零售额增长 2. 1 个百分点。按消费形态分，商品零售收入 10 648. 5 亿元，增长 2. 2%；餐饮收入 1 102. 1 亿元，增长 7. 3%。从商品类别看，限额以上批发和零售业企业金银珠宝类、家用电器和音像器材类、化妆品类零售额分别增长 23. 8%、13. 6% 和 11. 8%。

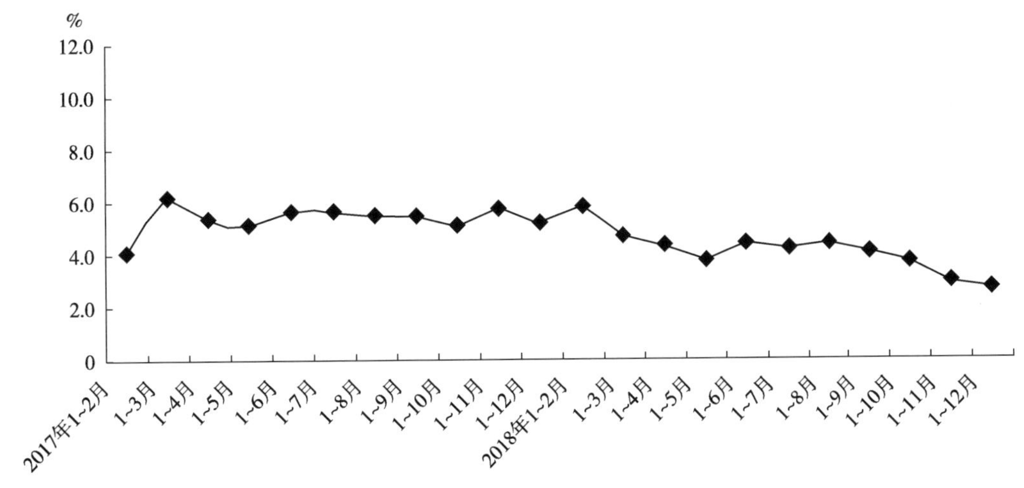

数据来源：北京市统计局。

图4　2017 年以来北京市社会消费品零售总额月度累计增速

（五）消费价格温和上涨，工业生产者价格总体平稳

2018 年，北京市居民消费价格比上年上涨 2.5%。其中，消费品价格上涨 1.8%，服务项目价格上涨 3.5%。八大类商品和服务项目价格“七升一降”：食品烟酒类价格上涨 3.1%，居住类价格上涨 3.2%，生活用品及服务类价格上涨 1.3%，交通和通信类价格上涨 0.6%，教育文化和娱乐类价格上涨 3.6%，医疗保健类价格上涨 3%，其他用品和服务类价格上涨 2.2%；衣着类价格下降 0.3%。

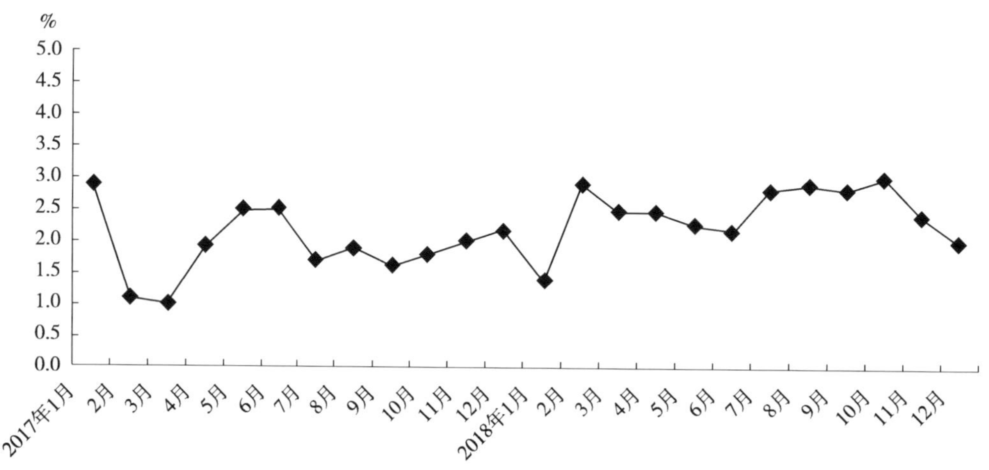

数据来源：北京市统计局。

图 5　2017 年以来北京市月度同比 CPI 走势

2018 年，北京市工业生产者出厂价格与上年持平，购进价格比上年上涨 0.8%。12 月，出厂价格同比下降 0.5%，环比下降 0.3%。购进价格同比上涨 0.9%，环比持平。

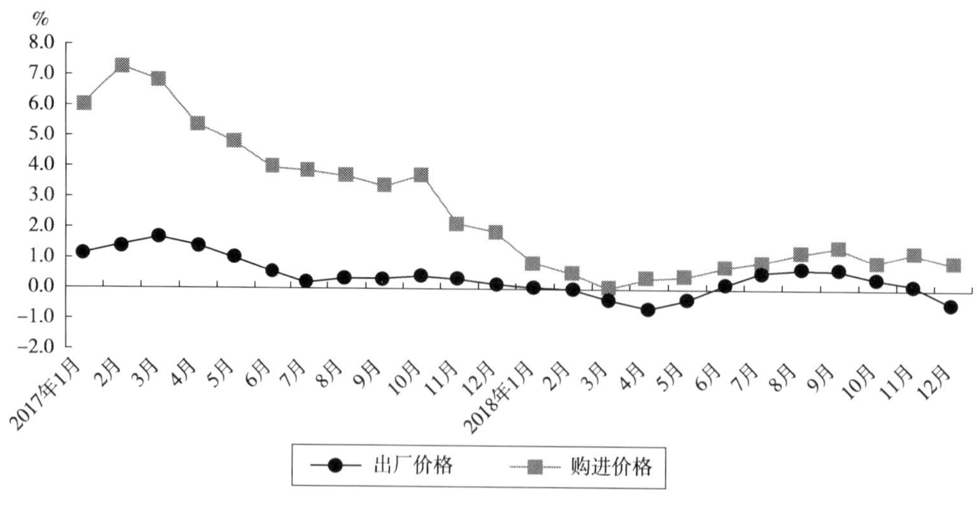

数据来源：北京市统计局。

图 6　2017 年以来北京市工业生产者出厂、购进价格当月同比涨跌幅度

（六）居民收入稳步增加，与经济增长基本同步

2018 年，北京市居民人均可支配收入 62 361 元，比上年增长 9%，扣除价格因素，实际增长 6.3%，与经济增长基本同步。其中，城镇居民人均可支配收入 67 990 元，增长 8.9%[①]。

（七）进出口规模继续扩大，高技术产品出口增速较快

2018 年，北京地区进出口 2.71 万亿元，同比增长 23.9%。其中，进口 2.23 万亿元，同比增长 24.1%；出口 4 878.5 亿元，同比增长 23.0%。高技术产品出口增速较快，同比增长 31.8%，机电产品出口增速保持平稳，同比增长 10.4%。

二、金融业运行状况

（一）银行业

2018 年，北京辖内银行业金融机构整体稳健运行，各项贷款保持较高增速，金融支持实体经济的力度持续增强；表外业务增速明显放缓，金融去通道成效显著；资产质量持续向好，风险抵御能力较强；法人银行总体经营稳健；非银行金融机构资产负债规模增速下降；金融基础设施保障能力进一步提升，金融生态持续优化。

1. 资产负债[②]规模增速加快，同业资产规模继续收缩

2018 年末，辖内银行业金融机构资产总额 24.17 万亿元，同比增长 8.86%，增速同比上升 6.06 个百分点；较年初增加 1.97 万亿元，同比多增 1.36 万亿元。负债总额 23.02 万亿元，同比增长 8.77%，增速同比上升 6.58 个百分点；较年初增加 1.86 万亿元，同比多增 1.40 万亿元。其中，同业资产余额 1.92 万亿元，同比下降 7.45%，同业负债余额 3.24 万亿元，同比增长 4.94%。

2. 各项贷款保持较高增速，金融支持实体经济的力度持续增强

2018 年末，辖内银行业本外币各项贷款[③]余额 7.05 万亿元，同比增长 11.7%，增速同比上升 0.2 个百分点；较年初增加 0.72 万亿元，同比多增 0.07 万亿元。其中，人民币贷款余额 6.68 万亿元，同比增长 12.5%，增速同比上升 0.5 个百分点；较年初增加 0.74 万亿元，同比多增 0.1 万亿元。

从主体看，非金融企业及机关团体贷款保持较高增速，贷款余额同比增长 14.8%，比上年高 2.9 个百分点，全年贷款增加额占全部贷款增加额的 83.9%，较上年高 13.3 个百分点。个人住房贷款增速平稳，个人经营贷款增速较高，全年人民币住户贷款同比增长 8.5%，增幅较上年低 7.9 个百分点，其中，个人住房贷款余额同比增长 2.5%，增速同比下降 13.9 个百分点，占各项贷款增加额的比重为 3.3%，较上年低 18.2 个百分点；个人经营贷款余额同比增长 14.3%，比上年低 4.7 个百分点。

---

① 由于北京市城镇化进程加快，住户收支与生活状况调查所涉及农村居民样本数量减少，代表性降低，故自 2018 年起，北京市不再对社会公布农村居民人均可支配收入数据。

② 本节数据除存、贷款指标外，均来源于北京银保监局。中信百信银行于 2017 年 11 月 18 日开业，未纳入北京银保监局报表范围，因此来自银保监局的统计数据中不含中信百信银行。

③ 存、贷款数据来源于中国人民银行营业管理部调查统计数据。

从行业投向来看[①]，2018 年末贷款余额前五位行业依次是：交通运输、仓储和邮政业，个人贷款，制造业，电力、热力、燃气及水的生产和供应业，房地产业，占各项贷款余额的 60.26%；2018 年新增贷款中半数以上投向交通运输、仓储和邮政业，电力、热力、燃气及水的生产和供应业，建筑业，房地产业。

房地产贷款增速继续回落。截至 2018 年末，北京辖内金融机构本外币房地产贷款余额 1.75 万亿元，同比增长 6%，增速比上年同期下降 7.4 个百分点，低于各项贷款同期增速 5.12 个百分点。“3·17”房地产新政以来，北京房价连续 20 个月保持基本平稳，土地溢价率明显降低。

金融支持实体经济的力度明显加大。截至 2018 年末，辖内中资银行支持京津冀协同发展项目融资余额突破万亿元大关，科技企业贷款余额同比增长 34%，文化创意产业贷款余额同比增长 9.56%，涉农贷款同比增长 15.22%。北京地区人民币普惠口径小微贷款余额同比增长 30.3%，比同期各项贷款增速高 17.8 个百分点，金融服务实体经济力度持续增强。

3. 存款规模增长较快，住户存款高速增长，非银行业金融机构存款增幅较高

2018 年末，辖内银行业金融机构本外币各项存款余额 15.71 万亿元，同比增长 9.3%，增速同比上升 4.9 个百分点；较年初增加 1.34 万亿元，同比多增 0.74 万亿元。其中，人民币各项存款余额 15.04 万亿元，同比增长 9.3%，增速同比上升 5.1 个百分点；较年初增加 1.28 万亿元，同比多增 0.73 万亿元。

从主体看，住户存款高速增长，非金融企业存款增速较低，非银行业金融机构存款增幅较高。其中，全年人民币住户存款增加 0.35 万亿元，同比多增 0.26 万亿元，同比增长 12.2%，增速同比上升 8.9 个百分点，为五年来最高增速。全年人民币非金融企业存款余额同比增长 1.3%，增速同比下降 4.9 个百分点。全年人民币非银行业金融机构存款余额同比增长 18.7%，上年为下降 14.9%。

4. 银行理财产品规模有序压降，表外业务增速明显放缓

受资管新规及多项监管政策影响，辖内银行理财产品规模有序压降，表外业务规模增速明显放缓。截至 2018 年末，辖内银行理财产品余额较 4 月末下降 12.95%，其中保本型理财产品余额较 4 月末下降 23.81%。辖内银行业表外业务余额同比增长 4.51%，增速同比下降 20.93 个百分点，其中委托贷款同比下降 12.19%，托管资产增速同比下降 30.87 个百分点，金融去通道成效显著。

5. 利润增速放缓，中间业务收入持续下滑

2018 年全年，辖内银行业金融机构共实现利润 2 719.8 亿元，同比增长 5.10%，增速同比下降 11.59 个百分点。其中，中间业务收入 673.29 亿元，同比下降 4.19%，中间业务收入率 14.30%，同比下降 1.86 个百分点。

6. 资产质量保持稳定，不良贷款行业集中度较高

2018 年末，辖内银行业金融机构不良贷款余额同比上升 0.48%，不良贷款率 0.34%，同比下降 0.03 个百分点。2018 年末，辖内银行业金融机构不良贷款余额前五大行业分别是批发和零售业、制造业、个人贷款行业、房地产业、租赁和商务服务业，五大行业不良贷款余额占全部不良贷款余额的 81.76%。

7. 辖内法人银行总体经营稳健

2018 年末，辖内法人银行资产负债余额分别为 3.77 万亿元和 3.47 万亿元，同比分别增长

---

① 重点支持领域新增贷款数据来源于北京银保监局。

9.27%和9.19%；存款和贷款余额分别为2.19万亿元和1.66万亿元，同比分别增长7.62%和15.66%；不良贷款余额同比增长29.23%，不良贷款率1.22%，同比上升0.13个百分点，资产质量有所下降；拨备覆盖率268.85%，同比下降28.48个百分点，但均高于监管要求。全年实现利润296.50亿元，同比增长13.48%。流动性比例61.25%，同比上升10.52个百分点，整体流动性较好。

8. 辖内非银行金融机构资产负债规模增速下降

2018年末，辖内非银行金融机构资产和负债余额分别为4.09万亿元和3.42万亿元，同比分别增长8.32%和7.77%，增速同比分别下降9.96个和10.76个百分点；不良贷款余额同比增长36.43%，不良贷款率0.23%，同比上升0.04个百分点；全年实现利润621.7亿元，同比增长4.91%。

（二）证券业

2018年，证券期货行业总体经营稳健。在京法人证券公司资本实力增强，基金公司管理基金资产净值提高，期货公司规模略有下降。新三板挂牌公司数量减少，各级资本市场融资额及成交量下降。

1. 法人证券公司资本实力增强，各项监管指标良好

截至2018年末，辖区共有法人证券公司18家，与上年相同。证券公司资产总额8 640.13亿元，同比减少1.11%；净资本2 294.76亿元，同比增长4.62%。平均流动性覆盖率397.79%，净稳定资金比率168.72%，风险覆盖率239.94%，资本杠杆率24.39%。2018年，辖区法人证券公司营业收入376.18亿元，同比下降14.93%。

2. 基金公司管理基金净值增长，新发基金募集额同比减少

2018年末，总部设在辖区的基金管理公司共32家，其中法人基金管理公司19家，与上年持平。辖区法人基金公司管理基金712只，同比增长14.10%，管理基金年末资产净值1.98万亿元，同比增长13.43%。2018年，辖区法人基金管理公司新发基金144只，同比增长21.01%；新发基金首次募集金额1 368.11亿元，同比减少13.39%。

3. 期货公司规模略有下降，利润大幅减少

截至2018年末，北京共有法人期货公司19家，与上年同期持平；期货分支机构108家，同比增加6家。期货公司资产总额669.91亿元，同比下降8.81%；净资本96.29亿元，同比减少3.8%。全年期货代理交易额44.5万亿元，较上年增长7.26%；利润总额10.1亿元，较上年减少27.2%。

4. 上市公司数量增加，总市值及A股融资额下降

截至2018年末，北京辖区共有上市公司316家，较上年增加10家。其中，主板公司166家、中小板公司52家、创业板公司98家。辖区上市公司总市值11.58万亿元，同比下降15.92%。2018年，辖区上市公司累计股权融资2 701.81亿元，同比下降4.15%。其中，IPO公司9家，共计募集资金127.25亿元；定向增发融资24家，共计募集资金1 963.83亿元；配股融资2家，共募集资金10.73亿元；发行优先股上市融资1家，募集资金600.00亿元。

5. “新三板”挂牌公司数量减少，融资量显著下降

2018 年末，全国中小企业股份转让系统挂牌公司总数[①]达 10 691 家，较上年末减少 939 家。总市值 34 487. 26 亿元，同比减少 30. 19%。北京市共有新三板挂牌公司 1 440 家，同比下降 11%，占全国总数的 13. 46%；总股本 1 103. 45 亿股，占全国总数的 17. 44%；总市值 6 065. 55 亿元，占全国的 17. 58%。辖区挂牌公司平均市盈率 23. 33 倍，平均市净率 2. 51 倍。共有创新层挂牌公司 135 家，占全国总数的 14. 34%。受制于新三板市场整体交易不活跃、流动性差，2018 年辖区挂牌公司定向增发 186 次，募集资金 83. 01 亿元，同比下降 69. 95%，占全国定向增发总数的 13. 7%。

（三）保险业

2018 年，北京地区保险业[②]实现原保险保费收入（以下简称保费收入）1 793. 3 亿元，同比下降 9. 1%；累计赔付支出 629. 4 亿元，同比增长 8. 9%；保险深度 5. 9%，同比下降 1. 1 个百分点；保险密度 8 293. 1 元/人，同比减少 792. 2 元/人。截至 2018 年末，在京注册的保险法人机构 71 家[③]，保险分公司 109 家，保险销售从业人员[④] 17. 9 万人。

1. 财产险公司保费收入稳步增长，主要监管指标保持稳定

2018 年，北京地区财产险公司实现保费收入 458. 9 亿元，同比增长 5. 8%。其中，车险业务实现保费收入 272. 2 亿元，同比减少 0. 1%；非车险业务实现保费收入 187 亿元，同比增长 15. 7%。财产险公司累计赔款支出 259. 2 亿元，同比增长 15. 3%。主要监管指标方面，综合赔付率 58%，同比下降 3. 9 个百分点；应收保费率 11. 7%，同比上升 1. 7 个百分点。

2. 人身险公司保费收入有所减少，业务结构明显改善

受监管趋严影响，人身险公司保费收入有所下降。2018 年，北京地区人身险公司实现保费收入 1 334. 4 亿元，同比减少 13. 3%；非保险合同业务本年新增交费[⑤] 853. 2 亿元，同比增长 34. 5%。银邮渠道业务占比 34%，同比下降 14. 8 个百分点；人身险新单期交率 47. 8%，同比上升 17. 8 个百分点；退保率 7. 2%，同比上升 1. 6 个百分点。

3. 外资公司保费收入稳步增长，市场份额有所上升

截至 2018 年末，在京外资保险法人机构 14 家[⑥]，分公司 37 家，全年实现保费收入 321. 9 亿元，同比增长 11. 38%；市场份额 17. 9%，同比上升 3. 3 个百分点。其中，财产险公司实现保费收入 18. 7 亿元，市场份额 4. 1%，份额与上年持平；人身险机构实现保费收入 303. 2 亿元，市场份额 22. 7%，同比上升 5. 1 个百分点。

4. 保险行业社会服务功能进一步增强

2018 年，北京地区政策性农业保险实现保费收入 7. 1 亿元，参保农户 7. 6 万户次，提供风险保

① 数据来源：全国中小企业股份转让系统官方网站。

② 数据来源：北京银保监局。

③ 其中，财产险总公司 15 家，人身险总公司 30 家，保险资产管理公司 9 家，再保险公司 7 家，保险集团 8 家，相互保险社 2 家。

④ 根据自 2013 年 7 月 1 日起实施的《保险销售从业人员监管办法》规定，“保险销售从业人员”是指为保险公司销售保险产品的人员，包括保险公司的保险销售人员和保险代理机构的保险销售人员。其中，原“保险营销员”对应现在的“人身险公司代理制保险销售从业人员”。

⑤ “非保险合同新增交费”是指人身险公司保户投资款新增交费和投连险独立账户新增交费。其中，人身险公司保户投资款、健康险保户款包括寿险保户投资款和意外险保户投资款。

⑥ 其中，外资保险公司法人机构 14 家，4 家法人机构直接经营业务，9 家在京设立分支机构并开展业务；外资保险资产管理公司法人机构 1 家。

障262.7亿元；安全生产责任险全年累计为5万家次企业提供风险保障2 710.4亿元；医疗责任保险全年累计承保医疗机构1 188家次，快速化解医患纠纷案件1 068件。截至2018年末，保险资金通过债权计划投资北京市基础设施、科技园区等重点项目规模达1 796.5亿元。

（四）金融基础设施

1. 支付结算基础设施服务保障能力进一步提升

持续推动移动支付便民示范工程，完成郊区公交线路6 000辆公交车联网通用移动支付应用的改造工作。继续开展农村支付环境建设，以专项资金撬动金融机构投入，推动建立便民服务点和助农取款服务点785个，累计消除91.8%的金融空白村。扎实开展数字央行建设，规划建设大数据平台，推动金融与科技深度融合。扎实开展票据清分系统更新改造，稳步推进电子清分服务平台同城灾备系统建设，强化提升北京CCPC运维保障能力，有力维护辖内支付系统平稳运行。

2. 征信体系建设持续深入

做好征信服务工作，进一步优化个人查询服务网络建设，构建多渠道、广覆盖的信用报告查询网络，实现网点分布在百度地图、微信小程序可查询。扩大征信系统覆盖面，推动北京住房公积金管理中心上报公积金贷款信息。促进征信市场扩大开放和规范发展，完成首例外资企业征信机构业务备案。推进首都社会信用体系建设，推动“信用雄安”建设、加强京津冀区域内征信合规监管。全面提升中关村小微试验区建设水平，推进农村信用体系建设工作。

3. 反洗钱监管效能不断提升

创新监管方式，拓展监管的深度和广度，首次系统地检验了银行机构《金融机构大额交易和可疑交易报告管理办法》的实施情况。积极推动行政处罚工作，严格落实“双罚制”，加大处罚力度，增强监管效能。深入开展重点可疑交易报告分析，可疑交易线索案件价值大幅提升。重点关注风险高发领域，充分发挥反洗钱维护金融秩序的管控作用。多措并举，积极推动北京地区特定非金融机构反洗钱工作开展。

4. 金融消费权益保护力度不断加大

按照建设“法治央行”要求，优化法律顾问制度及外聘法律专家库，确保履职行为及行政处罚有理、有力、有效。清理规范性文件，首次向社会公示文件目录；对18个部门履行行政许可、执法检查、行政处罚和信息公开等职责情况开展依法行政审计，推动行政权力阳光化、规范化。强化违法金融广告治理，全年累计处置疑似违法违规金融广告千余条。创新金融知识宣传模式，依托广播、电视、公交车身广告及互联网新媒体，构建立体化线上宣传网络；组织辖内金融机构开展进乡村、进社区、进校园等活动，构建广覆盖的线下宣传网络，增加宣传效果。

（五）需要关注的问题

1. 银行业金融机构资产质量下行和资本补充等压力值得关注

辖内银行业金融机构资产质量保持稳定，风险抵补能力较强，但部分重点领域风险防控压力增大，未来信贷资产劣变的可能性仍不容忽视。截至2018年末，辖内银行业金融机构逾期贷款余额644.11亿元，同比增长30.89%；逾期90天以上贷款与不良贷款的比例为109.17%，同比增加27.94个百分点。2018年辖内法人银行业金融机构关注类贷款迁徙率同比增加13.26个百分点，各类贷款向下迁徙率同比增加1.08个百分点。

资管新规实施后，资产回表、信贷投放力度加大等因素导致银行资本消耗较快，同时内源性资本补充受限，外部资本补充存在不确定性，资本充足水平或将制约银行下一阶段的展业力度，资本充足风险需要关注。

2. 资本市场波动及违约风险需高度重视

受经济增速放缓、经济结构调整加快和外部冲击等因素影响，资本市场风险凸显，股票质押、债券违约、私募基金风险集中爆发。一是股票市场走低导致股票质押风险进一步上升，若高比例股权质押造成上市公司个体信用危机，极易传导成市场系统性风险。二是债券违约事件频发，民企国企信用风险交织暴露，监测防范化解债券违约风险任务依然艰巨。三是私募基金规模上升，融资方逾期还款风险较大，流动性风险隐患及兑付危机较为突出部分私募基金违规特征明显，甚至以私募名义从事非法集资活动。

3. 寿险公司转型中面临的问题值得关注，P2P平台风险向保险机构传染需警惕

当前寿险公司保障型产品同质化严重，价格竞争加大利差损风险和健康险赔付风险，而且随着监管趋严，寿险公司纷纷调整业务结构，中小型寿险公司面临保费收入下降、流动性承压等问题，相关风险值得关注。近年来，一些保险销售人员销售非保险产品，导致消费者在不能兑付时将矛头指向保险公司；部分P2P平台夸大融资性保证保险的保障责任，个别保险公司因与网贷平台合作发生大额亏损。

4. 非正规金融机构、非法金融活动及互联网金融风险不容忽视

互联网金融领域风险依然严峻，网贷平台清理整顿进入关键阶段。2018年北京在营网贷机构业务量在全国的占比依然较大，且机构总部化、集团化特征明显，部分大型平台股权结构和关联关系复杂，风险的传染性和隐蔽性较强，防范和化解风险的任务仍然很重。此外，辖内非法集资案件呈向远郊区县转移趋势。交易场所存量化解涉及人数较多，矛盾纠纷协调工作压力仍然较大。

5. 房地产稳预期目标尚需巩固，房地产金融风险需高度关注

2018年，在“房住不炒”的总基调下，北京房地产市场逐步回归理性，但近期各地房地产政策变化及降低存款准备金率等政策对市场预期形成一定影响。同时，房地产贷款余额占较高的情况下，应高度关注居民部门杠杆率变化、房地产企业资金链压力等问题。

三、政策建议

（一）稳步推进经济结构调整和经济高质量发展

以城市副中心建设、京津冀协同发展、冬奥会、“一带一路”等为契机，优化微观主体营商环境，提高金融服务便利化，推进服务业扩大开放，促进经济结构稳步调整和高质量发展。

（二）夯实金融机构风险防控主体责任

引导金融机构增强风险防控主体责任意识，健全完善全面风险管理体系，有效识别、计量、评估、监测和控制各类风险，加强信用风险、流动性风险管理，强化操作风险、道德风险管控力度；积极推进“债转股”相关工作，拓宽商业银行资本补充渠道；加强风险监测、现场评估和现场检查力度，严控各类风险隐患。

（三）强化风险监测、评估与应对，有效应对金融市场风险

运用监管科技提高风险监测、预警能力，加强大型企业债务风险监测，做好重点行业和企业的债券违约风险摸排和风险处置；关注上市公司股票质押相关风险，强化私募基金监督管理，加强市场预期引导，有效应对金融市场异动风险。

（四）稳步推进保险公司业务转型，规范互联网保险业务

吸取国际保险行业发展经验，促进寿险公司业务转型。规范保险销售人员管理，加强互联网保险业务管理，促进互联网保险业务健康发展。

（五）进一步加强金融秩序的清理整治力度，优化金融生态

坚持所有金融业务都要纳入监管原则，加大对非法金融机构、非法金融活动及互联网金融的清理整治力度，有序处置重点领域风险，加强金融监管协调，共同维护首都金融稳定，为首都经济高质量发展创造良好金融环境。

（六）积极构建房地产金融长效机制，防范房地产市场风险

积极推进房地产金融风险压力测试，及时掌握房价变化对房地产信贷资产质量的影响，做好金融风险预警和处置预案；积极构建房地产金融长效机制，促进房地产市场健康发展。

中国人民银行营业管理部金融稳定分析小组

组　长：杨伟中

副组长：贺同宝

成　员（以姓氏笔画为序）：

王远志　周军明　林晓东　赵　清　袁新峰

韩　芸　董洪福　樊武星　魏海滨

《北京市金融稳定报告（2019）》编写组

总　纂：贺同宝

统　稿：周军明　刘文权　肖　炜

执　笔（以姓氏笔画为序）：

李艳丽　李晓玲　张素敏　张　萍　赵伟欣

天津市金融稳定报告摘要

2018年，天津市坚持稳中求进工作总基调，贯彻新发展理念，聚焦高质量发展，经济整体保持平稳运行。金融业运行较为稳健，金融风险总体可控，金融基础设施建设取得新进展，金融服务水平全面提高，防范和化解金融风险工作取得阶段性成果。但同时，经济金融运行中出现的一些新情况和新问题仍需关注。

一、宏观经济运行情况

（一）经济整体保持平稳运行

2018年，天津市生产总值18 809.64亿元，按可比价格计算，同比增长3.6%。其中，第一产业增加值172.71亿元，增长0.1%；第二产业增加值7 609.81亿元，增长1.0%；第三产业增加值11 027.12亿元，增长5.9%。

1. 产业结构调整取得积极进展

工业生产平稳向好，全市规模以上工业增加值增长2.4%，较上年提高0.1个百分点。先进制造业引领发展，高技术产业制造业增加值增长4.4%，拉动全市规模以上工业增加值增长0.6个百分点，战略性新兴产业增加值增长3.1%，拉动规模以上工业增加值增长0.7个百分点。服务业比重不断提高，服务业增加值增长5.9%，快于全市生产总值2.3个百分点，占全市生产总值的比重为58.6%，较上年提高0.4个百分点。

2. 增长动力结构进一步优化

2018年，天津市固定资产投资（不含农户）同比下降5.6%，其中民间投资增长4.4%，快于全市投资10.0个百分点，占全市投资总额的45.2%。消费结构持续升级，住宿和餐饮业营业额增长10.8%，其中限额以下住宿餐饮业营业额增长12.1%，快于全市1.3个百分点。外贸出口增速加快，外贸进出口总额增长5.6%，其中出口增长8.6%，较上年加快7.4个百分点。

3. 供给侧结构性改革扎实推进

去产能持续深化，2018年第四季度天津市规模以上工业产能利用率为78.5%，较上年同期提高1.4个百分点。去杠杆稳步实施，规模以上工业资产负债率为58.0%，同比下降1.9个百分点。降成本成效显现，规模以上工业企业百元主营业务收入成本84.01元，同比下降0.91元。补短板持续加力，全年新一代信息技术产业投资增长6.8%，租赁和商务服务业投资增长63.7%。

4. 国计民生持续改善

2018年，天津市财政支出75%以上用于民生，全面完成20项民心工程。新增就业49万人，同比增长0.1%，城镇登记失业率保持在3.5%。全市居民人均可支配收入39 506元，同比增长6.7%。其中，城镇居民人均可支配收入42 976元，增长6.7%；农村居民人均可支配收入23 065元，增长6.0%。全市居民人均消费性支出29 903元，同比增长7.4%。

5. 房地产保持平稳发展

受政策效应显现、购房预期转冷、经济增速放缓等因素影响，2018年天津市商品房销售面积1 249.87万平方米，同比下降15.7%。但开发投资、施工面积等数据稳中有升，显现出当前房地产市场在调控措施中取得良好成效。全年天津市房地产开发企业累计实现投资2 424.49亿元，同比增长8.6%；房地产新开工及施工面积分别为2 479万平方米、10 324万平方米，同比分别增长6.2%、17.4%。

（二）经济运行中需要关注的方面

1. 经济下行压力依然较大

从经济周期角度看，当前天津处于长短周期下行重叠期，制约经济增长的长期趋势和短期因素叠加。从供给侧看，新的产业增长难以及时对冲传统产能下降的影响，新旧产能接续出现空白。从需求端看，投资持续负增长拉动力减弱，消费作为增长稳定器的作用下降，出口面临的不确定性依然较大。

2. 民营经济的短板效应凸显

天津民营经济整体发展水平与较为发达地区相比存在较大差距，在全国处于靠后位置，企业偏小、行业偏旧，有品牌、有影响力的知名企业偏少等现象突出，导致经济可持续增长的韧性和后劲不足。

3. 中美贸易摩擦导致涉外经济不确定性增加

从目前来看，中美贸易摩擦对天津跨境收支总量尚未产生明显影响，全市对美贸易跨境收支仍呈增长趋势，但平行进口汽车、对美废纸、农产品等行业进口订单开始缩减。全年天津市从美国汽车进口业务跨境支出71.5亿美元，同比下降4.1%。

二、金融业发展情况

2018年，天津市金融业深入贯彻党中央、国务院重大决策部署，行业资产负债规模和盈利水平保持相对稳定，前期暴露的重点领域风险正在得到逐步化解，金融风险总体可控。然而，在当前和今后一段时期全市金融业发展面临的形势仍较为复杂，风险传导呈显性化和隐性化交织态势。下一步，要在更加注重稳增长的基础上、在推动高质量发展过程中，防范化解金融风险，坚决守住不发生区域性风险的底线。

（一）金融业运行情况

1. 银行业经营基本稳健

随着去杠杆等政策的不断推进，天津市银行业同业业务明显收缩，资产负债增速出现放缓。2018年末，全市银行业资产总额49 441.04亿元，同比增长1.33%，增速较上年回落1.38个百分点；负债总额47 139.01亿元，同比增长1.49%，增速较上年回落0.89个百分点。

存贷款增速放缓。2018 年末，全市银行业各项存款余额 30 983. 17 亿元，同比增长 0. 14%，比年初增加 42. 36 亿元，同比少增 831. 41 亿元。各项贷款余额 34 084. 90 亿元，同比增长 7. 85%，比年初增加 2 439. 09 亿元，同比少增 409. 40 亿元。贷存款差额进一步扩大，年末达 3 101. 73亿元。

2018 年，全市银行业计提资产减值损失前利润总额 904. 61 亿元，同比增加 24. 54 亿元。但受资产减值损失计提增加影响，全年实现净利润 191. 20 亿元，同比减少 240. 48 亿元。从收入来源看，受同比高基数、行业监管趋严等因素影响，中间业务发展呈现稳中略降的态势。

不良贷款余额、不良贷款率出现“双升”。2018 年末，全市银行业不良贷款余额 939. 13 亿元，比年初增加 262. 04 亿元；不良贷款率 2. 55%，比年初上升 0. 57 个百分点。关注类贷款余额1 672. 13 亿元，比年初增加 114. 48 亿元；关注贷款率 4. 55%，比年初下降 0. 01 个百分点。

2018 年末，全部法人银行资本充足水平均满足监管要求，但个别机构由于年内不良贷款增幅较大，未能充分计提资产减值损失准备，造成拨备覆盖率下降速度较快。

2. 证券业规模有所缩减

2018 年末，天津市共有法人证券公司 1 家，证券分公司 33 家、比年初增加 8 家，证券营业部 151 家、比年初减少 3 家；基金管理公司 1 家；法人期货公司 6 家，期货分公司 3 家、比年初增加 1 家，期货营业部 32 家、比年初增加 2 家；上市公司 50 家、比年初增加 1 家。

证券机构规模有所下降。2018 年末，全市证券营业部资产总额 138. 50 亿元，同比下降 15. 32%；净资产总额 13. 32 亿元，同比下降 12. 02%。客户交易结算资金余额 114. 71 亿元，同比下降 16. 81%；指定与托管市值 3 044. 48 亿元，同比下降 24. 39%；资金账户 328. 59 万户，同比增长 7. 42%。

基金公司缩减基金规模。2018 年末，全市基金管理公司管理基金 45 只，同比减少 10 只；基金份额 13 452. 94 亿元，同比下降 24. 78%；基金净值 13 420. 65 亿元，同比下降 24. 99%。

期货公司稳步发展。2018 年末，全市期货公司资产合计 93. 98 亿元，同比增长 22. 59%；净资产总额 22. 68 亿元，同比增长 2. 58%；客户保证金总额 68. 82 亿元，同比增长 31. 39%。全年代理交易额 44 222. 03 亿元，同比增长 30. 61%；手续费收入 2. 48 亿元，同比增长 52. 15%。但因投资收益大幅减少，全年仅实现利润总额 0. 6 亿元，同比下降 52. 6%。

上市公司新增融资规模有所下降。2018 年末，全市境内上市公司总股本 644. 68 亿股，同比增长 3. 92%；总市值 3 853. 01 亿元，同比下降 26. 54%。全年上市公司融资规模 39. 82 亿元，同比下降 37. 49%。年末新三板挂牌公司 194 家，同比减少 11 家；拟上市公司 20 家，同比减少 4 家。

3. 保险保障功能有效发挥

2018 年末，天津辖区共有保险总公司 6 家，省级以上分公司 63 家。保险公司在津分支机构资产总额 1 402. 94 亿元，同比增长 9. 19%。其中，财产险公司资产总额 124. 31 亿元，同比下降 11. 95%；人身险公司资产总额 1 278. 64 亿元，同比增长 11. 80%。

2018 年，全市财产险保费收入 144. 44 亿元，同比增长 2. 03%，增速较上年下降 8. 96 个百分点。财产险公司业务结构趋向多元，其中企业财产保险、责任保险、保证保险、意外伤害保险保费收入同比分别增长 6. 77%、29. 35%、46. 48% 和 38. 79%，占财产保险公司业务收入比重分别上升 0. 15 个、0. 86 个、1. 24 个和 0. 94 个百分点；车险业务占财产保险公司业务收入比重为 69. 03%，同比下降 2. 81 个百分点。

全市人身险保费收入415.54亿元，同比下降1.87%，增速较上年下降7.22个百分点。人身险公司销售渠道有所改善，其中个人代理渠道实现保费收入230.30亿元，同比增长13.05%，占原保险保费收入的56.44%，较上年提高7.68个百分点；公司直销渠道实现保费收入35.88亿元，同比下降1.09%；银邮代理渠道实现保费收入130.50亿元，同比下降23.21%。

4. 社会融资结构调整优化

2018年，天津市社会融资规模3 074.84亿元，同比减少390.46亿元。

表外融资大幅减少。2018年，全市银行业表外融资净减少1 054.71亿元，同比多减1 076.77亿元。其中，未贴现银行承兑汇票增加66.34亿元，同比少增311.64亿元；委托贷款减少928.80亿元，同比多减705.01亿元；信托贷款减少192.25亿元，同比多减60.12亿元。

受债市市场持续回暖影响，直接融资增长较快。2018年，全市发行债券1 982.39亿元，超过上年同期2倍，其中，非金融企业债券净融资703.93亿元，同比多增934.95亿元。

地方政府专项债券发行节奏加快。2018年，全市地方政府专项债券累计融资791.24亿元，同比多增194.16亿元。分品种看，项目收益专项债券累计发行535.98亿元，同比增加296.98亿元；定向承销专项债券累计发行158.66亿元，同比减少57.63亿元；其他专项债券累计发行96.60亿元，同比减少45.19亿元。

（二）防范化解金融风险工作取得阶段性成果

把防范化解重大金融风险作为重中之重，按照“稳定大局、统筹协调、分类施策、精准拆弹”的原则，积极作为、主动作为，重点领域风险得到有效管控，金融监管协调性不断增强，金融服务实体经济能力进一步提高，防范化解金融风险攻坚战实现良好开局，取得了积极的成效。

1. 贯彻在发展中防范化解金融风险的理念，有效提升金融服务实体经济的能力和水平

坚持防范金融风险与服务实体经济、金融改革创新并重并举，既守住不发生区域性金融风险的底线，又为实体经济发展提供有力支持。天津自贸试验区“金改30条”和《深改方案》准予实施政策全部落地，11项措施在全国复制推广，金融创新绿地森林效应不断扩大，改革红利显著呈现，扎实推进天津更高水平对外开放。贯彻落实京津冀协同发展战略，金融支持经济发展的效能不断提升。持续推行长短结合、精准发力、标本兼治的有力举措，将更多金融资源引向符合经济发展战略的民营小微企业，为天津经济发展作出积极贡献。

2. 加强各类金融风险隐患排查，完善风险防控预案

加强金融风险监测评估，探索有效度量金融风险方法手段，增强对天津市风险研判的精准度。组织开展地方法人银行压力测试，及时发现苗头性、倾向性问题。完善重大事项报告制度，做到对风险事件早发现、早报告、早处置。推动资管新规政策有效落实，资管业务平稳转型。加强对非金融企业投资金融机构行为的监测分析，降低实体经济与金融领域风险的交叉传染。健全应急预案和处置措施，切实提高对金融机构突发事件的综合管理和应急处置能力。

3. 强化金融机构防范风险主体责任，风险防范体系不断健全

积极发挥存款保险制度作用，按照风险评级采取差别化费率，强化市场约束，促进金融机构公平竞争和稳健经营。按季度开展央行评级，对金融机构风险状况进行真实、客观的评价，为进一步落实宏观审慎管理奠定基础。加强对重点机构的监管，督促其围绕公司治理、内部控制、风险管理等方面，健全风险防范预案，落实风险防控措施，压实金融机构风险防范的主体责任。

4. 突出抓好重点领域风险处置，整治市场乱象

做好国有大型企业债务风险处置化解，有效防范处置风险的风险。持续推进互联网金融整治，目前非银行支付机构专项整治已全部完成，资管跨界领域取得实质进展。做好P2P网贷风险专项整治，认真组织摸底排查，整改类机构数量和业务规模实现“双降”。坚持机构监管与功能监管、行为监管相结合，强化风险分类处置，打击非法金融活动。

（三）金融业运行中需要关注的方面

金融是经济的镜像反映，在当前天津经济由高速增长向高质量增长的转型与结构调整过程中，金融体系多年累积的周期性、体制性风险也在逐步释放，一些风险隐患已得到处置化解，另有部分潜在风险仍需引起关注。防范化解金融风险既是一场攻坚战，也是一场持久战，任务依然较为艰巨。

1. 部分领域信用风险隐患较大

从行业分布看，天津市信贷风险隐患主要集中于批发零售业和制造业，2018年末上述两个行业不良贷款余额占全市境内不良贷款的比例超过70%。从企业分布看，商业银行将大量信贷资源投向大中型企业集团，易形成风险的集中暴露。

2. 不合规业务压缩清理压力较大

2018年初，《商业银行委托贷款管理办法》出台，旨在优化表外融资结构，整治在通道里空转的委托贷款业务，促使资金回归实体经济。从执行效果看，2018年天津市银行业“金融机构委托贷款业务”规模出现显著下降，但业务余额相较于新增贷款规模来讲依然较大。

3. 部分中小商业银行风险管控难度较高

当前，天津市部分中小商业银行正面临外部信贷市场收缩、贷款集中度过高、负债来源减少、利差降低以及资产质量下降等多重压力，“资产荒”与“负债荒”并存，盈利能力有所下降。部分地方法人银行公司治理不健全，发展质量不均衡，风险防控体系不完善，合规管理问题较为突出。

4. 部分证券业机构抵御风险的能力有所减弱

2018年，天津市部分证券业机构风控指标虽符合监管标准，但风险覆盖率、流动性覆盖率等指标较上年有所下降。同时，部分证券业机构持有的资产管理计划和信托计划因产品存在无法变现资产、流动性不足等原因被拒绝赎回，无法实现退出。

5. 保险公司经营压力进一步加大

一方面，车险保费收入一直以来是财产险公司保费收入的主要来源，自推行商业车险费率改革以来，市场竞争更为激烈，车险保费收入增速不断下滑。另一方面，人身险公司中短存续期业务持续收紧，新单保费收入受到影响，部分依靠新单推动保费增长模式的人身险公司现金流承压。

三、金融基础设施建设情况

（一）支付体系建设情况

1. 支付系统服务水平不断提升，业务量稳步增长

延长大额支付系统对外服务时间，在网上支付跨行清算系统新增短信认证和手机号码支付功能。2018年，天津市各类支付系统共处理人民币业务10.00亿笔、132.52万亿元，同比分别增长4.8%

和7.8%。

2. 践行“支付为民”理念，深入推进天津市移动支付便民示范工程

出台《推广和普及移动支付三年行动方案（2018—2020）》，完成地铁、公交受理终端移动支付改造工作，全面推进示范商圈和示范街区建设，移动支付受理环境改造工作稳步推进，全年完成联网通用移动支付交易量6 757.10万笔、129.98亿元。

3. 充分发挥支付结算服务和支持实体经济作用，持续推进“三缩短”和“三支持”工作目标

指导天津市各银行和支付机构缩短单位账户办理时间、缩短企业资金在途时间、缩短支付业务办理时间，支持减费降利、支持支付工具电子化、支持支付业务创新，不断提升支付结算服务和支持实体经济能力。

4. 大力推进普惠金融，不断完善农村支付环境建设

传统渠道和新兴方式齐头并进，天津市农村地区支付服务体系日趋便利高效，人民银行支付系统已基本覆盖全市所有乡镇。2018年，农村地区通过人民银行支付系统办理的业务笔数和金额分别达510.69万笔、15 989.47亿元。支农惠农服务主体更加丰富，年末共有支付业务服务主体44家。

（二）信用环境建设情况

1. 征信基础设施建设日趋完善，服务水平日趋提高

2018年末，征信系统共收录天津市23.68万户企业和其他经济组织、993.40万自然人的基本信息和信贷信息，全市28个网点布置了征信自助查询机，满足公众需要。全年，共受理信用报告查询67.99万笔，个人通过互联网查询48.89万笔。

2. 加强信用体系建设，征信服务民营小微企业作用凸显

2018年，天津市应收账款融资服务平台新增成交金额263.88亿元，同比增长24.7%，近七成资金流入中小企业。和谐劳动关系企业信用体系建设和民营中小企业信用体系建设为企业提供2 844.26亿元信贷支持；参与农民专业合作社信用体系建设的相关合作社取得银行贷款3 990.10万元。

3. 强化征信合规监管，筑牢信息安全防线

2018年末，辖内征信系统接入机构个人征信查询前置系统上线比例73.6%，有效防范风险；对7家接入机构开展征信执法检查，对50家小微机构开展征信信息安全巡查；召开3次征信合规例会、23期“征信合规讲堂”培训；指导14家接入机构开展异常查询数据核查，保障征信信息安全。

（三）反洗钱和反恐融资体系建设情况

1. 贯彻风险为本和法人监管原则，深入开展反洗钱监管工作

依法实施反洗钱行政处罚，积极推进国务院《关于完善反洗钱、反恐怖融资、反逃税监管体制机制的意见》的有效落实。综合运用走访、约谈、质询、风险评估和现场检查等多种监管方式，加强对风险较高的法人机构及跨境、网银等高风险业务的监管力度，指导、监督全市金融机构和第三方支付机构完善“事前、事中、事后”的全流程洗钱风险防控机制。

2. 加强反洗钱资金监测，深化重点领域反洗钱调查

加强对涉嫌非法集资的资金交易监测预警工作，指导金融机构完善非法集资资金交易监测预警模型，妥善处理非法集资可疑交易线索；组织相关金融机构排查风险线索，做到早发现、早处置。

防范和协作打击洗钱及其上游犯罪取得显著成效，全年对7件线索立项开展调查，推动天津市首例以金融诈骗为上游犯罪的洗钱案成功宣判。

（四）消费者权益保护工作开展情况

1. 大力开展金融知识宣传，取得良好成效

先后组织开展了“3·15金融消费者权益日”、6月“普及金融知识　守住钱袋子”和“绿色金融进校园”等大型集中宣传，累计开展活动11.3万次，发放宣传资料150万份，微信推送阅读量约34万次，受众消费者量400万人。举办集中宣传活动、主题展览，活动情况被人民网、新华网、《金融时报》等大型主流媒体报道。

2. 按照“风险引导监管，执法保障权益”思路，坚持严格监管

开展支付服务领域金融消费权益保护情况现场检查和金融消费权益保护工作现场评估，提升“12363”呼叫中心规范化管理水平，推进银行业金融机构金融消费者投诉统计分类及编码行业标准应用实施，推进金融广告治理工作，探索完善金融消费争议多元化解决机制。

中国人民银行天津分行金融稳定分析小组

王晓明　吴　超　王兆东　张永春　王　宇　柴志新

郭　巍　穆晓东　李　璐

《天津市金融稳定报告（2019）》编写组

统　稿：吴　超　宁　悦　李晓迟　杨彩丽

执　笔：李晓迟　杨彩丽

其他参与写作人员：

曾　薇　苏　颖　刘　丹　宋俊平　周中明　贾昱宁

孙坤鑫　王贵鹏　梁景宗　刘酉鸣　张　珺　杨冬梅

石保军　张　坤　刘红玉　付永青　佟欣娉　刘　薇

朱芮菁　刘亚楼

河北省金融稳定报告摘要

2018年，河北省深入贯彻习近平新时代中国特色社会主义经济思想，坚持稳中求进工作总基调，牢固树立新发展理念，深化供给侧结构性改革，全面落实“三六八九”工作思路[①]，深入实施系列三年行动计划。经济社会发展取得新成就，经济发展稳中有进，金融业服务实体经济的质量、效率和水平不断提升，防范化解重大金融风险攻坚战取得阶段性成果，区域金融运行总体良好，金融乱象呈收敛态势。但是河北省经济高质量发展仍面临较大压力，金融体系稳定运行面临诸多挑战，需高度关注。

一、经济金融体系平稳运行

（一）经济发展稳中有进，转型升级成效显著

2018年，河北省地区生产总值36 010.3亿元，居全国第9位，同比增长6.6%。其中，第一产业增加值3 338亿元，增长3%；第二产业增加值16 040.1亿元，增长4.3%；第三产业增加值16 632.2亿元，增长9.8%。产业结构更加优化，第三产业增加值比重为46.2%，较上年提高2个百分点，比重首次超过第二产业，产业结构实现了由“二三一”到“三二一”的历史性转变；第三产业对经济增长的贡献率为65.5%，连续5年超过第二产业，是支撑经济增长的第一动力。新旧动能转换取得新进展，装备制造业增加值同比增长8.3%，对规模以上工业增加值增长的贡献率为34.6%，再次成为工业增长的第一拉动力；代表未来科技和产业发展方向的工业战略性新兴产业快速增长，增加值同比增长10%，超过全部规模以上工业增速4.8个百分点。

财政收入较快增长，全年实现财政收入5 585.1亿元，同比增长9.8%。企业效益持续提升，规模以上工业企业利润总额连续三年保持两位数增长，达到2 211.7亿元，同比增长12%。居民收入稳步提高，人民生活持续改善，城镇居民人均可支配收入32 997元，农村居民人均可支配收入14 031元，分别同比增长8%和8.9%。居民消费价格小幅上涨2.4%，同比提高0.7个百分点；工业生产者出厂价格上涨6.2%，购进价格上涨4%，涨幅明显。

① 2017年12月24日，河北省委九届六次全会召开，提出了当前和今后一个时期河北经济社会发展的基本思路，即抓好三件大事、打好六场硬仗、实施八项战略、深化九项改革，加快建设新时代经济强省、美丽河北。三件大事指推进京津冀协同发展、规划建设雄安新区、筹办北京冬奥会；六场硬仗指防范化解重大风险的硬仗、精准脱贫的硬仗、污染防治的硬仗、转型升级的硬仗、补齐民生短板的硬仗、优化营商环境的硬仗；八项战略指创新驱动发展战略、乡村振兴战略、区域协调发展战略、可持续发展战略、科教兴冀战略、人才强冀战略、军民融合发展战略、开放带动战略；九项改革指供给侧结构性改革、国有企业改革、“放管服”改革、投融资体制改革、科技体制改革、金融财税体制改革、教育文化体育体制改革、“三医联动”改革、国家监察体制改革。

全社会固定资产投资增长6.0%，较上年提高0.8个百分点，增速连续两年保持上升态势；其中，高新技术产业投资增速最快，较上年增长30.4%，高于全省24.4个百分点。全年社会消费品零售总额16 537.1亿元，对经济增长的贡献率为61.5%，高于投资需求13.9个百分点，是经济增长的主动力；消费升级步伐加快，中西药品类、石油及制品类、家用电器和音响器材类、家具类商品零售额增长较快。对外贸易增速放缓，进出口总值3 551.6亿元，增长5.1%，增速同比下降4.6个百分点，其中，出口总值2 243亿元，增长5.5%，增速与上年同期持平；进口总值1 308.7亿元，增长4.5%，同比下降13个百分点，增速下降明显。

（二）银行业健康发展，信贷结构不断优化

2018年，河北省共有法人银行业金融机构275家，较上年增加4家；机构网点总数11 883家，较年初增加190家，网点布局结构逐步完善，金融服务能力持续提升。

银行业资产负债平稳增长。2018年末，河北省银行业金融机构资产总额79 936.8亿元，同比增长7.98%；负债总额76 688.36亿元，同比增长7.80%。本外币各项存款余额66 245.2亿元，同比增长9.6%，增速同比提升1.5个百分点；本外币各项贷款余额48 115.3亿元，增长11.1%，增速同比回落3.7个百分点。信贷投放区域特征明显，石家庄、保定、张家口新增贷款分别为1 148.9亿元、622.7亿元、494.2亿元，位列前三，合计占全省贷款增量的47.3%。雄安新区建设、京津冀协同发展、冬奥会承办等重点领域支持力度加大。其中，雄安新区贷款余额254.2亿元，同比增长43.5%；支持京津冀协同发展表内外信贷余额1.29万亿元，同比增长11.9%；支持奥运相关项目71个，累计发放贷款106.5亿元，余额212亿元。

河北省金融机构票据业务规模逐步缩小，银行承兑汇票签发量大幅下滑，全年累计签发承兑汇票4 985.3亿元，同比下降12.9%，签发量连续三年负增长；票据融资发生额5 790.3亿元，同比下降46.5%；票据贴现利率总体平稳，全年加权平均利率4.57%，同比下降0.46个百分点。非金融企业发行短期融资券规模增长，全年累计发行66笔，共计702.1亿元，同比增长29.78%。银行业金融机构债券规模扩大，全年累计发行122.5亿元，较上年同期增加56.2亿元，增速84.77%。法人金融机构同业拆借市场交易活跃，全年累计发生拆借交易2 701笔，发生额合计6 426.68亿元，分别同比增加671笔和526.61亿元。

法人机构风险抵补能力持续承压，2018年银行业法人机构拨备覆盖率121.94%，同比下降30.90个百分点；贷款拨备率4.54%，同比上升0.41个百分点；全省平均资本充足率13.00%，同比下降0.28个百分点。流动性保持充裕，平均流动性比例70.88%，同比上升5.44个百分点；人民币超额备付金率5.94%，同比下降0.66个百分点。

（三）证券业总体稳健，多层次资本市场协同互补

截至2018年末，全省证券机构共计294家，其中法人机构1家，证券分公司37家，证券营业部256家。辖区证券营业部家数居全国第16位。全年实现证券交易额41 086.21亿元，较上年下降4.18%；证券机构营业收入15.48亿元，较上年下降24.8%；净利润0.90亿元，较上年下降79.67%。2018年超过半数证券机构亏损，亏损额2.47亿元。

河北省共有期货机构45家，其中法人机构1家，分公司3家，营业部41家。期货客户数6.36万户，同比增长15.64%；全年代理交易量为4 599.19万手，同比减少0.11%；代理交易额28 568.71亿元，较上年增长18.28%。2018年共有7家机构盈利、38家亏损，净利润共亏损2 749.54万元。

河北省共有境内上市公司57家，较上年增加1家；境外上市公司51家，较上年增加2家。新三板挂牌企业243家，较上年增加2家。石家庄股权交易所挂牌企业1 918家，较上年增加206家。企业通过资本市场实现直接融资564.33亿元，较上年增加44.23亿元。

（四）保险规模持续增长，风险承担能力进一步提高

2018年，河北省保险业分支机构数量增加，营业网点覆盖面更为广泛。全年新增省级分公司4家、省级以下分支机构190家。总资产3 639.36亿元，居全国第9位，同比增长9.69%，高于全国增速0.24个百分点。全年累计实现原保险保费收入1 790.63亿元，居全国第8位，同比增长4.44%。保险业业务结构显著优化，车险保费收入占比较上年下降4.15个百分点，重点险种增长较快，保证保险、家财险和信用保险保费收入分别同比增长81.96%、24.31%和19.19%。保险深度和密度均有所提升，保险保障功能充分发挥，保险密度2 375.50元/人，较上年增加87.98元/人；保险深度4.97%，较上年提升0.20个百分点；保险业累计承担风险总额72.18万亿元，同比增长34.86%；累计赔付支出541.18亿元，同比下降1.16%。

（五）社会融资机构持续萎缩，整体经营情况不佳

2018年，河北省共有小额贷款公司585家，连续两年数量减少；贷款余额298.37亿元，业务规模持续萎缩；利润水平连续四年下滑；不良贷款余额、不良贷款率均达到2009年以来的最高值，信用风险压力较大。融资性担保机构271家，较上年减少30家；资本金总额462亿元，减少75亿元；融资性担保代偿余额38.08亿元，2010年以来首次下降；担保准备金余额和担保责任拨备率均较上年下降，风险抵补能力减弱。典当机构527家，较上年增加123家；全年开展业务9.4万笔，发放当金233.27亿元；实现利息及综合服务费收入4.4亿元，亏损机构141家，较上年减少11家。融资租赁机构23家，总资产61.31亿元，总收入1.32亿元。地方资产管理公司1家，总资产34.14亿元，净利润15.1亿元，2018年出资6.2亿元，收购不良资产19.4亿元。

（六）金融生态环境持续改善

一是防范化解重大风险攻坚战赢得良好开局。河北省深入贯彻落实党中央、国务院关于防范化解重大风险攻坚战工作部署，坚持底线思维，超前谋划，制订实施多领域风险防范化解方案和应急预案，深入排查重点领域风险隐患，稳妥处置突出风险点，金融乱象呈收敛态势，取得阶段性成果。二是金融监管体系更加完善。按照中央统一部署，河北银监局和河北保监局合并为河北银保监局，原由商务厅承担的融资租赁公司、商业保理公司、典当行的监管职责交由河北省金融工作办公室（河北省地方金融监管局）负责，监管资源充分整合，监管空白有效弥补，监管规则更加统一，金融监管的专业性、统一性和穿透性进一步增强，功能监管和行为监管进一步强化。三是金融基础设施更加健全。支付清算和结算体系安全稳定运行，加速社会资金周转；社会信用体系建设深入推进，奖惩机制初步形成；反洗钱监管制度进一步完善，反洗钱义务机构风险管理水平逐步提升；金融消费投诉处理更加高效，金融消费环境持续向好；货币流通环境进一步优化，全省假币专项整治活动成效显著；外汇管理力度进一步增强，外汇市场秩序更加规范；人民币跨境收付金额和结算企业数量不断增长，跨境业务稳步推进。

二、维护金融稳定需关注的问题

（一）经济高质量发展仍面临较大压力

一是工业增长基础不牢。2018 年停减产企业数量居高不下，12 月全省规模以上工业停减产企业 7 351 家，为全年最高，停减产面 49.2%；工业生产依靠高耗能行业路径依赖仍未摆脱，六大高耗能行业增加值占规模以上工业增加值的 52.9%；装备制造业缺乏多点支撑，主要依靠汽车制造业带动，对装备制造业增长的贡献率达 80%，增加值占装备制造业增加值的 29%。二是投资增长后劲不足。亿元以上大项目减少，在建项目数量较上年减少 944 个，下降 12.5%，计划总投资同比下降 37.6%；新开工项目支撑减弱，项目数量较上年减少 1 145 个，下降 8.9%，计划总投资下降 34.4%；民间投资意愿较弱，增速同比回落 1.9 个百分点，仅为 4.5%，低于全省投资 1.5 个百分点，低于全国民间投资增速 4.2 个百分点。三是外贸出口面临困难增多。受中美贸易摩擦影响，一方面以美国进口产品为原料的农副产品加工业将面临原材料供给紧张、生产成本上升的压力，出口企业则面临着美国订单向越南、墨西哥、印度等国转移的问题；另一方面美国针对中国战略性新兴产业的关税政策，可能加大对河北省战略性新兴产业发展的市场、技术、资金要素制约。

（二）信用风险防控压力持续上升

受产业调整和经济下行影响，河北省银行业不良贷款持续上升。2018 年末，河北省银行业不良贷款余额 1 267.97 亿元，较年初增加 271.11 亿元；不良贷款率 2.64%，连续四年上升；部分机构不良贷款率居高不下，化解难度较大，风险尤为突出；部分区域不良贷款集中暴露，信贷担保圈资金链断裂风险持续累加，个别县域不良贷款余额占到所在市三分之一以上；制造业、批发零售业、农林牧渔业等行业新增不良贷款较多，行业违约风险较高；部分大型企业杠杆率高企，偿债压力大。

（三）法人银行业机构发展质量不高

部分城市商业银行前期依靠同业业务盲目扩张，资管政策收紧后，被动缩表，后遗症逐渐显现，资产负债期限错配、资产质量劣变等风险问题需关注，个别城市商业银行投向政府融资平台资金过多，贷款集中度过高；部分法人农村合作金融机构风险较高，经营压力较大；村镇银行普遍存在规模小、发展慢，公司治理、内部控制制度不完善等问题，部分机构风险尤为突出。

（四）资本市场各类风险不容忽视

一是证券期货经营机构长期可持续发展面临挑战。部分证券期货业机构经营管理落后，发展同质化明显，盈利能力较弱。二是公司债券违约风险。部分债券发行人资产负债率偏高，利息保障倍数较低，到期兑付和回售压力较大，潜在违约风险。三是部分新三板挂牌公司存在违规使用募集资金，控股股东及其他关联方违规占用资金、信息披露不实等问题。四是私募股权基金管理人变相公开募集，突破合格投资者标准，向不特定对象公开宣传推介，夸大或虚假宣传，违规承诺保本保收益等问题仍然存在。

（五）保险市场仍需规范

一是财产险存在非理性竞争，手续费及佣金支出居高不下，2018 年全年手续费及佣金支出同比增长 17.37%，高于保费收入增速 6.31 个百分点；手续费用率和综合费用率均居全国第 1 位，分别高于全国平均水平 6.97 个和 6.54 个百分点。二是人身险退保与满期给付压力依然较大。2018 年，河北省累计退保 664.18 亿元，较上年增长 26.8%；退保率 7.56%，高于 5% 警戒线的机构占比高达 53.48%。未来两年满期给付将迎来新一轮给付高峰，保险机构现金流压力较大。三是销售误导、虚假宣传等市场乱象依然存在，信访投诉持续增长。2018 年，共处理群众来信、来访、来电和网络留言 6.1 万件次，同比增长 23.17%。四是案件风险管控亟待加强。2018 年，保险业发生案件 19 起，涉案金额 2 719.42 万元，其中业内案件 6 起，业外案件 13 起，个别甚至涉及保险诈骗、非法集资等案件。

（六）金融乱象整治力度仍需加大

银行业案件防控形势依然严峻，2018 年暴露案件数量同比增加，且呈现涉案金额大、案发机构和领域集中、处置难度大等特点；个别银行盲目为 P2P 网贷等互联网金融企业提供服务，资金和声誉风险较大；个别机构开展“类金融”业务，风险不断向银行体系转嫁传染；部分私募基金假借私募资金名义违规使用资金，甚至进行非法集资，经营风险较大。

三、维护金融业健康稳定发展的建议

（一）打好防范化解重大金融风险攻坚战

遵循“稳定大局、统筹协调、分类施策、精准拆弹”方针，增强忧患意识，坚持底线思维，进一步排查风险隐患，动态跟踪，持续更新，有效稳住宏观杠杆率、控制重点领域信用风险，加强对互联网金融、影子银行、交叉性金融产品等风险点整治，有序处置各类高风险金融机构，全面清理整顿金融秩序，有序化解存量风险，坚决遏制增量风险，将防范化解重大金融风险攻坚战向纵深推进，守住不发生系统性金融风险的底线。

（二）推动经济高质量发展

一是深入推进供给侧结构性改革，破除无效供给，培育创新动能。坚持以供给侧结构性改革为主线，落实“巩固、增强、提升、畅通”八字方针，推动传统产业升级，延伸产业链，提升价值链；打造新兴中坚产业，形成引领全省当前产业发展的中坚力量；超前布局前沿性产业，培育产业发展的“潜力股”，拓展发展新空间。二是发挥投资优势，强化高质量投资。加大基础设施、生态环保、新型城镇化等重点领域投资力度，围绕推动京津冀协同发展、雄安新区建设、冬奥会筹办三件大事，将投资向深度广度拓展。充分发挥政府投资杠杆撬动作用，破除投融资体制机制障碍，消除民间投资的进入门槛，激发民间投资活力。三是扩大内需，增强经济增长内生动力。支持消费升级，加快发展教育、养老、医疗、文化、会展等服务业，培育消费新热点；落实个人所得税专项附加扣除政策，增加居民收入，提高居民消费信心和消费能力，夯实消费增长后劲。

（三）增强金融业服务实体经济质效

一是引导银行业金融机构将金融资源配置到经济社会发展的重点领域和薄弱环节，加强对“三件大事”的服务支撑，继续改进小微、“三农”金融服务，精准支持脱贫攻坚。二是提升资本市场服务实体经济的能力，完善上市企业培育计划，落实《河北省企业挂牌上市融资奖励资金管理办法》，推动更多优质企业上市融资，增加直接融资比重。三是引导保险公司继续调整产品结构、拓宽发展空间，充分发挥经济发展“助推器”作用，引导保险资金投向国际重大战略和基础设施建设。四是规范发展小额贷款公司、融资担保公司等地方金融组织，增加有效金融供给，提高对“三农”和小微企业支持力度。

（四）提升金融风险防控能力

一是提升风险监测预警水平，动态分析不同领域、不同市场的金融风险情况，提早识别风险苗头，及时化解风险隐患。二是全面摸排房地产、地方政府债务、高风险金融机构等重点领域金融风险，把握力度和节奏，稳妥处置突出风险点，严防处置风险中产生次生风险。三是完善各项风险应急预案，增强可操作性，加强定期评估和演练，提高风险应对能力。四是按照“货币政策 + 宏观审慎政策”双支柱调控框架，落实有保有压差异化信贷政策，完善宏观审慎评估体系，有效发挥逆周期调节和防范跨市场风险传染作用，着力防范系统性金融风险。五是强化监管，加强协调，落实地方政府及各监管主体责任，共享监测信息，做好应急预案衔接，形成反应迅速、协同高效的金融风险防控体系，坚决守住不发生系统性区域性金融风险底线。

（五）筑牢金融安全第一道防线

金融机构切实承担起风险管理的主体责任，守好风险防控的第一道关口。完善现代风险管理体系，加强风险的监测、识别、防控；细化完善内控体系，堵塞内控管理漏洞，严格实行审慎经营，遏制大案要案滋生；强化机构自身资本管理和偿付能力，保证充足的风险吸收能力；严格落实执行各项监管要求，在风险发生后强化履行自我救助责任，把风险控制在源头。

（六）构建良好金融生态环境

一是加快社会信用体系建设。继续扩大和提升征信系统的覆盖面与公信力，完善信用联合奖惩系统。二是健全金融法制建设。加大金融诉讼案件的执法力度，提高金融债权的执行回收率；严厉打击逃废金融债务行为，整顿规范金融市场秩序。三是持续保持打击非法集资高压态势。提升对非法集资风险预警的科学性和前瞻性，准确判断非法集资风险隐患，建立健全长效机制，加大对非法集资处置力度。四是加强金融知识宣传。全方位多角度开展金融知识宣传教育活动，提高广大群众风险防范意识，树立正确投资理念，自觉维护自身合法权益。五是不断深化金融改革，推进金融创新，鼓励创造更多支持实体经济发展、使民众分享增值收益的金融产品，增加投资渠道。

中国人民银行石家庄中心支行金融稳定分析小组

组　长：陈建华

副组长：卢　钦

成　员：李　博　牛素中　曹增和　张军辉　刘莉亚　付先军
刘吉龙　张新文　郑向阳　李　伟　袁新民　穆建敏
闫胜国

《河北省金融稳定报告（2019）》编写组

总　纂：张军辉

统　稿：王丽英　杨辉平　李　鹏

执　笔：靳凤菊　刘石涵　刘冰欣　梁雅楠　高　远　王聿孜
黄　倩　林红家　白元元　苏文龙　张晓宇　韩凯欣
高梦寒

山西省金融稳定报告摘要

2018年，面对错综复杂的国际环境和艰巨繁重的改革发展稳定任务，山西省坚持以习近平新时代中国特色社会主义思想为指导，坚持稳中求进工作总基调，贯彻新发展理念，按照高质量发展要求，把供给侧结构性改革和转型综改试验区建设作为经济工作的主线，全省经济保持了稳中向好、结构优化、动能增强、效益提升、民生改善的特征和态势。全省金融业总体运行平稳，金融业服务供给侧结构性改革和转型综改的能力持续增强，金融基础设施建设不断加强，金融风险治理成效明显，金融稳定形势呈向好态势，但经济运行质量有待进一步提升，部分领域存量金融风险保持高位，防范化解工作依然繁重。

一、区域经济运行

（一）经济高质量发展

1. 经济持续平稳增长，财政收支增长较快

2018年，山西省地区生产总值完成16 818.1亿元，增长6.7%，增速快于全国0.1个百分点，自2017年以来连续8个季度保持在6%以上。三次产业分别增长2.1%、4.5%和8.8%，占GDP比重分别为4.4%、42.2%和53.4%。全省一般公共预算收入2 292.6亿元，增长22.8%，较上年加快2.9个百分点，连续两年保持20%的增速；一般公共预算支出4 285.4亿元，同比增长14.1%，较上年加快4.9个百分点。

2. 产业结构持续优化，服务业引领作用凸显

一是农业生产形势较好。全省粮食总产量138.04亿公斤，增长1.87%，为历史第二高产年。二是工业经济平稳运行，结构呈现积极变化。全省规模以上工业增加值增长4.1%，较1～11月加快0.1个百分点。非煤工业增加值增长8.2%；制造业增加值增长9.2%，其中，战略性新兴产业、高技术产业增加值分别增长14%和16.3%。三是服务业持续保持经济增长的主动力。全省服务业增加值增速快于第二产业4.3个百分点，服务业产值占GDP比重高于第二产业11.2个百分点。

3. 总需求保持增长，投资回升、消费活跃、出口平稳

一是投资进入稳定增长区间，结构不断优化。全省固定资产投资增长5.7%，较上年下降0.6个百分点，增速自2018年10月以来由负转正，连续三个月处于稳定增长区间。从结构看，全省转型项目投资占固定资产投资的62.2%，新型产业投资占转型项目投资的90%。二是消费运行总体平稳，对经济增长贡献率较高。全省社会消费品零售总额7 338.5亿元，增长8.2%，较上年加快1.4个百分点，消费增长对经济增长的贡献率高达65%以上。旅游市场持续活跃。全年旅游总收入

6 728.7亿元，增长25.5%；接待国内旅游者人数7亿人次，增长25.5%。三是进出口稳步增长。全年进出口总额207.7亿美元，增长20.9%。其中，出口122.7亿美元，增长20.3%；进口85.0亿美元，增长21.7%；贸易顺差37.6亿美元，增长17.5%。全省跨境收支规模创历史新高，总额399.3亿美元，增长35.9%，同比多增105.5亿美元，规模超出2013年第二高点84.2亿美元。

4. 物价及就业形势保持稳定

一是居民消费价格温和上涨，工业生产者出厂价格指数有所回落。全省居民消费价格同比上涨1.8%，较上年加快0.7个百分点；工业生产者出厂价格同比上涨6.7%，较2018年第一、第二、第三季度分别回落0.5个、0.3个、0.4个百分点。二是居民部门收入稳步增加。全省城镇居民人均可支配收入31 035元，增长6.5%；农村居民人均可支配收入为11 750元，增长8.9%，快于城镇居民2.4个百分点。三是就业形势稳定向好。全省城镇新增就业55.7万人、农村劳动力转移就业40.9万人，分别完成全年目标任务的1.23倍、1.24倍。城镇登记失业率3.26%，控制在4.2%的目标之内。

5. 供给侧结构性改革持续深化

2018年，山西省有效提升供给质量，退出煤炭过剩产能3 090万吨，三年累计退出8 841万吨；退出焦化过剩产能691万吨，化解钢铁过剩产能225万吨，关停煤电机组203.3万千瓦。加大房地产去库存力度，全省商品房待售面积、库存消化周期实现“双下降”。多措并举降低国有企业负债率，全年下降3.16个百分点。加大减税降费力度，落实各项税收优惠政策和深化税制改革，全年减税573亿元。基础设施、科技创新、社会民生、生态环保等薄弱环节补短板力度不断加强。

6. 三大攻坚战扎实推进

2018年，山西省全力防范化解重大金融风险，严厉打击非法集资，稳妥推进互联网金融风险专项整治，各类风险隐患总体可控。全力攻坚深度贫困，生态扶贫、光伏扶贫、易地扶贫搬迁、特色产业扶贫和健康扶贫扎实开展。26个县进入脱贫摘帽程序，2 255个贫困村退出，64.9万人口脱贫，贫困发生率下降到1.1%，脱贫攻坚实现连战连胜。全力打好污染防治攻坚战，制定完善相关法规政策及量化问责办法，狠抓中央环保督察问题整改，扎实推进蓝天保卫战、黑臭水体歼灭战、柴油货车污染治理攻坚战等标志性战役，着力解决人民群众反映强烈的突出环境问题。

（二）经济运行中需关注的问题

1. 关注资源型经济下行压力加大的问题

一是工业经济增长压力加大。2018年全省与煤相关产业完成税收占全省的45%，煤炭工业增加值占全省的比重接近50%，“一煤独大”的结构性矛盾没有得到根本改变。在煤炭消费总量控制及综合能耗下降等政策约束下，煤炭消费需求将逐步减弱，煤炭价格下行压力加大，对全省工业经济增长形成制约。新兴产业保持快速增长，但规模较小，对经济增长的贡献和支撑不足。二是投资对经济增长拉动作用减弱。全年全省固定资产投资施工项目9 561个，同比减少1 157个；民间投资完成额3 277.1亿元，同比下降3.9%，低于全国民间投资平均水平12.6个百分点。在项目资本金管理和PPP项目规范等政策约束下，投资增长难度加大，对经济增长的拉动有限。

2. 关注外贸经济发展不均衡的问题

一是地区不均衡。太原市进出口额占全省的80%左右，其他10个市仅占20%。二是企业不均衡。全省1 309户外贸企业中，富士康和太钢集团两家企业的进出口额占全省的70%以上，对国际收支差额的贡献度超过100%，而其他企业对国际收支差额的贡献度为负值。三是贸易对手国不均衡。60%以上的进口集中在亚洲，60%以上的出口集中在欧美地区，其中出口美国产品的贸易额占比接近30%。

二、金融业运行

（一）银行业

1. 银行业运行和发展情况

（1）资产负债规模稳步增长。2018年末，全省银行业资产总额、负债总额、所有者权益较年初分别增长7.75%、7.58%、12.64%。分机构类型看，政策性银行、国有商业银行、股份制商业银行、城市商业银行、农村金融机构资产总额分别占总资产的8.87%、34.74%、11.64%、11.11%、25.00%。

（2）各项存款合理增长，贷款增量创历史新高。2018年末，全省金融机构本外币各项存款余额同比增长7.6%，较上年提高1.2个百分点，增速在全国排名第9位，较上年上升13位；较年初增加2 489.3亿元，同比多增513.5亿元。本外币各项贷款余额同比增长11.9%，较上年上升1个百分点，增速在全国排名第16位，较上年上升7位；较年初增加2 668亿元，同比多增450.7亿元，贷款增量创历史新高。全省金融机构余额存贷比71.5%，较上年上升2.8个百分点，创近15年来新高。新增存贷比达到107.2%。

（3）中长期贷款和票据融资同比多增，法人机构贷款增加较多。2018年，全省金融机构新增中长期贷款2 207.6亿元，同比多增302.1亿元；新增票据融资334.2亿元，同比多增480.9亿元。全省地方法人机构新增贷款1 099.5亿元，同比多增80.2亿元，占全省贷款增量的41.2%。

（4）信贷结构持续优化。2018年，全省金融机构新增服务业贷款1 575.2亿元，占全部新增贷款的59%，同比提高2.5个百分点；新增高端制造业贷款57.1亿元，同比多增56.6亿元；新增基建领域贷款1 261.8亿元，同比多增338.5亿元；新增保障性住房开发贷款389.8亿元，占全省房地产新增贷款的36.7%，是上年增量的2倍；新增个人购房贷款559.6亿元，同比增长2.3%，增幅较上年收窄41.4个百分点。

（5）涉农、小微企业贷款量增价降。2018年末，全省涉农贷款余额同比增长6.6%，较年初增加641.1亿元，占各项贷款新增额的24%；全省小微企业贷款余额同比增长8.1%。2018年12月，全省贷款加权平均利率5.9%，较年初降低0.445个百分点，其中小微企业贷款加权平均利率7.082%，较年初降低0.218个百分点。全省金融机构精准扶贫贷款余额同比增长4.5%。

（6）盈利能力出现下滑。2018年，全省银行业实现净利润同比减少2.21亿元。从机构类型看，国有商业银行和农村中小金融机构净利润同比分别减少10.61亿元和4.4亿元，政策性银行净利润同比增加7.66亿元。

2. 银行业稳健性评估

（1）信用风险保持高位。2018年末，山西省银行业不良贷款余额较年初下降25.59亿元；不良贷款率较年初下降0.47个百分点，高于全国1.03个百分点。隐性不良贷款未充分暴露，个别民营企业信用风险未有效化解，信用风险隐患远未消除。

（2）高风险法人机构风险突出。一是数量多。列入存款保险问题投保机构的数量占全省投保机构总数的20%左右，数量全国排名靠前。二是程度深。全省问题投保机构平均不良贷款率较高，平均资本充足率较低，个别机构风险尤为突出。三是流动性隐患大。前期银行业机构普遍通过续贷、重组等“以时间换空间”应对资产质量下迁的做法，导致短期流动性贷款长期化，大量信贷资产被“套牢”，真实流动性状况不容乐观。

（3）高负债经营企业风险突出。企业债务主要为金融债务，企业违约直接影响金融体系信用风险。2018 年末，山西省国有企业平均资产负债率为 72.50%，高于全国央企和全国地方国有企业的平均资产负债率。部分民营企业过度融资、高负债经营，报表不真实，存在民间融资行为，真实负债率高于账面，近年来风险不断显现。

（4）高风险区域风险突出。山西省各地市风险表现各有特点、地区差异大，特定风险区域集中，风险化解治理难度大。如个别地市信用风险整体较高，不良贷款率远高于全省平均水平；某地市担保圈问题突出，拆圈解链难度较大；部分地市高风险法人机构数量较多；部分地市法人金融机构关联交易风险突出。

（5）重点领域和业务风险突出。一是公司治理不健全。央行金融机构评级发现，中小金融机构普遍存在公司治理不力、关联交易管理不到位、激励约束机制不健全等问题。二是资产管理业务整改压力大。部分法人银行理财业务规模大，且理财产品以短期为主，存在资金池运作、与自营业务隔离不足等问题，资管新规出台后，法人机构面临人员素质和系统建设水平与净值化管理要求不相适应、投研能力不足、客户风险接受度低等问题，在过渡期内达到资管新规要求的压力较大。三是房地产贷款增长过快，潜在风险不容忽视。全省房地产贷款增速远高于各项贷款增速，房地产贷款不良率整体较低，但关注类贷款连续 5 个季度保持增长，部分金融机构在房地产企业未取得相关权证的情况下发放贷款，贷款质量潜在下迁隐患。

（6）案件、风险事件持续暴露。部分银行因内控机制不健全、合规管理不到位、风控措施不同步等形成的旧案、陈案持续暴露。随着扫黑除恶深入开展，案防压力可能进一步加大。

（二）证券业

1. 证券业运行和发展情况

（1）上市公司平稳发展，再融资和并购重组有序推进。2018 年末，山西省共有 A 股上市公司 38 家，其中主板 31 家，中小板 4 家，创业板 3 家，全年无新增上市公司；新三板挂牌公司 89 家，全年新增 10 家。上市公司总股本 803.55 亿股，同比增长 3.14%；流通股本 737.22 亿股，同比增长 20.94%；总市值 4 307.64 亿元，同比下降 31.32%；流通市值 3 949.70 亿元，同比下降 26.94%；总市值在全国排第 20 位，较上年同期下降 1 位，在中部六省排名第 5 位；进入上市辅导期的企业有 12 家，新增 4 家。全年有 4 家上市公司增发股份融资 86.15 亿元，有 6 家上市公司利用资本市场并购重组，重组规模 137.03 亿元。

（2）证券经营机构稳步增加，交易规模稳步增长。2018 年末，山西省共有山西证券、大同证券 2 家法人证券公司、35 家证券分公司和 185 家证券营业部，比上年新增 3 家分公司、7 家营业部。证券经营机构投资者资金账户、客户总资产、累计代理证券交易总额同比分别增长 10.04%、-24.21%、9.47%。2 家证券公司总资产同比增长 10.56%，实现营业收入同比下降 21.47%，实现净利润同比下降 40%。

（3）期货经营机构稳步发展，服务实体经济的深度进一步提升。2018 年末，全省有 3 家法人期货公司、5家分公司和25家期货营业部，较上年增加3家分公司。期货经营机构投资者开户数、客户保证金余额、累计成交额同比分别增长8.79%、15.60%、13.60%。全年共有9家涉农、煤焦化和贸易类企业运用期货市场套期保值，累计参与套保数量达到4.27万手，同比增长32.98%，累计成交金额49.39亿元，同比增长61.67%。

（4）公募基金平稳发展，私募基金发展较快。山西省没有具有独立法人资格的公募基金管理公司，仅有山西证券取得公开募集证券投资基金管理资格。2018年末，山西证券共管理4只公募基金，存续规模34.61亿元。私募基金方面，山西省在中基协登记的管理人59家，在全国排名第29位，新增备案私募基金管理人10家。其中，私募股权、创业投资基金管理人49家，私募证券投资基金管理人10家。在中基协备案的正在运作的私募基金85只，实缴规模122.69亿元。

2. 证券业稳健性评估

（1）证券公司抗风险能力较强，盈利能力大幅下滑。2家证券公司总资产、净资产同比分别增长10.54%、14.43%，资本实力不断增强。证券公司风险控制指标均远高于监管标准，流动性良好，净资本充足，抵御风险能力较强。受市场行情低迷、流动性下降等因素影响，法人证券公司实现营业收入、净利润同比分别下降22.16%、41.82%。

（2）期货公司经营持续亏损，但风控指标较好。2018年末，3家期货公司资产总额、净资产同比分别增长19.36%、0.53%；亏损额同比增长4.39%，3家期货公司净资本、净资本/风险资本准备总额、净资本/净资产、流动资产/流动负债等风控指标均高于监管标准。

（3）上市公司数量少、储备不足，行业分布集中。山西省上市公司数量在中部六省排名最后，且持续三年无新增。在山西证监局备案的拟上市企业仅有12家。新三板公司挂牌数量不足全国挂牌公司的1%，挂牌数量排全国第23位。上市公司主要集中在煤炭开采、炼焦、发电、化工等传统资源型行业。

（4）证券业经营机构服务实体经济深度有限。证券期货经营机构资本实力弱，创新业务发展不足。私募行业整体体量小，全省私募基金管理规模1亿元以下的私募机构占比64.41%，已备案的私募基金管理人仅占全国的0.24%，私募基金管理规模仅占全国的0.09%。

（5）资本市场发展水平低，与实体经济融合度差。多数上市公司对资本市场利用不足，市值管理不积极，资本运作方式、手段单一。部分国有上市公司再融资、并购重组功能没有有效发挥。部分国有企业风险管理意识落后，套期保值业务成效不理想。

（6）上市公司高负债率，股权质押风险值得关注。一是省属国有上市公司去杠杆压力较大。2018年末，17家省属国有上市公司平均资产负债率71.51%，高于A股上市公司平均水平18.28个百分点。二是股票质押风险隐患大。部分上市公司大股东运用股票质押融资，在资本市场持续低迷的背景下，大股东需要补充担保物或追加保证金，企业的偿债压力加大，易发生违约。同时，股票质押业务的强制平仓风险和上市公司控制权转移风险也需关注。

（三）保险业

1. 保险业运行和发展情况

（1）市场主体日臻完善。2018年末，山西省共有保险公司总公司1家，省级分公司49家，中心支公司344家，县级支公司1 214家，营业部20家，营销服务部923家。专业中介机构992家，其中代理机构870家，经纪机构97家，公估机构25家。

（2）业务规模基本持平。2018 年，山西省保险业实现保费收入 824.88 亿元，同比增长 0.12%。其中，财产险保费收入 212.94 亿元，同比增长 9.71%；人身险保费收入 611.94 亿元，同比下降 2.84%。保险公司资产总额 1 740.38 亿元，同比增长 9.86%。2018 年，全省保险深度 4.90%，较上年降低 0.6 个百分点；保险密度 2 218 元/人，较上年下降 7 元/人。

（3）赔付支出增长较快。2018 年，山西保险业为社会提供风险保障 31.91 万亿元，同比增长 8.98%，增速较保费收入增速高 8.86 个百分点。赔付支出同比增长 2.38%，增速较保费收入增速高 2.26 个百分点。财产险赔付支出同比增长 5.91%；人身险赔付支出同比增长 0.30%，其中，人身意外伤害险赔付支出同比增长 19.66%；包括城乡居民大病保险在内的健康险赔付支出同比增长 46.28%。

（4）业务结构持续改善。财产险公司非车险业务保费收入同比增长 45.66%，增速较车险快 42.74 个百分点，非车险保费收入占比 27.90%，同比提高 6.42 个百分点。人身险公司保障型业务保费收入同比增长 29.95%，增速较储蓄型业务快 26.18 个百分点，保障型业务保费收入占比 23.61%，同比提高 4 个百分点。

（5）服务经济社会能力不断增强。2018 年，山西省保险业在脱贫攻坚、医疗养老、农业保险、险资入晋、科技保险保障等方面进一步发力。全省保险扶贫业务签单数量 2.05 万件，提供风险保障 2.04 万亿元，赔付支出 6.50 亿元，50.50 万贫困户受益。包括城乡居民大病保险在内的健康险保费收入同比增长 35.58%；养老金业务实现保费收入同比增长 7.70%。全省农业保险共为 424.42 万户次农户提供风险保障 700.95 亿元，参保农户、承保保额、赔款支出同比增长 13.83%、54.27%、47.51%。保险公司在山西新增 8 项基础设施债权投资计划，为漳泽电力、阳煤集团、山西焦煤、大唐电力等项目投资 109.30 亿元，通过债券、信托等其他渠道投资 120.92 亿元，年度投资总额 230.22 亿元。短期出口信用保险为山西企业对外贸易提供风险保障 28.14 亿美元，同比增长 11.71%；海外投资保险提供风险保障 0.95 亿美元；对外贸易领域保险业累计支持企业融资 7 623.89 万美元，同比增长 20.30%，一般贸易渗透率和企业覆盖率持续保持全国第一。保险业累计为省内 32 台（套）设备提供 6.35 亿元的首台（套）重大技术装备保险保障。

2. 保险业稳健性评估

（1）法人保险公司持续亏损。2018 年末，中煤保险核心偿付能力充足率 133.47%，较上年下降 48.29 个百分点，偿付能力充足，但其经营仍未摆脱亏损局面。

（2）寿险退保、财险应收保费风险突出。2018 年，全省寿险公司退保金总额同比增长 3.20%，增速较上年下降 61.32 个百分点；退保率较上年下降 0.34 个百分点，但仍高于 5% 的监管标准。全省财险公司应收保费率同比上升 4.06 个百分点，高于 8% 的监管标准。寿险退保、财险应收保费问题值得关注。

（3）保险市场集中度较高。2018 年末，财产险市场共有 26 家公司，其中人保财险 1 家公司保费市场份额占 34.56%，最大五家保险公司保费市场份额占 75.49%，较年初分别上升 0.52 个和 1.33 个百分点，而最小十家市场份额仅占 4.76%，较年初下降 1.1 个百分点。人身险市场共有 24 家公司，其中中国人寿 1 家公司保费市场份额占 29.34%，最大五家公司市场份额占 69.52%，较年初分别上升 3.08 个和 4.81 个百分点，而最小十家市场份额仅占 4.31%，较年初下降 4.38%。中小保险机构市场份额占比小，发展压力较大。

（4）风险防范化解任务依然艰巨。部分公司内控管理、客户服务等方面存在风险隐患，可能引发合规、声誉、案件等风险事件。人民银行现场评估发现，某保费规模排名靠前的寿险公司监管投诉问题突出，投诉主要集中于人身险销售纠纷方面。保险新业务方面，与P2P网络借贷有关的保证保险风险及其他互联网保险风险值得关注。

三、地方金融监管领域

（一）小额贷款公司

2018年末，山西省小额贷款公司共有539家，全年新设3家，退出43家。全省共有2家网络小额贷款公司。从业人数4 325人，资产总额370.08亿元，其中贷款余额280.13亿元，不良贷款率24.54%。贷款平均利率13.9%，最高利率24.49%。

小额贷款公司发展面临的问题：一是经营困难。调查发现部分公司未办理注销，但不开展业务，以起诉追偿工作为主。二是经营管理不规范。全省民营控股的小额贷款公司533家，占比99%，经营受实际控制人影响较大，公司治理缺失，贷款三查流于形式，法人治理和内控制度执行流于形式。三是风险控制机制不健全。小额贷款公司服务对象有效担保品不足，导致保证类贷款占比较大，风险有效缓释不足。

（二）融资性担保公司

2018年末，山西省融资性担保公司共有226家，注册资本273.90亿元，从业人数2 703人，资产总额348.06亿元，当年累计担保总额351.07亿元，在保责任余额413.60亿元，放大倍数为1.16倍。

融资性担保公司运行中存在的问题：一是银担合作制度缺失。银行和担保机构合作中，风险全部由担保公司承担，同时银担之间信息不透明，银行对担保公司经营状况、担保公司抽逃、挪用资本金等行为的不掌握，担保公司无法共享银行的企业信用信息。二是担保效能不充分。银行机构为控制风险，与担保公司尤其是民营担保公司合作深度不够，导致担保业务发展缓慢。三是担保费率高。企业通过担保公司担保获得融资，增加了银行资金的安全性，但银行贷款利率并未下调，客观上形成企业贷款成本上升2~3个百分点，加重企业负担。四是代偿风险突出。受小微企业经营困难影响，担保公司代偿较多，融资担保案件诉讼判决周期长、执行难，制约担保行业发展。

（三）典当行

2018年末，山西省共有379家典当经营机构，其中，法人企业346家，分支机构33家，从业人员1 453人。资产总额51.81亿元，典当余额16.78亿元，当年累计典当总额28.81亿元。从业务结构看，动产质押、房地产抵押、财产权利质押三项主营业务比重为27:50:23，房地产抵押占主导地位。

典当行发展面临的问题：一是竞争加剧，全行业连续四年亏损。近年来银行支持小微企业力度不断加大，非法从事典当业务的机构仍然存在，典当行生存空间受到挤压，盈利状况不容乐观。二是融资受限，发展后劲不足。按照规定，典当企业可向银行申请贷款，但在实务中，银行将典当企业作为高风险行业，实施行业禁入。三是经营管理粗放，专业人才缺乏。部分典当企业管理水平较差，诚信经营意识不强，缺乏有效的风控机制。同时，全省仅有少数企业配备了民品、机动车和房产鉴定评估人员，专业鉴定人才缺口较大。

（四）地方交易场所

2018 年末，山西省共有 23 家交易场所，业务不断规范，服务实体经济能力不断增强。以山西金融投资控股集团有限公司控股的 3 家交易场所为例。一是山西省股权交易中心。2018 年，新增挂牌展示企业 180 家，其中展示板 78 家，培育板 25 家，晋兴板 77 家，挂牌展示企业总数达 1 744 家。转板新三板的企业 2 家，累计转板 20 家。二是山西省产权交易中心。2018 年，共成交项目 3 873 笔，金额 398.02 亿元。三是山西省金融资产交易中心。2018 年末，存续资产规模 105.06 亿元，累计交易额 1 466.68 亿元。

地方交易场所发展面临的问题：一是个别交易场所产品涉嫌违规，甚至非法开展期货交易活动，相关部门对其实施有序清理；二是监管政策规定有待进一步明确，全国执行尺度不统一。

四、地方金融改革与创新

（一）金融机构改革持续深化，地方金融实验区积极推进

2018 年，山西省共有 13 家农村信用社改制为农村商业银行。晋商银行上市工作快速推进。全年共有 8 家法人银行发行二级资本债券，资本补充渠道不断丰富。在山西省政府领导下，人民银行太原中心支行积极推进晋城市金融支持资源型经济转型发展改革创新试验区申报工作，已取得初步成效。

（二）金融监管体制改革稳步推进

2018 年 10 月 25 日，山西省地方金融监督管理局正式挂牌成立，负责对小额贷款公司、融资担保公司、区域性股权市场等“7 + 4”类机构实施监管。12 月 17 日，中国银行保险监督管理委员会山西监管局正式挂牌。

（三）再担保公司和产业基金纾困民营企业

山西省融资再担保集团有限公司注册资本增至 18.8 亿元，加码支持民营和小微企业。山西省第一只民企纾困基金——合盛汇峰智能 1 号基金认购上市公司东杰智能定增计划，支持民营企业；山西金控集团旗下的太行产业基金联合社会资本共同组建了名为“山西太行医药产业一期股权投资合伙企业（有限合伙）”的民营纾困基金，主要用于支持山西振东集团，缓解短期流动性困难，发挥政府产业基金的引领作用。

（四）金融产品不断创新，更好地满足实体经济多样需求

山西区域性股权市场开拓了可转债市场领域，山西煤炭进出口集团蒲县万家庄煤业有限公司在山西股权交易中心非公开发行 7 亿元的可转债，多层次资本市场融资优势不断显现。山西省 2 家期货公司在 9 个县共开展 31 万吨玉米“保险 + 期货”试点。新湖期货太原营业部实现辖区苹果“保险

+期货”试点项目第一单，为国家级贫困县大宁县687户贫困果农的3 000吨苹果提供了价格风险保障。

五、金融基础设施

（一）金融法治环境及消费权益保护工作持续改善

金融法治宣传工作进一步加强。2018年，全省金融机构采取多种形式面向社会开展金融法治宣传活动，积极开展辖区金融广告治理工作，扎实推进金融知识纳入国民教育体系省级层面全覆盖。金融发展的司法环境进一步改善。2018年，山西省综合治理“执行难”合力不断凝聚。全年共办结各类执行案件284件，其中，执行实施类案件执行到位金额20.89亿元，执行审查类案件结案率96.19%；对16.1万名被执行人发布限制消费令，将5.3万名被执行人纳入失信“黑名单”，并推送至“信用山西”联合惩戒信息共享平台实施惩戒。查处金融违法行为力度进一步加大。全年全省人民银行和外汇管理系统共作出行政处罚200件，处罚款金额1 100余万元，有效维护了辖区金融秩序。2018年，全省人民银行系统共受理金融消费者投诉369件，同比增长11.48%，办结率97.29%。山西省金融消费权益保护协会筹建工作积极推进。

（二）支付结算体系运行安全稳健

支付结算业务系统平稳运行。2018年末，山西省共有104家银行网点加入现代化支付系统；85家银行网点加入人民币银行结算账户管理系统，7家银行网点加入同城票据交换系统。现代化支付系统业务量17 746.89万笔，同比下降17.82%，金额52.97万亿元，同比增长3.78%。

人民币银行结算账户管理系统进一步规范。全省共办理单位人民币结算账户开立233 449户、撤销108 226户、变更104 772户，受理并上报总行联网核查社会公众投诉47笔。上线运行“山西省银行结算账户管理辅助系统”，实现全省范围内的银政信息共享、企业注册和预约开户一网通办、银行账户资料电子化传输等功能，企业开户更加便捷安全高效。账户审批实现“当日办结”，窗口工作服务人员实现零投诉。

非现金支付工具投放持续上升，业务量稳步增长。2018年末，山西省59家发卡机构累计发卡17 414.49万张，同比增长9.61%。特约商户、POS、ATM累计达52.08万户、108.97万台、2.59万台，同比分别下降4.28%、增长16.39%和14.63%；全省银行卡交易478 319.19万笔、金额152 913.71亿元，同比分别增长37.71%、22.53%。

农村支付环境建设持续深化。2018年末，山西省共建设农村“金融综合服务站”30 297个，覆盖行政村23 221个；全省58个贫困县全部建成1~2个与扶贫产业结合的特色示范服务站，支付业务助推脱贫攻坚效能稳步显现。全省累计办理助农取款业务371.65万笔，取款金额2.26亿元；累计发生“农民工银行卡特色服务”跨行交易业务6.2万笔，交易总金额5 905.91万元。

支付结算监管进一步深入。合规开展行政许可事项；全面开展支付结算综合执法检查和专项检查；持续做好无证机构清理整治工作；创新开发支付机构分类评级系统，深入开展非银行支付机构分类评级工作；有序开展网约车业务支付结算合规性审核，联合开展整治支付结算重大违法犯罪行动；扎实开展扫黑除恶专项斗争工作，持续优化支付服务环境。

（三）征信管理和服务水平稳步提升

征信系统运行平稳。2018 年末，金融信用信息基础数据库分别为山西省 23.7 万户企业和 2 050 万自然人建立了信用档案。全年累计提供企业征信系统查询 16.62 万次，个人征信系统查询 834 万次；累计向公安局、法院、检察院、审计署特派办、中小企业局等机关提供企业信用报告查询 920 笔，个人信用报告查询 340 笔。征信数据库覆盖率为 91.1%。应收账款融资服务平台推广应用成效明显，累计登记全省融资业务 1 299 笔，融资金额 1 990.49 亿元，同比增长 195%。

社会信用环境逐步优化。2018 年末，中小微企业和农村信用信息平台共收录全省 371 万企业及个体工商户基本信息、579 万农户家庭成员信息和 87.6 万户贫困户基本信息，累计注册金融机构用户 1 695 个。在农户信用评定、扶贫贷款发放、银企农融资对接、农村地区金融服务环境改善等方面成效初显。切实履行行政许可和行政处罚信用信息“双公示”推送职责，全年向山西省信用信息共享平台推送“双公示”信息 18 万余条。强化征信宣传，助推精准扶贫。诚信文化教育长效机制全面铺开，全省共有 11 所大中专院校开设了征信专业课或选修课。

征信市场规范有序，信用评级工作稳步开展。2018 年，全省评级机构累计开展评级业务 4 笔。全面开展征信管理现场执法检查、信息泄露风险自查自纠和重点抽查工作，强化征信信息安全监管，有效规范金融信用信息基础数据库接入机构的征信业务行为。

（四）反洗钱监管持续深入

把控风险，分类管理，监管力度不断强化。一是反洗钱执法检查持续发力。全年共对 63 家机构开展现场检查，处罚机构 16 家，处罚金额 319 万元。二是扎实开展反洗钱分类评级和法人金融机构洗钱风险评估工作，督促义务机构加强洗钱风险管控。三是灵活运用反洗钱监管措施。对全辖义务机构实施监管走访 55 家、约见谈话 35 家、质询 5 家，督促义务机构提升反洗钱工作有效性。四是创新开展金融机构反洗钱内部审计档案展评活动。五是有序推动特定非金融行业反洗钱监管工作。与省司法厅、省住建厅、省民政厅、省财政厅全面对接，摸清各行业领域机构情况。法律服务行业反洗钱监管工作取得突破性进展，人民银行运城市中心支行与当地司法局联合发文，明确了法律中介机构应当履行可疑交易报告义务。

加强研判，积极探索，调查协查工作不断深化。一是积极开展反洗钱调查和协查，在反恐、反腐、禁毒、涉税、扫黑除恶等领域协助侦查机关开展案件线索调查协查，为线索排查、案件侦破提供了有力支撑。二是有力指导金融机构增强防控洗钱风险的能力，在全国率先开展了证券期货业洗钱类型分析和金融机构重点可疑交易报告质量评价工作。三是深化与联席会议成员单位的反洗钱合作。与省高院、省检察院开展联合研判，成功推动司法部门一审宣判两起洗钱罪；与省公安厅联合制定《山西省银行业金融机构与公安机关开展洗钱及上游犯罪线索研判及资金查控工作机制（试行）》；组织银行业机构参加公安部“论剑 2018”反洗钱大比武活动；与省国家安全厅联合开展非居民境外卡在境内交易情况的调研。

（五）反假币和现金管理进一步加强

2018 年，全省累计投放现金 1 549.66 亿元，回笼现金 1 406.31 亿元，净投放 143.35 亿元，较上年增长 24.22%。山西省反假货币工作联席会议办公室充分发挥联席会议作用，完善工作机制，反假货币工作成效明显。全年累计收缴假人民币1 022.78万元、130 705张，金额同比增长3.97%、张数同比减少3.44%。加强反假货币工作基础建设。推动警银联动机制，配合公安部门开展打击整治假币违法犯罪专项行动，对假币违法犯罪保持高压态势，不断净化货币流通环境。

六、总体评估与政策建议

（一）总体评估

参照人民银行上海总部定量评估方案，采用专家调查法、层次分析法等技术方法，对山西省金融稳定状况进行了综合评估。结合山西省经济金融发展对部分指标阈值及标准值计算方法进行修正，在纵向比较中为排除指标权重变化对评价结果的影响，全部采用2018年专家调查法的权重进行计算。评估结果表明，2018年山西省综合得分基本与上年持平，金融稳定等级评估处在C类一般区间。纵向对比评估结果，宏观经济、金融机构得分基本与上年一致，金融生态得分有所下滑。宏观经济层面，经济增长的稳定性进一步增强，供给侧结构性改革和转型综合改革试验区建设持续深化，经济发展质量不断提升；金融机构层面，银行业资产规模稳步增长，资本充足状况和资产质量有所改善，证券业和保险业保持平稳，各项风控指标均达监管要求。

（二）政策建议

1. 深化供给侧结构性改革和资源型经济转型综改，推进经济高质量发展

一是聚焦转型项目建设，保持经济运行在合理区间。紧紧扭住转型项目这个“牛鼻子”，扩大有效投资，满足消费需求，为经济平稳健康发展提供更强支撑。二是聚焦实施创新驱动，推动制造业高质量发展。坚持把创新摆在核心位置，提升科技创新能力，大力培育优势产业集群，加快构建现代产业体系，建设全国重要的现代制造业基地，改造提升传统产业。三是聚焦关键领域改革，激发转型发展活力。准确把握市场化改革要求，推动四梁八柱性质的改革走深走实，以改革“一子落”带动转型“满盘活”，扎实推进能源革命综合试点，深化财税金融体制改革，深化国资国企改革，大力支持民营企业发展，推进开发区改革创新发展。四是聚焦融入国家战略，不断提高对外开放水平。以培育外贸主体、完善提升开放平台为抓手，大力发展开放型经济，加快构建对外开放新高地。

2. 稳妥有序化解存量金融风险，严控增量风险

坚持稳定大局、统筹协调、分类施策、精准拆弹的风险化解思路：针对高风险法人农合机构，坚持用改革发展手段化解风险，压实市县级政府的责任，在不良贷款清收、金融债权保护、税收优惠等方面进一步加大支持力度；针对高负债企业，建立健全企业债务风险防控机制，推进市场化法治化债转股工作，推动高负债企业兼并重组，推进已出险企业债务重组，降低企业债务率；针对担保圈、关联交易等相关市域突出风险，一市一策，充分发挥市县级政府的作用，统筹运用财政、司法等多种手段，拆圈解链，化解关联风险，破局风险难题；针对非法金融机构和非法金融活动，保持高压打击态势，坚决治理金融乱象。

3. 提升防控能力，打好防范化解重大金融风险攻坚战

一是研究制订防范化解山西省重大金融风险攻坚战实施方案。针对山西省突出金融风险，研究制订防范化解山西省重大金融风险攻坚战实施方案，明确重点任务、路线图、优先序、时间表和责

任目标。二是健全金融风险应对工作机制和预案。补充完善风险预案和工作机制，实现全覆盖，做足政策储备，评估并修订现有风险预案和工作机制，确保与当前的风险形势相适应，确保风险爆发后预案和工作机制真能用、用得上。三是健全地方金融协作机制。健全金融监管协调工作机制，调动中央金融管理部门驻晋单位和地方金融监管局两个积极性，优势互补，良性互动，统筹监管资源，提升监管效能，形成工作合力；健全金融监管信息共享机制，定期召开例会，互通有无，确保监管信息的最大效用。

4. 加强金融基础设施建设，优化金融生态环境

推动金融基础法规建设，加大金融法规宣传力度，推进金融消费者权益保护工作；进一步完善支付结算体系，提高清算服务的安全、稳健、便利性；提升征信服务与管理水平，持续规范征信市场；强化反洗钱监管力度，落实差别化监管措施；扎实推进反假货币和现金管理工作，进一步优化货币流通环境；严厉打击逃废债行为，依法清欠、曝光不诚信行为，保护金融机构合法债权，加强金融诚信环境建设；严厉打击非法集资、非法理财等违法金融活动，营造良好的金融环境。

中国人民银行太原中心支行金融稳定分析小组

组　长：杜　斌

成　员：王瑞林　张育春　任桂花　陈爱书　周文峰　李　清
夏永青　王少杰　郭　俭　毛晓东　张　园　范广明
李　兵

《山西省金融稳定报告（2019）》指导小组

张永胜　王志刚　侯广庆　王润全

《山西省金融稳定报告（2019）》编写组

总　纂：杜　斌

统　稿：张育春　张晓红

执　笔：吴晋科　杨　明　杨琳蕊　李　伟

其他参与写作人员：

李志波　戴万龙　许　莹　李　绚　薄利华　高　婧
张　杰　张　星　乔宁宁　刘　飞　郭　帅　王凯华
刘　锋　李计花　王丽娜　张会玉

内蒙古自治区金融稳定报告摘要

2018年，内蒙古经济金融运行总体平稳，经济增长保持在合理区间，产业结构进一步优化，居民收入稳步增长，供给侧结构性改革扎实推进，金融体系不断健全，资产负债结构进一步优化，金融服务能力进一步提升，金融风险总体可控。但随着宏观政策调控力度的逐步加大，全区经济下行压力不断增大，金融机构存贷款增速放缓，不良贷款上升，高风险金融机构数量增加，金融风险防控形势依然严峻。

一、宏观经济环境

（一）经济总量平稳增长，服务业支撑日益增强

初步核算，2018年全区生产总值17 289.2亿元，按可比价格计算，较上年增长5.3%。分产业看，第一产业增加值1 753.8亿元，较上年增长3.2%；第二产业增加值6 807.3亿元，增长5.1%；第三产业增加值8 728.1亿元，增长6.0%。三次产业结构优化调整到10.1:39.4:50.5。第三产业对GDP的贡献率为56.1%，拉动GDP增长3.0个百分点，成为拉动经济增长的主要动力。

（二）工业生产提质增效，企业效益持续改善

2018年全区规模以上工业增加值较上年增长7.1%，增速较上年提高4.0个百分点。2018年规模以上工业企业产销率达到99.2%，较上年提高0.7个百分点。工业经济效益水平保持良好。1～11月，全区规模以上工业企业实现利润总额1 332.8亿元，同比增长16.2%，高于全国平均水平4.4个百分点。规模以上工业企业主营业务收入利润率10.6%，同比提高0.3个百分点，高于全国平均水平4.1个百分点。

（三）供给侧结构性改革扎实推进，“去降补”成效明显

2018年，全区商品房库存减少，年末全区商品房待售面积较上年下降1.9%；企业负债率下降，11月末，规模以上工业企业资产负债率63.7%，同比下降1.2个百分点；企业成本降低，1～11月，规模以上工业企业每百元主营业务收入成本77.1元，低于全国平均水平7.1元；短板领域投资较快增长，2018年信息传输、软件和信息技术服务业投资较上年增长6.2%。

（四）投资结构继续优化，消费市场平稳运行，对外贸易较快增长

2018年，全年制造业投资占固定资产投资总额的18.1%，较上年提高0.5个百分点。全区实现

社会消费品零售总额7 311.07亿元，增长6.3%。全区进出口总值达到1 034.4亿元，增长9.9%，其中，出口完成378.6亿元，增长14.4%；进口完成655.7亿元，增长7.5%。

二、金融业发展情况

（一）银行业

2018年末，全区共有银行业金融机构199家，其中全国性银行分支机构19家，地方法人银行业金融机构180家。年内平安银行呼和浩特分行在我区挂牌成立，14家农村信用社进入改制程序，其中7家机构申请开业，3家机构获准筹建，4家机构主要监管指标达到组建标准，即将发起筹建申请。辖内银行业机构组织体系不断健全，金融服务能力进一步提升。

1. 资产负债规模扩张放缓，增速大幅回落

2018年末，全区银行业金融机构资产总额35 004.64亿元，增长1.87%，增速同比下降6.2个百分点。负债总额33 599.03亿元，增长1.37%，增速同比下降7.42个百分点。2018年以来，全区银行业资产、负债规模扩张持续低于全国平均水平且差距较大，特别是地方法人银行业金融机构增速和比重均有所下降。2018年末，地方法人银行业机构资产总额15 258.2亿元，增长1.33%，低于全区平均水平0.54个百分点，占全区银行业金融机构资产总额的43.59%，占比下降0.23个百分点；负债总额137 973.5亿元，增长0.99%，低于全区平均水平0.38个百分点，占全区银行业金融机构负债总额的41.59%，占比下降0.16个百分点。

2. 存款增速大幅下降，非金融企业和同业存款下降较多

2018年末，全区人民币各项存款余额23 261.4亿元，增长1.3%，增速低于上年同期7.1个百分点，为2000年以来同期最低水平。存款增速大幅下滑主要有两方面原因：一是在政府债务约束增强的背景下，融资平台和类平台存款明显较少，导致全区非金融企业存款较年初大幅净下降。2018年末，非金融企业存款6 249.7亿元，下降7.8%。在规范政府融资行为背景下，地方政府融资平台通过贷款、发债等新增融资难度持续加大，加之政府停缓建项目较多，平台公司新增融资大幅放缓，从而导致该类资金所形成的派生存款明显下降。二是同业和通道类业务监管趋严，金融机构同业存款大幅下降。从2018年第一季度开始将同业存单纳入MPA同业负债占比考核，按照新监管办法，我区部分银行同业负债已超过监管规定限额，同业业务到期后只能减少持有，导致全区非银行业金融机构存款大幅下降。全年净下降542.2亿元，同比多降799.6亿元。

3. 贷款增速明显放缓，信贷结构持续优化

2018年末，全区人民币各项贷款余额22 085.2亿元，增长2.9%，增速低于上年同期7.9个百分点。2018年，全区金融机构信贷结构趋于优化，资金投向重点支持实体经济转型发展。一是对生活性服务业贷款支持力度加大。批发零售业和住宿餐饮业中长期贷款增加186.3亿元，同比多增199.9亿元。二是加大对高新技术行业和新兴产业信贷支持力度。信息传输、软件信息技术服务业和科学研究技术服务业中长期贷款新增19.1亿元，同比多增12.4亿元。三是注重支持民生领域。保障住房开发贷款和个人住房贷款分别新增199亿元和196.3亿元。四是重点支持对个体工商户和小微企业主的融资需求。个人经营性贷款比年初增加173.4亿元，同比多增52.1亿元；同比增长7%，增速较上年同期加快2.1个百分点，为近四年同期最高水平。五是大力疏通货币政策传导渠道，引导

金融资源向重点领域和薄弱环节倾斜。全区小微企业、农户贷款同比增长 5.3% 和 16.7%，均高于同期贷款增速。

（二）证券业

2018 年末，全区共有法人证券公司 2 家，证券分支机构 119 家，较上年增加 1 家，其中区外证券公司设立的分公司 17 家，证券营业部 102 家。全区共有期货营业部 10 家，私募基金管理人 42 家。全区共有境内上市公司 26 家，其中上交所 16 家，深交所 5 家，中小板 2 家，创业板 3 家；境外上市公司 6 家；新三板挂牌企业 66 家。区域性股权交易中心 1 家。辖区证券业持续健康发展，多层次市场逐步健全。

1. 法人证券公司资产规模下降，盈利大幅下滑

2018 年，受中美贸易摩擦反复变化的影响，资本市场持续波动，全区法人证券公司也因市场整体行情较差，导致盈利能力大幅下滑，亏损严重。2018 年末，全区法人证券公司总资产 392.33 亿元，下降 6.64%；净资产 125.60 亿元，下降 7.06%；托管股票市值 1 044.66 亿元，下降 32.83%。2018 年，法人证券公司实现证券交易额 1 822.65 亿元，下降 33.90%，下滑明显。2018 年，法人证券公司合计亏损 19 054.19 万元，较上年同期多亏 14 042.97 万元，实现营业收入 19 215.97 万元，增长 2.99%。其中，利息净收入 13 162.17 万元，下降 18.03%；投资收益 2 261.93 万元，下降 60.59%；资产管理业务净收入 1 155.19 万元，增长 6.96%。

2. 期货经营机构交易规模上升，经营状况好转

2018 年，全区期货机构扭转交易规模下降趋势，机构经营情况逐步好转，期货业经营业绩大幅提升。2018 年末，期货公司累计开户人数 16 019 户，较上年新增 2 191 户，增长 15.8%，全年成交金额 0.5 万亿元，增长 22.0%，主营业务收入 0.7 亿元，增长 80%；佣金收入 0.7 亿元，增长 84.6%；净利润 0.2 亿元，增长 10 倍。

3. 上市公司总市值大幅下滑，资本市场融资功能弱化

2018 年，全区上市公司 26 家，同比持平，其中，A 股上市公司 25 家，B 股上市公司 2 家。受资本市场全年低迷影响，上市公司市值大幅缩水，沪深两市上市公司总市值 4 327.2 亿元，下降 34.3%，其中，主板市场总市值 4 075.6 亿元，下降 33.2%，中小板市场总市值 145.4 亿元，下降 34.2%，创业板市场总市值 106.3 亿元，下降 59.2%；主板、中小板市场和创业板三个板块市场全年均无获得新增融资，新三板市场新增融资 2.38 亿元，同比减少 11.2 亿元，资本市场融资功能明显走弱。

（三）保险业

2018 年末，全区共有保险公司省级分公司 41 家，其中财险公司 24 家，寿险公司 17 家，与上年持平；下设分支机构 2 897 家，较上年增加 70 家。全区保险业继续保持平稳回升发展态势，服务民生保障的能力和水平不断提升。

1. 保险业市场整体保持平稳回升的发展态势

2018 年末，全区保险业资产总额 1 292.09 亿元，增长 15.72%。2018 年，全区实现原保费收入 659.5 亿元，总保费增速 15.7%，全国排名跃升至第 2 位。其中，财产险保费收入 194.4 亿元，同比增长 8.1%；人身险保费收入 465.1 亿元，同比增长 19.2%。保险公司累计赔款与给付支出 193.3 亿

元，同比增长3.6%。

2. 产寿险发展不均衡，人身险增速全国居首，财产险增速下滑

随着高现价产品清理整顿影响不断消化，2017年以来的人身险保费增速持续下降趋势探底企稳，并重新步入中快速发展轨道，人身险保费增速全国排名首位，其中健康险业务增速达35.3%，高于全国平均增速13个百分点，连续四年30%以上的高速增长，保费增长贡献率33%，保险保障功能充分显现。地区经济缓慢复苏的大环境下财产险后劲不足，全年基本保持稳中缓降发展态势，保费增速10.2%，低于上年同期增速且低于全国平均增速，其中，车险业务受商业车险改革深化和新车销量下滑等因素影响，原保费收入增速5.0%，较上年同期下降6.9个百分点。

3. 行业实力不断壮大，保险业经济“减震器”和社会“稳定器”功能显著提升

2018年末，全区保险公司资产总计1 292.1亿元，增长15.71%；全区共有各级保险分支机构2 897家，其中省级分公司41家，支公司及以下分支机构2 856家。农业保险为主要粮食作物提供风险保障的覆盖面达95%；森林保险承保实现天然林、防护林全覆盖；城乡居民大病保险覆盖全部14个统筹地区103个旗县的1 664.9万人，参保群众实际报销比例提高15个百分点。

三、金融风险状况分析

（一）银行业

1. 不良贷款仍处于高位，金融风险防控形势依然严峻

自2018年6月以来，随着地方法人金融机构不良贷款的逐步调实，全区银行业金融机构不良贷款余额一度突破1 000亿元，于2018年10月末达到1 036.79亿元的峰值，不良贷款率达到4.56%，全国排名第二位。截至2018年末，不良贷款余额922.41亿元，同比增加77.41亿元，居全国第11位，不良贷款率4.05%，同比增加0.24个百分点，居全国第6位。而且还有部分机构不良贷款未完全暴露，金融机构风险状况不容乐观，风险防控形势较为严峻。据对全区170家投保机构非信贷资产质量进行现场核查发现，31家机构通过非信贷资产掩盖不良贷款真实信用风险，累计金额411.79亿元，占31家机构资产总额的7.69%，占贷款总额的15.99%，已形成不良资产的类信贷资产金额为89.02亿元，占不良贷款的比重为41.14%。

2. 贷款损失准备不足，风险抵补能力差

截至2018年末，地方法人银行机构拨备覆盖率仅为66.75%，较上年同期下降32.01个百分点，不足监管标准的一半，61家机构拨备覆盖率低于监管标准，占33.89%，同比增加16家，其中低于50%的机构有30家，有5家的机构拨备覆盖率甚至不足10%。目前，我区地方法人金融机构不良贷款增加的压力依然存在，部分亏损严重的机构因无法及时弥补拨备而造成核心资本下降陷入恶性循环状态，有的已严重资不抵债，濒临破产。

3. 整体资本充足水平基本稳定，部分机构资本充足率严重不足

截至2018年末，全区地方法人金融机构的平均资本充足率为9.14%，同比下降1.68个百分点。全区有43家地方法人金融机构资本充足率不达标，占23.89%，同比增加23家，其中有25家机构为负值。资本充足率过低事实上已经导致银行的净资本无法抵补预期的资产损失，已严重危及存款人的存款安全。

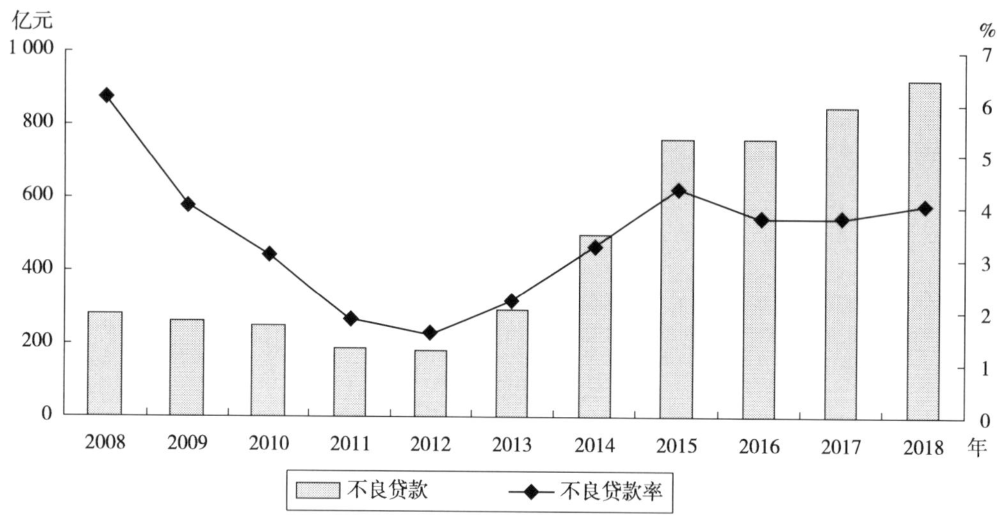

数据来源：内蒙古银保监局。

图1 全区银行业金融机构不良贷款变化情况

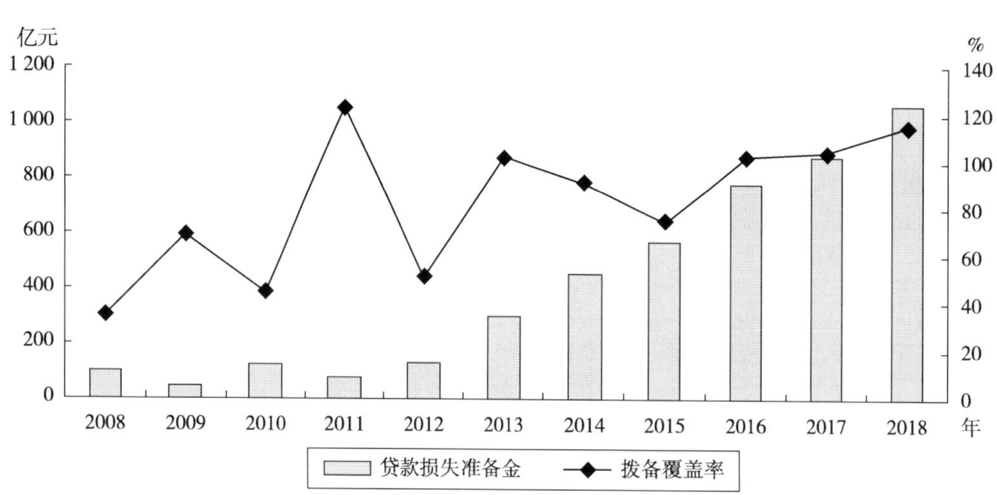

数据来源：内蒙古银保监局。

图2 全区银行业金融机构风险抵补情况

4. 地方法人机构利润大幅下滑，盈利能力下降

2018年，全区地方法人银行业金融机构累计实现利润83.78亿元，同比减少32.29亿元，下降27.82%。占全区银行业金融机构利润总额的30.98%，同比下降42.75个百分点。资产利润率为0.56%，同比下降0.27个百分点。截至2018年末，地方法人机构贷款损失准备余额330.20亿元，较年初多计提35.65亿元，如果考虑拨备充足水平等因素，地方法人机构的利润将进一步大幅度下滑，按照150%拨备覆盖率监管标准计算，地方法人银行机构还应计提411.85亿元贷款损失准备。2018年全区有18家法人机构呈现亏损，较上年同期减少1家，亏损额合计3.38亿元，同比减少0.14亿元，同比下降3.97%，另有8家机构净利润为零。

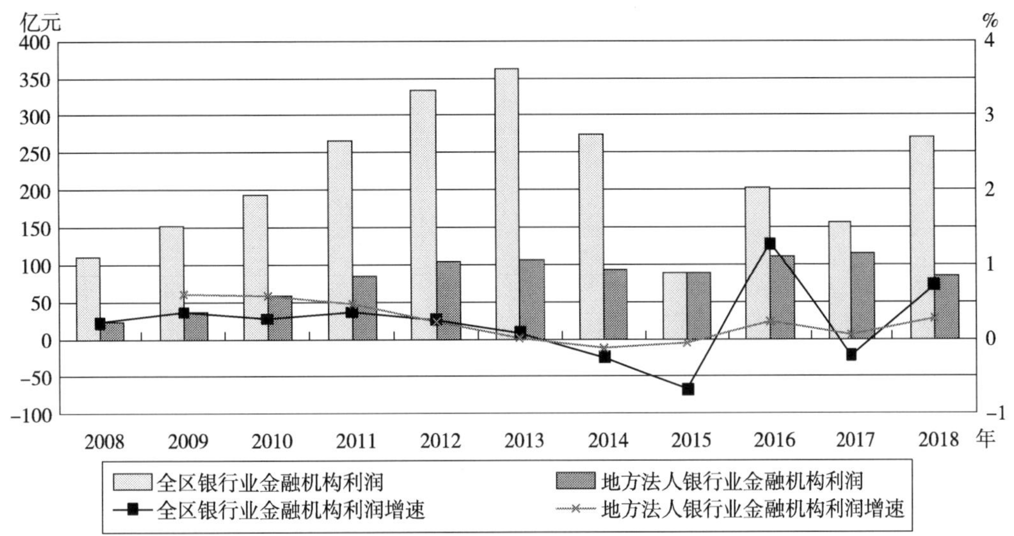

数据来源：内蒙古银保监局。

图3　全区银行业金融机构净利润变化情况

5. 流动性有收紧态势，部分流动性指标出现下行

2018 年在控制宏观经济杠杆率的政策背景下，金融机构负债增长压力较大，全区银行体系流动性呈中性趋紧的总体态势。一是从各项存款看，截至 2018 年末，全区金融机构人民币各项存款余额 23 261.4 亿元，同比增长 1.3%，增速为 2000 年以来同期最低水平；比年初增加 308.6 亿元，同比少增 1 478.6 亿元。二是理财业务监管趋严，理财业务余额同比继续下降，全区地方法人银行业机构理财业务余额 1 003.24 亿元，同比下降 126.44 亿元，降幅收窄 133.62 亿元。三是地方法人银行业金融机构除存贷比略有上升外，其余两项指标均出现了恶化，流动性比例为 52.92%，同比下降 3.53 个百分点，所有机构均高于 25% 的监管要求。存贷款比例 69.75%，同比上升 2.82 个百分点。核心负债依存度 56.05%，同比下降 0.21 个百分点，且整体仍低于监管要求，其中有 47 家低于 60% 的监管标准，同比减少 10 家。流动性缺口率低于 -10% 监管要求的有 10 家，同比减少 5 家，这部分机构中有的机构虽然流动性缺口较大，但资金流充足，个别机构由于负面舆情、期限错配问题或亏损压力较为突出，流动性指标出现下行或波动，风险较高。

（二）证券业

1. 证券公司总体风险可控，但经营中存在风险隐患

从全区两家法人证券机构主要财务指标情况看，尽管净资产、净资本首次出现同步下降的情况，但以净资本为核心的风险覆盖率、资本杠杆率、流动性覆盖率、净稳定资金率等主要风险控制指标均符合监管要求，且保持在监管标准的预警阈值之上，总体风险可控，但证券公司经营中存在的风险隐患不容忽视，如内部管理能力与市场行情的变化不匹配，容易诱发经营风险；资本补充能力不足，可能导致经营、流动性和信用等各类风险。

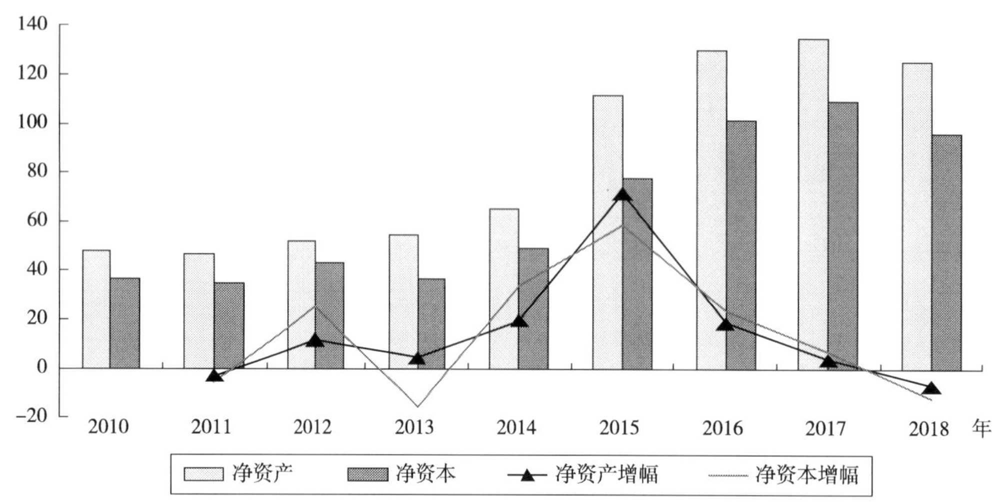

数据来源：人民银行呼和浩特中心支行。

图4 2010—2018 年证券公司净资产和净资本变化情况

表1 2018 年末内蒙古证券类法人金融机构风险控制指标情况 单位：%

机构名称	风险覆盖率	资本杠杆率	流动性覆盖率	净稳定资金率	净资本/净资产	净资本/负债	净资产/负债	自营权益类证券及其衍生品/净资本	自营非权益类证券及其衍生品/净资本
	预警标准<120	预警标准<9.6	预警标准<120	预警标准<120	预警标准<24	预警标准<9.6	预警标准<12	预警标准>80	预警标准>400
	监管标准>100	监管标准>8	监管标准>100	监管标准>100	监管标准>20	监管标准>8	监管标准>10	监管标准<100	监管标准<500
恒泰证券	245.00	21.64	228.16	153.66	64.44	54.74	84.94	45.34	119.89
国融证券	231.86	28.24	1399.60	182.50	105.85	51.88	49.02	0.72	161.63

2. 证券公司受资本市场影响局面没有改变，证券公司“靠天吃饭”的行业特性难以改变

受经济下行、中美贸易摩擦跌宕起伏等外部环境的冲击，全年国内资本市场持续低迷，上证综指不断下探，受资本市场影响明显的两家法人证券公司经营出现困局，业绩下降明显。在同质化竞争激烈证券业中，证券业依然主要以手续费收入和交易性金融工具投资收益为主，手续费收入和投资收益对证券公司的盈利能力起到关键作用。2018 年 2 家法人证券公司亏损 5.94 亿元，利润同比减少 12.66 亿元，其中手续费收入 10.70 亿元，同比减少 3.89 亿元，投资收益 3.26 亿元，同比减少 10.66 亿元。证券公司盈利模式相对单一、收入增长与资本市场行情相关性较高等问题依然存在。在强监管和智能科技成为金融行业主流的环境下，证券行业面临着转型与发展的压力，如何摆脱对“靠天吃饭”的经纪业务依赖而加速转型，加强核心竞争力是关键。

3. 上市公司股权质押风险和资金流动性风险上升

一是部分上市公司股权质押风险突出。全区存在 5% 以上大股东股权质押的 A 股上市公司共 20 家，第一大股东股权质押比例超过 50% 的 13 家，质押用途主要为融资和提供担保等。受大盘影响，

2家公司跌破平仓价，4家公司跌破预警线。某质押比例高达99.81%上市公司存在平仓风险，该公司融资额高达48.37亿元，质权人涉及4家银行、3家证券公司和4家信托信托公司。一旦触发风险，将产生交叉性金融风险，形势严峻。二是部分上市公司资金流动性风险较大。受国家金融去杠杆政策的影响，部分上市公司遭抽贷和断贷问题困扰，正常经营陷入流动性危机，特别是辖区3家“某某系”控股公司，无实质性经营业务，2018年均出现亏损，经营风险较大。

（三）保险业

1. 财产险应收保费风险压力依然较大，寿险退保金额持续高位运行

2018年末，财产险公司应收保费率为8.58%，尽管同比下降0.53个百分点，但仍然超出8%的预警指标值。在资本市场低迷和理财产品激烈竞争的双重压力下，人身险退保风险仍面临较大压力，全年寿险公司退保金额总计82.65亿元，同比增长33.89%，增速同比上升26.78个百分点，年末退保率为5.44%，同比上升0.57个百分点，较高的退保金额将对保险公司的流动性造成不利影响。

2. 人身险高速增长压力加大，财产险发展后劲不足

随着人身险公司高价产品清理整顿的不断深入，人身险保费增速持续下降趋势探底企稳，并重新步入中快速发展轨道，尽管人身险保费增速全国排名首位，但业务增速持续放缓，全年保费增速19.23%，较上年下降1.11个百分点。受商业车险改革深化和新车销量下滑等因素影响，财产险全年基本保持稳中缓降发展态势，盈利空间进一步压缩。保费增速较上年同期下降1个百分点，承保利润率2.17%，较上年同期下降1.6个百分点，半数公司出现承保亏损。

3. 保险业赔付风险逐步显现，农业保险和融资性保险受影响较大

全区农业保险大灾风险分散机制建设较为滞后，且因地方财政能力约束，农业保险普遍采取调低保险费率提高保障水平的做法，客观上造成风险责任大幅增加。同时，伴随自治区融资性贷款保证保险发展迅速，风险问题不断暴露。融资性贷款保证保险为农户、个体工商户、民营小微企业提供融资增信支持，在很大程度上依附于银行信贷业务，被保险人通过银行、担保等传统渠道无法获得贷款的相对劣质客户，通常收入不高、没有足够的可抵押资产又急需周转资金，违约风险较高。另外，由于社会信用体系不健全，保险公司对贷款人信用评估存在技术层面的困难，容易产生重大赔付风险。

四、影响金融稳定的因素分析

当前我区金融风险的成因是多方面的，但主要是由于经济周期、结构性因素、体制性因素叠加共振的结果。主要反映在以下几个方面。

（一）经济下行压力增大，企业经营效益不断下滑

近年来，随着宏观政策调控力度的逐步加大，全区经济下行压力不断增大，经济增长放缓，固定资产投资和进出口增速大幅下降，企业经营效益普遍下降，尤其是“三去一降一补”政策的进一步落实，全区煤炭、钢铁等一些大型能源企业经营困难，相继出现债务风险，形成了大量银行不良贷款。

（二）融资结构不合理，企业发展过分依赖金融机构

全区大部分企业的融资渠道狭窄，直接融资比例低，企业融资高度依赖于银行体系，在经营状况恶化的情况下，风险直接向银行体系传导，形成金融风险。有限的银行资金被大量无效占用，银行资金使用效率也随之下降，形成恶性循环。

（三）地方法人金融机构内控管理不到位，违规经营

一些地方法人金融机构风险管理不到位，缺乏审慎经营意识，贷款“三查”不严，越级办理业务，越权发放贷款，通过借名、冒名贷款等方式“垒大户”。一些农村金融机构将贷款大量投向房地产等行业，脱农倾向明显。一些机构在风险状况和经营效益不断恶化的情况下，通过虚增利润、隐藏不良贷款等方式粉饰财务状况，获得高额绩效薪酬和分红。

（四）地方法人金融机构公司治理不完善

一些地方法人机构“三会一层”流于形式，不能有效发挥作用，高管提名、任免和人员录用等经常受到外部干预，“一把手”“一言堂”的情况极为常见，监事会监督职能不能有效发挥，股东权利和经营自主权得不到充分保障，风险管理严重滞后于业务发展，制衡机制失效，授信体系不健全。

中国人民银行呼和浩特中心支行金融稳定分析小组

组　长：肖龙沧

成　员：办公室　法律事务处　货币信贷处　跨境办　金融稳定处
调查统计处　支付结算处　反洗钱处　货币金银处　国库处
金融研究处　征信管理处　外汇综合处

《内蒙古自治区金融稳定报告（2019）》编写组

总　纂：牧　人

统　稿：尹志成　乔海滨

执　笔：郭　研　高　菲　闵德明　王　璐

辽宁省金融稳定报告摘要

2018年，辽宁省经济运行稳中有进、总体向好，发展质量和效益逐步提高。全省金融业运行总体平稳，风险可控。银行业业务经营稳健，规模持续扩大。证券期货经营机构数量增加，交易规模回落。保险业服务领域不断拓宽，行业发展态势良好。非金融机构发展平稳，金融基础设施不断完善，金融服务水平明显提升，为地方实体经济发展提供了有力支持。

一、经济运行与金融稳定

（一）经济运行状况

1. 经济增长企稳回升，工业经济持续回暖

2018年，辽宁省实现地区生产总值25 315.4亿元，同比增长5.7%，较2017年上升1.5个百分点，低于全国水平0.9个百分点，经济运行呈现稳中有进、总体向好的态势。其中，第一产业同比增长3.1%，第二产业同比增长7.4%，第三产业同比增长4.8%。工业增速明显提升。2018年，辽宁省规模以上工业增加值同比增长9.8%，四大支柱产业保持2017年以来正向增长的良好势头。

2. 固定资产投资保持增长，工业投资拉动效应显著

2018年，辽宁省完成固定资产投资6 683.2亿元，同比增长3.7%，延续了2017年第四季度以来固定资产投资规模正向增长的良好态势。第二产业同比增长12.1%，较上年同期提高10.1个百分点，其中工业投资同比增长11.9%，较上年同期提高10.4个百分点。

3. 消费增速上升明显，居民收入保持增长

2018年，辽宁省社会消费品零售总额实现14 142.8亿元，同比增长6.7%。结构特点依旧是农村消费增长快于城镇消费，餐饮消费好于商品零售。2018年，城镇常住居民人均可支配收入37 342元，同比增长6.7%，增幅较2017年提高0.3个百分点；农村常住居民人均可支配收入14 656元，同比增长6.6%，增幅较2017年下降0.1个百分点。

4. 居民消费价格水平有所上涨，工业生产者出厂价格指数有所回落

2018年，辽宁省居民消费价格指数（CPI）同比上涨2.5%，较上年同期上升1.1个百分点。工业生产者出厂价格指数（PPI）同比上涨4.8%，较上年同期回落3.3个百分点。

5. 外贸总额和贸易逆差双增长，跨境收支规模止跌回升

按美元计价，2018年，辽宁省进出口总额1 144.3亿美元，同比增长14.9%，较上年提高0.1个百分点，高于全国2.3个百分点。进出口增速保持在较高水平，贸易逆差168.8亿美元，较上年扩大72.1亿美元。辽宁省跨境收支规模在持续三年下跌后，2018年实现止跌回升。全年跨境收支总额

1 352. 3 亿美元，同比增长 16. 5%。人民币继续保持辽宁省跨境收支第二大结算货币，资本项下第一大结算货币。

6. 财政收支保持较高增速，财政赤字规模同比扩大

2018 年，辽宁省一般公共预算收入 2 616 亿元，同比增长 9. 3%。一般公共预算支出 5 323. 6 亿元，同比增长 9. 1%。财政赤字 2 708 亿元，比 2017 年增加 255 亿元，财政赤字规模同比扩大。

7. 房地产开发投资明显回升，房屋销售面积缩减

2018 年，辽宁省房地产开发投资 2 598. 8 亿元，同比上升 13. 5%。商品房销售面积 3 935 万平方米，同比下降 5. 2%；商品房销售额 2 967 亿元，同比上升 7. 1%，增幅较 2017 年收窄 15. 7 个百分点。房屋销售情况总体向好，去库存速度加快。

（二）经济运行中需要关注的问题

1. 新旧动能接续转换亟待加快，结构性矛盾尚未得到根本性改变

一方面，工业运行对传统产业依赖依然较大，内生动力相对不足。高耗能、高污染行业占比较大，与经济转型升级、生态环境建设不相适应。另一方面，新动能发展不充分，新旧动能“青黄不接”。省内传统产业转型难、提升难，且在产业链上下游延链补链的多，原创性的少。

2. 固定资产投资增速放缓，对经济增长难以形成稳健支撑

2018 年辽宁省固定资产投资增速放缓。一是重大产业项目储备不足。二是投资结构不合理，投资效率较低。三是新投资增长点难以形成。高技术产业投资明显不足，生物制药、航空航天、光纤电缆及电子材料等方面投资大幅下滑，难以形成“多点开花”的投资增长新格局。

3. 贸易逆差持续扩大，外贸结构的调整与优化仍需持续增强

2018 年，辽宁省进出口贸易逆差 168. 8 亿美元，较 2017 年扩大 72. 1 亿美元，外贸连续两年呈现逆差。同时，辽宁省出口商品结构仍存在不合理之处，“原字头”“初字号”产品出口仍占一定比例，高附加值、高科技、高利润产品的出口占比较低，无法对外贸形成更大的拉动力量。

4. 总体杠杆率回落，但部分领域风险管控承压明显

辽宁省总体杠杆率（不含金融部门）由 2017 年的 272. 5% 下降至 2018 年的 269. 5%，降杠杆综合性措施取得初步进展，但部分领域风险管控压力仍然较大。非金融企业方面，2018 年，辽宁省企业部门杠杆率为 196%，显著高于全国 148% 的平均水平；全省规模以上工业企业负债率为 63. 3%，高于全国水平 6. 8 个百分点。政府债务方面，2018 年，若剔除中央政府债务，辽宁省政府杠杆率为 34%，高于全国政府杠杆率（20. 1%）。

5. 民营经济发展不充分，营商环境改善空间较大

省内民营企业大多为国有装备制造及重化工企业配套型企业，从事低端产品生产的较多，且独立发展及创新能力比较差，行业龙头领军企业较少，加之地区多年累积的结构性、体制性矛盾，民营经济发展不协调、不充分，综合实力不强。此外，营商环境建设力度仍需持续升级。

二、金融业与金融稳定

（一）银行业稳健性评估

资产负债规模增速保持稳定，各类机构增长趋势有所分化。截至 2018 年末，辽宁省银行业金融

机构资产总额81 572.40亿元，同比增长3.56%，负债总额78 684.28亿元，同比增长3.93%。资产负债增速分别比上年同期提高0.16个和0.56个百分点。从机构类型来看，股份制商业银行、农信社资产规模均有所下降，国有商业银行、城商行、村镇银行资产规模有所增加。2018年，有4家农信社成功转制农商行，导致农信社资产规模下降较多，农商行资产规模增速达到两位数。

存贷款增速持续提升，地方法人机构发挥主要作用。截至2018年末，辽宁省金融机构本外币各项存款余额59 015.99亿元，同比增长8.79%，本币存款余额在全国占比3.27%，在全国排名第10位。本外币各项贷款余额44 984.96亿元，同比增长8.98%，本币贷款余额在全国占比3.22%，在全国排名第12位。其中，中长期贷款26 083.85亿元，占比57.98%。从机构类型看，国有银行贷款增速整体呈收缩状态，地方法人机构贷款保持较快增速，城商行与农信社新增贷款占比将近80%，在支持辽宁经济发展中发挥主要作用。

货币信贷政策得到有效落实，为民营、小微企业发展提供有力支持。一是银行机构积极利用降准资金，为小微企业、民营企业、创新型企业、普惠金融融资增加信贷供给，支持市场化法治化“债转股”。截至2018年末，全省普惠口径小微企业贷款余额1 696.85亿元，新增93.41亿元，同比多增186亿元。二是银行机构积极运用央行资金加大对“三农”、小微企业和贫困地区信贷投放力度。2018年，累计投放支小再贷款、支农再贷款、扶贫再贷款、办理再贴现金额分别为72.79亿元、23.60亿元、2.29亿元、227.54亿元。三是积极推进绿色信贷和绿色债券发展。截至2018年末，辽宁省绿色信贷规模2 087.35亿元，首家绿色债券（大连银行20亿元）顺利发行。

存贷款利率水平保持稳健，利率风险防范能力有所提高。2018年，辽宁省金融机构新发放人民币贷款加权平均利率与全国贷款利率走势保持一致。受美联储加息、信贷需求回升、直接融资成本升高和央行降准等因素影响，贷款利率呈现出先升后降的态势。2018年，辽宁省金融机构存款利率保持平稳运行，为贷款利率下行打开了空间，对缓解“融资难、融资贵”问题带来了积极影响，为进一步降低实体经济融资成本奠定了基础。通过贯彻落实货币政策和宏观审慎政策双支柱调控框架，商业银行负债管理能力不断提升，金融机构经营趋于审慎稳健。

（二）银行业需要关注的问题

资产质量持续下行，银行业信用风险加速暴露。截至2018年末，辽宁省银行业不良贷款余额2 182.4亿元，比年初增加660.2亿元，不良率4.85%，比2018年年初上升1.16个百分点。不良贷款余额和不良贷款率呈现“双升”态势。从以下指标来看（不含大连）：一是辽宁省银行业资产质量下迁趋势明显，2018年12月末银行业贷款总体向下迁徙率6.14%，同比上升1.07个百分点。二是逾期贷款增速较快，截至2018年末，省内逾期贷款余额1 920.66亿元，比年初增加640.89亿元，增长50.08%。三是部分行业资产质量劣变加剧，2018年新增不良贷款主要集中在制造业、批发零售业和农林牧渔业，以上三类行业不良贷款余额合计占比82.4%，风险防控面临较大压力。

银行业整体盈利水平下降，国有银行和股份制银行亏损较高。一方面，省内多家大型企业债务违约，拨备计提较大；另一方面，利差收窄、表外业务收缩、投资渠道减少等各方面因素影响，辽宁省银行机构整体盈利能力下降明显。2018年，辽宁省银行业累计利润首次为负，累计利润同比下降幅度较大。其中，国有银行和股份制银行累计利润同比降幅较大。辖内11家股份制银行仅2家处于盈利状态，但同比收益大幅下降。

企业风险影响金融生态环境，风险后续处置难度较大。2016 年以来，辽宁省相继出现东特钢债券违约、欣泰电气被强制退市、辉山乳业资金链断裂、丹东港集团债券违约等多起企业风险事件，给辽宁的金融生态环境造成较大负面影响。一方面，辽宁企业通过资本市场直接融资难度加大，企业资金需求难以满足。据统计，2018 年银行间交易市场，辽宁省债券发行量继续下滑，与全国趋势相悖，全年辽宁发行债券 61 只（全国占比 1.15%），金额 611.3 亿元（全国占比 1.12%），全国排名 21 位，同比减少 147.4 亿元，降幅 24.1%。另一方面，大型企业债务违约涉及不良贷款规模较大，涉及债权人众多，虽已成立债委会进行统一维权，但由于处置方式涉及破产重整或债务重组，法律程序复杂，短期内完成处置难度较大。同时受经济环境和地区信用状况影响，社会投资者普遍谨慎观望，重组方的引入存在难度。

部分法人机构管理能力薄弱，风险抵补能力受到考验。2018 年，省内多家法人机构，特别是农合机构风险充分暴露，经营指标大幅下滑，具体表现在：一是业务扩张、不良资产暴露加速资本消耗，部分机构面临资本补充压力加大，同时受利差收窄、表外业务收缩、投资渠道减少等因素影响，部分机构业务转型升级面临考验。二是部分机构存在流动性风险隐患。一些机构风险意识淡薄、人员系统缺乏、风控能力不足，在信用风险压力加大、舆情风险加剧背景下，极易使各类风险因素、矛盾压力以流动性风险形式释放出来。三是农信社历史包袱较大，全面改制任重道远。截至 2018 年末，省内仍有 32 家农信社尚未改制。由于存量风险包袱沉重，资金缺口较大，资本与拨备严重不足。另外，改革募股难度较大，拟改制机构很难募集到合格股东，导致股份制改革工作进展缓慢。

（三）证券业稳健性评估

上市公司数量略有下降，多层次资本市场有序发展。截至 2018 年末，辽宁省共有境内上市公司 74 家（主板 50 家，中小板 13 家，创业板 11 家），同比减少 2 家。其中，1 家公司被强制摘牌，1 家公司迁址至外埠。上市公司总股本 1 182.4 亿股，同比增长 3.64%；总市值 5 593.26 亿元，同比下降 34.95%。2018 年辽宁省上市公司共发生并购重组 16 起，涉及交易金额 25.52 亿元；全年上市公司股票市场累计募集金额 235.55 亿元。全国中小企业股份转让系统挂牌企业 224 家，较上年减少 10 家。

经营机构数量增加，金融服务更加多元化。截至 2018 年末，辽宁省共有法人证券公司 3 家，证券咨询公司 3 家，证券分公司 53 家，比上年增加 8 家，证券营业部 345 家，比上年减少 8 家。共有期货公司 3 家，期货分支机构 108 家（分公司 25 家，营业部 83 家），比上年增加 4 家。登记基金管理人 162 家，比上年增加 4 家，其中私募证券投资管理人 60 家，股权投资管理人与创业投资管理人合计 98 家。各类经营机构的增加为投资者和市场提供了更加丰富、多元化的金融服务。

开户数有所增加，证券交易规模显著回落。截至 2018 年末，辽宁省在沪深开户数 1 443.21 万户，同比增长 9.42%；证券成交额 66 568.11 亿元，同比下降 35.83%；股票交易额 32 149.37 亿元，同比下降 27.24%；期货开户数 13.66 万户，同比增长 12.8%；成交量 31 710.33 万手，同比下降 10.64%；手续费收入 23 663.32 万元，同比下降 1.21%。

（四）证券业需要关注的问题

优质企业资源较少，企业在资本市场融资能力较弱。一是上市公司较少。受区域经济影响，

2018 年，辽宁省企业 IPO 数量为零，并因退市和迁址减少 2 家，全省上市公司数量占比为 2.1%，股本占比仅为 1.8%（Wind 数据）。二是上市公司再融资能力不强。2018 年，全国范围内上市公司再融资约 1 万亿元，辽宁省再融资 235.55 亿元，仅占全国再融资额的 2.36%。

法人证券公司规模较小，经营业绩显著下滑。辽宁省辖内三家法人证券公司，无论在资产规模还是资本规模，在全国排名都比较靠后。规模约束限制其关键业务牌照的获得和重要市场客户的拓展，并影响其对区域经济的有效支持。同时，受股市波动、债市疲软及自身经营等因素的叠加影响，证券公司的经营风险显著上升，业绩表现普遍较差。2018 年，3 家法人证券公司累计实现营业收入 5.02 亿元，同比下降 43.33%，实现净利润 -3.87 亿元，同比下降 1 658.42%，经营业绩出现明显下滑。

股权质押风险暴露，企业经营稳健性受到影响。受融资渠道约束的影响，2018 年，辽宁省上市公司大股东股权质押规模大幅攀升，部分上市公司第一大股东质押比例超过 80%。随着股票市场指数的下跌，少数公司质押股份一度跌破平仓线。股权较大比例质押的风险在于，一方面，大股东高集中度的股票或将造成巨大流动性损失；另一方面，可能引发大量上市公司实际控制权转移。在融资约束的情况下，上市公司经营稳健性会受到较大程度的影响。

（五）保险业稳健性评估

行业平稳发展，业务规模持续增大。截至 2018 年末，辽宁省共有省级以上保险公司 118 家，其中人身险法人公司 3 家，财产险法人公司 2 家，保险资产管理公司 1 家。省级财产险公司 49 家，省级人身险公司 62 家，省级政策性保险公司 1 家。2018 年，全省保险业共实现保费收入 1 188.20 亿元，同比下降 6.84%，其中人身险保费收入 846.93 亿元，同比下降 11.5%，财产险保费收入 341.77 亿元，同比增长 7.15%。全省保险业总资产 3 160.17 亿元，同比增长 7.14%，其中人身险公司 2 891.94 亿元，同比增长 7.3%，财产险公司 268.23 亿元，同比增长 5.51%。

经济补偿功能有力发挥，参与医疗保障体系建设。一是经济补偿作用持续发挥。2018 年，全省财产险公司共发生赔付支出 196.03 亿元，同比增长 10.86%；与国计民生密切相关的农业保险、责任保险赔付支出分别达到 23.14 亿元和 14.8 亿元，同比分别增长 13.54% 和 27.7%。二是参与多层次多样化医疗保障体系建设。积极开展基本医保个人账户余额购买商业健康险业务。目前，辖内部分商业保险机构已推出医保卡余额购买商业健康险的产品，并不断创新及优化承保、理赔流程，实现与基本医保的有序衔接，满足多层次社会保障体系建设的市场需求。截至 2018 年末，医保卡余额购买商业健康险业务已累计承保 1.72 万单。

业务结构日趋优化，业务品质有所提升。在规范中短存续期产品的监管政策引导下，各机构纷纷调整业务结构，人身险市场业务结构改善幅度加大。新单期交业务指标呈上升趋势，全省人身险公司寿险业务（不含大连）实现新单保费收入 167.4 亿元，其中新单期交保费 100.6 亿元，期趸比例由上年同期的 1:1.9 提升到 1:0.7。续期业务增长势头良好，寿险续期业务实现保费收入 300.7 亿元，同比增长 35.7%。

（六）保险业需关注的问题

非正常满期给付和退保风险值得关注。2018 年，保险业满期给付与退保压力虽依然较大，但市场仍平稳运行，风险得到有效防范。满期给付和退保支出高位运行容易引发两方面风险：一是现金流风险。保险公司资产错配或流动性不足无法满足短时间对现金的大量需要。二是舆情风险。客户在满期给付时对产品收益不满意或前期销售误导带来的群体性纠纷仍然值得关注，一旦因处置不当引起客户情绪失控可能发生群体性事件。

互联网保险存在一定的风险隐患。一些保险机构、专业中介机构及网络互助平台存在宣传内容不规范、网页所载格式条款的内容不一致或显示不全、未明确说明免责条款等问题，误导消费者。一些不法分子利用互联网平台虚构保险产品或保险项目，或承诺高额回报引诱消费者出资，或冒用保险机构名义伪造保单，往往涉嫌非法集资，给消费者造成经济损失。

法人保险公司经营发展受限。目前，辽宁辖内法人保险机构数量较少，且资产规模在全国保险公司中处于下游水平。辖内保险法人机构或是受区域经济影响，或是受自身公司治理和自身管理的限制，经营状况和业务发展不尽理想，险种结构及销售渠道单一，保费收入和盈利水平较低，对于省内经济发展的支持力度有限。

三、非金融机构与金融稳定

（一）融资性担保机构

1. 基本情况

2018 年，辽宁省融资担保行业继续保持平稳运行。截至 2018 年末，辽宁省共有融资担保机构 381 家，其中法人机构 370 家，比上年减少 3 家；注册资本总额 586.91 亿元，同比增长 10.25%，平均注册资本 1.59 亿元，同比增长 11.19%。2018 年，辽宁省融资担保机构累计实现融资担保额 637.10 亿元，同比下降 3.81%；在保责任余额 1 530.48 亿元，同比增长 4.03%；全年实现净利润 0.25 亿元，同比下降 64%。

2. 风险状况分析

2018 年，辽宁省各融资性担保机构业务规模小幅上升，净利润下滑幅度较大，行业可持续发展面临一定的挑战。一是受当前实体经济压力较大等因素的影响，银担合作继续呈收紧态势，融资担保机构与银行开展业务合作难度进一步加大，业务规模、营业水平呈下滑态势。二是受企业贷款违约率增加以及个别银行抽贷、断贷等因素影响，融资担保机构代偿率较高，流动性趋紧。截至 2018 年末，辽宁省融资担保代偿率 5.24%，比上年增加 0.25 个百分点。

（二）小额贷款公司

1. 基本情况

2018 年，辽宁省小额贷款公司总体运行平稳。截至 2018 年末，辽宁省共有小额贷款公司 549 家，比上年减少 3.35%。实收资本总额 375 亿元，平均注册资本 0.7 亿元，全年累计投放贷款 196.3 亿元，同比下降 19.3%；贷款余额 310.8 亿元，同比下降 2.7%，其中农户贷款余额 38.9 亿元，个体工商户贷款余额 160.9 亿元，企业贷款余额 111.0 亿元；不良贷款率 5.0%，同比上升 1.4 个百分点；净利润总额 1.2 亿元，同比下降 57.0%。

2. 风险状况分析

2018 年，小额贷款公司数量与业务规模继续下降，盈利能力同比下滑幅度较大。行业当前面临的主要问题包括以下几点。一是监管工作所依据的《关于小额贷款公司试点的指导意见》仅属于规范性文件，不具有法律法规性质。二是民间资本发起设立或增资小额贷款公司意愿不强。三是部分小额贷款公司流动性下降，资产质量下滑，不良贷款率上升，个别银行机构对小额贷款公司投资者给予贷款歧视政策，行业发展面临较大压力。

（三）典当行

1. 基本情况

截至2018年末，辽宁省共有典当行594家，比上年增加28家；资产总额59.7亿元，同比下降0.7%；典当余额27.2亿元，同比增长1.95%；净利润－1 299.7万元，当年累计发放当金55.0亿元，其中房地产业务35.1亿元，动产业务11.9亿元，财产权利业务6.3亿元。

2. 风险状况分析

2018年，典当行业整体净利润为负，典当企业主要面临两方面问题。首先，竞争压力较大。典当企业同质化竞争严重，典当行业整体上存在经营范围过窄、业务品种单一、业务种类不均衡等问题。同时，小额贷款公司、互联网金融的发展对典当行业造成压力。其次，行业发展外部环境不佳。一是行业管理体制落后，《典当管理办法》与《典当行业监管规定》立法层次较低；二是在当前相关规制下，缺乏来自商业银行的融资支持；三是行政司法环境不优，在抵押登记以及司法维权方面难以享受公平待遇。

（四）金融权益类交易场所

1. 基本情况

截至2018年末，辽宁省共有4家金融权益类交易场所：辽宁股权交易中心、辽宁金融资产交易中心、辽宁北方金融资产交易中心和大连股权交易中心。辽宁股权交易中心注册资本1亿元，累计挂牌企业1 662家，累计实现各类融资402.5亿元。辽宁金融资产交易中心注册资本1 000万元，挂牌金融资产1 009.5亿元，累计成交额113.5亿元。辽宁北方金融资产交易中心注册资本3亿元，累计完成金融资产交易1 269笔，交易额1 857亿元。大连股权交易中心注册资本5 000万元，挂牌企业510家。

2. 风险状况分析

作为多层次资本市场“塔基”，区域性金融权益类交易场所的发展相对迅速，但仍存在一些政策和制度安排问题，影响功能发挥。一是区域市场与交易所间无有效对接机制，影响优质企业挂牌意愿；二是缺乏制度增信机制，影响融资功能发挥；三是扶持政策分散，影响综合运用功能。

（五）地方资产管理公司

1. 基本情况

截至2018年末，辽宁省共有2家地方资产管理公司。分别为辽宁富安金融资产管理公司和辽宁省国有资产经营有限公司。辽宁富安金融资产管理公司资产规模14.2亿元，全年收购债权规模92亿元，其中金融债权78.1亿元，实现净利润3 900万元，主要业务包括处置不良金融资产、开展企业债务重组、提供财务咨询等；辽宁省国有资产经营公司资产规模50.2亿元，全年收购债权规模3.57亿元，实现净利润1.17亿元，主要业务包括为合作平台及省属企业解困等。

2. 风险状况分析

与全国四大金融资产管理公司相比，地方资产管理公司主要存在两个方面的劣势。一是资金实力、处置手段有限，市场竞争力不强。这使地方资产管理公司在竞价中即便最终高价拿包，也可能出现收包即亏损的情况，造成二次不良。二是经验不足，收购处置估值体系尚未成熟建立，在对收购不良资产的价值评估、机会把握、处置准备、资金安排等方面的竞争中处于劣势。

（六）融资租赁公司

1. 基本情况

截至2018年末，全省共有融资租赁公司173家，其中，内资融资租赁试点企业11家，外融资租赁企业162家。据不完全统计，资产总额51.74亿元，融资租赁余额65.36亿元，净利润3 221.04万元。

2. 风险状况分析

一是实际开展经营企业较少，“僵尸”企业数量过多。二是监管手段相对匮乏，导致监管部门对企业经营状况了解不及时，增加风险隐患。三是企业只有准入机制，退出机制不健全，对已经进行工商注册登记长期未开展经营的企业，尚未有相关法律法规取消其经营资格。四是行业管理法律法规不健全，适用法律法规的缺失、分散和模糊给融资租赁公司经营和监管部门履职造成一定障碍。

（七）商业保理公司

1. 基本情况

截至2018年末，根据全国商业保理业务信息系统显示，辽宁省仅有3家商业保理企业，均注册在沈阳，注册资本合计28 800万元。

2. 风险状况分析

一是风险底数不清。由于强制报备制度缺乏，业务信息系统未覆盖全省所有商业保理企业，因而无法实现通过信息系统监测商业保理企业经营活动中的风险点和违法违规活动线索。二是监管法治体系不健全。当前，商业保理行业上位法缺失，商业保理行业规章制度空白，给商业保理公司经营和监管部门履职都造成了一定障碍。三是企业空壳率较高。在自贸区不断出台利好政策和市场监管部门没有停止受理商业保理公司申办业务的背景下，近两年部分市场主体突击注册商业保理公司，行业空壳率持续攀升。

（八）非法集资

1. 基本情况

2018年，辽宁省持续对非法集资进行严格防控和严厉打击，非法集资高发势头得到一定程度遏制，但总体形势依然不容乐观。全年新发案件152起，同比增长70.8%；涉案金额41.6亿元，同比增长407.3%；参与集资人数7.7万人，同比增长753.3%。全年共计结案85起，所涉集资金额14亿元，参与集资人数2.4万人。截至2018年末，尚有311起未结案件。

2. 风险状况分析

2018年，辽宁省非法集资新发案件数量、涉案金额以及参与集资人数等各项数据均有所上升，相关形势依旧严峻。综合分析案件发生领域，投资理财类涉嫌非法集资案件是辽宁省当前最突出的风险点。2018 年，全省新发案件中投资理财类涉嫌非法集资案件 118 件。尽管投资理财领域发案量较 2014 年集中爆发时有所下降，但整体占比呈现回升趋势。

四、金融基础设施与金融稳定

（一）支付结算体系

2018 年，辽宁省支付体系运行平稳，社会资金交易规模不断扩大，支付业务量保持稳步增长。

1. 支付环境与体系状况

民生领域支付服务水平显著提升。全省高速 1 120 个人工收费车道支持银联移动支付产品。大连、营口两市地铁和公交全开通银联移动支付受理功能。交通罚款、缴税服务实现了线上线下全面突破。

企业开户服务持续优化。搭建自贸区金融在线服务平台，实现自贸区内企业实时开户；推动辖内银行机构与工商部门建立信息共享机制，提高开户审核效率；试点开展企业账户信息变更撤销服务试点，简化企业办理银行账户手续；设立“小微企业绿色通道”。

农村支付环境不断深化。实现非现金支付在农村当地公共交通、医疗、社保等重点便民行业的全面突破。在农村地区推动移动支付便民示范工程。

支付市场秩序进一步规范。加强舆论宣传和引导，营造防骗反诈氛围。加强支付市场监管，统筹实施随机检查、重点抽查、专项整治、联合检查组合拳。推进辖内支付机构与银行间支付业务全部迁移至网联、银联处理，实现“断直连”的工作目标。

稳步推进支付与市场基础设施建设。推广实施大额支付系统和网上支付跨行清算系统新增业务功能；指导辖内 2 家法人银行机构加入网上支付跨行清算系统；推广联网取现功能，央行金融服务水平不断提高。

2. 需要关注的问题

一是支付监管手段面临新挑战。传统的分业监管模式难以适应大数据发展和穿透式监管要求。二是支付行业的整体合规安全意识有待增强。公众和机构的安全意识较弱，实名制落实不严，反欺诈等能力较弱。

（二）法律环境

2018 年，辽宁省金融消费权益保护环境逐步改善，金融消费者教育长效机制逐步建立，立法执法情况进一步改善。

1. 法律环境状况

辽宁省投诉处理工作稳步推进。12363 投诉电话在辽宁省开通以来实现了投诉处理零异议。2018 年，辽宁省辖内共受理有效投诉 434 件，转给金融机构处理后办结 346 件。

辽宁省金融消费者教育长效机制逐步建立。基本形成以日常宣传教育为基础，“金融知识普及月”等集中宣传为重点的多层次、全覆盖的宣传格局。2018 年共开展宣传活动约 39 850 次，普及受众消费者约 1 240 万人，发放宣传材料 2 200 余万份。

辽宁省立法机制不断健全，立法工作取得新成效。全年提请辽宁省人大常委会审议地方性法规草案19件。行政执法工作机制不断完善，执法行为更加规范，监督机制日趋完善，执法水平不断提升。

2018年，全省法院共受理案件1 108 883件，同比上升8.94%，审执结案件1 007 278件，同比上升20.04%。审理破产案件461件，促进“僵尸企业”清理，2018年国庆“假日行动”，发布失信被执行人527人，限制消费1 525人，执结案件2 157件，执行到位6.08亿元。

2. 需要关注的问题

一是需进一步建立健全虚假违法金融广告治理工作机制，营造公平公正、诚实守信的市场环境；二是金融消费者的知识水平和自我保护能力仍需提高；三是金融机构金融消费权益保护的制度建设有待完善。

（三）反洗钱

2018年，辽宁省反洗钱工作稳步推进，落实了三反机制、扫黑除恶专项斗争、案件分析调查、政策监督检查、拓展特定非监管领域等方面的工作。

1. 反洗钱工作状况

坚决落实重大工作部署，主动作为组织开展扫黑除恶专项斗争。一是建章立制，实行“一把手”负责制。二是召开两次扫黑除恶专项斗争工作培训推进会。三是建立“扫黑除恶专项斗争案件快速查询通道”。四是建立银行类金融机构日报告制度。五是与省反恐办、省税务局及六家金融机构联合举办宣传活动。六是配合公安部门协查涉黑涉恶案件线索。

率先开发反洗钱分类评级系统，监管向特定非领域稳步拓展。2018年11月，组织开发的全国首个“反洗钱分类评级系统”成功上线，已应用新系统完成反洗钱分类评级186家。同时，做好已拓展领域措施落地，覆盖更多特定非领域，拓展特定非新领域，将互联网金融义务机构纳入反洗钱监管范围。

综合运用多项措施，反洗钱监管力度持续加大。全年监管走访50次，约见义务机构谈话86次，开展书面质询102次。对包括银行、证券、保险、支付机构等行业在内的108家义务机构开展现场检查工作，处罚笔数、处罚对象、处罚金额均为历年最高。

发挥反洗钱监管职能，反洗钱宣传工作广泛开展。2018年联合开展了反洗钱宣传活动。参与宣传活动6.1万人，受众432万人，共发放宣传材料96.6万份，开展大型活动1 244次。同时，针对洗钱活动新特点、新变化及时发布风险提示，全年共向义务机构下发风险提示6期。

2. 需要关注的问题

一是金融机构反洗钱工作整体水平不高。金融机构对反洗钱工作重视程度不够，合规意识缺失、风险意识淡薄。内控机制不完善，工作实质低效。二是反洗钱监管有效性有待提升。监管科技发展较为滞后，监管资源投入有待加大。

（四）征信体系

2018年，辽宁征信体系建设稳步推进，征信合规管理力度显著增大，金融信用信息基础数据库平稳运行，社会信用体系建设协调推进，征信服务水平进一步提升，征信宣传教育工作广泛开展。

1. 征信体系状况

征信监管力度显著增强。对省内98家接入机构开展征信合规与信息安全考核评级试评。组织对省内75家机构开展现场检查，对116家接入机构、20家人民银行分支机构、6家信用评级机构、3家企业征信机构开展巡查。分行组织开发的“信息主体权益保护管理系统”于2018年1月在全省运行。

金融信用信息基础数据库平稳运行。截至2018年末，个人信用信息基础数据库收录辽宁省2 540万人、8 189万个信贷账户，收录3 394万自然人信息。2018年，企业信用信息基础数据库共采集辽宁省内39.85万户企业和其他组织的信贷信息，开通查询网点2 423个，开通查询用户2 577个，月均查询量42 784次。

社会信用体系建设协调推进。组织开展“辽宁省中小微企业信用培育池”2018年入池企业的申报和评审工作，有667户达到BBB级以上评级。截至2018年末，共为448.9万户农户建立了信用档案，农户信用档案覆盖全省全部县（区），已评定信用农户数367.4万户，同比增长2.5%，对已建立信用档案的360.5万农户累计发放贷款6 143.2亿元，同比增长5.2%，贷款余额788.2亿元，同比增长4.0%。

征信服务水平持续提升。截至2018年末，全省有124台自助设备投入使用。在互联网查询服务平台新增注册用户702 405个，申请查询服务1 696 759次。累计提供个人信用报告查询服务2 104 966次，比上年同期增长17%。全省各级人民银行累计提供企业信用报告查询服务29 366次。

征信宣传教育工作广泛开展。依托大型体育赛事、民俗节日等在辽宁省内开展形式多样的征信宣传活动。大力提升诚信文化教育水平，继续推动《现代征信学》进高校课堂；联合东北大学、东北财经大学等高等学府以及中小学总共设立了27个“银团金融服务站”和“诚信教育基地”。

2. 需要关注的问题

主要是如何引导国内信用评级机构发展，规范评级执业行为，提升信用评级质量，以有效应对信用评级市场开放。

中国人民银行沈阳分行金融稳定分析小组

组　长：朱苏荣

副组长：史长俊

成　员（以姓氏笔画为序）：

王　莹　王　涛　尹　久　尹澄坤　李维康　苏　存

柳鸿生　姚　勇　徐振江　薛　静　魏忠全

《辽宁省金融稳定报告（2019）》编写组

总　纂：薛　静　于大鹏　许　胜

统　稿：张新宜

执　笔：由　华　高　鹏　高　霞　谭福梅　孟　楠　张继仁

刘晓东　纪　晗　田睿璇　张　帆

其他参与写作人员（以姓氏笔画为序）：

马　笛　刘　丹　李佳辰　李璐媚　张　冰　别　曼

陈庆海　郑冬蔚　郑维臣　崔　冬

吉林省金融稳定报告摘要

2018年吉林省经济增长稳中有进，质量效益稳中向好。金融业运行保持平稳，金融服务实体经济力度不断加强，金融基础设施建设持续完善，监管机制进一步强化。金融风险总体可控，但局部领域风险逐步显现，防控压力仍然较大。

一、区域经济运行与金融稳定

2018年，吉林省经济承受住了较大下行压力的考验，仍保持合理增长，质量效益有所提升。全年实现地区生产总值15 074.62亿元，同比增长4.5%，增速比上年回落0.8个百分点，低于当期全国平均增速2.1个百分点。其中，第一、第二、第三产业分别实现增加值1 160.75亿元、6 410.85亿元和7 503.02亿元，同比分别增长2.0%、4.0%和5.5%，三次产业比重为7.7:42.5:49.8。第一产业比重比上年下降1.6个百分点，呈逐年下降趋势；第二产业比重比上年下降3.4个百分点；第三产业比重比上年提升5.0个百分点，产业结构比例持续优化。

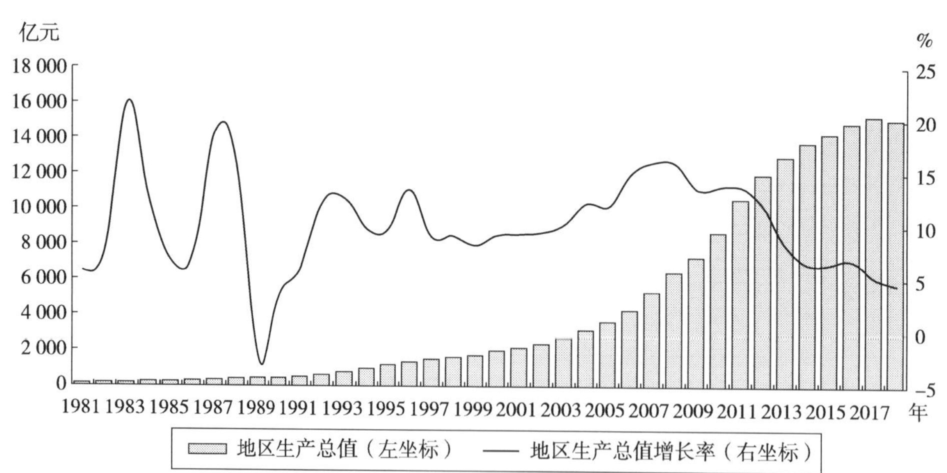

数据来源：吉林省统计局。

图1 1981—2018年吉林省地区生产总值及其增长率

（一）固定资产投资增速稳中有升

2018年，吉林省固定资产投资（不含农户）同比增长1.6%，增速比上年同期上升0.2个百分点，低于当期全国平均增速4.3个百分点。从三次产业来看，全年全省第一产业投资同比下降12.5%；第二产业投资同比下降4.6%，其中，工业投资增速下降有所放缓，全年全省工业投资同比下降3.8%，增速比上年同期回升1.9个百分点；第三产业投资同比增长5.4%，增速比上年同期回升0.3个百分点。从重点行业来看，基础设施投资降幅明显，同比下降9.2%，比上年同期收窄17.5个百分点；房地产开发投资1 175.88亿元，同比增长29.2%。从投资项目情况看，全省实施亿元以上项目1 571个，同比增加176个。

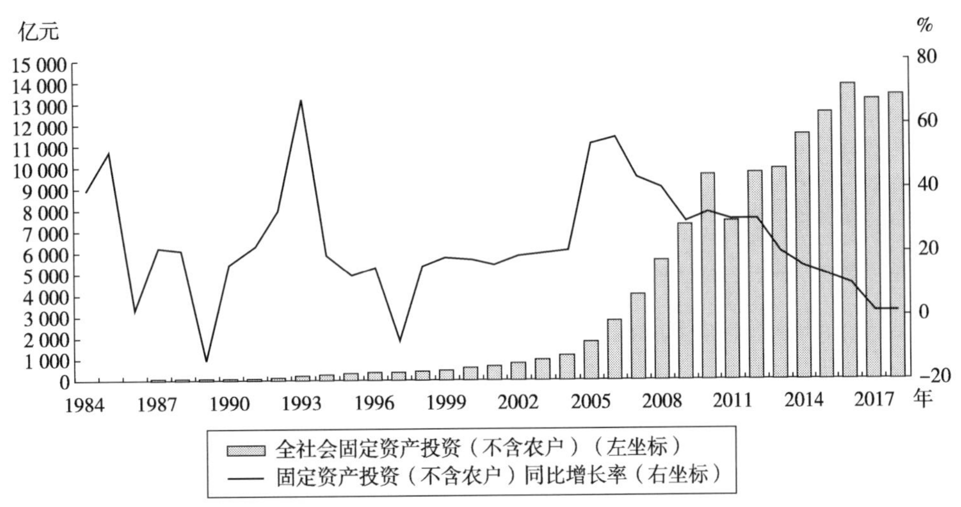

数据来源：吉林省统计局。

图2 1984—2018年吉林省全社会固定资产投资总额及其增长率

（二）消费品市场增势有所回落

2018年，吉林省实现社会消费品零售总额7 520.37亿元，同比增长4.8%，增速比上年同期下降2.7个百分点，低于当期全国平均增速4.2个百分点。其中，限额以上社会消费品零售总额实现1 979.71亿元，同比下降4.1%。从消费形态看，全省商品零售业零售额实现6 507.7亿元，同比增长4.6%，增速比上年同期下降2.2个百分点；餐饮业零售额实现1 012.7亿元，同比增长6.5%，增速比上年同期下降6个百分点。从主要销售商品看，限额以上穿类商品销售增速基本稳定，同比

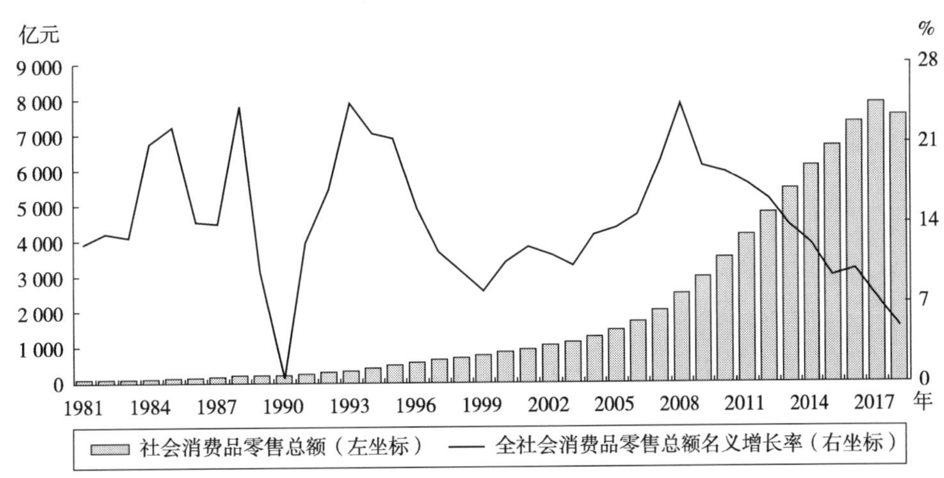

数据来源：吉林省统计局。

图3 1981—2018年吉林省社会消费品零售总额及其增长率

增长0.1%；吃类、用类商品销售增速下降幅度较大，同比分别下降6.7%和3.3%，增速比上年同期均下降6.6个百分点。

（三）外贸进出口企稳回升

2018年，吉林省进出口累计完成1 362.8亿元，同比增长8.6%，低于全国平均水平1.1个百分点。其中出口完成325.8亿元，同比增长8.8%，高出全国平均水平1.7个百分点；进口完成1 037亿元，同比增长8.5%，低于全国平均水平4.4个百分点。2018年全省实际利用外资7.02亿美元，同比增长1倍。其中，外商直接投资2.75亿美元，同比增长18.92%。

（四）工业经济总体平稳

全年全省规模以上工业增加值增长5.0%，利润增长10.7%。全省50户重点直调企业产值增长8.9%。八大重点产业中，高技术产业增加值增长14.5%，增速比上年同期提高11.4个百分点，高于规模以上工业增速9.5个百分点，占比达到7.1%。汽车制造业、医药产业、能源工业和纺织产业增加值分别增长14.5%、13.2%、20.7%和12.2%。但是，2018年全国汽车销量28年来首次负增长，汽车产业将面临较大挑战。

（五）农业生产保持稳定

2018年，吉林省实现农林牧渔业增加值同比增长2.2%，增速比上年同期下降1.1个百分点。农业生产再获丰收，全年粮食总产量达726.6亿斤，居全国第7位，单产865斤/亩，居全国第4位，粮食作物总播种面积8 400万亩，粮食价格上涨弥补部分减产损失。畜禽养殖总体呈现“一亏多赢”态势，受非洲猪瘟影响，生猪亏损，牛羊禽蛋盈利。

（六）房地产市场景气程度上升

2018年吉林省房地产市场房屋销售均价呈上升趋势，商品房销售状况好转。全省商品房销售面积为2 074.5万平方米，同比增长10.0%；商品房销售额达1 452.4亿元，同比增长27.9%。房地产投资、房屋新开工面积等同比增加较多，房地产开发投资额1 175.9亿元，同比增长29.2%；房屋新开工面积达2 478.0万平方米，同比增长29.9%；房屋竣工面积1 520.0万平方米，同比增长2.8%。房地产贷款余额4 349.4亿元，同比增长20.0%。房地产业不良贷款率为0.69%，住房按揭贷款不良率为0.60%，房地产信贷风险总体可控。

（七）通胀水平温和可控

2018年吉林省CPI累计上涨2.1%，与全国平均水平持平。其中，居住类、衣着类、生活用品及服务类分别上涨3.5%、3.2%、2.8%。主要影响因素包括：一是前期学区房租赁需求增加，带动部分地区私房房租和租赁房房租价格上涨；二是受成本升高影响，部分冬季新款服装价格上市价格高于上年同期；三是消费升级带动居民多类生活服务需求增加。

2018年吉林省工业生产者出厂价格指数（PPI）累计上涨2.8%，受原油、钢材等产品价格下降影响，涨幅比上年同期下降0.3个百分点。生产资料类产品出厂价格累计上涨4.4%，其中采掘、原材料、加工类分别上涨13.0%、4.5%、2.6%。生活资料类产品出厂价格累计上涨0.4%，其中食品、一般日用品类分别上涨0.7%、1.0%，衣着类下降0.2%，耐用消费品类持平。

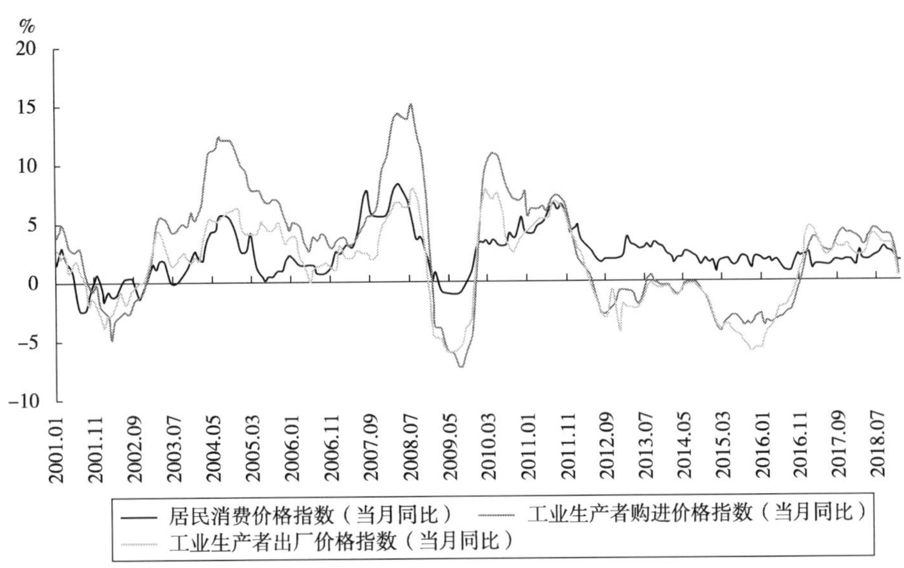

数据来源：吉林省统计局。

图4　2001—2018 年吉林省居民消费价格和生产者价格变动趋势

二、金融业与金融稳定

（一）银行业分析

1. 存贷款业务稳健发展

2018 年，吉林省金融机构认真落实稳健中性的货币政策，积极采取有效措施，优化金融服务，进一步增强对经济增长的支撑作用。截至 2018 年末，吉林省银行业金融机构资产总额 30 851.17 亿元，同比下降0.7%；负债总额 29 678.38 亿元，同比下降 1.15%。本外币各项存款余额 22 056.27 亿元，同比增长 1.7%，本外币各项贷款余额 18 993.33 亿元，同比增长 5.5%。全年累计实现净利润 152.94 亿元，同比上升 6.40%。

2. 金融支持民营经济、小微企业力度不断加强

2018 年，吉林省大力改进民营经济金融服务，加强政策引导，实施监督考核，优化小微企业贷款流程，提升服务效率，创新贷款品种，促进银企对接，完善创业担保机制。截至 2018 年末，全省民营企业贷款余额 4 385.13 亿元，同比增长 16.1%；全省小微企业贷款余额 3 668.15 亿元，同比增长 7.63%，其中，微型企业贷款余额 608.58 亿元，同比增长 22.3%。

3. 法人机构平稳运行

2018 年吉林省法人机构不断夯实经营发展基础，支持实体经济发展。截至 2018 年末，法人银行业金融机构各项存款余额 8 272.18 亿元，同比增长 4.57%，比年初增加 377.71 亿元；各项贷款余额 5 863.26亿元，同比增长 16.25%，比年初增加 952.56 亿元，不良贷款率 4.13%，实现利润 94.14 亿元。主要法人金融机构中，城市商业银行年末整体资本充足率10.72%，不良贷款率2.37%，流动

性比例63.18%。农村商业银行年末整体资本充足率12.12%，不良贷款率2.71%，流动性比例39.04%。

当前，吉林省银行业在发展过程中，需要密切关注的主要风险包括：不良贷款增加，资产质量下迁压力较大；部分大型企业贷款风险陆续暴露，处置进展缓慢；部分农村信用社资产质量较差，风险抵御能力严重不足；部分机构违规操作同业业务，同业投资逾期金额较大。

（二）证券业分析

1. 证券机构经营效益有所下滑

截至2018年末，吉林省共有法人证券公司2家，证券分支机构175家。吉林省辖内法人期货公司2家，境外期货业务持证企业1家，期货公司营业部10家。证券经营机构实现代理交易额33 975.92亿元，同比下降25.47%；手续费收入12.41亿元，同比下降29.81%。年末辖区证券经营机构托管市值2 739亿元，同比下降25.76%，客户交易结算资金余额127.02亿元，同比下降20.81%。证券投资者开户数374.92万户，同比增长18.64%。全年证券经营机构实现净利润0.84亿元，同比下降83.97%。

2. 证券市场交易低迷

2018年吉林省证券市场交易总额22 378.68亿元，同比下降21.42%。其中，股票交易额9 924.75亿元，债券交易额10 644.39亿元，基金交易额1 767.21亿元。截至2018年末，辖区共有95家营业部开展融资融券业务，开立融资融券信用资金账户8.3万户，同比增长3.62%，已获批可使用授信额度2 211.89亿元，同比增长6.11%。

3. 股权再融资和债券融资业务平缓发展

2018年，吉林省辖区通过资本市场直接融资223.13亿元。其中，8家上市公司股权再融资69.32亿元（含2家公司定向增发资产认购12.86亿元），15家新三板挂牌公司定向增发5.51亿元，发行10只公司债券融资148.3亿元（含东北证券发行3只公司债券融资70亿元）。

4. 私募基金规模萎缩

截至2018年末，在中国基金业协会登记的吉林省私募基金管理人73家，比上年同期新增6家，退出3家。备案基金102只管理基金规模238.53亿元，同比下降18.69%。

吉林省证券业在平稳发展过程中，表现出一些问题值得关注。上市公司数量较少，后备资源不足；部分上市公司股权质押风险逐渐显现；个别上市公司出现严重违法违规经营行为，存在退市风险。

（三）保险业分析

1. 资产规模稳步增长

截至2018年末，吉林省保险行业分公司以上资产总额达到1 559.25亿元，同比增长9.16%。辖内法人保险公司仍为3家，分别为安华农业保险公司、都邦财产保险公司以及鑫安汽车保险公司。省级保险分公司38家，比上年增加3家，按业务性质划分，财产险公司18家，人身险公司20家，各保险公司从业人员24.24万人。

2. 保费收入小幅下降

2018年吉林省保险业实现保费收入629.90亿元，同比减少1.83%，保费规模全国排名第23位，增速排名全国第31位。其中，财产险公司保费收入186.68亿元，同比增长14.65%；人身险公司保费收入443.22亿元，同比减少7.43%。

3. 赔付支出平稳增长

2018年吉林省保险业赔付支出192.29亿元，同比增长9.79%。其中财产险公司赔款支出94.43亿元，同比增长8.02%；人身险公司赔付支出97.86亿元，同比增长11.56%。保险业保障功能进一步发挥。三家法人保险公司偿付能力保持稳定，抗风险能力持续提高。其中，都邦保险偿付能力充足率167.00%，安华保险偿付能力充足率137.00%，鑫安汽车保险偿付能力充足率637.69%。

4. 持续推进农业保险发展

明确养殖险、森林保险防预费等政策要求，研究建立防灾防损费相关制度，规范防预费使用范围及后续跟踪监督。2018年，吉林省农业保险实现保险保费收入20.24亿元，同比增长17.32%，累计提供风险保障586.71亿元，同比降低16.90%，支付赔款10.12亿元，同比降低1.96%。在榆树、农安等14个产粮大县对适度规模经营主体试点开展覆盖直接物化成本和地租的农业大灾保险。

三、金融市场与金融稳定

（一）社会融资情况

2018年，吉林省社会融资规模平稳增长，结构持续调整。截至2018年末，吉林省社会融资规模存量24 629.08亿元，同比增长5.8%，增速比上年同期下降0.8个百分点，全年累计新增1 509.74亿元。2018年表内各项贷款融资累计新增976.38亿元，同比多增172.89亿元，占新增社会融资规模比重为64.7%，同比提高22.8个百分点。全省表外融资（未贴现的银行承兑汇票、委托贷款、信托贷款）减少311.68亿元，同比少增580.89亿元。直接融资（企业债券融资、非金融企业境内股票融资）新增199.85亿元，占新增社会融资规模比重13.2%。

（二）货币市场情况

2018年，金融市场继续平稳运行，各市场交易量活跃，交易额稳步攀升。吉林省拥有全国银行间同业拆借市场会员机构60家；场外融资电子备案系统备案的会员机构78家；参与全国银行间债券市场101家（含信托理财资管专户26个）。

1. 同业拆借市场流动性稳中偏紧，机构维持较强融资意愿

全年45家机构累计成交10 557.9亿元，同比增长104.31%。全年场内市场同业拆入加权利率2.82%，同比下降0.4个百分点；同业拆出加权利率3.33%，同比上升0.15个百分点。

2. 现券市场交易活跃，成交量保持高位，现券平均收益率保持高位

2018年现券市场累计交易金额2.8万亿元，同比下降46.67%。2018年现券买入加权收益率4.71%，卖出加权收益率4.70%。在基础资产价格下行的形势下，债券投资成为金融机构增加闲置资金使用效率，调整资产负债结构，合理匹配资金运用期限的重要手段。

3. 回购市场成交额高位回落，仍保持较高水平，回购利率水平整体回升

2018 年，吉林省银行间回购市场累计成交金额 12.90 万亿元，同比减少 20.86%。金融机构通过债券回购业务，累计净融入资金 5.01 万亿元，净融入资金日均余额 137.29 亿元。债券回购业务以债券作为质押，安全性较高，融资价格相对较低，目前已取代场内拆借市场成为吉林省资金融通主渠道。2018 年质押式正回购加权利率 2.67%，上升 0.35 个百分点，质押式逆回购加权利率 2.73%，上升 0.55 个百分点；买断式正回购加权利率 3.12%，上升 0.49 个百分点，买断式逆回购加权利率 3.10%，上升 0.47 个百分点。

（三）跨境收付情况

1. 跨境资金流入流出同比上升，跨境收支逆差扩大

2018 年，吉林省跨境收支总额 260.39 亿美元，同比上升 11.39%。其中，跨境收入 57.35 亿美元，同比增长 7.98 亿美元，增幅 16.16%。跨境支出 203.04 亿美元，增加 18.65 亿美元，增幅 10.11%。

2. 跨境人民币收支规模持续稳步增长

2018 年，吉林省跨境人民币收支总额 49.70 亿美元，同比增加 6.31 亿美元，同比增长 14.56%；占全省跨境收支总额的 19.08%，同比增长 0.52 个百分点。跨境人民币收入 5.46 亿美元，同比下降 12.06%；支出 44.24 亿美元，同比增长 19.01%；人民币跨境净流出 38.78 亿美元，较上年增加 7.88 亿美元，同比增长 25.50%。

四、金融基础设施与金融稳定

（一）征信体系建设

2018 年，吉林省征信体系建设稳步推进，社会信用环境不断改善，征信监管力度持续加强，金融机构防范信用风险意识普遍提高，对维护金融稳定发挥积极作用。征信系统服务功能有效发挥，社会公众信用意识不断提升。截至 2018 年末，金融信用信息基础数据库收录吉林省 16.9 万户企业，1 988 万自然人信用信息，全年向省内金融机构提供查询服务 603.6 万余次，全年全省 137 万余自然人主动查询本人信用报告，同比增长 32%。

征信监管力度持续加大，对全省 78 家金融机构 246 家分支行进行了现场检查，组织金融机构开展征信合规和信息安全的自查自纠，有效防范各类征信风险，维护信息主体合法征信权益。信用体系建设稳步推进，推动制定《2018 年吉林省社会信用体系建设工作推进计划》《集中治理诚信缺失突出问题提升全社会诚信水平工作方案》等多项制度，信用联合奖惩机制不断完善。

中小微企业与农村信用体系建设全面推进，累计为全省 5 万中小微企业与 347 万农户建立信用档案，广泛开展信用企业、信用乡镇、信用村、信用户评定工作，积极开展信用修复，以信用建设助推金融精准扶贫和精准脱贫，促进融资和经济发展。

（二）支付体系建设

2018 年吉林省支付体系持续稳定运行，支付业务量稳步增长，社会资金交易规模不断扩大。全省各支付系统全年共处理支付业务 7.30 亿笔、金额 45.31 万亿元，笔数同比增长 14.47%，金额同比下降 8.91%。

全年共发生票据、银行卡等非现金支付业务 35.30 亿笔、金额 37.04 万亿元，笔数同比增长 34.48%，金额同比下降 17.25%。其中，票据业务 366.28 万笔、金额 1.53 万亿元，同比分别下降 7.49% 和 21.94%；银行卡业务 34.36 亿笔、金额 11.58 万亿元，同比分别增长 35.38% 和 14.20%。

银行卡受理环境持续优化，银行卡消费稳步增长。截至 2018 年末，银行卡跨行清算系统联网商户 41.95 万户、联网 POS 机具 51.48 万台、ATM 1.64 万台，同比分别增长 2.62%、0.63% 和下降 4.09%。累计发行银行卡 1.23 亿张，同比增长 11.59%，人均持有银行卡 4.53 张。全年银行卡消费 1.25 万亿元，同比增长 38.89%。

银行卡信贷规模稳步增长，授信使用率持续提升。截至 2018 年末，信用卡授信总额 2 019.45 亿元，同比增长 28.91%；应偿信贷余额 879.17 亿元，同比增长 36.66%。授信使用率达 43.54%，较上年增长 2.47 个百分点。逾期半年透支余额 8.34 亿元，同比下降 19.58%，占应偿信贷余额的 0.95%，占比较上年下降 0.66 个百分点。

（三）反洗钱体系建设

反洗钱监管力度不断加大，2018 年，对全省近 900 家金融机构开展反洗钱分类评级工作，对 76 家金融机构进行监管走访；对 46 家金融机构开展现场检查，对其中 27 家金融机构及相关责任人进行了处罚；对省内 45 家银行报告机构开展可疑交易报告质量评价；与省财政厅联合下发《关于全省会计师事务所履行反洗钱义务的通知》，对全省会计师事务所开展反洗钱业务培训，推动特定非金融机构依法履行反洗钱义务；健全监管协作机制，与吉林银保监局、证监局联合下发了《关于进一步加强吉林省反洗钱工作的通知》。

反洗钱监测能力提升，2018 年向有关部门移送重点可疑交易线索 134 条，8 条线索被公安机关立案，其中 7 起案件被侦破；在打击利用地下钱庄和离岸公司转移赃款专项行动中，移送疑似非法经营地下钱庄线索 39 条，协助破获地下钱庄案件 23 起，涉案总金额达 63.81 余亿元；在打击骗取出口退税和虚开增值税专用发票专项行动中，移送涉嫌虚开增值税专用发票线索 1 条，协助税务部门对一起重大涉税案件涉及企业和个人开展反洗钱调查；助力扫黑除恶，针对被公安机关通缉的吉林省十大涉黑在逃人员信息印发《洗钱风险提示》，监测发现其中 3 人的情报信息。

（四）金融法制环境建设

金融法制环境建设不断完善。地方金融监管机制进一步完善，2018 年 10 月，吉林省地方金融监督管理局正式挂牌成立。监管强度持续提升，打击违规行为力度加大，银行、证券、保险行业监管部门全年共公开披露吉林省辖内金融机构违规行为监管处罚 94 次。金融消费者保护工作持续推进，对全省 41 家银行业金融机构、3 家支付机构及其分支机构开展了 2018 年支付服务领域金融消费权益保护监督现场检查。创建吉林省“12363”电话集中接听平台，全年接听 6 000 余次，共受理处置消费者投诉 274 笔。持续推进打击整治假币犯罪活动，破获 28 起网络制售假币、伪造假币、持有使用假币案件，抓获犯罪嫌疑人36名，实现了行动打击效果和社会效果最大化。大力推进普惠金融发展工作。吉林省委办公厅、省人民政府办公厅印发了《关于创建农村新型普惠融资服务体系的实施意见》，对全省普惠金融的薄弱环节——农村地区的普惠金融工作进行专门、有针对性的工作部署。进一步促进普惠金融政策落地见效，形成了普惠金融助推脱贫攻坚的良好局面。

五、评估和政策建议

（一）总体评估

2018年吉林省经济迎难而上，坚持稳中求进总基调，坚持新发展理念，按照高质量发展要求，统筹推进“五位一体”总体布局和协调推进“四个全面”战略布局，统筹推进稳增长、促民生、调结构、防风险各项工作要求，实现了经济金融的稳中有进。但同时也应当看到，当前投资和消费增长乏力，工业企业利润增速逐月回落，经济回升的基础仍不稳固。不良资产压力持续显现，个别法人机构风险突出，个别上市公司面临退市风险，风险防范工作和任务仍然艰巨。

（二）政策建议

1. 持续推进金融供给侧结构性改革，支持经济转型升级

继续坚持稳中求进工作总基调，坚持新发展理念，以供给侧结构性改革为主线，对接落实东北全面振兴、全方位振兴战略部署，创新金融产品和金融服务，支持和促进实体经济高质量发展。积极开拓为新型技术产业和绿色环保产业的金融服务支持路径，增强对重点项目和民生项目的融资服务支持，改善普惠金融和乡村振兴战略的金融服务。充分发挥金融行业资源调配和资金支撑作用，为吉林省经济转型升级提供充足的动力和支撑。

2. 加强监管协调，强化金融风险防控

完善金融宏观审慎管理政策框架，依托金融稳定协调工作机制，加强与地方金融监管局的协同配合，补齐监管空白。严格执行金融业各项准入、资格审核制度，把好入口关；加大日常金融监督检查和问责力度，严厉打击违法违规经营行为；建立对金融活动的全流程、全链条动态监管，强化行为监管和功能监管，严控金融机构信用风险，督促金融机构牢固树立风险防范意识和审慎经营理念。

3. 积极推动企业债务风险化解，促进不良资产压降

加快推动解决企业债务杠杆问题，通过激发经济活力，打击拖欠债务行为，完善社会信用体系建设等措施改善企业部门偿债能力。政府牵头，组织企业、监管部门、金融机构等多方共同采取措施，加快化解大型企业债务问题；通过兼并重组，去除过剩、低效产能，升级技术产品，促进产业转型升级；成立扶持基金，为企业的金融债务重组提供条件。同时，促进银行业金融机构在不良贷款清收过程中，灵活采用自主处置、市场转让、债转股等方式，积极盘活存量资产。同时，要加强司法监督，依法合规开展集体维权，坚决防范和打击企业逃废债务。

4. 完善系统性风险处置应对机制，坚决打好防范化解重大风险攻坚战

不断完善风险监测体系，加强对不良贷款、影子银行、房地产风险、非法集资等各类金融风险的监测、评估、排查和预警，建立健全以“早识别、早预警、早发现、早处置”为核心的金融风险

防控机制。充分发挥存款保险早期纠正、早期干预功能，化解存量风险，严控新增风险。制订完善辖区防范化解重大金融风险攻坚战实施方案，集中力量，有序可控处置一批重大风险隐患，坚持底线思维，守住不发生系统性金融风险的底线。

中国人民银行长春中心支行金融稳定分析小组

组　长：张文汇

副组长：裴绍军

成　员：梁　伟　李清风　刘　哲　丁树成　乔继红　林丽妍　崔玉洁　马晓民　张淑霞　刘洪飞　张九春　王国玉　张　洁

《吉林省金融稳定报告（2019）》编写组

主　任：张文汇

副主任：裴绍军

总　纂：梁　伟　白云峰

统　稿：刘　健

撰写人员（以姓氏笔画为序）：

王伟树　王　峰　毕　聪　李志刚　佟训舟　张斌弛　金　博　周飞虎　姜思同　赵　慧

黑龙江省金融稳定报告摘要

2018 年，黑龙江省贯彻落实习近平总书记对黑龙江省重要讲话和重要指示精神，积极应对经济下行压力和挑战，把握稳中求进工作总基调，贯彻新发展理念，落实高质量发展要求，以供给侧结构性改革为主线，着力打好“三大攻坚战”，经济和金融运行保持总体平稳，经济社会发展取得新进步。

一、经济运行与金融稳定

（一）经济运行基本情况

1. 贯彻落实中央决策，经济运行总体平稳

2018 年，深入贯彻落实习近平总书记对黑龙江省重要讲话和重要指示精神以及党中央、国务院关于东北振兴的一系列决策部署，把握稳中有进工作总基调，贯彻新发展理念，落实高质量发展要求，经济运行保持总体平稳。黑龙江省全年实现地区生产总值 16 361.6 亿元，同比增长 4.7%，增速较上年回落 1.7 个百分点，低于全国平均水平 1.9 个百分点。

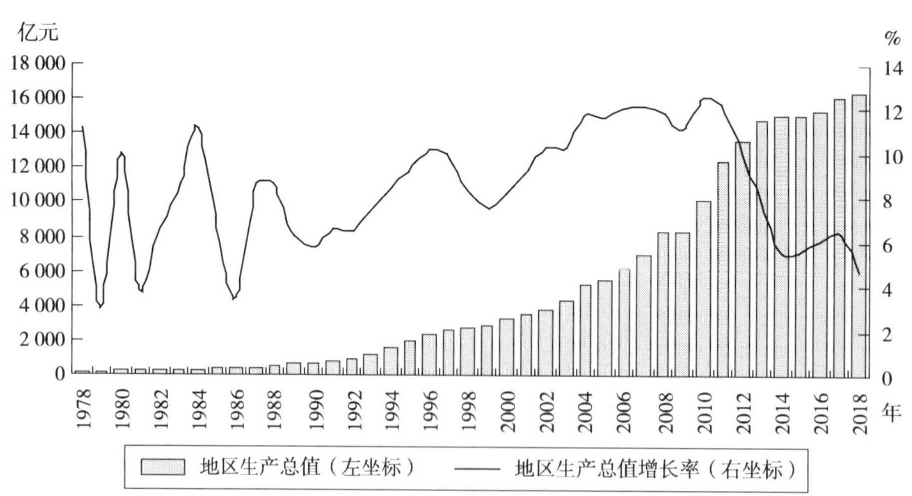

数据来源：《黑龙江统计年鉴》《黑龙江统计月报》。

图 1　1978—2018 年黑龙江省地区生产总值及其增长率

2. “三大攻坚战”扎实推进，取得积极成果

稳步推进结构性去杠杆，地方政府性债务源头管控不断加强，企业债务风险处置化解成效显著，

金融领域问题整治取得实效。全年完成 17.2 万人口脱贫，在 2017 年 5 个国贫县、8 个省贫县脱贫摘帽基础上，又有 10 个国贫县申请脱贫摘帽。生态环境进一步改善，严控秸秆露天焚烧，淘汰各类燃煤小锅炉 2 185 台，全省优良天数比例达 93.5%，为 2012 年新空气标准实施以来最优。

3. 三次产业协调发展，产业结构持续优化

2018 年，黑龙江省第一、第二、第三产业分别实现增加值 3 001.1 亿元、4 030.9 亿元和 9 329.7 亿元。三次产业构成比由 2017 年的 18.3:26.5:55.2 调整为 18.3:24.6:57.1，总体呈现第一产业平稳发展、第二产业小幅回落、第三产业态势良好的特点。

现代农业发展迈出新步伐。黑龙江省深入落实农业高质量发展要求，统筹实施乡村振兴战略，农业综合生产能力不断增强。全年，粮食总产量达 1 501.4 亿斤，实现“十五连丰”。持续推进农业供给侧结构性改革，鲜食玉米、马铃薯、高粱等作物面积近 2 000 万亩，大豆种植面积 5 351 万亩，绿色、有机食品认证面积达 8 046 万亩。积极开展黑土保护行动，推动“秸秆还田”，改善耕地质量，耕地轮作休耕试点面积 1 490 万亩，农业“三减”高标准示范面积达 3 500 万亩。土地确权登记颁证率超过 90%。

工业经济延续向好态势。黑龙江省积极做好“三篇大文章”，落实“五头五尾”重点产业项目，全省规模以上工业增加值同比增长 3.0%，增速较上年提高 0.3 个百分点；实现主营业务收入同比增长 9.5%，增速较上年提高 9.3 个百分点；实现利润总额同比增长 22.8%，增幅高于全国平均水平 12.5 个百分点。大庆石化炼油结构调整转型升级、中国移动哈尔滨数据中心等一批大项目落地。

现代服务业持续发展。黑龙江省依托得天独厚的原生态优势，大力发展旅游、休闲、康养等产业，现代服务业成为全省经济增长的主要驱动力。全年接待国内外游客 1.84 亿人次，同比增长 12%；实现旅游收入 2 253 亿元，同比增长 18%。哈尔滨机场旅客吞吐量首次突破 2 000 万人次，连续三年居东北首位。“赏冰乐雪”“天鹅颐养”等龙江品牌知名度持续提升。

供给侧结构性改革深入推进。2018 年，黑龙江省淘汰关闭小煤矿 245 处，退出落后产能 1 483 万吨；商品房库存比同期减少 161 万平方米，粮食去库存累计达 930 亿斤；减免退税 669.6 亿元，一般工商业电价下降 10.2%，金融机构贷款利率下降 1.49 个百分点。持续深化“放管服”改革，国务院取消下放事项全部落实，省级清理行政权力 1 419 项。

4. 地方财政收支保持增长，收支差额持续高位

2018 年，全省一般公共预算收入完成 1 282.5 亿元，增收 39.2 亿元，同比增长 3.2%，增速较上年回落 7.8 个百分点，完成年初预算的 97.3%，公共预算收入虽保持平稳增长，但增速下行；全省一般公共预算支出 4 675.7 亿元，增支 34.7 亿元，同比增长 0.8%，增速较上年回落 9 个百分点。其中，用于教育、社保等 13 类民生支出为 3 957.2 亿元，占全省总支出的 84.6%。全省地方财政收支差额为 3 393.2 亿元，地方财政收支差额持续保持高位。从收支因素上看，一方面国家加大减税降费力度，落实普惠性税收减免政策，全省一般公共预算收入增长进一步放缓；另一方面财政支出增长刚性较强，兑现民生政策增支较多。

5. 投资需求整体下降，固定资产投资降幅较大

2018 年，黑龙江省固定资产投资比上年同期下降 4.7%。由于高铁、大型水利等基建项目陆续完工，全年基建项目数量和投资金额均有所减少。在固定资产投资总体下降的背景下，全省第二产业、民间投资、房地产投资保持增长，成为投资领域的亮点，增速分别达 9.4%、10.5%、15.8%。

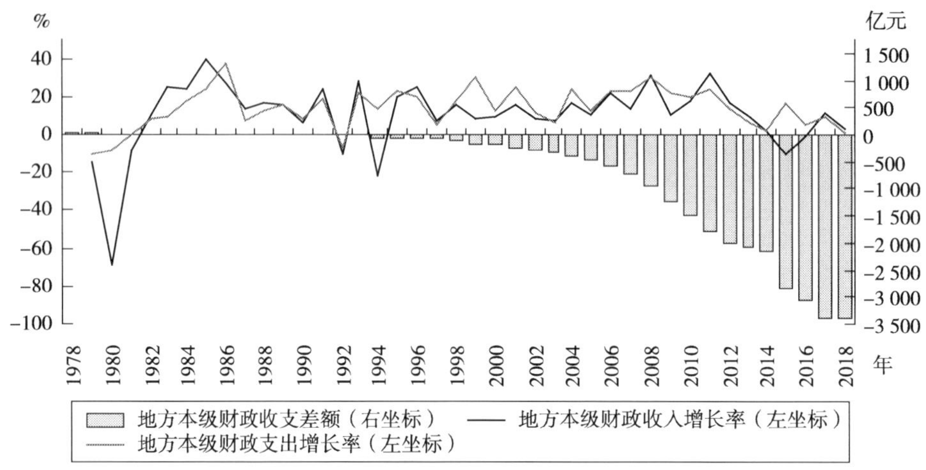

数据来源：《黑龙江统计年鉴》《黑龙江统计月报》。

图 2 1978—2018 年黑龙江省财政收支状况

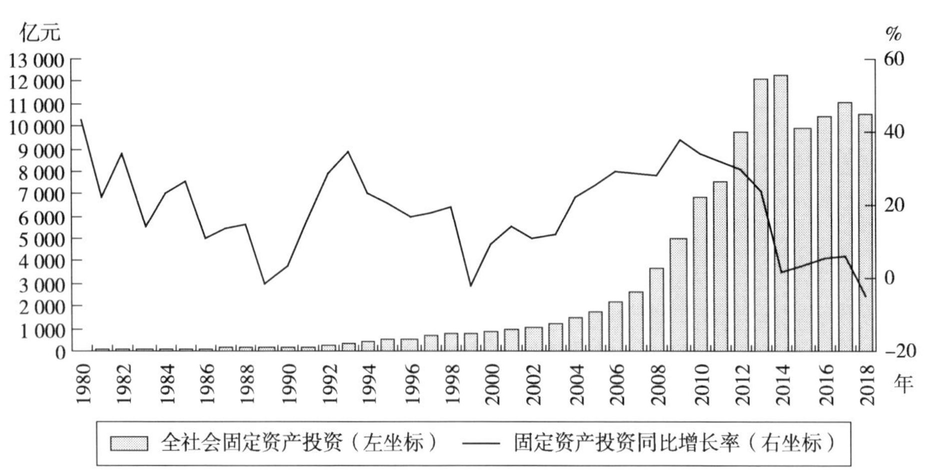

数据来源：《黑龙江统计年鉴》《黑龙江统计月报》。

图 3 1980—2018 年黑龙江省固定资产投资状况

6. 居民消费价格温和上涨，工业生产者出厂价格涨幅略有回落

2018 年，黑龙江省居民消费价格指数（CPI）同比增长 2%，低于全国平均水平 0.1 个百分点。其中，食品价格涨幅较小，医疗保健类价格上涨较多。全省工业生产者出厂指数（PPI）同比上涨 9%，高于全国平均水平 5.5 个百分点。从增长动力的来源看，主要是由于采掘、原料等生产资料价格增幅较大，推动全省 PPI 增长。

7. 全省外贸进口增长显著，进口俄罗斯原油为主要推动力

2018 年，黑龙江省外贸进出口实现 264.1 亿美元，同比增长 39.4%，增速高于全国平均水平 26.8 个百分点。其中，出口 44.5 亿美元，同比下降 14.6%；进口 219.6 亿美元，同比增长 59.8%。进出口逆差 175.1 亿美元，同比扩大 1.1 倍。全年对俄罗斯进出口实现 184.5 亿美元，同比增长

68.6%，对俄罗斯进出口额占全省进出口总额的69.6%。黑龙江省各口岸由俄罗斯进口原油共计2 725.2万吨，同比增长67.1%，进口总值达960.4亿元人民币，同比增长1.2倍，进口俄油成为推动外贸发展的最主要动力。

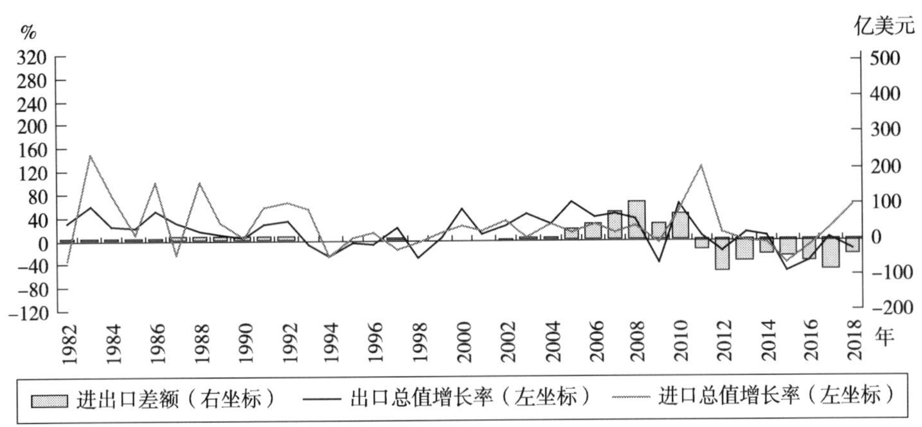

数据来源：《黑龙江统计年鉴》《黑龙江统计月报》。

图4　1982—2018年黑龙江省外贸进出口变动情况

（二）宏观经济运行中影响金融稳定的风险因素

1. 发展不充分是最大的问题

黑龙江省经济发展最大的问题是发展不充分，具体可以概括为经济总量小、发展速度慢、发展质量不高、内生动力不足。2018年，黑龙江省经济总量16 361.6亿元，居全国第23位、东北三省第2位，比全国第一的广东省、东北第一的辽宁省分别少80 916.17亿元、8 952.8亿元。2014—2018年，黑龙江省GDP增速始终落后于全国平均水平，分别低于全国GDP增速1.7个、1.2个、0.6个、0.4个、1.9个百分点。转方式、调结构任重道远；城乡居民收入，尤其是农民收入不高；高新技术产业要素虽然增速较快，但由于基数较小，对经济发展的带动能力有限；研发支出占GDP的比重不及全国平均水平的50%，而且差距有进一步拉大的可能。

2. 工业回升基础仍不牢固

2018年，黑龙江省原油实现产量3 204.4万吨，同比下降5.8%；同时，作为全省工业支柱之一的石化产业增加值同比下降4.3%。近期，石油、煤炭等能源原材料价格变化是实现规模以上工业增加值稳中有增的重要因素，但能源市场的发展存在诸多变数，致使全省工业经济发展仍然具有不确定性，回升基础仍然不牢固。

3. 外部需求萎缩明显

2015年起，美国等西方国家开始对俄罗斯实施制裁，卢布持续贬值，俄罗斯购买需求疲软。作为我国对俄贸易最大省份，黑龙江省企业出口订单大幅减少。2018年，全省对俄出口额74.5亿元，同比下降29.5%。从出口产品结构看，机电、蔬菜、服装及衣着附件、鞋类等传统出口产品出口额均出现下降。目前，美国等西方国家对俄罗斯的制裁没有放松的迹象，俄罗斯经济也没有彻底走出制裁的影响。外需不足仍是未来一段时间黑龙江省对外经贸发展的重要制约因素。

二、金融业与金融稳定

（一）银行业

1. 银行业基本情况

2018 年，黑龙江省银行业金融机构认真执行稳健中性的货币政策，切实提升服务实体经济的能力，积极优化信贷结构，持续加大对民营、小微企业的信贷支持力度，着力加强风险管控，运行总体平稳。

行业规模持续扩大，贷款增速有所减缓。截至 2018 年末，黑龙江省银行业资产总额、负债总额分别为 3.9 万亿元、3.8 万亿元，同比分别增长 3.0% 和 2.6%，增速较上年分别回落 1.6 个和 2.0 个百分点。全省银行业金融机构本外币各项存款余额 2.55 万亿元，同比增长 7.1%，增速较上年提高 0.8 个百分点，低于全国平均增速 0.7 个百分点，占全国存款余额的 1.4%；金融机构本外币各项贷款余额 2.03 万亿元，同比增长 4.4%，增速较上年回落 3.2 个百分点，低于全国平均增速 8.5 个百分点，占全国贷款余额的 1.43%。

信贷资金持续“脱虚向实”，支持小微企业力度进一步加大。2018 年，黑龙江省银行业金融机构积极对接重大战略产业、项目，支持“一带一路”、工业转型升级、战略性新兴产业等重点领域。截至 2018 年末，装备制造、石油化工、能源、食品四大主导产业贷款余额达 2 054.9 亿元，支持“一带一路”项下 300 余家中、俄企业贸易往来，全年发放境外贷款 348.8 亿元。同时，积极落实关于支持小微企业信贷相关政策。截至 2018 年末，全省金融机构企业贷款余额 12 930.1 亿元，其中，小微型企业贷款余额 3 185.9 亿元，同比增长 4.5%，高于各项贷款增速 0.1 个百分点，小微型企业贷款余额占全部企业贷款余额的 24.6%。

银行业改革转型步伐明显加快。截至 2018 年末，黑龙江省银行业金融机构网点 6 631 个，比上年减少 70 个；地方法人银行业机构 114 家，其中，城商行 2 家、农商行 45 家、农村信用社 35 家、村镇银行 32 家。国家大型商业银行省级分行全部设立普惠金融事业部。农村信用社产权改制稳步推进，“一行一策”制定防险提质增效路线图。中融信托回归注册地步伐加快。异地非持牌经营机构清理取得积极进展。

积极支持乡村振兴计划。2018 年，黑龙江省银行业金融机构围绕“农头工尾”“粮头食尾”等发展规划，强化涉农金融功能，支持农业产业、新型农业生产经营主体发展壮大。截至 2018 年末，全省涉农贷款余额 8 306.2 亿元，占全省各项贷款余额的 40.9%。各银行业金融机构积极探索依托土地经营权、住房财产权确权信息等农业农村大数据，建设农业农村大数据平台，围绕数据平台进行产品研发和应用，为涉农领域提供信贷资金支持。

2. 银行业面临的主要问题

不良贷款高位运行，信用风险加速暴露。截至 2018 年末，黑龙江省银行业不良贷款余额 702.6 亿元，比年初增加 14.0 亿元；不良贷款率 3.2%，比年初下降 0.1 个百分点，高于全国平均水平 1.28 个百分点。在强监管、严监管的背景下，一些通过类信贷、表外融资等方式的“隐形”不良贷款也充分暴露。全省银行业逾期 90 天以上贷款纳入不良比例为 98.7%，较年初上升 10.7 个百分点。各金融机构采取展期、借新还旧等方式帮助困难企业缓释资金周转压力，但仍有部分企业经营情况没有明显改善，该类企业主要集中于批发零售业、制造业、涉农等领域，潜在信贷风险仍然较高。

信贷结构不平衡，民营企业信贷倾斜力度仍不足。截至2018年末，黑龙江省国有大型控股企业人民币贷款余额占全部大型企业人民币贷款余额的83.8%，国有小型控股企业人民币贷款余额占全部小型企业人民币贷款余额的64.4%，国有微型控股企业人民币贷款余额占全部微型企业人民币贷款余额的69.2%。国有控股企业仍占用绝大部分信贷资源，民营企业获取信贷支持有限，直接影响民营企业持续发展和转型升级步伐。

金融案件高发频发，防控形势依然严峻。2018年，黑龙江省银行业金融机构案件呈多发趋势。从机构类型看，覆盖国有大型商业银行、股份制商业银行、农村商业银行、村镇银行等；从案件类型看，主要集中在违规办理同业“通道”业务、违规票据核保等；从案件性质看，既有企业与银行间因贷款偿还产生的案件，也有银行业同业之间因业务纠纷而产生案件。加之非法集资、电信诈骗等。总体来看，银行业案件防控形势依然较为严峻。

（二）证券期货业

1. 证券期货业基本情况

2018年，黑龙江省证券期货业运行总体稳健，各类市场主体牢固树立风险防控意识，未发生影响区域金融稳定的事件。

证券期货经营机构

截至2018年末，黑龙江省有法人证券公司1家，证券分支机构196家；法人期货经纪公司2家，期货分支机构18家。已登记的私募基金管理人63家，其中，证券投资基金16家，私募股权、创业投资基金47家；备案基金117只，实缴资金规模72.06亿元。投资者股票账户数713.15万户，比上年同期增加57.63万户；证券市场交易额34 238.92亿元，比上年同期减少1 414.18亿元。

截至2018年末，辖区法人证券机构——江海证券共设有子公司3家、分支机构77家。资产总额329.66亿元，同比减少66.67亿元；负债总额233.20亿元，同比减少61.7亿元。资产、负债规模回落主要是由于金融产品投资规模减少。经营情况全面回落，全年实现营业收入11.85亿元，同比下降8.38%；受资产减值大幅增加影响，全年亏损2.8亿元，利润同比减少5.76亿元。

截至2018年末，辖区2家期货公司共有从业人员169人，总资产2.28亿元，同比减少1.55亿元；营业收入867.52万元，同比减少289.82万元；全年亏损987.7万元，净利润同比减少992.9万元。

上市公司

截至2018年末，黑龙江省共有36家上市公司，其中，主板公司30家，中小板公司4家，创业板公司2家，总市值2 441.79亿元，比上年同期下降40.39%；新三板挂牌公司94家，总市值203.17亿元。2018年，辖区企业直接融资68.33亿元。其中，上市公司定向增发融资4.7亿元，新三板挂牌公司定向增发融资7.73亿元，发行债券募集资金55.9亿元。上市公司主要呈现以下特点：一是地区集中度较高。目前，黑龙江省上市公司主要分布在哈尔滨、齐齐哈尔和牡丹江。上述三地的上市公司数量共达到32家，占辖区全部上市公司总数的89%。其中，仅哈尔滨市就有上市公司27家，占辖区上市公司总数的75%。二是行业集中度较高。全省36家上市公司分布于制造业、农业、零售业、电力及水的生产和供应业等9个行业。其中，23家公司集中于制造业，占辖区上市公司总数的63.9%。

目前，“S 佳通”尚未进行股权分置改革，“S 佳通”也是我国资本市场唯一未完成股权分置改革的上市公司。

表 1　　2018 年黑龙江省证券业基本情况

项　　目	数　　量
总部设在辖内的证券公司数（家）	1
总部设在辖内的基金公司数（家）	0
总部设在辖内的期货公司数（家）	2
年末国内上市公司数（家）	36
当年国内股票（A 股）筹资（亿元）	4.7
当年发行 H 股筹资（亿、港元）	0
当年国内债券筹资（亿元）	55.9
其中：短期融资券筹资额（亿元）	—
中期票据筹资额（亿元）	—

数据来源：黑龙江证监局。

2. 证券期货业面临的主要问题

资本市场发展规模偏低。从总量分布看，2018 年，黑龙江省 GDP 约占全国总量的 1.82%，而全省上市公司总市值仅占 A 股总市量的约 0.56%，且占比持续下降。全省 A 股上市公司总市值与万科 A（000002）市值基本相当，不足工商银行（601398）总市值的 1/3，资本市场发展水平与经济社会总体发展水平严重失衡。从机构分布看，截至 2018 年末，全国 A 股上市公司总数 3 567 家，黑龙江省只有 36 家，仅占全国总数的 1.01%，远远低于全国平均 102 家的水平；全国证券公司 131 家，而黑龙江省仅 1 家，低于全国平均 4.2 家的水平；全国期货公司 232 家，黑龙江省仅 2 家，低于全国平均 6.6 家的水平；基金公司尚处空白，没有具备证券期货业务资格的法人类会计师事务所和资产评估事务所。

股票质押风险突出。截至 2018 年末，黑龙江省有 23 家上市公司存在大股东股票质押情况，占全省上市公司的 63.89%，上市公司控股股东及实际控制人质押比例接近 100% 的有 8 家。部分股票质押已触及平仓线，并有 1 家公司发生过控股股东被强制平仓情况，不排除未来还有公司发生股票强制平仓，甚至引发实际控制人变更的风险。

（三）保险业

1. 保险业基本情况

2018 年，黑龙江省保险业机构认真落实监管要求，着力服务东北振兴，风险补偿和保障功能进一步发挥。

市场体系不断完善。截至 2018 年末，全省共有保险市场主体 49 家，比上年增加 1 家（英大和人寿），其中，财产险公司 21 家（含 1 家法人机构），人身险公司 28 家。保险专业中介法人机构 50 家，保险兼业代理机构 8 401 家，全省保险销售从业人员执业登记人数 400 419 人，较上年同期增加 52 774 人。

表 2　　2018 年黑龙江省保险业基本情况

项　　目	数　　量
总部设在辖内的保险公司数（家）	1
其中：财产险经营主体（家）	1
寿险经营主体（家）	0
保险公司分支机构（家）	49
其中：财产险公司分支机构（家）	21
人身险公司分支机构（家）	28
保费收入（中外资，亿元）	899.11
其中：财产险保费收入（中外资，亿元）	196.17
人身险保费收入（中外资，亿元）	702.93
各类赔款给付（中外资，亿元）	257.17
保险密度（元/人）	2 373.14
保险深度（%）	5.5

数据来源：黑龙江银保监局。

行业整体实力继续增强。截至 2018 年末，全省保险公司总资产 2 070.18 亿元，较年初增长 9.27%。全年累计实现原保险保费收入 899.11 亿元，同比下降 3.47%，列全国第 15 位。其中，财产险公司累计实现原保险保费收入 196.17 亿元，同比增长 11.52%，列全国第 25 位；人身险公司累计实现原保险保费收入 702.93 亿元，同比下降 6.96%，列全国第 15 位。风险保障功能进一步增强，全年提供风险保障金额 183 201.13 亿元，同比增长 33.14%；累计赔款与给付 257.17 亿元，同比增长 6.92%。

积极服务东北振兴。2018 年，共向国家申报 27 个首台（套）重大技术装备保险项目，累计为 6 家制造企业提供风险保障 67 亿元。探索出口信贷政策与出口信用保险有效融合，支持高科技、高附加值的机电产品和大型成套设备出口，破解出口小微企业“有单不敢接”难题。全年共为 702 家出口小微企业提供风险保障 43.35 亿元，同比增长 37.7%，客户覆盖率达 55.5%。

2. 保险业面临的主要问题

政策性保险保障能力不足。黑龙江省地方财政能力有限，全省农业保险存在保险品种少、保障程度低、覆盖面不高等问题，种植业保险覆盖率仅 50%，垦区外低档产品风险保障程度尚未覆盖物化成本，人力成本和土地流转成本，收入损失等更是难以覆盖。大病保险筹资标准、统筹层次低，对贫困人口倾斜力度不高。

服务实体经济针对性不强。目前，市场上契合黑龙江省区域发展特点的冰雪保险、旅游保险、森林保险保障程度有待提升，重点领域责任保险、科技保险刚刚起步，商业养老、健康保险等产品与需求匹配度还不高。

市场秩序仍待进一步规范。保险市场乱象时有发生，保险公司、中介机构及保险从业人员欺骗消费者，隐瞒重要合同信息，夸大保险责任或产品收益，偿付能力信息披露不及时、不真实、不完整；理赔手续多、流程长、到款慢，理赔尺度不统一、争议化解不及时等问题仍是困扰保险业持续健康发展的顽疾。

（四）具有融资功能的非金融机构

小额贷款行业快速发展。截至2018年末，全省共有批准设立的小额贷款公司355家，注册资本总计255.6亿元，平均注册资本7 199.5万元，覆盖了全部13个市（地）和45个县（市），县域覆盖率达71%。贷款余额206.8亿元，同比增长31.89%。其中，小微企业贷款余额120.3亿元、占比58.2%；涉农贷款余额18.4亿元、占比8.9%，小额贷款已成为传统银行业机构服务小微、“三农”的有益补充，并为民间资本进入金融领域开辟了重要通道，进一步丰富完善了全省金融市场体系。融资担保行业稳健运行。截至2018年末，全省共批准设立融资担保法人机构185家、分支机构69家（含省外融资担保分支机构7家），注册总资本406.8亿元，平均注册资本2.2亿元。按照机构性质划分，国有机构64家，占机构总数的34.6%；民营机构121家，占机构总数的65.4%。在保余额590.3亿元，担保户数9.48万户，融资担保平均放大1.46倍，各项指标与上年基本持平。政策性融资担保机构开展的融资担保业务占全省业务总规模的50%以上，融资担保服务准公共产品属性初步显现。典当行业回落明显。截至2018年末，全省共有典当机构257家，其中法人机构251家，分支机构6家，从业人员718人。全年实现典当业务笔数10 339笔，典当总额9.6亿元，同比下降18.78%；典当余额3.9亿元，同比下降52.03%；营业收入4 551.39万元，利润总额143.35万元，负债总额3 974.95万元。

具有融资功能的非金融机构在满足社会融资需求、形成传统金融有益补充的同时，行业内部存在的一些问题和风险隐患也不应忽视。一是经营理念不强，内部管理不完善。有的公司法人治理结构不够完善，决策机制不够健全，缺乏完善的内控制度。追逐短期高利，缺少长期可持续发展规划，经营手段简单，抗风险能力弱。二是存在机构异化风险。受经营管理能力偏弱、主营业务回报不高、经营业绩不佳等因素影响，部分小贷公司、融资担保机构、典当行存在“异化”冲动，个别机构甚至从事违法违规活动。三是市场环境亟待规范。目前，市场上存在大量以投资公司、理财公司、贷款咨询公司等名义进行非法集资融资活动的机构，这些公司没有准入门槛，登记注册手续简单，不受监管，逃避税收，对正常的市场经营秩序产生极坏的影响。

三、金融市场与金融稳定

（一）金融市场平稳健康运行

2018年，黑龙江省金融市场运行总体平稳，各市场发展出现分化，金融市场对促进经济结构调整和转型升级发挥了积极作用。

1. 同业拆借市场交易规模明显上升

截至2018年末，黑龙江省金融机构在银行间市场累计进行信用拆借交易1 188笔，同比增长89.17%；累计成交金额2 582.64亿元，同比增长176.69%。其中，拆入金额1 085.62亿元，同比增长91.55%；拆出金额1 497.02亿元，同比增长308.27%。从交易品种看，主要集中在IBO001、IBO007两个短期品种，成交金额分别为874.90亿元、1 266.27亿元，占总成交金额比重分别为

33.88%、49.03%。从交易主体看，城商行和财务公司的交易较为活跃，哈尔滨银行、东方集团财务公司是交易量最大的两家机构，拆借金额分别为1 324.6亿元、668.4亿元，占黑龙江省成交总额比重分别为51.29%、25.88%。

2. 债券发行速度放缓

截至2018年末，黑龙江省企业在银行间债券市场累计发行直接债务融资工具1 354.64亿元，同比增长13.4%；全年，共有7家企业发行了16只直接债务融资工具，融资总额160亿元，同比下降20.79%。截至2018年末，黑龙江省金融机构在银行间市场累计发行金融债券247亿元，当年发行金融债券12亿元。

3. 黄金市场交易活跃

截至2018年末，黑龙江省商业银行黄金市场业务交易量合计67 107.28千克，同比增长16.46%。其中，代理上海黄金交易所业务12 922.36千克，占交易总量的19.26%；账户金交易45 970.39千克，占交易总量的68.50%；实物黄金交易2 296.98千克，占交易总量的3.42%；黄金租赁交易3 804千克，占交易总量的5.67%；黄金拆借交易1 200千克，占交易总量的1.79%。市场主体不仅包括国有大型商业银行、股份制银行，很多城商行、农商行也都开展实物黄金销售业务。在这些机构中，少数银行销售自己的品牌实物金条，多数银行代理销售黄金生产加工企业生产的黄金制品。

4. 社会融资规模增量较少

2018年，黑龙江省社会融资规模增量1 217.9亿元，扣除地方政府专项债券和贷款核销，同比少增1 563.6亿元。其中，人民币贷款同比少增611.9亿元，表外融资同比少增794.1亿元，直接融资同比少增174.2亿元。社会融资规模下降主要是由于各项贷款增速下降较快、表外融资业务大幅收缩、直接融资水平较低所致。

（二）黑龙江省金融市场发展需关注的问题

1. 直接融资渠道需拓展

目前，黑龙江省社会融资规模增速放缓，主要结构指标均呈下降趋势。直接融资活跃程度一直处于低水平状态，其他融资规模大幅收窄，人民币贷款占比“被动”提升，融资结构单一化的现状不利于满足省内不同融资主体的融资需求。

2. 债务融资发行主体较为单一

目前，黑龙江省发债企业仍然局限于省内已在公开市场发行过信用债的传统大型企业，其他更多类型的企业尚未纳入发债储备库及发债，例如内控规范管理、披露机制健全、经济增长点较突出的高新技术企业、小微企业、绿色食品企业等有待挖掘发债潜力。

四、金融基础设施与金融稳定

（一）金融基础设施建设情况

1. 支付清算体系

2018年，全省支付体系建设稳步推进，为黑龙江省经济社会持续健康发展提供了高效安全的支付服务。支付系统有序运行。截至2018年末，黑龙江省大小额支付系统共处理业务9 944.80万笔，同比分别增长9.58%，日均29.79万笔；业务金额50.87万亿元，同比下降5.93%。同城票据清算系统共处理业务188.41万笔，同比下降23.62%；业务金额5 461.01亿元，同比下降24.55%。非现金支付业务持续增长。公交、缴费等便民场景移动支付快速推广应用带动电子支付业务笔数快速增长。全年共办理电子支付业务32.31亿笔，同比增长42.78%；业务金额18.19万亿元，同比增长4%。银行结算账户数量呈平稳增长态势。截至2018年末，黑龙江省银行结算账户数量达1.49户，同比增长7.39%。其中，单位银行结算账户数量达113.03万户，同比增长10.04%。支付服务管理全面加强。全年共有2家法人支付机构获颁《支付业务许可证》，35家支付机构分公司进行了备案。截至2018年末，全省法人支付机构客户备付金总额为2 167.43万元；预付卡发行总量为1.04万张、金额0.17亿元；互联网支付业务3.78万笔、金额3.4亿元。全省非银行支付机构共有存量银行卡收单特约商户46.22万户，当年新增3.81万户。共有存量POS终端59.53万台，当年新增8.8万台，全年共发生POS清算笔数11 744.5万笔、交易金额4 849.1亿元。

2. 征信体系

2018年，黑龙江省信用体系建设持续推进，信用评价工作取得新进展。征信系统平稳运行。截至2018年末，企业征信系统已收录全省企业及其他组织18.08万户，提供企业信用报告查询10.32万份；个人征信系统共收录2 667.39万自然人信息，同比增长3.14%。全省布设了106台个人信用报告自助查询机，实现县及县以上行政区域全覆盖，全年提供个人信用报告查询722.45万份。农村信用体系建设成效显著。截至2018年末，全省已有33个县（市）搭建了县域信用信息平台，共采集入库110.7万户农户、8 953个农民专业合作社信用信息，涉农金融机构共创建信用户130.9万户，信用村2 403个，信用乡镇211个。克山县、兰西县等地先试先行，因地制宜，探索将农村信用体系建设与精准扶贫结合。全年累计发放扶贫贷款12 938万元，受益户数9 548户。中小企业信用体系建设稳步推进。大庆“一库两网一平台”中小微企业信用体系试验区建设持续推进。截至2018年末，该数据库已为全市6.7万户中小微企业及个体工商户建立信用档案，共采集信息15.2万条，落实贷款金额共计约28.3亿元。进一步完善“银税合作”模式，引导银税产品创新和宣传推广，继续扩充“齐齐哈尔市政银企信用信息交互平台”信息采集。截至2018年末，已采集并上传辖内67家纳税B级以上中小微企业信息共计752条，引导辖内6家金融机构推出银税产品，为87家中小微企业，累计投放银税贷款2亿元。央行内部（企业）评级工作初见成效。2018年，选取大庆为先行试点开展央行内部（企业）评级工作，共有206户企业参加评定，审核通过116户，83户被评为可接受以上级别。

3. 反洗钱工作

2018年，黑龙江省反洗钱工作扎实开展，监管效果有效提升。反洗钱监管全面推进。全年，共对151家义务机构进行了反洗钱专项现场检查，对35家义务机构进行了综合执法反洗钱现场检查，对76家义务机构进行了监管走访，对1 013家义务机构进行了分类评级，对15家义务机构进行了高管约谈，对19家义务机构进行了质询，对2家义务机构进行了风险评估。加大反洗钱调查及案件协查力度。与公安、税务等有关部门建立协调协作机制，协助开展对涉恐、涉税、涉毒等上游犯罪重点协查，协助纪检部门对红通人员开展海外跨国协查。重点可疑交易报告提升。全年共接收辖内义务机构上报的重点可疑交易报告143份，较上年度增加45份。

4. 金融法治环境

2018年，黑龙江省各级人民法院加大涉金融案件审判力度，审结借款、股票、证券、票据、保险等案件10.9万件，结案标的额175.3亿元。金融管理部门着力提升依法行政工作水平，持续加强依法行政监督检查。加强金融消费权益保护监督管理工作，促进金融机构合规经营，维护金融消费者合法权益。推动消保第三方非诉纠纷解决机制建设，妥善调处金融消费争议。全年共受理金融消费者投诉117起，接待咨询536人次。完善金融消费投诉与咨询协调机制，建立“12363”电话呼叫中心。开展金融广告治理工作，加入黑龙江省整治虚假违法广告联席会议。

（二）金融基础设施建设的薄弱环节

1. 支付方式多样化发展，行业监管难度进一步加大

近年来，金融产业与科技产业融合发展速度不断加快，手机闪付等新兴支付方式推广速度极快。新型支付方式在提高支付便捷性的同时也使支付风险大幅增加，风险类型更为复杂，监管的难度显著上升。

2. 信用体系建设有待完善，信用信息管理仍需加强

目前，二代征信系统建设尚未完成，覆盖全社会的征信体系，尤其是互联网信用体系还不健全。社会诚信意识和信用水平虽有所提高但仍处于较低水平。信用体系法治化仍需要进一步推进，守信激励和失信惩戒机制尚不健全。同时随着征信系统信息应用范围逐步扩大，盗用信息和个人信用信息泄露屡禁不止。应加大征信宣传力度，引导公众关心自身的信用记录，防止个人信息被盗用而损害自身的信用权益；引导商业银行正确使用信用信息和信用评级结果，完善负面信息解决机制；从源头上杜绝征集主体对被征集人主体权益的侵害。

3. 反洗钱制度体系尚需完善，新领域风险监管难度大

目前，反洗钱义务机构数量众多，并且呈不断扩大趋势，覆盖义务机构领域也在不断扩大，但相关制度规范尚不健全，协调机制建设有待加强。近些年，反洗钱、反逃税、反恐怖融资等领域相关风险新变化、新动向、新情况纷繁复杂。互联网金融、虚拟货币等新兴领域洗钱风险不容忽视，应进一步加大对金融新领域、新业务反洗钱监管的研究与实践，探索新兴业务反洗钱监管措施，提升反洗钱监管有效性。

4. 依法行政水平亟待增强，金融消费保护效率有待提高

全省金融管理部门依法行政水平有待进一步提高，法律意识和法律思维需进一步增强。金融消费权益第三方非诉解决机制运转效率较低。金融消费纠纷调解案件较少，现场调解率仅为全部投诉案件的9.3%，消费者对金融仲裁的接受度不高，金融仲裁庭作用发挥不够。

五、2019年展望

2019年是新中国成立70周年，是决胜全面建成小康社会的关键之年，也是推进黑龙江全面振兴全方位振兴的攻坚之年。黑龙江省将以习近平新时代中国特色社会主义思想为指导，全面贯彻落实党的十九大和中央经济工作会议精神，聚焦贯彻落实习近平总书记在深入推进东北振兴座谈会上的重要讲话和考察黑龙江的重要指示精神，统筹推进“五位一体”总体布局，协调推进“四个全面”战略布局，坚持稳中求进工作总基调，坚持以供给侧结构性改革为主线，坚决打好“三大攻坚战”，统筹推进稳增长、促改革、调结构、惠民生、防风险，落实“六稳”要求，扬长避短、扬长克短、扬长补短，重塑投资营商新环境、重聚产业发展新动能、重构协调发展新格局，全面加强党对经济

工作的领导，全力推动经济平稳健康发展和社会大局稳定，为实现黑龙江全面振兴全方位振兴打牢坚实基础。全省金融机构将贯彻落实稳健的货币政策，深化金融供给侧结构性改革，发挥重要核心竞争力作用。继续加大对实体经济的支持力度，为产业项目和基础设施建设等提供资金支持，保持金融稳定健康发展。

2019 年黑龙江省经济社会发展主要预期目标是，地区生产总值增长 5% 以上；居民消费价格涨幅控制在 3% 以下；城镇登记失业率 4.5% 以内；城乡居民可支配收入增长与经济增长基本同步；单位地区生产总值能耗下降 3% 以上。预计存贷款余额同比分别增长 7%、5% 以上。

中国人民银行哈尔滨中心支行金融稳定分析小组

组　长：赵忠滨

副组长：林佐明

成　员（以姓氏笔画为序）：

王玉凯　毛晓杰　史秀芬　刘树宪　李大中　陈学斌

何志刚　黄丽新　董建华　管公明

《黑龙江省金融稳定报告（2019）》编写组

总　纂：董建华

统　稿：亢　玉

执　笔：梁　蒙　董　磊　李卓南

其他参与写作人员（以姓氏笔画为序）：

包艳龙　孙晓丹　刘　帆　刘禹婷　李　丹　李少康

肖赫男　单立强　海　平　徐　扬　鲁　荣　窦凌蛟

上海市金融稳定报告摘要

2018 年，上海市经济运行总体平稳趋缓，但经济下行压力有所显现。金融供给侧结构性改革持续深化，科创中心和自贸区建设稳步推进。上海市金融业运行总体稳健，积极创新推动发展。

一、经济与金融环境

（一）上海经济金融运行总体平稳趋缓，结构优化

2018 年，上海市经济运行总体平稳，在合理区间运行。全市全年实现地区生产总值 3.27 万亿元，同比增长 6.6%，与全国水平持平。第三产业增加值同比增长 8.7%，增速提高 1.2 个百分点，占全市生产总值的比重为 69.9%，较上年提高 0.9 个百分点。战略性新兴产业增加值 5 461.91 亿元，比上年增长 8.2%。

1. 固定资产投资增速放缓

2018 年，上海市固定资产投资同比增长 5.2%，增幅同比回落 2.1 个百分点。从三大投资领域看，工业投资成为主要增长点，全年增长 17.7%，增速创近 10 年新高；城市基础设施投资增速放缓，全年增长 9.3%，增速同比回落 0.6 个百分点；房地产开发投资走弱态势未改，全年增长 4.6%。

2. 消费增速显著回落

2018 年，上海市商品销售总额 11.9 万亿元，同比增长 5.6%，增速同比回落 6.4 个百分点；社会消费品零售总额 1.27 万亿元，同比增长 7.9%，增速同比回落 0.2 个百分点。

3. 进出口提速，国际收支逆差收窄①

2018 年，货物进出口总额 6 665.4 亿美元，同比增长 13.2%，增幅比上年增加 8.8 个百分点。其中，货物出口总额 2 486.1 亿美元，同比增长 13.3%；货物进口总额 4 179.3 亿美元，同比增长 13.1%。上海国际收支总额 14 482.2 亿美元，同比增长 24.4%，增幅上升 22.7 个百分点。上海地区收支逆差 2 151.3 亿美元，同比减少 20.5%，其中收入 6 165.5 亿美元，同比增长 38%；支出 8 316.7亿美元，同比增长 15.9%。

4. 财政收入平稳增长

2018 年，上海市完成一般公共预算收入 7 108.1 亿元，同比增长 7.0%，增速同比回落 2.1 个百分点；完成一般公共预算支出 8 351.5 亿元，同比增长 10.7%，增速同比提升 1.6 个百分点。

---

① 数据均为外汇管理部门的国际收支口径。

5. 工业企业经济效益分化明显

2018 年，全市规模以上工业企业实现主营业务收入和利润同比分别增长 2.6% 和 4.3%。行业分化明显：汽车行业利润贡献最大，全年汽车制造业利润占全市规模以上工业利润总额的 45.5%，但增速回落至 -1.4%；电子和石化行业利润分别下降 13.1% 和 3.8%；钢铁、成套设备、生物医药行业利润分别增长 120%、44.5% 和 1.2%。

6. 居民收入增长较快

2018 年，上海市居民人均可支配收入 64 183 元，名义增长 8.8%，扣除价格因素，实际增长 7.1%，实际增速比上年提高 0.3 个百分点，比全国实际增速高 0.6 个百分点。就业形势总体稳定。截至 12 月末，全市新增就业岗位 58.17 万个，同比增加 0.27 万个；城镇登记失业人数 19.41 万人，同比减少 2.65 万人。

7. 金融业稳步发展

2018 年，上海市实现金融业增加值 5 781.63 亿元，比上年增长 5.7%。银行间市场总成交金额 1 262.83万亿元，同比增长 26.6%。上海黄金交易所总成交金额 10.66 万亿元，同比增长 9.2%。上海证券交易所总成交金额 264.62 万亿元，同比减少 13.6%。上海期货交易所总成交金额 81.54 万亿元，同比减少 9.3%。中国金融期货交易所总成交金额 26.12 万亿元，同比增长 6.2%。上海市保险公司原保险保费收入 1 405.79 亿元，同比减少 11.4%；保险赔付支出 581.56 亿元，增长 5.9%。

（二）稳增长防风险的重要举措

1. 继续实施稳健的货币政策，服务实体经济

认真执行稳健的货币政策，主动加强逆周期调节，促进信贷结构优化，疏通货币政策传导渠道。落实各项定向支持货币政策。聚焦科创企业，努力加大民营、小微企业支持力度，为供给侧结构性改革和高质量发展营造适度的货币金融环境。2018 年完成包括普惠金融定向降准在内的 4 次降准，指导金融机构正确理解和把握存款准备金管理相关政策，提高服务水平。加强金融监管，进一步明确和规范金融机构准备金违规行为的处罚标准，维护准备金政策的严肃性。

2. 维护金融稳定，守住不发生系统性重大风险底线

实施宏观审慎管理，监测系统性重大金融风险，打好防范化解系统性金融风险的攻坚战。开展央行金融机构评级工作，科学评估金融机构经营管理水平和风险状况，为差别化金融机构管理提供依据。实施存款保险风险差别费率评定，有效识别风险水平并及时作出风险提示，促进金融机构稳健经营。完善宏观审慎评估框架，加强监测与窗口指导，增设完善小微、民营、绿色信贷评估指标，充分发挥货币政策逆周期调节和宏观审慎评估的结构引导作用。积极整治互联网金融风险，会同市金融办牵头组织相关监管部门对互联网资产管理开展现场检查；对 ICO 和虚拟货币交易保持高压态势；配合做好上海地区 P2P 网贷风险应对工作。

3. 持续建设国际金融中心，加大开放力度

根据中央对上海提出三项新的重大任务，上海国际金融中心建设明确了冲刺的目标和路径，中国人民银行等八部门联合印发《上海国际金融中心建设行动计划（2018—2020）》。金融环境建设取得重大进展。在最新一期英国独立智库 Z/YEN 智库集团发布的全球金融中心指数（GFCI）排名中，上海由全球第 6 位升至第 5 位。自贸区各项金融改革举措加快推进。市场主体进一步扩大，服务功能进一步完善，人民币结算服务功能进一步提升。积极推动金融业对外开放，上报 3 批 31 个金融业

对外开放项目。支持金融产品创新，推动人民币原油期货正式在上海能源交易中心挂牌交易。完善内地与香港两地股票市场互联互通机制。A股市场被纳入MSCI指数，带动外资持续流入。支持境外企业集团或境外银行集团集中办理人民币购售业务。改善金融法治环境，率先设立了上海金融法院。加快信用体系建设，出台了全国首部地方综合性信用条例。金融业增加值、金融市场成交总额持续增长，重要金融机构及组织聚集。

4. 提高民营科创企业金融服务水平

发布《关于进一步加强民营企业和科技创新企业金融服务的实施意见》，提出20条具体举措，推动上海民营经济和科创中心联动发展。按照总行部署，加大对小微民营企业再贷款再贴现的支持力度。与商业银行沟通建立流动性纾困工作小组，缓解民营企业资金压力。推动债券融资支持工具在沪落地等多种工具和模式，拓宽融资渠道。加强与其他管理部门的沟通协作、政策协调，形成工作合力。

（三）经济金融运行中需要关注的方面

1. 经济下行压力较大

2018年，短期问题与中长期问题叠加，总量矛盾与结构性矛盾并存，经济下行压力有所加大。受基础设施投资增速放缓和房地产开发投资走弱影响，投资增速放缓。高房价对消费的挤出效应叠加股市波动影响，消费总额增速明显回落。部分工业先导性指标明显回落、减税降费制约财政收入增长、人工成本和原材料价格限制企业盈利能力提升，实体经济面临的问题增多。

2. 中美贸易摩擦升级风险

中美贸易摩擦的事态存在不确定性。短期来看，由于上海外贸进出口主体是大型跨国企业、央企和国企。大型进出口企业产品种类多、贸易渠道广、全球配置能力强，短期贸易摩擦对上海总体影响不大。中期来看，贸易摩擦影响逐渐向价格、投资和产业等领域传导。进一步扩大加税范围后上下游企业受到的冲击可能会形成共振，加重企业损失程度，进而影响企业投资决策，并对汽车、集成电路、国际运输、技术贸易、跨境生物医药研发业务等行业的发展产生负面影响。

3. 互联网领域交叉性风险

P2P网络借贷为主的互联网金融风险多发，P2P网络借贷平台和非法集资活动相结合的非法金融案件频发，成为现阶段上海金融风险防范化解的重点领域之一。2018年，多家网贷平台相继发生跑路、清盘等情况。上海辖内尚在运营的网贷机构家数多，待偿余额多，涉及出借人多。大量实体企业投资参股P2P企业或存在业务往来，造成对实体经济的危害并增加银行的信用风险。

4. 部分民营金控的潜在风险

上海地区4家持有主流金融牌照的大型民营金控集团，资产规模大、投资金融机构数量多、股权及业务结构较为复杂，存在实业与金融活动风险传递的隐患。其中，上海华信国际集团已经暴露风险。由非金融企业设立、统筹管理金融业务的金控平台大多未披露财务及投资信息，部分平台开展类金融业务，与互联网金融业务结合，有较大潜在风险。

二、银行业

（一）银行业发展运行情况

1. 业务结构回归本源成效显著

2018 年，非信贷资产余额 8.04 万亿元，与年初基本持平，非信贷资产占比 52.15%，比年初下降 2.31 个百分点；表外业务（不含金融衍生品）同比少增 3.47 万亿元；同比增速较年初下滑 20.9 个百分点。

2. 资产负债规模持续低位增长

2018 年末，上海银行业资产总计 15.42 万亿元，同比增长 4.59%，增速同比上升 2.33 个百分点。负债总计 14.69 万亿元，同比增长 4.27%，增速同比上升 2.6 个百分点。2018 年末，辖内各项贷款余额 7.38 万亿元，同比增速 9.91%，各项存款余额 9.88 万亿元，同比增速 5.51%。

3. 机构数量保持基本稳定

截至 2018 年末，全辖各类营业性银行业金融机构数量已达 4 094 家，包括 5 家中资法人银行、21 家外资法人银行、3 家政策性银行上海分行、5 家大型银行上海市分行、1 家邮储银行上海分行、12 家股份制银行上海分行、14 家城市商业银行上海分行、4 家资产管理公司上海办事处、29 家持牌专营机构、14 家村镇银行、50 家非银行金融机构（48 家法人非银行金融机构，2 家分公司）、2 家消费金融公司、80 家外资银行上海分行、65 家外资银行上海代表处，8 家外资非银行金融机构上海代表处。

4. 银行业持续开放创新

上海金融中心的国际化程度稳步提高，目前在沪外资法人银行达到 21 家，占全国外资法人银行数量过半。2018 年共有 3 家资金营运中心获批开业或筹建，在沪总部级专营机构总数达到 25 家。上海市外资法人银行与中资银行全年新开展合作项目 102 项，金额近 4 000 亿元。上海市银行以科技为驱动，以金融为核心，以电子银行为突破口，构建金融新业态。2018 年末，辖内商业银行电子银行业务收入 59.67 亿元，同比增长 19.67%。此外，银行业对先进制造业和科创企业的支持力度加大。2018 年末，通用设备制造业、电气机械和器材制造业、汽车制造业等先进制造业贷款余额较年初分别增长 55%、20% 和 15%；“一带一路”建设贷款余额增长 22%；科技型企业贷款客户较年初增加 756 户；科技型企业贷款余额较年初增长 17%。

（二）上海银行业机构稳健性评估

1. 风险抵补能力整体较强

2018 年末，上海市法人银行业机构拨备覆盖率为 273.45%，比年初下降 70.38 个百分点。各项资产减值损失准备 1 092.48 亿元，比年初增加 257.39 亿元，同比多增 111.90 亿元，增速较上年同期上升 9.72 个百分点。贷款拨备率为 3.31%，较年初上升 0.52 个百分点。从整体上看，拨备指标远超监管要求，有较强的风险抵补能力。

2. 资产质量趋降但总体可控

2018 年，上海市银行业金融机构不良贷款余额和不良贷款率呈现双升态势，但风险总体可控。部分行业不良上升较快，单家不良增量过亿元的机构及企业增多。截至 2018 年末，不良贷款余额 578.42 亿元，比年初增加 198.15 亿元，不良率 0.78%，比年初上升 0.22 个百分点。

3. 机构盈利水平高点回落

2018 年，上海市银行业金融机构累计实现净利润 1 734.43 亿元，同比下降 0.29%，比上年同期下降 15.79 个百分点。

（三）上海银行业发展中需要关注的方面

1. 部分领域贷款质量堪忧

大型、微型企业不良贷款上升较快。截至2018年末，辖内微型企业不良贷款余额比年初增长66.94%。在经济下行大背景下，小微企业经营面临较大风险，信贷质量承压。同时，受金融去杠杆、清理整治市场乱像、压缩影子银行等影响，大型企业尤其是民营金控集团的信贷风险加速暴露。

个人消费金融市场风险隐患上升。2018年，消费金融领域的个贷不良有所上升。2018年末，个人贷款不良余额比年初增加7.27亿元，其中信用卡及其他个人贷款不良合计比年初增加4.7亿元。

P2P爆雷增加银行信用风险。2018年上海地区互联网金融风险多发，大量实体企业投资参股P2P平台或存在业务往来。网贷平台相继发生跑路、清盘等情况对实体经济造成危害并增加银行信用风险。

2. 资本市场波动引起的违约风险

债券违约风险增加。2018年，全国超120只债券违约，近1 200亿元违约规模，数量规模均超过去4年之和。受到宏观经济环境冲击和企业自身管理不善的影响，以民营企业为主的违约主体，难以偿付到期债务，波及银行信贷资产质量安全。

股票质押平仓风险加剧。2018年，受到国内外经济周期性结构调整的影响，股票市场出现大幅波动。国内股票置押风险逐步暴露，部分股票质押比例过高。虽然违约主要集中在制造业、中小市值的少数企业，目前对上市公司整体影响有限，但要防止风险的交叉蔓延。

3. 机构内部管理方面的问题

银行业金融机构在内部管理方面，风险管理体系滞后、绩效考核轻合规重效益，需要引起注意。对系统建设不重视，系统投入较少，信用风险管理缺乏系统支撑，对于集团关联风险、连环担保风险以及交叉违约风险等多层次复杂风险的识别能力还比较薄弱，难以有效起到风险预警作用；规模和效益指标占比普遍较高，对风险和内控的考核指标种类少、权重小。

4. 银行资产分布集中度较高

银行资产行业分布集中、同业融出资金集中度高。大部分村镇银行和外资法人银行单一最大行业贷款集中度高，尤其中小规模的外资法人银行受其母行战略导向影响和制约，主要服务于母国客户。个别日资银行单一行业占比高达60%以上。部分银行对单一金融机构法人的不含结算性同业存款的同业融出资金，扣除风险权重为零的资产后的净额超过该行一级资本净额的2/3。

5. 年内监管政策出台对银行业金融机构的影响

资管、理财新规坚持结构性去杠杆。随着资管新规、理财新规正式实施，辖内银行逐步开展产品转型、资产调整和系统改造，不断提高非保本和开放式净值型产品占比，强化标准化资产投资，产品久期优化后期限错配风险进一步降低。理财资产端投向更为稳健，非标资产、低信用评级债券和股权类资产配置减少，委外投资压缩，整体杠杆水平下降。

委托贷款新规限制非标业务。委贷新规发布以来，辖内银行严控通道类业务，加强表内外风险隔离，主动调整委托贷款比例，委托贷款年末余额同比下降超过三成。

流动性风险管理办法强化资产负债管理。辖内流动性风险监管指标整体达标情况良好。银行主动调整资产负债期限结构应对同业业务影响，加强融资限额管理。

三、证券业

（一）上海证券业发展运行情况

截至2018年末，上海共有证券公司25家（包括8家证券公司下属的资产管理公司）；总资产14 032.52亿元、净资产4 523.19亿元、净资本3 799.51亿元，同比分别减少0.19%、增长1.6%、减少3.29%。共有基金公司54家，管理公募基金1 919只，基金总净值40 733.05亿元，同比分别增长8.3%和20.27%。在基金业协会完成登记的上海私募基金管理人共4 806家，管理私募基金20 524只，管理规模为27 378亿元。共有期货公司33家，总资产（含客户权益）1 590.83亿元，同比增长7.79%，净资产279.33亿元，同比增长12.71%。

1. 行业规范情况

上海证券公司以落实合规新规为契机，进一步梳理完善合规制度，充实配备合规管理人员，加强内部控制管理，对合规检查发现问题进行整改规范，切实提高合规管理有效性；按照证券公司子公司管理办法，规范整改子公司组织架构，实现对子公司合规风险管理全覆盖。上海基金管理公司全面落实资管产品流动性管理新规，有效降低货币市场基金流动性压力，严控资管产品新增流动性风险，稳步化解重点领域存量风险隐患，重点防范互联网金融与基金行业的交叉风险；全面落实合规管理新规，以私募基金、资产证券化业务等多项业务专项检查为契机，提高内控合规水平。上海期货公司加强合规能力建设，进一步完善相关制度，优化业务流程，持续提升规范运作水平；加强风险管理，建立健全净资本等风险监管指标动态监控机制，提升保证金及自有资金的管理水平，规范业务运营，防范业务风险。

2. 行业创新

上海证券公司积极服务实体经济发展，支持供给侧结构性改革，进一步创新产品、模式、机制，为科创企业提供融资服务，助力科创企业发展。为满足客户不同的融资需求，推出了资产证券化产品、保险债权计划等多类创新金融产品。着力加强对制造业科技创新、转型升级和科技型中小制造企业的金融支持，做好股权债权融资等的服务工作。上海证券基金经营机构充分发挥专业优势，通过成立资产管理计划的形式，参与化解民营上市公司流动性风险，尤其是股票质押风险，支持具有发展前景的民营企业长期、健康、稳定发展。上海期货公司积极创新业务模式，通过风险管理子公司仓单业务、基差交易、合作套保等多种方式为实体企业有效对冲风险、实现资源优化配置提供服务。期货衍生品创新不断，首个对外开放的期货品种原油期货平稳推出，首个工业品期权产品铜期权上市。

3. 国际化

截至2018年末，上海共有合资证券公司6家，合资基金公司23家，外资代表处42家。此外，16家登记为内地合格的外商独资私募证券投资基金管理人落户上海。多家企业和机构积极赴海外融资和开展国际化经营。4家证券公司实现了H股上市，5家证券公司、8家基金公司、3家期货公司在香港设立全资子公司并开展业务，8家基金公司香港子公司管理产品55只，已有9家基金公司共有18只基金产品在香港销售，4家基金公司获得香港基金内地销售代理资格。期货公司积极拓宽境外市场，多层次地向境外投资者宣传推广原油期货和铁矿石期货国际化业务，吸引境外产业客户。

（二）上海证券市场融资

1. 上市公司融资情况

截至2018年末，上海共有上市公司287家，市值约占全国的9.8%。2018年，上海上市公司境内股票市场直接融资（含发行股份购买资产，下同）632.81亿元，其中，IPO融资83.19亿元，同比减少52.2%，股票再融资549.62亿元，同比减少71.1%。

2. 公司债券融资情况

2018年，上海65家企业共计发行公司债券153只，发行金额合计2 438亿元，其中面向公众投资者公开发行10亿元，占比0.4%；面向合格投资者公开发行1 329亿元，占比54.5%；非公开发行1 099亿元，占比45.1%。

3. 新三板挂牌公司融资情况

2018年，上海113家新三板企业实施定向增发，共计募集资金48.3亿元，平均每家融资额4 274万元。

（三）上海证券机构稳健性评估

1. 总资产、净资产、净资本保持平稳

2018年末，上海证券公司总资产14 032.52亿元，同比减少0.19%；总负债9 509.33亿元，同比减少1.03%；净资产4 523.19亿元，同比增长1.60%；净资本3 799.51亿元，同比减少3.29%。

2. 风险管理水平持续提升

2018年上海证券公司守住了风险底线，辖内公司总体核心风控指标和流动性监管指标均符合监管标准。从财务杠杆来看，截至2018年末，上海证券公司杠杆率为2.68倍，低于行业水平（2.81倍），财务结构保持稳健。

3. 盈利水平较2017年显著下降

2018年，上海证券公司营业收入646.65亿元，同比下降8.77%，净利润151.91亿元，同比下降48.34%（某公司因风险事件计提减值约82亿元）。从业务收入构成看，经纪业务收入、自营业务收入、资产管理业务收入、投行业务收入同比分别下降22.14%、16.30%、4.67%、18.46%，仅融资类业务收入同比上涨8.22%。

4. 收入结构发生较大变化

2018年证券行业整体盈利水平下降，内部结构发生较大调整。受成交量萎缩、证券二级市场大幅下滑、IPO节奏放缓等因素影响，经纪业务收入、自营业务收入、投行业务收入占比明显下降；资管业务收入整体较为稳健，占比被动提高；融资业务利息收入虽持续增长，但业务风险同步放大。

（四）上海证券业发展中需要关注的方面

1. 防范系统性金融风险

目前，国企及大型民营企业集团通过控股、参股等方式实际控制银行、证券、保险等多项金融牌照，证券经营机构在集团体系内通过投行、资管、资产证券化、金融产品销售等业务，深度介入集团业务经营体系。金融行业间综合经营和业务交叉的趋势日渐明显，风险因素传递和叠加的可能性加大，关联交易防范及利益冲突管理凸显，内部治理约束亟待加强。守住不发生系统性、区域性风险的底线，稳妥化解个案风险，阻断个案风险向系统性风险的转移路径是当前工作重点。

2. 债市信用风险逐步暴露

2018 年债券违约情况相较上年，涉及的发行人数量、债券数量、债券规模均大幅增长，债券违约风险已成为“落地的靴子”。部分证券公司自营债券违约出现亏损，承销的债券已出现实质违约或潜在兑付风险，证券公司风险处置压力和难度加大。债券风险将继续作为风险防控的重点工作。

3. 融资类业务可能引发流动性风险

上海证券公司的优质流动性资产较为充裕，流动性风险基本可控，行业的融资类业务尤其是股票质押业务整体规模虽较年初有所控制，但违约规模及比例仍居高位，部分股票后续违约处置耗时较长、难度较大，客户在短期还款压力较大，加上存量违约规模，股票质押业务风险仍处于高位水平，若市场波动加大或出现大规模的失信事件，将对证券公司流动性造成较大影响。

四、保险业

（一）上海保险业发展运行情况

1. 保险市场体系不断完善，聚集效应明显

截至 2018 年 12 月末，上海共有 53 家保险法人机构，其中保险集团 1 家，财产险公司 20 家，人身险公司 22 家，再保险公司 3 家，资产管理公司 7 家；105 家省级保险分支机构；224 家保险专业中介法人机构；237 家保险专业中介分支机构，此外还有来自 14 个国家和地区的 25 家外资保险上海代表处，保险机构聚集形成体系。此外，上海还拥有全国唯一的保险要素市场——上海保险交易所、保险行业投资平台——中国保险投资基金、全国性的航运保险专业协会组织——上海航运保险协会，全国首家系统性整合数据资源的专业保险服务机构——中国保险信息技术管理有限责任公司也在上海设立分公司。

2. 原保险收入同比下降，财险业务结构有所优化

2018 年 1 ~ 12 月，上海市原保险保费收入累计 1 405. 79 亿元，同比下降 11. 42%，财产、人身险公司原保险保费收入比例为 41:59，中外资保险公司原保险保费收入比例为 80:20。其中，财产险业务结构优化，规模升至与车险相当；寿险业务转型收缩，保费收入年内降幅逐渐收窄；健康险业务同步转型调整；意外险业务快速增长。

3. 保险赔付支出小幅上升，风险保障能力不断增强

2018 年 1 ~ 12 月，上海市保险赔付支出累计 581. 56 亿元，同比增长 5. 94%；共提供风险保障 2 496. 13万亿元。其中，财产险公司提供风险保障 2 306. 66 万亿元；人身险公司提供风险保障 189. 47 万亿元。2018 年，上海保险业为首届进博会提供风险保障 1 800 亿元，支付赔款 218. 18 万元。

4. 开放创新有力推进，支持经济社会发展效果明显

保险开放创新有力推进。一是率先落实国家金融保险业扩大对外开放部署。二是积极服务民生保障与社会治理。率先推进个人税收递延型商业养老保险试点工作，积极开展个人税收优惠型商业健康保险业务和工程质量潜在缺陷保险业务、制订完善巨灾保险试点方案 。三是深入支持科创中心建设。推进“科技贷”“微贷通”等贷款履约保证保险项目和专利综合保险。四是推动上海航运保

险与再保险市场发展。支持上海保交所开发上线再保险交易服务平台，逐步发挥行业基础设施作用。

保险资金支持经济社会发展成效明显。一是保险资金运用规模持续扩大。二是保险资金支持上海经济社会发展取得实效。

5. 互联网保险在低迷中转型，业务结构有所优化

上海地区互联网保险在低迷中转型，呈现以下特点：一是市场整体下滑，产寿公司易位。二是人身险方面，健康险表现亮眼。受监管政策导向影响，互联网寿险深度转型调整，而健康险在互联网渠道却获得快速发展。三是产品方面，碎片化险种异军突起。互联网的发展使得碎片化的保险产品获得了技术支撑，退货运费险、航空延误险等产品获得市场青睐。四是集中度方面，互联网基因的产险公司占据七成江山，人身险银行系公司领跑。银保系人身险公司表现突出，领跑一系列传统公司。五是渠道方面，第三方平台仍居“霸主”地位，自营端快速发展。

（二）上海保险法人机构稳健性评估

1. 资产稳步增长，盈利能力持续提升

2018 年末，上海保险法人机构总资产共计 13 305. 13 亿元，同比增长 16. 18%。2018 年上海保险法人机构共实现利润 214. 28 亿元，同比增长 31. 52%，保持快速增长的局面。

2. 保费收入放缓，保费收入结构不断优化

2018 年，上海保险法人机构实现保费收入 3 244. 56 亿元，同比增长 8. 31%。其中，财产险公司实现保费收入 536. 68 亿元，同比增长 24. 48%；人身险公司实现保费收入 2 885. 88 亿元，同比增长 5. 75%。

从财产险公司来看，车险保费占财产险公司保费收入比重最高，但有所回落；意外险和健康险收入成为财产险公司业务收入构成中仅次于车险的重要组成部分。人身险业务平稳转型发展，保障属性显著增强。健康险继续迅速发展；普通寿险业务增速开始放缓；分红寿险增速加快，占比远超普通寿险。

3. 平均偿付能力充足率保持较高水平，未出现区域性风险

2018 年末，上海法人保险公司偿付能力充足率平均水平较高，其中，16 家财产险公司中 14 家综合偿付充足率超过 200%，19 家人身险公司中 15 家综合偿付能力充足率超过 200%。上海市法人风险整体可控，未出现区域性风险。

4. 保险资金运用稳步增加，资金运用结构保持稳定

2018 年末，上海保险法人机构保险资金运用余额达 11 298. 41 亿元，同比增长 14. 81%；实现投资收益 823. 65 亿元，较上年增长 6. 38%。资金运用结构保持稳定。其中，债券投资、证券投资基金占比分别上升 2. 11 个和 0. 61 个百分点，基础设施投资和上市股票投资占比分别下降了 0. 72 个和 0. 56 个百分点。

（三）上海保险业发展中需要关注的方面

1. 各类保险公司风险防控压力仍然较大

分险种来看，各类机构潜在风险仍然较大。人身险方面，辖内人身险公司、电销中心、银邮代理机构的销售误导、非法经营等现象仍然存在；财产险方面，规范市场秩序方面压力依然很大；中介方面，法人治理流于形式、违规开展互联网保险业务经营等情况较为多发，盲目大量增员也带来

相关风险。

2. 跨领域交叉和案件风险仍然严峻

在打击非法集资活动方面，需防范各种类型的非法集资活动、P2P风险与保险行业自身风险交织进而引发犯罪案件，如P2P不法分子骗取保单贷款资金、签订理财协议。在打击非法商业保险活动方面，需防范无资质第三方网络平台宣传保险产品、无资质业外公司开展保险销售等非法行为。在案件防控方面，需防范在职或离职保险从业人员以非法手段获取客户信息后销售获利、代客户退保、误导客户购买理财产品等违法行为。

3. 互联网保险网络销售平台仍聚集一定风险

在传统领域需重点关注流动性风险，要关注业务转型大背景下人身险公司分支机构满期给付以及非正常退保带来的流动性风险。在新型领域需重点关注互联网保险风险。

五、金融基础设施建设

（一）践行“支付为民”理念，服务实体改善民生

2018年，人民银行上海总部持续推进和完善上海市支付体系建设。落实账户实名制，组织非居民身份信息核查和涉税信息集中报送，优化企业开户服务，提高开户效率。加强非现金支付工具管理，安排部署银行业统一APP建设及其重点行业拓展等工作，提升支付手段应用环境。强化支付清算系统业务功能，发布支付系统自动质押融资业务申请和办理工作的规范性文件，明确要求，逐步扩大支付基础设施服务对象。提升支付机构监管水平，开展支付机构变更审查，加强对支付机构与P2P平台合作的监测，推动上海市支付机构监管信息系统建设，规范支付业务创新和条码业务，清理支付业务发展乱象。严格依法行政，重点围绕突出问题或潜在风险隐患开展经常化、制度化、突击性的执法检查，依托上海市联合整治支付结算重大违法犯罪办公室，加强与公安部门合作，规范支付服务市场。现场检查部根据总行主管司局安排，开展跨地支付结算现场检查。

（二）推动征信体系建设，优化上海金融生态环境

2018年，人民银行上海总部积极参与和推动上海市信用体系建设工作，发挥信用体系建设牵头作用。逐步建立跨行业的信用联合惩戒机制，推动征信系统功能充分发挥。强化信息安全，大力推广自助查询业务，在提升服务效率的同时，组织开展自助查询业务信息安全情况自查和整改。巩固提高数据质量，组织开展征信系统数据质量量化考评、按季度开展个人征信系统数据质量定点监测、开展企业和个人征信系统的异常查询监测工作，进一步加强数据质量管理。着力推进动产融资平台建设，印发指导意见，明确应收账款融资服务平台推广工作要求，宣传应收账款和存款融资服务功能，推动两家核心企业完成平台系统对接。加强评级机构监管，严格开展信用评级机构备案工作、加强对信用评级机构的现场监管、积极推动两类机构信用评级，促进评级市场的健康发展。组织开展形式多样的征信宣传活动，优化上海金融生态环境建设，推动上海在征信系统建设工作中取得新成绩。

（三）推进反洗钱工作深入开展

2018年，人民银行上海总部切实履行反洗钱监督管理职责，全面推行“风险为本”的监管思

路，积极探索反洗钱监管有效模式。完成 FATF 第四轮互评估。将风险评估与分类评级相结合，基本实现对在沪法人金融机构风险评估和分类评级全覆盖。完成对上海市 46 家非银行支付机构、36 家法人银行、34 家期货公司、51 家保险公司和 45 家基金公司的风险评估和分类评级。扩大执法检查覆盖面，严肃查处反洗钱违法违规行为。组织对涉及举报投诉多、查证问题大的支付公司开展执法检查。以风险和问题为导向，以约见谈话、电话质询等方式开展非现场监管，督促义务机构应对洗钱风险和反洗钱问题。上海现场检查部完成了总行布置的 3 项跨地反洗钱检查。着力深化跨部门合作，做好可疑交易甄别分析和重点领域的反洗钱调查、协查。推进社会组织反洗钱工作、上海市房地产业反洗钱工作、协助总行推动上海黄金交易所反洗钱工作。扎实开展反洗钱调查，并以多种形式开展反洗钱的宣传和培训，不断推动上海市反洗钱工作取得新进展。

中国人民银行上海总部金融稳定分析小组

组　长：孙　辉

副组长：饶庆文

成　员（以姓氏笔画为序）：

文善恩　冯润祥　吕进中　朱　沛　吴水平　季家友

姜　威　荣艺华

《上海市金融稳定报告（2019）》编写组

总　纂：饶庆文

统　稿：王　剑　金怡琛

执　笔：金怡琛　周　娟　郑振东

其他参与写作人员（以姓氏笔画为序）：

王　飞　王星宇　刘　欢　刘玉华　刘　斌　向　坚

陈　露　何彬彬　李　倩　李冀申　沈　骏　沈　澍

张　希　林春山　段嘉炜　钱国根　钱　俊　梁伟萍

葛凤毅

特别鸣谢：中国银行保险监督管理委员会上海监管局

中国证券监督管理委员会上海监管局

江苏省金融稳定报告摘要

2018年，江苏经济运行总体平稳、稳中有进，综合实力显著增强，新旧动能持续转换，质量效益稳步提升，就业形势持续向好，物价水平温和上涨，对外贸易持续扩大，财政收入稳步增长，居民收入持续增加，经济社会发展的稳定性协调性明显增强。全省金融机构经营效益和风险控制能力稳步提高，金融基础设施不断完善，金融服务实体经济的效率和安全性提高，整个金融体系呈稳健运行态势。

一、江苏经济

2018年，江苏经济综合实力持续增强，全年实现地区生产总值92 595.4亿元，比上年增长6.7%；就业形势持续向好，年末全省就业人口4 750.9万人，城镇就业人口3 227.5万人，城镇新增就业153万人，城镇登记失业率2.97%；物价水平温和上涨，全年居民消费价格比上年上涨2.3%，其中城市上涨2.3%，农村上涨2.4%；对外贸易持续扩大，全年进出口总额43 802.4亿元，比上年增长9.5%，其中出口总额26 657.7亿元，比上年增长8.4%，进口总额17 144.7亿元，比上年增长11.3%；财政收入稳步增长，全年完成一般公共预算收入8 630.2亿元，同比增长5.6%；居民收入持续增加，全年全省居民人均可支配收入38 096元，较上年增长8.8%。

2018年，江苏企业部门生产经营活动指标总体保持稳定增长势头。工业生产平稳运行，全年规模以上工业增加值比上年增长5.1%，其中轻工业增长3.5%，重工业增长5.5%；固定资产投资比上年增长5.5%。人民银行南京分行开展的2018年第四季度江苏省工业企业家问卷调查和工业景气监测企业财务数据显示：企业生产经营面临多重压力，市场需求疲软态势依旧，企业资金周转状况有所下降，融资获得感和融资成本感受持续改善。调查同时发现，国家出台的一系列扶持小微企业发展的政策效应有所显现。小企业经济增长信心逆势上升，固定资产投资信心止跌回升，中小型企业融资获得感更为明显。

2018年第四季度，人民银行南京分行在全省104个银行网点开展的城镇储户问卷调查结果显示：居民经济增长信心有企稳迹象，就业感受与预期同步回升；物价上涨预期持续温和上升；居民收入感受继续小幅改善，未来收入信心指数有所提升；居民消费情绪、消费信心同步止跌企稳，居民金融投资风险偏好继续保持低位；未来房价上涨预期继续走弱。

经济运行中存在的风险主要表现在以下几个方面。

（一）劳动力供需同步回落，总体基本平衡，但结构性矛盾较为突出，2019年就业形势面临一定压力

据调查了解，2018年尤其是下半年以来，受环保政策趋严导致相关企业被迫关停、贸易摩擦影

响部分企业订单下降等因素影响，企业用工需求有所减少。但由于劳动年龄人口总量不断下降，以及中西部务工人员返乡就业增加导致外来务工人员减少等影响，劳动力市场求职人员减少更多，总体供需基本平衡。1～11月，全省人力资源市场企业用工需求人数同比下降3.36%；进入人力资源市场登记求职者同比下降8.38%；劳动力供给降幅高于需求降幅5.02个百分点。求人倍率比上年同期上升0.06，与上半年基本持平。

实地调研中大部分企业也反映，目前一线普工和技术工招工难还普遍存在，但同时管理岗位以及金融、房地产等行业招聘需求明显减少，高校毕业生就业压力有所上升，就业结构性矛盾进一步显现。与此同时，企业员工稳定性有所下降。另据企业反映，下阶段环保政策持续趋严将对企业经营及用工继续形成较大影响，中美贸易摩擦对用工的影响或有显现，加之社保费压力上升，部分企业考虑适当削减用工量，2019年就业形势面临一定压力。

（二）税收增长形势不容乐观，财政收支平衡面临较大压力

2018年1～12月，江苏地方一般公共预算收入同比增长5.6%。下阶段全省财政收入形势不容乐观，预计2019年全年收入总量将与2018年基本持平。一是宏观经济面临较大的不确定性，房地产、装备制造等税收重点行业增长前景存在隐忧。二是2018年增值税、个人所得税政策调整对2019年影响显著。三是清理降费力度不断加大，非税收入持续下降。此外，在房地产市场明显降温的情况下，以土地出让收入为主的地方基金预算收入也不容乐观。

同时，在中央提出积极的财政政策要加力提效的背景下，一般公共预算支出将保持刚性增长，加之化解地方政府隐性债务的需要，财政收支平衡压力较大。

（三）企业抢出口透支后期需求，出口增长将明显回落

由于前期外部需求总体较旺，加之对美出口“抢跑”效应，2018年以来江苏出口保持较快增长，但近期“抢跑”效应已明显减弱。其中，对美出口增长9.5%，11月当月仅增长0.2%。

2019年出口增长受多因素制约：一是外部需求整体有所走弱。世界主要经济体经济增长预期回落，11月摩根大通全球综合PMI新订单指数为53.2%，较上月低0.3个百分点，自第三季度以来已连续5个月回落。二是中美贸易摩擦的不确定性依然较大。三是2018年企业抢出口透支了2019年的部分需求。据外贸企业反映，部分进口商已囤积半年以上的进货。

此外，还有部分进口企业反映，不仅担心贸易摩擦推高进口成本，更担心部分关键核心设备被列入限售名单，从而对企业生产经营带来不确定性。

二、金融业

（一）银行业

2018年江苏省银行业经营总体稳健。一是资产负债规模不断扩大。截至2018年末，全省银行业金融机构资产总额17.72万亿元，比年初增加1.05万亿元，负债总额15.12万亿元，比年初增加1.90万亿元。二是存贷款余额保持平稳增长。截至2018年末，全省银行业金融机构人民币存款余额13.97万亿元，比年初增加0.98万亿元；贷款余额11.57万亿元，比年初增加1.36万

亿元。三是盈利水平有所上升。2018 年，全省银行业金融机构共实现净利润 2 009. 16 亿元，同比增加 253. 63 亿元。

银行业存在的风险主要表现在以下几个方面。

1. 全省银行业资产质量持续承压

2018 年以来，受多方面因素影响，全省银行业信贷风险不断暴露，虽然银行加大了处置力度，但不良贷款“前清后冒”的现象较为突出，资产质量持续承压。一是省内部分大型企业风险处置进展缓慢，多家银行纷纷下调其贷款形态，对全省银行业信贷资产质量产生了较大影响。二是不良贷款化解处置依然困难。一方面，银行不良处置方式单一，不良核销难度较大。另一方面，金融债权案件即使债权清晰并采取简易的诉讼程序，仍需经过起诉受理、审理准备、开庭审理、判决裁定、执行等多个阶段，导致整体进程缓慢，处置效率较低。

2. 个别大中型企业信用风险持续暴露

2018 年以来，江苏省个别大中型企业特别是民营企业的信用风险持续暴露。出险原因主要有以下几个方面：一是虽然地方政府尽力协调，但个别已出险大企业风险处置进程缓慢。二是在金融监管政策严格、市场融资成本上升的背景下，部分民营企业由于前期大量从事跨业经营、杠杆率过高导致资金链紧绷。三是市场负面舆情和环保整治等引发的外部风险传染至银行信贷领域。

3. 房地产市场结构性风险有所上升

2018 年以来，受房地产市场持续调控影响，全省房地产市场逐步回归理性，新建商品住宅销售面积微增，房地产业贷款余额增幅继续回落。全省房地产市场运行出现分化，结构性风险上升。一是全省房地产市场再现冷热不均迹象。二是曲线流入楼市的杠杆资金仍高位增长。三是部分中小房企资金链风险有所显现。

4. 个别县区级地方政府融资平台的偿债风险需密切关注

随着平台债务进入集中还款期，个别低层级平台偿付压力仍不容忽视。如 2015 年省内部分平台发行了 3 ~5 年期的公司债和信托产品，从 2018 年开始陆续进入还款高峰期。其中由于大部分县区级平台自身缺乏足够的现金流，在融资政策收紧的背景下，偿付风险需密切关注。

（二）证券业

2018 年，江苏证券业在保持平稳健康发展的同时，积极把握住发展机遇，有效防范了市场风险。一是直接融资金额和企业上市数量仍居全国前列。全年全省新增上市公司 20 家，位列全国第一，首发融资 188. 67 亿元，位列全国第二；再融资 45 家，融资额 1 446. 16 亿元，发行债券 276 只，融资额 1 690. 75 亿元。全年融资总额 3 396. 16 亿元，与 2017 年的规模基本持平。新三板定向增发 146 家，融资额 70. 58 亿元。二是法人机构资本实力不断提高，抗风险能力进一步增强。截至 2018 年末，江苏辖内法人证券公司和期货公司净资本总额分别达 1 419. 27 亿元和 41. 7 亿元，营业收入分别达 169. 65 亿元和 15. 85 亿元。

当前证券业面临的风险主要有以下几个方面。

1. 个别上市公司存在退市或暂停上市风险

目前，全省有个别上市公司存在退市或暂停上市风险。如有的因涉嫌重大信息披露违法违规，被中国证监会立案调查；还有因公司生产的狂犬疫苗涉嫌违法犯罪被立案调查、GMP 证书被收回等原因，被深圳证券交易所实施退市风险警示。

2．上市公司股票质押平仓风险形势严峻

据了解，江苏部分上市公司大股东及一致行动人开展了股票质押融资业务。在股票市场持续调整压力下，相关上市公司股价不断下跌，如果发生大量触发平仓线的情况，可能对市场信心造成影响，从而导致股价的进一步下跌，进而发生大股东控制权变更，甚至引发系统性金融风险。

（三）保险业

2018 年，江苏省保险业整体经营较为稳健。全省全年实现保费收入 3 317.28 亿元，同比下降 3.83%，其中财产险保费收入 858.81 亿元，同比增长 5.51%，人身险保费收入 2 458.46 亿元，同比下降 6.72%；全省赔款和给付支出 996.03 亿元，同比增长 1.26%。全省共有省级以上保险公司 106 家，其中财产险公司 43 家，人身险公司 63 家；按资本属性划分，中资 70 家，外资 36 家。

当前，保险业面临的风险主要有以下三个方面。

1．个别人身险公司存在流动性风险隐患

2018 年以来，江苏人身险公司退保呈现高总量、高增长的“双高”态势。进入第三季度，虽然退保高峰已过，且全省保费降幅持续收窄，辖内人身险公司流动性风险整体可控，但个别人身险公司依然存在流动性风险隐患。

2．案件风险防控工作面临较大压力

当前江苏保险案件呈现犯罪主体多元、犯罪类型多样、手段不断翻新的特点。个别公司代理人非法销售理财产品被立案侦查；个别基层保险机构员工涉嫌参与非法集资；个别基层保险机构负责人非法吸收公众资金，涉案资金特别巨大，影响当地机构的正常经营。

三、金融基础设施

（一）支付体系

统筹布局取消银行账户行政许可试点工作。组织泰州地区人民银行、商业银行开展试点工作，试点期间 4 类企业开户数量较上年同期增长 11.05%，业务总量增长合理，未出现异常波动。平均企业开户时间缩短为 1 天，试点成效显著。截至 2018 年末，全省新设企业开户时间显著降低，平均在 1.5 天左右，相关工作走在全国前列，赢得广泛认可。

推动移动便民示范工程建设。在公共交通领域，全省 13 个地市均已实现了公共交通场景的移动支付应用，南京、苏州、无锡已实现地铁全线的移动支付应用，截至 2018 年末，全省已完成 2 569 条公交线路移动支付的上线运行。在公共事业缴费领域，完成 330 个交通罚款缴费点、440 个电费缴费点、1 798 个电信缴费点、222 个办税大厅的机具布放。在医疗、校企园区领域，完成 548 所医院、164 个大学校园、361 个企业园区的移动支付场景应用。

提高农村地区支付服务水平。加快移动支付在农村地区的发展和应用，为广大群众提供多样化、安全、便捷的移动支付服务。截至 2018 年末，辖内共建农村金融综合服务站 12 602 个。2018 年农村金融综合服务站共开展各类宣传活动 13 000 余次，发放宣传资料 149 余万份。

（二）信用环境

协调推进全省信用体系建设。以江苏省企业综合信息管理系统为依托，开展以政策扶持、融资培育和信用创建为主要内容的中小企业信用体系建设工作，截至2018年末，江苏省企业综合系统已为247.4万户企业建立信用档案，入库贷款余额7.2万亿元。深化苏州征信体系实验区建设，指导和推动苏州征信公司创新征信产品促进小微融资，苏州征信平台已接入96家金融机构，日均查询1 197笔，累计为8 971家企业解决5 601.25亿元融资需求，其中2 000余家企业获得了超过122.81亿元的“首贷”资金，1 244家企业累计获得1 176.97亿元信用贷款。

强化部门合作，不断促进农村信用体系建设。截至2018年末，全省累计采集590万农户信用信息5 957万条，4 929户农村合作经济组织信用信息9.7万条；评定青年信用示范户8万户，其中5万信用示范户获得信贷支持294亿元。此外，东海县依托农信系统积极构建1+X局域网络平台，架设22条数据查询专线，52个查询网点，实现乡镇全覆盖，截至2018年末，各涉农金融机构累计为农户及农村经济组织授信47.79亿元，用信46.26亿元。

加强征信系统管理，切实提高征信服务水平。2018年江苏省内人民银行分支机构分别提供企业和个人信用报告查询15.25万笔和500.98万笔，其中，个人查询数量同比增长28.39%；分别受理企业及个人异议18笔和1 044笔，全部得到回复和解决。商业银行代理查询地域扩大至12个地市149个商业银行网点，全省共配备263台自助查询机，累计对外提供个人信用报告查询479.85万次，约占本级查询总量的95.78%，便民惠民服务效果显著提升。全省居民通过互联网平台查询了234.26万笔个人信用报告。

（三）反洗钱

在特定非金融行业监管方面取得新突破。苏州中支、扬州中支、南通中支和盐城中支先行先试，积极牵头与当地司法局制定关于公证行业履行反洗钱义务的相关制度；连云港中支与当地房管局联合印发《连云港市房地产行业反洗钱工作暂行办法》，形成了包括房地产行业大额和可疑交易报告模式、可疑交易监测标准以及与行业主管部门的联合监管机制在内的三项制度创新，强化了对房地产行业的监管威慑。

依托科技创新，提升监管效率。南京分行完成《人民银行南京分行大数据云分析系统》的立项及项目招投标工作，目前已初步完成系统一期开发工作。云分析系统可以对海量数据进行高速灵活的计算和分析，实现业务应用层与大数据存储运算平台的有机融合，达到对反洗钱全方位、高效率、穿透式的监管。

立足考核评级，实施差别化分类监管。全年共对1 974家机构2017年度反洗钱工作情况进行分析评价，并向义务主体通报评价结果，提出整改建议。

（四）金融生态环境建设

紧紧围绕《2016—2020年江苏省县域金融生态环境建设规划》，积极发挥人民银行牵头作用，充分征集省金融稳定工作协调小组各成员单位和主要省级金融机构对各县（市、区）金融生态环境评价意见。印发《江苏省金融稳定工作协调小组办公室关于对全省县域金融生态环境进行评价的通知》（苏金稳办〔2018〕2号），明确评价主要内容，特别是针对当前全省非法集资高发态势，进一步严格一票否决性事件标准。2018 年评定出 20 个 2015—2017 年度金融生态达标县，8 个 2015—2017 年度金融生态优秀县，26 个金融生态创建工作先进单位。对于综合评估排名较为靠后以及排名大幅下降的地区，将向其制发风险提示函，督促相关地区正视存在的具体问题和不足，明确下一步整改方向。

中国人民银行南京分行金融稳定分析小组

主　任：郭新明

副主任：郭大勇

成　员：李湘宁　谢　宁　戴　俊　崔　健　吉祖来

王　铮　仲　彬　陈涤非　董　倩　缪仕国

《江苏省金融稳定报告（2019）》编写组

总　纂：李湘宁

统　稿：缪仕国

执　笔：马军伟　宋　磊　郝雨时

其他参与写作人员：张月梅　高道远　王　凡　王云艺

浙江省金融稳定报告摘要

2018年，浙江省经济保持平稳发展势头，主要经济指标处于合理增长区间，供给侧结构性改革成效显著，结构、效益持续向好，为区域金融稳健运行创造了良好的环境。银行业运行总体平稳，存贷款规模合理适度增长，不良贷款持续“双降”，利润水平快速增长。证券业保持稳健发展，业务量与利润虽有所下降，但资本充足性保持良好，资本市场有效支持实体经济。保险业业务规模平稳增长，服务领域持续拓宽，现代保险经济补偿和风险保障功能有效发挥，服务实体经济能力进一步增长。具有融资功能的非金融机构继续发挥补充作用，湖州、衢州绿色金融改革创新试验区和中国（浙江）自由贸易区纵深发展，温州、丽水、台州、义乌等区域金融改革工作不断深化，金融基础设施持续完善。总体来看，2018年浙江省金融稳定状况良好，但未来面临的形势仍需保持警惕。

一、浙江省经济运行情况

（一）经济运行概况

1. 经济增速处于合理区间，三次产业结构持续优化

2018年，浙江省实现地区生产总值56 197亿元，居全国第4位，同比增长7.1%，快于全国0.5个百分点。人均地区生产总值98 643元。三次产业稳定增长，农业生产总体平稳，规模以上工业增加值增长7.3%，服务业增加值增长7.8%，三次产业的增加值分别为1 967亿元、23 506亿元和30 724亿元，三次产业增加值比例由上年的3.7∶43.0∶53.3调整为3.5∶41.8∶54.7。

2. 投资缓中趋稳，消费平稳增长，出口份额提升

2018年，浙江省固定资产投资比上年增长7.1%，高于全国1.2个百分点。其中，民间投资、高新技术产业投资、交通投资、生态环境和公共设施投资分别增长17.8%、22.6%、25.8%和4.7%。社会消费品零售总额25 008亿元，同比增长9.0%，与全国持平。出口21 182亿元，增长9.0%，出口占全国份额为12.9%，比上年提高0.2个百分点。

3. CPI基本稳定，PPI明显回落

2018年，浙江省居民消费价格（CPI）上涨2.3%，涨幅扩大0.2个百分点。八大类消费品和服务项目价格均上涨，其中，居住类涨幅为3.4%，食品烟酒、医疗保健、教育文化娱乐类涨幅在2.2%～2.6%，生活用品及服务、衣着、交通通信类涨幅在1.0%～1.4%。工业生产者出厂价格（PPI）上涨3.4%，涨幅回落1.4个百分点；购进价格上涨5.1%，涨幅回落4.5个百分点。

4. 数字经济引领转型，供给侧结构性改革深入推进

2018年，浙江省数字经济核心产业增加值5 548亿元，同比增长13.1%，占GDP的9.9%，比

上年同期提升0.4个百分点。传统制造业加快改造提升，全年处置僵尸企业393家。规模以上工业企业产能利用率为81.9%，高于全国的76.5%。规模以上工业企业每百元主营业务收入中的成本为83.8元，低于全国水平。规模以上工业技术（研究）开发费用同比增长29.2%，高于同期主营业务收入增速19.0个百分点。

（二）经济运行中需要关注的问题

1. 工业经济下行压力加大

在外部需求变化、企业经营成本上升、节能降耗限产等多种因素影响下，工业经济面临的下行压力加大。10月浙江省制造业PMI为49.7%，结束连续28个月的扩张态势，12月进一步下降至49.0%，比上年同期回落5.1个百分点。新订单指数为48.5%，为2016年3月以来连续3个月位于收缩区间。

2. 内需拉动经济增长动力不足

从内部需求看，浙江省消费保持总体平稳，而投资受市场预期、要素制约等多重影响，产业投资后劲不足、基础设施投资增长乏力现象已经显现，特别是主要拉动投资增长的房地产投资的形势也在发生变化，保持平稳较快增长的难度加大。从外部需求看，外贸出口存在较大不确定性。由于外贸企业“抢出口”效应，短期内中美贸易摩擦影响有限，随着时间的推移，不利影响会逐步显现。

（三）经济形势展望

展望2019年，浙江省经济供给端向需求端收敛下行的趋势仍将持续，服务业、消费对经济“稳定器”的作用仍在，工业、投资、出口是影响浙江省经济增长的重要变量，三者在较大程度上决定经济走势。预计2019年浙江省经济“缓中趋稳”，上半年经济增速继续回落，下半年随着各项政策效应的不断显现，经济有望企稳，全年增长6.5%左右。

二、银行业

2018年，浙江省银行业运行总体平稳，存贷款规模合理适度增长，不良贷款持续“双降”，利润水平快速增长。从当前情况分析，短期内不良贷款反弹压力较小，但担保链风险、个人杠杆率上升、大型民营企业及大量信用贷款后续风险暴露和不良贷款处置压力不容忽视。

（一）银行业稳健性评估

1. 贷款同比多增，信贷投向持续优化

2018年末，浙江省金融机构本外币各项贷款余额10.6万亿元，同比增长17.2%，增速同比提高6.9个百分点；比年初增加15 501亿元，同比多增7 072亿元。信贷投向呈现“两增一降”特点：一是民营和小微企业贷款增长较快；二是制造业贷款稳步增长；三是个人住房贷款增速下降。

2. 存款增速保持稳定，定期存款比重上升

2018年末，浙江省本外币各项存款余额11.7万亿元，同比增长8.6%，连续8个月维持在8%以上；比年初新增9 192亿元，同比多增1 402亿元。从存款期限看，住户存款和非金融企业存款增量中定期存款占比为54.8%，同比提高26.1个百分点。

3. 金融机构贷款利率总体趋降，利润快速增长

2018 年，浙江省一般贷款加权平均利率为 6.24%，同比上升 0.34 个百分点。企业贷款加权平均利率为 5.55%，低于一般贷款加权平均利率 0.69 个百分点。2018 年，浙江省银行业实现净利润 1 146.72亿元，同比增长 50.12%，连续两年保持高速增长。

4. 不良贷款继续“双降”，资产质量持续向好

2018 年，浙江省信用风险继续保持下降态势，不良贷款连续 10 个季度环比“双降”，银行业整体资产质量继续改善。截至 2018 年末，浙江省不良贷款余额 1 208.85 亿元，比年初减少 269.31 亿元，不良贷款率 1.15%，比年初下降 0.49 个百分点。不良贷款率为近 80 个月（2012 年 4 月末以来）的低点。

5. 中小法人机构经营总体稳健

截至 2018 年末，浙江省中小法人银行业金融机构各项存款 42 311.76 亿元，同比增长 12.47%；各项贷款余额 28 856.26 亿元，同比增长 18.43%。从不良贷款率看，2018 年末，浙江省中小法人银行机构不良贷款余额 353.6 亿元，比年初减少 0.57 亿元；不良贷款率为 1.23%，较年初下降 0.22 个百分点。

（二）银行业运行中需要关注的问题

1. 信用风险隐患不容忽视

2018 年，浙江省经济运行总体平稳运行，但部分区域、企业经营仍然困难。一是部分地区信用风险化解实效有待进一步考证。2018 年，舟山地区银行资产质量持续劣变，舟山加快不良资产处置节奏，主要是不良贷款上挂和重组分类上调，两者合计占比约为 66%，部分信用风险未实质化解，后续防范化解压力犹存。二是个别银行机构风险状况仍不容乐观，2018 年末，仍有 4 家全国性银行不良贷款呈“双升”态势；法人银行机构不良贷款率高于 5% 的机构仍有 3 家村镇银行。

2. 担保链风险仍未完全化解

浙江省是担保圈风险的先发地区，经过几年的努力处置化解，但目前仍有 33.85% 的企业贷款为保证贷款，比 2012 年下半年“两链”风险集中爆发时仅下降 3.5 个百分点。从出险企业来看，担保链风险仍是企业出险的主要原因，2018 年出险企业中有 319 家因担保圈、链风险蔓延导致出险，占比 25.1%，同比下降近 10 个百分点，但仍处于相对高位。

3. 大型企业债务“灰犀牛”风险可能仍将释放

从出险企业情况看，2018 年浙江省出险企业 1 270 家，同比减少 29.9%，但涉及银行贷款 1 313.96亿元，同比增长 38.8%，其中资产规模在 5 亿元（含）以上的出险企业有 94 家，同比增加 18 家。同时，大型企业债券违约、股票质押风险也可能向信贷市场传染。

4. 个人杠杆率上升较快需引起关注

2018 年末，浙江省住户部门杠杆率 75.7%，较 2017 年末大幅上升 10.3 个百分点，居各省市前列。住户部门杠杆率持续上升，主要是个人住房贷款增长较快，浙江省个人购房杠杆率从 2017 年末的 31.7% 上升至 2018 年末的 37%。

（三）银行业发展展望

展望 2019 年，浙江省银行业将继续保持平稳运行，存贷款规模合理适度增长，盈利能力保持较

好水平，信用风险整体呈现趋稳向好态势，短期内不良贷款反弹压力较小，但也要高度关注大型民营企业及大量信用贷款后续风险暴露和不良贷款处置压力。

三、证券业

2018 年，国内股票市场指数持续下行，投资者投资意愿持续下降，再加上 IPO 与股权再融资放缓、并购审核趋严等影响，浙江省内证券经营机构业务量与利润有所下降，资本充足性保持良好，证券期货行业总体保持稳健发展。但上市公司违规经营风险、股权质押风险、私募基金有待规范等值得关注。

（一）证券业稳健性评估

截至 2018 年末，浙江省共有法人证券公司 5 家，证券公司分公司 99 家，证券营业部 991 家，证券投资咨询机构 3 家。期货公司 12 家，期货营业部 222 家。

1. 证券行业经营形势下滑

2018 年，受股票市场震荡行情影响，证券市场客户投资意愿减弱，市场交易量持续下滑，佣金率不断下降，证券经营机构收入大幅下滑，浙江省证券经营机构累计代理交易额 32. 44 万亿元，同比下降 14. 36%。实现手续费收入 70. 25 亿元，同比下降 25. 46%。利润总额 13. 43 亿元，同比下降 57. 63%。

2. 期货行业业务规模有所下降

2018 年，虽然股指期货交易限制制度已经放松，但股指期货交易量回升并不明显，浙江省期货经营机构累计代理交易额 39. 17 万亿元，同比增长 3. 16%。实现手续费收入 17. 09 亿元，同比下降 16. 27%。利润总额 13. 61 亿元，同比下降 24. 97%。12 家期货公司实现营业收入 34. 55 亿元，利润总额 12. 95 亿元。

3. 资本市场有效支持实体经济

截至 2018 年末，浙江省境内上市公司总数 432 家，位居全国第二。新三板挂牌企业 932 家，占全国新三板挂牌企业总数的 8. 72%，位居全国第四；在浙江股权交易中心挂牌企业 6 601 家。2018 年，浙江省新增资本市场融资 2 769. 38 亿元，同比下降 16. 92%。浙江省共有 187 家上市公司实施并购重组 307 次，涉及金额 1 170. 63 亿元。截至 2018 年末，浙江省共有 197 家企业存续公司债券 457 只，存续规模 3 908. 04 亿元。

（二）证券业运行中需要关注的问题

1. 中小上市公司违规经营风险频显

近年来，浙江省内部分上市公司巨额融资，投资扩张过快，财务成本快速上升，但企业利润并未实质增长，导致风险爆发。2018 年，浙江省内金盾股份、尤夫高科等上市公司相继发生风险。

2. 上市公司股权质押风险持续显现

截至 2018 年末，浙江省 432 家上市公司平均质押比例为 19. 99%，质押市值达 3 448. 86 亿元。与全国平均水平相比，浙江上市公司整体股权质押比例偏高。浙江上市公司股权质押比例超过 50% 的企业共有 20 家，占比 4. 63%。8 家公司质押比例超过 60%，其中银亿股份质押比例最高，达

77.38%。104家控股股东“自身质押比例”超过70%，77家超过80%，63家超过90%。141家上市公司股价达到控股股东质押预警线，其中103家达平仓线。

3. 私募基金违法违规行为急需整治

截至2018年末，浙江省完成登记的私募基金管理人2 890家，已备案私募基金8 264只。在行业迅速发展的同时，部分违法违规业务也逐步显现。一是大量机构游离于监管之外。浙江省内相当一部分私募机构未按要求在中国基金业协会登记备案，游离于证券监管部门监管之外。二是违规向非合格投资者募集资金。部分私募基金管理人通过互联网平台或关联方，向投资金额小于100万元的非合格投资者进行募集，再将资金汇集至关联人账户，以关联人的名义购买发行的私募基金产品。三是违规公开宣传推介私募基金。部分私募基金借助网站或互联网理财平台，公开宣传私募基金产品收益、投资标的等信息，违反了私募“不得公开发行”的规定。四是个别私募基金公司违规经营。金诚财富集团风险持续发酵，处置进程较为缓慢。

（三）证券业发展展望

展望2019年，浙江资本市场助力供给侧结构性改革、服务实体经济的能力有望进一步提升，但也面临不小挑战。面对风险与挑战，应把防范风险放在更加突出的位置，高度关注上市公司、公司债券、证券期货经营机构、私募基金等重点领域的风险，提高上市公司质量，提升证券期货经营合规风控水平，切实推动浙江资本市场长期稳定健康发展。

四、保险业

2018年，浙江省保险业业务规模平稳增长，服务领域持续拓宽，现代保险经济补偿和风险保障功能有效发挥，业务结构持续优化。但服务实体经济水平有待提升，财产险公司非车险创新型业务发展风险凸显，中小财险主体生存困难，外部风险防控压力增大。

（一）保险业稳健性评估

1. 财产险公司非车险业务占比继续提高

2018年，浙江省非车险实现保费收入262.7亿元，同比增长26.4%；车险实现保费收入618.2亿元，同比增长4.6%。非车险与车险保费比为29.8:70.2，非车险占比较上年底上升3.9个百分点。

2. 人身险公司业务结构调持续优化

第一，增长动能转为续期驱动。2018年，浙江省续期保费收入852.0亿元，同比增长35%，续期保费占比61.2%，较2017年同期上升14.4个百分点。第二，缴费结构优化。期缴业务成为保费增长的主要驱动，新单期缴率为56.4%，高于全国8.7个百分点，较2017年同期上升11.4个百分点；其中10年期以上新单期缴保费占比27.5%，较2017年同期上升3.3个百分点。

3. 保障功能进一步发挥

一是保障水平快速提高。财产险公司为社会提供风险保障612.1万亿元，同比增长247.7%；签单数量70.6亿件，同比增长10.5%；高频高保障低保费产品大幅增加，其中意外险提供风险保障486.8万亿元，同比增长604.2%。人身险公司为社会提供风险保障53.3万亿元，同比增长66.9%；有效承保人次2.3亿，同比增长15.4%。二是赔付力度持续加大。财产险公司累计赔付支出513.9

亿元，同比增长 15.0%，较 2017 年同期上升 10.3 个百分点。人身险公司累计赔付支出 248.1 亿元，同比增长 20.1%。

（二）保险业运行中需要关注的问题

1. 保险业服务实体经济水平有待提升

一是保险结构有待优化。目前浙江省财险业主要业务仍是车险，占财产险公司保费收入的 70.2%。二是保险公司的专业化程度不够。例如政保合作项目属于符合交叉型业务，一些保险公司缺乏专业人才和基础数据支撑，产品服务创新活动只能停留在浅层次上。

2. 非车险创新型业务发展风险凸显

一是产品定价风险。创新业务没有历史风险数据支撑，只能利用估计成本来推算价格，由此造成纯保费偏差、附加保费不足、总保费不充分定价和盲目价格竞争等风险。二是风险识别能力不足风险。创新业务需要涉足陌生领域，隐藏风险往往难以全面掌握，一旦风险识别和管控能力不足，就会导致风险的传递蔓延。三是理赔服务相对不足。创新业务短期内的业务量增长也给服务带来压力，如果无法从资源投入或技术服务方面加以解决，会给消费者带来负面的消费体验。

3. 中小财险主体生存困难

市场份额和利润都呈现较高的集中度，"马太效应" 显著。一方面是因为财产险行业资本充足度相对较高，大公司准备金充足，竞争优势较为明显；另一方面是因为中小财险公司固定费用占比较高，在规模有限的情况下难以有效摊薄成本。

4. 外部风险防控压力增大

外部风险包括输入型的跨界风险，非保险金融产品多为非正规持牌金融机构发行的产品，具有较强的破坏性和传染性。保险从业人员销售非保险金融产品时用保险公司做信用背书或借用公司职场开展销售，待非保险金融产品风险发生时，易将风险传导到保险公司。此外，2018 年大量 P2P 平台出现兑付难问题，部分风险也存在向保险业渗透的情况，接连引发了消费者投诉事件和舆论负面影响。

（三）保险业发展展望

展望 2019 年，浙江省保险业高质量发展机遇与挑战并存。一是财产险方面，传统车险市场竞争加剧，市场增量有限，浙江省财险业整体车险保费或将进一步下降；二是人身险方面。人身险公司发展模式出现拐点，从被动的风险承担者向主动的风险管理者转变。

五、社会金融活动

2018 年，浙江省小额贷款公司盈利能力明显减弱，典当业发展势头良好，经济效益明显提升，融资性担保业全年亏损扩大。总体上，存在小额贷款公司融资难、典当企业经营风险加大及融资性担保业风险补偿机制缺失等风险隐患。

（一）小额贷款公司稳健性评估

截至 2018 年末，浙江省共有 332 家小额贷款公司，比年初减少 7 家，资产总额 583.7 亿元，同比下降5.9%。融资余额45.6亿元，同比上升27.5%。发放的各项贷款余额684.5亿元，同比下降3.5%，其中50万元以下贷款余额69.38亿元。

从贷款对象看，个人贷款余额436.93亿元（占比68.75%），其中农户贷款余额238.93亿元；企业贷款余额198.61亿元。从贷款发放形式看，保证贷款余额469亿元（占比73.64%）、抵押贷款余额96.44亿元（占比15.14%）、信用贷款余额51.64亿元（占比8.12%）、质押贷款余额19.82亿元（占比1.54%）。从贷款期限看，3个月以内贷款余额61.81亿元（占比9.71%），3~6个月贷款余额207.79亿元（占比32.63%），6~12个月贷款余额284.44亿元（占比44.66%），12个月以上贷款余额82.85亿元（占比13.01%）。从经营效益看，盈利能力较上年上升。2018年，浙江省小额贷款公司营业收入48.98亿元，实现净利润14.3亿元，同比增长4.4%。

（二）典当行稳健性评估

截至2018年末，浙江省共有典当公司501家，较年初新增23家；实收资本总计107.91亿元，资产总额124.58亿元。从浙江省典当公司总体情况看，一是典当总额持续增长，房地产业务保持发展势头。截至2018年末，发放典当总额288.35亿元，同比增长10.85%。其中，房地产抵押典当总额162.75亿元；财产权利质押典当总额67.35亿元；动产质押典当总额58.25亿元。二是典当余额保持平稳增长。截至2018年末，省内典当公司共发生典当业务165 780笔，发放典当余额69.11亿元，同比增长10.15%。三是典当息费率增幅加大，典当收入顺势增长。2018年，浙江省典当利息和综合服务费收入5.52亿元，同比增长22%；综合息费率为1.68%，较上年同期的平均息费率1.41%增长了0.27个百分点，增加业务收入8 024万元；上缴税金7 987万元，同比增长22%；利润总额2.56亿元，同比增长38.37%。全年共有161家公司亏损，比上年同期减少31家，亏损总额4 089万元，比上年同期减亏79万元。四是逾期贷款同比减少。2018年，浙江省有逾期贷款2 657笔，比上年同期减少114笔，逾期贷款总额12.36亿元，同比下降7.89个百分点。逾期款占全部典当余额的19.15%。截至2018年末，浙江省上半年绝当金额（发生额）4 515万元，同比下降52.03%。

（三）融资性担保公司稳健性评估

截至2018年末，浙江省共有融资性担保公司398家，同比增长3.9%。注册资本总额389.7亿元，同比增长4.7%，融资性担保放大倍数为1.77，担保准备金36.2亿元，同比减少39.2%，拨备覆盖率34.2%。浙江省融资性担保公司担保贷款总额1 017.6亿元，同比上升10.4%。从担保风险看，2018年全年代偿率上升较大。浙江省融资性担保公司担保代偿额达37.8亿元，同比增长93.3%，代偿率达4.9%。从经营效益看，全年亏损较大。截至2018年末，浙江省融资性担保公司担保损失额10.3亿元，担保损失率0.88%。

（四）互联网金融稳健性评估

1. 互联网金融专项整治工作情况

2018年，浙江省按照“严控增量、严打违法、严控存量，强化社会稳定、强化舆情管控”的工作部署，采取有效措施，全力应对P2P网络借贷风险情况。积极推广杭州“一企一案一策一专办”的做法，引导机构无风险退出，并全力追赃挽损。

2. 互联网金融运行中需要关注的问题

一是P2P网贷风险存量风险较大，追逃资金手段不足，待偿资金缺口较大，退出时间较为集中等问题，将面临新一轮严峻考验；二是部分互联网资管业务不能按时退出，且存量业务规模较大，杠杆率较高、业务交叉传染性较强，逾期情况不断加剧。

六、金融改革与创新

（一）绿色金融改革

一是构建政策体系。在全国率先制定出台绿色信贷业绩评价实施细则，湖州市、衢州市率先将评价结果纳入宏观审慎评估（MPA）、金融机构综合评价和财政资金竞争性存放评价指标体系。出台推进浙江省绿色金融发展的实施意见，提出三年发展目标和21条举措，完善金融政策措施。二是夯实基础设施。湖州市在全国率先发布绿色企业、绿色银行认定评价等4项标准；衢州市率先制定涵盖传统产业改造的绿色企业和项目认定标准。湖州市上线全国首个绿色金融综合服务平台，衢州市率先开发绿色贷款统计信息管理系统。三是强化能力建设。2018年湖州银行等三家银行成功发行绿色金融债合计10亿元，实现试验区绿色金融债券零的突破。衢州市首创银行“个人碳账户”体系，开展“金融支持畜禽粪污处置和无害化处理”全国专项试点。湖州市、衢州市共发放支绿型再贷款10.5亿元，两市率先实现城商行和农信机构绿色金融事业部制全覆盖。

（二）民营小微企业金融服务改革

一是缓解担保抵（质）押难题。推动信保基金扩容、无形资产抵（质）押扩面增量，推广应收账款融资业务等渠道，进一步扩大民营小微金融服务覆盖面。二是强化信息共享整合。完善功能、复制推广台州小微企业信用信息共享平台。推进台州市取消企业银行账户开户许可证核发试点工作，提升小微企业开户效率。三是拓展融资渠道。推动温州市德力西集团、正泰集团2家民营企业7.2亿元债券项目参与债券融资支持工具，台州市成功发行首单3亿美元海外债。

（三）普惠金融改革

一是用好数字技术，打造普惠金融基础设施。宁波市普惠金融（移动）公共服务平台已整合加载“手机信贷”“金融数据汇”“金融网点通”等13款移动金融应用，成为区域数字普惠金融发展的重要基础设施。丽水市推进信用信息服务平台二期项目开发，扩大信息共享覆盖面。二是加大产品创新力度，唤醒各类“沉睡”资产。丽水市持续深化林权抵押贷款，宁波市推广“船证贷”，“渔民贷”等特色创新产品。

（四）中国（浙江）自贸区、义乌金融专项改革

一是全力支持中国（浙江）自贸区建设。推动人民币国际化示范区建设，2018年舟山市跨境人民币结算量727.90亿元，同比增长近18倍。率先实施资本项目收入结汇支付便利化试点，2018年共办理试点业务22笔、8 841万元。重点支持保税燃料油特色产业发展，支持7家企业完成便利化外汇收支47.21亿美元；帮助和润集团调配外债额度26亿美元、境外放款额度7.8亿美元；完成国

内自贸区首单大宗商品仓单质押融资业务，涉及金额543万元。二是大力推动义乌金融专项改革。推动成立义乌中国小商品城征信有限公司，重点探索创建商贸信用体系，推动贸易金融发展。推动义乌农商行设立浙江省首个外商服务支行，为“一带一路”沿线国家提供跨境人民币金融服务，指导浦发银行率先推出“线路通”跨境人民币结算产品，截至2018年末结算量已超3 000万元。

七、金融基础设施

（一）支付体系稳健性评估

一是支付清算和会计核算系统平稳运行。2018年，浙江省共处理支付系统清算业务15.14亿笔、金额472.2万亿元，同比分别增长36.64%和18.85%，大小额支付系统业务量分别居全国第二、第一位。二是企业账户服务水平显著提高。通过建设辅助管理系统、优化开户流程、开展明察暗访等措施，持续优化企业开户服务，浙江省企业开户时间压缩至3个工作日以内；在台州开展取消企业银行账户许可试点工作，试点工作总体平稳有序，企业开户环节进一步减少，开户效率进一步提高。三是城乡支付服务环境持续优化。2018年，移动支付在电子商务、交通、医疗、旅游、学校、菜场等民生领域等到广泛应用，累计发生手机Pay和二维码交易1.5亿笔，居全国第2位；截至2018年末，浙江省共有银行卡助农服务点2.06万个，全年共办理各类银行卡助农业务2 970万笔、金额317.51亿元。四是支付领域风险整治取得实效。持续开展无证经营支付业务整治，完成25家无证机构的整治；持续推进“断直连”、备付金集中交存工作，法人网络支付机构“断直连”工作进度达99.89%，法人银行机构业务切量进度达96.28%，支付机构客户备付金集中交存比例达97%。

（二）征信体系稳健性评估

2018年，浙江省社会信用环境持续改善。一是征信系统高效运行。浙江省共收录3 870万个自然人和142万户企业及其他经济组织的信用信息，全年累计查询6 314万次。二是征信市场稳步发展。6家企业征信机构累计采集8 198万户企业2.39亿条信息，为3 965家市场主体提供了1.87亿次征信服务；全年完成约3 500笔借款企业、47家小贷公司、154家担保机构的信用评级。三是征信监管力度持续加强。对57家金融机构的204个网点、6家企业征信机构、13家评级机构进行了现场检查，妥善处理信息主体异议、投诉918起。四是地方信用体系建设扎实推进。联合浙江省发改委和省农业农村厅在浙江省12个县创新开展“信用县”创建工作，优化县域信用环境；通过浙江省企业信用信息服务平台采集231.4万户企业1.5亿条信息，为22家金融机构开通用户1万余个；累计为1 101万农户建立信用档案，评定信用农户912万户，对719万农户累计发放贷款2.37万亿元。五是联合奖惩机制日臻完善。推动浙江省工商、省食安、省电信等部门联合惩戒信息的应用，共同构建“守信激励、失信惩戒”的信用约束机制。

（三）反洗钱体系稳健性评估

2018年，浙江省反洗钱、反恐怖融资工作持续推进。一是监管体系持续优化。紧盯经济金融犯罪形势，从机构创新型业务、高风险业务等薄弱环节出发，深入排查机构反洗钱履职情况和新规落实情况。全年共对68家机构开展现场检查，对40多家机构、超100名责任人处以行政处罚2 300余万元。二是严厉打击各类金融违法犯罪行为。积极总结归纳可疑交易特征，强化风险提示，从源头上提升可疑交易报告质量。全年成功推动洗钱罪定罪6起、移送起诉11起，协助公安、国安部门破获多起部督大案要案。三是加强机制建设。依托可疑交易主体信息库，建立异常主体信息共享机制，强化对多家机构报送、多地发生的高危主体的风险排查，全年共排查异常主体63个，为金融机构精准定位异常客户提供有力支持。

八、金融稳定总体评估

2018年，浙江省经济增长平稳，金融业总量合理增长，金融改革与创新不断推进，金融结构相对合理，社会金融活动补充功能继续发挥，金融基础设施较为完善，整体金融稳定状况较好。人民银行杭州中心支行运用区域金融稳定定量评估模型对浙江省2018年区域金融稳定状况进行定量评估，结果显示，总分比2017年减少2分，区域金融稳定状况总体较好。从分项指标看，宏观经济得分较2017年略有减少，主要是国内生产总值增长率、第三产业增加值增长率得分下降；金融机构中银行业、证券业、保险业指标仍表现良好，因此得分继续保持满分，金融总体运行质量和效益保持平稳；金融生态环境得分与2017年持平，区域金融稳定状况总体较好。

中国人民银行杭州中心支行金融稳定分析小组

组　长：殷兴山

副组长：杨　民

成　员（以姓氏笔画为序）：

关　欣　杨仁荣　严春兰　费宪进　蒋仲山　楼　航

《浙江省金融稳定报告（2019）》编写组

总　纂：蒋仲山

统　稿：潘晓斌　陈　静

执　笔（以姓氏笔画为序）：

巴洪涛　王治政　朱培金　吴　翔　吴伟歧　陈　帅

胡虎肇　骆帅韬　薛同锐

安徽省金融稳定报告摘要

2018年，面对复杂多变的外部环境和艰巨繁重的改革发展任务，安徽省在党中央、国务院的坚强领导下，坚持以习近平新时代中国特色社会主义思想为指导，坚持稳中求进工作总基调，持续深化供给侧结构性改革，深入实施五大发展行动计划，全力打好三大攻坚战，经济金融运行总体平稳。但当前宏观经济仍面临较大的下行压力，产业结构不优、新旧动能接续转换不足等问题依然存在，房地产市场发展矛盾有所增多，金融和实体经济的良性循环有待增强，区域金融供给侧结构性改革仍需深化，金融风险隐患不断显现，防范化解金融风险面临较大压力。

一、区域经济运行与金融稳定

2018年，安徽省经济运行总体平稳，高质量发展取得重要进展。初步核算，全年实现地区生产总值（GDP）30 006.8亿元，按可比价格计算，比上年增长8.02%，增速高于全国1.42个百分点。其中，第一产业增加值2 638亿元，增长3.24%，增幅较上年下降0.8个百分点；第二产业增加值13 842.1亿元，增长8.5%，增幅较上年下降0.1个百分点、比全国高2.7个百分点；第三产业增加值13 526.7亿元，增长8.6%，比全国高1个百分点。

（一）区域经济运行情况

1. 经济运行稳中有进，人均生产总值持续增加

2018年，安徽省经济运行基本平稳，主要指标增速保持较快增长区间，经济总量突破3万亿元。按常住人口计算，全年全省人均GDP 47 712元（折合7 210美元），较上年增加4 311元（663美元）。全员劳动生产率68 484元/人，较上年增加6 654元/人。

2. 发展方式加快转变，产业升级成效明显

2018年，全省产业结构调整成效较为明显，生产总值中一、二、三次产业比例由上年的9.5:49:41.5调整为8.8:46.1:45.1。皖江示范区继续领先，合肥经济圈稳中有进，皖北地区发展提速增效。

3. 三大需求平稳增长，内需潜力持续释放

一是消费稳定增长，内部结构持续优化。2018年，全省社会消费品零售总额12 100.1亿元，增长11.6%，增幅较上年略降0.3个百分点。二是投资加速增长，制造业成为重要引擎。2018年，全省固定资产投资增长11.8%，增幅较上年提高0.8个百分点。其中，制造业投资增长33.3%，较上年提高21.8个百分点，对投资增长的贡献率为67.8%。三是对外贸易保持增长，外资开放力度不断提升。2018年，全省进出口总额629.7亿美元，增长16.6%，增幅较上年回落

4.2个百分点，比全国高4个百分点。2018年末来皖投资的境外世界500强企业增加到84家，其中当年新引进4家。

4. 消费价格水平保持稳定，生产价格水平继续回升

2018年，全省居民消费价格上涨2%，比全国高0.1个百分点。全年农业生产资料价格上涨1.5%，较上年涨幅扩大0.2个百分点。工业生产者出厂价格、购进价格两项指标全年分别上涨3%和5.3%。

（二）需要关注的问题

1. 内外部问题交织叠加，贸易环境更趋复杂

2018年，从国际看，全球政治经济格局深度调整，世界经济下行风险加大，国际贸易增长动能减弱，全球金融市场动荡加剧，中美经贸摩擦影响逐渐显现。从国内看，各项改革持续推进，周期性结构性矛盾并存，需求潜力释放制约较多，实体经济仍较困难，经济面临下行压力。

2. 经济下行压力依然存在，区域发展协调性仍有待进一步增强

近年来，全省工业发展增速加快，对经济增长支撑作用突出，但实体经济增长困难依旧较多，企业成本费用下降依然缓慢。全年规模以上工业每百元主营业务收入中主营业务成本85.6元，同比下降0.6元，较全国平均水平高1.72元。与此同时，省内区域经济发展之间的协调性仍有待加强，资源型城市转型存在难度。

3. 房地产市场发展不均衡，非住宅类商品房面临去库存压力

2018年，房地产调控政策力度依旧趋严，重点城市房价热度有所缓解，部分三四线城市房价上升较快，库存结构性矛盾突出，特别是非住宅类商品房去库存压力仍然较大。2018年，全省商品房销售面积10 038.4万平方米，增长9.1%，增速较上年提高0.9个百分点；全省商品房销售额7 077亿元，增长20.6%，增速较上年提高4.1个百分点。

二、非金融部门与金融稳定

（一）非金融部门财务收支情况

1. 政府部门财政收入保持较快增长，财政支出稳步增加

全年财政收入5 363.2亿元，增长10.4%，增幅较上年回落0.7个百分点。其中，地方财政收入3 048.6亿元，增长8.4%，增幅提高3.2个百分点。财政支出6 572亿元，增长5.9%，增幅较上年回落6.4个百分点。

2. 非金融企业部门发展加快，盈利能力显著提升

2018年，全省工业增加值增长9.3%，增幅比全国高3.1个百分点，较上年提高0.3个百分点。其中，规模以上民营工业增加值增长10.4%，增幅高于上年1.4个百分点。全省规模以上工业企业利润增长27.8%，增幅为近7年同期新高，较上年提高8.1个百分点。

3. 住户部门居民收入增速有所加快，消费性支出持续增加

2018年，全省城镇常住居民人均可支配收入34 393元，增长9.7%，增速较上年提高0.2个百分点；农村常住居民人均可支配收入13 996元，增长9.7%，增速较上年提高0.9个百分点。全年城

镇居民人均消费支出增长 3.8%，增幅较上年回落 2 个百分点；农村居民人均消费支出 12 748 元，增长 14.8%，增幅较上年提高 6.8 个百分点。

（二）需关注的问题

1. 政府性债务风险总体可控，但财政收支缺口呈扩大趋势

截至 2018 年末，安徽省待偿还显性债务余额 6 555.7 亿元，低于 6 622.1 亿元的中央限额。但未来地方财政稳健运行面临以下几个不利因素：一是“减税降费”政策不断加码，对地方财力影响不容忽视。二是未来 10 年，全省待偿还显性债务本息中 76.2% 的资金需在 5 年内偿还，地方政府中长期偿债压力较大。三是房地产调控背景下土地流拍、房地产投资降温，相关税收易产生较大波动。从财政收支缺口看，已由 2014 年的 1 000 亿元扩大至 2018 年的 1 209 亿元。

2. “两金”占比提高加大资金制约压力，部分行业产量同比下滑

一是两金占比有所提高。截至 2018 年末，全省规模以上工业企业应收账款和产成品库存“两金”占用 7 303.1 亿元，增长 20.2%；“两金”占流动资金比重为 39.3%，较上年提高 4.1 个百分点，比全国高 5.7 个百分点。“两金”占比提高可能导致企业流动资金趋于紧张，影响经营效益。二是部分行业产量同比有所下降。2018 年，全省规模以上工业统计的主要产品产量中，纯碱下降 56.5%、柴油下降 27.2%、橡胶轮胎外胎下降 21.4%、汽车 14.4%、饮料酒下降 9.7%。

3. 国有企业降杠杆动力不足，部分大型企业杠杆风险突出

一是国有企业负债率相对较高。因规模较大、政府信用背书等有利因素，国有企业资产负债自我约束和外部约束力不强，一些国有企业资产负债率超过或接近 80%。二是部分大型企业杠杆风险突出。据调查，目前全省共有 21 家大型有问题企业，包括民营企业 15 家，国有企业 6 家。企业平均资产负债率 70.7%，其中超过 80% 的企业有 7 家、超过 100% 的企业有 3 家。年末涉及金融机构融资金额合计 296.09 亿元，对外担保余额 126.87 亿元。

4. 住户部门收入分配不均衡，消费支出和债务水平持续攀升

城乡居民收入差距继续波动式扩大，城镇和农村居民绝对收入差距已由 1985 年的 265 元扩大至 2018 年的 20 397 元，相对收入差距（城乡收入比，以农民人均纯收入为 1）由 1985 年的 1.7 扩大到 2018 年的 2.5。同时，居民消费支出和债务负担持续增加，截至 2018 年末，全省个人消费贷款余额较年初增长 23.1%，比全省城镇居民人均可支配收入增速高 14.4 个百分点。

三、金融业与金融稳定

（一）银行业

1. 银行业发展基本情况

（1）资产负债持续扩大，部分同业业务规模明显减少。截至 2018 年末，安徽省银行业金融机构资产总额 6.55 万亿元，同比增长 9.4%，增幅较上年回落 0.9 个百分点；负债余额 6.29 万亿元，同比增长 9.2%，增幅较上年回落 0.9 个百分点。全省银行业同业资产较年初增加 73.5 亿元，其中存放同业款项和买入返售资产分别较年初下降 307.4 亿元和 239.4 亿元，降幅分别达 15.7% 和 33.6%。

（2）存款余额稳定增长，活期存款同比少增。截至 2018 年末，全省银行业本外币合计各项存款

余额5.12万亿元，同比增长11%，基本与上年同期持平，位列全国第2位。受金融市场利率下行趋势影响，活期存款同比少增723.2亿元，定期存款同比多增921.9亿元，主要为住户定期存款同比多增914.4亿元。

（3）各项贷款稳步增长，住户贷款和票据融资增幅明显。截至2018年末，全省银行业本外币合计各项贷款余额3.95亿元，总量居全国第14位；同比增长12.2%，增速较上年回落2.2个百分点。分类别看，住户贷款和票据融资增速较快，年末住户贷款和票据融资较年初分别增加2 690.9亿元和456.4亿元，增幅分别达20.7%和32.9%。

（4）盈利水平增速放缓，成本费用管控能力加强。2018年，受不良贷款增势放缓、拨备增提压力下降以及部分机构投资收益较好等因素影响，全省银行业累计实现利润712.5亿元，同比增长11.8%，增速较上年下降5个百分点。其中，利息净收入同比多增142.9亿元，中间业务收入同比增长4.1%；成本收入比为31%，较上年下降0.6个百分点。

2. 需要关注的问题

（1）不良贷款账面双升，信用风险防控压力较大。截至2018年末，全省银行业不良贷款余额727亿元，同比增加173.8亿元；不良贷款率1.84%，同比上升0.27个百分点。其中，受经济下行压力、监管政策等因素影响，全省地方法人银行不良贷款增加较多，年末不良贷款余额和不良贷款率较年初分别增加169.1亿元和1.1个百分点。部分法人银行下半年通过以物抵债、盘活重组、结息等方式将不良贷款调至“关注类”贷款，化解风险真实性存疑，需防范信用风险回升。

（2）机构期限错配问题仍较突出，非银机构流动性压力增大。全省中长期贷款增速达14.4%，高出各项贷款增速2.2个百分点，而存款增势总体稳定，资金来源中过半为活期、同业、短期理财资金，“短借长用”问题凸显。同时，由于信用风险、股权风险、市场风险交织，部分机构资产负债期限错配的问题有所加重，流动性趋紧，部分法人银行流动性匹配率未达到80%的阶段性监管要求，个别村镇银行关键时点流动性承压。此外，非银机构特别是金融租赁公司、汽车金融公司同业拆入比偏高，流动性风险需高度关注。

（3）银行业利润增速放缓，风险抵补能力有所减弱。受经济下行压力、利率市场化竞争、资产质量下滑等因素影响，全省银行业累计实现税后利润增速同比减少5个百分点。同时，银行风险抵补能力有所减弱，年末全省银行业的拨备覆盖率为135.2%，较年初下降24.9个百分点。特别是法人机构受制于不良贷款增加、资本补充渠道狭窄、非信贷资产回表等因素，资本充足率持续下降。年末全省法人银行业机构资本充足率和核心一级资本充足率分别为12.48%和10.33%，较年初分别下降0.81个和0.53个百分点。

（4）股东及关联方贷款风险突出，股东行为和股权管理仍需规范。从排查情况看，《关于加强非金融企业投资金融机构监管的指导意见》等制度发布以来，安徽省法人银行股东行为有所规范，股权管理逐步改善。目前持有安徽省地方法人银行股份比例在1%以上的非金融企业股东共1 283户，仍存在股东及关联方贷款风险突出，股权质押管理不规范，部分企业多头投资、超比例投资，入股资金来源核查难，部分银行股权结构复杂，股权流转不通畅等问题，股东行为和股权管理有待进一步规范。

（5）房地产贷款集中度较高，地方政府性债务风险仍需关注。房地产金融风险方面，年末全省房地产贷款余额同比增长23.26%，高于全部贷款增速11.06个百分点，占全部余额的比重达37.9%。其中个人住房贷款总量持续走高，个人首付比例上升和房贷利率上浮后居民部门加杠杆趋势仍较明显。同时，在房地产调控背景下，部分区域房地产贷款资产质量有所下滑。地方政府债务风险方面，年末安徽省待偿还显性债务余额低于中央规定限额，政府性债务风险总体可控，但需关注：一是债务集中到期，偿债压力较大；二是需切实防范处置存量债务过程中可能引发新的风险问题。

（二）证券业

1. 证券业发展基本情况

（1）证券期货机构数量稳步增加，交易活跃度有所下降。截至2018年末，安徽省共有2家法人证券公司、45家证券分公司、351家证券营业部；3家法人期货公司、38家期货公司营业部；全年新增5家证券分公司、21家证券营业部和1家期货公司营业部。全年全省证券交易额4.34万亿元，同比下降13.82%，增速较上年下降13.49%；期货经营机构累计代理成交额20.55万亿元。

（2）证券机构资产规模收缩，盈利水平持续回落。至年末，全省证券经营机构总资产5 605.49亿元，同比下降18.47%。全年全省证券营业部累计实现营业收入和利润总额分别为17.01亿元和3.55亿元，同比分别下降25.58%和57.62%，较上年降幅分别收窄2.18个和15.13个百分点。

（3）股票市场融资规模下降，债券市场融资规模持续扩大。2018年，安徽省通过股债并举、公募与私募并重、境内与境外两市并用，着力扩大直接融资规模。全年安徽省上市公司股票市场累计募集资金354.09亿元，同比减少587.91亿元；企业债券融资5 067.68亿元，同比增加116.28亿元。

（4）区域多层次资本市场体系建设稳步推进，场内场外协同发展。至年末，全省共有上市公司103家（主板62家，中小企业板27家，创业板14家），同比增加3家。全省新三板挂牌公司共计339家，家数占全国挂牌公司的3.18%，总股本273.74亿股，居全国省际排名第7位。35家挂牌公司采用做市方式交易，322家采取集合竞价方式交易。此外，区域性股权市场快速发展，年末安徽省股权交易中心共有挂牌企业2 673家，新增814家。

（5）私募基金发展加快，组织形式和类型多样。至年末，全省共有206家私募基金管理人完成备案登记，较年初增加17家。备案私募基金产品758只，较年初增加54只，管理基金净资产3 199.46亿元。

2. 需要关注的问题

（1）证券公司投资积极性不高，风控指标有所下滑。2018年，A股市场震荡下行，股市交投活跃度持续下降，全省证券累计交易额延续近两年的低迷走势，同比下降13.82%。此外，受风控指标修订与经营指标下滑叠加影响，证券公司风险控制指标有所下滑。年末两家法人证券公司合并计算的净资本/净资产为67.56%，同比下降0.1个百分点；风险覆盖率指标（净资本/各项风险准备之和）为196.78%，同比下降26.28个百分点。

（2）期货公司总体风控水平提升，个别机构潜在高杠杆经营风险。2018年，全省3家期货机构净资本/净资产为88.21%，同比上升3.85个百分点；净资本/客户权益指标为21.74%，同比上升2.42个百分点。其中，个别期货机构净资本/客户权益指标仅为14.49%，其高杠杆经营风险和净资本对客户的保障程度需关注。

（3）民营上市公司股权质押比例较高，少数公司爆发债务违约风险。至年末，安徽省有50家民营上市公司进行股权质押业务，平均股权质押比例为22.56%，较全省国有、集体性质上市公司平均股权质押比例高出19.68个百分点。民营上市公司股权质押比例偏高，若股价大幅下降，易触发平仓风险。此外，2018年辖内中弘股份（已退市）、盛运环保两家上市企业相继发生债务违约，暴露出企业在内控管理、财务决策、投资战略等方面存在较大问题。

（4）信用债发行“借新还旧”，部分企业债务风险防范压力加大。2018年，安徽省信用债债券融资呈现出“发债—还债—发债”的阶段性特征，经济下行压力下，少数企业更多依靠借新还旧维持流动性，债券到期存在较大承兑压力，个别企业债券违约风险依然较大。

（三）保险业

1. 保险业发展基本情况

截至2018年末，安徽省共有保险法人机构1家，省级分支机构65家，各类专业中介机构、保险专业中介法人机构和兼业代理机构分别达832家、59家和5 677家，保险从业人员近44万人。全省保险业资产总额1 969.78亿元，同比增长13.63%。全省保险深度和保险密度分别为4.03%和1 913.03元/人，较上年分别提高0.01个百分点和142.61元/人，保险业服务实体经济能力进一步增强。

（1）保费收入增速明显放缓，人身险增速大幅回落。2018年，全省保险业共实现原保费收入1 209.73亿元，同比增长9.26%，增速较上年下降17.11个百分点。其中，财产险业务实现保费收入408.80亿元，同比增长11.61%，较上年下降5.49个百分点；人身险业务实现保费收入800.93亿元，同比增长8.11%，较上年回落23.41个百分点。

（2）各项赔付支出增速放缓，人身险赔付支出为负增长。2018年，全省累计赔款与给付419.24亿元，同比增长5.42%，增速较上年回落5.82个百分点。其中，财产险赔付支出222.77亿元，同比增长19.11%；人身险业务赔付支出196.46亿元，同比下降6.74%，近4年来首次出现负增长。全年累计提供风险保障超过54.22万亿元，较上年增加16.22万亿元。其中，农业保险为农业生产提供风险保障1 267.35亿元，同比增长79.68%；科技保险为高新技术企业提供1 812亿元风险保障。

（3）保险业务结构不断优化，人身险业务继续回归本源。财产险方面，非车险业务多元化发展，保费增速24.6%，高于车险业务15.69个百分点。其中，与国计民生密切相关的农业保险、责任保险原保险保费收入同比分别增长8.61%、31.45%。人身险方面，保障型业务增长较快，意外险和健康险增速分别高于人身险18.4个和36.3个百分点。

2. 需要关注的问题

（1）保险市场集中度持续上升，行业发展有待优化。从行业集中度看，财产险和人身险保费收入排名前5位的保险机构的市场份额分别为80.75%和65.58%，较上年分别提高0.19个和8个百分点。

（2）财产险业务偿付压力加大，人身险保费收入增速放缓。2018年，全省财产险累计赔付支出同比增长19.11%，较上年提高12.28个百分点。人身险公司回归保障本源，业务结构调整深化，全省人身险实现原保费收入同比增速较上年下降23.41个百分点。随着结构调整持续推进，趸交业务规模迅速收缩，期缴业务发展相对缓慢，人身险公司现金流入来源受到限制，已销售的趸交产品陆续进入给付高峰期，易出现资金缺口。

（3）消费者投诉增速超越保费增速，案件风险呈多发态势。2018年全省共收到保险行业有效投诉6 333件，同比增长41.84%，远高于保费增速。监管部门现场检查发现虚列费用和虚挂中介问题突出。全年共上报司法案件42起，涉案金额是上年的2.5倍，案件风险呈现出向重点区域、重点机构、重点人群、重点领域进一步集中的趋势。

四、金融市场与金融稳定

（一）货币市场持续发挥短期头寸调节的重要作用

1. 同业拆借市场快速发展，参与拆借交易的机构数目和种类增多

2018年，安徽省银行间市场累计进行信用拆借2 599笔，成交金额11 016.68亿元，同比增长55.8%。其中，拆入金额10 337.58亿元，拆出金额679.1亿元，累计净融入资金9 658.48亿元。2018年，全省共62家机构参与同业拆借交易，较上年增加2家，涵盖城市商业银行、农村商业银行、证券公司、财务公司、汽车金融公司和金融租赁公司。

2. 债券回购交易持续增长，质押式回购维持短期化趋势

2018年，安徽省共有75家机构参与债券回购市场，累计成交22.66万亿元，同比增长18.34%。其中，质押式回购占回购市场的主导地位，占比为96.34%，较上年提升1.82个百分点；同时，回购市场维持短期化趋势，全年隔夜品种成交量占质押式回购的88.17%。

（二）债券交易和融资活跃度下降

1. 银行间债券交易同比下降，交易机构相对集中

2018年，全省共有72家机构参与现券买卖交易，累计成交24 596笔，成交金额33 203.26亿元，同比下降8.92%。从交易主体看，交易量主要集中在少数机构，全省交易量前两名的机构全年合计成交量占全省的92.94%，同比上升1.14个百分点。

2. 债券融资规模增幅收窄，重点领域债券扶持力度不减

2018年以来，全国债券市场违约事件频发，安徽省债券融资规模在经历多年高速增长之后也开始放缓。2018年安徽省累计发行人民银行管理的各类债券4 405.14亿元，较上年增加160.94亿元，增幅仅为3.8%。其中，发行绿色金融债40亿元，发行信贷资产支持证券159.64亿元。

（三）外汇市场业务总体稳健发展

1. 即期外汇交易增速下行，远期结售汇和掉期交易大幅增长

2018年，全省即期结售汇交易笔数836笔，平盘量为42.99亿美元，同比下降28.72%。其中，买入交易量21.63亿美元，占比50.31%；卖出交易量21.36亿美元，占比49.69%。外币买卖交易笔数203笔，平盘量4.96亿美元，同比增长15.35%；远期结售汇交易笔数103笔，平盘量1.4亿美元，同比增长88.03%；掉期交易笔数156笔，平盘量139.93亿美元，同比增长186.92%。

2. 积极落实"放管服"政策，服务外贸企业能力逐步优化

2018年，外汇管理部门积极试用"货物贸易外汇收支企业名录登记申请书填写辅助工具"，帮助企业方便快捷、准确地填写货物贸易外汇收支企业名录登记申请书，加强企业名录登记管理和业务系统操作要领指导。2018年，全省办理企业名录登记2 130家，完成辅导期企业报告722家，银行

网上业务开户11家。

（四）黄金市场各类业务平稳发展

1. 黄金交易所会员成交量持续萎缩

2018年，安徽省黄金交易所会员累计成交45 348千克，同比下降39.49%。从交易类型看，代理业务累计成交11 689千克，占全部交易量的25.78%。

2. 商业银行黄金代理业务成交量保持较快增长，黄金掉期交易占比较高

2018年，金融机构代理上海黄金交易所交易业务累计成交32 193.7千克，合计成交金额88.2亿元，同比分别增长21.95%和20.67%。从交易品种来看，黄金掉期交易占全省上海黄金交易所代理业务的56.22%。

3. 账户金及黄金租赁业务成交数量有所下降，实物黄金业务及黄金远期业务活跃度有所提升

2018年，账户金业务（包括纸黄金）累计成交58 361.31千克，同比下降25.79%；成交金额156.97亿元，同比增长94.29%。实物黄金累计成交4 946.63千克，同比增长42.49%，占商业银行境内其他黄金业务总量的0.63%；成交金额15.18亿元，同比增长36.51%。黄金租赁业务成交20 626千克，成交金额为56.07亿元，成交量同比下降2.13%，成交金额同比下降3.26%。黄金远期业务成交量为10 136千克，成交金额为27.5亿元，同比分别上升8.52%和5.69%。

（五）利率市场化改革持续推进

1. 企业融资成本保持总体稳定

2018年，加强对安徽省自律机制的指导，引导金融机构努力提升服务效率和水平，加大对民营和小微企业的金融支持。2018年12月，安徽省金融机构贷款加权平均利率为6.02%，其中小微企业贷款加权平均利率水平为6.01%。

2. 持续发挥货币政策工具的价格导向作用，加大对薄弱环节的支持力度

2018年，大力支持民营和小微企业、贫困地区发展，充分利用再贷款、再贴现等货币政策工具，持续发力，精准滴灌，为省内金融机构增加大量“低成本”的可贷资金，有效引导金融扶贫、支持民营小微企业发展。全年安徽省人民银行分支机构累计发放信贷政策支持再贷款170.6亿元、办理再贴现483.6亿元，同比分别增长109.3%和55.0%。

五、地方金融改革与金融稳定

（一）银行业改革稳步推进，服务地方经济发展持续发力

截至2018年末，安徽省共有银行业法人金融机构165家，机构数量与上年持平。其中，城市商业银行1家、民营银行1家、农村商业银行83家、村镇银行66家、资金互助社1家、信托投资公司2家、财务公司6家、汽车金融公司2家、金融租赁公司2家、消费金融公司1家。2018年，全省地方法人银行各项业务稳步发展，整体风险可控，在支农、支小以及普惠金融等方面持续发挥重要作用。至年末，全省地方法人银行业机构资产和负债总额分别达25 225.17亿元和23 086.39亿元，同比分别增长10.38%和10.06%；存、贷款余额分别为16 887.4亿元、12 553.51亿元，同比分别增

长10.01%和17.14%。

（二）证券期货机构稳步发展，区域多层次资本市场建设成效显现

截至2018年末，安徽省共有2家证券法人公司、3家期货法人公司和2家证券投资咨询机构。全年全省实现直接融资5 771.6亿元，位居全国第12位，中部第1位，连续3年在全国排名前移1位。全省新增境内外上市公司7家，实现股票融资433.7亿元，首发上市在审企业13家，上市辅导备案企业80家，新增“新三板”挂牌企业26家，省区域性股权市场挂牌企业1 127家。

（三）政策性农业保险快速发展，服务“三农”能力不断增强

2018年，国元农业保险股份有限公司实现保费收入49.19亿元，同比增长22.12%，增速较上年提升7.82个百分点；保费收入占全省产险市场份额的10.69%，同比提高0.5个百分点。农业保险为农业生产提供风险保障1 267.35亿元，同比增长79.68%。

（四）准金融机构规范中发展，风险管理能力仍待加强

1. 地方准金融控股公司保持平稳发展

国元集团是省属国有独资大型投资控股类企业，控股涉及证券、信托、保险、创投、基金、投资等领域11家子公司，参股徽商银行和4家农村银行业金融机构、省产权交易中心、皖垦种业等。投资领域涵盖证券、信托、保险、银行、期货、股权投资、担保、小额贷款、典当、融资租赁、私募基金、互联网金融等行业。兴泰控股是市属国有独资公司，投资范围涉及银行、证券、保险、信用担保、资产管理、股权交易、信托、基金、融资租赁、典当、创投基金等金融和泛金融领域。

2. 具有融资功能的非金融机构总体稳健发展

截至2018年末，安徽省共有小额贷款公司442家，较上年增加31家，基本实现县区全覆盖；贷款余额428.2亿元，同比增长5.56%。年末全省共有融资性担保机构245家，较上年末减少99家，融资性担保责任余额2 131.99亿元，放大倍数2.56倍，代偿率2.23%。

六、金融基础设施与金融稳定

（一）支付系统运行安全稳健

1. 支付监管力度不断加大

无证机构整治工作趋于常态化，人民银行支付部门要求各金融机构对发现的无证机构线索按即查即报的原则上报，并依照程序开展调查。持续加强收单市场管理。

2. 支付服务深入推进

“云闪付”APP推广力度不断加大，目前全省公交地铁、交通罚没、医疗健康、公共缴费、校企园区等重点支付便民场景实现全面突破。至2018年末，全省云闪付累计注册用户达382.93万，全国排名第9位。2018年前11个月，全省累计发生移动支付交易3 081.03万笔，36.82亿元。

（二）征信体系建设不断完善

1. 征信系统服务应用水平不断提高。至2018年末，人民银行企业征信系统收录的有信贷关系的

全省企业及其他组织21.9万户，个人征信系统收录安徽省自然人4 024.9万人；企业征信系统年累计查询41.6万次，个人征信系统年累计查询1 358.5万次；全省已接入征信系统机构107家，另有81家地方性金融机构已获准接入，全省接入征信系统网点2 981个。

2. 应收账款服务平台不断推广，融资业务发展迅速

截至2018年末，全省共有10 600家机构加入平台，促成融资交易18 232笔，占全国融资总笔数的12%，累计融资5 683亿元，占全国融资总额的6.7%，2018年新增融资1 408亿元；辖内核心大企业与平台达成系统对接意向，有3家完成系统对接，10家签订对接协议；同时新增54条供应链持续在平台开展业务。

（三）反洗钱工作成效显著

1. 持续推进洗钱罪定罪工作

推动6起案件以《刑法》第一百九十一条“洗钱罪”立案侦办，1起案件以“洗钱罪”起诉庭审；3起案件以《刑法》第三百一十二条“掩饰隐瞒犯罪所得及犯罪所得收益罪”宣判。

2. 强化洗钱及其上游犯罪打击力度

全年接收金融机构报送可疑线索68份，移交公安或税务机关线索45份，立案19起；协查案件38起，协破案件15起，涉案金额47.5亿元；协助省、市纪委部门查询涉嫌腐败洗钱案件线索125份，涉及个人881名，单位143家，交易金额88.91亿元；协助破获1起特大P2P非法集资及洗钱案件，涉案金额逾60亿元。建立以“特定指标/模型监测”和“关注人员风险排查”为主导的“双支柱”反恐融资工作机制，指导金额机构发现并成功协破“3·01”涉恐融资专案。

（四）反假货币工作扎实推进

1. 反假货币工作群防群治体系取得突破性进展

在全省多地开展反假货币示范区建设工作，反假货币群防群治工作有序推动。

2. 打击假币违法犯罪专项行动取得成果

专项行动期间，全省破获一批涉假币大要案件，个别案件得到公安部和国务院反假货币工作联席会议办公室表扬，顺利完成全省反假货币社会综合治理考核任务。

七、总体评估与政策建议

（一）总体评估

2018年，安徽省经济平稳发展，供给侧结构性改革持续推进；金融体系稳健运行，防范化解金融风险政策渐次显效。银行业机构资产负债规模不断扩大，存贷款保持快速增长；证券期货业机构业务发展较快，债券融资规模持续增加，区域多层次资本市场建设稳步推进；保险业总体保持良好发展态势，服务领域继续拓宽，保障功能和服务作用进一步发挥。同时，在外部环境日趋复杂、内部结构调整阵痛逐步释放的背景下，区域经济运行过程中周期性、结构性矛盾仍较突出，金融运行中一些潜在的风险可能暴露，维护区域金融稳定面临较大的压力和挑战。

1. 宏观经济方面

全省经济面临较大下行压力，社会消费品零售总额增速小幅回落，高新技术产业和战略性新兴产业增长势头放缓，国际贸易增长动能稍显不足；非住宅类商品房去库存压力较大，结构性矛盾仍需治理。地方政府债务风险总体可控，但财政收支缺口持续扩大、中长期集中偿付压力增加、平台公司市场化转型存在诸多困难；企业应收账款和产成品库存“两金”占比偏高，部分行业产量下滑；住户部门内部收入分配不均衡，消费支出和债务水平不断攀升。

2. 金融业方面

银行业方面，不良贷款账面双升，信用风险防控压力进一步加大；地方法人银行流动性水平和资本充足水平下降，少数机构期限错配和资本拨备缺口问题凸显；股东及关联方贷款风险突出，股东行为和股权管理仍需规范；房地产贷款集中度较高，地方政府债务风险仍需关注。证券业方面，证券公司风控指标有所下滑；期货公司总体风控水平提升，个别机构潜在高杠杆经营风险；民营上市公司股权质押比例较高，平仓压力需警惕；信用债发行“借新还旧”，部分企业债务风险防范压力加大。保险业方面，保险市场集中度持续上升，集中度风险需关注；财产险业务偿付压力加大，人身险保费收入增速放缓；消费者投诉增速超越保费增速，案件风险呈多发态势。

（二）相关政策建议

2019 年要深入贯彻习近平新时代中国特色社会主义思想和党的十九大历次会议、中央经济工作会议等相关精神，坚持以供给侧结构性改革为主线，着力实现中央“六稳”工作目标，协调处理好稳增长、调结构、防风险的关系。特别是在“稳定大局、统筹协调、分类施策、精准拆弹”的方针指导下，继续打好防范化解重大金融风险攻坚战，坚决守住不发生系统性区域性金融风险的底线，切实维护金融体系健康稳定运行。

1. 推动实体经济高质量发展，激发各类市场主体活力

一是持续加大重要领域改革力度，进一步减税降费和清理规范涉企收费，加快释放改革红利，全面支持各类企业发展。二是全力推动产业结构优化升级，依托信息化与工业化的深度融合，加快传统产业的升级改造，大力推动制造业朝信息化、智能化、绿色化和服务化方向发展。三是深入实施创新驱动发展战略，推动关键核心技术克难攻关，加强科技创新、产业创新、企业创新、产品创新，依靠创新技术驱动经济增长。

2. 深化金融供给侧结构性改革，加大重点企业支持力度

一是不断深化金融领域改革。推动市场化债转股与建立现代企业制度、国有企业混合所有制改革等工作相结合，改善企业公司治理，拓宽股权融资渠道，提高直接融资比重，促进多层次资本市场健康发展。二是持续推动金融精准扶贫。进一步完善运用扶贫再贷款发放贷款定价机制，引导贫困地区贷款利率下行，支持贫困人员就业创业。加大产业扶贫金融投入，帮助贫困地区培育扶贫产业，实现信贷与产业扶贫的深度融合。加强金融扶贫政策效果评估，强化相关部门间协作和信息共享，确保政策落细落实。三是重点支持民营小微企业发展。引导金融机构加大对实体经济尤其是对民营企业和小微企业支持力度，着力缓解资本、流动性和利率等方面的约束。同时从使用担保基金、提高不良贷款容忍度、提升多层次资本市场功能等多方面入手，缓解企业融资难、融资贵问题。

3. 引导金融机构合规稳健经营，增强风险防控能力

一是健全银行业金融机构公司治理、内部控制、激励约束等制度安排，严格股东行为和股权管

理，强化资本配置和资产损失拨备制度，切实提高金融机构损失吸收能力和风险管理能力。深化农村金融机构改革，引导其回归本源、服务本地，增强对小微企业、民营企业和“三农”的服务能力。二是推动证券期货业机构加快业务转型和探索场外市场创新，合规有序开展资产管理、股指期货、融资融券、直投等业务创新，不断提升风险管控能力。三是推动保险业机构强化以风险保障为核心的市场定位，加大保障类产品与服务创新，优化保险供给结构，建立科学的发展理念和模式，提升风险管理能力。四是持续推动融资性担保公司、小额贷款公司、典当行等具有融资功能机构规范发展。

4. 坚决打好防范化解重大金融风险攻坚战，充分发挥存款保险早期纠正与处置平台作用

一是加强部门间协调配合，建立健全以“早识别、早预警、早发现、早处置”为核心的一整套金融风险防控机制，持续强化对地方法人金融机构风险、影子银行风险、地方政府债务风险、房地产风险、互联网金融风险、非法集资风险等重点领域的排查力度，不断完善金融风险监测、预警和处置机制。二是深入推进存款保险制度实施工作。继续探索丰富对问题投保机构、关注类投保机构风险警示和早期纠正的有效手段，定期对投保机构早期纠正措施落实情况进行现场督导和跟踪评估；加强问题机构风险的早提示早处置，推动地方政府、监管部门、金融机构大股东等有关方面形成合力，共同防范化解风险。

中国人民银行合肥中心支行金融稳定分析小组

组　长：刘兴亚

副组长：陶　诚

成　员：潘力工　戚　军　赵永红　王　进　金安立　姜世群

　　　　刘应淑　耿光颖　高克洲　陈　琳　闵　洁　王　萍

《安徽省金融稳定报告（2019）》编写组

总　纂：刘兴亚　陶　诚

统　稿：潘力工　梁　斌　季　军

执　笔：王　亮　张媛　居　姗　孟慧燕

其他参与写作人员：

　　　　孙　韦　鲁玉祥　石少功　许平洋　毛瑞丰　徐　愜

　　　　吴晓楠　张　瑜　李飞燕　刘瑛娜　王　娅

福建省金融稳定报告摘要

2018年，面对日益复杂的国内外形势，福建省坚持稳中求进工作总基调，坚持新发展理念，深入推进供给侧结构性改革，产业转型升级加快，经济向高质量发展转变，全省经济增长保持总体平稳、稳中向好态势。金融业总体运行稳健，银行业规模稳步增长，信贷资产质量持续好转；证券业保持健康发展，上市公司质量稳步提升；保险业规模持续扩大，民生保障水平不断提高。金融服务实体经济能力不断增强，全省经济金融运行总体呈现稳中向好的局面。但在外部环境复杂严峻的情况下，全省经济运行面临下行压力，部分企业经营困难较多，金融风险防控面临一定挑战。

一、区域经济运行与金融稳定

（一）区域经济运行总体情况

初步核算，全年全省实现地区生产总值35 804.43亿元，增长8.3%，高于全国平均水平1.5个百分点，经济保持平稳增长。一是产业结构继续改善。第一产业增加值2 379.82亿元，增长3.5%；第二产业增加值17 232.36亿元，增长8.5%；第三产业增加值16 191.86亿元，增长8.8%，三次产业增加值结构由上年的7.56:48.83:43.61调整为6.65:48.13:45.22，第三产业比重持续上升。二是需求结构不断优化。全省社会固定资产投资增长11.5%，增幅高于全国同期5.6个百分点，居全国第4位。民间投资回升明显，全年民间投资增长20.6%，增幅比上年提高2个百分点，对全部固定资产投资增长的贡献率为94.9%，比上年提高15.4个百分点。消费品市场增长平稳，全省实现社会消费品零售总额14 317.43亿元，增长10.8%，增幅比上年回落0.7个百分点。全省进出口总额12 354.29亿元，增长6.6%，增速较上年下滑5.4个百分点，低于全国3.1个百分点，其中，出口7 615.58亿元，增长7.1%；进口4 738.72亿元，增长5.8%。三是财政收支增速平稳。全省一般公共预算总收入5 045.43亿元，增长7.4%，增幅比上年提高0.2个百分点，全省一般公共预算支出4 836.67亿元，增长9.8%。四是居民收入继续增加。全省居民人均可支配收入32 644元，实际增长7.0%；农村居民人均可支配收入17 821元，实际增长7.5%。五是价格指数保持平稳。居民消费价格温和上涨，全年居民消费价格上涨1.5%，涨幅比上年扩大0.3个百分点；工业生产者出厂价格比上年上涨2.8%，涨幅比上年收窄1.3个百分点，涨幅明显回落。六是实体经济转型升级持续推进。全省规模以上高技术制造业增加值增长13.9%，增幅高于上年1.4个百分点，占全省规模以上工业增加值比重为11.3%，比上年提高0.3个百分点。

（二）区域经济运行中值得关注的方面

一是经济运行面临一定下行压力。因居民收入增速放缓、高房价对消费挤出效应凸显等因素叠加影响，居民消费增长面临较大挑战。受中央防范化解地方政府隐性债务风险、房地产调控、企业利润增速放缓、市场信心不足等多方面因素影响，2019 年全省制造业投资、基建投资、房地产投资均面临较大增长压力，投资增长后劲不足，对经济增长难以提供强力支撑。同时受中美贸易摩擦、全球经济增长大概率回调引致的外需不振、东南亚等新兴国家带来的竞争压力加大等影响，加之 2018 年“抢跑”现象透支效应，2019 年全省出口形势不容乐观，部分出口企业经营环境、盈利空间、用工需求等可能面临较大压力。二是部分企业经营困难增多。受国内外经济下行、生产成本上升及利润下降等影响，当前实体经济经营发展困难加剧，企业亏损面有所扩大，2018 年全省规模以上工业企业停减产 4 244 家，占比 24.3%。三是新动能对高质量发展的支撑不够有力。福建新产业新动能尚处于培育发展阶段，高技术产业、装备制造等高端产业发展速度有待提升、产业规模还偏小、产业体系也比较单一。先进制造业与现代服务业融合不够深入，研发投入同全国相比还存在一定差距，技术进步对经济增长的拉动作用仍需进一步加强。

二、金融业与金融稳定

2018 年，全省金融业实现增加值 2 188.01 亿元，同比增长 3.1%，占地区生产总值的 6.1%，实现金融税收收入 532.1 亿元，占全省财政总收入的 10.1%。全省金融业紧紧围绕服务实体经济、防控金融风险、深化金融改革三大任务，加快转变金融发展方式，加强风险防范，努力提高金融对经济发展的支持力度，为高质量发展落实赶超和全年经济社会发展目标的完成提供了有力支撑。

（一）银行业稳定评估

1. 银行业运行情况

一是贷款增速相对平稳，存款增速明显放缓。截至 2018 年末，全省银行业机构资产总额 98 367.5亿元，增长 3.03%，其中，本外币各项贷款余额 46 503.45 亿元，增长 10.99%，各项贷款增速比资产增速高出 7.96 个百分点；负债总额 91 842.33 亿元，增长 2.31%，其中，本外币各项存款余额45 812.94亿元，增长 3.92%，较上年下行 4.97 个百分点。二是法人银行业机构经营总体稳健。全省 137 家地方法人银行业金融机构央行金融机构评级结果总体呈橄榄型分布，评级结果主要分布在3 ~6级，共 116 家、占比 84.67%；第四季度 77 家评级结果和第三季度相比保持不变，占比约 56.2%；38 家评级结果改善，占比约 27.7%。128 家存款保险投保机构整体运行稳健。截至 2018 年末，全省存款保险投保机构资产和负债总额分别为 18 722.54 亿元和 17 148.42 亿元，分别增长 5.44% 和 4.78%；净利润 169.42 亿元，增长 19.23%。三是信贷资产质量明显提升。截至 2018 年末，全省银行业机构不良贷款余额 680.96 亿元，比年初减少 140.86 亿元，不良贷款率 1.46%，同比下降 0.5 个百分点，不良贷款实现“双降”，不良贷款率降至 2014 年第二季度以来的新低，同时，信贷资产分类偏离度明显下降，全省银行机构逾期 90 天以上贷款/不良贷款比例由上年末的 101.36% 降至 85.19%。四是资管业务转型平稳。全省银行机构按照资管新规要求，逐步规范资管业务，不合规产品和业务持续压缩，各类符合规定的新产品有序推出，结构趋于优化。

2. 银行业运行中需要关注的问题

一是信贷资产质量回升向好的基础仍有待夯实。一方面，宏观经济形势的不确定仍可能向微观领域传导，新增银行信贷风险；另一方面，全省关注类贷款余额 1 922.87 亿元、关注类贷款率 4.13%，高于全国平均水平。同时，部分关注类贷款是转贷或以贷收息的问题贷款，未来存在一定劣变风险。二是银行机构流动性风险管理压力仍较大。年末全省本外币余额贷存比为101.5%，比全国高23.8个百分点；全年全省新增中长期贷款占全部新增贷款的68.26%，中长期贷款占比较高，存贷款期限错配仍较明显。同时，部分法人银行存在流动性指标偏离监管要求、批发性融资占比过高、同业负债占比超监管要求等问题；个别法人银行还面临流动性风险与信用风险叠加共振的压力。三是房地产信贷集中度较高。全年全省房地产贷款增长13.95%，高于各项贷款增速2.96个百分点，全年房地产新增贷款占各项贷款增量的38.63%。年末全省房地产贷款占各项贷款30.84%。同时，全省住户部门杠杆率59.88%，比上年末上升2.34个百分点，高于全国平均水平，部分居民在购房时存在违规加杠杆现象。房地产信贷集中度较高，一旦房地产市场形势发生较大变化，将对金融机构风险防控产生较大影响。

（二）证券业稳定评估

1. 证券业运行情况

一是证券期货行业运行总体平稳。截至2018年末，全省法人证券公司总资产1 671.18亿元，净资产440.24亿元、净资本434.68亿元，分别下降1.47%、1.97%和9.39%；营业收入65.15亿元，净利润8.63亿元，分别下降26.62%、65.05%。全省法人期货公司总资产182.88亿元，净利润2.37亿元，分别下降6.29%、24.52%。法人证券公司通过发行公司债券、次级债、短期融资券等方式增强资本实力和抗风险能力。二是上市公司质量持续提升。截至2018年末，全省共有境内上市公司133家，较上年增加1家，总市值14 122.5亿元。辖内（不含厦门，下同）上市公司家数、总股本和总市值分列全国第12、第9和第8位。三是资本市场对外开放持续推进。厦门两岸股权交易中心上线运行“台资板”，对大陆和台湾资本市场对接进行有益的探索；闽台合资金圆统一证券、闽港合资百富证券设立进程加快。

2. 证券业运行中需要关注的问题

一是上市公司风险持续暴露。2018年末全省23家上市公司控股股东股票质押比例超80%，其中15家跌破平仓线。过高的股票质押率可能引发控制权非正常转移、企业正常经营受阻等风险。全省5家上市公司商誉占净资产比例超50%，个别公司占比接近100%，大额商誉减值加大业绩压力，并可能导致股价大幅下行。此外，2018年以来上市公司大股东资金占用呈回潮态势，个别公司出现大股东违规对外担保，非经营性占用上市公司资金的情况。部分上市公司主营业务经营困难，资本市场再融资募集资金使用效率有待进一步提升，个别公司存在退市风险，个别债券存在违约风险。二是机构潜在业务风险，合规风控水平有待提高。全省多个资管计划的投资项目出现违约，部分资管产品具有“资金池”性质，整改难度较大。个别债券项目违约或存在违约风险，处置难度大。此外，证券机构合规内控存在薄弱环节，投行业务尽职履责不到位，合规风控管理尚未实现全覆盖，合规总监、首席风险官和合规风控人员的独立性有待增强。私募机构违法违约失信行为屡禁不止，部分面临募集端刚性兑付压力。三是非法证券活动仍时有发生。非法证券活动整体呈反弹态势，非法投资咨询活动、非法境外期货活动不同程度增加，非法证券期货活动涉众人数增多，新情况、新问题对区域金融稳定造成一定影响。

（三）保险业稳定评估

1. 保险业运行情况

一是保险业规模增长平稳。截至2018年末，全省保险业总资产2 632.45亿元，增长10.69%，累计实现保费收入（指原保险保费收入，下同）1 081.43 亿元，增长 4.78%。其中，财产险保费收入 315.28 亿元，人身险保费收入 766.14 亿元，分别增长 4.62% 和 4.85%。二是保险服务实体经济力度逐步增强。辖内信用保证保险保费收入增长 62%，提供风险保障约 1 900 亿元，其中出口信用险为全省提供收汇风险保障 268.9 亿美元。辖内政策性农业保险提供风险保障逾 3 000 亿元，累计赔款支出近 5 亿元。辖内小贷险累计支持小微企业增信融资 1.75 亿元，保险资金支农支小试点支持新增融资 7 585 万元。三是民生保障水平稳步提升。全省累计承担风险总额 58.51 万亿元，累计赔付支出 346.27 亿元，分别增长 31.65% 和 6.33%。保险密度 2 744.04 元/人，增长 3.98%，保险深度 3.02%。全省城乡大病保险参保人数达 2 339 万，保费收入 9.1 亿元，为 537 万人次报销医疗费用 27.1 亿元。商业健康保险累计赔付支出 50.6 亿元，增长 19.2%。责任保险共提供风险保障达 3.9 万亿元。四是区域特色服务持续推进。全年福建自贸试验区（不含厦门片区）相关保险公司累计实现保费收入 15 亿元，增长 4%。闽台保险合作交流加深，台资保险公司在全省设立各级机构网点 40 家，实现保费 11.1 亿元。泉州金融改革试验区实现保费收入 213.9 亿元，增长 8.4%。

2. 保险业运行中需要关注的问题

一是保险业转型调整面临压力。产险市场竞争激烈，中小产险公司压力相对明显。寿险公司在外部资金面趋紧以及新业务转型困难多重因素影响下，业务结构调整承压。二是保险业风险防控仍应重视。受外部经济环境影响，加上部分保险公司风控能力薄弱，信用保证险经营风险、满期给付退保风险等应高度关注。个别中小产险公司融资性保证保险业务赔付率较高。三是保险服务民营企业发展模式有待升级。民营企业保险业务呈现“风险高、成本高、效益低”特点，仅依靠商业运作可持续性不强，银保、政银保企合作模式有待升级，保险服务民营企业的深度、广度有待拓展。四是保险公司合规经营有待增强。从保险监管部门相关督查工作情况看，福建保险市场非理性竞争不时抬头，销售违规、销售误导、数据不真实等问题，以及虚列费用、虚挂中介等市场乱象仍未得到根治。

三、金融市场运行与金融稳定

（一）金融市场运行状况

1. 货币市场交易活跃

全年全省同业拆借、债券回购、现券交易成交总额 753 166.16 亿元，增长 27.45%。其中，拆借市场成交 54 125.54 亿元，债券回购成交 512 449.73 亿元，现券交易成交 186 590.90 亿元，分别增长 32.33%、22.05% 和 43.31%，拆借市场净流入资金 5 724.86 亿元，债券市场净流入资金 1 883.7 亿元。企业在银行间市场发债融资 1 340.75 亿元，增长 35.88%。票据融资总量 4 576.71 亿元，增长 46.74%，其中，银行承兑汇票未到期金额为 2 879.19 亿元，商业汇票贴现余额 1 697.52 亿元，分别增长 26.84% 和 99.92%。票据贴现加权平均利率 4.4409%，同比下降 27 个基点；转贴现加权平均利率 4.4657%，同比上升 3 个基点。

2. 直接融资规模小幅下降

2018 年，全省境内上市公司、挂牌企业、非上市公司实现直接融资 1 902.98 亿元，同比下降 4.46%。并购重组活跃度有所下降，全年 14 家次上市公司开展并购重组涉及金额 37.66 亿元。场外市场建设深入推进，全省新三板挂牌企业共373家。

3. 外汇收支保持良好态势

全年跨境收支顺差227.82亿美元，增长6.1%，结售汇顺差197.3亿美元，按照可比口径同比增长15.5%。经常项目跨境收支顺差212.21亿美元，增长5%；结售汇顺差197.02亿美元，降低0.7%；贸易跨境收支顺差小于进出口顺差172.28亿美元，增长31.1%，偏离度有所扩大。贸易结汇率为84.3%，贸易售汇率为80.5%，同比分别提高4.6个和7.5个百分点。资本项目总体顺差，全年跨境收支顺差15.61亿美元，同比增长23.9%；结售汇顺差0.28亿美元，按可比口径由上年的逆差转为顺差。

4. 黄金市场交易增速明显放缓

全省银行业金融机构（不含兴业银行）代理上海黄金交易所黄金交易1 875.4亿元，增长3.59%，增速同比下降76个百分点。上海黄金交易所的4家主要会员单位①在上海黄金交易所成交总量（不含个人业务）158.33吨，下降40%，其中，自营量116.04吨，代理量42.29吨，分别下降12.15%和67.9%。

5. 跨境人民币业务增长较快

全省人民币跨境收付金额合计3 433.78亿元，增长30.26%。其中，经常项下人民币跨境收付金额1 223.02亿元，增长30.92%，货物贸易收付金额占比提升2.97%，服务贸易及其他经常项下收付金额分别增长19.11%和12.99%；资本项下人民币跨境收付额2 211.4亿元，增长30.88%，其中跨境直接投资结算607.07亿元，增长40.39%。福建自贸区跨境人民币业务结算量1 509.7亿元，增长17.4%。

（二）金融市场运行中应关注的问题

1. 银行外汇违规行为时有发生

部分银行未能正确把握资金风险与法规风险，一味追求业务创新而忽略合规红线，甚至出现系统性的大面积违规问题；部分银行未根据监管政策要求，及时更新内控制度和系统配置，业务审核流于形式；个别银行甚至存在银企串通违规操作的情况。

2. 具有融资功能的类金融机构经营仍较困难

部分融资性担保机构资本金较低，担保效能下降，风险抵补能力较弱，代偿风险持续上升；部分政策性融资性担保机构平均放大倍数远低于机构的盈亏平衡点的标准。全省小额贷款公司不良贷款持续上升，部分机构拨备覆盖率低于监管标准，风险化解压力大，并传导至金融体系。部分典当公司内部管理和风险防控薄弱，资金流向缺乏有效监督，潜藏安全隐患。

3. 非法金融活动防控压力依然较大

非法金融活动仍然高发，特别是互联网领域非法集资传播快、涉众广、危害大。投资理财、财富管理等新型民间借贷活动快速发展，呈现“互联网＋传销＋非法集资”特点，这类公司通常无实际经营地址，且线上经营的网站服务器IP地址位于境外，难以监管。此外，利用无证机构的“线上钱包”类APP进行的非法套现呈现多发态势，无证支付类APP易被电信诈骗、违法平台等利用，部分无证机构向跨境和新兴领域蔓延。

① 包括兴业银行、紫金矿业集团股份有限公司、福州福辉珠宝有限公司、厦门银行。

四、金融基础设施与金融稳定

（一）支付体系

2018 年，全省支付体系继续保持平稳运行，支付服务环境不断优化。一是支付清算系统安全稳定高效运行。全年全省支付清算系统可用率达到 100%，大额支付系统、小额支付系统业务量分别位居全国第 8 位和第 9 位，网上支付跨行清算系统业务量居全国第 5 位。三大系统业务总金额 290.63 万亿元，支付系统安全稳定运行为全省经济金融活动提供了高效的资金清算服务。二是移动支付便民示范工程建设成效明显。2018 年，全省云闪付 APP 新增注册用户数、有效用户数均位居全国第一。全国率先实现地市公交云闪付全覆盖、移动缴税线上线下全场景应用、水电煤和交警罚没等缴费云闪付全覆盖。三是企业开户服务全面优化。研发上线福建省银政通系统，破解了企业开户服务难题。企业开户平均时长由 3.91 个工作日缩短至 2.03 个工作日。四是实施服务点规范化升级改造成效初显。全国率先开展农村普惠金融服务点标准化、综合化升级改造，升级改造率达 47%，福建农村地区支付服务便捷性和服务点可持续发展能力明显提升。五是支付领域风险防控工作稳妥有序。试点实施涉案银行账户同名管控，稳步推进失效居民身份证信息和非居民身份证件信息核查全国“双试点”，深入落实银行账户实名制。

（二）信用环境

2018 年，全省社会信用体系和社会守信激励、失信惩戒机制建设不断深化，中小微企业和农村信用体系建设持续推进，征信服务经济社会发展和金融稳健运行的作用得到切实的发挥。一是金融信用信息基础数据库稳定运行。截至 2018 年末，金融信用信息基础数据库收录全省企业及其他组织 43.3 万户，企业系统日均查询约 4.35 万次；收录全省自然人数 2 673.76 万人，个人系统日均查询约 26 万次。推广台企台胞征信查询业务，全省累计查询台企台胞在台信用信息情况 210 笔，发放贷款 6 930.5万元。积极推动小微机构接入征信系统，分别有 20 家和 14 家小微机构接入个人和企业征信系统。二是社会信用体系建设工作进一步推进。继续推动福州、厦门、莆田开展国家信用示范城市创建。全省守信激励和失信惩戒的联动机制不断健全，部门协同监管得到加强。充分发挥福建省征信业务综合平台作用，在全国率先与工商部门交换共享信息数据，扩大了福建省涉企信用信息共享覆盖面，为加强政府部门事中事后监管、提高金融系统防范风险能力提供了有力支撑。开通至今，该平台共获得省市场监管局企业数据 51 699 条，为金融机构提供公共信用信息报告查询 1 606 份。全省中小微企业和农村信用体系建设继续推进，截至 2018 年末，全省累计建立小微企业信用档案 113 612 户，其中 27 347 户企业获得银行融资；全省已为 612 万户农户建立信用档案，对已建档的 292 万户农户累计发放贷款 7 738.84 亿元。

（三）反洗钱

2018 年，福建省全面加强反洗钱监管，继续加大打击洗钱力度，有效促进打好防范和化解金融风险攻坚战，着力维护区域金融秩序。一是全面提升反洗钱监管实效，引导金融机构稳健经营，防范金融风险。组织对全省 2 285 家义务机构开展年度分类评级，依法开展风险评估 9 次、质询 59 次、监管走访179次、约见谈话106次，发出监管意见书43份；对44家机构开展反洗钱现场检查，累计处罚金额987.1万元。二是持续推进特定非金融机构反洗钱工作，维护特定非金融行业稳定健康发展。在全国率先推动房地产领域反洗钱监管有效落地，在5个县开展律师行业反洗钱和反恐怖融资监管试点，在全省探索开展“房地产、贵金属、典当、小额贷款公司、社会组织”等行业的洗钱风险评估，全面掌握洗钱风险状况。三是及时提示风险隐患，有效防范和化解洗钱和恐怖融资等风险。全省监测分析报案的地下钱庄、涉税、涉毒、涉贪、涉恐以及非法集资重点可疑交易线索178条。及时引导金融机构开展重点可疑交易监测，有效防范互联网金融风险、“虚拟货币”传销活动等重点风险隐患。四是不断加大洗钱及相关犯罪活动打击力度，净化全省金融生态环境。全年全省推动“洗钱罪”立案9起、起诉5起、判决3起，并形成“快侦、快诉、快判”的良好示范效应。扫黑除恶专项斗争取得阶段性成果，推动全省首例涉黑洗钱案立案侦查。打击利用地下钱庄转移赃款取得新突破，协助破获地下钱庄案件12起，涉案账户交易金额逾310亿元。涉税专项工作成效明显，移送涉税线索21条、协助破案11起，破获案件总金额37.2亿元。

（四）金融司法环境

2018年，福建省金融司法环境进一步优化。福建省高院制定出台加强产权司法保护、服务非公有制经济发展等实施意见，为各类市场主体和企业家创新创业营造良好法治环境。金融和企业破产专业化审判机制进一步完善，“僵尸企业”处置加快。全省共审结金融、借贷案件696 017件、标的总额5 426.11亿元，强制清算与破产案件345件。执行联动和失信惩戒工作全面推进，福建省成为全国唯一对接100家省级联动单位系统的省份，全省共3 075家单位参与执行联动和失信惩戒，公布失信名单20.35万例，限制、惩戒失信被执行人101.72万次。同时，人民银行福州中心支行全面推进法治央行建设，积极开展金融普法，共组织对外金融法治宣传1 681次，发放材料602 478份，接受咨询115 667人次。

（五）金融消费权益保护

2018年，福建省持续畅通金融消费者投诉咨询渠道，不断完善金融消费权益保护咨询投诉处理机制，构建金融消费纠纷多元化解机制。全省人民银行系统共受理金融消费者投诉590件，咨询2 304件，办结率达95%以上。深入开展违法违规金融广告专项治理，组织金融机构签署自律承诺书，建立社区网格化监测机制。推进金融知识教育纳入国民教育体系，在福州市区5所小学，针对五年级学生开设《金融诚信伴我行》课程，提升金融知识普及与教育的针对性和有效性。截至2018年末，全省开展金融教育工作的各类学校498所，授课3 861课时，受教育学生约12.6万人次。同时，以服务实体经济、防控金融风险、深化金融改革为主线，构建金融宣传教育和普法长效机制，全面开展金融安全宣传教育活动，参与宣传的金融机构网点达4 000多个，举办现场宣传7 250场次，发放宣传材料230多万份，受众消费者累计超过370万人次，有效引导社会公众形成正确预期，为全省金融稳定营造了良好的舆论环境。

五、政策建议

（一）贯彻实施稳健货币政策，强化金融支持经济供给侧结构性改革

进一步健全货币政策和宏观审慎政策双支柱调控框架，提高政策的前瞻性、灵活性和针对性，

充分发挥宏观审慎评估政策逆周期调节作用，保持社会融资规模增长与经济发展相适应，创造合理适度货币环境。着力疏通政策传导机制，增强货币信贷政策结构性调整功能，紧紧围绕供给侧结构性改革重点任务，支持福建传统制造业转型升级提质增效和补足新兴产业短板。坚持“有扶有控”原则推进结构性去杠杆，坚决遏制居民部门无须加杠杆，稳妥化解地方政府债务风险，继续做好高负债行业企业降杠杆工作，稳步推进过剩产能和僵尸企业出清，促进产业结构优化和发展动能转换。

（二）着力打好重大风险攻坚战，做好重点领域金融风险预警处置

坚持打好防范化解重大风险攻坚战这一方向不动摇，把防控风险放在更加突出的位置。进一步做好整治金融乱象工作，持续加大金融监管力度，不断强化金融机构合规经营意识，压实金融机构风险防控主体责任。加强对金融机构资产质量、互联网金融、非法金融活动等领域的风险监测和防范，并加强影子银行、房地产金融、地方政府债务风险等的宏观审慎管理，及时预警提示金融风险。进一步加强金融监管协调，补齐监管制度短板，坚持“稳定大局、摸清底数、分类施策、精准拆弹”的原则，有序推进重大风险的处置，守住不发生系统性风险的底线。

（三）加强政策引导，深化民营和小微企业金融服务

结合福建区域经济和产业特色实际，综合运用银行信贷、债券融资、股权融资等各类融资工具和手段，加大对民营企业和小微企业支持力度。引导金融机构结合实际，健全完善内部考核和激励机制，创新金融产品服务，为民营和小微企业提供更具针对性、更充分的金融服务。将短期纾困与促进可持续发展相结合，有效发挥纾困基金、纾困专项债、民营企业股权融资支持计划等各类工具作用，缓解民营企业短期经营和流动性压力；加强货币政策、信贷政策、财税政策、监管政策协调，创造公平融资环境，支持推动民营和小微企业加快转型升级，建立健康可持续的民营和小微金融服务体系。

（四）大力发展普惠和绿色金融，增强金融服务实体经济能力

加快普惠金融体系建设，发挥普惠金融政策引导作用，推动金融机构积极履行社会责任，进一步加强对小微企业、“三农”和偏远地区的金融服务，提升金融服务广度和深度。着力推进金融精准扶贫，充分释放扶贫再贷款的政策示范效应，大力推广“金融+产业扶贫”模式，积极助力精准脱贫目标的完成。推进金融机构践行绿色金融发展理念，着力丰富绿色金融产品和服务体系。探索推进普惠金融和绿色金融试验区建设，聚集政府、金融、社会合力，提升金融服务经济社会转型发展能力。

（五）扩大直接融资，推进福建省多层次资本市场发展

改革完善资本市场基础制度，促进多层次资本市场健康稳定发展。依托自贸区优势，推动福州、厦门两地区域股权交易中心持续发展。加强对大陆与台湾资本市场对接的有益探索。全面贯彻落实科创板及注册制试点改革精神，加强上市后备企业梯队建设，积极支持符合条件的企业选择不同板块、不同路径进入资本市场，强化资本市场服务实体经济发展的作用。

（六）加强金融基础设施建设，优化金融生态环境

推动健全金融相关基础法规，完善各类新兴金融业态管理规范，依法推进金融消费者权益保护工作。进一步加强支付、反洗钱、科技、征信等基础设施建设，提升对金融发展和金融安全的保障水平。加强金融知识普及教育和舆论引导，增强社会公众金融素养和风险识别防范能力，坚决打击非法集资、非法证券期货活动以及恶意逃废债等行为，优化全省金融生态环境。

中国人民银行福州中心支行金融稳定分析小组

组　长：单　强

副组长：杨长岩

成　员：曹桂元　阮玉盼　徐剑波　杨　敏　杨少芬　张　燕
　　　　姚祖明　沈良辉　林　勃　林　震　薛严清

《福建省金融稳定报告（2019）》编写组

总　纂：单　强

统　稿：杨长岩

执　笔：杨　敏　朱　敢　沈理明　林　晖　郑　平　杨吉惠
　　　　郑境辉　江　颖　宋　娟　陈江宁　黄　静

江西省金融稳定报告摘要

一、综述

2018年，江西省深入学习贯彻习近平新时代中国特色社会主义思想和党的十九大精神，认真贯彻落实习近平总书记对江西工作的重要要求，坚持稳中求进工作总基调，贯彻新发展理念，落实高质量发展要求，以供给侧结构性改革为主线，统筹做好稳增长、促改革、调结构、优生态、惠民生、防风险各项工作，江西金融运行稳中向好，金融风险总体可控，但相关金融风险隐患需密切关注和防范。

经济运行稳中有进、稳中提质。2018年，全省生产总值增长8.7%，高于全国水平2.1个百分点，居全国第4位、中部第1位。分产业看，第一产业增加值1 877.3亿元，增长3.4%；第二产业增加值10 250.2亿元，增长8.3%；第三产业增加值9 857.2亿元，增长10.3%。经济保持稳定协调运行，高质量发展起步良好，为金融业平稳发展奠定了坚实基础。

金融业积极助推经济转型升级。2018年，全省金融业实现增加值1 233.8亿元，同比增长6.9%；存款增速位列全国“第一方阵”，贷款余额突破3万亿元大关；社会融资规模5 792.3亿元，占全国比重较上年提高0.2个百分点，居全国第12位、中部第4位。银行业资产负债稳步增长，信贷结构持续优化，机构体系进一步完善，绿色金融、普惠金融改革高位推进。保险业运行总体平稳，法人机构稳步发展。证券业融资效应明显，企业上市“映山红”行动成果丰硕，私募基金管理规模位居中部前列。金融业持续稳健运行，为全省经济平稳较快发展提供有力保障。

融资性准金融机构业务发展不均衡。地方金融监管体制改革有序推进。全省小额贷款公司平稳发展，贷款规模下降。政府融资性担保公司资本实力增强，担保余额进一步提高。典当行业务规模萎缩较大，经营管理难度增加。融资租赁行业规范性增强，商业保理行业总体规模较小。全省融资性准金融机构的总体稳定运行，成为金融体系支持经济发展的重要补充。

金融市场平稳健康运行。债务融资工具发行量创新高，增速位列全国第1位，债券品种更加丰富。债券市场交易量同比增长，收益率整体下行。同业拆借市场交易活跃，利率呈下行趋势。票据业务总量同比增长，资金价格震荡上行。黄金市场需求增长，金价呈下跌趋势。人民币跨境收付继续保持较快增长水平，外汇收支形势呈良好态势。金融市场的平稳有序运行，有力地支持了经济的高质量发展。

金融基础设施建设取得长足进步。全省支付清算系统稳健运行，移动便民工程建设稳步推进；金融消费者投诉妥善处理，反洗钱监管不断加强，金融信息科技建设稳步推进，反假币工作力度进一步加大，各级国库会计业务核算安全运行，农村信用体系建设深入推进，金融服务管理有序推进，金融监管协调和金融风险监测体系逐步健全。金融基础设施的不断健全完善和安全高效运行，为经济金融健康发展提供了重要支撑保障。

根据《江西省金融稳定状况评价办法》，运用综合评价模型进行定量评估分析，2018 年全省金融稳定综合评价得分为 82.1 分，较上年减少 1.7 分，基本符合上述金融稳定状况的定性分析结论，全省金融稳定状况处于稳定的安全区域。

二、区域经济运行与金融稳定

经济发展稳中有进，产业结构不断优化。2018 年，全省生产总值 21 984.8 亿元，增长 8.7%，比上年回落 0.2 个百分点，高于全国水平 2.1 个百分点，稳定在中高速增长区间。三次产业增加值分别增长 3.4%、8.3% 和 10.3%，产业结构由上年同期的 9.2:48.1:42.7 调整为 8.6:46.6:44.8。全省居民人均可支配收入 24 080 元，增长 9.3%，高于全国水平 0.6 个百分点。

产业支撑更加有力，新旧动能转换接续不足。全省规模以上工业增加值增长 8.9%，高于全国水平 2.7 个百分点，增速继续保持在全国第一方阵。新产业、新业态蓬勃发展，高新技术产业、战略性新兴产业增加值分别增长 12.0% 和 11.6%，占规模以上工业的比重分别比上年提高 2.0 个、2.9 个百分点；服务业增速领跑三大产业，软件和信息技术服务业、互联网营业收入分别增长 38.0% 和 78.6%。但与此同时，新旧动能转换接续仍显不足，工业增长主要依靠传统产业拉动，有色、钢铁、建材、石化等基础原材料产业对全省工业利润高增长贡献率超过 60%，航空、智能制造、新能源汽车、电子信息、生物医药等战略性新兴产业总体规模较小，占全省工业比重不到 20%。

需求结构更加优化，经济下行压力依然较大。全省固定资产投资增长 11.1%，比上年回落 1.2 个百分点，高于全国水平 5.2 个百分点。消费市场保持活力，全省社会消费品零售总额 7 566.4 亿元，增长 11.0%，比上年回落 1.3 个百分点，高于全国水平 2.0 个百分点。但与此同时，内外需支撑后劲不足，经济仍面临下行压力。基建、地产、制造业三大投资支柱增长动力减弱；消费供给层次低、居民债务对消费产生挤出效应；对外贸易增速放缓，进出口总额增长 5.1%，比上年回落 9.0 个百分点，低于全国水平 4.6 个百分点。

民生保障更加向好，财政收支平衡矛盾加大。全省就业形势保持稳定，新增城镇就业人口 55.3 万人，完成年度计划的 122.9%；城镇登记失业率 3.4%，低于 4.5% 的控制目标。居民消费价格指数（CPI）2.1%，保持温和上涨，比上年提高 0.1 个百分点。民生投入力度加大，教育、社会保障和就业、城乡社区、医疗卫生与计划生育支出分别增长 11.9%、14.9%、36.2% 和 19.2%。财政收支平衡难度依然加大，一般公共预算收入增长 5.6%，一般公共预算支出增长 10.9%；财政公共预算收支差额为 -3 297.6 亿元，比上年拉大 480.8 亿元。

三、金融业发展与稳定状况

（一）银行业

存贷款总量稳步增加，信贷结构持续优化。2018 年末，全省金融机构本外币各项存款余额 35 290.7亿元，比年初增加 2 755.0 亿元，增长 8.47%，增速列全国第 5 位、中部六省第 2 位。本外币各项贷款余额 30 567.1 亿元，比年初增加 4 665.9 亿元，增长 18.01%，增速列全国第 2 位、中部第 1 位。年末涉农贷款余额增长 18.5%，连续两年高于全省各项贷款平均增速；普惠领域小微企业贷款余额 3 181.9 亿元，同比增加 379.1 亿元；扶贫再贷款余额 149.2 亿元，全年累计发放 119.2 亿元。全年专项支小再贷款、再贴现支持民营企业 925 家、小微企业 5 503 家；江西省小微客户融资服务平台有效需求满足率达 98.7%。全省共发放创业担保贷款 138.9 亿元，带动就业 36.7 万人次；全省先进制造业贷款余额同比增长 43.6%，高新技术产业制造业贷款余额同比增长 56.5%。

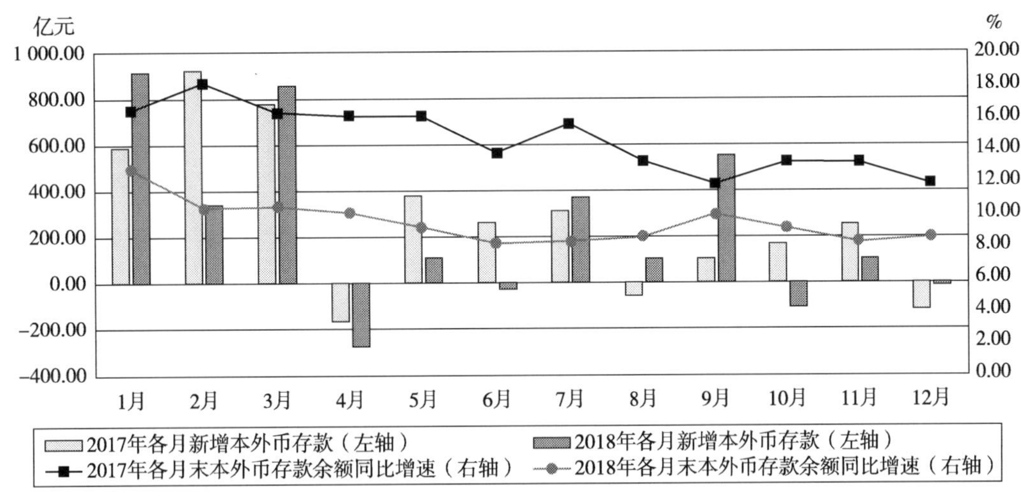

数据来源：中国人民银行南昌中心支行。

图 1　江西省金融机构本外币存款增长变化

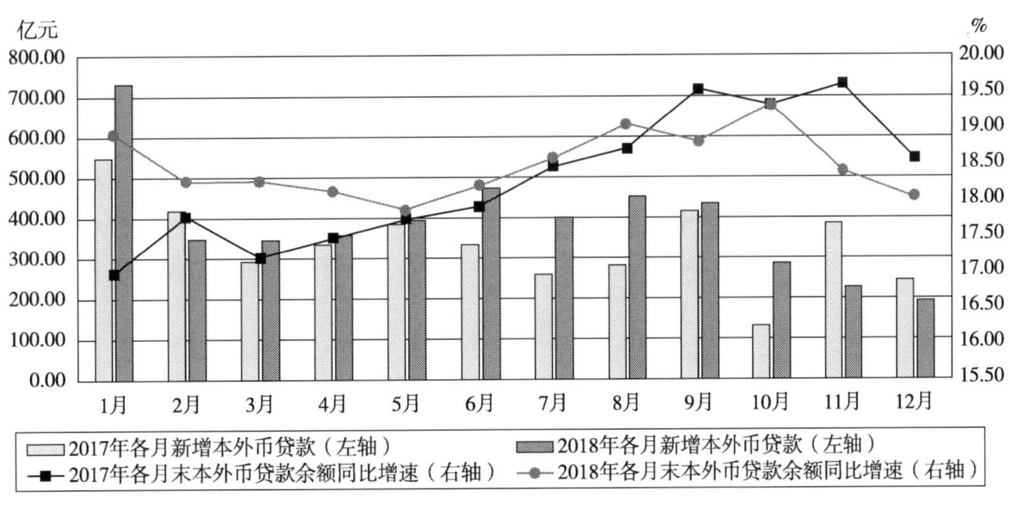

数据来源：中国人民银行南昌中心支行。

图 2　江西省金融机构本外币贷款增长变化

银行体系逐渐壮大，金融改革创新成效明显。2018 年，浙商银行南昌分行获批筹建，江西高速财务有限公司正式开业；省内村镇银行新增 5 家，县域覆盖率达 97.3%；江西银行、九江银行成功在香港联交所主板挂牌上市，实现省内金融机构上市“零”的突破。绿色金融发展加快推进，绿色贷款余额1 560.4亿元，同比增长34.1%，高于各项贷款增速16.1个百分点；全省获批发行绿色金融债70亿元，注册绿色中期票据20亿元；启动赣江新区重点行业企业环境污染责任保险试点，投保企业33家，推出建筑工程绿色综合保险、“蜜桔气象+价格指数保险”和“茶叶气象+价格指数保险”等多个全国首创绿色保险产品；赣江新区绿色金融示范街入驻机构达30家，带动辐射效应初步显现；普惠金融改革成效显著，全省共建成农村普惠金融服务站3 483个，其中贫困村2 902个，贫困村覆盖率达94.9%。

资产负债稳步增长，整体盈利能力有所减弱。2018年末，全省银行业金融机构资产总额46 275.9亿元、负债总额44 236.9亿元，分别同比增长9.2%、8.8%，分别下降4.3个、4.5个百分点；全年实现税后净利润460.06亿元，较上年增长8.2%，低于同期资产规模增速0.98个百分点，较上年同期利润增速下降11.6个百分点。法人银行盈利空间收窄，年度平均资产利润率和资本利润率分别减少0.2个和2.6个百分点。

不良贷款防控压力加大，不良贷款风险相对集中。2018年末，全省银行业金融机构账面不良贷款余额较年初上升40.2%，高于同期贷款增速22.3个百分点。法人银行机构不良贷款风险相对明显，且呈现机构集中和区域集中特征。不良贷款余额占全省不良贷款余额的60.77%，不良贷款率高于全省平均水平2.07个百分点。其中，农村商业银行不良贷款余额和整体不良贷款率均位列全省各类银行第1位，不良贷款率较年初上升2.7个百分点。不良贷款率超过5%的24家法人银行机构中，有75%的机构集中在三个设区市。五个设区市法人机构不良贷款余额占全省法人银行业金融机构不良贷款余额的75.6%。

重点领域风险总体可控，部分领域风险隐患值得关注。全省房地产市场运行总体平稳，互联网金融领域经过集中整治风险下降，理财资金运作在资管新规规范下风险逐步缓释。但一些深层次结构性矛盾和问题有所暴露。主要表现在：法人银行业金融机构整体存贷比较高，年末存贷比达70.4%，较年初上升7.0个百分点。存贷比超过75%的法人银行业金融机构73家，占全省法人银行业金融机构总数的42.4%。部分现金流欠佳的政府融资平台比重抬升，年末现金流一般或欠佳的政府融资平台贷款余额1 982.8亿元，占政府融资平台贷款比重78.4%，比上年同期高8.3个百分点。房地产投资、销售面积、销售额均出现放缓迹象，房地产贷款增速仍处于高位，年末房地产贷款余额增长29.6%，高于全省贷款平均增速11.6个百分点，51.5%的新增贷款投入房地产市场，比上年同期提高2.9个百分点。交叉性金融风险一定程度存在，大型银行对具有政府背景的控股集团争相授信，出现垒大户现象，个别控股集团超杠杆运作。

（二）证券期货业

市场交易仍未回暖，严厉监管措施持续推进。受国内资本市场低位运行等因素影响，2018年全省证券期货分别累计成交41 971.5亿元、19 300.6亿元，分别同比增长-18.3%、8.9%。证券期货机构利润同比大幅下降，全年分别实现净利润1.41亿元、-0.04亿元，分别同比下降-73.5%、-127.1%。监管部门继续保持严厉监管态势，加强风险排查和风险处置，全年共排查辖区上市公司90家次、新三板挂牌公司126家次、证券期货经营机构1 066家次、债券发行人30家次级债券46只、私募机构487家次。积极防范华伍股份、章源钨业2家公司股票质押风险，化解*ST安煤债券回售风险，妥善处置了新三板挂牌公司百乐米业、奥其斯持续经营风险、九州证券分公司代销金融产品违约风险等。在较为严峻的市场环境形势下，较好地维护了辖区资本市场平稳运行。

表 1　　**2018 年江西省证券业主要指标情况**　　单位：万户、%、亿元

	指标	绝对数	增加（增长）
证券市场	投资者资金账户数	635.00	10.82
	证券市场交易额	41 971.52	-18.25
	证券机构净利润	1.41	-73.50
期货市场	投资者账户数	4.93	5.79
	累计交易金额	19 300.64	8.90
	累计实现净利润	-0.038	-127.08

数据来源：江西证监局。

证券融资效应明显，法人机构综合发展实力不强。全省证券期货机构围绕国家产业政策导向，致力服务实体经济，推动实体经济做强做优做大，通过债券帮助 8 家企业融资 78.6 亿元；通过资管产品帮助 13 家企业融资超过 120 亿元；帮助 2 家企业挂牌新三板、3 家企业资产重组、6 家企业定向增发并实现融资 1.7 亿元。但法人证券期货机构实力较弱，合规风控能力有待增强。国盛证券、中航证券净资本分别为 80.3 亿元、40 亿元，均处于行业中下水平。瑞奇期货净资本 2.98 亿元，客户权益 4.4 亿元，在全国 149 家期货公司中排名相对靠后，且公司只有期货经纪业务牌照，尚未取得期货投资咨询、基金销售、资产管理等业务资质，公司利润过度依赖经纪业务收入，经纪业务手续费收入占营业收入的 75% 以上。

多层次资本市场稳步发展，转型升级得到更大支持。全省全年在 A 股实现上市的公司 2 家，1 家上市公司迁入，年末 A 股上市公司达 42 家，在证监会正常审核的企业 4 家，“新三板”挂牌企业 146 家，江西联合股权交易中心挂牌企业 5 100 余家；全年国内（A 股）筹资 42.1 亿元，发行 H 股筹资 162.19 亿港元。上市公司并购重组再融资取得积极进展，国泰集团实施重大资产重组，江西省国资委与华润医药签署战略合作协议。全省在中国证券投资基金业协会登记的私募机构 244 家，同比增加 34 家；备案基金产品 539 只，同比增加 144 只；管理基金 1 353.8 亿元，同比增长 27.1%。私募机构在服务实体经济方面发挥了积极作用，股权创投类和其他类基金管理规模合计 1 300.7 亿元，为城建、基础设施、创新创业和产业升级作出了突出贡献。

（三）保险业

保险行业规模不断扩大，运行情况总体平稳。全省法人保险公司 1 家，省级财产险公司 21 家，均与上年同期持平；省级人身险公司 25 家，同比增加 1 家；资产总额 1 305.39 亿元，同比增长 9.20%。保费收入 753.59 亿元，同比增长 3.60%。其中，财产险实现保费收入 269.90 亿元，同比增长 14.7%，增速排名全国第 9 位。累计赔付支出 264.92 亿元，同比增长 22.20%。保险密度 1 630.4元/人，同比增加 56.3 元/人；保险深度 3.4%，同比下降 0.21 个百分点。

表 2　　**2018 年江西保险公司主要指标简表**　　单位：亿元、%

指标	绝对数	增长
一、原保险保费收入	753.59	3.6
1. 财产险	240.37	12.5
2. 人身险	513.22	-0.1

续表

指标	绝对数	增长
二、赔付支出	264.92	22.2
1. 财产险	127.79	19.5
2. 人身险	137.13	24.8
三、应收保费	27.70	47.6

数据来源：江西银保监局。

非车险快速发展，人身险结构继续优化。财险方面，全省非车险业务发展较快，增速排名继续保持全国前列。全省财产险公司非车险保费收入74.61亿元，同比增长38.3%，高于全国水平8.5个百分点，增速列全国第10位。非车险在财产险中占比27.6%，同比上升4.7个百分点。人身险方面，渠道结构、险种结构、期限结构进一步优化。全省个险渠道实现保费收入占人身险公司保费收入的60.0%，同比提高10.4个百分点；健康险实现保费收入占人身险公司保费收入的22.2%，同比提高5.9个百分点；意外险实现保费收入占人身险公司保费收入的3.6%，同比提高0.8个百分点；新单期交保费收入占人身险公司保费收入的49.5%，同比提高13.4个百分点。

法人机构稳步发展，理赔服务不断完善。法人机构恒邦财险各项业务呈现良好发展态势，公司资产总额27.97亿元，同比增长6.94%；保费收入7.22亿元，同比增长39.21%；非车险保费收入1.34亿元，同比增长50.5%；净利润0.13亿元，同比增长8.33%。此外，公司后台理赔服务质量不断提升。一是结案速度加快。2018年全险种滚动结案率92%，同比提高2个百分点。二是理赔效率提升。案均报案支付周期28.09天，同比减少3.61天；小额案均报案支付周期16.84天，同比减少3.5天；当期查勘时效32.63小时，同比减少19.27小时。三是监管投诉减少。全年“12378”接受投诉累计44件，同比减少73件。四是降赔增效。车险历年制赔付率53.94%，同比下降4.15个百分点。全年打假减损共计212件，累计金额938.1万元；同时加强专票回收，累计已收专票金额5 312.52万元，可抵税额625.07万元。

财产险公司经营效益下滑，人身险公司流动性满期给付和退保仍高位运行。受经济下行压力和市场竞争激烈等因素影响，财产险公司经营效益有所下滑。综合费用率37.4%，同比上升2.5个百分点。此外，受业务结构调整等影响，全省人身险公司新单保费收入占人身险公司保费收入比43.6%，同比下降16.8个百分点。全省满期给付53.97亿元，退保金162.52亿元，实现了双降，分别同比下降了1.6%和1.7%，但退保和满期给付风险仍处高位，需防范其潜在风险。

四、融资性准金融机构发展与稳定状况

小贷公司贷款规模下降，信贷质量堪忧。2018年，部门联动大力开展互联网金融整治工作，部分网络小贷已暂停业务。小额贷款公司数量共174家，其中传统小贷155家，网络小贷19家；注册资本金约239亿元，平均注册资本1.99亿元。累计发放贷款1 702万笔，同比减少2 205万笔；累计发放贷款金额495.5亿元，同比减少52.1亿元，降幅10.5%；贷款余额204亿元，同比减少13.7%。不良贷款15.2亿元，笔数23 550笔，不良贷款率7.5%，同比增长2.1%。

融资担保业务规模扩大，政府性担保主导作用明显。全省共有融资担保和再担保机构146家（其中再担保机构1家，融资担保机构145家），净资产255.5亿元，实收资本213.05亿元，比年初

分别增长20.2%和19.4%；融资担保机构在保余额502.1亿元，较年初增长29.6%；再担保余额21.7亿元，比年初增长265.3%。全省政府性担保机构无论是机构数量、资本实力，还是业务规模占比都实现较快发展，政府性融资担保（含政府出资参股）机构119家，实收资本199.3亿元，分别占全省的82.1%和93.6%；全省共有50家融资担保机构新发生代偿，代偿金额8.5亿元，担保代偿率2.3%，同比增加0.08个百分点，代偿风险虽有所提升，但未发生重大风险事件，总体运行平稳。

典当业务规模萎缩，经营收益出现亏损。全省共有典当行219家（其中，正常经营190家，29家停业），资产总额22.5亿元，负债总额1.1亿元，典当余额9.99亿元（其中动产典当余额2.95亿元，房地产典当余额5.22亿元，财产权利典当余额1.83亿元），贷款逾期率12.2%。部分典当行只能勉强维持运转。从统计数据看，全省典当行注册资本22亿余元，但净利润为-0.06亿元，总体处于亏损状态。

融资租赁规范性增强，商业保理总体规模较小。全省共有融资租赁公司40家，其中，内资融资租赁公司22家，外商投资融资租赁公司18家，资产总额395.6亿元，负债总额336.5亿元；正常经营的融资租赁公司28家（内、外资各14家），部分融资租赁公司已接入商务部建立的全国监管系统。全省商业保理公司15家（其中，正常经营11家，未开展业务的4家），主要分布在南昌、赣州、上饶、吉安等地，资产总额14.7亿元，负债总额7.99亿元。商业保理行业还处于刚刚起步阶段，机构数量和业务规模都较小，存在一些亟待规范的问题。

五、金融市场与金融稳定

信用拆借市场交易活跃，利率同比有所下降。2018年，江西省累计拆借金额13 044.9亿元，同比增长608.9%。其中，拆入5 056.8亿元，同比增加4 613.4亿元；拆出7 988.0亿元，同比增加6 289.2亿元。全年江西省同业拆借交易加权利率2.63%，同比下降16个基点。

债券发行规模继续增大，各类债券均有运用。2018年，江西省非金融企业累计发行各类债券1 134.6亿元，同比增长136.8%。金融债券发行金额70亿元，同比增长14.57%，为九江银行发行的二级资本债券30亿元、绿色债券40亿元。地方政府债发行金额1 082.4亿元，加权平均利率4.0%，其中政府专项债550.9亿元，加权平均利率3.9%；一般债券531.5亿元，加权平均利率4.1%。全省共9家银行机构发行同业存单1 710.8亿元，同比下降29.2%；全年同业存单交易加权利率4.24%，同比下降40个基点。

债券回购和现券交易快速增长，成交利率整体下降。2018年，江西省辖内市场成员累计债券交易量23.71万亿元，同比增长43.47%。市场利率整体稳中有降，全年质押式回购交易利率、现券买卖到期收益率和买断式回购利率同比分别下降22个、77个、57个基点。

票据市场整体平稳，利率总体走高。2018年银行承兑汇票累计签发1 104.9亿元，同比增长17.7%。年末票据贴现余额1 225亿元，比同期增加394亿元；票据再贴现余额117.68亿元，其中小微企业票据再贴现余额95.1亿元，占总再贴现余额比例80.9%，涉农企业票据再贴现余额19.4亿元，占总再贴现余额比例16.4%。全省票据直贴和转贴全年加权利率水平分别为4.7%和4.4%，较上年分别下降0.28个百分点、上升0.23个百分点，票据利率整体呈现走高趋势。

黄金市场交易量稳步增长，法人机构业务单一。2018年，江西省金融机构各类黄金交易累计成交金额349.3亿元，同比增长8.7%，其中国有商业银行省分行累计成交金额327.5亿元，占比93.8%。股份制商业银行最主要的业务品种为个人黄金代理业务，累计成交金额占省内个人黄金代理业务的15.6%。省内法人金融机构仅开展实物黄金业务，累计成交金额0.4亿元。

银行间外汇交易规模快速扩张，美元依然是最主要的交易币种。2018年，江西省市场成员累计发生外汇平盘交易546笔，累计交易量28.5亿美元，同比增长292.9%。分币种看，美元依然是最主要的交易币种，成交额23.6亿美元，占外汇交易总量的82.9%。

人民币跨境收付保持较快增长，外汇收支形势企稳向好。2018年，江西省跨境收支总额和银行结售汇总额分别为445.9亿美元、289.4亿美元，分别同比增长15.1%、22.4%。27家结算银行办理人民币跨境收付金额达355.83亿元，同比增长32.64%，人民币跨境收付占同期本外币跨境收付总额的12.05%，同比上升1.8个百分点。经常项目和资本项目保持双顺差，跨境收支净流入同比增长27.5%，结售汇净结汇同比增长40.2%，地区跨境资金运行总体表现稳健。

六、金融基础设施与金融稳定

金融基础设施建设进一步优化。2018年末，全省人民银行系统“12363热线”呼叫中心共受理有效投诉567笔，办结投诉561笔，办结率达98.9%。创新推出“村委会+”“商铺+”“电商+”等多元化普惠金融服务工作站建站模式，“基础金融服务不出村，综合金融服务不出镇”的服务格局逐步形成。移动便民支付工程稳步推进，地方性银行机构和预付卡支付机构“断直连”工作全面完成，法人支付机构客户备付金100%集中交存。全年推动10起洗钱罪案件判决，连续第二年领跑全国。全力支持打击虚开骗税专项行动，协助查实资金回流7.3亿元，挽回国家税款损失6.3亿元。全年销毁各券别假人民币262 082张（枚），金额1 921.9万元。全省海关接入TIPS系统、关库银横联系统正式上线运行。征信系统累计收录省内企业和其他组织25.7万户、自然人3 093.8万人，接入各类金融机构82家、小额贷款公司94家、融资性担保公司41家。

金融稳定长效机制进一步健全。全面开展金融风险排查，基本掌握全省金融风险状况和主要风险隐患。研究制定重大风险处置预案，协调推动印发《金融风险工作建议责任分工》，明确未来三年金融风险防控总体目标和责任分工。进一步健全区域金融稳定协调合作机制，充分发挥存款保险制度在稳定公众信心、防范和化解金融风险中的作用。开展金融机构房地产金融风险压力测试，做好防范化解政府隐性债务风险工作，妥善处置企业信用债到期违约风险，稳步开展互联网金融风险和交易场所专项整治。建成赣金鹰眼非法集资监测预警平台，采用大数据、云计算等高科技手段实时监测非法集资风险。按季度绘制区域金融风险分布图，密切关注金融机构经营风险和重点企业金融风险，推动金融风险早识别、早预警、早处置。

七、政策建议

推动供需互促共进，加快产业结构优化升级。围绕推动制造业高质量发展，注重利用技术创新和规模效应形成新的竞争优势，重大项目的支持力度。深入开展产融对接，充分满足省属大型企业、成长型科技型企业、省内“专精特新”企业融资需求，推动产业转型升级。加大对航空、电子信息、中医药、装备制造、新能源新材料、虚拟现实（VR）等新兴产业金融支持力度，加快构建具有江西特色的现代化产业体系。健全信贷服务配套政策，设立产业发展基金、贷款风险补偿基金，提升贷款覆盖面。推进赣江新区绿色金融改革创新试验区建设，进一步辐射带动全省绿色金融发展，打造江西绿色金融品牌。按照“一圈引领、两轴驱动、三区协同”① 的区域发展新格局，深化区域协调发展金融服务，深化农业供给侧结构性改革，提高全省发展整体效能。加强乡村振兴金融服务，支持农业农村优先发展，实现农村产业兴旺、生态宜居，促进小农户和现代农业融合发展，稳妥推进农村金融创新。巩固钢铁去产能成果，统筹做好煤炭去产能工作。支持文化、旅游、教育、养老、医疗等重点消费领域加快发展。

严格落实稳健货币政策，有效稳定市场预期。继续做好宏观审慎评估工作，引导辖内金融机构及时补充资本，发挥逆周期调节作用，指导金融机构合理安排信贷投放，稳定总量预期。发挥再贷款、再贴现的结构优化、精准滴灌功能，用好信贷、债券融资支持工具、股权“三支箭”，瞄准小微企业、民营企业资金需求靶心，积极推广运用江西省小微客户融资服务平台，深入推进小微企业应收账款质押融资专项行动，助力小微企业、民营企业纾困。巩固金融精准扶贫服务，深入推进金融扶贫和产业扶贫融合，帮助培育贫困群众市场经济理念，坚持金融支持和风险防范两手抓，促进实现高质量可持续脱贫。落实好“房住不炒”的国家政策，做好房地产金融宏观审慎管理，督促商业银行严格落实差别化住房信贷政策，支持合理自住购房需求，加强对房地产市场信贷监测和调控，稳定住房金融预期。

积极打好防范金融风险攻坚战，守住不发生系统性风险底线。研究制订实施打好防范化解重大金融风险攻坚战三年行动方案。发挥区域金融稳定协调合作机制作用，积极探索建立中央和地方金融监管、风险处置和金融消费者保护等协作机制方面的有益经验，凝聚工作合力，加强信息共享。探索建立金融风险防控中心，加强跨境资金流动监测分析，定期开展人民币资金跨境流动形势分析，密切监测金融机构经营风险和重点企业金融风险，加大信用风险及重点领域金融风险处置和防控力度。修订《江西省金融突发事件应急预案》，增强金融风险处置的针对性、科学性，牢牢守住不发生系统性金融风险的底线。

支持证券期货机构创新发展，推动多层次资本市场发展。鼓励证券期货机构改变过去以经纪业务为主、盲目追求交易量的增长模式，抓住“一带一路”倡议实施、国企改革等历史机遇，大力开拓融资、衍生品等业务，创新盈利模式，提高集约经营和内涵式增长能力。健全实体经济成长扶持机制，开展独角兽企业、瞪羚企业培育行动，推进企业上市“映山红行动”，积极跟进科创板上市工作。充分发挥国资创新发展基金功能，加大股权投资和解困力度，重组并购科技含量高、发展前景好的上市公司。加强发行主体辅导培育，引导其注册发行银行间市场债务融资工具，推动债务融资工具新品种运用，重点推动民营企业债券融资风险缓释凭证的设立。

加快保险市场发展，加强相关风险防控。推动保险公司积极丰富保险产品类型，引导差异化经营。鼓励人身险公司回归保险保障本源，加快业务转型，大力发展风险保障型和长期储蓄性产品，强化中短存续期业务规定等政策执行，持续做好满期给付及退保风险监测。持续加强监管稽核，进一步治理市场乱象，防范非正常退保和群体性事件。

健全地方金融监管制度机制，打击非法金融活动。一是完善监管制度。国家层面尽快出台地方准金融机构监管法律法规，明确其市场定位、准入标准和监管规则。省级层面尽快修订、细化典当

---

① 具体是：以融合一体的大南昌都市圈为引领，以沪昆、京九高铁经济带为驱动轴，以赣南等原中央苏区振兴发展、赣东北开放合作、赣西转型升级为三大协同发展区。

行、融资租赁、商业保理行业监管办法。二是健全监管体制机制。地方金融监管局应加强地方准金融机构的风险监测与评估，健全与人民银行、金融监管部门等沟通协商机制，定期汇总分析评估地方准金融机构风险。三是严厉打击非法金融活动。加强宣传警示教育，加大非法集资、非法金融活动的监测、排查与打击力度，坚决取缔非法金融机构，实现“打早打小”的目标。

夯实金融基础设施，打造良好的金融生态环境。进一步完善支付、征信、科技、反洗钱等基础设施，组织改善农村支付清算环境，努力构建反洗钱监管长效机制，完善企业和个人征信基础数据库，完善城乡网络反假宣传体系建设，积极构建金融突发事件应急管理长效机制，大力发展普惠金融，统一规范全省“农村普惠金融服务站”创建标准和管理要求。

中国人民银行南昌中心支行金融稳定分析小组

组　　长：张智富
副 组 长：郭云喜
成　　员：刘居照　袁新如　朱　锦　左　良　夏春雷　叶莉萍
　　　　　尧云珍　花象清　吕　钢　李　翔　樊　勇　曾省晖
　　　　　郭　斐　黄术生

《江西省金融稳定报告（2019）》编写组

总　　纂：郭云喜
统　　稿：左　良　杨文悦　刘向东　刘晓辉
执　　笔：徐尚朝　丁小红　洪　飞　陈　朗
其他参与写作人员：胡　锐　朱合洪　罗　伟　彭振江　于海滨　熊晓宇
　　　　　吴　俊　肖　忠　吴　琼　李冬平　贾　健　黄　晖
　　　　　吴　筠　林　海　陈　源　李慧瑶　杨李娟　赵兴欣
　　　　　谭　侃　欧阳坚　冷　平　曾　坤　曾　姝　黄春华
　　　　　朱　缀　徐展峰　魏斯怡

特别感谢：中国银行保险监督管理委员会江西监管局
　　　　　中国证券监督管理委员会江西监管局
　　　　　江西省地方金融监管局

山东省金融稳定报告摘要

2018年，山东金融业全面贯彻落实党中央、国务院和省委省政府各项决策部署，区域金融运行总体平稳。全省社会融资规模增速缓中趋稳，贷款余额居全国第4位；实现股票、债券两项直接融资5 180亿元；全年实现保费收入2 960亿元，居全国第3位。但经济金融运行中的结构性矛盾和薄弱环节仍然突出，经济增速面临下行压力，内需增长有所放缓，新旧动能转换“空笼期”问题不容忽视。实体经济运行中的各种矛盾和压力仍继续向金融业传导，大企业担保圈风险依然严峻，不良贷款持续暴露、触底反弹的形势仍不明朗。部分金融机构经营风险较高。非法集资、虚假宣传、违规经营等非法金融活动的风险防控压力依然较大。

一、宏观经济与金融稳定

（一）经济运行基本情况

经济增长总体平稳，动力结构持续优化。2018年，全省实现地区生产总值76 469.7亿元，增长6.4%，回落1.0个百分点。三次产业比例6.5∶44.0∶49.5，“三二一”产业结构持续巩固。

投资外贸增速趋缓，消费拉动效果明显。固定资产投资增长4.1%，回落3.2个百分点；社会消费品零售总额增长8.8%，最终消费对经济增长的贡献提高1.2个百分点；进出口总额增长7.7%，回落7.5个百分点。

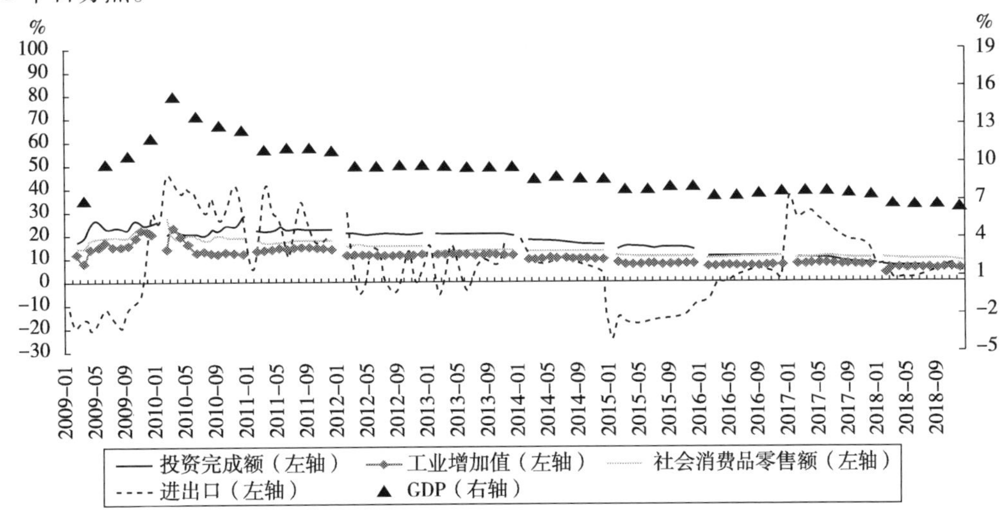

数据来源：山东省统计局。

图1　2009—2018年山东省主要经济指标月度增速变动

新兴动能快速成长，转型升级成效显著。工业结构迈向中高端，装备制造业、高技术产业增加值增长7.5%、9.6%。服务业投资增长7.1%，占固定资产投资比重提高10.3个百分点。

供给侧结构性改革扎实推进，质量效益稳步提升。主要过剩行业生产低位徘徊，水泥产量下降0.7%，生铁和粗钢产量低速增长；年末待售面积下降19.0%；规模以上工业每百元主营业务收入成本减少0.59元，利润增长10.3%；产成品存货周转天数减少0.4天。

财政收支平稳增长，民生保障更加有力。地方一般公共预算收入增长6.3%；一般公共预算支出增长9.1%。城镇新增就业136.8万人，增长6.7%；城镇登记失业率3.35%，下降0.05个百分点。

居民收入稳步增加，物价水平总体稳定。居民人均可支配收入增长9.1%，提高0.9个百分点。居民消费价格上涨2.5%，提高1个百分点。

（二）经济运行中存在的突出问题

经济发展内生动力依然不足，传统产业“势弱力减”和新经济“势强力弱”交织并存。民间投资持续低位，利用外资增长后劲不足；地方政府隐性债务清排与显性债务偿付叠加，基建投资受到限制；贸易摩擦依然维持高位，外贸增长面临较多不利因素；融资结构问题突出，间接融资效率下降，直接融资增速趋缓。

（三）经济运行对金融稳定的影响

金融风险呈高发态势，防控形势十分严峻，部分领域和地区风险较为突出。一般企业贷款增速放缓，融资环境收紧导致企业信用风险加速暴露，不良贷款余额和增量居全国首位。财政新规对政府融资平台和金融机构信贷投放影响明显，部分项目转型难度较大；一些优质的中小民企、瞪羚企业运用债券市场融资的能力尚弱，中低评级的民营企业发行债券难度和成本不断上升。

二、金融业与金融稳定

（一）银行业

1. 总体运行状况

（1）资产负债规模平稳增长。截至2018年末，全省银行业机构资产总额121 617.2亿元，增长5.9%；负债总额117 667.8亿元，增长5.9%。各项存款余额96 412.7亿元，增长5.9%；各项贷款余额77 810.4亿元，增长9.8%。

（2）地方法人银行机构市场份额保持稳定。资产、负债占比分别为37.01%和34.1%，新增存款和新增贷款市场份额分别为45.89%和41.49%。

（3）金融机构组织体系更加健全。全省国有、政策性、股份制、外资银行二级分行以上机构285家。法人银行业机构281家。银行业从业人员24.7万人。

（4）信贷投放力度明显加大，支持实体经济的力度进一步增强。全年新增贷款6 818亿元，排名全国第5位，如将不良处置还原，全年实际新增贷款9 027亿元，为历史最高值。基础设施建设、保障性安居工程、小微贷款余额分别较年初增加1 289亿元、1 228亿元、914亿元。过剩产能行业贷款较年初减少388.9亿元。全省共发放“央行资金产业扶贫贷”13.6亿元，带动贫困人口19 009

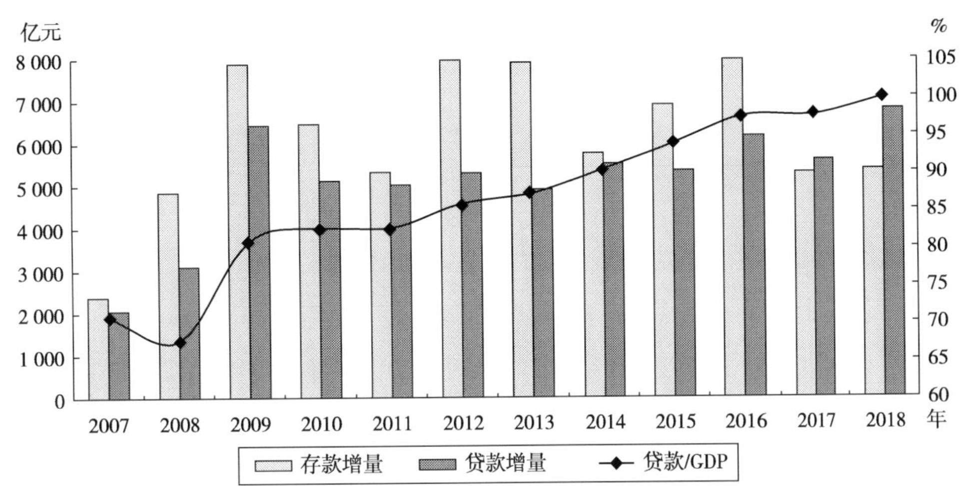

数据来源：中国人民银行济南分行。

图2　2007—2018 年山东省存贷款增长状况

人。13 个试点县（市、区）“两权”抵押贷款余额 114. 2 亿元，居全国第 1 位。

（5）脱实向虚问题有所好转。银行业机构通过同业、理财等方式加长链条、多层嵌套的情况持续减少。年末同业投资业务余额较年初减少 145 亿元，自有统计以来首次出现年度负增长。辖区法人发行理财产品总额 1 819 亿元，同比减少 312 亿元。

（6）银行机构改革发展取得积极进展。深化公司治理改革，将党的领导相关内容写入公司章程，解决部分机构高管“缺位”问题。严格规范股权管理，清理城商行不合格股东，完成城商行、民营银行股权集中托管，股权确权比例达 94. 59%。加快推动金融科技建设，促进服务智能化转型升级。

2. 需关注的问题

（1）不良贷款连续五年“双升”，信用风险管控形势依然严峻。全省不良贷款余额 2 605 亿元，较年初增加 792 亿元，不良贷款率 3. 34%，较年初上升 0. 79 个百分点，不良贷款余额和不良贷款率连续五年“双升”，不良贷款余额居全国首位，不良贷款率居全国第 7 位。全年贷款质量向下迁徙率高于向上迁徙率 4. 98 个百分点。剔除国开行境外贷款因素后，关注类贷款余额为 5 210 亿元，关注类贷款率为 6. 78%；逾期贷款余额 3 809 亿元，逾期贷款率为 4. 89%，关注率和逾期率均高于全国平均水平，未来信用风险管控形势仍然严峻。

（2）资本充足状况有所改善，个别农村金融机构风险抵补能力较差。全省法人银行业机构资本净额 5 119. 85 亿元，增加 239 亿元。统算的资本充足率、一级资本充足率和核心一级资本充足率分别为 13. 45%、11% 和 10. 75%，上升 0. 04 个、0. 01 个和 0. 1 个百分点。拨备覆盖率 130. 86%，下降 8. 31 个百分点。40 家农村金融机构资本充足率低于 10. 5%，54 家农村金融机构拨备覆盖率低于 100%。

（3）法人机构流动性状况保持稳定，部分机构风险管理能力有待提高。全省法人银行业机构统算流动性比例为 69. 1%，上升 10. 7 个百分点；核心负债率 60. 62%，下降 1. 16 个百分点；人民币超额备付率 4. 68%，上升 0. 64 个百分点。40 家法人机构备付率不足 1%。24 家法人机构核心负债率低于 40%。

（4）金融机构盈利水平大幅下滑。山东省银行业机构净利润较上年减少 340. 3 亿元。全年累计

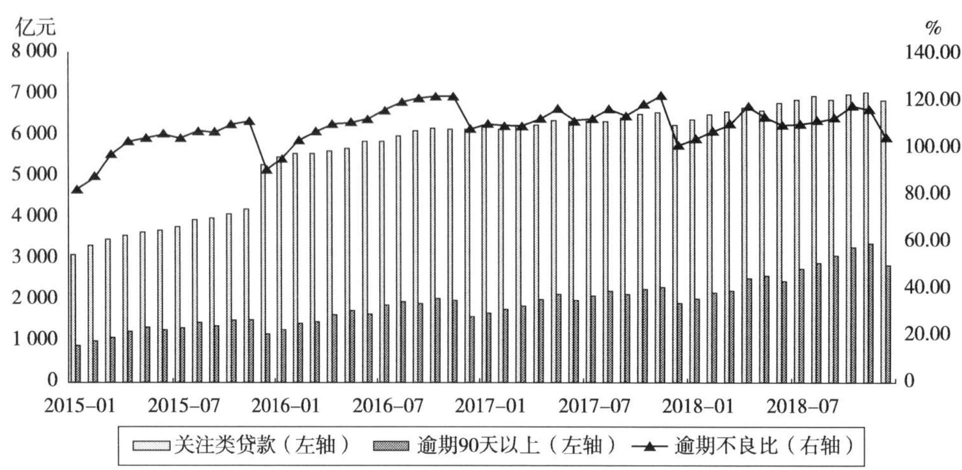

数据来源：中国人民银行济南分行。

图3 2015—2018年山东省银行业逾期及不良情况

清收处置不良贷款2 170亿元，同比增加339亿元，是净利润下降的主要原因。

（5）部分区域信贷风险持续暴露。11个市不良贷款余额较年初增加；不良贷款余额超过100亿元的地市13个，同比增加4个；不良贷款率高于5%的地市6个，个别地市不良率达10%，风险暴露较为严峻。

（二）证券期货业

1. 总体发展状况

（1）直接融资规模扩大。2018年，全省实现股票、债券直接融资合计5 180.34亿元。年内新三板新增挂牌公司46家，新增融资27.02亿元。两家股权交易中心新增挂牌企业1 296家，总量达到4 690家，实现直接融资20.64亿元，股权质押融资52.02亿元。

（2）证券经营机构指标下降。全省法人证券公司2家，分公司和营业部736家。2家法人证券公司各项风控指标持续符合监管要求，2018年共实现营业收入63.52亿元，下降7.9%，实现净利润15.44亿元，下降29.59%。

（3）期货经营机构运行平稳。全省法人期货公司3家，期货分公司及营业部133家。3家法人期货公司资产总额99.45亿元，下降5.97%；客户保证金余额78.32亿元，增长0.58%；2018年共实现营业收入5.44亿元，下降3.44%；实现净利润1.37亿元，下降4.77%。

（4）地方交易场所平稳发展。全省权益类市场19家，含2家区域性股权市场，另有具有金融属性的大宗商品市场11家。两类市场交易额达到9 210.31亿元，同比增长105.72%。

2. 需关注的问题

（1）公司债券违约及债务风险上升。2019年辖区将有141只、1 421亿元公司债券到期或回售，金额同比增长47.5%。部分地市民营企业经营困难，信用等级下调，个别公司债券发行人已进入法定破产重整程序，违约风险较高。

（2）部分上市公司存在股票质押风险。截至2018年末，辖区有31家上市公司控股股东股票质押比例超80%，有16家超过95%，有7家质押比例100%。在市场持续低迷情况下，可能引发上市公司控制权非正常转移和银行证券金融机构流动性风险，后续风险防控压力较大。

（3）部分证券期货机构经营风险较高。部分资管产品亏损严重，个别期货资管产品涉嫌违法违规；部分融资融券、股票质押合约出现违约；持仓债券面临违约风险，持仓股票公允价值下降明显；期货保证金管理、代客理财、违规销售等合规风险仍然存在。

（4）非法证券期货活动仍然存在。在非法证券投资咨询专项整治行动中，共排查疑似证券投资咨询线索123条，接收涉非举报线索13条。网络非法证券期货活动成为主要形式，隐蔽性、欺骗性进一步增强，查处困难较大。部分非法证券期货活动与非法集资、地方交易场所违法违规行为相互交织，可能存在影响社会稳定的风险。

（三）保险业

1. 总体发展状况

（1）保险市场规模不断增长。2018年末，全省共有法人保险公司5家，省级分公司以上保险主体94家，保险公司分支机构7 455家。全省保险业总资产5 950.8亿元，全年实现保费收入2 959.8亿元，居全国第3位，同比增长8.1%。财产险公司保费收入增长9.1%，人身险公司保费收入增长7.7%。

（2）各项业务结构继续改善。人身保险业务转型取得实效，健康险增长34.4%，业务占比由2015年的13%提升至目前的20%。非车险实现较快增长，责任险、保证险、农险等政策支持型业务成为近年来的新增长点，增速分别达到34%、88%和18%，带动非车险占比较上年同期上升5个百分点，达到27.9%。

（3）服务经济社会发展能力增强。全省保险业赔付支出929.9亿元，增长11.9%，承担各类风险保障责任129.5万亿元。保险业为全省超过400家（次）科技企业提供风险保障40多亿元，为人民群众养老和医疗积累准备金6 910亿元，为近4 267.8万人次提供了长期健康保险保障。保险资金投资山东累计超过1 900亿元。

2. 需关注的问题

（1）赔款给付和退保压力仍然较大。全省保险业赔付支出共计929.94亿元，同比增长11.87%。全省寿险累计退保409.48亿元，同比增长3.19%。

（2）影响行业声誉的因素明显增多。2017年以来，保险资金运用收益率有所下滑，导致部分投资型寿险产品的回报水平下降。同时，销售误导等问题依然突出，特别是近年来公司转型发展复杂的保障性产品，销售难度增加，潜在销售误导风险上升。

（3）案件风险管理难度加大。非法集资以各种形式向保险业渗透，保险代理人员代销非法理财产品等引发的非法集资问题较为突出。特别是保险代理人资格考试取消后营销员数量激增，由于低门槛、粗放经营，大进大出，容易形成监管盲区。

（四）金融业综合经营

1. 金融控股公司

（1）总体发展状况

2018年，全省有山东省国际信托有限公司（以下简称山东信托）和莱芜钢铁集团有限公司（以下简称莱钢集团）2家由总行认定的金融控股公司。山东信托控股泰信基金，参股7家金融机构；莱钢集团控股中泰证券，参股2家金融机构。2018年，两家公司总体运行平稳，山东信托资产规模同比增长 31. 35%，净利润同比增长 7. 87%；莱钢集团主营业务收入同比增长 11. 82%，净利润同比增长 35. 46%。

（2）需关注的问题

一是由于刚兑打破，多层嵌套业务被禁止，合格投资者门槛提高等原因，信托产品的发行金额出现较大幅度的下滑，山东信托面临改革转型的挑战。二是钢铁行业仍处于转型脱困阶段，环保限产及生产成本波动给莱钢集团带来经营风险。

2. 交叉性金融业务

（1）整体发展情况

2018 年，金融机构理财业务、同业业务规模逐渐下降，跨行投资逐渐多元化。一是银行理财产品数量和余额均小幅下降。全省 252 家法人银行机构发行及代销理财产品累计募集资金余额4 315. 56 万亿元，同比下降 24. 26%。二是跨业投资方式多元化。全省法人银行机构同业投资余额 15 212. 67 亿元，标准化资产投资占比为 56. 86%。三是代理类业务持续增长，其中代理信托产品增幅达 674. 02%，黄金产品增幅达 69. 92%。四是同业业务大幅下滑。融资性同业资产同比下降 5. 6%，同业负债同比下降 7. 28%。

（2）需关注的问题

一是同业业务高位运行。全省中小法人银行含同业投资的同业资产占总资产的比重达到 35. 04%，39 家机构同业资产占比超过 40%；同业负债占总负债的比重为 12. 02%。二是同业投资风险偏好强，但内控管理薄弱，案件多发。三是非标债权投资占比居高不下。非标债权投资占总投资的比重为 36. 57%，14 家机构非标投资占投资比重超过 80%。四是委外业务底层资产管理不到位。业务管理过于依赖外部机构，而忽视对底层资产的自主分析，个别机构底层资产被管理机构随意置换，管理能力存在严重缺陷。

三、金融市场与金融稳定

（一）货币市场与债券市场运行平稳，交易量继续保持快速增长

受市场环境影响，山东省市场成员活跃程度提升，交易规模有所扩大。2018 年，全省共有 208 家市场成员和非法人投资主体参与货币市场和债券市场交易，比 2017 年增加 19 家。金融市场成交总量完成 57. 1 万亿元，较 2017 年增加 7. 3 万亿元，增长 14. 6%；日均融入资金 1 213. 7 亿元，融出资金 1 067. 9 亿元，日均净融入资金 145. 8 亿元，同比下降 214. 2 亿元，减少 59. 5%。

（二）票据市场运行平稳，再贴现需求增加

受政策引导影响，票据签发量止降回升。2018 年末全省再贴现余额 159. 05 亿元，同比增加 59. 03 亿元；银行承兑汇票签发余额止降回升，全省金融机构银行承兑汇票签发余额 10 067 亿元，和年初基本持平；票据融资规模继续回升，银行承兑汇票贴现余额 2 725 亿元，同比增加 1 007 亿元。

（三）债务融资工具发行量同比上升，行业和所有制集中现象仍较突出

2018 年，山东省债务融资工具市场运行总体平稳，发行规模同比上升。全省发行各类债务融资

工具346只、募集资金3 318.2亿元，较上年分别增长34.1%和27%，融资额位于北京、江苏、广东、上海之后，位居全国第五位。年末全省存续期内债务融资工具余额4 821.15亿元。

（四）黄金市场交易规模明显下降

截至2018年末，山东省共有12家上海黄金交易所会员企业，其中综合类会员11家，以产金冶金企业为主，金融类会员1家，为恒丰银行。全部会员总成交量1 772.6吨，同比减少1 565.8吨。全省8家重点监测企业共开采金矿6 361.49吨，同比增加176.63吨，成品金产量143.65吨，同比减少2.36吨。

四、金融服务与金融稳定

2018年，山东省金融基础设施不断完善，金融服务水平不断提升，金融生态环境持续优化，为促进金融业稳健运行奠定了良好的基础。

（一）金融法制环境不断优化

人民银行济南分行通过全面落实《法治央行建设实施方案》，进一步推进依法行政工作，不断深化法治央行建设，进一步完善金融法制体系。同时，持续加强金融知识宣传教育，将“大宣传”意识贯穿金融知识宣传普及工作，并组织开展全省金融公益广告评选工作，推动建立金融知识教育发展长效机制。金融消费者权益保护规范化水平稳步提升，持续优化投诉受理处理渠道，推动山东省12363投诉咨询电话呼叫中心建设，加强与人民法院、仲裁机构和司法行政部门工作对接，实现诉调对接机制建设省、市、县三级覆盖。

（二）支付体系建设持续深入

人民银行济南分行先后印发《中国人民银行济南分行关于推进山东省“支付惠民行动”的意见》《关于做好农村地区综合支付服务有关工作的通知》，并与山东省财政厅联合印发《山东省省级预算单位银行账户管理办法》（鲁财库〔2018〕37号），不断优化支付制度体系。同时，全面优化企业开户服务，全省企业开户“一次办好”达到全国领先水平。2018年，山东省内大额支付系统共处理业务1.6亿笔、金额237.6万亿元，同比分别增长14.7%、5.9%。小额支付系统共处理业务2.9亿笔、金额4.2万亿元，同比分别下降14.4%、7.0%。全省银行卡交易147.0亿笔、清算金额117.9万亿元，同比分别增长38.5%和123.3%。

（三）信用体系建设深入推进

征信系统稳定运行，截至2018年末，企业征信系统为山东省70.7万户企业和其他组织建立了信用档案，个人征信系统为6 274.7万自然人建立了信用档案。全省金融机构查询企业征信系统286.42万次、查询个人征信系统2 204.47万次。征信查询服务水平不断提升。一是提升征信查询服务大厅软硬件设施，增加服务场所面积、增配配套设施，现场为客户提供操作指引、政策咨询、疑难解答等服务。二是在全省范围内积极推广商业银行营业网点自助查询，全省共增设商业银行查询网点100个，全年各网点累计为社会公众提供个人信用报告查询91.5万笔，同比增长991.3%。

（四）反洗钱工作持续深入

2018年，人民银行济南分行继续贯彻落实风险为本的监管理念，充分发挥现场检查对义务机构履职的促进作用。全年，辖区共对77家县级以上金融机构开展了现场检查，依法对48家金融机构进行了处罚。与山东银保监局建立了有效合作机制，与山东省公安厅签署了合作备忘录，按照“打防并举，以打为主，以防为本”的原则，建立反洗钱打防合作机制。全年共对47个线索开展了反洗钱调查，累计调查318次，根据相关部门申请，共对38起案件开展了反洗钱协查，累计协查306次。

（五）货币流通管理不断深化

人民银行济南分行坚持以强化“四票”管理为主线，以畅通现金流通渠道为重点，以改善现金服务为中心，以加强农村地区现金管理为突破口，不断优化现金流通环境。监测数据显示，流通中人民币整洁度平均水平95.9%，各券别需求满意度平均水平98.6%。人民银行济南分行坚持贴近实际、贴近基层、贴近公众的原则，构筑多样化反假货币宣传平台，扎实推进反假货币示范区建设，鼓励各地区因地制宜开展示范区建设。

（六）金融知识宣传培训和投资者风险教育扎实推进

围绕“1+4”重点工作，着力构建“大宣传”工作格局，进一步加强与中央驻鲁和省级媒体沟通联系，扎实做好各项新闻宣传工作。受理新华社山东分社、《大众日报》、山东广播电视台关于防控化解金融风险、金融支持民营经济发展等采访共17次，有效宣传了山东省金融支持实体经济发展的履职成效。组织做好“金融消费者权益日”“普及金融知识 守住‘钱袋子’”“金融知识普及月”等活动，并将虚假违法金融广告的风险防范作为集中宣传活动和日常金融知识普及的重要内容。

五、总体评估与政策建议

按照统一的层次分析模型和权重，对山东金融稳定状况定量评估显示：2018年综合评分72.68分，比上年下降2.23。其中，宏观经济得分下降较多，投资、消费、进出口增长率大幅下降，居民收入增长率下降，消费指数和房屋消费价格指数上升，多方因素叠加导致宏观经济得分较上年下降1.91。金融行业得分持续下降，银行业不良率上升、盈利下滑，证券业资本充足率、资产利润率下将，保险业增速下降，银、证、保得分分别较上年下降0.28、0.24和0.05。金融基础设施持续改善，法制环境、金融服务密度指标持续上升，金融生态环境成为唯一得分上升的板块，较上年提高0.15。

2019年，全省金融业面临的风险防范与化解形势严峻。从积极因素看，辖区宏观经济将继续保持稳中向好的趋势，全省将继续加快推进新旧动能转换重大工程，大力推进乡村振兴，积极落实海洋强省建设十大行动。但当前全省经济发展内生动力依然不足，仍处于结构的深度调整期、瓶颈的突破期和动能转换的胶着期，实体经济运行中的各种矛盾和压力仍继续向金融业传导，不良贷款较快暴露的趋势仍将持续，违法违规金融风险防控压力依然较大。

未来，应继续以习近平新时代中国特色社会主义思想和关于防范化解重大金融风险的系列讲话精神为指引，深入贯彻党的十九大、中央经济工作会议、全国金融工作会议精神和省委、省政府有关决策部署，牢牢把握稳中求进工作总基调，强化底线思维，坚持早识别、早预警、早发现、早处置，坚决打好防范化解重大金融风险攻坚战，牢牢守住不发生系统性和区域性金融风险的底线。

进一步加强实体经济领域风险化解力度。完善风险化解的整体规划和顶层设计，研究制订针对整体区域的风险化解方案，统筹推进风险处置。继续发挥地方政府在化解大企业风险工作中的主体作用，压实各级政府的属地风险处置责任。引导金融机构树立在发展中解决问题的理念，通过科学发展加大对不良贷款的处置力度。

继续贯彻稳健中性货币政策要求，畅通货币政策传导渠道，提升金融资源的配置效率和质量，促进社会融资规模和贷款合理增长，降低实体经济融资成本，支持实体经济持续健康发展。

全面强化金融风险监测。构筑“纵向到底、横向到边”的金融风险监测全覆盖体系。有效整合金融风险管理和处置资源，打破“信息孤岛”，实现信息交换互通和风险防控机制共享。密切各部门间的横向协调配合，发挥部门、机构、企业、科研院所多方智慧和工作能动性，切实形成工作合力。

深化金融改革，推进金融创新。扎实推进金融与重点发展战略深度融合，加强对新旧动能转换、乡村振兴、海洋强省等政策的金融服务和金融支持。深化城商行、省农信联社等金融机构改革进程。创新发展保险市场，做强做优地方法人保险机构。优化金融发展布局，指导做好济南市金改试验区、青岛财富管理金融综合改革试验区、潍坊市现代保险服务创新试点、鲁西南3市国家级普惠金融改革试验区等工作。

进一步改善区域金融生态环境。继续加大打击逃废债力度，形成打击逃废债的高压态势，加大逃废债违法成本，传递合规经营、依法履约的经营理念。进一步强化社会信用体系建设，推进法院失信行为人信息与其他社会信用信息在金融机构的共享。加强对金融风险防控工作的舆论引导，加大主动宣传力度，继续维护好山东经济的正面形象。

中国人民银行济南分行金融稳定分析小组

组　长：周逢民

副组长：董龙训

成　员：刘洪来　李云山　苑治亭　霍成义　张　军　彭江波
孙华荣　肖承发　李新华　郑录军　刘云昭　吕　峰
毕德富　谢　伟　李建力　向　珂　张树强

《山东省金融稳定报告（2019）》编写组

总　撰：董龙训

统　稿：刘洪来

执　笔：于明星　林　毅　王　冠　张　宁　孙　毅　孙艳云
凌　云　王立章　袁　征

河南省金融稳定报告摘要

2018年，河南省认真贯彻落实习近平总书记近年来关于防范化解重大风险、维护金融稳定安全的重要讲话精神，把防控金融风险放到更加重要的位置，贯彻新发展理念，深入推进供给侧结构性改革，按照国务院金融稳定发展委员会办公室和河南省委省政府的要求，中国人民银行郑州中心支行协调河南银保监局、证监局，会同河南省地方金融监管局（省金融办）、省政府国资委，省发改委、财政厅、住建厅、商务厅等部门，认真落实金融风险防控责任，共同推动全省防范化解重大金融风险攻坚战取得良好开局。全年全省经济平稳运行、稳中向好，为全省金融稳定奠定了良好基础。全省金融体系弹性增强，金融运行总体稳定。全省银行业运行稳健，服务实体经济能力持续提升，证券业多层次资本市场建设稳步发展，保险业风险保障能力不断增强，金融基础设施建设加快推进，金融市场稳步发展，全省金融稳定性进一步增强。但全省经济金融运行中仍然存在一些风险隐患和风险因素，需要引起重视。

一、宏观经济与金融稳定

（一）经济运行基本情况

经济运行稳中有进，产业结构持续优化。2018年，河南省生产总值48 055.86亿元，同比增长7.6%，增速高于全国平均水平1.0个百分点。产业结构进一步优化，三次产业结构比例为8.9:45.9:45.2，第三产业增加值占生产总值的比重比上年提高1.9个百分点。年末全省常住人口城镇化率为51.7%，比上年末提高1.55个百分点。

农业生产总体平稳，工业生产平稳增长。2018年，河南省农业粮食产量1 329.78亿斤，同比增长1.9%，再创历史新高。全年全省规模以上工业增加值同比增长7.2%，增速高于全国1.0个百分点；符合转型升级方向的五大主导产业、战略性新兴产业、高技术制造业增加值同比分别增长7.7%、12.2%、12.3%，分别高于全省规模以上工业增速0.5个、5.0个、5.1个百分点。

投资结构继续优化，升级类消费较快增长。2018年，河南省全社会固定资产投资（不含农户）同比增长8.1%，高于全国平均水平2.2个百分点；三次产业投资结构优化调整为4.6:28.6:66.8，第三产业投资占比同比提高15.9个百分点，进一步助推经济转型升级和高质量发展。全年全省社会消费品零售总额同比增长10.3%，消费升级类商品较快增长，全年全省限额以上单位化妆品类、计算机及其配套产品类商品同比分别增长13.7%、13.3%；全年网上零售额同比增长31.3%。

对外贸易稳定发展，开放水平不断提升。2018年，河南省外贸进出口总值同比增长5.3%，进出口总值首次突破5 500亿元，再创历史新高，稳居中部第一。其中出口同比增长12.8%，进口同比下降6.2%，全年贸易顺差同比扩大48.0%。全年开放型经济呈现较好势头，全省深度融入“一带一路”建设，中国（河南）自由贸易试验区政务、监管、金融、法律、多式联运五大服务体系加快建设，空中、陆上、网上、海上丝绸之路“四路”协同持续推动，开放环境进一步优化。

财政收入较快增长，民生支出保障较好。2018年，河南省全年一般公共预算收入同比增长10.5%，其中税收收入占一般预算收入的比重为70.6%，同比提高2.2个百分点；一般公共预算支出同比增长12.3%，其中教育、社会保障和就业等民生支出占一般公共预算支出的比重达77.25%。

居民生活水平不断提高，物价水平涨势温和。2018年，河南省居民人均可支配收入、居民人均消费支出同比分别增长8.9%、10.5%。全年全省居民消费价格指数同比上涨2.3%；工业生产者出厂价格、购进价格指数同比分别上涨3.6%、4.0%，涨幅较上年分别收窄3.2个、3.3个百分点。

供给侧结构性改革持续深化，新动能较快成长。2018年，河南省过剩产能有序化解，年末全省商品房待售面积同比下降1.6%，其中住宅同比下降4.2%；全省省管工业企业资产负债率下降1.3个百分点。全年加快壮大新产业、发展新业态、培育新模式，新能源汽车、服务机器人产量分别增长70.4%、37.8%。短板领域投资较快增长，全年水利、公共设施管理、教育等行业投资同比分别增长31.3%、20.6%、16.6%。

（二）经济运行中需关注的问题

经济下行压力加大。一是投资增长的动力不足。全年全省民间投资、基础设施投资、工业投资、房地产投资增速比上年分别回落6.2个、11.9个、1.5个、15.8个百分点；新开工项目计划总投资增速比上年回落28.6个百分点，下滑明显。二是消费增速回落，城镇登记失业率上升。全年全省社会消费品零售总额增速比上年同期回落1.3个百分点，居民消费价格指数比上年同期上升0.9个百分点，城镇登记失业率比上年上升0.26个百分点。

转型发展步伐仍需加快。一是传统产业占规模以上工业的比重依然偏高。2018年末该占比达到46.6%，比上年末提高2.4个百分点，高技术产业和战略新兴产业占比仅为10.0%、15.4%，占比偏低。二是服务业发展仍需加快。全年服务业增加值占生产总值的比重为45.2%，与全国平均水平（52.2%）和北京（81.0%）、上海（69.9%）、广东（54.2%）等发达地区相比，仍有较大差距。同时，服务业新业态发展不足，服务业小、散、弱现象突出。三是资源环境约束加剧。在全国、全省环境污染治理力度持续加大的情况下，部分地区通过停产、淘汰落后产能等来实现环保目标，工业加快向绿色化转型的需求十分迫切。

（三）经济运行对金融稳定的影响

2018年，河南省经济在转型升级中实现了质量效益稳步提升，经济运行韧性增强，为全省金融稳定奠定了坚实的经济基础。但经济发展中也存在投资增长动力不足、消费增速下降、转型发展步伐仍需加快等问题，经济增长下行压力加大，金融风险暴露和潜在风险隐患增多，维护金融稳定的压力进一步加大。

二、银行业与金融稳定

（一）总体发展情况

资产结构优化调整，机构实力持续增强。2018年尤其是下半年以来，河南省银行业资产结构进一步优化，银行回归主业特征突出。2018年末，全省银行业金融机构资产总额8.18万亿元，同比增长7.7%，其中，贷款占资产的比重为59.8%，分别较2016年末、2017年末上升6.4个、3.8个百分点。目前全省银行业金融机构门类基本齐全，2018年末，全省共有政策性开发性银行、大型商业银行、股份制商业银行、外资银行、资产管理公司、财务公司等一级分支机构30家，地方法人银行业金融机构239家①；全年新设村镇银行1家，郑州银行成为全国首家"A+H"股上市城商行，中原银行成功发行100亿元二级资本债和13.95亿美元境外优先股，辉县珠江村镇银行已获银保监会首批"多县一行"试点资格，银行业金融机构实力不断增强。

存款增长逐步改善，各项贷款较快增长。2018年末，河南省银行业金融机构本外币存款余额64 982.97亿元，同比增长8.2%，居民存款成为存款增长的重要支撑，全年新增居民存款占比76.9%，同比上升20.7个百分点。企业存款增长出现好转苗头，全年全省企业存款新增占比较第三季度回升6.74个百分点。2018年末，全省银行业金融机构本外币贷款余额48 870.55亿元，同比增长14.9%，以小微企业为融资主体的短期贷款、票据融资增速明显回升。薄弱领域贷款增长较快，全省小微企业、涉农、金融精准扶贫贷款余额同比分别增长7.4%、10.9%、20.3%。

拨备计提同比增加，盈利指标同比下滑。2018年全省银行业金融机构实现盈利同比下降13.52%，盈利指标较上年有所下滑。一方面，传统信贷业务盈利水平总体回落。当前银行负债难、成本高与优质资产稀缺等情况并存，存贷款利差有所收窄，利息净收入下降。另一方面，拨备计提大幅增加。2018年全省银行业资产减值损失前利润同比增长4.83%，但计提资产减值准备同比增长34.23%。

金融机构改革稳步开展，金融创新成效明显。2018年，河南省持续推进政策性开发性银行、大型商业银行、地方法人银行机构改革工作，积极推动农业银行"三农金融事业部"深化改革。2018年末，全省已批准筹建的农商行总数达到105家，数量列全国第二。普惠金融"一平台四体系"兰考模式在全省22个县市复制推广，金融扶贫"卢氏模式"不断深化并在全国复制推广，"多元融资、服务高效、一体联控"的自贸区金融服务体系建设取得积极进展，绿色金融稳步推进，南阳市申报全国绿色金融改革试验区取得初步进展。

存款保险工作扎实推进，央行金融机构评级工作顺利开展。2018年，河南省继续认真做好存款保险制度实施各项工作，进一步完善风险差别费率机制，加大存款保险现场核查力度，进一步做实早期纠正工作，扎实推进存款保险宣传工作。全省不断完善央行金融机构评级工作机制，全年按季度对辖区233家地方法人金融机构开展评级工作，督促高风险金融机构采取措施积极化解风险。

金融监管持续加强，金融风险有效防控。2018年，河南省金融管理部门强化金融监管，完善金融风险监测、识别、预警和处置工作机制，确保银行业运行稳定。多措并举有效控制宏观杠杆率，督促银行业积极支持实体经济发展，着力加大对小微、民营企业的金融支持力度；推动银行业金融机构逾期90天以上贷款与不良贷款之比降至合理水平，同时加大不良贷款处置力度。大力整顿金融秩序，积极督促推动高风险机构化解风险，从严整治金融市场乱象，处罚力度为历年之最。积极督导推动资管新规及配套实施细则等监管规定在辖区的落地实施，加强非金融企业投资金融机构监管，防范实业风险与金融风险交叉传递。进一步完善风险应对处置机制，妥善处置辖区两起银行集中取款事件，全年银行业整体运行平稳，金融风险总体可控。

① 包括城商行5家、省联社1家、农商行93家（已完成改制并取得营业执照）、县域农信社46家、村镇银行80家、农村资金互助社3家、信托公司2家、消费金融公司1家、财务公司6家、金融租赁公司2家。

（二）需要关注的问题

信用风险防控压力加大。2018 年末，全省银行业金融机构不良贷款余额同比增长 63.16%，不良贷款率同比上升 0.96 个百分点。全年大额风险暴露增多，大中型企业融资渠道在金融去杠杆过程中有所收窄，再融资难度有所上升，引致大额不良贷款暴露增多。部分传统行业风险有所集聚，制造业、批发零售业和农林牧渔业三大行业不良贷款合计占全省不良贷款的 80% 以上，特别是畜牧业、农副食品加工业、纺织业等风险上升明显。全省地方政府债务风险整体可控，但地方政府隐性债务涉及各类投资基金、政府和社会资本合作项目（PPP）、政府购买服务、违规担保等，债务形成时间长，涉及省市县多级，存在潜在风险。

流动性风险不容忽视。流动性风险具有低频高发、易传染、防范难、应急处置难的属性，银行业金融机构的信用风险、声誉风险、操作风险、市场风险等都极易引发流动性风险，防范流动性风险仍需重视。辖区少数银行业金融机构流动性风险防控压力仍然较大，个别机构核心负债依存度、90 日流动性缺口率、流动性比例不达标或接近监管红线。

银行资产负债管理难度上升。从负债端看，银行业金融机构存款增长“量少价高”。2018 年，全省银行业金融机构对公存款下滑明显，全年新增本外币存款同比少增 111.22 亿元，核心负债增长难度大。同时，负债成本继续走高。部分银行业金融机构主要依靠结构性存款来弥补核心负债的不足，而结构性存款大多成本较高。从资产端看，银行业金融机构面临有效信贷需求不足问题。受资管表外业务规范、地方政府债务清理、房地产调控、中美贸易摩擦等因素影响，实体经济有效信贷需求有所下降。据中国人民银行郑州中心支行调查显示，2018 年第四季度全省企业贷款需求指数、企业家宏观经济信心指数分别为 62.2%、68.8%，较第三季度分别下降了 5.4 个、0.6 个百分点，企业和实体经济信贷需求同比下滑。

银行资本管理压力持续加大。受宏观经济下行压力加大、信用风险暴露增多、不良资产处置消耗较多资本等多重因素影响，部分地方法人银行业金融机构面临较大的资本管理压力。2018 年末，河南省地方法人银行业金融机构资本充足率较上年末下降 0.8 个百分点，拨备覆盖率为 114.6%，较上年末下降 107.3 个百分点。在当前形势下，地方法人银行业金融机构盈利能力同比下滑制约了资本的内源补充能力，同时可实际利用的外部资本补充工具又十分有限，资本管理压力将持续存在。

三、证券期货业与金融稳定

（一）总体发展情况

市场主体持续增多，多层次资本市场建设加快推进。截至 2018 年末，河南省共有境内上市公司 79 家，新增 1 家；IPO 在审企业 2 家，在辅导企业 28 家；新三板挂牌公司 371 家，新增 23 家；中原股权交易中心挂牌及展示企业 5 091 家，新增 2 696 家；证券期货法人机构 3 家，证券投资咨询法人机构 1 家，证券期货分支机构 496 家，新增 24 家；私募基金管理人 124 家，新增 17 家。

市场融资功能持续增强，服务实体经济能力进一步提升。2018 年，河南省 1 家公司 IPO 融资 27.54 亿元，6 家上市公司股权再融资 59.55 亿元，38 家新三板挂牌公司通过定向增发实现融资 18.12 亿元，53 家中原股权交易中心挂牌及展示企业实现融资 20.87 亿元。全年河南省企业通过交易所债券市场融资规模进一步扩大，其中发行公司债券融资286亿元，资产证券化融资128.15亿元，发行证券公司次级债券融资15亿元。

上市公司质量不断提升，证券期货基金机构覆盖面持续扩大。2018年前三季度，河南省上市公司共实现营业收入同比增长13.82%。其中营业收入、净利润同比增长30%以上的上市公司分别有21家、33家。一批上市公司借助资本市场平台向高端制造、信息技术等领域转型升级，上市公司质量进一步提升。全年新增证券分支机构21家、期货分支机构3家、私募基金管理人17家。全国有77家证券公司在河南设立分支机构，覆盖18个省辖市和59个县区。

监管执法力度加大，证券市场运行平稳。河南证监局加大现场检查力度，开展打击非法证券投资咨询专项整治行动，保障证券市场平稳运行。全年共完成上市公司现场检查26家次、新三板挂牌公司现场检查7家次、债券发行人现场检查10家次、证券期货基金机构现场检查73家次，出具行政监管措施23份。

（二）需要关注的问题

部分上市公司风险隐患有所增加。一是部分上市公司流动性风险突出。2018年三季报显示，河南省上市公司中资产负债率超过70%的有10家，个别上市公司资产负债率超过100%，流动性风险隐患较大；部分上市公司大股东股权质押比例较高，在股市大幅波动的背景下，流动性风险加大。二是个别上市公司存在经营风险。个别上市公司由于自身所处行业或技术落后，主业长期处于亏损状态，且短期内无法实现技术革新和转型升级，公司发展面临困境。

证券期货法人机构盈利同比下滑，少数私募基金可能存在兑付风险。一是受市场行情不振、股东债务危机等多因素影响，河南省证券期货法人机构营业收入、净利润等同比下滑，个别风控指标超过监管标准，个别机构面临经营风险。二是河南证监局对全省私募机构的风险排查显示，少数私募基金管理人部分投资项目到期后无法退出，可能产生兑付风险。

四、保险业与金融稳定

（一）总体发展情况

业务发展逐步回升，风险保障水平不断提高。2018年，河南省共有保险市场主体82家，省级以下分支机构6 530家。全年原保险保费收入同比增长12.0%。分险种看，财产险、人身险业务原保险保费收入同比分别增长12.1%、12.0%；其中与民生密切相关的责任保险和农业保险继续保持较快增长，同比分别增长26.9%、32.7%。

业务结构持续调整，行业转型初显成效。财产险业务方面，非车险业务快速增长、占比提高。非车险业务原保险保费收入同比增长40.1%，占财产险原保险保费收入的比重较上年提高4.9个百分点。人身险业务方面，产品加速回归保障，业务价值稳步改善，渠道结构继续调整。全年意外险和健康险等风险保障功能较强的业务增长迅速，占比同比上升；续期原保险保费收入同比增长36.3%，新单期缴率、新单折标率较上年同期分别提高4.8个、4.3个百分点；个人代理业务原保险保费收入占比同比提高4.7个百分点，银邮代理渠道业务原保险保费收入占比同比下降6.3个百分点。

风险监测指标有所好转，行业风险总体可控。财产险业务方面，2018 年末应收保费率为 11.8%，较上季度末下降 2.3 个百分点。人身险业务方面，年末退保率为 6.4%，较上年末下降 0.8 个百分点，满期给付金额同比下降 28.8%。全年全省未发生非正常退保群体事件，行业风险整体可控。

产品创新持续加强，服务经济社会能力增强。2018 年，河南省保险业积极助力经济社会发展的重点领域和薄弱环节，困难群众大病补充保险覆盖全省困难群众 860 万人，保险资金支农直接融资试点累计授信涉及多个国家和省级贫困县，出口信用保险为出口企业提供风险保障，首台（套）重大技术装备保险为装备制造业提供风险保障，企业年金服务全省企业职工数十万人，养老机构责任保险试点、电梯质量责任保险试点在南阳、郑州等地稳步推进，保险业参与的道路交通“警保联动”快处快赔模式在全省推广，保险业服务经济社会能力持续增强。

（二）需要关注的问题

风险防范形势依然严峻。一是满期给付和退保风险仍需重视。2018 年，全省满期给付与退保金额同比下降 11.2%，总量虽有下降，但满期给付和退保风险的本质、趋势、基本特点没有改变。二是保证保险业务潜在风险有所积聚。2018 年，全省贷款保证保险实现原保险保费收入同比增长 86.2%，随着业务的快速增长，潜藏的违约风险、操作风险需引起关注。

市场秩序有待进一步改善。车险业务方面，高定价高手续费捆绑销售、数据不真实等乱象尚未根治；中介市场虚假宣传误导消费者、虚构业务过单洗手续费等行为较为突出，市场乱象尚未扭转。

服务实体经济能力仍有待提升。河南省作为农业大省、人口大省，农业保险、健康保险等险种覆盖面有待进一步扩大、发展速度还需加快。“三农”保险等领域对政策扶持、财政补贴等依赖性过强，保险服务实体经济的内生增长动力还需强化。部分保险机构只注重扩大业务规模，专业服务人员和风险管理人员缺乏，保险公司服务实体经济的能力有待提升。

五、金融市场与金融稳定

（一）总体运行情况

货币市场成交量较快增长，资金流向以净融入为主。2018 年，河南省货币市场累计成交量同比增长 46.2%。其中，质押式回购、同业拆借、现券交易成交量同比分别增长 45.2%、54.1%、70.4%，买断式回购成交量同比下降 40.0%；全省资金净融入 6.01 万亿元，其中质押式回购净融入 3.87 万亿元。

债券发行量快速增长，债券融资亮点纷呈。2018 年，河南省非金融企业债务融资工具累计发行 1 251.48 亿元，同比增长 53.2%。其中，超短期融资券发行金额 433 亿元，同比增加 111.5 亿元。银行间市场债券融资亮点较多，中原银行发行全国首批、中西部地区首单“双创”金融债 15 亿元和 2018 年度全国城商行单笔金额最大二级资本债 100 亿元，河南投资集团发行河南省首笔 12 亿元扶贫票据，中建七局发行河南省首家央企 2018 年第一期资产支持票据 5.98 亿元，中原资产管理有限公司发行地方 AMC 行业首单私募永续债 12 亿元，浙商银行郑州分行创设河南省首单挂钩民企债券的信用风险缓释凭证 1.5 亿元。

票据承兑业务稳步增长，票据贴现业务快速增长。2018 年末，河南省地方法人银行业金融机构银行承兑汇票余额同比增长 8.9%。其中，电子商业汇票余额 1 044.92 亿元，承兑保证金存款余额 955.28 亿元。全省地方法人银行业金融机构票据贴现余额同比增长 71.3%。

黄金交易量平稳增长，期货交易量较快增长。2018 年，河南省金融机构黄金交易量同比增长 5.5%，成交金额同比下降 5.4%。全年郑州商品交易所累计成交量、成交金额同比分别增长 39.1%、78.9%。PTA、甲醇 MA、菜籽粕 RM 是最主要的交易品种，成交量占比分别为 21.0%、20.2%、12.8%。郑州商品交易所 PTA 期货引入境外交易者成功获批，期货市场对外开放进一步扩大。

涉外收支总规模较快增长，结、售汇量同比增长。2018 年，河南省涉外收支突破千亿美元，达 1 142 亿美元，同比增长 23.7%，顺差 166.59 亿美元，同比增长 5.5 倍；结售汇同比增长 12.8%，净结汇同比增长 23.7%。

（二）需要关注的问题

票据融资快速增长潜藏风险需关注。票据融资因其期限短、金额灵活、风险可控，是解决民营企业、小微企业融资难题的重要途径，但票据融资增长过快，也可能造成“套利”和资金“空转”等行为，从而带来新的潜在风险。

涉外收支面临的风险和挑战增多。当前中美关系走势不确定性较大，辖内企业对中美贸易摩擦负面影响承受能力有限，加之国内经济结构转型等因素也加剧了企业困难，经常项目顺差收窄可能性较大；同时，2018 年资本项目顺差主要来源于较大规模境外融资，资本金等具有恒定性的投资类资金收入较少，2019 年资本项目顺差较难维系。

六、金融基础设施与金融稳定

（一）金融监管部门多措并举，扎实推进金融消费权益保护工作

2018 年，中国人民银行郑州中心支行金融消费权益保护工作扎实推进，河南省金融消费权益保护协会建设稳步推进，金融消费权益保护监督检查取得新突破，金融知识纳入国民教育体系进展顺利，金融广告治理成效明显。河南省银保监局从发挥监管引领、强化考核评价、依法有序处理投诉和信访事项、不断提高消费者教育有效性等多方面加强消费者权益保护工作。河南证监局持续开展投资者教育宣传活动，推进证券期货纠纷多元化解机制建设，切实维护投资者合法权益。

（二）支付清算系统服务效能持续提升，市场监管全面从严

2018 年，河南省支付清算系统安全稳定运行，组织中原银行以直连方式加入境内外币支付系统、长葛轩辕村镇银行以直接参与者身份加入支付系统（在全国村镇银行中属首家）。组织开展优化企业开户服务取得明显成效，推动银行业移动支付在全省便民领域广泛应用，持续深化农村支付服务环境建设。对 169 家银行机构开展支付结算业务综合执法检查，对 3 家非银行支付机构开展无证经营支付业务专项检查，促进支付市场健康发展。

（三）征信系统有效运行，监管和服务水平不断提高

2018 年，河南省持续加强征信合规及信息安全管理，组织开展全辖金融信用信息基础数据库接

入机构征信业务现场检查和人民银行系统征信信息安全巡查，全年实现信息安全“零案件”；以河南省农村和中小企业信用信息系统为依托，以普惠金融试点工作为重点，深入推进农村信用体系建设；扎实开展征信知识宣传教育活动，清理整顿辖内征信和评级市场，组织开展河南省征信市场乱象整治活动，注销辖内1家评级机构的备案，有效推进央行内部评级工作；积极做好二代征信系统试运行工作，不断提升征信服务便民利民水平，全年分别受理个人、企业信用报告查询426万余次、6.93万笔，同比分别增长31.35%、39.07%。

（四）反洗钱监管进一步加强，有效打击洗钱犯罪

2018年，河南省扎实推进反洗钱监管工作，反洗钱监管水平持续提升。全年全省共对3 759家机构开展评级工作，对540家机构开展监管走访、对325家机构高管进行约见谈话、对52家机构进行质询，对9家机构开展风险评估，对119家金融机构开展反洗钱执法检查，依法对55家金融机构、64名个人实施行政处罚，配合有权部门协查请求，协助侦查机关破获专项行动案件5起，推动狭义洗钱罪宣判1起。

（五）发行体系不断优化，反假币工作持续推进

2018年，货币发行体系优化布局基本落地。郑州新建发行库项目获总行批复，具有发行综合功能的区域分中心初步建成，试点恢复的10个县支库功效日益显现。全省现金供应充足合理。假币收缴量稳步增长，全年全省收缴假币同比增长51.7%。其中，公安机关破案没收假币同比增长191.8%；银行业金融机构一线柜台和清分中心堵截收缴假币同比减少近2.8%。

七、总体评估与政策建议

（一）总体评估

从定量评估的结果看，2018年河南省金融稳定综合评价分值对应评估表中所属类别为“B类地区较好+”，分值较上年有所上升。总体来看，全省消费平稳增长、地方财政收支质量进一步提升、地方法人银行业金融机构资本充足水平高于监管标准对辖区金融稳定产生积极影响。同时，全年非法集资新立案数量、涉案金额、参与人数大幅下降，改善了区域金融生态环境；河南省地方金融监督管理局（河南省金融服务办公室）于2018年11月26日成立，进一步提高了地方金融监管和风险防范处置工作的有效性，对区域金融稳定产生积极影响。从整体来看，全省金融稳定状况保持良好。但全省经济增速放缓、银行业资产质量下降、证券期货业法人机构盈利能力下滑、保险业应收保费率上升、非法集资存量案件多及处置难度大等诸多问题，给全省经济金融平稳运行带来一定挑战，防控金融风险压力进一步加大。

（二）政策建议

深入推进供给侧结构性改革，保持宏观经济持续健康稳定发展。结合河南省实际，加快推动传统产业改造升级，大力发展新兴产业，积极培育壮大新动能，促进经济转型发展。贯彻落实好积极的财政政策，发挥财政政策在扩大内需和结构调整上的积极作用，着力扩大消费需求，做好稳就业、

稳金融、稳外贸、稳外资、稳投资、稳预期工作，保持全省宏观经济平稳健康发展。

落实好稳健的货币政策，进一步强化逆周期调节。贯彻落实好稳健的货币政策，综合运用各种货币政策工具，注意把握好政策实施的节奏和力度，加强预期引导，平衡好总量和结构之间的关系，加大逆周期调节力度，发挥“几家抬”的政策合力，引导辖区金融机构加大对实体经济的支持力度，着力提高对民营企业、小微企业等实体经济的支持力度。

切实防范化解金融风险，打好防范化解重大风险攻坚战。在中央“稳定大局、统筹协调、分类施策、精准拆弹”基本政策指导下，继续推动辖区落实好防范化解重大风险攻坚战方案，稳定全省宏观杠杆率，有序化解各类金融风险，稳妥处理地方政府债务风险，继续推动产能出清、债务出清、“僵尸企业”出清，继续开展互联网金融风险专项整治。充分发挥存款保险作用，做实金融风险监测、评估和处置机制。

强化底线思维，确保证券市场稳定健康发展。严守风险底线，精准做好辖区股票质押、债券违约、私募基金、场外配资和地方各类交易场所等重点领域风险的防范化解处置工作，提高辖区上市公司质量，切实保护投资者的合法权益，深化改革开放，确保证券市场平稳有序、健康发展。

提升保险业风险防范处置水平，提高服务实体经济能力。督促引导辖区保险机构把防控风险放在经营发展首要位置，加强风险排查，摸清风险底数，完善风险监测和预警机制。继续推动保险业回归本源，持续深化整治保险市场乱象，充分发挥保险保障和保险资金的独特优势，增强保险业服务实体经济质效。

持续加强金融基础设施建设，保障金融市场安全高效运行。进一步加强支付服务市场监管，逐步健全和完善征信体系，全面推进社会信用体系建设，持续提升货币金银服务效能，持续加大防范和打击假币力度，继续加强反洗钱工作，完善金融消费权益保护机制和措施，确保金融市场安全高效运行。

强化协调联动形成监管合力，持续优化地方金融生态环境。进一步压实地方金融监管局监管职责，严防非法集资增量风险的同时，有序推动处置非法集资存量风险。健全和完善守信联合激励和失信联合惩戒制度，大力推进金融诚信建设，持续推动优化地方金融生态环境。

中国人民银行郑州中心支行金融稳定分析小组

组　长：徐诺金

副组长：高玉成

成　员：李天忠　帅　洪　戚兴如　崔　凯　王树生　路　漫
　　　　李建华　贾　桐　刘秋香　娄永跃

《河南省金融稳定报告摘要（2019）》编写组

总　纂：高玉成

统　稿：戚兴如　武松会

执　笔：陈晓燕

其他参与写作人员（以姓氏笔画为序）：

尹志刚　王　莎　牛真真　许尚超　巩晓鸽　闫　宏
张振轩　张矜金　李　琨　张　宇　罗晓蕾　郑　方
郑霄鹏　屈瑞亭　郜立敏　顾佳君　赵泽宇　曹琳琳
程战兵

湖北省金融稳定报告摘要

2018年，湖北省以习近平新时代中国特色社会主义思想为根本遵循，全面贯彻党的十九大精神，树立“四个意识”，坚定“四个自信”，坚决做到“两个维护”，牢记习近平总书记视察湖北的殷殷嘱托，全面落实党中央、国务院和省委、省政府决策部署，坚持稳中求进工作总基调，统筹推进稳增长、促改革、调结构、惠民生、防风险、保增长各项工作，湖北省经济发展总体平稳、稳中有进，高质量发展迈出坚实步伐。

一、区域经济运行

（一）宏观经济平稳增长

经济总量增长平稳。2018 年，湖北省实现生产总值 39 366.55 亿元，按可比价格计算，增长 7.8%，快于全国 1.2 个百分点，结束了连续 7 年单边下滑的态势。第一、第二、第三产业增加值分别为 3 547.51 亿元、17 088.95 亿元和 18 730.09 亿元，分别增长 2.9%、6.8% 和 9.9%。三次产业结构由 2017 年的 10.3:44.5:45.2 调整为 9.0:43.4:47.6。第三产业的比重比上年提高 2.4 个百分点，对经济稳定增长的贡献加大。

固定资产投资形势稳定。2018 年，湖北省固定资产投资增长 11.0%，与上年持平。工业投资增速加快，增长 15.8%，比上年加快 3.9 个百分点。工业技改投资保持高速增长，增长 24.2%。民间投资增速加快，增长 11.4%，比上年加快 4.3 个百分点。

消费品市场平稳增长。2018 年，湖北省共实现社会消费品零售总额 18 333.60 亿元，增长 10.9%。其中，湖北省限额以上企业（单位）共实现消费品零售额 8 229.11 亿元，增长 11.1%。湖北省限额以上企业（单位）通过公共网络实现商品零售额 870.73 亿元，增长 31.5%。

进出口增速有所回升。2018 年，湖北省完成人民币计价进出口总额 3 487.2 亿元，增长 11.2%，比前三季度加快 3.4 个百分点。其中，出口总额 2 253.2 亿元，增长 9.2%，比前三季度加快 5.1 个百分点；进口总额 1 234.0 亿元，增长 15.0%，比前三季度加快 0.4 个百分点。湖北省实际外商直接投资 119.41 亿美元，增长 8.6%。

财政收支运行平稳。2018 年，湖北省地方一般公共预算收入完成 3 307.03 亿元，增长 8.5%。其中税收收入 2 463.46 亿元，增长 9.6%。一般公共预算支出 7 257.55 亿元，增长 6.7%。

价格运行保持平稳。2018 年，湖北省居民消费价格上涨 1.9%，涨幅比上年提高 0.4 个百分点。湖北省工业生产者出厂价格同比上涨 4.2%，工业生产者购进价格上涨 4.8%。

（二）经济运行中值得关注的问题

1. 工业生产回升基础不牢

2018 年，湖北省规模以上工业增加值累计增长 7.1%，同比回落 0.3 个百分点。一是重点行业拉低整体工业增速。汽车行业受市场不确定性、产业政策调整（购置税优惠取消、关税下调等）、机油门事件等因素影响，市场呈现波动下行。二是企业经营效益不容乐观，停产现象较为严重。前 11 个月，湖北省规模以上工业企业利润总额合计 2 481.31 亿元，同比增长 12.0%，较上年同期下滑 1.2 个百分点。同期规上工业企业亏损面为 10.0%，同比上升 0.3 个百分点。

2. 消费增长有进一步下滑可能

一是居民收入增速呈下行态势。2018 年湖北省城镇居民人均可支配收入累计增长 8.0%，同比下滑 0.5 个百分点，社保征管新规执行后，预计对居民可支配收入造成一定负面影响。二是就业压力扩大影响居民消费能力。根据对湖北省 19 个行业 2 247 家企业 130 万个既有就业岗位的监测显示，1～9 月岗位数量每月均环比小幅减少，2018 年累计减幅已达 1.6%。三是居民杠杆持续提升挤出可选消费。2018 年前三季度，湖北省居民杠杆率为 34.6%，较 2017 年提升 1.7 个百分点。

3. 房地产市场面临较大下行压力

一是房地产市场热度减退，预期有所下降。2018 年，湖北省商品房销售面积和销售额同比分别增长 8.7% 和 20.3%，同比分别下降 1.1 个和 5 个百分点。二是政策调整导致三四线城市棚改红利减退。政府购买棚改服务模式的政策风险显现，短时间内棚改资金压力较大，三四线城市居民购房需求减少，对房地产市场销售的拉动作用减弱。三是房企投资意愿不足。2018 年，湖北省房屋施工面积增长 2.6%，低于全国平均水平 2.6 个百分点，湖北省商品房竣工面积下降 13.8%，连续 6 个月负增长。

4. 中美贸易摩擦负面影响开始显现

经济外向度低是湖北省经济增长动力不足和制约产业升级的明显短板，在当前中美经贸摩擦持续升级的背景下，湖北省进出口受到的影响已开始显现，可能会加剧“短板效应”，对未来经济增长、产业升级、就业领域等形成一定冲击。考虑到企业提前执行订单、打时间差的行为不可持续，“抢出口”效应后期将减弱，未来对美贸易将面临较大冲击。

二、银行业与金融稳定

（一）运行情况

1. 信贷投放再上新台阶

湖北省人民币贷款增量继 2015 年和 2017 年分别突破 4 000 亿元和 5 000 亿元后，再次实现突破，2018 年增加 6 177 亿元，同比多增 1 152 亿元，增量位居中部第一。2018 年年末人民币贷款余额继 2013 年和 2016 年分别突破 2 万亿元和 3 万亿元后，2018 年末余额突破 4 万亿元，达到 44 341 亿元；人民币贷款余额增速 16.2%，同比加快 1 个百分点。

2. 债务融资取得新突破

湖北省将债券融资作为缓解融资难、融资贵的重要抓手，绿色债券、双创债券、扶贫票据、民营企业融资支持工具等创新产品相继成功发行，走在全国前列。2018 年，湖北省非金融企业债务融资工具规模实现跨越式增长，全年累计发行金额 1 195 亿元，首破千亿元大关，同比增长 59%，比全国平均增速高 21 个百分点。

3. 金融支持实体经济力度取得新进展

2018 年湖北省民营企业贷款新增 201 亿元，同比多增 130 亿元；高技术制造业中长期贷款同比增长 14.2%，比年初增加 20 亿元，同比多增 7 亿元。金融精准扶贫持续推进，12 月末，湖北省金融精准扶贫贷款余额 2 238 亿元，同比增长 23.1%，金融精准扶贫工作站实现建档立卡贫困村全覆盖。农村金融改革创新有序推进，12 月末，湖北省 12 个试点地区“两权”抵押贷款余额 29 亿元，同比增长 89.6%。

4. 金融运行质效呈现新提升

金融机构存贷比持续上升，金融资金流入湖北、用在湖北的态势更加明显。在存款增长大幅放缓的情况下，2018 年湖北省金融机构余额存贷比为 81.7%，同比提高 6.1 个百分点，新增存贷比达到 166.8%，同比提高 67.3 个百分点。企业融资成本逐步进入下降通道。12 月，湖北省企业贷款加权平均利率为 5.32%，比 9 月下降 20.6 个基点；票据贴现加权平均利率为 3.68%，比 9 月下降 52.1 个基点。

（二）银行业风险分析

1. 企业贷款隐性风险表现形式有较大变化

随着监管趋严，越来越多的逾期 90 天以上贷款被纳入不良贷款，统计偏误减小。2018 年 11 月末，企业贷款中逾期 90 天以上贷款与不良贷款的比例为 107.5%，较年初下降 15.9 个百分点。但未纳入不良贷款而自身还本付息能力有限的企业规模仍然较大，主要体现为以下几种形式：一是展期借新还旧条件进一步放松。部分银行采取了降低利率、减免罚息、延长付息周期等方式降低企业财务成本。二是多数停产半停产企业贷款未计入不良。调研显示，未计入不良的停产、半停产、破产重整的企业恢复生产的可能性不大，多数企业会形成不良。三是通过成立债权人委员会化解企业贷款风险的情况逐渐增多。由于成立债委会的企业往往规模较大，贷款金额较高，若简单纳入不良，将对不良贷款产生较大影响。

2. 地方法人金融机构资本状况不容乐观

2018 年底，湖北省农商行不良贷款率较年初提升 0.65 个百分点。不良率的上升将大幅提高农商行风险加权资产规模，短期内对资本充足率产生较大负面影响。一是不良率快速上升对利润的影响明显，导致农商行对外部新股东吸引力不足。二是公司治理状况进一步恶化，存量股东的稳定性有所下降。三是二级资本债的发行难度仍然较大。从实际操作看，县域法人农商行规模小、实力弱，难以达到资本市场工具所要求的门槛。

3. 新旧动能接续不力

因贷款条件及业务权限限制，辖内银行业新动力仍较薄弱，2018 年末，全省战略新兴产业贷款余额占各项贷款的比重仅为 1.52%，较上年下降 0.02 个百分点。当年新增贷款较多的行业仍是住房按揭、房地产业、水利环境公共设施管理业，特别是房地产业和住房按揭贷款，虽然房地产贷款不良率仍处于较低水平，但由于对房价波动敏感，潜在风险不容忽视。

4. 银行机构发展不平衡

面对外部环境和监管政策变化，大型银行表现出更加稳健的应对能力，而中小银行面临挑战更多，市场份额和利润都出现一定程度下滑。辖内城商行、民营银行和农村金融机构贷款余额占比、存款余额占比、利润占比出现一定程度下降。同时，受逾期 90 天以上贷款进不良的影响，城商行和农商行资产质量压力较大，部分中小银行在拨备覆盖率、流动性指标方面也存在一定压力。

三、证券业与金融稳定

（一）运行情况

截至2018年12月末，湖北境内上市公司共计102家（其中主板67家，中小板13家，创业板22家），上市公司家数居中部第3位，全国第11位。总股本1 035.07亿股，总市值8 373.02亿元。辖区新三板挂牌企业达360家，列中部第2位、全国第9位。辖区证券公司2家，现均已成为上市券商；证券分公司60家，营业部379家；期货公司2家，期货分公司10家，营业部51家；基金分公司2家，投资咨询公司1家，分公司14家。辖区已完成登记备案的私募基金管理机构372家，全国排名第10位，共管理基金633只，管理规模实缴达1 134亿元。

企业上市引领经济高质量发展。2018年，在全国IPO审核趋严的背景下，湖北全力推进“上市公司倍增”计划，企业上市工作逆势而上。全年新增6家企业通过首发审核，通过率超过85%，高于全国二十多个百分点，新增过会企业数量居中部第1位。且这6家企业分属于高新技术产业和金融服务业，代表了湖北省经济高质量发展的方向，锐科激光作为湖北省激光产业的后起之秀，通过上市进一步夯实了湖北省优势产业的发展实力。

并购重组推动产业整合与转型升级。2018年，全省共有5家上市公司实施并购重组，涉及金额76.2亿元。这些并购重组活动不仅为上市公司注入新生力量，也为全省经济平稳健康发展夯实基础。

多层次股权市场体系增强经济发展动能。2018年，湖北资本市场实现股权融资共计213.94亿元。其中5家企业通过IPO实现融资51.74亿元，上市公司实现股权再融资57亿元；新三板挂牌公司通过增发实现融资17.93亿元；区域性股权市场开展股权融资87.27亿元。此外，全省已完成登记备案的私募基金管理机构管理基金规模超1 100亿元，其所投主要是湖北的项目，近一半处在种子期和起步期，为创新创业活动引入源头活水。

债券市场创新拓宽直接融资渠道。近年来，交易所债券发行方式不断丰富，发行品种更加多样，特别是创新创业债、绿色公司债、可交换债和可续期债等产品的推出，为企业和政府提供了更加便捷高效的融资渠道。2018年，全省企业通过交易所债券市场融资合计443.15亿元，省政府通过交易所发行地方政府债融资782.31亿元。

（二）证券业风险分析

1. 上市公司方面

当前，辖区上市公司风险主要集中在持续经营风险、股权质押导致的控制权稳定风险、合规风险、退市风险等方面。具体来看，近年来，辖区多家上市公司出现经营问题，持续经营能力下滑，未来经营情况存在较大的不确定性；一些上市公司的控股股东面临股权质押风险；少数上市公司存在退市风险；另有上市公司合规意识相对薄弱，存在较高的违规风险。

2. 证券期货机构方面

2018年，受去杠杆、中美贸易战、金融监管趋严等多重因素的影响，股市出现大幅波动，债市违约事件频发，证券公司业务受经济环境影响较大，其中以信用业务中的股票质押业务及资管业务受影响最大。辖区证券公司自有资金及资管出资的股票质押项目陆续出现风险，但是整体流动性风险可控，两融业务尚无重大风险。2019年，股票质押业务以及资管业务仍然是需要重点关注的风险点。

3. 公司债券方面

辖区债券风险凸显，湖北多只债券被划为风险类，对市场稳定造成较大压力。2019年湖北辖区将有多家发行人的债券面临到期或回售，且涉及多只高风险债券，风险不容忽视。

4. 非法证券期货活动方面

2018年，监管部门共收到涉非线索70起。从涉非线索看，当前大部分涉及非法证券投资咨询和非法经营期货业务，且此类非法证券期货活动多通过互联网展业。互联网的虚拟性、迅捷性等特性，降低了不法分子的违法成本，大大增加了未来涉非线索监测和调查的难度。

5. 地方交易场所方面

2018年，监管部门共收到清理整顿各类交易场所部际联席会议办公室抄送的34人举报材料和1家违法违规平台线索，信访投诉3起。投诉举报数量较往年有所下降，未发生群体性维稳事件，总体风险可控。

四、保险业与金融稳定

（一）运行情况

主体建设有序推进。2018年，湖北省新增法人保险公司一家，国华人寿总部2018年6月从上海迁至武汉，法人保险公司总数达到4家，省级分公司82家（其中财险公司分支机构39家，寿险公司分支机构43家），比2017年增加8家（其中财险公司分支机构增加7家，寿险公司分支机构增加1家）。

业务规模持续增长。2018年，湖北省保险业保费收入1 470.9亿元，同比增长9.2%。其中，财产险保费收入同比增长3%；人身险保费收入同比增长11%。2018年，全省保险深度3.7%，与上年基本持平；保险密度2 490元/人，较上年高出202元/人。

风险保障和重点领域赔款给付增长较快。2018年，风险保障突破160万亿元，达到166万亿元，居中部第1位；全省保险业赔款与给付支出466.67亿元，同比增长14.8%。从结构看，人身险赔付同比增长12.3%，财产险赔付同比增长18.9%；人身险赔付增长以健康险为主，全年健康险赔款与给付支出同比增长49.9%，而寿险赔付支出同比增长仅1.6%。

服务实体经济力度进一步加大。一是充分发挥保险保障的功能，以风险管理为出发点，助推湖北省实体经济健康快速发展。2018年，累计为全省15.58万个小微企业及个人融资245.16亿元，累计赔付5.59亿元。二是参与和推动实施湖北省“四位一体”健康扶贫模式。三是积极推进环境污染责任保险，研究探索在环境高风险领域建立环境污染强制责任保险制度，协助构建湖北地区绿色发展体系。四是出口信用保险已对接“一带一路”沿线11个国家，支持出口企业1 283家，为企业提供65.13亿元风险保障。

（二）保险业风险分析

市场集中度有所上升，中小保险机构竞争能力不强。2018年末，财产险市场份额排名前三家公司规模占比73%，较2017年底的70%集中度进一步提升，最小十家市场份额仅占1.3%，基本与

2017 年底持平；人身险市场共有 30 家中资公司，最小十家市场份额仅占 1.9%。中小保险机构市场份额占比仍偏小，竞争能力有待提高。

寿险市场部分风险依然比较突出。一是满期给付风险。前几年，多家人身保险公司陆续推出中短存续期产品，客户持有期间多为 2～3 年，这两年该类产品陆续到期。二是业务合规风险。个别人身保险公司仍然存在未按规定对人身保险新型产品进行信息披露、未按规定对投保人进行回访、客户信息不真实、财务数据不真实等违规行为。

五、金融基础设施与金融稳定

（一）运行情况

1. 金融司法环境进一步优化，金融法治氛围良好

全省重点惩治非法集资等破坏金融秩序犯罪，起诉 932 人，涉案总金额超过百亿元。妥善审理民间借贷、金融借款、证券保险等案件，审结非法吸收公众存款、集资诈骗等案件 433 件，执结金融债权案件 5 581 件、183.15 亿元，较上年同期增加了 43.27 亿元，同比增长 30.93%。组织开展湖北省“金融知识普及月　金融知识进万家”暨“提升金融素养　争做金融好网民”现场活动 6 813 次，参与人数达 400 余万人次，发放宣传资料 352 余万份，微信推送宣传稿近百篇，点击阅读量达 500 余万次，被多家权威媒体报道约 470 次，网络有奖金融知识答题超 123 万人次、“金融好网民”网络投票超 328 万票、“争做金融好网民”电子签名参与人次超百万，各项活动总受众超千万人次。

2. 支付结算体系运转良好，市场环境不断优化

2018 年，湖北辖内各银行机构通过支付清算系统共处理业务 27 151.97 万笔、金额 102.86 万亿元。全省范围内大力推广移动支付便民工程建设，在示范商圈、示范街区建设以及公共交通、教育医疗、菜场等重点便民场景建设方面，取得了阶段性成效。2018 年，全省累计已拓展 20 个示范商圈、48 个示范街区；云闪付 APP 累计有效用户数达 304 万户；发生非接交易活动商户共计 70.2 万户，同比增长 75.5%；累计完成手机闪付或银联二维码商户改造率达 84.6%。

3. 征信服务与信息安全管理全面提升

截至 2018 年末，人民银行金融信用信息基础数据库录入湖北省企业及各类机构户数 37.96 万户；收录自然人数 4 352.6 万人，比上年增长 3.5%。全省各查询机构共查询企业征信系统 29 万次；查询个人征信系统 1 090 万次，比上年增长 7.3%。动产融资统一登记平台湖北省累计登记笔数达到 103 492笔，其中应收账款质押/转让登记笔数达到 81 528 笔；融资租赁登记笔数达到 20 820 笔。新发生应收账款融资交易笔数 3 366 笔，促成融资交易金额 2 437 亿元，分别较 2017 年增长了 34.4% 和 22.5%，交易金融占 2018 年全省发放企业贷款的 17.1%，有效扩大了信贷资金供给。加大监管和处罚力度，对湖北辖内 21 家征信系统接入机构的共计 575 家分支机构及网点数量进行了现场检查，有力地震慑了辖内非法获取征信信息的违法、违规行为。建设部署湖北省金融领域严重失信联合惩戒系统，实现系统与省社会信用信息服务平台批量、实时共享严重失信主体“黑名单”信息，系统于 2018 年 12 月 26 日正式上线运行。

4. 深耕普惠金融领域，提升支小支农服务

截至 2018 年 12 月末，全省县域贷款 9 132.46 亿元，同比增长 14.47%；涉农贷款 11 471.67 亿

元，同比增长 11.14%。评出 93 个金融精准扶贫工作站示范站和 82 个惠农金融服务站示范站，建设金融精准扶贫工作站 4 821 个，保持建档立卡贫困村全覆盖；为 45.43 万户贫困户完成了金融服务建档，为 40.24 万户贫困户开展了信用评级，向其中 30.09 万户贫困户授信 111.49 亿元，同比增长 28.11%；主办行通过工作站发放扶贫小额贷款和产业扶贫贷款余额分别为 42.36 亿元和 10.07 亿元；共建设惠农金融服务站 18 336 个，较上年同期增加 4 426 个，实现“两站”建设全覆盖。

5. 反洗钱案件调查分析取得丰硕成果

全年对 647 份可疑交易报告进行集中评价；发现和接收案件线索 405 个，其中研判线索 194 个，移送、上报 80 个；受理公安、国安、检察院、海关、国税等部门协查案件 30 起；组织实施反洗钱调查 607 次。协助破获各类案件 13 起，其中推动宣判“掩饰、隐瞒犯罪所得罪”案件 5 起。开展金融系统扫黑除恶工作，协助破获 1 起黑社会性质组织犯罪案件。

6. 反假货币工作深入推进

2018 年湖北辖内共收缴假人民币 176 122 张，面额合计 1 145.25 万元，收缴量较上年同期下降 45.69%，收缴金额较上年同期增加 20.64%。其中，辖内银行业金融机构、公安机关分别收缴假人民币 915.95 万元和 218.49 万元；人民银行清分复点发现假人民币 10.1 万元；其他来源 0.72 万元，通过金融机构假币堵截防线共收缴假人民币 915.95 万元，较上年同比增加 3.39%。全省假币犯罪立案 22 起，采取强制措施 33 人，破获各类假币制作窝点 13 个。

（二）金融基础设施风险分析

支付服务市场中的两类风险问题值得关注。一类是无证经营风险，即部分机构完成工商注册后即以技术创新、服务便捷、成本低廉等噱头无证经营支付业务，游离于监管体系外，严重扰乱市场秩序。另一类是混业经营风险，即一些持牌支付机构通过股权投资、关联企业等广泛涉足金融行业，金融产品交叉嵌套、业务综合经营的趋势加剧，金融风险跨市场传染的可能性显著增加。需进一步加强部门工作协调，发挥工作合力，共同防范支付业务风险。

防范农村地区假币违法犯罪发生反弹。2016—2018 年三年全省农村地区和城市地区假币收缴情况表明：2017 年城市地区收缴量较上年几乎持平，农村地区假币收缴量却同比增长 20.38%；而 2018 年城市地区收缴量同比上升 24.96%，农村地区假币收缴量却同比下降 29.37%。2018 年全国统一开展了打击假币违法犯罪专项行动，湖北省也积极组织开展了专项打击工作，而 2017 年并未组织相关专项打击行动。结合前述数据，可以认为城市地区在假币向农村山区扩散过程中发挥集散转运作用，通过专项行动保持对假币违法犯罪的高压打击态势，有效缓解了假币对农村地区的危害。但也要及时防范专项打击行动后，假币违法犯罪在农村地区发生反弹的风险，持续巩固打击效果。

信用“梗阻”现象加剧影响小微企业融资。2018 年 9 月末全省小微企业贷款增速 13.06%，低于全部贷款增速 2.24 个百分点，显示小微企业融资难问题仍然存在。从企业信用评级情况看，共有 17 个县域出现 A 级信用企业数下降，显示这些地区信贷主体质量下降。恩施及辖内 5 个县域出现贷款企业数量不增反降，反映金融机构风险把控趋严，“惜贷”心理凸显。从政银合作和融资担保等主要外部增信业务发展看，不良累积、代偿不力以及新增业务停滞等现象较为普遍，政府融资的增信效应正在削弱。种种迹象表明，支持小微企业融资的信用梗阻正在加深，小微企业融资难、融资贵形势仍未逆转。

六、总体评估与政策建议

（一）总体评估

为全面、客观评估2018年湖北省金融稳定性总体状况，本报告采用综合分析法和压力测试，以区域金融稳定的影响因素为主线，结合宏观经济和金融业发展状况，量化评估区域金融风险程度。2013—2018年湖北省金融稳定性量化评估结果如下。

2015年以来，湖北省经济增长速度有所放缓，2017年、2018年GDP增长率创近年低点7.8%，导致宏观经济金融稳定性得分为零，呈现大幅下降趋势；银行业的稳健发展态势为湖北省较高的金融稳定性奠定了基础；同时，股市经历了2015年较大幅度的调整后，2018年呈现探底缓慢回升的态势；保险业，保费收入增长放慢，呈现结构性调整。银行业、证券业、保险业呈现不均衡的趋势（银行业得分高达83.88分，证券业、保险业得分仅58.31分和46.36分）。2018年，整体宏观经济金融形势趋稳影响，湖北省金融稳定性得分超过2015年。

宏观经济方面，2018年，在一系列支持实体经济的举措下，湖北省实体经济增速企稳，消费、城镇居民收入增速同比略有下降，告别以往高速增长的阶段，宏观经济类得分为零，是导致2018年金融稳定性得分较低的直接原因。银行业方面，近年来，湖北省银行业综合实力不断增强，但是面临复杂的经济金融形势，风险和挑战也加大，受不良率上升影响，资产利润率等指标都有所下调，银行业2013—2018年得分分别为88.50分、88.68分、87.89分、88.18分、89.11、83.88分。证券业方面，2018年，证券业资产利润率、流动性指标有所改善，证券业总体得分由上年的51.54分上升为58.31分。保险业方面，保费收入告别以往两位数的增长率，保费业务放缓，得分相比上年下降至46.36分。金融生态环境方面，2018年，受金融债权执结率影响，得分比上年略低，但总体改善明显，为金融稳定性得分提供了保障。

湖北省城市商业银行压力测试

截至2018年末，湖北城商行不良贷款率2.15%，同比下降0.03个百分点；不良贷款余额53.26亿元，同比增加7.3亿元，出现不良贷款率下降和不良贷款余额上升的现象。假如未来一年内，不良贷款率继续上升造成一定规模的新增不良贷款，通过准备金计提将压力传导至资本，进而影响资本充足率的下降。

情景设置：

新增不良贷款上升，假设轻度、中度、重度三种情景。

参数设置：

1. 全部新增不良贷款按照50%的比例扣减资本；

2. 轻度、中度、重度情景是新增不良贷款分别为受压前不良贷款余额的100%、150%、200%。

在轻度、中度、重度的情景下，未来湖北城商行整体的资本充足率分别为13.16%、12.86%、12.55%，相比2018年末的13.76%分别下降0.6个、0.9个、1.21个百分点。测试结果显示，不良贷款的增长会对湖北城商行的信用风险产生一定影响，但总体风险可控。

随着宏观经济增速放缓，湖北城商行风险指标下滑幅度较大，对资本补充形成一定压力。当前宏观经济形式更趋复杂，发展方向存在不确定性，这将对各银行机构资本充足情况形成一定冲击，对城商行加强信贷资产质量的能力和手段提出了更高要求。因此，城商行应积极拓展资本补充渠道，不断提高信贷资产的管理能力，确保经营的稳健性。

（二）政策建议

落实金融宏观调控政策，加大对实体经济的支持力度。继续加大对重点领域和薄弱环节的金融支持，要引导资金更多流向小微企业、“三农”领域、绿色经济、科技创新、战略性新兴产业等实体经济中的重要领域和薄弱环节，要继续做好相关金融支持服务工作，尤其要在小微企业融资、农村金融、科技金融以及绿色金融等方面加大力度。要加大对先进制造业、新经济等领域的金融支持，主动对接长江经济带等重大发展战略，积极支持湖北经济转型升级。针对去产能、去杠杆和处置僵尸企业过程中可能出现的一些新的风险点，以及房地产市场可能出现的波动，引导金融机构做好压力测试，有针对性地做好风险防控和化解工作。要优化消费供给，以服务消费、信息消费、时尚消费、品质消费、绿色消费、农村消费为重点，促进消费结构升级，加快培育形成新供给新动力；要加大对实体经济的支持力度，开展降本增效专项行动，降低企业制度性、人工、税费、社会保险、财务、电力、物流等方面成本；加大中小企业培育力度，全面放宽民间资本市场准入，为企业家创新创业营造稳定可预期的良好环境，促进各类市场主体公平发展。

继续落实稳健的货币政策，加强信贷结构调整。保持货币信贷适度增长和流动性基本稳定，做好对湖北主要法人金融机构的信贷调控。灵活运用常备借贷便利工具等货币政策工具，疏通货币政策传导机制，全面提升金融服务实体经济的效率和水平。着力做好金融精准扶贫工作，加大扶贫再贷款额度向深度贫困地区倾斜力度，支持深度贫困地区符合条件的企业发行债务融资工具筹集资金。努力推进小微企业金融服务工作，整合小微企业产业、项目、融资需求等基本信息，指导金融机构利用大数据、云计算等技术手段，加快小微企业信贷产品创新和服务机制再造，为小微企业提供低成本、便捷的综合性金融服务。持续完善房地产信贷宏观审慎管理，继续做好差别化住房信贷政策实施工作和重点城市个人住房信贷宏观审慎管理工作，指导金融机构把握好工作方式和方法，切实掌握好个贷投放的节奏和尺度，优先满足居民合理自住贷款需求。积极推动跨境人民币业务增量扩面，明确新客户培育名录、工作措施和阶段目标，采取正向激励和反向考核约束相结合的方式，推动金融机构重点挖掘跨境人民币潜在客户，有针对性地开展“一对一”上门业务营销和辅导。

加强证券业风险治理，促进资本市场健康发展。重点针对市场波动可能引发的各类风险，尤其是大股东股权质押风险和债券市场信用风险，加强舆情监控，加强风险监测、风险预判和风险应对能力建设。继续推进重点公司的风险处置工作，协调相关各方共同推进风险处置策略尽快落地。积极配合推动湖北省纾困基金和辖区证券机构纾困基金落地辖区项目，帮扶辖区风险企业脱困。支持辖区民营企业利用交易所信用保护工具试点进行融资，缓释债务风险，努力提高公司整体抗风险能力。重点做好高风险债券的监测工作，配合地方政府做好辖区债券风险处置，维护辖区债券市场稳定。积极配合地方政府打击以私募基金形式从事非法集资活动，做好投资者宣传教育工作。

加强保险市场风险治理，促进保险业健康发展。产险市场方面，加强信息披露，通过第三方机构对保险公司进行评价，及时向社会公布公司经营行为、服务水平的评价结果，运用市场机制督促公司提高经营管理水平；加强保险公司内审指导，严格保险公司内部审计工作规范，对审计内容、审计对象、发现问题、整改措施等统一标准，切实发挥内审作用。寿险公司方面，加强风险监测和处置，动态甄别出满期给付与退保风险较为集中的重点公司、重点地区、重点渠道、重点产品和重点客户，及时发现风险苗头；密切关注市场动态和舆情热点，一旦发现风险苗头，第一时间督促相关公司快速处置，切实做好风险排查，通过开展应急演练和客户大走访活动，提高行业风险防范意识及应急处置能力，提升服务满意度；通过抓源头、建机制、严监管、强自律，进一步推动各人身保险公司建立治理销售误导的长效机制；落实保险机构防范案件风险的主体责任，要求各公司建立系统性的风险预警机制，牢牢抓住风险管控的源头，加强内部管控和风险排查，制定切实有效的应急处置机制。

加强金融基础设施建设，不断优化区域金融环境。落实党中央、国务院“放管服”改革要求，积极推动企业银行账户管理改革，进一步优化企业银行账户服务，取消企业银行账户许可，支持企业尤其是民营企业、小微企业发展。维护支付服务市场秩序，持续深化支付服务市场环境建设。认真落实《金融机构反洗钱监督管理办法》，逐步推进反洗钱义务机构分类评级，并根据分类评级结果确定监管重点，跟进监管措施，实施分类监管。大力推动供应链核心企业与应收账款融资服务平台系统对接，深化平台服务小微企业融资的作用。大力推进中小微企业信用信息平台建设，将平台建设作为金融服务民营经济发展的关键举措，促进银企信息对称。加强征信市场培育，维护市场健康持续发展。建立拟备案机构分级培育制度，重点培育一批有实力、有资质、有资源的征信机构。加强对征信市场主体监管，会同相关政府部门打击乱办征信、借征信名义虚假宣传、扰乱征信市场秩序行为。依托五位一体的金融生态建设机制，推行新型企业信用培育模式、促进防风险互信合作，优化多类型金融服务平台，夯实各项基础工作，促进金融投入实体经济的薄弱领域、关键领域，维护良好信用环境。强化重大事项报告制度，完善应急管理体系，提高防范、化解、处置风险能力。促进金融机构规范经营行为，提升金融服务质效，切实保护金融消费者权益，维护金融稳定，构建和谐有序的金融消费环境。

中国人民银行武汉分行金融稳定分析小组

组　长：王玉玲

副组长：林建华

成　员（以姓氏笔画为序）：

王以成　王　兵　邓亚平　许　波　向秋芳　郑　艺

胡学林　夏国栋　常　新　童展鹏　谢崇礼　翟才毕

《湖北省金融稳定报告（2019）》指导小组

邹　飞　李秉恒

《湖北省金融稳定报告（2019）》编写组

总　纂：谢崇礼

统　稿：刘威林　王邦武　周永胜　瞿森垓

执　笔：方爱国　陈　亮　刘鸿伟　陈　娟　陈　楠　彭　慧

陈　阳　方　敏　徐　融

其他参与写作的人员（以姓氏笔画为序）：

王春元　王鹏程　王露璐　艾鸿凯　陈立高　吴　杰

吴　涛　张　勇　杨　亮　杨雅婷　贺　杰　聂文斌

麻景豪

湖南省金融稳定报告摘要

2018年，湖南省以习近平新时代中国特色社会主义思想为指引，以供给侧结构性改革为主线，坚持新发展理念，经济运行总体平稳、稳中有进、稳中提质，经济总量持续增长，产业结构不断升级。全省金融系统紧紧围绕三大攻坚战任务和创新引领开放崛起战略，不断优化各项金融服务，银行信贷保持较快增长，证券业持续发挥融资功能，保险保障能力提升，金融市场稳步发展，金融对实体经济支持力度进一步增强。

一、区域经济运行与金融稳定

（一）区域经济运行状况

经济运行稳中有进，产业结构不断升级。2018 年，湖南省实现地区生产总值（GDP）36 425.8 亿元，同比增长 7.8%，高于全国平均增速 1.2 个百分点。第三产业增加值占地区生产总值比重首次突破 50%，达到 51.8%，较上年提升 2.3 个百分点，产业结构不断升级。

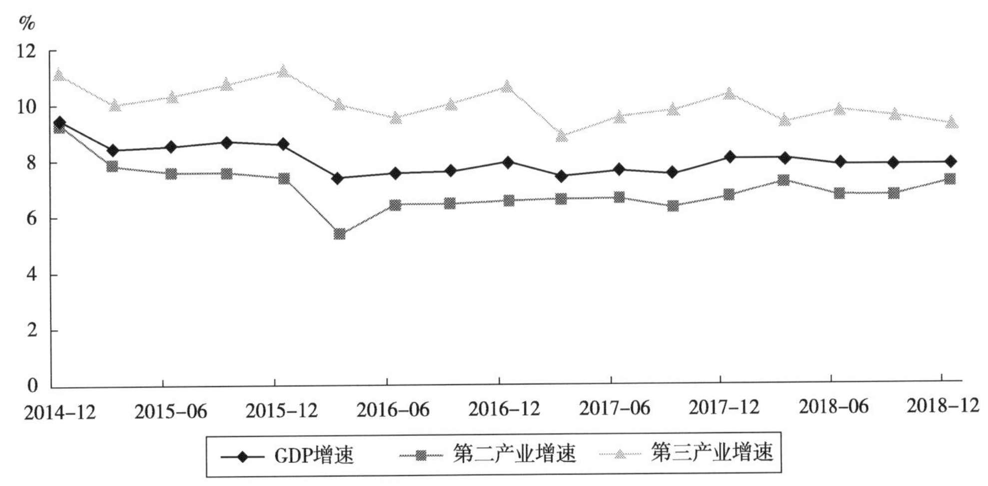

数据来源：湖南省统计局。

图 1　湖南省 GDP 增速走势

投资保持稳定增长，投资结构不断优化。2018 年，全省固定资产投资同比增长 10.0%，高于全国平均水平 4.1 个百分点。其中，工业投资加速增长，同比增长 32.4%；高新技术产业投资增幅较大，同比增长 51.1%；民间投资回暖明显，同比增长 25.2%，较上年增速提高 10.7 个百分点；基础设施投资同比下降 10.1%。

消费增速小幅下滑，升级类消费增长转弱。2018 年，全省累计实现社会消费品零售总额 15 638. 3亿元，同比增长 10. 0%，较上年增速回落 0. 6 个百分点。其中，文化娱乐、体育健康类商品，交通、电器设备类商品等升级类消费品零售额同比分别增长 3. 8% 和 6. 4%，较上年增速下降 8. 8 个和 3. 5 个百分点。

进出口增长较快，增速居全国前列。2018 年，全省进出口总额 3 079. 5 亿元，同比增长 26. 5%，高于全国平均水平 16. 8 个百分点，增速居全国第 4 位、中部第 1 位。其中，全年完成出口 2 026. 7 亿元，同比增长 29. 5%；完成进口 1 052. 8 亿元，同比增长 21. 2%。

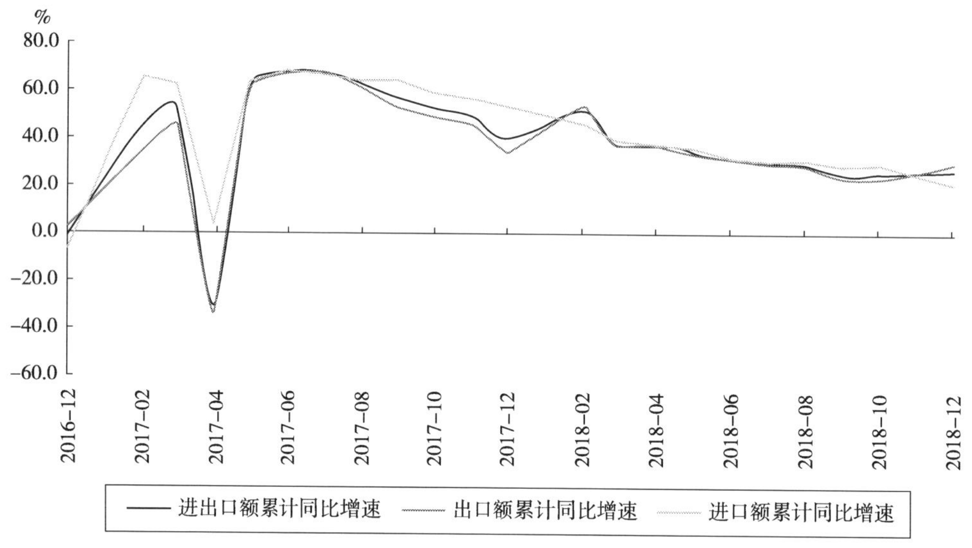

数据来源：长沙海关。

图 2　湖南省进出口增速

财政支出增速放缓，居民收入稳步增长。2018 年，全省一般公共预算收入 4 843. 0 亿元，同比增长 6. 1%；全省一般公共预算支出 7 479. 2 亿元，同比增长 8. 9%，其中民生支出占一般公共预算支出比重 70. 1%。2018 年，全省居民人均可支配收入 25 241 元，同比增长 9. 3%，高于全国平均水平 0. 6 个百分点。

CPI 温和上涨，PPI 涨幅回落。2018 年，全省 CPI 累计同比上涨 2. 0%，较上年增速上升 0. 6 个百分点，但低于全国平均水平 0. 1 个百分点。八大类商品及服务价格呈全面上涨态势，其中居住价格、交通和通信价格、医疗保健价格涨幅靠前。全省 PPI 累计同比上涨 3. 2%，较上年同期增速下降 2. 6 个百分点。

（二）区域经济运行需要关注的问题

新产能贡献率不高，工业生产存在结构性问题。2018 年，全省通用设备制造业、专用设备制造业、医药制造业等新产能对工业增加值的贡献率不高，新兴产业难以对经济增长起到决定性作用。同时，工业生产存在结构性矛盾，大中小型企业经营状况分化，上游行业价格上涨对下游行业的利润挤压持续显现。第三季度全省企业景气调查结果显示，中型企业、小微型企业景气指数分别低于大型企业 12. 68 个和 20. 59 个百分点。2018 年，全省工业生产者出厂价格仍低于购进价格 0. 3 个百分点。

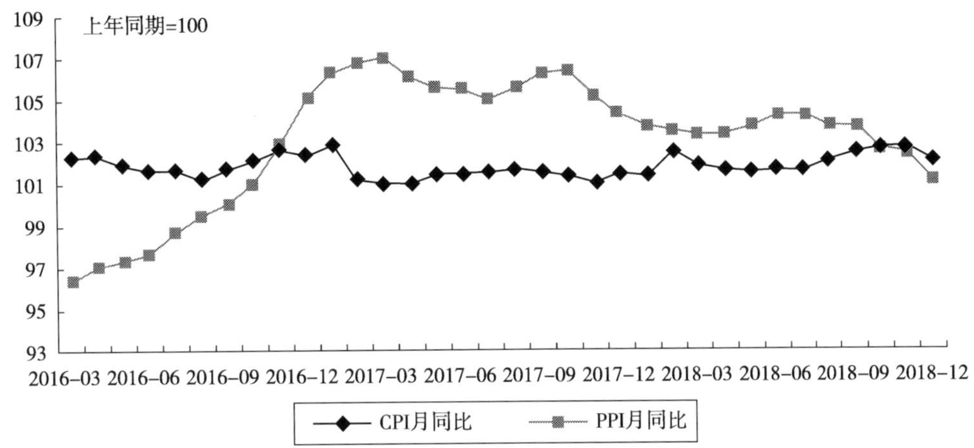

数据来源：国家统计局湖南调查总队。

图3　湖南省CPI及PPI当月同比变动

基建投资及房地产增长乏力，影响投资增长后劲。一方面，受湖南持续加大地方政府债务管控政策力度影响，基础设施投资持续负增长。2018年，全省基础设施建设投资同比下降10.1%，已连续10个月负增长，较上半年和上年同期下降6.8个和26个百分点。另一方面，房地产开发投资资金相对不足，投资增速回落，可能进一步影响投资增长后劲。2018年，全省房地产开发到位资金同比增长11.5%，低于房地产开发投资增速3.7个百分点；房地产开发投资同比增长15.2%，增速较上年同期和前三季度分别回落0.7个和0.4个百分点。

税收收入增速持续放缓，财政收支平衡压力较大。受去产能、贸易摩擦、资源环境约束趋紧等多重因素叠加影响，全省烟草行业工业增加值增速下滑，汽车制造业下行态势凸显，煤炭、建材、有色等传统行业运行低迷，导致税收收入增速持续放缓。2018年，全省全口径税收收入同比增速连续5个月放缓，低于上年同期7.3个百分点。税收收入增长乏力，加大了财政收支缺口。2018年，全省财政收支缺口较上年增加344.2亿元。

二、银行业与金融稳定

（一）银行业运行状况

信贷保持较快增长，金融服务实体经济水平明显提升。2018年末，湖南省各项存款余额4.9万亿元，同比增长4.8%。各项贷款余额3.6万亿元，同比增长14.4%，高于全国平均增速1.6个百分点。全年新增贷款4 601.9亿元，同比多增284.2亿元。全省新增社会融资规模6 024.4亿元，同比少增1 317.4亿元。全省信贷结构持续优化，重点领域和薄弱环节的支持力度进一步加大。2018年，省级重点项目表内外融资新增637.3亿元；12个重点产业新增贷款212.8亿元，保障性安居工程、战略性新兴产业和科技型企业贷款较上年分别增加1 013.8亿元、131.6亿元和145.1亿元；普惠口径小微企业贷款同比多增377.1亿元；绿色信贷较上年增加292.2亿元；“两高一剩”贷款较上年减少67.5亿元。

经营质效整体向好，风险抵补能力持续增强。2018年末，全省银行业不良贷款余额较上年增加

11.2亿元；不良率较上年下降0.22个百分点，低于全国平均水平0.14个百分点；关注类贷款余额较上年减少34.0亿元；关注类贷款向下迁徙率较上年下降7.7个百分点。全省银行业风险抵补能力持续增强，全年同比增盈63.2亿元；贷款损失准备余额较上年增加179.4亿元；拨备覆盖率较上年上升23.3个百分点。

金融服务供给体系逐步完善，金融精准扶贫稳步推进。2018年末，全省银行机构共207家，较上年增加6家。银行服务行政村覆盖率98.4%，较上年上升0.4个百分点。金融精准扶贫稳步推进，全省银行业扶贫小额贷款同比增长55.9%，高于全省贷款平均增速41.9个百分点，11个深度贫困县贷款同比增长22.6%，高于全省贷款平均增速8.6个百分点。

交叉金融业务规模整体缩减，银行业回归本源态势得到巩固。2018年末，全省银行业交叉金融业务余额较年初减少441.1亿元，银行业回归本源态势得到巩固。分业务品种看，同业债券投资较年初增加268.3亿元，特殊目的载体（SPV）投资、发行或代销非保本理财较年初减少707.1亿元和2.3亿元。分交易结构看，多层嵌套产品规模逐步压缩，多层嵌套交易结构占比较年初减少9.8个百分点。

（二）银行业需要关注的问题

信用风险防控形势较为复杂，部分领域风险积聚。2018年，全省银行加大了存量不良贷款处置力度，压降不良余额，但新发放形成的不良贷款持续攀升，且高于不良处置规模，部分领域信用风险积聚，加大后阶段资产质量下行压力。一是“两高一剩”行业企业受供给侧改革影响停产增多，导致全省煤炭开采和洗选业、黑色金属矿采选业不良率较高。二是由于环保投入增加，经营效益下滑，全省渔业、农副产品加工业、印刷和记录媒介复制业企业违约增多。三是部分三四线中小房企资金回笼放缓，资金链趋紧，行业不良贷款率高于全省房地产业平均水平。四是居民负债率上升较快，还款能力和还款意愿下降，违约风险上升。五是部分金融机构涉政信用项目存在风险敞口，谨防财政风险向银行体系转移。

中小法人银行机构风险有所显现，面临防控压力。受经济下行压力加大、风险管控薄弱等因素影响，法人银行机构风险防控面临压力。一是信用风险有所上升。2018年末，全省法人银行机构不良贷款余额较上年增加33.2亿元，不良贷款率较上年下降0.16个百分点。二是部分中小法人机构抗风险能力偏弱，个别中小法人机构资本充足率低于监管标准。三是农商行债券投资规模大，个别机构未将债券投资业务纳入统一授信进行限额管理，未按真实穿透原则足额计提拨备，业务管理不规范。

流动性管理及理财业务转型难度增加，资产负债管理压力加大。当前，全省银行机构兼顾业务合规性与盈利性面临挑战，优化资产负债结构、改进资产负债管理的难度增加。主要表现在：一是高成本存款增长较快，存款稳定性下滑，流动性管理难度加大。二是法人银行保本理财按照资管新规要求压降难度较大，净值型理财产品认可度不高加大资金募集压力，加之非标资产回表消耗较多资本等，不利于优化资产负债结构。

三、证券业与金融稳定

（一）证券业运行状况

证券公司网点数量增加，经营效益大幅下滑。2018年末，湖南省辖内共有法人证券公司3家，与上年持平；下设营业部404家，较上年增加20家。非法人证券公司38家，较上年增加8家；在湘设营业部424家，较上年增加14家。全省证券公司全年共实现利润11亿元，同比下降66.9%。其中，法人证券公司利润总额8.8亿元，同比下降65.5%。分业务品种看，股权质押业务收入小幅增长，投资顾问、期货IB、融资融券等业务收入均有所下滑。2018年，全省证券公司股权质押业务收入1.8亿元，同比增长1.1%。

期货公司资产负债同比下降，交易量增长明显。2018年末，全省法人期货公司3家，辖内期货营业部30家，较上年增加12家。全省期货公司总资产和总负债分别为28.1亿元和18.7亿元，同比下降21.8%和28.7%；全省全年期货交易4 406.7万手，同比增长8.6%；经营亏损0.2亿元，同比下降263.6%。

上市公司盈利增长较快，募集资金大幅萎缩。2018年末，全省上市公司104家，较上年增加3家；上市公司资产合计14 917.8亿元，同比增长63%；实现净利润233亿元，同比增长27.5%；总市值7 053.6亿元，同比下降25.9%；累计募集资金239.7亿元，同比下降63.7%。

区域股权交易所规模较小，融资服务功能有待增强。2018年末，湖南股权交易所共有挂牌企业3 410家。其中，软件与服务业、资本货物业、食品饮料与烟草业企业占比高于其他行业。自2010年12月成立至2018年末，股权交易所为挂牌企业直接或间接融资累计803.1亿元，但由于信息披露机制及管理约束机制不健全，影响投资者投资意愿。

（二）证券业需要关注的问题

上市公司股权质押存在爆仓隐患，上市公司经营秩序及证券公司效益可能受冲击。2018年末，全省104家A股上市公司中，77家公司的股票进行了股权质押。个别公司存在爆仓隐患，可能导致公司控制权转移，影响生产经营。股市反弹将缓解股权质押风险，若市场反弹不及预期或继续低迷不振，证券公司可能面临较大的经营损失。

上市公司参与证券投资，加剧资金脱实向虚。2018年，全省部分上市公司为提高资金使用效率，利用证券投资利润弥补主营业务亏损。上市公司过度参与证券投资一方面减少了主营业务资金投入，不利于振兴实体经济，加剧资金脱实向虚；另一方面，证券投资具有较高的不确定性，若上市公司风控管理制度执行不到位，易造成较大投资损失。

新三板退市企业增多，存在合规问题。2018年，全省新三板退市公司较上年增加24家。部分公司盈利能力明显下降，部分公司因未依法履行信息披露的职责或披露虚假信息，被湖南证监局或当地政府部门进行了公开批评、约见谈话或处以罚款，存在合规问题。

四、保险业与金融稳定

（一）保险业运行状况

市场服务主体增多，保险深度和保险密度同比上升。2018年末，全省共有法人保险公司1家。省级保险分公司57家，较上年增加2家。其中财产险公司24家、人身险公司33家，均较上年增加1家。保险专业中介法人机构37家，与上年持平。全省保险深度较上年上升0.2个百分点，保险密度同比增长13.1%。

保费收入同比增速下滑，区域差异明显。2018 年末，全省保险业原保险保费收入 1 255. 1 亿元，同比增长 13%，较上年增速下降 12. 2 个百分点，保费规模列全国第 11 位。其中，财产险保费收入 403 亿元，同比增长 16. 4%；人身险保费收入 852. 1 亿元，同比增长 11. 5%，较上年增速下降 18. 3 个百分点。全省 14 个市州保费收入均呈正增长。其中，长沙、常德和衡阳保费收入规模列全省前 3 位；长沙、湘潭和株洲增速列全省前 3 位。

赔付支出增速回落，经营亏损减小。2018 年，全省保险公司累计赔付支出同比增长 9%，较上年增速下降 1. 8 个百分点；预计较上年少亏 37. 6 亿元。其中，财产险公司预计利润同比增长 46. 5%，人身险公司预计较上年少亏 30. 4 亿元。

（二）保险业需要关注的问题

人身险公司资金流出压力持续上升，局部流动性风险隐患显现。一方面，受业务结构调整期保费流入下降、高度依赖中短存续期业务等因素影响，部分人身险公司退保金大幅增长，满期给付额仍处于高位，现金流出压力持续上升。另一方面，部分人身险公司资金用于投资未上市公司股权、基础设施和房地产领域等中长期资产，资产流动性较差，难以在短期内变现满足退保资金需求，加剧流动性管理压力。

保险公司营销行为不规范，积聚声誉风险。据调查，省内部分保险公司利用微博、自媒体直播、公众号等多种方式多时段宣传保险产品，宣传中多包含“秒杀”等极端字眼，利用“费率优惠”时限加紧推销车险产品销售，甚至使用未经核准的销量数据，存在销售误导倾向。保险公司销售乱象干扰了投保人理性选择，易导致所购保险产品与需求的不匹配，引发退保、纠纷等事件，积聚声誉风险。

五、金融市场与金融稳定

（一）金融市场运行情况

同业拆借市场成员稳步增加，交易规模增长较快。2018 年末，湖南省共有全国银行间同业拆借市场成员 86 家，较上年增加 10 家。全省同业拆借净流入资金 8 290. 5 亿元，同比增长 40. 4%，较上年增速提高 9. 6 个百分点；银行间同业拆借业务累计成交 3 037 笔、1. 1 万亿元，同比分别增长 32. 1% 和 35. 9%；同业拆借市场利率为 2. 7%，较上年下降 16. 1 个基点。

债券市场交易略有增长，回购利率震荡下行。2018 年末，全省共有银行间债券市场成员 113 家，较上年增加 8 家；全年累计成交 19. 4 万亿元，同比增长 3. 1%；资金累计净流入 4. 3 亿元，同比下降 5. 6%。受央行通过公开市场操作和定向降准释放流动性的影响，债券回购利率震荡下行。2018 年，全省债券回购利率 2. 64%，较上年下降 32. 1 个基点。

非金融企业债务融资工具同比少发，融资成本下降。2018 年末，全省非金融企业债务融资工具余额 2 366. 2 亿元，同比增长 8. 1%；全年新发行非金融企业债务融资工具 891. 9 亿元，同比少发 89. 9 亿元；发行加权平均利率 5. 78%，较上年下降 13 个基点，低于全部贷款平均利率 54 个基点。

黄金市场业务增速平稳，账户黄金业务成倍增长。2018 年末，全省已开办黄金业务的商业银行 22 家，较上年增加 2 家。全省全年黄金市场业务累计成交 269. 9 亿元，同比增长 11%。其中，全省企业和个人参与金交所代理业务（含黄金现货、黄金延期）累计成交金额87.1亿元，同比下降近四成；账户黄金业务累计成交额112.5亿元，同比增长近两倍，占全省黄金市场成交额的41.7%，取代金交所代理业务成为湖南省规模最大的黄金市场业务。

（二）金融市场运行需要关注的问题

债券发行难度增加，城投类企业资金募集问题值得关注。2018年，全国债市新增40家企业违约，违约债券118期，同比分别增长400%和337%。在债券违约多发背景下，受宁乡市政府撤函、财政压减投资项目、审计署公告邵阳城投违规举债以及正在酝酿的城投类企业合并改制等多重因素影响，投资者信心下降，省内各类企业普遍面临发债注册容易、发行难的问题，大量平台公司因募集资金用途无法满足交易所协会要求而堵在门外。据对省内承销量排名前七的金融机构调查，全省城投类企业58%的待审批项目发行进度受阻，涉及金额747.8亿元。

部分金融市场主体存在流动性幻觉，潜在的时点资金荒加大中小银行流动性管理压力。当前，部分市场主体存在流动性幻觉，认为金融市场可用现金池和潜在交易对手规模较大，可以完成市场上同一时间内所有交易。市场主体的流动性幻觉和单边预期极易造成金融市场单边交易，引发时点"资金荒"，资产价格剧烈波动。在全省银行业存款增速持续下滑背景下，要谨防资金荒导致中小法人银行形成高额投资损失，加剧流动性管理压力。2018年末，全省各项存款余额同比增速较上年下降6.4个百分点，全年新增存款同比少增2 467.3亿元。

六、金融基础设施与金融稳定

（一）金融消费权益保护和金融法治环境持续优化

2018年，开展湖南区域金融消费权益保护环境评估及专项检查，推动金融广告治理，建立湖南省金融消费权益保护咨询投诉"一点接入"呼叫中心。推动开展普惠金融示范区考评，开展世界银行普惠金融全球倡议（FIGI）中国项目平江试点，制定人民银行行政处罚委员会工作规则，全省开展执法检查项目251个，移送地下钱庄转移赃款案件线索13条、涉案金额32.2亿元。

（二）支付系统运行稳定，监督管理不断强化

支付系统运行稳定。2018年，全省各类支付系统处理支付业务共2.7亿笔，同比增长15.7%；清算资金78.3万亿元，同比下降0.8%，首次出现下滑。全省全年共办理非现金支付业务89.9亿笔、65.76万亿元，同比分别增长38.0%和16.6%。其中，票据等传统支付工具业务量呈下降趋势，银行卡、电子支付等新型支付方式持续增长。

监督管理不断强化。督促省内法人银行完成网联平台接入和存量直连业务迁移工作，严格落实备付金集中交存要求，开展银行结算账户风险排查、人民银行系统账户管理现场督查、无证经营专项整治及为非法平台提供支付服务专项检查。2018年，共检查省内金融机构17家，认定并整治关停无证机构18家，移交可疑机构3家；处罚违规机构9家，罚款金额541.4万元。

（三）社会信用体系进一步完善

征信服务水平持续提升，征信信息安全防线进一步筑牢。2018年末，金融信用信息基础数据库

已接入湖南省94家机构，累计采集全省4 832.3万自然人、32.5万户企业及其他经济组织的信用信息。全省全年分别提供个人信用报告查询、企业信用报告查询1 124.0万笔和27.3万笔。编制《湖南省金融信用信息基础数据库接入机构风险防控指南》《湖南省征信合规管理案例汇编》《湖南省征信信息安全事件应急处置方案》等，开展征信信息安全巡查、征信合规与信息安全管理考核评级及征信现场检查，累计核查异常查询用户245个，涉及查询记录15.8万笔。

小微企业和农村信用体系建设不断深化，央行（内部）企业评级取得良好进展。2018年末，全省在应收账款融资服务平台注册企业达2 500家，全年通过平台累计融资260亿元，3家地方法人金融机构顺利完成贷款审批系统与应收账款融资服务平台的对接开发，省内政府采购应收账款融资试点取得突破，“四位一体”应收账款融资综合推进体系基本建立。全省建立农户信用信息数据库33个，有效提升了农户的贷款获得率。积极组织省内66家地方法人金融机构参与央行（内部）企业评级工作，以信贷资产质押方式向5家地方法人金融机构发放支小再贷款，实现了再贷款投放方式由信用担保向信贷资产质押的转变，支持了民营和小微企业发展。

（四）反洗钱工作水平提升

2018年，对2 217家义务机构开展分类评级工作，对39家金融机构和非银行支付机构开展反洗钱专项执法检查，指导103家法人义务机构开展风险自评估，强化反洗钱监管。向侦查机关移送疑似地下钱庄、非法集资、涉毒等可疑线索113条，组织开展扫黑除恶专项斗争等，推动4起洗钱罪案件、1起资助恐怖活动案件起诉宣判。

（五）反假币工作成效显著

制定并下发反假货币工作综合治理考核评比细则，推动地方政府落实反假货币整治工作，全面落实反假货币联席会议工作机制，按月收集辖内银行业假币监测站点信息，设立银警反假货币工作站及集反假宣传、反假监测、惠民服务于一体的农村综合服务站点，基本形成了“监测、宣传、打击”三位一体的反假货币工作合力。2018年，全省收缴假人民币同比增长5.3%，银行业金融机构临柜交存发行库现金假币浓度同比下降7.1%。

（六）金融生态建设稳步推进

根据风险防控新形势、新任务适时调整金融生态评估指标体系，增加了政府债务水平等风险类指标，连续11年开展全省县域金融生态评估；结合重点领域重点风险防范化解，指导推动县域金融安全区创建和金融生态乡镇、园区建设试点，为县域经济社会发展营造良好环境；积极开展存款保险及非法集资等金融知识宣传，普及提升公众金融安全意识。

（七）金融基础设施建设需要关注的问题

非法金融机构和非法金融活动值得关注，存量风险化解进展较缓慢。一是互联网金融领域风险有所显现。2018年，全省8家法人P2P平台出险，92家外省P2P平台分支机构爆雷，导致资金无法兑付。二是个别支付机构存在特约商户把关不严、外包业务管理不到位、异常交易监测缺失等问题，为信用卡套现、非法平台等违法违规行为提供支付服务。投资者要求支付机构承担连带风险责任，引发群体性上访事件。三是非法集资风险隐患较大。2018年，全省新发非法集资案件、涉案金额、涉案人数同比分别增长39%、41.8%和431.7%，参与人数和涉案金额居全国前列。四是全省纳入重点整治对象商品类、文化艺术品类交易场所共计26家，交易场所存量客户较多，存量资金较高，整治进展较缓慢。

县域基础设施存在短板，金融风险防控压力增大。省内部分县域农村金融服务网点尚未全覆盖，金融服务产品开发不足，部分企业和个人诚实守信意识淡薄，故意拖债、躲债、赖债，司法行政环境不佳。金融生态环境欠佳加大了金融风险防控压力，部分县域不良贷款反弹较快，信用风险上升，民间融资不规范，严重干扰经济金融秩序。

七、总体评估与政策建议

2018年，湖南省经济金融运行整体稳健，经济运行稳中有进、稳中向好的态势得到延续，金融风险整体收敛，由前几年的快速积累逐步转向高位缓释。各金融机构认真贯彻落实党中央、国务院及省委省政府坚决打好防范化解重大风险攻坚战的决策部署，积极支持供给侧结构性改革，加大服务实体经济力度，银行信贷保持较快增长，证券市场助力企业融资，保险保障功能进一步增强，消保、支付、征信等金融基础设施不断完善，牢牢守住了不发生区域性系统性金融风险的底线。

2019年，湖南省经济金融环境依然复杂严峻，经济运行稳中有变、变中有忧，新老问题相互交织，一些深层次结构性矛盾在外部冲击下可能加速暴露，与宏观经济形势高度关联的行业风险可能上升，重点领域风险可能叠加共振，金融市场风险传染性可能加大，金融稳定面临较为严峻的挑战。湖南省应坚持稳中求进工作总基调，坚持新发展理念，坚持供给侧结构性改革，继续打好防范化解重大风险攻坚战，进一步稳就业、稳金融、稳外贸、稳外资、稳投资、稳预期，统筹推进稳增长、促改革、调结构、惠民生、防风险工作，促进经济金融持续健康发展。

中国人民银行长沙中心支行金融稳定分析小组

组　　长：张　奎
副 组 长：侯加林
成　　员：魏祖元　谢汉阳　罗世乐　廖鹤琳　罗雪飞　周　进
易叔贤　欧家波　李　明　欧阳文辉　刘　敏　彭　洪
胡成玲

《湖南省金融稳定报告（2019）》编写组

总　　纂：侯加林
统　　稿：魏祖元　许均平
执　　笔：常　皓　禤沛生
参与写作人员：左淋丞　胡　朋　余　峥　陈　帆　夏　颖　袁　媛
吴玉梅　张胜蓝　陈　昊　鲁梦翔　胡万俊　李晓青
刘　漾　刘　玫　刘孟飞　徐　勇

广东省金融稳定报告摘要

2018年，广东经济继续运行在合理区间，经济结构持续优化调整，经济活力、动力和潜力不断释放。金融运行总体平稳，金融总量继续领先，金融改革创新取得积极进展，金融稳定工作机制建设持续强化，区域金融体系总体保持稳定。与此同时，广东经济金融运行中仍然存在一些困难和问题，面临下行压力。中美贸易摩擦升级对出口的影响逐步加大，国内投资回升力度偏弱，消费增长动力不足。

一、金融业发展环境

2018年以来，受内外需求同时放缓影响，广东经济运行稳中趋缓，结构调整持续深化，内外需增速有所回落，物价涨幅平稳，房地产市场总体平稳。

（一）经济增速保持平稳增长

2018年，广东实现地区生产总值97 277.77亿元，比上年增长6.8%，增幅比上年下降0.7个百分点。从年度增速来看，2013—2018年，除2013年增速到达8.5%外，从2014年开始增速保持在6.8%～8%，经济增速由高速转为中高速增长且波动不大。从各季度情况来看，四个季度增速分别为7.0%、7.1%、6.9%、6.8%，经济增速较为平稳。

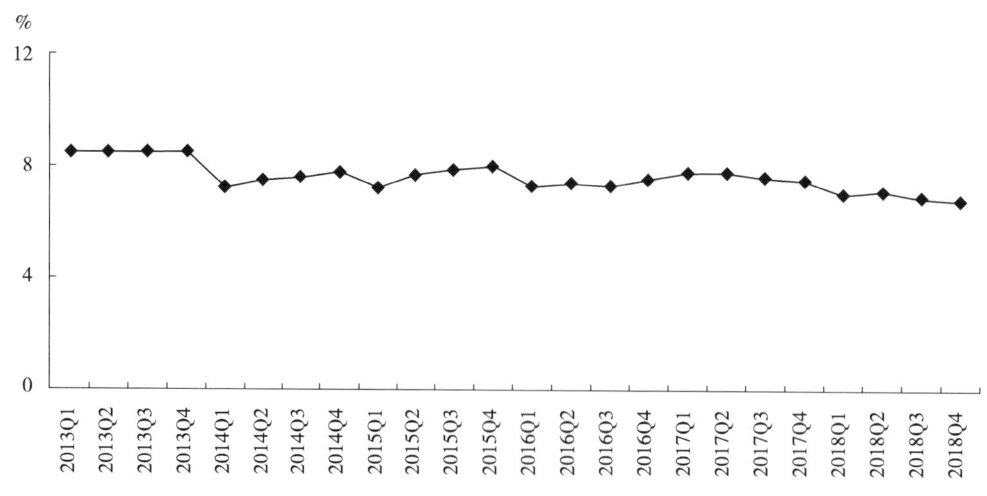

数据来源：广东省统计局。

图1　2013—2018年各季度广东GDP累计增速

（二）结构调整持续深化

2018 年，广东第一、第二、第三产业增加值分别为 3 831. 44 亿元、40 695. 15 亿元和 52 751. 18 亿元，分别比上年增长 4. 2%、5. 89% 和 7. 77%。三次产业结构为 3. 9∶41. 8∶54. 2。第三产业的比重比上年提高 1. 4 个百分点，对经济稳定增长的贡献加大。电子、电器和汽车三大支柱产业对规模以上工业增加值增长的贡献率达 62. 6%，比上年提高 4. 9 个百分点。高技术制造业和先进制造业增加值占规模以上工业增加值比重分别为 31. 5% 和 56. 4%，同比上升 2. 7 个和 3. 2 个百分点。从经济类型结构看，民营经济增加值占 GDP 比重为 54. 1%，同比增长 0. 3 个百分点。从进出口结构看，一般贸易进出口占进出口比重为 46. 99%，高于加工贸易比重 10. 29 个百分点。经济结构和贸易结构持续优化。

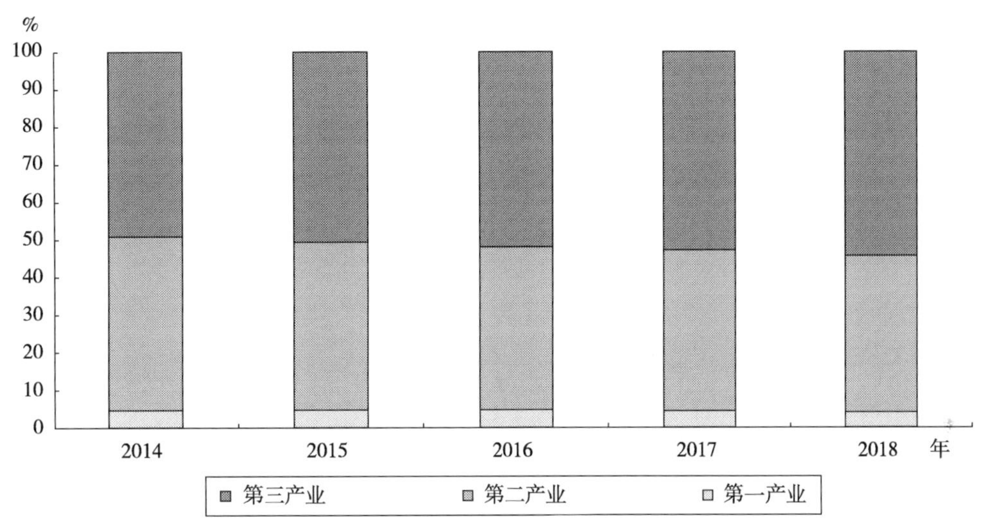

数据来源：广东省统计局。

图 2　2014—2018 年广东三次产业比重

（三）内外需增速有所回落

2018 年，广东实现社会消费品零售总额 39 501. 12 亿元，比上年增长 8. 8%，增幅同比回落 1. 2 个百分点。完成固定资产投资 35 286. 84 亿元，增长 10. 7%，增幅比上年下降 2. 8 个百分点。实现进出口总额 71 618. 3 亿元，同比增长 5. 1%，增幅同比下降 2. 9 个百分点，占同期我国进出口总值的 23. 47%。其中，出口 42 718. 3 亿元，同比增长 1. 2%；进口 28 900 亿元，同比增长 11. 3%，实现贸易顺差 13 818. 3 亿元，下降 14. 8%。

（四）物价涨幅平稳

2018 年，广东居民消费价格指数全年累计上涨 2. 16%，涨幅比上年上升 0. 66 个百分点，居民消费价格温和上涨。工业生产者出厂价格指数和工业生产者购进价格指数持续回升，12 月当月同比分别上涨 1. 8% 和 1. 6%，全年累计分别上升 1. 8% 和 2. 5%，涨幅比上年分别回落 1. 5 个和 2. 8 个百分点。

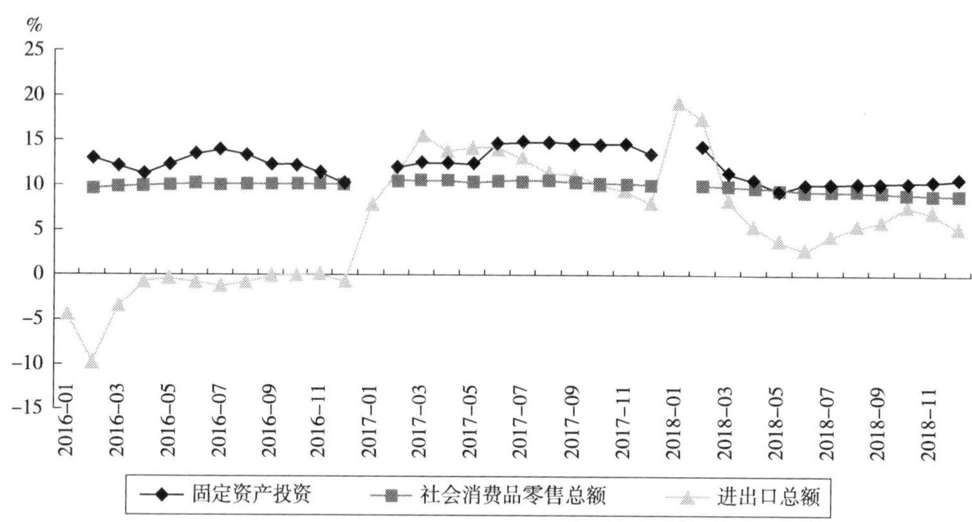

数据来源：广东省统计局。

图 3　2016—2018 年各月广东投资、消费和进出口同比增速

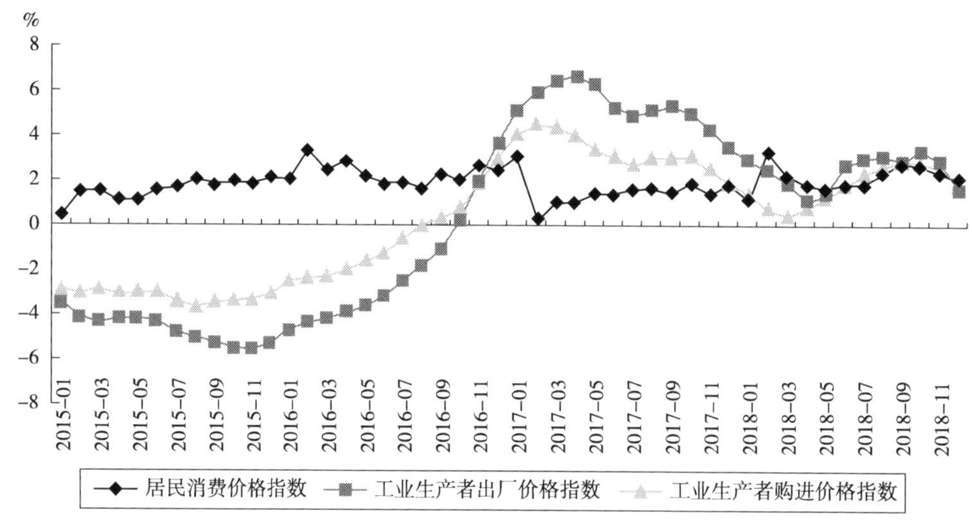

数据来源：广东省统计局。

图 4　2015—2018 年各月广东各类价格指数同比增幅

（五）房地产市场总体平稳

2018 年，广东房地产开发企业共完成开发投资 14 412.19 亿元，累计增长 19.3%，增幅比上年上升 2.1 个百分点。商品房销售面积和销售额分别为 14 336.31 万平方米和 18 742.12 亿元，分别同比下降 10.2% 和 0.3%。受房地产调控政策影响，商品住宅市场持续分化，珠三角地区商品房销售面积同比自 2017 年以来持续负增长，粤东、西、北地区因地方政策环境相对宽松，受珠三角热点城市外溢需求带动，商品房销售量同比大幅增长，但随着信贷政策整体收紧，增幅逐步回落。

二、银行业

2018 年，广东银行业机构认真贯彻执行稳健货币政策以及各项金融宏观调控措施，不断加强对实体经济和薄弱环节的金融支持力度，努力提高经营管理水平，扎实推进机制体制改革，着力提升金融服务水平。总体来看，各项业务继续保持稳健发展的良好态势。

（一）改革发展情况

业务发展保持稳健。2018 年末，全省银行业机构总资产余额 235 547.61 亿元，比年初增长 3.69%，增速较上年提高 0.96 个百分点；本外币各项存款余额 208 051.16 亿元，比年初增长 6.95%，增速较上年回落 1.23 个百分点；本外币各项贷款余额 145 169.39 亿元，比年初增长 15.18%，增速较上年回落 1.56 个百分点（图 5）。

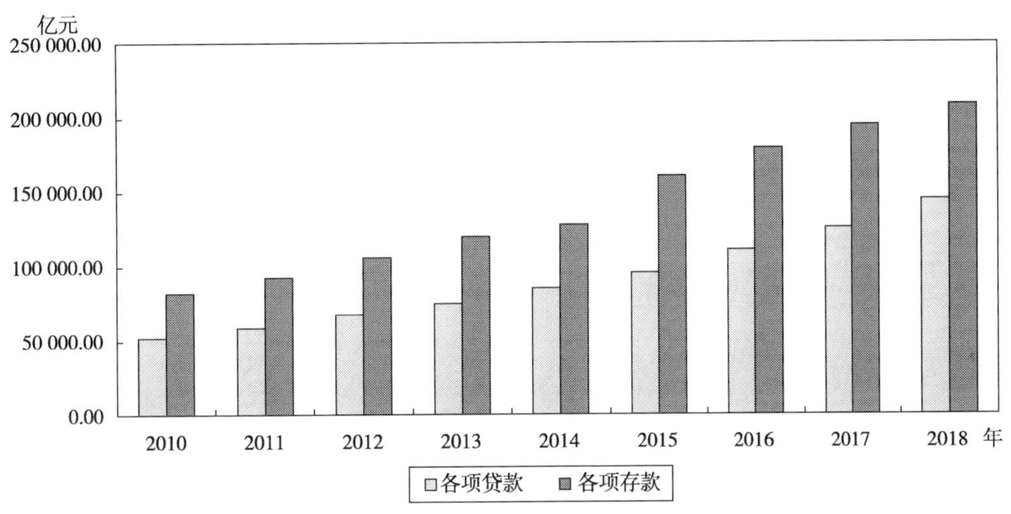

数据来源：人民银行广州分行。

图 5　2010—2018 年广东银行业机构存贷款情况

不良贷款余额有所上升，不良率略有下降。受经济下行压力影响，广东省银行业机构的不良贷款余额持续增长，但不良贷款率有所下降。按五级分类口径，2018 年末广东银行业机构不良贷款余额为 1 933.98 亿元，比年初增加 139.54 亿元，比年初增长 7.78%；不良贷款率为 1.36%，比年初减少 0.09 个百分点（图 6）。

拨备水平小幅上升。2018 年末，广东银行业机构各项贷款损失准备余额为 3 207.59 亿元，拨备覆盖率达到 166.78%，贷款拨备率为 2.27%，比年初分别增加 12.22 个和 0.07 个百分点（图 7）。

银行业盈利能力稳步上升。2018 年，广东银行业机构实现税前利润 3 596.9 亿元，比上年增加 432.91 亿元，同比多增 41.36 亿元。资产利润率为 1.55%，比上年增加 0.35 个百分点。

流动性趋势向紧。2018 年末，广东银行业机构存贷比为 69.78%，比上年增加 4.99 个百分点。新增贷款与新增存款之比 141.42%，比上年增加 42.26 个百分点，流动性趋紧（图 9）。

银行业改革稳步推进，组织体系不断完善。2018 年，广东省政策性、开发性金融机构落实机构改革，以服务实体经济为导向，加大对重点领域和薄弱环节的资金运用力度，充分发挥政策性功能；

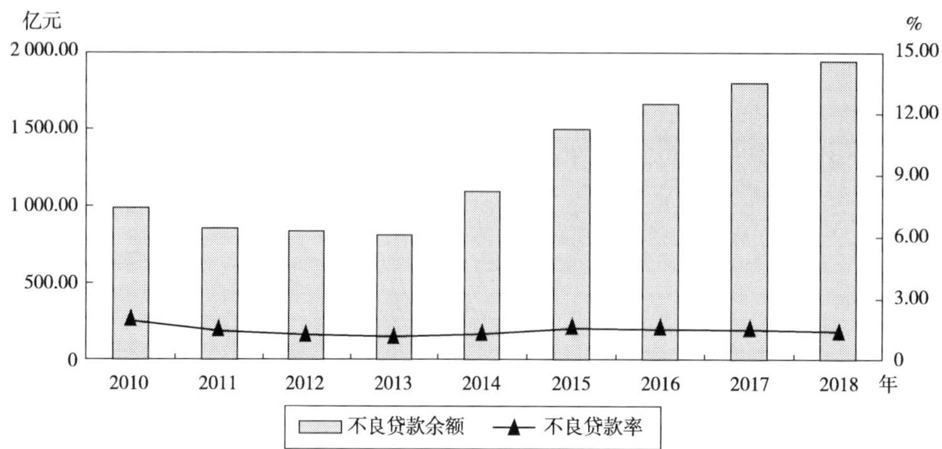

数据来源：人民银行广州分行。

图 6　2010—2018 年广东银行业机构资产质量情况

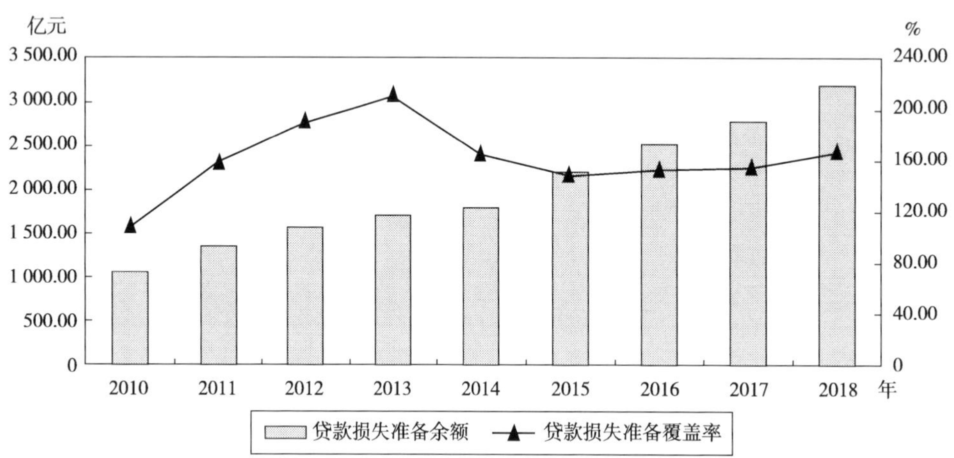

数据来源：人民银行广州分行。

图 7　2010—2018 年广东银行业机构贷款损失准备情况

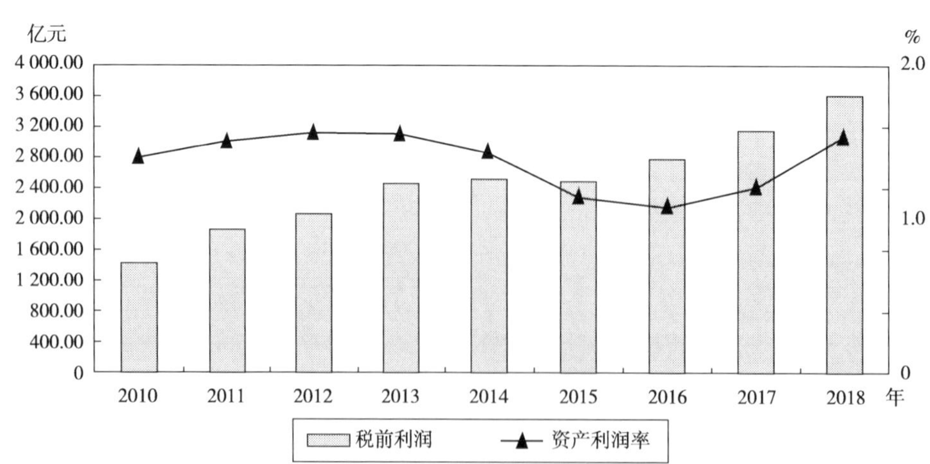

数据来源：人民银行广州分行。

图 8　2010—2018 年广东银行业机构盈利情况

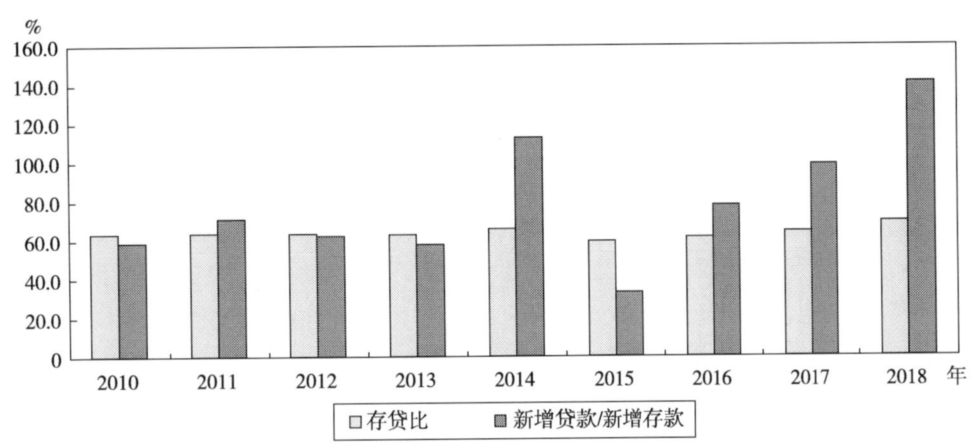

数据来源：人民银行广州分行。

图 9 2010—2018 年广东银行业机构存贷比情况

国有商业银行分支行在机构设置、运用管理体制、业务创新和国际合作等多方面改革继续深化。区域经济发展方面，珠三角地区获批成为国家首批战略性新兴产业区域集聚发展试点。扎实推进广东自贸试验区事中事后监管体系建设工作；进一步推进粤港澳大湾区建设构建开放型经济新体制。农村信用社改制平稳推进，截至 2018 年末，全省已有 91 家机构实现农商行申筹或开业，占全省农合机构的比例达 94%，未申筹农信社仅剩 6 家。

（二）主要风险特征

1. 部分机构存在资本充足率不达标问题

截至 2018 年末，广东省（不含深圳，下同）地方法人银行机构资本充足率为 13.17%、杠杆率为 7.08%。分机构看，全省 153 家地方法人银行机构中账面资本充足率低于监管标准（10.5%）的共 13 家，其中分布在粤东西北地区的共 12 家。部分机构受资本补充途径狭窄、贷款清收效果不佳等影响，提升至监管标准存在较大困难，截至 2018 年末，13 家资本充足率不达标机构合计贷款损失准备缺口 272.71 亿元，但其 2018 年净利润为 -5.88 亿元，资本补充压力较大。

2. 农合机构风险特征突出，农信社仍是全省金融风险集中点

广东省内农合机构资产质量较差，风险较为集中。一是不良率较高，截至 2018 年末，全省农合机构账面不良贷款余额约 497 亿元，不良率 3.54%，高于辖内法人银行业整体水平 1.26 个百分点。二是拨备覆盖率偏低，全省农合机构拨备覆盖率仅 112.07%，明显低于监管达标要求（120% ~ 150%）。三是辖内高风险机构集中于农合机构。截至 2018 年末，辖内高风险机构（央行金融机构评级 8 ~ 10 级）共有 18 家，其中农合机构 16 家（农商行 3 家，农信社 13 家）。16 家高风险机构农合机构普遍存在风险抵御能力严重不足、内部控制及风险管理缺位等问题。四是地区发展极不平衡，珠三角地区农合机构总体发展情况良好，而粤东西北地区农合机构普遍发展状况较差，风险隐患明显高于珠三角地区，16 家高风险农合机构均位于粤东西北地区。

3. 信贷风险事件频发，需重点关注

据初步统计，2018 年广东省共发生银行业风险事件共 323 起，涉及金额标的 327.92 亿元，其中，信贷风险事件登记的数量最多，辖区共登记信贷风险类事件 242 起，占所有风险事件的

74.92%，远高于其他风险事件登记数量，涉及金额合计280.6亿元，占比为85.57%。反映出在供给侧结构性改革和金融去杠杆的大背景下，受国内宏观经济增长速度放缓以及经济结构调整的影响，企业出现违约等信用风险的压力较大。

4. 未到期明股实债类非标资产处置尚存风险隐患

2018年，广东省地方法人银行机构积极落实理财新规，但其过渡期后未到期的明股实债类非标资产后续处置难度较大，易引发企业资金链断裂问题。据广州分行对39家银行的调查显示，截至2018年8月末，广东省（不含深圳）39家银行机构理财产品持有的、在过渡期结束时仍未到期的非标资产余额1 432.4亿元，占全部非标资产余额的54%，其中，明股实债类非标资产余额为669.1亿元，占过渡期结束仍未到期非标资产总额的46.7%。提前赎回股权易引发企业资金链断裂风险，部分银行机构投资的明股实债类非标资产至过渡期结束时，尚留存大规模余额，若过渡期后以提前赎回股权方式回收资金，从融资人的财务状况看，届时将面临较大流动性压力，很可能导致项目最终烂尾，形成大额违约风险。

5. 结构性存款大幅增长，银行机构问题凸显

2018年，广东省银行机构结构性存款呈现出大幅增长态势，并出现银行业机构通过结构性存款变相高息揽储、借助同业通道达到结构性存款业务的表面合规等问题。广州分行对辖内15家银行机构一级分行和25家法人银行机构的调查显示，一方面结构性存款并不属于资管新规的规范对象，且目前利率定价自律机制也未明确将其纳入行业自律约束范围。为绕开利率上限约束，做到高收益保本，部分机构以直接约定固定收益率，或设置不合理收益触发条件的形式发行“伪结构性存款”产品，以结构性存款之名，行刚性兑付高收益之实。另一方面，部分没有资质的中小银行通过形式上委托有资质同业投资金融衍生品的方式开展结构性存款业务，但过程中并不掌握衍生品的投资信息，其主要目的是利用“同业通道”达到发行结构性存款的表面合规。

三、证券业

（一）改革发展情况

自2015年下半年以来，我国证券市场一直不景气。2018年6月以后，股指出现较大波动和下滑，受此影响，证券公司经营受到一定负面影响，部分券商出现亏损现象。总体来看，广东证券期货业机构经营状况较为平稳，综合实力和持续发展能力维持在稳健水平，但受市场波动影响，各项经营指标有所下降，抗风险能力有待提升。

证券公司各项经营指标有所下降，但综合实力保持平稳。2018年，全省28家证券公司共实现营业收入791.19亿元，同比下降12.53%，实现税后净利润261.31亿元，同比下降23.85%。截至2018年末，全省证券公司总资产18 898.41亿元，比上年末增长7.05%，净资产5 085.96亿元，比上年末增长1.80%。总体来看，证券公司收入和利润有所下降，但综合实力和抗风险能力保持平稳。

期货公司总体经营保持稳定，但受市场行情影响，期货公司总资产、收入、利润同比略有下降。2018年末，全省共有期货公司22家，与上年持平；年末总资产1 072.82亿元，比上年末下降2.47%，净资产223.05亿元，比上年末增长7.57%；全年实现营业收入42.90亿元，同比下滑3.87%；实现净利润12.22亿元，同比下滑13.08%；全年期货代理交易额77.63万亿元，同比增

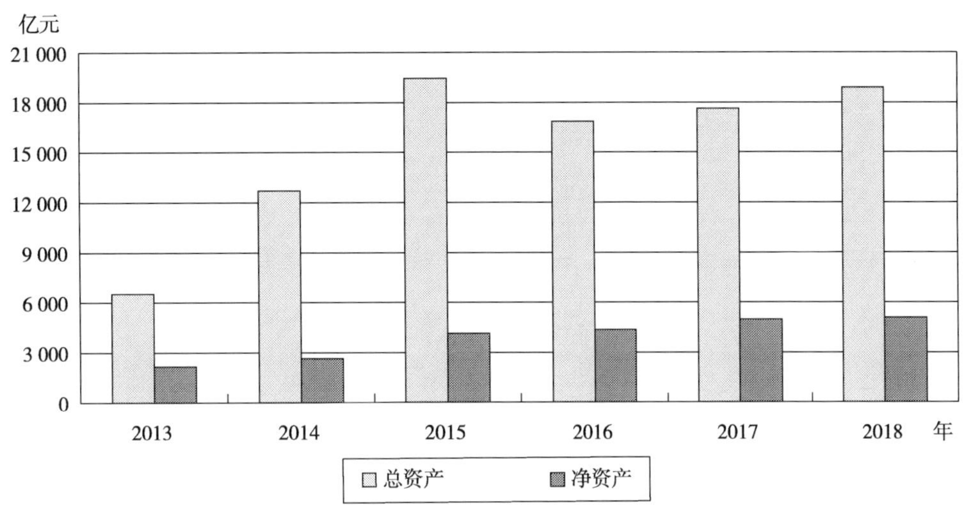

数据来源：广东证监局、深圳证监局。

图 10　广东法人证券公司资产规模

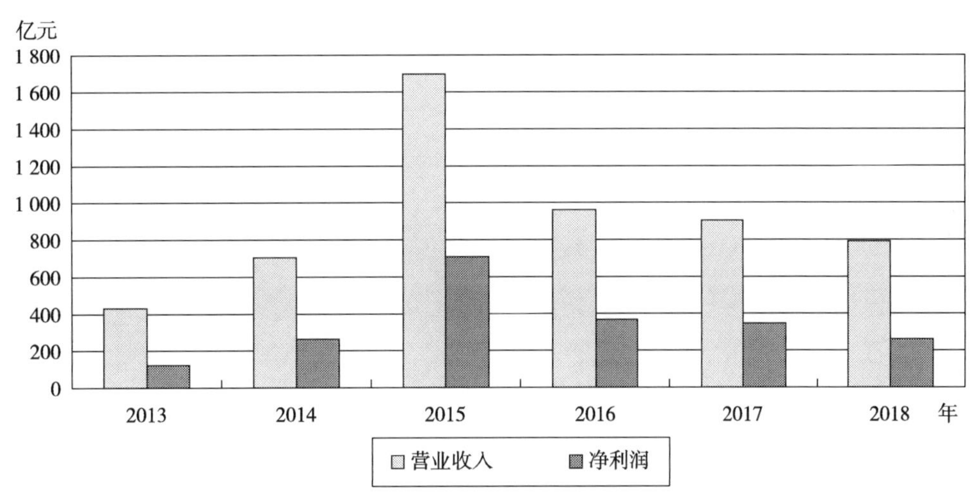

数据来源：广东证监局、深圳证监局。

图 11　广东法人证券公司收入及利润

长 18.09%。

基金公司规模和所管理的基金净值均实现稳步增长。截至 2018 年末，全省共有基金管理公司 32 家，比上年末增加 1 家；所管理的基金数量 1 942 只，比上年末增加 125 只；基金规模 44 240.92 亿元，比年初增长 27.46%；基金净值为 45 140.86 亿元，比年初增长 20.57%，基金行业总体实力稳步增长，抗风险能力持续增强。

（二）主要风险特征

证券机构抗风险能力有待提高。证券经营机构的经营状况仍然在较大程度上依赖市场行情，抗风险能力不足。随着监管政策趋严，资管降规模，日均成交量维持低位，IPO 否决率居高不下，2018

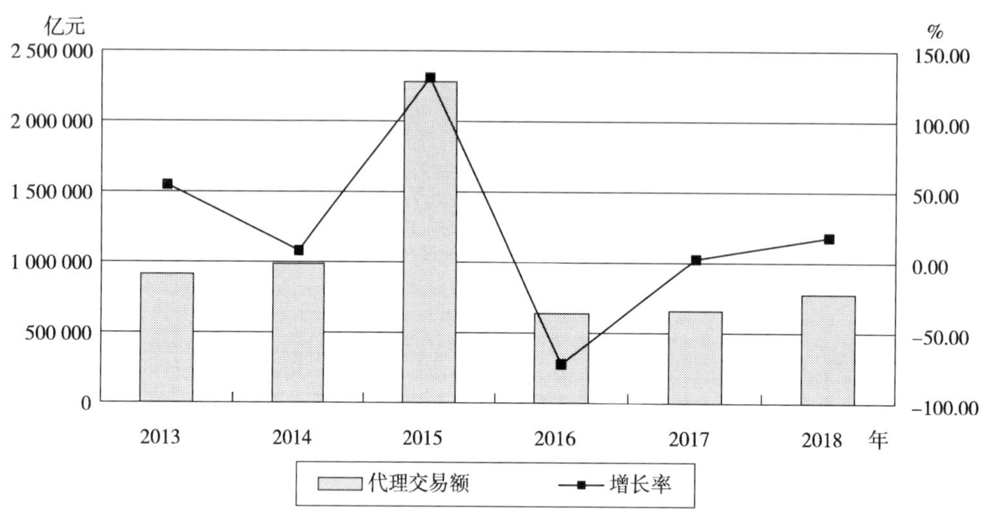

数据来源：广东证监局、深圳证监局。

图 12 广东法人期货公司代理交易额和增长率

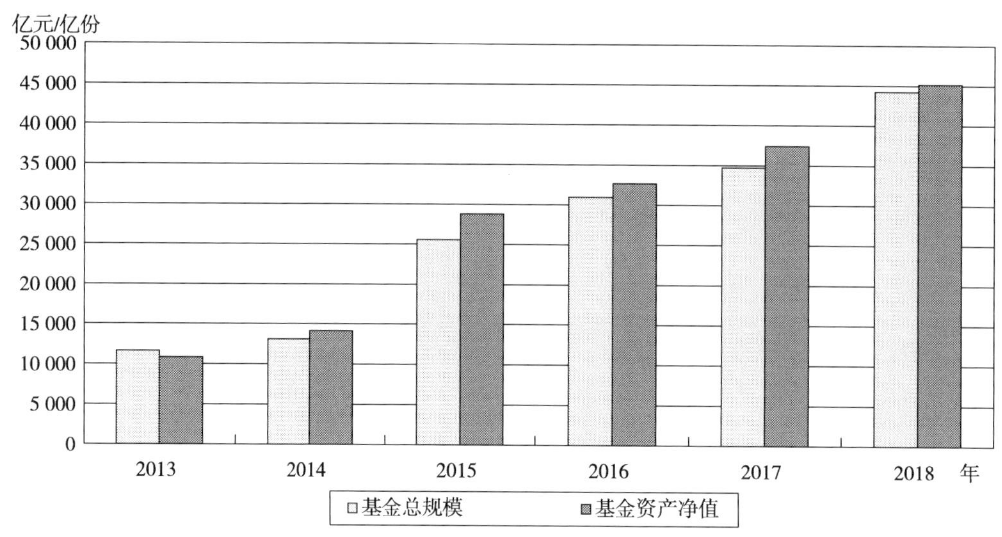

数据来源：广东证监局、深圳证监局。

图 13 广东法人基金公司经营情况

年证券公司业绩整体滑坡，营收与净利润大幅下滑。2018 年 1 ~ 12 月，全省 28 家证券公司共实现营业收入 791. 19 亿元，同比下降 12. 53%；税后净利润 261. 31 亿元，同比下降 23. 85%。证券市场风险不容忽视，证券机构抗风险能力有待提高。

证券公司定向资产管理业务规模逐步缩减，仍存在较大流动性风险和信用风险。自 2018 年 5 月资管新规出台以来，辖内证券公司资产管理业务调整，即强化主动管理产品，调降通道类业务做出了组织保障，定向资产管理业务规模逐步缩减。但资产管理业务仍存在资产不能迅速转变成现金，或者转变成现金会对资产价格造成重大不利影响等流动性风险。交易对手在交收过程中的违约风险，以及产品所直接或间接投资的公司债、短期融资券、资产支持受益凭证等发行人无法支付到期本息的信用风险。证券公司资产管理潜在风险仍需密切关注。

2018 年以来，受国内股市持续下跌影响，国内上市公司股权质押融资风险突出。依据中国证券登记结算公司查询数据，从广东上市公司质押股数占总股本比例的口径来看，2018 年 6 月 30 日、2018 年 12 月 29 日及 2019 年 2 月 2 日的数据依次为 13.44%、13.37%、13.33%，质押比例出现陆续小幅下降。从质押家数来看，从 2018 年 6 月末的 572 家下降至 2019 年 2 月初的 565 家；从质押笔数来看，2019 年 2 月初比 2018 年 6 月末下降幅度 43.6%；但从质押股份数量来看，2019 年 2 月比 2018 年 6 月末轻微上升 0.7%，推测为上市公司补充质押所致。调研发现，辖内券商的业务中存在部分合约履约保障比例低、客户集中度偏高、部分高风险质押证券集中度偏高、出现多起违约事件、定向资管交叉传染风险等风险隐患。

（三）风险结构特征

截至 2018 年 12 月 31 日，除深圳外，广东范围内共有 5 家法人证券公司，广州 3 家，东莞和惠州各 1 家。风险总体可控，总体稳健性良好。

表 1　2018 年 12 月 31 日证券公司风险监控指标情况　　单位：%

机构名称	净资本/各项风险资本准备之和	净资本/净资产	净资本/负债	净资产/负债
	预警标准 >120	预警标准 >48	预警标准 >9.6	预警标准 >24
	监管标准 >100	监管标准 >40	监管标准 >8	监管标准 >20
证券公司平均值	275.01	91.20	47.96	52.55
其中：指标最大值	353.45	102.88	64.46	71.04
指标最小值	196.38	77.11	30.22	40.09

数据来源：各证券公司 2018 年 12 月 31 日报表。

四、保险业

（一）改革发展情况

2018 年，广东省保险业保持稳定发展态势，实现了规模平稳增长、产品结构逐步调整的协调发展，保险市场业务发展稳中向好，风险保障水平快速提升，服务经济社会能力不断增强，保险市场日渐成熟和完善。

保险业务平稳增长。2018 年，广东省保险业继续保持良好发展势头，业务呈现平稳增长，保费规模稳居全国首位。2018 年全省保险公司资产总计为 13 037.68 亿元，比年初增加 935.81 亿元，同比增幅 7.73%；保费收入 4 663.89 亿元，同比增加 359.29 亿元，同比增幅 8.35%。其中，财产险业务保费收入 1 271.17 亿元，同比增长 15.00%；人寿保险业务保费收入 2 571.73 亿元，同比增长 1.52%；健康险和意外伤害险保费收入 820.99 亿元，同比增加 23.25%。

赔付支出增长较快。2018 年，广东省保险业赔付支出为 1 403.46 亿元，同比增加 261.08 亿元，同比增幅 22.85%，比 2011—2017 年平均增速高 3.10 个百分点。其中，人寿险年累计赔付支出为 477.64 亿元，同比增长 5.98%；财产险年累计赔付支出为 744.73 亿元，同比增长 35.63%；健康险和意外伤害险年累计赔付支出为 181.09 亿元，同比增长 26.98%。

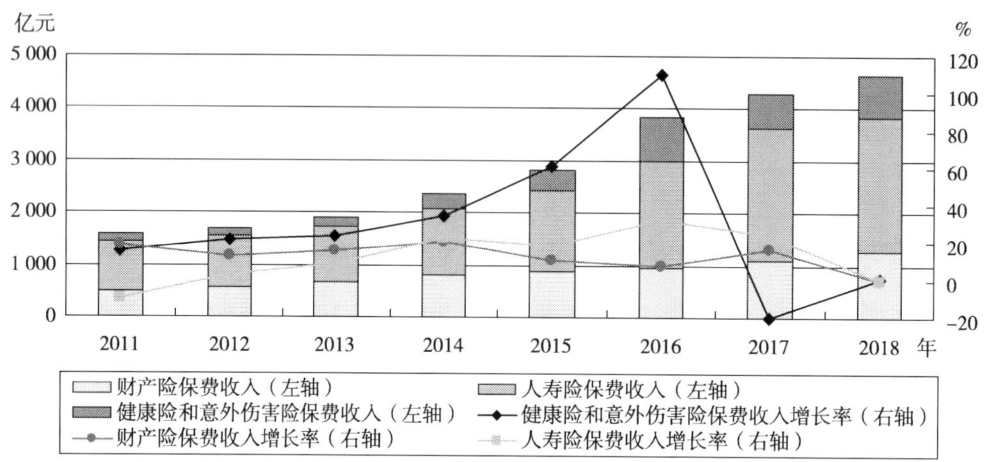

数据来源：广东保监局。

图 14　2011—2018 年广东保险业保费收入情况

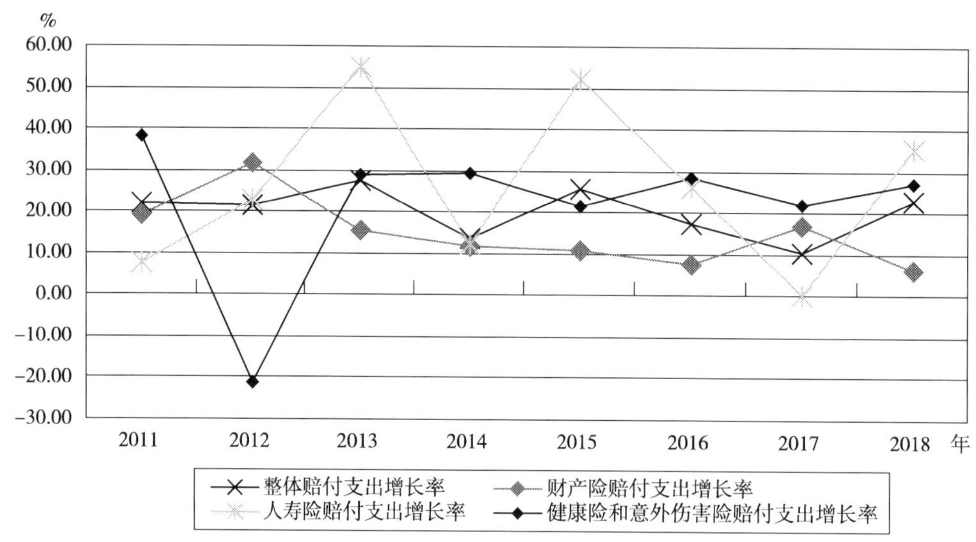

数据来源：广东保监局。

图 15　2011—2018 年广东保险业赔付支出增长情况

经营效益大幅下滑。2018 年，广东省保险业承保利润 45.74 亿元，同比减少 25.60 亿元，降幅 35.88%。

各项准备保持充足。2018 年，广东省产险公司各项准备保持充足，未到期责任准备金余额与财产险保费收入之比达到 55.82%，同比上升 1.32 个百分点；未到期责任准备金余额与财险赔款支出之比为 95.27%，同比下降 14.43 个百分点；未决赔款准备金与财产险保费收入、财产险赔款支出之比分别为 49.40% 和 84.32%，分别比上年下降 3.06 个和 21.28 个百分点。

寿险公司责任准备金余额自 2011 年以来呈逐年上涨趋势，增长幅度趋缓。2018 年寿险责任准备金为 9 948.78 亿元，同比增长 12.80%；长期健康险责任准备金为 1 055.28 亿元，同比增长 5.27%。

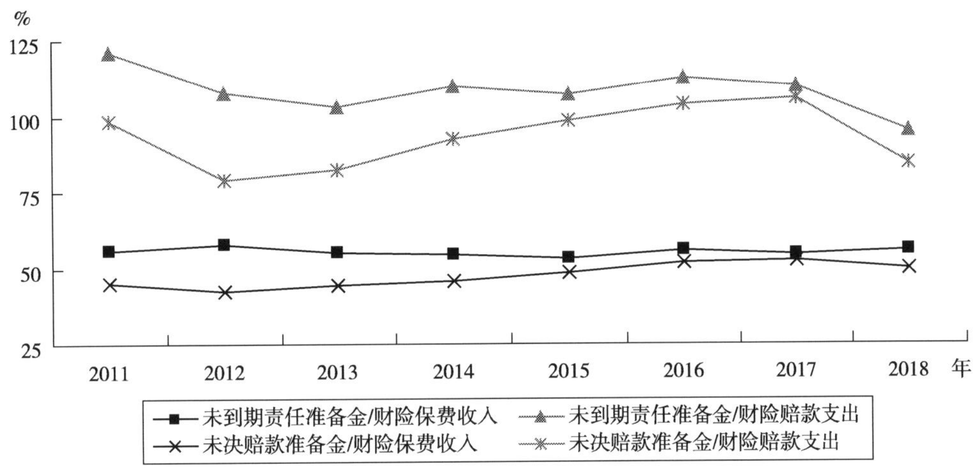

数据来源：广东保监局。

图16 2011—2018年广东产险公司各项准备情况

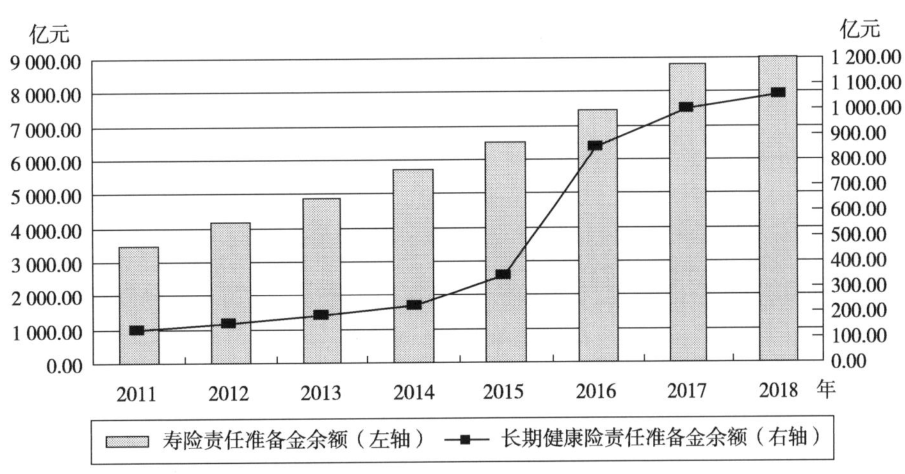

数据来源：广东保监局。

图17 2011—2018年广东寿险公司各项准备情况

（二）主要风险分析

保险业保费收入增速持续降低，赔付支出增长过快。2018年，广东省保险公司累计原保险保费收入4 663.89亿元，同比增长8.35%，主要原因是寿险保费收入增幅锐降，较上年同比仅增长1.52%。相较2016年原保险保费收入同比增幅、寿险保费收入同比增幅分别为35.75%、32.59%，相比而言2018年的保费收入增速降幅很大。2018年，广东省保险公司累计赔付支出1 403.46亿元，同比增长22.85%，较上年增幅比例大幅上升12.52个百分点。虽然原保险保费收入数额远大于赔付支出，但是赔付支出过快的增长水平，或不利于保险行业整体健康发展，以及不利于保险业产品结构调整向传统保险业务转型。

保险业退保风险压力大。退保风险压力持续上升，2018 年广东省保险公司累计退保金 915.79 亿元，同比增长 45.80%。其中，寿险退保金为 785.19 亿元，同比增长 28.94%；长期健康险退保金为 130.61 亿元，同比大幅增长 581.08%。退保金持续大幅增加使得寿险公司面临一定的流动性压力，退保风险压力不断增大或引发寿险公司流动性风险。

保险资金运用存在风险隐患。广东省保险业保费规模不断增加，资金期限错配和收益率不匹配问题依然存在，部分保险机构将大规模的保险资金投向房地产、地方城投平台和高风险权益类资产等领域，在资管新规及配套文件出台的背景下，伴随地方政府债务压力持续上升，保险资金运用存在风险隐患。

保险业流动性风险压力加大。财产险公司总体经营活动现金流显著下降，百元保费对应现金流显著减少。人身保险公司中短存续期产品的存量规模仍处于较高水平，其中部分中小型公司趸交业务占比较高，回归保险姓保，向传统保险业务转型的产品结构基础较差。

五、具有融资功能的非金融机构

（一）小额贷款公司发展有所放缓

截至 2018 年末，全省（不含深圳）共有小额贷款公司 405 家，比上年减少 3 家，其中新设 2 家，注销（或退出市场）5 家；注册资本 566.61 亿元，同比增长 8.35%；全年累计投放贷款总额达 763.85 亿元，同比减少 7.35%；年末贷款余额 533.36 亿元，同比增长 13.64%；不良贷款 34.28 亿元，同比增长 0.61%；不良贷款率 6.43%，比年初下降 0.77 个百分点。

（二）融资担保公司代偿风险上升

截至 2018 年末，广东省融资性担保法人机构 249 家，比上年减少 12 家；注册资本 653.19 亿元，同比增长 22.1%；在保余额 2 845 亿元，同比增长 23.7%；从业人员 6 205 人，同比增长 5.7%；在保户数近 311 万户（含个人消费金融担保客户），同比增加 309 万户。全省融资性担保公司累计代偿余额 66.2 亿元，同比增长 42.06%，其中融资性担保代偿 64.5 亿元，同比增长 42.69%，代偿风险大幅上升。

六、金融生态状况

2018 年，广东继续优化金融业发展的政策环境，加强金融法制和金融业信用体系建设，稳健运行支付体系，深入推进反洗钱工作，有力地促进了广东金融生态环境的改善。

（一）区域政策环境继续优化

2018 年，广东出台了金融支持经济高质量发展、民营和小微企业发展等指导性文件，联合省经信委举行“深化金融服务　加强政银合作”签约活动，对经济发展重点领域和薄弱环节的支持力度不断加大。大力推进“两权”抵押贷款试点工作，深化农村金融改革创新，金融改革创新环境持续改善。截至 2018 年末，辖区试点地区“两权”抵押贷款余额 36.9 亿元，同比增长 3.07 倍；比年初新增28.67亿元，同比多增2.68倍。

（二）金融法治状况不断改善

2018年，广东金融法治水平进一步提升。金融法治建设方面，人民银行广州分行对规范性文件进行了全面清理，发布了规范性文件目录，进一步完善了广东金融法制体系。金融普法方面，人民银行广州分行在肇庆德庆学宫建立广东省金融法治宣传教育基地，形成了金融普法的良好载体和长效机制。2018年，全省各地（不含深圳）12363热线共受理金融消费投诉3 731件，办结3 552件，结案率95.2%，受理金融消费者咨询1 729件，同比增长6.26%。

（三）信用体系建设日益完善

2018年，广东扎实推进社会信用体系建设，取得积极成效。一是深入推进中小微企业和农村信用体系建设，促进中小微企业和农户融资。按照总行统一工作部署，积极构建信用评价机制，加强信用信息成果应用，截至2018年12月末，累计为70万家中小企业和525万农户建立信用档案，依托信用服务平台实现政策、产品和融资对接，中小微企业和农户主体贷款规模不断扩大，有效支持地方经济高质量发展。二是充分发挥地方社会信用体系建设牵头作用，积极推进信用记录应用，持续扩大征信系统信息采集面，着力提升征信系统应用服务效能，与政府部门之间建立信用信息交换共享机制，推动守信联合激励和失信联合惩戒的落实与应用。三是积极培育信用服务市场，以市场需求为导向，按照市场化、法制化原则，积极引导新型征信业态有序发展，繁荣征信市场。截至2018年末，广州分行备案企业征信机构4家，信用评级机构15家。

（四）支付体系稳健运行

2018年，广东支付体系运行稳健。一是中央银行会计核算数据集中系统（ACS）综合前置及信息管理子系统顺利推广上线，共完成10家法人金融机构ACS综合前置子系统推广上线工作，完成137家法人机构ACS综合前置客户端升级换版工作。二是各支付清算系统安全平稳运行。2018年，广东省（不含深圳）各支付清算系统共处理业务15.16亿笔，金额471.23万亿元。其中，大额支付系统共处理业务1.81亿笔，金额452.57万亿元，笔数、金额同比分别增长10.01%和8.03%，笔数、金额分别占支付清算系统业务的11.94%和96.04%，笔数、金额排名分别位居全国第三和第四；小额支付系统共处理业务3.91亿笔，金额5.90万亿元，笔数同比减少15.66%，金额同比增长1.52%，笔数、金额分别占支付清算系统业务的25.77%和1.25%，笔数、金额排名居全国第2位和第3位。

（五）反洗钱工作实效性进一步增强

一是深入开展风险领域反洗钱现场检查。2018年，广东累计对46家金融机构进行反洗钱执法检查，依法对违法情节较为严重的18家机构和19名相关责任人作出行政处罚。二是反洗钱案件调查工作的有效性进一步凸显，全年分行辖区共接收重点可疑交易报告1 710份，开展案件调查735宗，经甄别分析向侦查机关移送线索728条，成功破获各类型案件78宗，取得了显著成效。三是反洗钱各项基础性工作稳步推进，2018年，广东共举办各类宣传活动3 800余场次，发放宣传资料300余万份，有效地提升了社会公众对反洗钱的认识。

七、金融稳定工作实践与探索

2018 年，人民银行广州分行坚持稳中求进的工作总基调，积极谋划，主动作为，加强金融风险监测评估，稳妥化解辖区金融重点领域风险，建立健全防范化解重大风险的长效机制，牢牢守住不发生区域性系统性风险的底线。

（一）建立健全金融稳定制度体系

对当前广东省金融领域存在的风险进行了全面排查，有针对性地制定了《中国人民银行广州分行关于广东省重大风险处置预案》和《中国人民银行广州分行金融稳定应急预案（试行）》等 7 个应急预案，进一步增强了风险事件应急预案的科学性、实效性和可操作性。

（二）加强风险监测评估与风险提示

密切关注监测辖内重点金融风险，加强对产能过剩行业、房地产、地方性债务的风险监测分析与评估；组织开展中外资银行业机构综合评估；高效优质完成央行金融机构评级，加强高风险机构风险提示和风险早期纠正工作；深入开展稳健性评估，对辖内证券、保险公司开展非现场稳健性评估，对部分证券、保险公司开展稳健性现场评估，深入了解辖区证券、保险法人机构稳健性状况，促进业务规范经营和可持续发展。

（三）扎实做好存款保险制度实施各项工作

密切关注辖内问题投保机构风险变化情况，并采用多种措施督促问题投保机构积极整改，辖内问题投保机构从最高峰的 20 家降为 16 家；完成对辖区地方法人银行机构存款保险适用费率核定及保费收缴工作；完成辖内投保机构保费基数准确性核查及保费补交工作。

（四）有力推进辖区金融改革发展

做好开业管理对接工作，全力支持、帮助合并农合机构解决业务资格和系统整合有关问题，助力合并改制组建农商行工作；定期监测辖区政策性银行、大型商业银行改革进展以及农业银行“三农金融事业部”改革进展情况，引导推动金融机构转变发展方式和运营模式；积极配合推进供给侧结构性改革去杠杆、去产能及降成本行动，按季度对广东省非金融企业杠杆率情况进行测算，对风险点进行分析研判，为全省降杠杆工作提供数据支持和决策参考。

八、总体评估和趋势展望

（一）总体评估

2018 年，在当前外部环境复杂严峻的情况下，广东经济运行保持总体平稳，继续运行在合理区间，全年地区生产总值增速为 6.8%。经济结构调整优化升级，新产业、新业态和新商业模式蓬勃发展，经济发展新动能加快壮大。重点领域改革向纵深推进，“放管服”改革成效明显。民营经济创造活力充分迸发。绿色发展扎实推进，能源利用效率进一步提高。

同时也应该注意到，经济运行稳中有变，变中有忧。内外需求同时减弱，经济下行压力较大，货币政策实施面临供需两方面制约，居民部门债务风险持续加大，跨境资金流出压力仍然存在，做好宏观调控和金融改革发展稳定工作仍面临不少挑战。

（二）趋势展望

2019 年，国内外形势机遇和挑战相互交织。我国发展面临的环境更复杂，不确定性更大，风险挑战更多，但仍处于并将长期处于重要战略机遇期，经济长期向好态势不会改变。广东经济外向度高，受外部环境变化的冲击影响大，但经过改革开放 40 年的发展，广东积累了坚实的经济基础和应对风险挑战的丰富经验，现在又迎来了粤港澳大湾区建设的重大历史机遇。从 2018 年的经济运行来看，广东经济增长仍保持在中高速水平，产业结构持续优化，投资增长稳中有升，进出口总额突破 7 万亿元，财政收入稳定增长，货币信贷规模扩大，居民收入稳定增长，就业形势保持稳定。只要深刻把握好我国发展的重要战略机遇期，变压力为动力，广东经济总体上仍有望保持平稳向好的发展态势。

中国人民银行广州分行金融稳定分析小组

主　任：白鹤祥

副主任：彭化非

成　员：吴燕生　苏　赟　高文艺　张志东　李程枫　成丽莉
黄　润　陈卫东　陈洁波　徐宏练　姜小南　林　辉
陈　瑜　杨白娥　吴昌盛　陈　威　张　劲　林伟斌

《广东省金融稳定报告（2019）》编写组

总　纂：白鹤祥　彭化非

统　稿：吴燕生　张　皓　郑楚琳

执　笔：庄礼焕　陈育穗　苏宏召　吴　进　郑　勇　高思劼
覃麒桦　孙鸣蔚　潘婧媛

其他参与编写人员：龙永洁　李挚宁

广西壮族自治区金融稳定报告摘要

2018年，广西经济运行总体平稳，结构优化升级及新动能成长向好。金融业积极应对复杂多变的经济形势，不断推进改革创新，整体运行稳中向好，防控力度不断加大，防范金融风险攻坚战取得阶段性成果。但是，经济金融发展中的不利因素增多，新老问题交错叠加，可能使潜在风险进一步暴露，金融稳健运行面临的挑战加大。

一、广西经济运行总体情况及主要特点

（一）经济运行基本稳定，结构调整持续优化

2018年，广西生产总值（GDP）20 352.51亿元，同比增长6.8%，较上年下降0.3个百分点。第三产业占GDP的比重由上年的44.2%提升至45.5%，产业结构持续优化。固定资产投资同比增长10.8%，其中制造业投资增速由上年的7.7%提高至22.5%，高耗能行业投资比重由上年的11.5%下降到8.2%。外贸进出口总值4 106.7亿元，规模创历史新高。广西居民消费价格同比上涨2.3%，处于温和上涨区间。广西城乡居民人均收入倍差2.61，比上年缩小0.08。城镇登记失业率2.34%，就业完成情况好于预期目标。

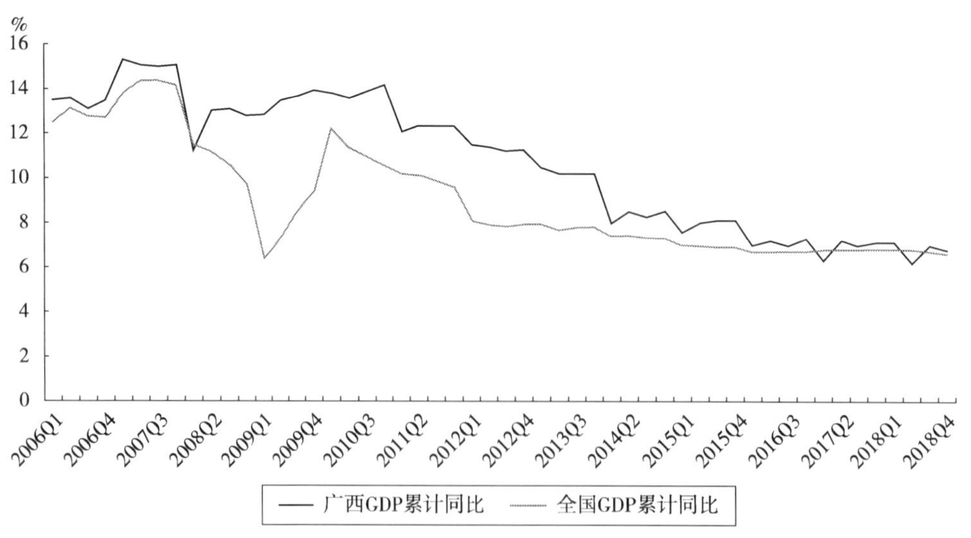

数据来源：国家统计局。

图1 全国和广西季度GDP累计增速

（二）广西经济运行情况对金融稳定的影响

2018 年经济运行平稳，供给侧结构性改革成效凸显，但也稳中存忧。一是工业增长乏力，信贷资产质量有所下降。2018 年广西规模以上工业增加值增速较上年下降 2.4 个百分点，利润总额仅同比增长 1.9%，企业经营持续不振，工业不良贷款率比上年末提高 1.36 个百分点。二是房地产市场较快发展，对其他行业信贷形成挤出效应。广西房地产市场需求持续旺盛下带动信贷资源向房地产行业倾斜，2018 年新增房地产贷款占比高达四成，不仅拖累消费水平，同时挤占其他行业贷款。三是投资回升压力仍大，项目贷款增长承压。受项目储备不足、地方政府融资行为规范化、房地产市场持续调控影响，广西投资增长未来难以加速。

二、金融业与金融稳定

（一）银行业

1. 银行业金融机构经营总体情况及其特点

（1）组织体系基本健全，机构数量稳步增长。2018 年，广西银行业新增 1 家股份制银行，4 家农村信用社成功改制成农村商业银行。截至 2018 年末，辖内银行业非法人金融机构 23 家：政策性银行 3 家、国有大型商业银行 6 家、股份制商业银行 9 家、外资银行 4 家、财务公司 1 家；银行业法人金融机构 141 家：城市商业银行 3 家、农村商业银行 34 家、农村合作银行 16 家、农村信用社 41 家、村镇银行 42 家、农村资金互助社 3 家、财务公司 1 家、金融租赁公司 1 家。

（2）银行业资产负债规模有所放缓。2018 年末，广西银行业金融机构资产总额 38 526.67 亿元，比年初新增 2 635.21 亿元，同比增长 7.34%，增速同比下降 1.17 个百分点。广西银行业金融机构负债总额 36 975.31 亿元，较年初增加 2 429.1 亿元，同比增长 7.03%，增速同比下降 1.2 个百分点。

（3）存款增速有所下滑，贷款增量创历史新高。2018 年末，广西本外币各项存款余额 29 789.78 亿元，同比增长 6.77%，增速较上年同期下降 2.74 个百分点；全年新增存款 1 890.14 亿元，同比少增 530.7 亿元。广西金融机构本外币各项贷款余额 26 688.31 亿元，同比增长 14.91%，比上年末提高 2.38 个百分点；全年新增贷款 3 445.23 亿元，同比多增 859.64 亿元，增量创历史新高。

2. 银行业稳定性评估

（1）不良贷款规模大幅增长。2018 年以来，受经济运行没有明显好转、监管要求趋严的影响，广西银行业不良贷款规模大幅增长。截至 2018 年末，广西银行业金融机构不良贷款余额 705.96 亿元，同比增加 309.6 亿元，增长 78.11%；不良贷款率 2.64%，同比提高 0.94 个百分点。从不良贷款增量上看，农村合作金融机构、城市商业银行和新型农村金融机构不良贷款增加较多，同比分别新增 313.17 亿元、14.7 亿元和 11.75 亿元。从不良贷款的行业分布来看，批发和零售业、农林牧渔业、制造业不良贷款余额增幅最大，分别为 140.38%、82.51% 和 68.23%。

（2）金融机构流动性有趋紧态势。2018 年，广西银行业新增存款 1 890.15 亿元，在住户及非金融企业新增存款中，定期存款占比 56.8%；新增贷款 3 445.23 亿元，中长期贷款占比 78.2%，“短存长贷”特征明显，期限错配持续扩大。法人机构流动性比例同比下降 2.37 个百分点，存贷比同比提高 7.04 个百分点，其中城市商业银行和农村合作金融机构流动性比例分别下降 4.97 个和 1.67 个

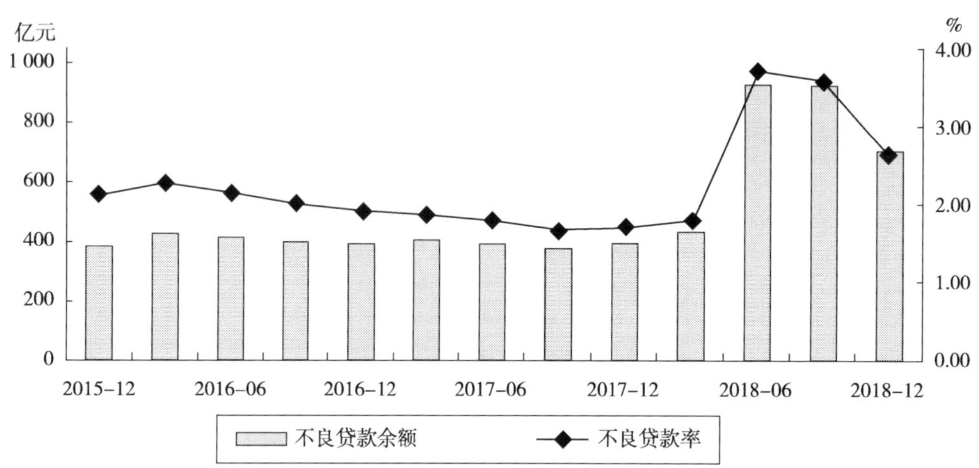

数据来源：广西银监局。

图 2 广西银行业不良贷款趋势

百分点，城市商业银行存贷比提高 14. 34 个百分点。部分城市商业银行流动性比例下降明显，流动性出现紧缩现象。

（3）资本充足水平明显下降。2018 年末，广西银行业法人金融机构资本充足率 10. 36%、核心一级资本充足率 9. 72%，同比分别下降 2. 54 个和 2. 11 个百分点。分机构看，城市商业银行只有一家银行资本充足率上升，其他城市商业银行的资本充足指标均出现不同程度的下降；农村合作金融机构受资产质量大幅下滑的影响，资本充足水平下降明显，资本充足率和核心一级资本充足率同比分别下降 4. 46 个和 3. 81 个百分点，其中，农村合作银行资本充足水平降幅最大，资本充足率和核心一级资本充足率同比分别下降 7. 39 个和 6. 68 个百分点。

（4）经营效益继续提升。2018 年末，广西银行业金融机构实现税后净利润 406. 47 亿元，同比增长 7. 25%。其中，利息净收入 938. 07 亿元，同比多增 89. 61 亿元；利息收入率 90. 22%，同比提高 89. 87 个百分点；手续费净收入 92. 95 亿元，同比多增 8. 98 亿元，中间业务收入率 11. 01%，同比提高 0. 37 个百分点。净息差 2. 74%，同比下降 0. 02 个百分点。截至 2018 年末，广西银行业金融机构资产利润率 1. 09%，同比下降 0. 01 个百分点。

（5）高风险机构数量大幅上升。2018 年，人民银行南宁中心支行对广西 140 家法人金融机构开展了四次评级工作。从评级情况看，金融机构评级档次主要集中于 6 级至 8 级区间，分布呈“中间大、两头小”的格局，高风险机构数量大幅上升，同比多增 29 家。

（二）证券业

1. 证券类金融机构经营总体情况及其特点

（1）市场主体持续增加。2018 年广西新增证券分公司 2 家，新增期货分公司 1 家，新增登记备案私募基金管理人 13 家。截至 2018 年末，广西有境内上市公司 37 家，IPO 在审企业 1 家，辅导备案的拟上市企业 4 家，新三板挂牌企业 76 家，广西区域性股权市场挂牌企业 2 769 家，证券公司 1 家，基金公司 1 家，基金销售法人机构 1 家，已登记备案私募基金管理机构 84 家，证券分公司 29 家，证券营业部 191 家，期货分公司 3 家，期货营业部 32 家。

（2）证券交易量有所增长。2018 年广西证券交易额累计 4.39 万亿元，同比增长 0.6%。而同期全国证券交易额同比下降 13.05%，广西指标好于全国。广西期货成交量 2 743.79 万手，成交金额 1.58 万亿元，分别同比下降 22.16%、14.30%。公募基金管理规模 282.43 亿元，同比下降 3.14%，备案私募基金规模 403.43 亿元，同比上升 44.21%。

（3）直接融资规模显著扩大。2018 年广西资本市场直接融资 344.47 亿元，同比增长 92.44%。其中 IPO 融资 13.22 亿元，上市公司增发融资 91.2 亿元，新三板挂牌公司增发融资 0.98 亿元，公司债券融资 222.46 亿元，上市公司可转债融资 4.3 亿元，资产证券化融资 12.21 亿元，区域性股权市场私募可转债融资 0.1 亿元。

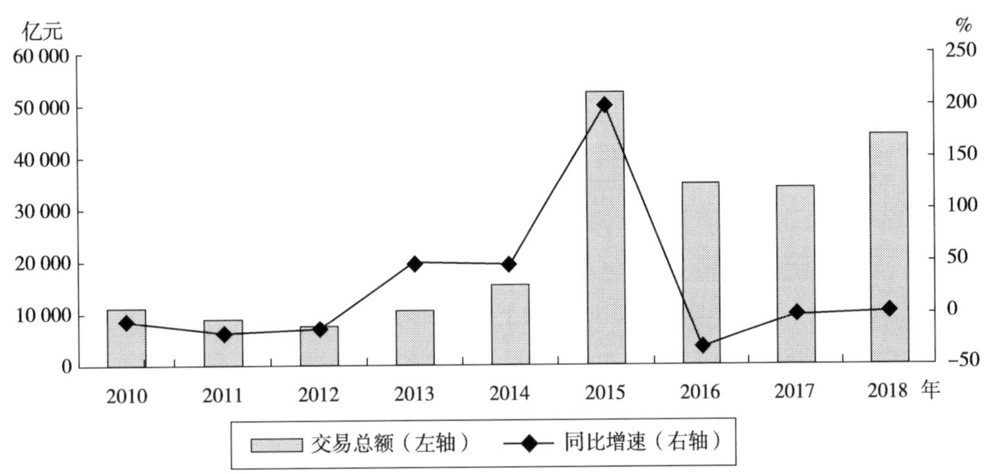

数据来源：广西证监局。

图 3　广西证券经营机构代理证券交易总额和同比增速

2. 证券业稳定性评估

（1）上市公司股权质押风险较大。2018 年，受股市持续下跌的影响，广西上市公司股票市值跌幅较大，部分上市公司控股股东质押的股票面临平仓风险。截至 2018 年末，广西 37 家上市公司中共有 20 家上市公司的控股股东（包括其一致行动人）开展了股票质押业务，其中 8 家上市公司控股股东质押股票价格跌破平仓线，5 家上市公司控股股东质押股票价格已触发预警线。

（2）少数上市公司业绩不佳。2018 年前三季度，广西上市公司亏损家数为 10 家，扣除非经常性损益后亏损数达 12 家，少数公司扣除非经常性损益后已连续亏损 10 年以上。已披露的 2018 年业绩预告 25 家上市公司，有 8 家公司亏损。相关公司有的主业不突出，投资管理不善，持续经营能力较弱，缺乏“造血”功能；有的资产质量差，不良资产历史包袱重，潜亏较大，少数公司主业基本陷入停顿，风险隐患突出。个别公司前三季度归属母公司股东净利润为负，若全年业绩不能扭亏，将因连续两年亏损被实施退市风险警示。

（3）少数公司债券存在潜在的兑付风险。2019 年是广西公司债券回售或到期兑付又一个高峰期，其中到期兑付公司债券 166.26 亿元，到期选择回售公司债券 266.45 亿元。从 2018 年情况看，广西公司债券到期回售的兑付压力不大，但是部分公司债券发行人在公司治理、信息披露、日常经营等方面存在较多问题，个别公司资产负债率较高，经营现金流吃紧，主要以政府补贴和非经常性收益维持业绩，依靠借新债、偿旧债的方式维持运转，偿债能力和抗风险能力较弱。在加强金融监管、融资环境趋紧形势下，少数债券发行人仍存在着潜在的债券兑付风险。

（4）上市挂牌资源培育不足。广西上市公司、拟上市公司和新三板挂牌公司数量少，上市挂牌后备资源匮乏，2018 年全国 A 股新增 IPO 上市公司 105 家，广西仅新增 1 家，全国 IPO 在审企业 290 余家，广西仅有 1 家。此外，广西新三板挂牌公司数量增长放缓，少数挂牌公司由于缺乏融资能力或拟申请到主板上市，陆续终止挂牌，区域性股权市场挂牌企业绝大部分没有改制，资本市场发展后劲明显不足。

（三）保险业

1. 保险类金融机构经营总体情况及特点

（1）市场体系不断完善。截至 2018 年末，广西共有保险经营主体 41 家，新增地方法人人身险公司 1 家，广西保险市场实现同时拥有法人财产险公司和法人人身险公司；省级分公司 40 家（财产险公司 23 家，人身保险公司 17 家）。保险公司各级分支机构 2 211 家，同比增加 60 家，专业保险中介机构 376 家，同比增长 23 家。广西保险机构市场主体不断丰富，保险服务基本实现全区覆盖。广西保险从业人员数量达到 19. 5 万人，同比减少 1. 95 万人。

（2）业务平稳较快发展。截至 2018 年末，广西保险业累计实现原保险保费收入 629 亿元，同比增长 11. 3%，其中，财产险保费收入 245. 3 亿元，同比增长 15. 1%；人身险保费收入 383. 7 亿元，同比增长 9%。保险密度为 1 277 元/人，同比增长 10. 39%；保险深度为 3. 1%，同比上升 0. 32 个百分点。保险业总资产达到 1 202 亿元，同比增长 14. 58%。

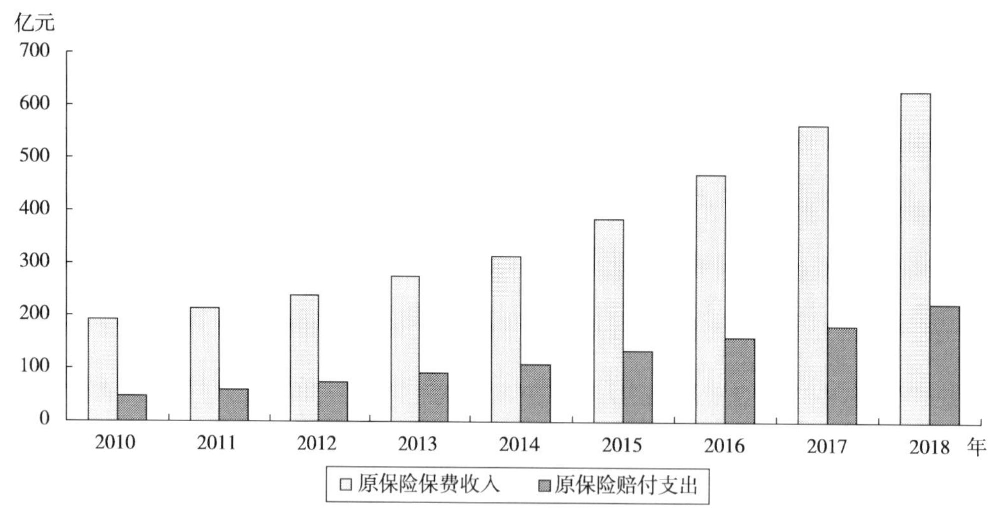

数据来源：广西保监局。

图 4 广西保费收入和赔付支出

（3）风险保障功能不断增强。截至 2018 年末，广西保险业共为全区提供财产和人身保险保障 43. 9 万亿元，同比增长 11. 7%，广西保险赔款和给付支出 223. 8 亿元，同比增长 23. 11%，其中，财产险赔付支出 98. 19 亿元，同比增长 15. 54%；人身险赔付支出 125. 67 亿元，同比增长 29. 76%，“社会稳定器”和“经济助推器”功能得到有效发挥。

2. 保险业稳定性评估

（1）商业车险改革稳步推进。2018 年，广西作为 3 个试点地区之一，在全国率先启动商业车险自主定价改革，进入费率改革完全市场化阶段。2018 年 9 月中旬改革平稳落地，广西区内商业车险新产品全面上线。2018 年末，商业车险投保率提升 4%，商业三责险保额提升 40%，消费者保费负担车均下降 35%。商业车险自主定价改革实现了让利于民，消费者获得更充足的保障，更实惠的服务。

（2）行政处罚次数同比上升。2018 年，广西银保监局共开出行政处罚决定书 27 次，同比增加 13 次；涉及金额同比增长 109.23%。行政处罚对象以财险公司为主，处罚原因较为一致，且违规新套路频出。主要是“财务业务数据不真实”和“利用业务便利为其他机构或个人牟取不正当利益的行为”等原因，同时，也有“向车险投保客户返还现金”或“向车险投保客户赠送油卡”等违规新套路；中介机构方面多以“虚构保险中介业务套取费用”以及“未按规定投保职业责任保险”为主。

（3）保险欺诈风险呈现新动向。随着利用互联网跨区域诈骗、职业团伙诈骗等诈骗手段的出现，反保险欺诈更加困难。如“代理退保”诈骗行为，部分不法分子通过非法渠道掌握投保人投保信息，冒充保险公司工作人员，诱导投保人全权委托办理退保手续，从中收取费用，或鼓动投保人办理涉嫌违法的“升级产品”。

三、非金融机构与金融稳定

（一）小额贷款公司运行平稳，潜在风险逐步凸显

截至 2018 年末，广西小额贷款公司 379 家，同比增长 1.88%；注册资本 332.48 亿元，同比增长 2.02%；全行业贷款余额 540.69 亿元，同比增长 3.69%；实现总收入 54.22 亿元，同比增长 27.57%；利润总额 33.54 亿元，同比增长 74.37%。经营存在主要问题：一是不良贷款风险大幅上升。截至 2018 年末，广西小额贷款行业不良贷款余额 9.2 亿元，较上年同期增长 72.61%；不良贷款率 1.7%，较上年同期上升 0.68 个百分点。二是经营管理不规范。广西小额贷款公司多为民营性质，公司治理体系不完善，贷款三查流于形式，法人治理和内部风控执行落实不到位。三是行业发展后续动力不足。外部融资受限、内部融资渠道狭窄，“只贷不存”的经营模式难以助推行业健康、可持续发展。

（二）融资性担保行业结构优化，效用有待进一步发挥

2018 年，广西获得融资性担保机构经营许可证的担保机构法人公司 87 家，同比减少 14.71%；资产总额 275.52 亿元，同比增长 0.55%；负债总额 58.04 亿元，同比增长 13.8%；广西融资担保行业在保余额 314.99 亿元，同比增长 14.54%；平均放大倍数 1.85 倍，其中国有机构平均放大倍数 2.11 倍；代偿率 4.42%，同比下降 1.77 个百分点。广西融资担保行业结构逐步优化，但仍存在以下三方面问题：一是担保杠杆率较低。2018 年末，融资性担保业务平均放大倍数仅为 1.85 倍，远低于规定上限，不利于市场融资效用发挥。二是监管手段和专业人员匮乏，监管过程存在较多障碍，致使行业运行存在不稳定性。三是政府性融资担保体系建设仍存在政策要求落实不到位、服务能力发展不平衡、银担合作不顺畅等问题，体制改革仍需深化。

（三）典当行业务规模扩大，贷款逾期风险上升

2018年末，广西共有典当行132家（含分支机构2家），从业人员566人；资产总额12.62亿元，同比增长6.6%；负债总额0.57亿元，同比增长353.2%；在业务发展方面，2018年1～12月，典当总额12.16亿元，同比减少21.1%。其中，动产典当总额6.12亿元，同比增长25%；房地产典当总额4.86亿元，同比下降39%；在经营效益方面，全行业实现营业收入3 356.71万元，同比减少9.8%；营业利润－454.59万元，同比增长20.5%。在行业运行过程中，两方面问题凸显：一是逾期贷款率上升。截至2018年末，行业逾期贷款余额5 036.36万元，同比增长32.27%；贷款逾期率7.4%，同比上升1.62个百分点。二是亏损面扩大。2018年全行业亏损企业77家，亏损面57.5%，同比上升13.3个百分点。累计亏损额839.46万元，同比增长46.9%。

（四）非银行支付机构业务稳步发展，风险仍需持续关注

截至2018年末，在广西已备案的非银行支付机构有39家（其中法人机构3家，非法人支付机构分公司36家），较上年底增加2家；全年共发生非银行支付业务1.60亿笔，金额5 705.52亿元。2018年，人民银行南宁中心支行持续规范非银行支付机构经营，全面整治无证经营支付业务，积极配合互联网金融风险专项排查，督促非银行支付机构业务稳步发展。但个别非银行支付机构仍存在特约商户身份核实不到位、收单银行结算账户管理不规范等违规经营问题，亟须重点予以关注和整治。

四、其他金融风险与金融稳定

（一）涉企金融风险逐步化解，处置效率有待提高

广西北部湾银行和柳州银行积极推动风险资产化解工作，广西涉企金融风险出现下降趋势。截至2018年末，广西涉险金额同比下降39.27%。涉险企业主要分布于制糖、有色、房地产业及工程机械等传统支柱行业。从金融机构看，涉企金融风险主要集中于地方法人金融机构，截至2018年末，地方法人机构涉险金额占比高达45.6%。部分涉险企业虽经内部改革和外部联合救助，但经营效益改善受制于经济周期，短期内难以偿还银行债务，并且多数涉险事件在处置过程中，法律诉讼程序进展缓慢、执行阶段漫长，耗费的时间成本和人力成本较高，在一定程度上阻碍了涉企金融风险的处置效率。

（二）非法集资案件时有发生，社会稳定风险隐患犹存

近年来广西非法集资案件高发蔓延势头有所遏制，并未发现全国性大案。但案件仍处高位运行，涉及金额过亿元、人数上千的较大案件时有发生，且非法集资已由传统的房地产、农业、商品零售等领域向投资理财、投资担保、互联网金融等领域蔓延扩散，互联网线上线下相结合、非法集资传销化等，形式花样不断翻新升级。截至2018年末，广西非法集资新发案件数比上年同期上升153.23%，但集资金额和集资参与人数分别下降32.44%和46.95%。

（三）企业债券融资能力有待提升，违约风险压力较大

2018年，广西非金融企业累计发行债券792.47亿元，同比增加105.62亿元，企业到期债券全

部如期兑付，未发生新增违约事件，投资者对广西的投资信心显著增强。债券市场需要关注的问题：一是企业债券融资能力有待进一步提升。2018 年以来民营企业债务违约有所增加，市场主体风险规避情绪严重，金融市场上出现了一定的“羊群效应”，企业债券市场资金供给面难以有显著增量，加之广西有色和国海证券风险事件的负面影响，部分主承销商收紧广西的债券发行承销工作，造成广西企业发债门槛有所提高。二是企业债券违约风险不容忽视。2019 年广西企业在债券市场到期的存量债券 600 余亿元，发行主体以城投类企业为主。部分发行主体盈利能力较弱，偿债压力较大，甚至需要依靠举债还本付息。

（四）互联网金融风险有效控制，潜在风险不容忽视

2018 年，南宁中心支行承担牵头处置辖内互联网金融风险问题，推动“龙币网”交易平台无风险退出，维护广西金融生态环境。但互联网金融采取全程线上交易的业务模式，潜在风险不容忽视。一是违法风险，部分机构通过线下违规发行理财产品或提供担保等行为涉嫌非法集资。二是违规风险，部分机构无证开展资金清算、网络支付、多用途预付卡发行与受理、虚拟货币交易等业务。三是信用风险，大部分机构未落实资金存管银行，没有受到全面有效的监管。四是偿付风险，机构对于逾期债务主要通过诉讼手段进行追偿，以自有资金垫付到期债权，一旦债务超出平台垫付能力，则无法偿付到期债务。五是流动性风险，部分机构将资金投放给单一借款人金额过大、投向过于集中的问题。

（五）地方政府性债务有所下降，债务风险总体可控

2018 年末，广西平台贷款余额 3 456.77 亿元，占全区人民币贷款余额的 13.22%，占比较年初降低 2.55 个百分点。比年初减少 69.91 亿元。从贷款方式看，抵押贷款占比最高，抵（质）押贷款余额 2 544.67 亿元，占比为 73.61%，较年初降低 2.47 个百分点。从贷款质量看，融资平台正常类贷款余额占比 98.43%，关注类贷款余额占比为 1.51%；不良贷款余额 2.83 亿元，占比 0.06%，比年初降低 0.02 个百分点，其中，可疑类贷款余额占比为 100%，无次级和损失类贷款。

（六）房地产市场总体平稳运行，信贷质量保持良好

2018 年，广西房地产各项贷款增速放缓，结构适度优化，个人住房贷款增幅小幅收窄，房地产信贷质量总体保持良好。全区房地产贷款余额 8 257.50 亿元，同比增长 20.26%，增速同比回落 2.17 个百分点。其中，个人住房贷款余额 6 096.04 亿元，同比增长 26.86%，增速同比回落 0.96 个百分点。房地产业贷款不良率为 0.41%，同比回落 0.03 个百分点，部分房企自身融资方式单一，缺乏充足的资金支持，无法满足企业项目开发资金需求等问题仍然存在。

（七）跨境资金净流出下降，异常流动风险仍需关注

2018 年，广西银行跨境收支总量同比上涨 10.22%。其中，跨境资金流入同比上涨 29.81%；跨境资金支出同比下降 2.19%。全年跨境资金净流出同比下降 57.38%。从宏观角度看，跨境资金流动直接影响国际收支平衡，是影响经济金融稳定发展的重要因素；从微观角度看，跨境资金流动产生的风险会进一步传导至企业、个人等微观主体，使其面临较大的财务风险和资产负债调整压力。跨境资金异常流动主要通过构造货物贸易背景、虚增服务贸易价格、个人分拆购付汇、虚假投资、违规借外债、违规进行境外放款、地下钱庄等各种渠道实现。跨境资金短期内大规模进出对汇率、货币政策、监管措施等带来的潜在风险不容忽视，易造成虚构套利及资源错配风险。

五、金融基础设施与金融稳定

（一）支付体系不断完善，行业发展健康平稳

2018 年，“支付为民”理念得到深入实施，移动支付便民示范工程取得阶段性成绩，云闪付新增用户数和移动支付业务量大幅增长，受理环境改造稳步推进，便民场景建设成效显著。农村支付服务提档升级，金融服务进村示范点实现乡镇全覆盖。企业账户服务持续优化，广西政务信息数据获取查询系统和人民币银行结算账户许可资料预审核系统上线运行，区内银行机构与工商部门实现共享企业信息，企业平均开户时间大幅缩短。认真开展现场检查并依法实施处罚，深入推进无证整治、支付机构分类监管等工作，规范妥善处理支付投诉和举报，支付服务市场秩序持续规范。支付系统和 ACS 系统持续稳定运行，有力支持广西地方经济发展。

（二）社会信用建设稳步推进，金融生态环境持续优化

广西公共信用信息平台建设不断完善，截至 2018 年末，金融信用信息基础数据库收录广西企业和其他经济组织 16. 05 万户和 3 156. 23 万自然人信贷交易信息；深入推进中小企业和农村信用体系建设，广西创建诚信园（商）区 37 个，金融机构给予未与银行建立信贷关系的 3. 88 万小微企业信贷支持；探索推进“信用 + 信贷”联动模式、广西农村信用大数据平台建设，全区 5 个市、71 个县（市）、35 个区建立或在建农户信用信息系统，金融机构向 401 万信用农户累计发放贷款 3 824 亿元，农户贷款满足率超过 90% 。

（三）深化创新强化职能，反洗钱工作有效性持续增强

不断加强部门间合作，与自治区公安厅、安全厅、税务局等 5 部门联合印发《广西反洗钱、反恐怖融资、反逃税监管合作备忘录（试行）》，协助破获多起地下钱庄案、虚开增值税发票案。推动特定非金融行业监管取得实效，首次举办广西房地产行业反洗钱监管座谈会和反洗钱培训，11 个地市中心支行先后颁布 14 项特定非金融行业反洗钱监管制度。灵活运用多种监管手段引导义务机构有效开展反洗钱工作，开展反洗钱执法检查 80 项，监管走访、质询、约谈义务机构 324 家，完成对 1 480家义务机构的分类评级和 70 家法人机构的风险评估。

（四）反假货币工作成效显著，跨境反假货币工作中心成功搭建

2018 年，广西共收缴假人民币 2 329. 77 万元，其中金融机构收缴 1 557. 88 万元、公安破案没收 763. 88 万元；相继破获假币案件 38 起，其中 100 万元案件 2 起、10 万元以上案件 5 起，抓获犯罪嫌疑人 58 人；成功搭建跨境反假货币工作（南宁）中心、防城港、崇左、百色三个分中心及所辖 7 个沿边县域工作站的边境地区反假货币工作网络，并积极以跨境反假货币工作中心为平台推进反假货币工作。

（五）金融消费权益工作层次进一步提升，金融服务履职成效明显

2018 年，广西人民银行系统持续开展集中性金融知识普及活动，共组织宣传活动 400 余场，发

放宣传资料约30万份，受众消费者约80万人次，人民银行南宁中心支行推动金融素养课程走进小学课堂，社会反响强烈；建立广西12363咨询投诉电话呼叫平台，进一步提高金融消费者投诉受理处理效率，2018年共受理咨询2 363件，有效投诉361件；对辖内86家银行业金融机构共305个网点开展支付服务领域金融消费权益保护执法检查；完成广西区、市、县三级普惠金融指标体系分析报告；开展对违法金融广告甄别处置工作，2018年共分十批次甄别处置违法违规金融广告线索116条。

（六）切实推进存款保险各项制度实施，切实筑好风险防控防线

2018年，存款保险基金稳步积累，近2.72亿元保费按时足额交纳，广西累计收取保费5.68亿元。积极开展存款保险现场核查工作，以问题为导向，妥善防控问题投保机构风险。差别费率约束风险的作用逐步发挥，机构普遍为降低费率而更加关注风险的控制。坚持底线思维，推动存款保险处置应对机制尽快建立，推进存款保险管理系统建设，工作效率得到显著提升。

六、总体评估与政策建议

（一）辖区金融稳定状况总体评估

2018年，面对错综复杂的国内外形势和持续加大的经济下行压力，广西坚持以供给侧结构性改革为主线，统筹做好稳增长、促改革、调结构、惠民生、防风险各项工作，全年经济运行呈现总体平稳、稳中提质的发展态势，金融业不断推进改革创新，整体运行稳中向好，防控力度不断加大，防范金融风险攻坚战取得阶段性成果。但广西金融发展仍存在诸多不确定因素，各类金融风险也在集聚。银行业不良贷款规模大幅增长，流动性有趋紧态势，资本充足水平明显下降；上市公司股权质押风险较大，少数上市公司业绩不佳，公司债券存在潜在兑付风险；保险公司行政处罚次数同比上升，保险欺诈风险呈现新动向；小额贷款公司后续发展能力不足，融资性担保行业担保杠杆率较低，典当行贷款逾期风险上升；涉企金融风险处置效率有待提高，非法集资案件时有发生，企业债券违约风险压力较大，互联网金融风险不容忽视，跨境资金风险隐患仍然存在，风险防控能力面临新挑战。总体来看，2018年，广西金融稳定状况良好，金融体系保持稳健运行，全年未发生系统性风险事件。2019年是防范化解重大风险攻坚战的关键一年，应针对突出问题，打好重点战役，做到坚定、可控、有序、适度，切实发挥系统合力，更加有效地防控广西各类金融风险。

（二）化解金融风险、增强金融业稳健性的政策建议

1. 推动实施防范化解重大风险攻坚战行动方案

针对本地区突出的风险点研究制订本区域防范化解重大风险攻坚战实施方案，明确重点任务、路线图、优先序、时间表和责任目标，并履行好各方职责。

2. 健全风险防控体系

充分运用金融科技、监管科技，加强风险源头管控，切实做到早识别、早预警、早发现、早处置，筑牢金融安全防线。构建金融风险“大监测”格局，抓好重点风险防控，创新手段加快不良资产处置，加强风险监测强度，对问题机构重点关注并采取风险警示、早期纠正等措施。

3. 构建跨部门联合监管机制

进一步落实监管部门职责，按照“谁审批、谁监管”“谁主管、谁负责”的原则，加强穿透式监管，明确监管职责、落实部门责任、提高监管效率，防止出现监管真空地带。同时，进一步加强部门协调力度，强化监管信息共享，建立风险预警、执法检查、风险处置的联动机制，弥补监管空白，减少重复监管，增强监管合力，提高监管效能。此外，继续加强与财政、工信、国资等各行业主管部门之间的协调，共商风险处置方案，避免出现行业震动，共同维护金融稳定。

中国人民银行南宁中心支行金融稳定分析小组

组　长：崔　瑜
副组长：苏　阳
成　员：办公室　金融稳定处　货币信贷管理处　调查统计处　支付结算处
科技处　货币金银处　国库处　金融研究处　征信管理处　国际收支处
反洗钱处　法律事务（金融消费权益保护）处　保卫处　清算中心

《广西壮族自治区金融稳定报告（2019）》编写组

总　纂：苏　阳
统　稿：黎　宇　朱燕宇
执　笔：王　涛　吴　强　农丽娜　徐小瑛　吕永安　农　婧
徐　汇
其他参与写作人员：曹　玮　胡欢欢　黄　敏　黄　玥　江东阳　罗顺兴
韦诗婷　吴　丹

海南省金融稳定报告摘要

2018年，面对复杂严峻的国内外经济金融形势，海南省坚持稳中求进工作总基调，贯彻新发展理念，扎实推进供给侧结构性改革，统筹推进稳增长、促改革、调结构、惠民生、防风险等各项工作，稳步推进自由贸易试验区（港）建设，全省经济运行呈现总体平稳、稳中提质的态势。海南省金融业认真落实各项金融宏观调控政策，着力提升金融服务水平，金融改革创新不断深化，金融对经济转型发展的支持力度加大，金融业助推社会经济发展作用有效发挥。

一、区域经济运行与金融稳定

2018年，海南省经济保持平稳健康发展，产业结构持续优化，新经济增长点正在培育壮大，社会民生事业发展取得成效，外资外贸规模不断扩大，改革开放不断深化，自由贸易试验区（港）建设稳步推进，为区域金融稳健运行提供了良好的环境。

（一）经济运行总体情况

1. 经济增长速度放缓，产业结构持续优化

2018年，全省地区生产总值4 832.05亿元，同比增长5.8%，增速比上年降低1.2个百分点，低于全国平均水平0.8个百分点。三次产业结构由上年的21.6:22.3:56.1调整为20.7:22.7:56.6，服务业作用凸显，对经济增长的贡献率为66.9%。十二个重点产业增加值增长6.0%，高于地区生产总值增速0.2个百分点，产业发展不断壮大[①]。

2. 投资结构进一步优化，房屋销售大幅下降

2018年，全省固定资产投资完成总额3 536.3亿元，同比下降12.5%（图1）。其中，由于房地产调控、规划调整等原因，房地产开发投资下降16.5%；非房地产投资开发投资下降8.4%。住宿和餐饮业投资增长11.6%，金融业投资增长74.4%，居民服务和其他服务业投资增长26.0%，均明显快于全部投资增速。实施全域限购等房地产调控，房屋销售面积和销售额持续下降，同比分别下降37.5%和23.2%，有效防止炒房炒地和房价大起大落。

3. 市场销售平稳增长，乡村市场消费潜力释放

2018年，海南省社会消费品零售总额1 717.08亿元，同比增长6.8%，增速比上年下降4.6个百分点，低于全国平均水平0.1个百分点。随着乡村振兴战略相关政策措施逐步落实，乡村市场消费潜力加快释放，全年乡村零售额增长9.4%，增速比城镇快3.2个百分点。

---

① 海南省十二个重点产业包括：旅游产业、热带特色高效农业、互联网业、医疗健康产业、现代金融服务业、会展业、现代物流业、海洋产业（含油气）、医药产业、低碳制造业、房地产业、教育文化体育产业。

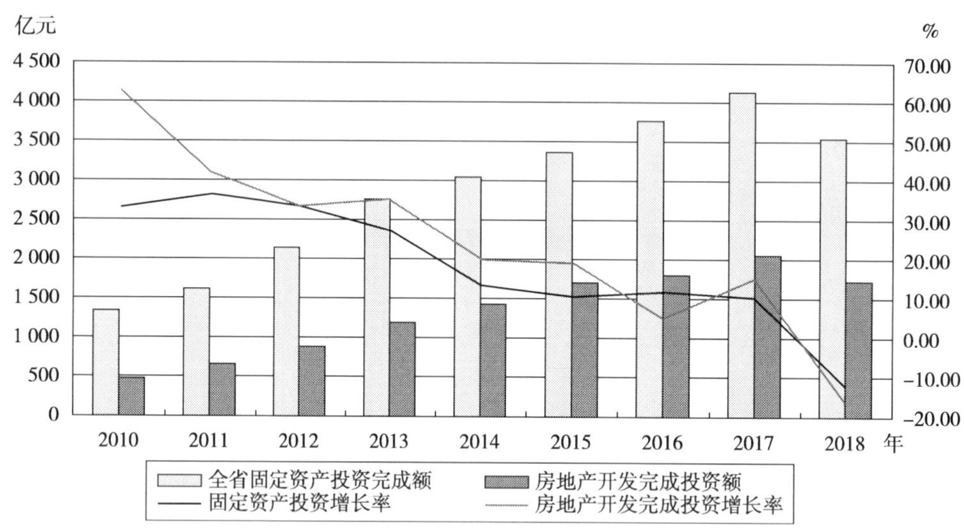

数据来源：海南省统计局。

图 1　2010—2018 年海南省固定资产投资和房地产开发完成投资数据统计情况

4. 外资外贸规模扩大，改革开放不断深化

2018 年，海南省对外贸易进出口总值 848.96 亿元，同比增长 20.8%，高于全国平均水平 11.1 个百分点。其中，出口总值 297.67 亿元，同比增长 0.7%；进口总值 551.29 亿元，同比增长 35.4%。全省实际利用外资总额 8.19 亿美元，同比增长 127.9%。其中，外商直接投资额（含投资性公司）7.44 亿美元，同比增长 107.3%。

5. 财政收入增长提速，社会民生事业发展取得成效

2018 年，海南省全口径一般公共预算收入 1 373.98 亿元，同比增长 12.4%。其中，地方一般公共预算收入 752.66 亿元，增长 11.7%。全省地方一般公共预算支出 1 685.44 亿元，同比增长 16.7%。其中，民生支出 1 292.97 亿元，同比增长 16.6%，占地方一般公共预算支出的 76.7%，财政支持民生力度持续加大。脱贫攻坚工作成效明显，2018 年实际脱贫 8.67 万人，81 个贫困村脱贫出列，保亭、琼中 2 个国家贫困县将脱贫摘帽。

6. 旅游业快速发展，工业经济效益明显提升

2018 年，全域旅游建设成果明显，接待游客 7 627.39 万人次，增长 11.8%；旅游总收入 950.16 亿元，增长 14.5%。2018 年，规模以上工业增加值比上年增长 6.0%，增速比上年加快 5.5 个百分点；规模以上工业综合效益指数 421.2%，同比提高 42.3 个百分点；实现利润总额 143.67 亿元，增长 33.4%；主营业务收入利润率为 7.2%，同比提高 0.7 个百分点。

7. 居民收入增长较快，居民消费价格涨幅回落

2018 年，海南省常住居民人均可支配收入 24 579 元，扣除价格因素实际增长 6.3%。其中，城镇和农村常住居民人均可支配收入分别为 33 349 元和 13 989 元，实际分别增长 8.2% 和 8.4%。城镇新增就业人数 12.84 万人，比上年增长 7%；城镇登记失业率 2.3%，同比减少 0.03 个百分点，就业形势好转。居民消费价格（CPI）同比上涨 2.5%，涨幅比上年回落 0.3 个百分点，但高于全国平均水平 0.4 个百分点。工业生产者出厂价格和购进价格同比分别上涨 8.2% 和 10.8%。

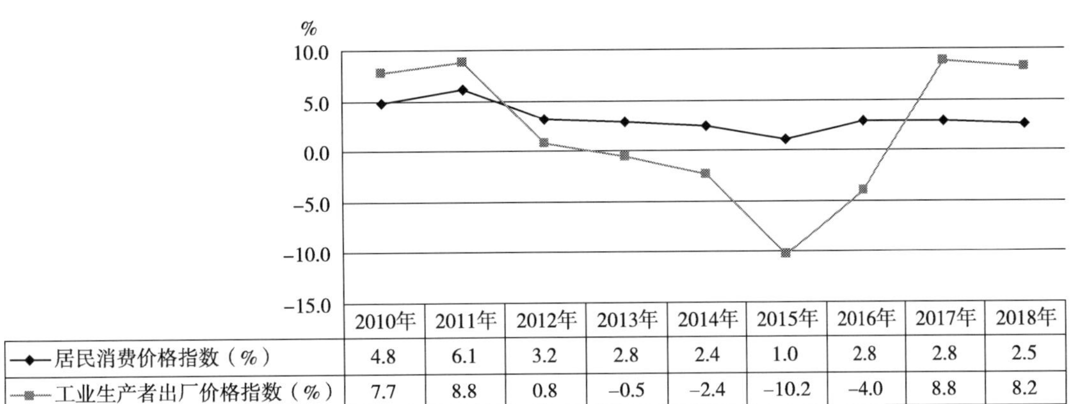

	2010年	2011年	2012年	2013年	2014年	2015年	2016年	2017年	2018年
居民消费价格指数（%）	4.8	6.1	3.2	2.8	2.4	1.0	2.8	2.8	2.5
工业生产者出厂价格指数（%）	7.7	8.8	0.8	−0.5	−2.4	−10.2	−4.0	8.8	8.2

数据来源：海南省统计局。

图 2　2010—2018 年海南省居民消费价格和生产者价格变动情况

8. 稳步推进自由贸易试验区（港）建设，一批重点工作取得初步成效

海南省深化“放管服”改革，制定《海南省优化营商环境行动计划（2018—2019 年）》，全省新增市场主体 14.40 万户，比上年增长 15.5%。开展“百日大招商”活动和“百万人才进海南”行动计划，2018 年全省共签署战略框架协议、投资合作协议 230 个，已注册项目公司 106 家，已运营或开工建设的项目 54 个。实施 59 国人员入境旅游免签政策，进一步调整离岛免税旅客免税购物政策，举办首届海南岛国际电影节，旅游国际化水平进一步提升。

（二）经济运行中需关注的问题

1. 房地产投资滞后效应给经济带来下行压力

固定资产投资对 GDP 影响具有较长时滞，2015 年海南省房地产投资占比达到近十年来的峰值，占全省固定资产投资总额的 55.6%。据有关部门测算，海南省固定资产投资对 GDP 影响的最大效应将在 2019 年前后出现。滞后的投资效应叠加房地产严厉调控政策将对海南省经济增长带来一定的下行压力。房地产前期投资占比过高，且其对生产类投资具有明显的“挤出效应”，因此原存量产业发展内生动力不足的状况将会有所显现。

2. 零售增长乏力，消费热点亟须培育

2018 年海南省限额以上单位消费品零售额 502.84 亿元，同比增长 0.4%，增速低于全国平均水平 5.3 个百分点；占全省社会消费品零售总额的 29.28%，比上年下降 1.28 个百分点。汽车零售受全省实行小客车保有量调控措施影响出现短期停滞，石油制品类商品零售因国际油价下行出现放缓，总体减缓了社会消费品零售总额增速。同时，2018 年饮料、日用品和电器等的销售增长均有不同程度放缓甚至下降，直接影响了全省消费品市场的快速增长，新的消费热点亟须培育。

3. 新兴服务业对经济发展带动力有待增强

当前，医疗健康、教育文化娱乐体育、会展等新兴的具有成长性或创新性的行业仍处于起步阶段，占全省 GDP 的比重仅为 13.1%，带动力略显不足。作为海南省经济发展新增动能，总部经济刚起步，2018 年全年仅为全省 GDP 增长贡献 0.2 个百分点，带动作用尚未显现。新兴服务业和总部经济短期内无法弥补由于房地产业下滑造成的缺口，发展动力有待加强。

二、金融业与金融稳定

（一）银行业与金融稳定

2018 年，海南省银行业金融机构认真贯彻稳健的货币政策，推动供给侧结构性改革，不断推进金融改革和创新，努力提升服务实体经济的能力，积极参与自由贸易试验区（港）建设，有力地支持全省经济健康发展。

1. 银行业整体运行情况

（1）银行业改革稳步推进，金融服务覆盖面有所提升。2018 年，海南省继续加大引进银行机构力度，渤海银行海口分行顺利开业。政策性银行改革稳步实施，邮政储蓄银行改革继续推进，屯昌县农村信用合作联社改制为农村商业银行，海南银行实现网点县域全覆盖。2018 年末，海南省共有 18 家一级分行以上中资银行机构、1 家外资机构、45 家法人银行业金融机构。银行业金融机构从业人员 24 872 人，同比增长 1. 19%；支行及支行以下营业网点 13 944 个，同比增长 0. 32%。

（2）各项存款同比下降，住户存款保持增长。2018 年末，全省各项存款余额 9 610. 47 亿元，同比下降 4. 81%，比年初减少 485. 91 亿元，四年来首次出现下降，主要是受到非金融企业存款减少的影响。境内存款余额 9 564. 43 亿元，同比下降 5. 01%，比年初减少 504. 66 亿元。其中，全省住户存款余额 4 215. 26 亿元，同比增长 10. 47%；非金融企业存款余额 2 991. 52 亿元，同比下降 19. 38%；广义政府存款余额 2 206. 54 亿元，同比下降 5. 43%（表 1）。

表 1　　2018 年海南省各项存款结构分析

项目＼栏目	2018 年末	比年初增加（亿元）	同比增长（%）
各项存款	9 610. 47	-485. 91	-4. 81
（一）境内存款	9 564. 43	-504. 66	-5. 01
1. 住户存款	4 215. 26	399. 24	10. 47
2. 非金融企业存款	2 991. 52	-709. 02	-19. 38
3. 广义政府存款	2 206. 54	-126. 77	-5. 43
4. 非存款类金融机构存款	174. 47	-88. 84	-31. 12
（二）境外存款	46. 04	18. 76	68. 74

数据来源：中国人民银行海口中心支行。

（3）贷款增速放缓，贷款均衡性继续改善。2018 年末，全省各项贷款余额 8 820. 12 亿元，比年初增加 362. 19 亿元，同比增长 4. 27%，增速低于上年同期 5. 77 个百分点。贷款均衡性有所改善，表现为固定资产贷款占比下降，经营贷款占比上升，个人贷款快速增长。2018 年末，全省固定资产投资贷款余额 3 655. 95 亿元，同比下降 6. 91%，占各项贷款的 41. 43%，比上年同期降低 5. 00 个百分点；经营贷款余额 1 862. 64 亿元，同比增长 9. 42%，占各项贷款的 21. 11%，比上年同期提高 0. 98 个百分点；个人贷款余额 2 454. 99 亿元，同比增长 26. 46%，占各项贷款的 27. 82%，比上年同期提高 4. 87 个百分点。信贷继续支持民营企业发展，民营企业贷款余额 3 056. 56 亿元，同比增长 1. 17%。

（4）房地产贷款增速下降，房地产不良贷款有所上升。2018 年末，全省房地产贷款余额 2 960. 80亿元，同比增长 6. 04%，比上年同期下降 14. 99 个百分点。房地产贷款占贷款总额的

33.57%，比上年同期提高0.56个百分点。其中，房地产开发贷款余额1 184.16亿元，同比下降14.43%；购房贷款余额1 759.79亿元，同比增长25.75%，比上年同期下降35.80个百分点。全省房地产不良贷款余额27.87亿元，同比增加17.63亿元；不良贷款率0.94%，同比提高0.57个百分点，低于全省不良贷款率3.78个百分点。

2. 银行业发展中需关注的问题

（1）信贷资产质量问题凸显，信贷风险防控形势严峻。2018年，受经济结构转型，个别盲目扩张、财务结构不合理、杠杆率过高的企业债务违约等多方面因素影响，海南省银行业金融机构不良贷款大幅“双升”，关注类贷款大量增加，信贷风险防范和化解困难加剧。截至2018年末，全省银行业金融机构不良贷款余额416.04亿元，比上年增加292.25亿元；不良贷款率4.72%，比上年提高3.25个百分点。不良贷款新增较多的三家机构合计占全省不良贷款新增额的90.92%。另外，作为不良贷款先行指标的关注类贷款大幅上升，资产质量下行压力较大。关注类贷款余额943.41亿元，比上年增加670.28亿元；关注类贷款率10.69%，比上年上升7.47个百分点。关注类贷款新增较多的三家机构合计占全省关注类贷款新增额的77.26%。信贷资产质量持续下降给银行带来的经营压力不断增加，对银行的拨备造成较大的侵蚀，银行在防风险和稳增长之间把握平稳的难度增大。

（2）不良资产侵蚀利润，银行业出现大额亏损。2018年末，海南省银行业金融机构共亏损187.79亿元，是自2007年全省银行业利润由负转正之后，首次出现整体亏损。亏损的主要原因是贷款质量向下迁徙、不良贷款大量增加，银行相应加大了贷款损失准备金的计提力度，贷款损失准备余额比上年增加389.78亿元，导致账面利润大幅下降。

（3）部分法人银行机构资本充足率低，发展较为缓慢。2018年末，全省农信社系统仍有9家机构资本充足率低于8%，占其机构数的47.37%，资本实力较弱，农信社改制进程较为缓慢，法人治理不健全。村镇银行存款增长乏力，存贷比高位运行，业务发展缓慢，盈利结构单一，主要靠存贷款利差收入，盈利水平呈两极化，有5家村镇银行处于亏损局面。

（4）信贷投放有待优化，支农支小力度有待提升。从贷款投放行业看，贷款过度集中。2018年，新增贷款较多的两大行业是运输仓储和邮政业、金融业，分别占全省新增贷款的38.67%和11.31%，合计占比达49.98%。而农林牧渔业占全省新增贷款的比例仅为1.40%，“三农”支持力度有待加强。从贷款投放对象看，海南省信贷对小微企业的支持力度不足。截至2018年末，全省小微企业贷款余额1 045.77亿元，比年初减少28.51亿元，同比下降2.55%。

（二）证券期货业与金融稳定

2018年，海南省证券期货业平稳发展，各类市场主体持续增加，资本市场融资功能继续发挥，多层次资本市场稳步推进，服务海南省全面深化改革开放和自由贸易试验区（港）建设取得积极成效。

1. 证券期货业整体运行情况

（1）证券机构稳步增加，服务市场能力提升。2018年，海南两家法人证券公司在全国新设分支机构9家，异地证券公司在海南新设分支机构6家。截至2018年末，海南省共有2家法人证券公司、26家分公司和58家营业部，机构数量不断增加。金元证券资本实力增强，完成增资扩股16亿元，公司发展基础更加坚实，核心竞争力提升。两家法人证券公司资产负债规模稳步扩大，资产、负债总额分别为280.87亿元、165.29亿元，同比分别增长11.76%和11.01%；净资产、净资本分别为115.85亿元、108.75亿元，同比分别增长13.13%和13.85%。

（2）证券交易量持续萎缩，证券机构业绩明显下滑。2018年，受国内经济下行及中美贸易摩擦等因素影响，股票市场出现明显的波动和下滑，证券市场客户投资意愿减弱，市场交易量持续下滑，辖区证券公司分支机构证券交易金额5 988.96亿元，同比下降27.78%，降幅同比扩大18.71个百分点；管理客户资产余额893.07亿元，同比下降28.48%；手续费及佣金净收入2.70亿元，同比下降25.91%；净利润0.14亿元，同比下降85.75%。两家法人证券公司共实现营业收入12.35亿元，同比增长21.51%，主要原因是投资收益和公允价值变动收益大幅增长。其中，手续费及佣金净收入、利息净收入同比分别下降31.40%和16.29%；投资收益4.91亿元，同比增长102.31%；公允价值变动收益扭亏为盈，实现收益1.46亿元。净利润合计1.87亿元，同比下降5.03%。

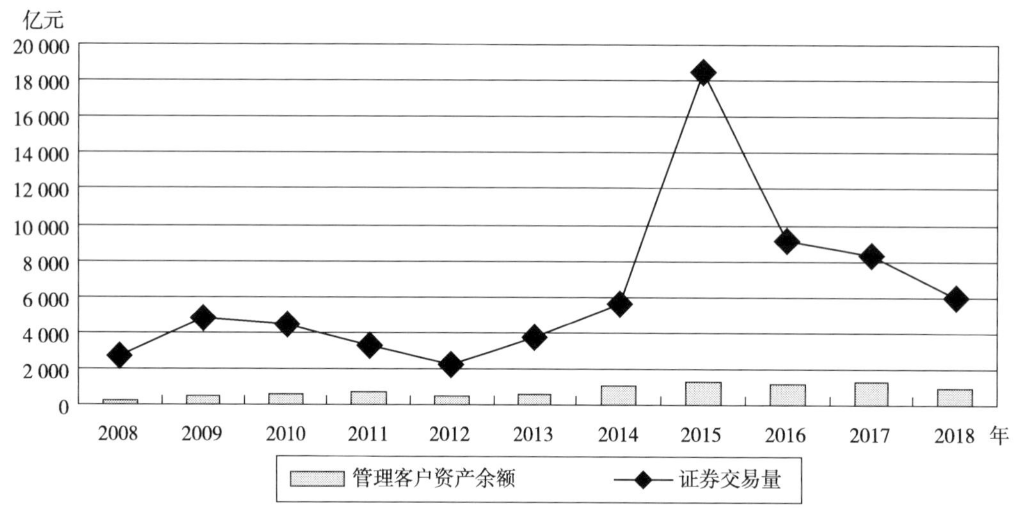

数据来源：海南证监局。

图3 2008—2018年海南证券营业部证券交易量与管理客户资产趋势

（3）期货市场交易活跃度下降，期货机构经营亏损。截至2018年末，全省共有2家法人期货公司、2家期货分公司和11家期货营业部，比上年减少1家期货营业部。两家法人期货公司资产总额6.76亿元（不含客户权益），同比下降17.16%；净资产6.24亿元，同比下降3.11%；净资本4.53亿元，同比增长11.85%；客户权益总额8.14亿元，同比下降34.72%。全年累计代理交易量、代理交易额分别为2 059.30万手和14 094.16亿元，同比分别下降35.28%和20.31%；营业收入0.30亿元，同比下降78.78%；亏损0.50亿元。期货公司分支机构累计代理交易量、代理交易额分别为754.99万手和4 281.35亿元，同比分别增长39.12%和38.56%；营业收入0.15亿元，同比增长8.96%；亏损0.07亿元。

（4）证券期货业改革创新深入推进，各项工作取得新进展。设立海南特色农产品期货品种工作进展顺利，2018年6月初，上海期货交易所20号天然橡胶的立项申请获得证监会批准，该期货品种将以"国际平台、人民币计价"为上市模式，采用净价交易、保税交割的方案，全面引入境外交易者参与。澳大利亚麦格理集团、意大利忠利集团等国际金融机构先后来海南省考察，设立合资证券基金公司事宜顺利推进。原油、天然橡胶期货保税交割库建设工作正按既定计划稳步推进。

（5）资本市场主体数量稳步增加，融资渠道不断拓宽。2018年，海南省新增1家上市公司（异地迁入）、2家上市辅导备案企业、2家新三板挂牌公司。31家境内上市公司总股本494.19亿股，同比增长 4.35%；总市值 2 029.19 亿元，同比下降 43.22%。全年海南企业在资本市场累计融资 176.90 亿元，同比增长 54.69%，有效发挥资本市场功能。其中 3 家上市公司非公开发行股票融资 62.87 亿元，8 家挂牌公司非公开发行股票融资 3.93 亿元，2 家公司发行公司债券 57.90 亿元，2 家公司发行资产支持证券 49 亿元，1 家上市公司发行可转换公司债券 3.20 亿元。奇艺世纪知识产权供应链资产支持证券在上海证券交易所成功发行，募集资金 4.7 亿元，实现我国知识产权证券化的零突破。不动产证券化先行先试取得实质成果，海南省首单人才租赁住房“海南省人才租赁住房第一期资产支持专项计划”（REITs）获深圳证券交易所批准，项目规模 8.7 亿元。

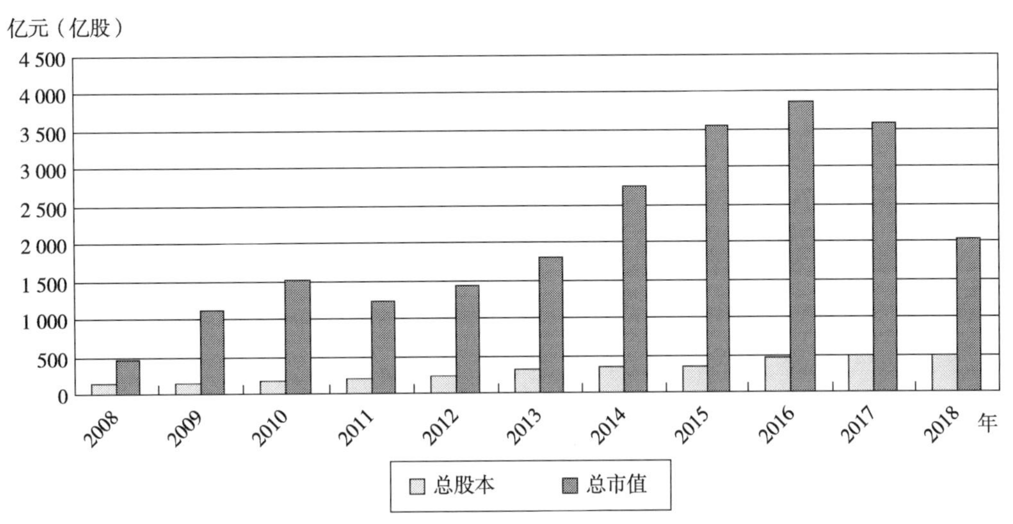

数据来源：海南证监局。

图 4　2008—2018 年海南上市公司总市值及总股本情况

2. 证券期货业发展中需关注的问题

（1）上市公司大股东股票质押及公司债券违约存在隐患。截至 2018 年末，海南 31 家上市公司中有 22 家存在第一大股东质押所持股票情形，占上市公司总数的 70.97%。其中，18 家上市公司大股东股票质押比例超过 80%，占上市公司总数的 58.06%，股票质押风险整体较高，民营企业风险相对集中。海南省内公司债券 2019 年到期及回售规模较大，同比增长 117.23%。在当前经济下行环境下，个别公司高杠杆经营，负债多、业绩差，隐含债券违约风险。

（2）地方交易场所业务不规范。个别地方交易场所存在涉嫌非法期货交易活动、非法经营和超范围经营等问题，遭到投资者投诉举报，存在较大社会稳定风险。个别地方交易场所曾销售变相私募债等理财产品，目前已有产品出现兑付风险，引起多起投诉。

（三）保险业与金融稳定

2018 年，海南省保险市场总体运行平稳，组织体系逐步完善，保险公司保费收入保持增长，服务领域持续拓宽，保险经济补偿和风险保障功能有效发挥。

1. 保险业整体运行情况

（1）保险业运行良好，服务经济发展作用增强。2018 年，海保人寿保险股份有限公司开业，全省共有 2 家法人保险公司、24 家保险省级分公司（财产险和人身险分公司各 12 家）、省级以下分支机构462家；保险专业中介法人机构19家、分支机构250家，保险市场主体不断丰富。保险从业人数6 304人，较上年增长9.29%；保险业营销人员4.35万人，同比增长28.82%。截至2018年末，保险公司总资产2 513.36亿元（含阳光人寿总公司），同比增长8.07%。保险深度3.79%，同比提高0.1个百分点；保险密度1 959.68元/人，同比提高179.21元/人。

2018年，海南省保险公司实现原保险保费收入183.1亿元，同比增长11.08%。其中，财产险公司、人身险公司保费收入分别为67.64亿元、115.45亿元，同比分别增长13.22%和9.87%。各保险公司提供风险保障8.95万亿元，同比增长32.83%，累计赔付支出55.98亿元，同比增长14.05%。其中：人身险赔付支出累计22.77亿元，同比增长9.53%；财产险赔款支出累计33.21亿元，同比增长17.37%。

（2）财产险业务平稳发展，人身险业务经营情况较好。2018年，海南省财产险公司车险、保证保险和农业保险等主要险种的保费收入实现增长。车险、保证保险、农业保险、责任险、特殊风险保险保费收入分别为40.21亿元、6.97亿元、8.4亿元、2.42亿元和2.04亿元，同比分别增长4.14%、31.97%、81.77%、38.35%和5.71%。人身险业务平稳增长，寿险满期给付支出规模下降，退保压力减轻。寿险业务保费收入89.94亿元，同比增长3.16%；意外伤害险保费收入4.12亿元，同比增长50.93%；健康险保费收入21.39亿元，同比增长41.01%。满期给付支出10.28亿元，同比下降9.8%。退保金23.67亿元，同比下降14.72%；综合退保率5.93%，同比下降2个百分点。

（3）农业保险保障作用增强，产品创新能力提升。2018年，海南省农业保险风险保障作用有效发挥，农业保险服务范围进一步扩大。农业保险累计为74.33万户次农户提供风险保障395.24亿元，同比增长2.09%；农业保险赔付支出5.22亿元，同比增长78.77%；受益农户10.21万户次。农业保险产品创新步伐不断加快，全年新增开发并签单产品23个，累计开办农险产品60个。其中，民营橡胶价格（收入）保险试点工作全面推进，保险公司合计为琼中、保亭等9个市县1.76万户次胶农的26.63万亩天然橡胶提供风险保障1.16亿元；天然橡胶“保险+期货”试点规模不断扩大，全年财政累计投入补贴资金0.39亿元，试点规模4.66万吨，提供风险保障8.28亿元。另外，海南省南繁制种水稻保险纳入中央财政补贴险种，各级财政补贴比例合计由2017年的60%提高至75%，全年承保面积16.31万亩，同比增长42.57%，新增秋季南繁制种水稻气象指数保险，提供风险保障0.27亿元。

2. 保险业发展中需关注的问题

（1）财产险业务增速放缓，部分险种业务发展萎缩。2018年，受经济下行、小客车保有量调控政策出台和商车费改持续深化等因素影响，以车险为主导的海南财产险业务增速明显放缓，其他财产险业务发展出现萎缩。财产险保费收入67.64亿元，同比增长13.22%，增速下降6.91个百分点。其中，车险保费收入同比增长4.14%，增速下降12.56个百分点。家财险、企财险、船舶险、货运险保费收入分别为0.23亿元、1.96亿元、0.4亿元和0.37亿元，同比分别下降70.39%、19.54%、5.68%和0.23%。

（2）人身险业务增长乏力，业务转型压力增大。2018年，在防风险、治乱象、补短板的保险业监管高压环境下，人身险公司在业务拓展上面临较大的转型压力，主要表现在产品竞争力较弱、人均产能较低和个人业务收入增长有限等方面，而银保销售渠道在向期交产品转型上也面临较大挑战，尤其是市场竞争加剧导致银保业务增长面临较大压力。2018年，人身险公司保费收入同比增长9.87%，增速较上年同期降低16.02个百分点。其中，寿险业务保费收入同比增长3.16%，增速较上年同期降低24.71个百分点。

三、社会金融活动与金融稳定

2018 年，海南省小额贷款公司、融资性担保公司、典当行等具有融资功能的非金融机构业务发展保持稳步增长态势，继续发挥自身优势，在缓解小微企业、个体工商户、“三农”融资难方面发挥了积极作用，是金融供给体系有益的补充力量，支持了海南省经济发展。

（一）发展现状

1. 小额贷款公司业务发展速度有所放缓

截至 2018 年末，全省 69 家小额贷款公司贷款余额 82.17 亿元，比上年增加 2.30 亿元，同比增长 2.89%，增速放缓。全年累计发放贷款 73.21 亿元，同比下降 6.58%；累计回收贷款 66.09 亿元，同比增长 1.76%。2018 年小额贷款公司每月贷款加权平均利率介于［14.20%，18%］。放贷资金多为自有资金，融资渠道有银行融资、股东借款和同业拆借等，主要是银行融资。信贷投放仍主要以短期贷款为主，1 年期以内（含）的贷款占比 66.76%，同比下降 3.35 个百分点，资金周转较快。从投放对象看，个人贷款、个体工商户贷款、企业贷款分别占全部贷款余额的 64.74%、4.03%、28.13%。从行业分布看，农业贷款、工业贷款、服务业贷款分别占全部贷款余额的 18.99%、18.57%、40.51%。从贷款担保方式看，信用贷款、保证贷款分别占全部贷款余额的 40.17% 和 31.42%，合计占比七成以上，表明小额贷款公司主要支持不满足银行贷款条件的小微企业和“三农”客户。不良贷款率 2.92%，资产质量改善。净利润 2.29 亿元，同比增长 3.78%。

2. 融资性担保公司业务稳步增长

截至 2018 年末，全省共有 27 家法人融资性担保公司、4 家分支机构，比上年增加 2 家法人机构。融资性担保公司主要承担中小企业和涉农客户的政策性担保。担保责任余额 59.56 亿元，同比增加 1.92 亿元，增长 3.33%。其中融资性担保责任余额 57.74 亿元，同比增加 2 亿元，增长 3.58%。担保准备金余额 2.66 亿元，同比增长 13.68%；担保代偿余额 2.38 亿元，同比增长 19%。2018 年新增担保业务 51.63 亿元，同比增加 4.19 亿元，增长 8.84%。其中，新增融资性担保业务 49.79 亿元，同比增加 3.54 亿元，增长 7.64%。融资性担保业务放大倍数为 1.99 倍，远低于规定的 10 倍上限，资本杠杆率较低，助推市场融资功能未充分发挥。全年担保业务收入 1.32 亿元，同比增长 16.81%；净利润 0.68 亿元，同比增长 33.33%；资产利润率 1.98%。

3. 典当行业务稳步发展

截至 2018 年末，全省共有法人典当行 166 家、分支机构 4 家，与上年持平。全省典当行资产总额 19.11 亿元，同比增长 20.11%；负债总额 0.93 亿元，同比增长 138.46%。全年典当行发放典当贷款总额 12.30 亿元，同比下降 8.01%。其中，房地产典当、动产典当、财产权利典当占全部典当贷款的比重由上年的 73.09%、19.53%、7.37% 调整为 63.60%、29.19%、7.21%，房地产典当贷款占比大幅下降，典当业务结构有所改善。典当行共发放典当贷款业务 25 651 笔，同比增长 9.35%。典当贷款余额 20.33 亿元，同比增长 165.64%。典当逾期贷款余额 0.28 亿元，占典当贷款余额的 1.40%，同比下降 2.06 个百分点，资产质量良好。主营业务利润 0.60 亿元，同比增长 375.38%，盈利能力提升。

（二）应关注的问题

1. 具有融资功能的非金融机构经营不规范

当前具有融资功能的非金融机构监管仍较为薄弱，地方政府监管力量不足，很多具体监管工作难以深入开展，部分机构公司治理不规范，业务经营不合规，存在风险隐患。从小额贷款公司看，2015 年 6 月海南省取消了小额贷款公司新设及变更的前置审批，部分公司不及时备案或者不备案造成省地方金融监管局无法监管或者监管滞后；门槛降低后，部分没有经营能力的公司在注册小额贷款公司后一直没有业务而未能开业，甚至有部分公司在注册后又注销。从典当行看，部分典当行由于经营困难处于半歇业状态，未上报年检材料；个别典当行当票管理不规范，未建立台账，未严格按照规定实时机打当票。

2. 风险管控能力有待提升

一是个别小额贷款公司信贷资产质量问题凸显，不良贷款率高达 40% 以上，风险控制能力较为薄弱。二是 2018 年全省融资性担保公司新增融资性担保代偿 0. 76 亿元，增长 127. 93%；融资性担保代偿余额 2. 38 亿元，增长 19. 14%。

3. 市场环境亟待规范

当前市场上存在大量以贷款咨询公司、投资公司、理财公司、寄卖行、金银饰品加工店等名义的机构通过不同形式经营着贷款、典或当的业务，这些机构注册登记简单，对正规小额贷款公司、典当行业冲击较大，且这些机构又游离在监管外，不同程度地损毁正规小额贷款公司、典当行的形象，扰乱正常的市场经营秩序。

四、总体评估和政策建议

（一）总体评估

2018 年，海南省着力推进自由贸易试验区（港）建设，努力应对房地产调控对经济发展带来的下行压力，改善和优化营商环境，开展“百日大招商”活动，持续推进全面深化改革各项措施，全省经济总体平稳健康运行。海南省金融改革创新取得进展，金融机构实力增强，金融服务质量持续提升，支持实体经济发展的精准度和有效性增强，具有融资功能的非金融机构继续发挥补充作用，整体较好地发挥了金融服务实体经济的血脉作用，为供给侧结构性改革提供良好的金融环境。

总体来看，海南省金融稳定状况良好，风险可控，全年未发生区域性系统性金融风险。但是经济金融体系中仍存在银行资产质量承压、中小法人银行风险上升、农信社改制进展缓慢、上市公司大股东股票质押风险、人身险业务业务转型压力增大等一些影响金融稳定的风险隐患，维护金融稳定仍面临不少困难和挑战。2019 年，海南省将继续全面贯彻习近平总书记“4・13”重要讲话和中央 12 号文件精神，推进自由贸易试验区（港）建设，积极贯彻中央经济工作会议精神，认真落实稳健的货币政策和宏观审慎政策，做好“稳就业、稳金融、稳外贸、稳外资、稳投资、稳预期”工作，将金融风险防控放在极端重要的位置，着力提升风险防范和处置能力，牢牢守住不发生区域性系统性金融风险的底线，打赢防范化解重大风险攻坚战。

（二）政策建议

引导金融机构优化信贷结构，提升金融服务实体经济高质量发展水平。一是引导金融机构优化信贷投放，防范信贷过度集中于产能过多、库存过大、杠杆过高的产业；把握自由贸易试验区（港）建设契机，加大对重点产业和特色经济的支持，带动经济转型升级。二是鼓励金融机构创新经营理念、服务机制、金融产品，引导信贷资源加大对“三农”、小微企业、普惠金融等薄弱环节的扶持力度。三是推进金融服务乡村振兴工作，引导金融机构将更多信贷资源向农村扶贫经济主体倾斜，支持打赢精准脱贫攻坚战。

加强重点领域风险监测及管控，打好防范化解重大金融风险攻坚战。一是健全金融监管协调机制和信息共享机制，加强对金融机构的日常风险监测，着力加强对高风险机构、地方政府融资平台、房地产、跨境资金流动、非法金融活动等重点领域风险的跟踪监测及处置化解。二是督促金融机构加强对重点行业、重点企业的监控，防止不良贷款大幅上升，综合运用多种手段多渠道消化存量不良贷款，完善信贷风险防范及应急处理机制。三是推动农信社加快改革进程，引导其多措并举补充资本，完善公司治理机制和风险管理机制，增强服务地方经济能力。

大力支持企业融资，推进多层次资本市场建设。一是支持符合条件的涉旅、涉农企业和创新型、成长型中小微企业在主板、中小板、创业板以及新三板等上市和挂牌融资，规范发展区域性股权市场。二是引导和鼓励上市公司通过增发、配股、发行可转债等多种形式增强再融资能力，支持企业利用债务融资工具、公司债、企业债、中小企业私募债、私募基金、股权众筹等手段，拓宽企业融资渠道。三是防范化解上市公司风险，督促质押比例较高的上市公司开展压力测试、制订风险处置预案；跟踪公司债偿债进展情况，督促发行人筹措资金、履职尽责。四是支持辖区证券期货机构做大做强，督导证券期货机构严格落实全面风险管理有关规定，健全风险监测监控机制，提升全面风险管理能力。

加快保险市场发展，提升业务发展质量。一是推动家财险、企财险和货运险等非车险业务发展，激励保险产品创新，完善商车费改的配套政策措施，加快费率市场化改革步伐，提升保险市场主体风险管控能力，提升中小财产险公司的社会形象，进而带动保费收入的提升。二是推进人身险业转型发展，提升个险渠道产品的保障程度，提高代理人人均产能与销售效率，规范寿险销售行为。同时，提升监管效能，把握好监管力度和行业转型节奏，尽可能使续期保费的增量与趸交保费的减少量相匹配，避免短期内保费收入大幅下滑对全行业形成负面冲击。三是推动银行和保险公司在业务领域的深度融合，促进银保销售模式的转型升级，继续向期交、保障性业务转型，增加新单业务价值。四是落实好保险业重大事项报告制度，加强退保类风险事件的监测，及时防范和处置各项风险。

中国人民银行海口中心支行金融稳定分析小组

组　长：曹协和

副组长：王江波

成　员：鄂　锋　黄明理　李师伟

《海南省金融稳定报告（2019）》编写组

总　纂：王江波

统　稿：鄂　锋　黄明理　李师伟

执　笔：陈太玉　王　宇　符瑞武　邝继彬

其他参与写作人员：

蓝文兴　邓启峰　邢福炯　黄　创　祝春盛　林平玉

重庆市金融稳定报告摘要

2018年，重庆市坚持以习近平新时代中国特色社会主义思想为指导，紧紧围绕习近平总书记对重庆提出的“两点”定位、“两地”“两高”目标和营造良好政治生态、做到“四个扎实”的重要指示要求，聚焦高质量、供给侧、智能化，积极谋划实施“三大攻坚战”和“八项行动计划”，经济结构转型升级加快，金融业运行保持稳健。

一、区域经济运行与金融稳定

（一）经济运行情况

1. 地区生产总值首次突破2万亿元，第三产业占比不断提升

2018年，重庆实现地区生产总值20 363.2亿元，首次突破2万亿元关口；同比增长6%，与全国经济增速放缓趋势基本一致，但低于全国增速0.6个百分点。分三次产业看，第三产业占比提升，三次产业增加值占比分别为6.8%、40.9%和52.3%，较上年下降0.1个、下降3.2个和上升3.3个百分点。分三大需求看，进出口总额同比增长15.9%，固定资产投资同比增长7.0%，社会消费品零售总额同比增长8.7%。

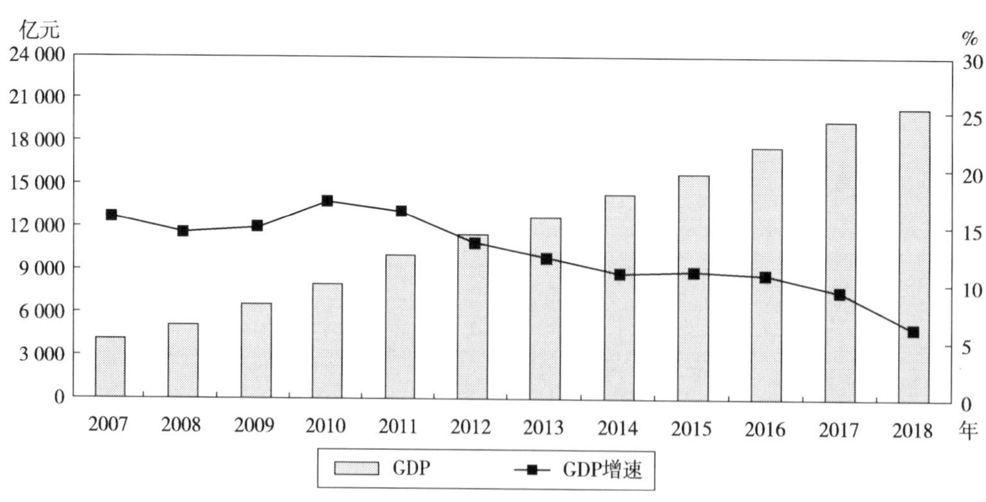

数据来源：重庆市统计局。

图1 重庆市经济增长情况（2007—2018年）

2. 供给侧结构性改革持续推进，“三去一降一补”取得成效

去产能方面，2018 年，工业淘汰 191 户企业烧结砖瓦落后产能，化解 5 万载重吨船舶、245 万吨水泥、87 万吨煤炭产能，处置僵尸企业 48 户。去库存方面，工业产成品存货比上年减少 0.1%，产成品存货增速比主营业务收入增速低 3.3 个百分点。去杠杆方面，规模以上工业企业资产负债率 57.7%，比上年下降 1.5 个百分点。降成本方面，全年累计为制造业企业减免税收 126.3 亿元，减免相关车辆通行费 14.5 亿元，降低制造业企业用电成本 16.7 亿元。补短板方面，全市民生领域完成投资 3 505.9 亿元，同比增长 11.0%。

3. 新兴动能不断释放，成为经济驱动亮点

2018 年，重庆市战略性新兴产业增加值同比增长 13.1%，高于整体工业增速 12.6 个百分点，高于全国增速 4.2 个百分点；占全市规模工业增加值的 22.9%，对规模以上工业增长的贡献率为 495.2%。1～11 月，全市规模以上服务业实现营业收入同比增长 13.5%，其中规模以上数字经济产业相关业务企业营业收入同比增长 16.1%，规模以上科学研究和技术服务业企业营业收入同比增长 16.3%。

4. 居民消费价格温和上涨，工业生产者价格走势平稳

2018 年，重庆市居民消费价格总水平同比上涨 2.0%。八大类商品和服务价格全面上涨，其中，食品烟酒类、衣着类、居住类、生活用品及服务类、交通和通信类、教育文化和娱乐类、医疗保健类、其他用品和服务类价格分别上涨 1.4%、1.5%、2.8%、1.7%、0.1%、3.0%、5.7%、0.9%。工业生产者出厂价格同比上涨 2.1%，购进价格同比上涨 2.5%。

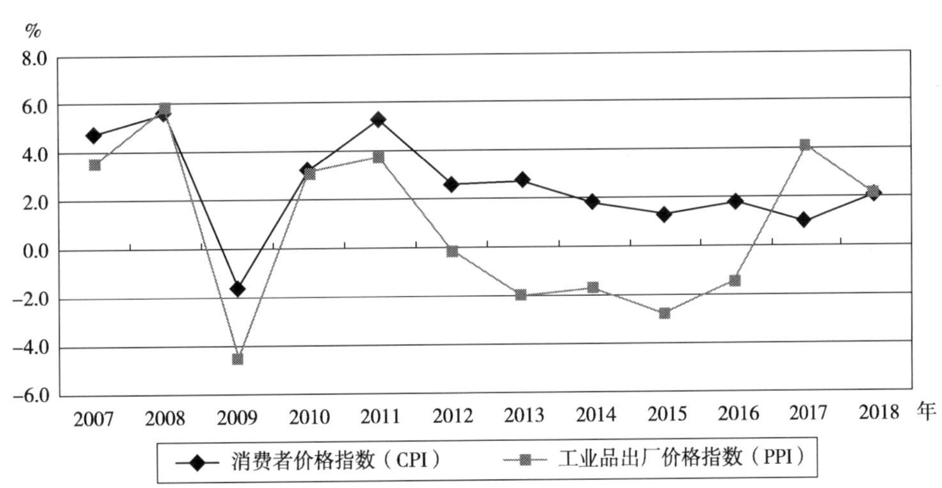

数据来源：重庆市统计局。

图 2 重庆市物价变动情况（2007—2018 年）

5. 对外贸易持续增长，加工贸易支撑明显

2018 年，重庆市进出口总值 5 222.6 亿元，同比增长 15.9%。其中，出口 3 395.3 亿元，增长 17.7%；进口 1 827.3 亿元，增长 12.5%。全市加工贸易进出口 2 632.4 亿元，增长 26.9%，占同期全市外贸总值的 50.4%，比重较上年提升 4.4 个百分点。一般贸易进出口 1 931.9 亿元，增长 5.6%，占比 37.0%，比重降低 3.6 个百分点。

（二）需要关注的问题

1. 支柱行业景气度下滑，汽车行业处于低谷

重庆市“6+1”支柱行业中，除材料行业和能源工业增加值增速有所回升外，其余五大支柱行业均处于增速放缓的态势。尤其是汽车行业竞争不断加剧，转型升级滞后导致景气状态处于低谷。2018年，汽车制造业增加值同比下滑17.3%，低于上年23.5个百分点，低于全国增速22.2个百分点。同时，受市场需求不足等影响，电子制造业、装备制造业、化医行业、消费品行业增加值分别为13.6%、3.2%、4.9%和1.9%，分别低于上年14.1个、6.1个、7.7个和7.4个百分点。

2. 中美贸易关系复杂加大未来贸易压力，影响涉及诸多方面

受2018年“抢单出口”透支未来需求和推高基数影响，2019年出口增速面临较大的下滑压力。同时，一些对美出口企业订单流失或通过降价、分担税负等方式维持订单，将加重企业经营压力，导致效益下滑，加大就业压力。个别企业出现向东南亚等国家转移的苗头，地区产业结构也将面临调整的压力。

3. 企业、政府、住户部门收入增速均有所放缓

受支柱产业下滑、中美贸易摩擦等影响，2018年，重庆市规模以上工业主营业务收入同比增长3.2%，低于上年10.4个百分点；利润总额同比下滑7.9%。企业部门效益下滑，也对政府和居民收入造成一定影响。2018年，重庆市一般公共预算收入完成2 266亿元，同比增长0.6%，低于上年2.4个百分点；居民人均可支配收入26 386元，同比增长9.2%，低于上年0.4个百分点。而同时，政府财力受限、居民收入预算约束加大等问题又将进一步约束市场需求和企业盈利能力，各部门相互影响，未来收入增长形势面临较大挑战。

4. 企业应收账款增长较快，资金面偏紧

资金周转“一般”或“困难”的企业占比较上年同期提高，应收账款增长明显，加大企业资金周转压力。2018年，重庆市规模以上工业企业应收账款同比增长12.8%，比上年提高1.2个百分点，且高于同期主营业务收入增速9.6个百分点。

二、金融业与金融稳定

（一）银行业稳健性

1. 银行业运行分析

资产与负债规模同比增速下降，净利润增速由负转正。2018年末，重庆市银行业总资产49 296.2亿元，同比增长4.5%，增速较年初下降4.4个百分点；总负债46 065.2亿元，同比增长4.2%，增速较年初下降4.1个百分点。2018年1～12月，全市银行业累计实现税后净利润538.4亿元，同比增长12.5%，而上年同期增速同比下降3.1%。

不良贷款率较年初下降，贷款质量真实性情况有所改善。全市银行业不良贷款余额同比增长6.0%，增速较上年同期下降8.6个百分点；不良贷款率1.08%，同比下降0.08个百分点。逾期90天以上贷款与不良贷款之比较年初下降10个百分点，贷款质量真实性情况有所改善。

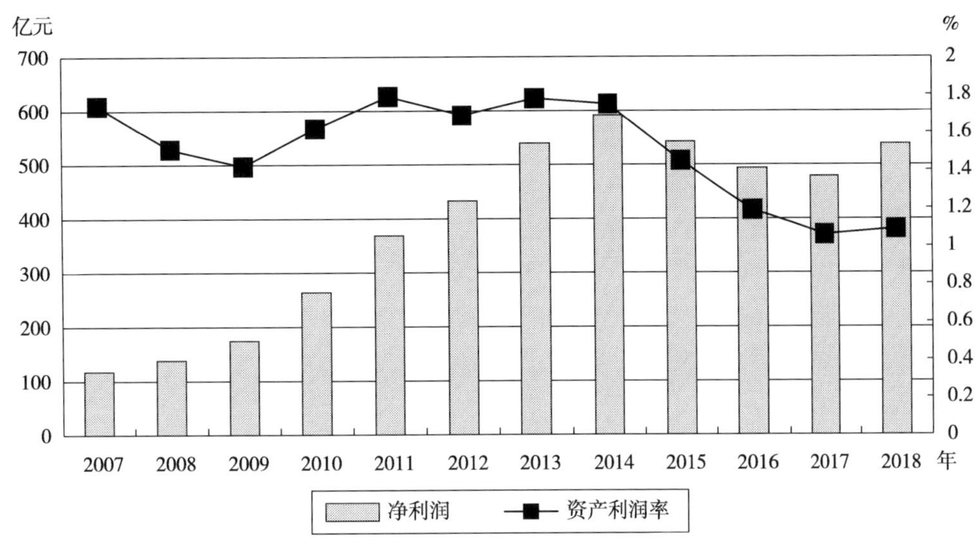

数据来源：重庆银保监局。

图3　重庆银行业盈利水平情况（2007—2018年）

法人机构整体资本实力增强，经营总体稳健。截至2018年末，辖内法人银行机构资产总额及负债总额分别同比增长5.3%、5.0%，同比增速较年初分别下降7.3个、7.0个百分点。税后净利润同比下降1.0%。资本充足率同比上升0.02个百分点。不良贷款率同比上升0.15个百分点。整体拨备覆盖率263.1%。

重点领域支持有力，民营、小微企业金融服务有效改善。一是保障基建项目补短板合理融资需求，本外币中长期固定资产贷款余额同比增长9.6%，高于上年同期4.1个百分点。二是积极支持工业稳增长调结构增效益，本外币工业贷款余额同比增长7.5%，高于上年同期9.7个百分点。三是加大服务业金融支持力度，相关行业贷款余额均同比增长。四是牵头10部门联合出台《深化民营、小微企业金融服务专项行动方案》，从7大领域全面推出18项金融服务专项行动，截至2018年末，全市普惠口径小微企业贷款余额同比增长11.1%，高于上年同期8.7个百分点。

2. 需要关注的问题

个别中小法人机构风险凸显。受实体经济疲软和自身经营管理不善等因素影响，2018年，辖区一些小型银行业机构不良率持续上升。部分银行对同业依赖度较高，业务转型和流动性管理均面临较大压力。个别机构因相关业务存在违规，或将面临资金损失及声誉风险。

非金融企业债务风险形势依然严峻。受经济下滑影响，部分行业金融风险明显上升，尤其是汽车制造业。辖内部分车企资金链吃紧、债务违约风险隐现，汽摩配套的中小企业不良贷款明显增加。受产业转型升级滞后、市场竞争力不足等因素影响，部分大型企业出现风险，这些企业产业链条长，涉及金融机构多，影响较大，风险化解非常困难。

体系外金融乱象治理面临诸多困难。一是多家P2P机构出现逾期兑付，后续整改处置难度较大。二是非法集资活动平均涉案金额有所上升并呈现向主城集聚的趋势，外省“输入型”风险占比长期处于高位，且存在跨区域执法、打击范围、追赃挽损等方面标准不统一、处置周期较长且追赃挽损难度大、资金清退比例较低等问题。三是金融诈骗等犯罪行为屡禁不止，且作案手法网络化、智能化、隐蔽化，与电信诈骗、网络赌博、洗钱等犯罪渗透交织，侵害群众利益，威胁金融安全。

（二）证券业稳健性

1. 证券业运行分析

机构数量少量增加，交易活跃度有所下降。2018 年，重庆新增证券分公司 2 家，证券营业部 3 家，期货分公司 3 家。全年证券经营机构累计代理证券交易额 37 312. 1 亿元，同比下降 16. 5%；期货经营机构累计代理商品期货交易额 100 640. 1 亿元，同比增长 9. 7%。受股票市场行情低迷及监管趋严的影响，交易所市场融资规模同比下降 17. 0%。

上市公司总市值同比缩减，3 家 ST 公司实现摘帽。2018 年末，辖内上市公司市价总值 4 700. 4 亿元，同比下降 23. 3%。4 家 ST 上市公司中有 3 家（ST 重钢、ST 万里、ST 建峰）已通过司法重组等方式恢复上市，实现摘帽。

期货基金表现不佳，证券公司盈利水平明显下滑。2018 年，辖区 4 家法人期货公司净利润同比下降 3. 9%，存续的 45 只基金产品净利润同比下降 18. 8%，西南证券全年实现净利润 1. 0 亿元，同比下降 88. 0%。

2. 需要关注的问题

上市公司股权质押融资风险仍需关注。截至 2018 年末，辖内 50 家上市公司中有 40 家存在股权质押情况。其中质押比例超过 40% 的公司有 8 家，占重庆上市公司总数的 1/4，质押比例最高达 65. 2%。2018 年以来，受 A 股市场行情波动较大等因素影响，部分上市公司股价逼近股权质押警戒线，个别公司股价一度跌破平仓线。尽管系列纾困措施暂时缓解了上市公司股票质押平仓风险，但后续影响仍需关注。

证券业机构经营状况不容乐观。以经纪业务等传统业务为主要收入来源的证券经营机构面临较大经营压力，法人证券公司净利润明显下滑。证券期货基金经营机构的资管产品多投向基础设施、传统产业，易受当前经济结构调整及融资方自身经营状况的影响，存在潜在兑付风险隐患。

经营管理能力有待进一步加强。证券期货经营机构在展业中仍然存在合规管理不到位、误导性宣传、信息披露不及时、证券从业人员行为不规范、内控建设不完善等突出问题，2018 年以来涉及辖区证券投资咨询机构的举报投诉大幅增加。

（三）保险业稳健性

1. 保险业运行分析

保险业持续开放，保险保障功能增强。2018 年，重庆引进首家专业健康险公司平安健康，中资法人保险机构 5 家，数量居西部第 1 位，外资保险机构 10 家，数量居中西部前列。重庆市分公司以上保险公司 56 家，保险业资产规模 1 505. 3 亿元，同比增长 9. 4%。全年保险业原保费收入 806. 2 亿元，同比增长 8. 3%，高出全国水平 4. 3 个百分点；全年赔付支出 277. 4 亿元，同比增长 8%。行业为全市经济社会发展提供财产风险保障 26. 5 万亿元，提供人身险风险承保 1. 4 亿人次，积累各种责任准备金 1 844. 3 亿元。

市场结构逐步调整，服务地方实体经济能力增强。一是寿险市场险种分化。分红险同比增长 44. 9%，对保费增长贡献率达 128. 5%。二是主要产险发展优于全国平均水平。车险保费同比增长 5. 5%，高出全国水平 1. 3 个百分点。三是非车非人身险业务发展强劲，保费收入同比增长 34. 1%，其中农业险、工程险、保证保险增速均远超全国平均水平，分别超出 30. 4 个、14. 0 个和 30. 3 个百分点。

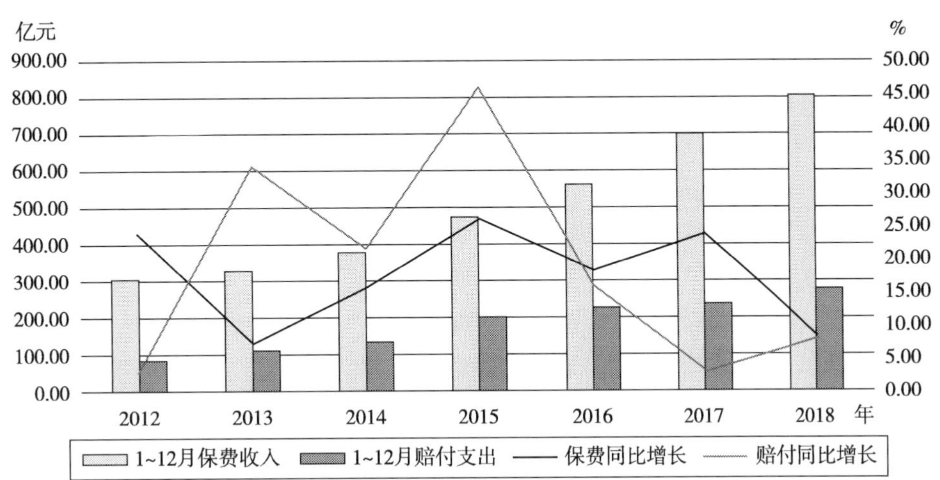

数据来源：重庆银保监局。

图4 2018年1～12月重庆市保险业保费收入及赔付情况

保险业服务社会治理体系建设取得积极进展。一是全市范围开展巨灾保险试点，出台《关于重庆市开展巨灾保险的实施意见》。二是医疗卫生领域保险保障功能继续完善，城乡居民大病保险覆盖2 584万人。三是安全生产责任保险覆盖范围拓宽，市政府明确在煤矿、非煤矿山、危险化学品等九个行业领域全面实施强制安责险制度。四是创新支农惠农方式聚焦深度贫困地区脱贫，启动“保险托底精准扶贫计划”，“产业扶贫保”等试点工作。

法人机构经营稳健，盈利能力持续分化。辖区五家法人机构偿付能力总体较好，均满足监管要求。利宝产险、阳光信保、安诚财险、恒大人寿、三峡人寿偿付能力充足率分别为168.1%、1 198.9%、529.6%、131.5%、2 880.9%。但盈利状况继续分化，三家公司实现盈利，两家公司持续亏损。

2. 需要关注的问题

产险展业仍为高费用推动模式。一是综合费用率较高。其中，企业财产险达到50.9%，同比提高1.6个百分点，车险综合费用率40.5%，同比提高4.4个百分点。二是产险全险种手续费为21.4%，高于全国水平2.7个百分点。

车险市场发展承压。一是车险市场需求萎缩。受2018年全国汽车销量增减拐点影响，汽车投保需求相对减少，全市新车（不含摩托车、拖拉机等）承保数量同比下降18.9%。二是车险保费收入增长缓慢，同比增长仅5.5%。三是车险盈利下滑。全市机动车保险承保利润4.1亿元，同比下降40.9%，承保利润率2.6%，较上年同期下滑2.1个百分点。

三、金融基础设施与金融稳定

（一）支付清算体系

维护支付清算系统稳健运行，促进社会资金安全高效流转。组织辖区平稳完成大额支付系统、人民币跨境支付系统运行时间调整相关工作，制定重庆市支付系统参与者《风险评估规则》和《分类监管操作细则》，探索推进分类监管。2018 年，全辖各支付系统参与者共办理支付系统业务 1.4 亿笔，同比增长 9.0%；金额 75.1 万亿元，同比下降 1.8%。

落实支付领域放管服改革要求，优化企业银行账户服务。一是在全国率先借助“云闪付”手机 APP，创新建设企业开户进度管理系统。二是开通账户审批“绿色通道”，助力营商环境改善。截至 2018 年末，264 家重庆自贸区企业通过“绿色通道”开户服务充分获益。

推进支付领域供给侧结构性改革，服务实体经济和民生改善。一是通过常规公交线路“云闪付”、校园“云闪付”，推动移动支付便民工程建设取得关键突破。二是实现中小微企业电票集中签发示范点区县全覆盖，有效破解微企办理电票难、融资难。三是“银行卡助农取款 + 电商服务”等融合发展模式多点开花，深化农村支付服务环境建设，助力金融普惠。

防范化解支付领域金融风险，守住支付领域区域性、系统性风险底线。一是筑牢跨部门支付风险联防网。2018 年，新发现并稳妥处置 9 家无证机构，涉及资金 11.2 亿元。二是重拳打击支付市场违规乱象，全辖首次适用《中国人民银行法》予以行政处罚，首次在全辖支付领域实施单位、个人“双罚”。三是督导全辖 6 家非银行支付机构法人贯彻落实客户备付金集中存管制度，完成与银行“断直连”工作，备付金集中交存比例、支付业务切量率实现两个 100%。

（二）征信体系

1. 征信体系建设及运行情况

征信系统覆盖面显著提升，防范信贷风险作用进一步增强。2018 年末，重庆累计有 238 家机构接入征信系统，涵盖各类机构，其中小贷、融资性担保机构接入数量居全国前列。个人征信系统累计收录重庆市 1 947 万自然人，开通重庆查询用户 595 个；全年共计查询个人信用报告 1.0 亿次，同比增长 99.1%；向社会公众提供查询服务 202.8 万次，同比增长 44.8%。企业征信系统累计收录重庆市企业及其他组织 24.4 万户，开通重庆查询用户 1 218 个，共计查询企业信用报告 38.5 万次。

农村和中小微企业信用体系建设持续推进。2018 年，“重庆农村信用信息基础数据库”顺利上线运行，全市累计评定信用村（镇）533 个。征信机构积极参与中小微企业信用体系建设，截至 2018 年末，重庆已有 25 个区县与 2 家企业征信机构签订合作协议。

征信市场、评级市场规范发展。截至 2018 年末，重庆 2 家备案企业征信机构采集所涉企业数 2 335万户，提供企业信用报告查询 22 万次。接入机构全年累计录入债券市场评级资料 221 笔，信贷市场评级、跟踪评级报告 11 笔。

2. 需要关注的问题

互联网个人信息保护亟须加强。现有的《网络安全法》等规定是分散、间接、框架性的，缺乏个人信息保护的事前预防措施和事后惩戒整治，尚未形成全面的个人信息保护机制。

（三）反洗钱体系

1. 反洗钱体系建设及运行情况

务实创新，监管效能逐渐提高。一是实现分类评级全覆盖，采取监管走访、约见谈话、质询等分类监管措施，深化法人监管。二是加大执法检查力度，探索“以案倒查”机制，开展上下联动交叉检查等。三是将反洗钱纳入市政府房地产“一城一策”调控措施。

稳步推进，情报支撑有效发挥。一是率先启动反洗钱数据治理。二是探索建立跨区域反逃税协作机制。三是全力配合国家反恐、反腐、禁毒、维稳等工作部署。四是协同推进专项行动，开展扫黑除恶、打击虚开骗税、互联网金融整治、打击地下钱庄等专项行动。

持续深化，协作效能日渐增强。一是增强侦查司法机关反洗钱意识，组织相关单位参加专题研讨会。二是积极沟通对接各基层检察院、公安机关，共开展工作会商、案情探讨数十次。三是全流程跟进个案办理。2018 年，辖区侦查机关洗钱罪共立案 8 件，进入司法起诉程序案件 2 件，推动 1 件贪腐洗钱案审结宣判。

2. 需要关注的问题

新增义务机构监管工作有待深化。中国人民银行令〔2016〕第 3 号新增加保险中介机构、消费金融公司、贷款公司等作为义务机构，社会组织、房地产企业、会计师事务所、网络小贷等特定非金融机构也陆续纳入监管，履职“零”基础，为“强监管、防风险”带来新挑战。此外，特定非行业反洗钱监管工作有待通过增加机构类型、扩大试点区域、完善监管合作“三位一体”全面深化，进一步突出实效。

互联网金融风险集中暴露。当前，非法集资、传销、诈骗、地下钱庄等犯罪利用互联网金融行业客户身份识别困难、交易监测薄弱等短板，割裂资金交易信息，隐匿非法资金，导致互联网金融风险不断累积。

（四）金融消费者权益保护

1. 金融消费者权益保护机制建设及运行情况

金融知识宣传教育工作有成效。一是开展金融知识普及宣传活动。二是常态化宣传工作机制进一步健全，提升重点人群金融知识与技能、自我保护意识和责任承担意识。三是金融知识共进学校，大力推进金融知识进课堂、入课程。四是重点培养 36 个金融知识与金融法治知识宣传站，打造服务示范典型。

投诉受理处理工作取得新进展。一是参与金融消费者投诉分类标准的起草工作。二是推进重庆辖区金融消费纠纷非诉调解组织建设。三是组织开展“12363 金融消费者投诉咨询”电话外包。四是高效处理金融消费纠纷。全年受理金融消费者投诉 862 件，消费者满意度达 98.9% 以上。

监督检查工作取得新突破。对 12 家商业银行分支机构进行金融消费权益保护工作专项检查，对个别银行营销活动中存在引人误解的宣传以及侵害金融消费者信息安全权等行为，依法给予处罚。

2. 需要关注的问题

金融营销宣传行为有待进一步规范。部分金融机构营销活动中存在引人误解的宣传情形；部分市场主体发布违法违规金融广告。

四、总体评估和政策建议

（一）总体评估

2018 年是防范化解重大风险攻坚战开局之年，宏观经济运行稳中有变、变中有忧，重庆经济发展中不平衡不充分的结构性矛盾逐步显现，各类金融风险加快暴露。人民银行重庆营业管理部将“区域金融风险防范化解攻坚行动”作为全辖重点工作之一，在重点企业信用风险化解、问题金融机构早期纠正、债券市场风险防范、配合打击非法金融业务活动等多个方面着力化解风险，取得明显成效，未发生系统性、区域性金融风险，辖区金融风险整体可控。

（二）政策建议

一是落实金融调控部署，突出金融支持重点。认真落实货币政策和宏观审慎政策调控，加大对支柱产业、科技创新、民营、小微企业等的金融服务力度，推动金融扶贫与产业扶贫深度融合，大力发展绿色金融。

二是坚持标本兼治，打好防范化解金融风险攻坚战。推动资管业务平稳转型，做好大型企业风险处置、房地产金融风险防控、政府隐性债务风险化解等工作，开展互联网金融风险专项整治，牢牢守住区域性系统性风险底线。

三是持续推进金融改革创新，助推经济开放发展。推动人民币国际化，完善市场化的利率形成、调控和传导机制，推进金融科技发展，优化和创新跨境金融服务。

四是完善金融基础设施，提升金融服务水平。持续开展金融消费者教育和金融知识普及，推进金融业综合统计工作落地实施，防范化解支付领域金融风险，大力优化征信服务，不断完善反洗钱监管框架。

中国人民银行重庆营业管理部金融稳定分析小组

组　长：马天禄

副组长：楚龙春

成　员：陈振祥　古　旻　江　洁　赵宗全　李林森　温江勇
　　　　卢晓芸　李　理　万　庆　胡国正　樊　兵　张晓昱

《重庆市金融稳定报告（2019）》编写组

总　纂：楚龙春

统　稿：陈振祥　吕峥嵘　易　娟　纪宝林

执　笔：纪宝林　吴　斯　郝　杨　周禹彤　刘科星　刘　林
　　　　王迪迪

其他参与写作人员：
　　　　冯黎黎　吴恒宇　方少华　邹芳莉　文　熠　罗　顶
　　　　王春晓　邓静远

四川省金融稳定报告摘要

2018年，在国际形势复杂多变和经济发展面临多种困难的压力下，四川坚持以供给侧结构性改革为主线，推动经济高质量发展，主要经济指标完成或超额完成预期目标，经济总量迈上新台阶，稳居西部经济体量第1位。经济运行总体呈现稳定增长、稳中有进的发展态势，经济结构实现新突破，新动能活力持续释放，工业平稳运行，服务业较快增长，投资稳步上升，消费品市场平稳增长，外贸进出口大幅提升。但是，四川正处于转型发展的关键期、深化改革的攻坚期，也是经济社会风险和矛盾的凸显期，内外压力叠加导致风险有所暴露。银行机构利润增速放缓，部分地方法人银行机构资本补充迫在眉睫，证券机构盈利能力下滑，部分人身险公司业务转型存在较大压力，地方政府融资平台公司存在资金链断裂风险，金融稳定面临一定问题和挑战。

一、经济环境

（一）2018年经济运行特点

1. 经济总体稳中有进

2018年，全省经济延续总体平稳、稳中有进的发展态势，经济总量和就业水平平稳增长。全省实现地区生产总值40 678亿元，同比增长8.0%，增速较上年小幅回落0.1个百分点，高于全国1.4个百分点。全省城镇新增就业107.1万人，连续4年保持在百万以上，城镇登记失业率3.47%，创近年来新低。经济结构持续优化，服务业占经济总量的51.4%，同比提高1.6个百分点，与全国的差距明显缩小，前11个月高技术产业增加值增长13%，快于规模以上工业平均水平4.7个百分点，创新驱动战略稳步推进。在长期向好的同时，受外部环境深刻变化，以及国内结构性改革阵痛叠加影响，未来经济增长不确定性加大。

2. 投资和消费增速稳中趋缓，外贸进出口增长明显

2018年，全社会固定资产投资完成2.81万亿元，同比增长10.2%，与上年持平，社会消费品零售总额1.83万亿元，同比增长11.1%，高于全国2.1个百分点（见图2）。全年实现进出口总额899.4亿美元，首次突破800亿美元大关，居中西部第1位，同比增长32.06%，增速有所放缓，但远高于12.6%的全国同期增幅。其中，进口395.40亿元，同比增长29.42%；出口504.00亿元，同比增长34.21%。全年合同利用外资63.70亿美元，同比增长2.12%；实际利用外资90.21亿美元，同比增长10.59%。跨境人民币结算金额956亿元，同比增长25%，涉及154个国家和地区4 878户非金融企业，同比增加926户。

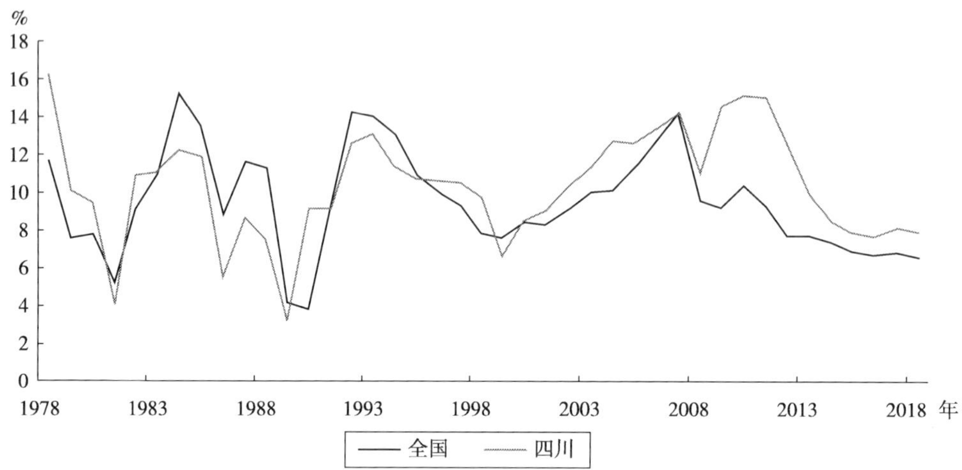

数据来源：国家统计局、四川省统计局。

图1　全国和四川经济增长

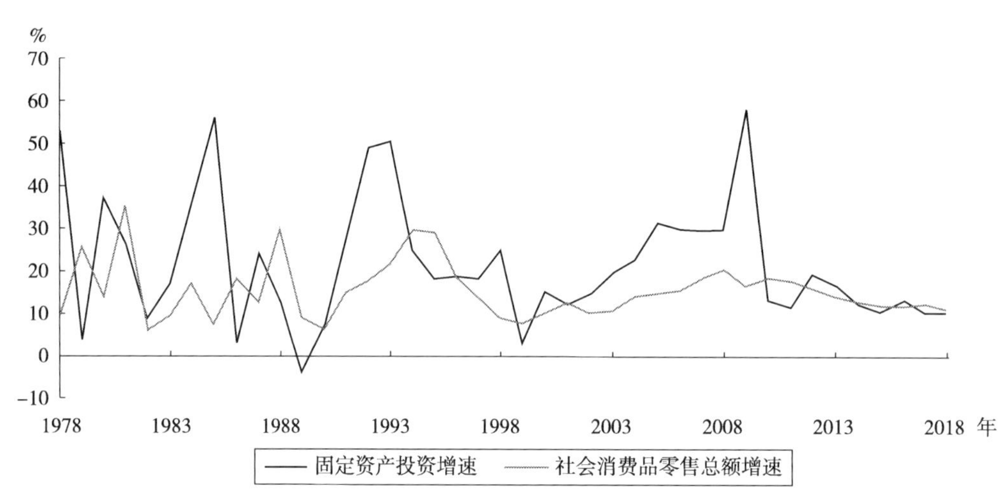

数据来源：四川省统计局。

图2　投资与消费增长情况

3. 政府、企业和住户财务状况有所提升

2018 年，全省地方财政收入有所增加，一般公共预算收入 3 810. 9 亿元，较上年增长 9. 3%，增幅回落 0. 9 个百分点。一般公共预算支出 9 718. 29 亿元，同比增长 11. 8%，较上年提高 3. 2 个百分点。工业企业经营效益改善，规模以上工业企业产品销售收入 40 646. 7 亿元，同比增长 13. 8%；利润总额 2 717. 9 亿元，同比增长 22. 14%。城乡居民收入稳步提高，农村居民人均可支配收入 1. 3 万元，同比提高 9%；城镇居民人均可支配收入 3. 3 万元，同比提高 8. 1%。

4. 物价水平基本平稳

2018 年，全省 CPI 累计上涨 1. 7%，同比提高 0. 3 个百分点，低于全国平均水平 0. 4 个百分点。服务类价格涨幅总体高于商品类，其中，医疗保健类上涨 2. 8%，涨幅最高；衣着类上涨 1. 1%，涨幅最低。受猪周期及非洲猪瘟疫情叠加影响，生猪价格有所攀升，预计对 2019 年物价造成一定上行压力。受市场需求放缓影响，全省 PPI 累计上涨 3.6%，同比回落 2.9 个百分点，高于全国 0.1 个百分点，其中 12 月仅同比上涨 0.9%，预计未来仍持续放缓，不利于企业盈利改善。

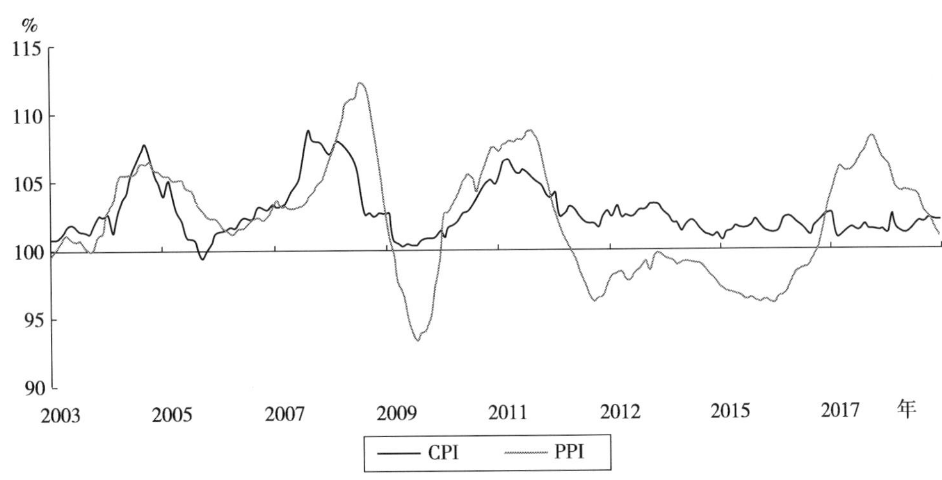

数据来源：四川省统计局。

图 3　月同比物价指数

（二）2019 年四川经济展望

当前全省经济在合理区间内运行，保持长期向好发展的支撑因素仍然较多。供给方面，人力资本优势依然明显，高端人才和转移劳动力资源丰富；产业体系完整，固定资本及技术积累较为雄厚。需求方面，新型城镇化、工业化带来的消费升级、产业升级潜力巨大，经济增长韧性较强。宏观杠杆率趋稳，金融对实体经济支持力度继续稳固。在这些因素共同作用下，全省经济具备广阔的增长前景。但短期来看，由于外部环境发生深刻变化，加之国内结构性改革的阵痛叠加影响，经济还面临一定下行压力，需要根据形势变化加强逆周期调节，在防范系统性风险的同时提高金融服务实体经济的效率，不断发现和破解制约发展的深层次矛盾和问题，促进经济持续健康发展。

二、金融业

2018 年，全省金融业平稳运行，增加值增速放缓，信贷结构逐步优化，金融风险总体可控。金融业增加值 3 371.03 亿元，同比增长 1.1%，增幅回落 5.7 个百分点。金融业增加值占全省市场总值的 8.28%，较上年下降 0.38 个百分点。

（一）银行业

2018 年，四川银行业总体经营稳健，资产负债保持增长，银行机构改革稳步推进，民营小微等薄弱领域的支持力度不断增强，但盈利能力分化明显，个别机构潜在风险突出。

1. 运行情况

（1）资产负债增速有所回落。2018 年末，四川银行业金融机构资产总额 9.67 万亿元，同比增长 4.29%，增速同比下降 4.76 个百分点；负债总额 9.35 万亿元，同比增长 4.14%，增速同比下降

4.77 个百分点。政策性银行、大型国有商业银行、城商行和农村合作金融机构资产余额分别同比增长 5.16%、7.85%、2.29% 和 7.23%。

（2）存贷款增长放缓。2018 年末，四川银行业金融机构各项存款余额 7.52 万亿元，同比增长 6.17%，增速较上年同期下降 2.74 个百分点，其中，个人存款余额 3.87 万亿元，同比增长 10.3%，单位存款 3.42 万亿元，同比增长 3.51%。各项贷款余额 5.58 万亿元，同比增长 12.79%，增速较上年同期下降 0.12 个百分点，其中，短期贷款 0.98 万亿元，同比增长 2.76%，中长期贷款保持高速增长，余额 4.31 万亿元，同比增长 14.39%。

（3）组织体系健全。2018 年末，四川银行业机构共计 232 家，其中省外机构一级分支机构 50 家（国有银行 5 家、政策性银行 3 家、股份制银行 12 家、省外城商行 8 家、邮储银行 1 家、外资银行 15 家、非银行金融机构 2 家、金融资产管理公司 4 家），法人机构 182 家（其中城商行 13 家、农村合作金融机构 104 家、新型农村金融机构 56 家、非银行金融机构 8 家、民营银行 1 家）。全省银行机构网点 14 144 个，同比减少 105 个，从业人员 16.31 万人。

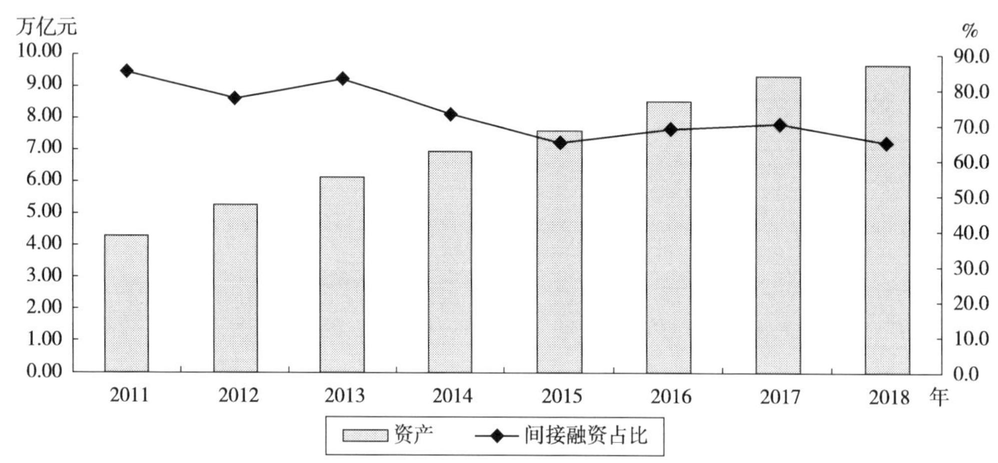

数据来源：人民银行成都分行。

图 4 银行业资产及间接融资占比

（4）个别非金融企业参控股金融机构形成关联交易风险。自金融业综合经营试点以来，四川投资金融业的实体企业日益增多，民营企业和上市公司成为城商行和农商行的控股股东或大股东，存在关联交易风险隐患。个别银行公司治理和内控机制失效，股东关联关系未充分识别。关联交易风险控制存在缺陷，关联交易信息披露不充分、不完整，单户企业授信集中度超标，且未纳入集团客户统一授信。部分银行机构的股东及其关联方融资已出现风险，需引起高度关注和重视。

（5）金融支持供给侧结构性改革持续深化。2018 年，全省金融机构有效落实差异化信贷政策，重点支持全省高端成长型产业、新兴先导型服务业、战略性新兴产业以及传统产业技术改造和转型升级，全省 700 个重点项目贷款余额达到 6 412.1 亿元。稳妥推进化解过剩产能和转型升级金融服务，年末钢铁煤炭行业贷款余额 294.99 亿元，同比减少 4.1%。全面深化民营小微等薄弱领域金融服务，出台深化民营经济和小微企业金融服务实施意见，持续推进“万家千亿”诚信小微和民营企业融资培育工程，年末小微企业贷款余额 1.47 万亿元，同比增长 11.36%，民营企业贷款余额 1.01 万亿元。

（6）金融业及农村金融服务综合改革有序推进。全省金融监管体制改革取得进展，四川银保监局、四川省地方金融监督管理局正式挂牌。重点金融机构改革稳步推进。国家开发银行、进出口银行、农业发展银行和农业银行在川分支机构，在农村普惠金融、棚改和“一带一路”等重大项目方面继续发挥积极作用。交通银行、邮政储蓄银行、出口信用保险公司、资产管理公司等在川分支机构继续深化商业化、市场化改革。四川银行筹建工作、农村信用社改革工作稳步有序推进，全年改制成立 10 家农村商业银行。绿色金融发展全面推开，《四川省绿色金融发展规划》出台，申建全国绿色金融改革创新试验区工作加快落实。成都农村金融服务综合改革成效持续显现。截至 2018 年末，成都市初步建成乡镇金融服务中心 282 个，村级金融综合服务站 2 679 个；农村金融产品和服务方式创新加快，年末试点地区两权抵押贷款累计发放 28. 36 亿元，“农贷通”融资综合服务平台上线金融产品 565 个、实现涉农项目入库 861 个，发放贷款 58. 3 亿元；“三农”融资渠道逐步拓宽，设立 8 只总规模 108. 5 亿元的农业产业发展基金，构建覆盖成都市的涉农担保服务体系，涉农担保在保余额 53 亿元。

（7）存款保险工作深入推进。2018 年对 54 家投保机构适用费率进行核定和调整，差别费率风险校正作用进一步发挥。配合推动费率机制调整改革，探索早期纠正方法的运用。强化各级央行评级委员会组织建设，依法依规开展评级工作和结果反馈；实施评级机构风险分级提示，建立风险动态追踪机制；对高风险机构开展风险排查、分析工作。稳妥处置区域内单体金融风险，采取有效措施防止风险蔓延；有序推进辖区农商行风险化解，强化舆情监测和应急准备。

2. 稳健性评估

（1）不良贷款呈现双降，资产质量下行压力有所缓解。2018 年，四川省银行业加大对不良资产的清收和处置力度，年末银行业金融机构不良贷款余额 1 248. 93 亿元，较年初减少 38. 69 亿元，下降 3%；不良贷款率 2. 24%，较年初下降 0. 36 个百分点（见图 5）。2018 年末，全省关注类贷款余额 2 534. 39 亿元，同比增长 1. 17%；表外垫款余额 40. 66 亿元，同比下降 3. 67%。随着清收处置化解工作的推进，银行业资产质量下行压力有所缓解。

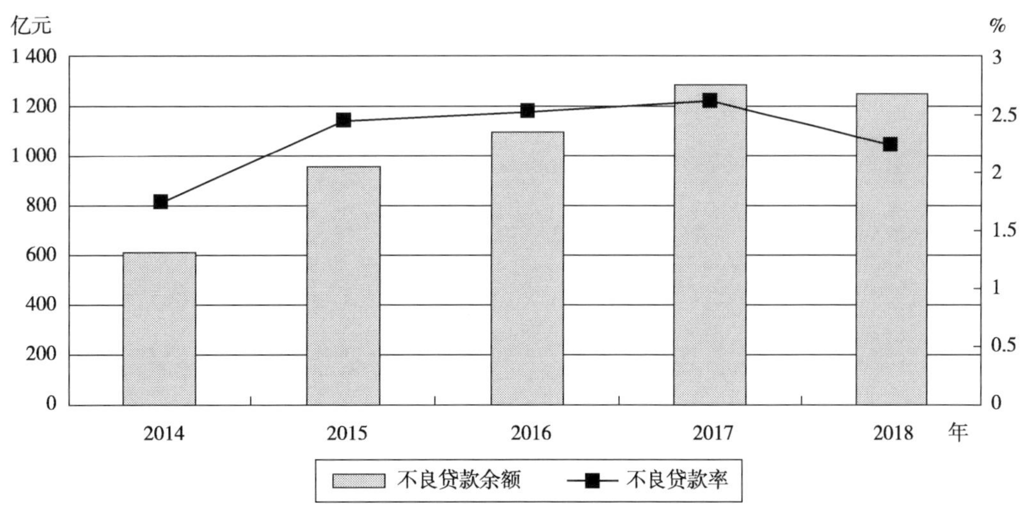

数据来源：四川银保监局。

图 5　银行业资产质量

（2）净利润小幅下滑，盈利能力分化明显。2018 年，四川银行业机构实现净利润 774. 98 亿元，比年初减少 30. 97 亿元，同比下降 3. 84%（见图 6）。资产利润率 0. 82%，同比下降 0. 09 个百分点；

资本利润率23.97%，同比下降3.15个百分点。在宏观经济增速放缓背景下，银行业金融机构盈利水平低速增长，机构之间差异较为明显，国有银行、城商行和农商行、外资银行盈利增加，政策性银行和村镇银行盈利下滑，股份制商业银行出现亏损。

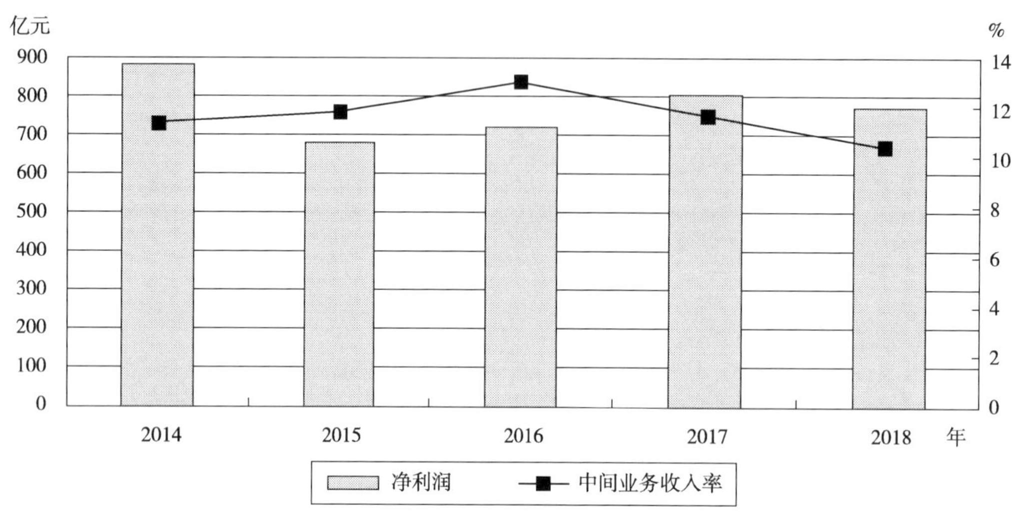

数据来源：四川银保监局。

图6　银行业盈利水平

（3）法人银行机构拨备下降，资本补充压力增加。2018年，四川省法人银行机构拨备计提同比增加，但拨备覆盖率下降明显。全省中小法人银行机构贷款损失准备余额718.69亿元，同比增加23.87亿元，增长3.43%，拨备覆盖率147.02%，同比下降22.43个百分点。资本充足水平下降，资本补充压力上升。全省中小法人银行机构资本充足率12.87%，同比下降0.7个百分点（见图7）。分机构来看，除农信系统资本充足率上升0.13个百分点外，城商行和村镇银行资本充足率均下降，分别下降0.04个和0.34个百分点。

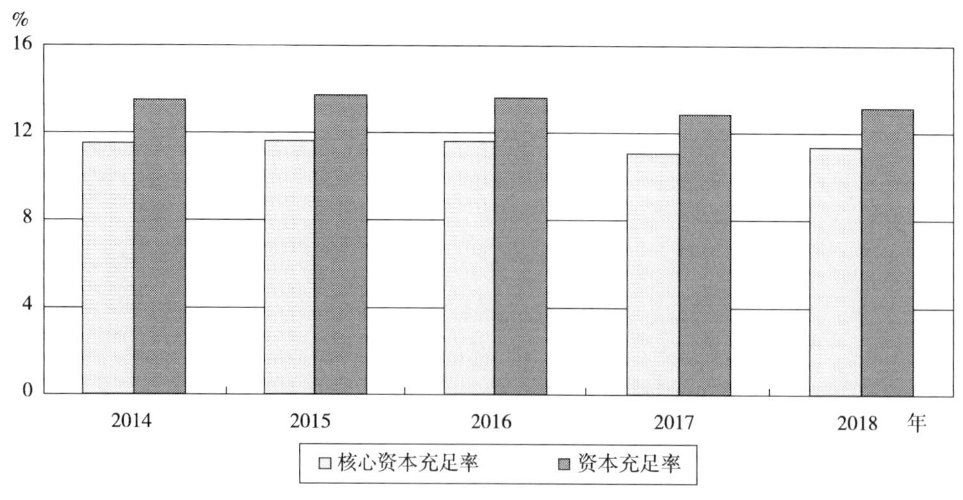

数据来源：四川银保监局。

图7　法人银行业机构资本充足状况

（4）法人机构流动性总体稳健，但个别机构潜在风险突出。2018 年末，四川省中小法人银行机构流动性比例 68.21%，同比上升 7.31 个百分点。其中，城商行、农商行、农信社、村镇银行流动性比例分别为 75.08%、60.39%、63.9%和 64.31%，分别同比上升 12.92 个、2.51 个、4.24 个和 6.49 个百分点，流动性状况总体适度。但值得注意的是，部分机构负债来源严重依赖同业资金，极易受到市场波动影响；一些机构存款结构、稳定性较差，优质流动性资产充足率、流动性匹配率等指标远低于监管标准，面临较大的流动性风险防控压力。

（5）资产结构进一步优化，同业业务持续收缩。2018 年，四川省法人机构资产结构进一步优化，同业业务规模收缩明显。全省法人机构同业负债余额 6 739.99 亿元，同比下降 23.40%，同业资产余额 14 699.46 亿元，同比下降 12.9%。随着“去杠杆、防风险”的监管力度持续增强，银行业机构优化业务发展，调整业务结构，卖出回购 994.38 亿元，比上年减少 50.58%，买入返售 922.98 亿元，较上年减少 61.29%，法人机构理财余额 1 631.35 亿元，较上年减少 11.61%。

（二）证券期货业

2018 年，四川证券业稳定发展，证券市场总体风险可控，服务实体经济创新力度加大。

1. 运行状况

（1）证券期货机构数量稳步增加。2018 年末，全省法人证券公司 4 家、法人期货公司 3 家，与上年持平。证券期货分支机构 545 家，较上年末新增 16 家，其中，证券公司分公司 54 家、基金公司分公司 14 家、证券投资咨询公司 3 家、证券公司营业部 425 家、期货公司营业部 49 家。

（2）法人证券公司、期货公司杠杆率下降。2018 年，四川证券期货业机构资产规模保持小幅增长，负债规模下降，整体杠杆率降低。2018 年第三季度末，4 家法人证券公司资产总额 1 018.08 亿元，较年初增长 1.08%；负债总额 611.57 亿元，较年初下降 7.01%。盈利方面，前三季度，4 家法人券商利润总额 15 亿元，盈利能力弱于上年同期。2018 年末，3 家法人期货公司资产总额 56.08 亿元，同比增长 4.39%；负债总额 39.43 亿元，同比下降 6.72%；3 家法人期货公司共实现净利润 0.79 亿元，与上年同期持平。

（3）证券期货机构加大创新力度助力实体经济。2018 年，国金证券为企业提供一揽子金融服务方案 31 次，融资约 51 亿元，出资 20 亿元设立“支持民营企业发展纾困专项资金”。华西证券构建“华西证券股权专家”平台，为 1 350 家企业提供综合金融服务。

（4）私募基金和区域性股权市场快速发展。2018 年末，全省私募基金管理机构 403 家，较年初增加 48 家；管理基金 699 只，较年初增加 157 只；管理基金实缴规模 1 919.05 亿元，同比增长 47.97%。各类私募股权投资基金、风险投资基金等累计向四川辖区企业投资 137.34 亿元，同比增长 96%，接受投资的企业全为中小微创新型、科技型、成长型企业，涵盖信息技术、航天航空、生物科技等新经济领域。2018 年末，天府股权交易中心挂牌展示企业 6 840 家，较年初增加 499 家，发行可转债融资 2 亿元，协助挂牌企业实现间接融资 12.49 亿元，有力地支持了中小微企业直接融资。

2. 稳健性评估

证券机构经营总体稳健，风控指标均符合监管要求。2018 年，全省 4 家法人券商发展整体平稳，各项风险监测指标互有升降，但仍处于合规区间，均符合监管标准，但 4 家证券机构盈利能力较上年同期均有所下滑，净利润明显减少。

（三）保险业

2018 年，四川保险业紧紧围绕服务实体经济、防控金融风险、深化金融改革“三大任务”，着力提高保险供给质量，全省保险业继续保持稳中向好发展态势。

1. 运行状况

（1）市场主体有所增加，产险市场集中度持续提升。2018 年末，全省已开业保险公司 94 家（含国宝人寿总公司）。按业务性质分，产险公司 40 家、寿险公司 45 家、养老险公司 5 家和健康险公司 4 家；按资本国别分，中资公司 70 家、外资公司 24 家。目前，全省共有保险公司法人机构 4 家，各级保险分支机构 5 104 家。2018 年保险密度 2 359 元/人，与上年基本持平；保险深度 4. 81%，比上年同期减少 0. 43 个百分点。从市场发展程度来看，四川省产险市场集中度持续提升，大型保险公司份额之和呈现进一步上涨之势，财险业的马太效应持续显现。国家市场化费率改革政策影响持续发酵，寿险市场各家公司市场份额竞争更加充分和激烈。

（2）承保业务增长势头明显回落，健康险发展一枝独秀。2018 年，全省承保业务增长势头回落明显，全省共实现原保险保费收入 1 958. 08 亿元，同比增长 0. 96%，保费规模全国排名第 5 位；保费增速全国排名第 28 位。其中，全省财产险公司实现原保费收入 492. 08 亿元，同比减少 0. 86%；人身险公司实现原保费收入 1 466 亿元，同比仅增加 1. 59%。全省健康险实现原保费收入 259. 9 亿元，同比增长 10. 67%。2018 年末，全省保险公司总资产 3 689. 49 亿元，较年初增长 6. 17%，共管理保户储金及投资款 1 220. 89 亿元，同比下降 1. 29%。

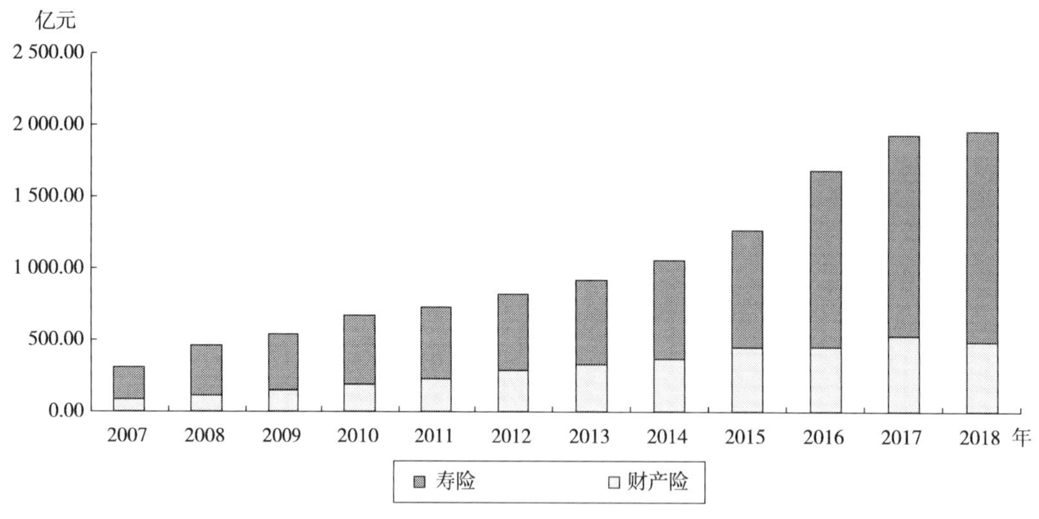

数据来源：四川银保监局。

图 8 保险业保费收入

（3）保险风险管理与保障功能持续完善，服务实体经济效果不断显现。2018 年，四川保险业在支持实体经济发展、农险创新、脱贫攻坚、构筑民生保障等方面进一步发力，服务实体经济效果不断显现。全年保险业共提供风险保障 85. 86 万亿元，同比增长 25. 12%。“险资入川”规模持续扩大至 2 060 亿元，全省农业大灾保险县域试点顺利推进，地方特色农险产品达到 65 种，支付赔款金额达中央财政补贴总额的 2. 3 倍。大病保险稳步发展，惠及城乡 6 879 万居民；为超过 200 万贫困户提供 1 289 亿元风险保障。

2. 稳健性评估

（1）财产险公司保费充足度有所下降，业务结构持续向好。受商业车险改革持续深入的影响，全省车险保费与以前相比有所下降，导致财险公司整体保费同比减少。随着车险业务在产险业务占比中逐步下降，责任保险和保证保险等非车险业务增速较快，财产险市场业务结构在不断调整中向好。2018 年，全省责任保险和保证保险分别增长 30. 31% 和 30. 34%。

（2）寿险退保金规模较大，对部分公司业务转型造成较大压力。2018 年，全省人身险公司退保率达 8. 99%，比上年同期增加 1. 71 个百分点，退保金额同比增长 38. 85%。退保金额大幅度增长，给部分人身险公司的现金流带来较大压力，也增大了人身险公司回归保障功能业务转型的难度。

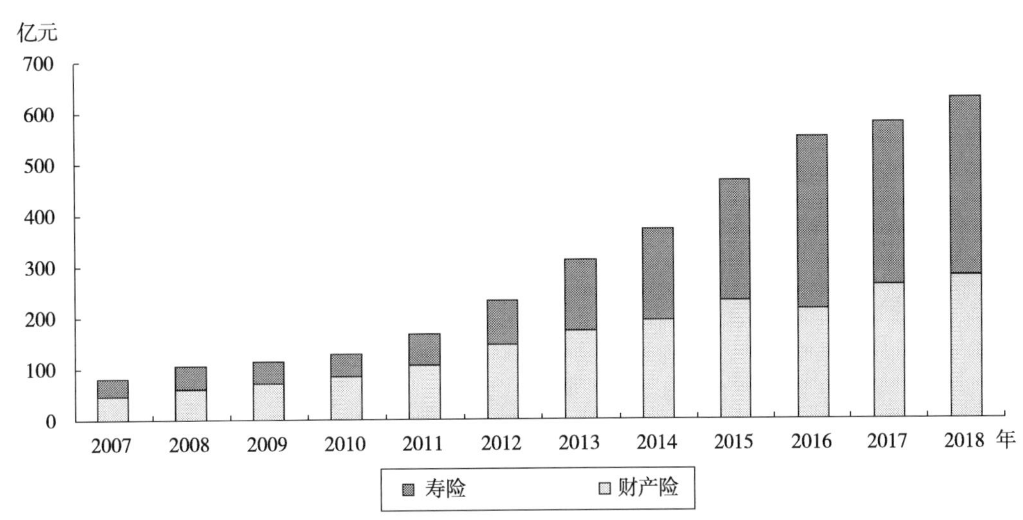

数据来源：四川银保监局。

图 9 保险业赔付支出

三、金融市场

2018 年，四川金融市场总体平稳运行，但受国际市场和国内经济运行的影响，各市场交易出现分化发展，票据市场、股票市场和期货市场增长，货币市场、黄金市场和外汇市场则出现回落。

（一）货币市场

2018 年，受金融去杠杆及《关于规范债券市场参与者债券业务的通知》（银发〔2017〕302 号）影响，四川货币市场成交规模同比明显下降，且以短期交易为主，资金总体呈净融入态势。四川辖内市场成员累计成交 38. 9 万亿元，同比下降 18. 4%。其中，银行间市场债券回购累计成交 30. 9 万亿元，同比减少 27%；同业拆借累计成交 2. 5 万亿元，同比增加 3. 6 倍。交易期限短期化趋势较为明显，隔夜和 7 天期交易占比为 73% 和 9%。全年货币市场净融入金额 4. 8 万亿元，同比下降 11%。市场利率呈下降态势，1 ~4 季度辖内市场成员同业拆借市场加权平均利率分别为 3. 28%、3. 27%、2. 6% 和 2. 6%。四川非金融企业在银行间市场发行债务融资工具 139 只，募集资金 1 124. 96 亿元，同比提高10.9%，发行只数和规模分别位列西部第一和第二，西部首单民营企业债券融资支持工具落地四川，全省首单扶贫票据、绿色票据成功发行。

（二）票据市场

2018年，四川省辖内金融机构票据签发和贴现规模有所增长，累计签发银行承兑汇票6 626.63亿元，同比增加126.48亿元；累计签发商业承兑汇票30.21亿元，同比减少41.37亿元。办理银行承兑汇票贴现12 480.4亿元，同比增加1.79亿元，办理商业承兑汇票贴现513.65亿元，同比增加1.7亿元。受降准及公开市场操作影响，票据贴现利率有所下降。12月金融机构贴现加权平均利率为3.98%，较上年同期下降89个基点。

数据来源：人民银行成都分行。

图10　四川票据利率

（三）股票市场

2018年，四川资本市场累计实现直接融资2 860.65亿元，同比增长70.14%，有力地支持了四川中小微企业直接融资以及实体经济发展。股票市场融资总体规模保持平稳增长，股权融资467.47亿元，同比增长8.83%；其中，5家公司首发上市实现融资93.97亿元，较上年同期增长4.32倍，融资额居全国第4位；9家企业上市公司通过增发和并购重组实现融资204.19亿元，同比下降36.1%；新三板挂牌企业股权融资31.97亿元，同比增长43.36%；各类私募股权投资基金、风险投资基金等累计向辖区企业投资137.34亿元，同比增长96%。天府股权交易中心有挂牌展示企业6 840家，发行可转债融资2亿元，协助挂牌企业实现间接融资12.49亿元。

（四）外汇市场

2018年，四川省外汇交易量小幅下降，银行间外汇市场成交152.16亿美元，同比下降15.86%。成交币种以欧元和美元为主，分别占成交总量的60.57%和37.59%。人民币汇率中间价对美元呈现先升后贬渐趋稳定走势，对其他主要货币保持平稳。2018年初，银行间外汇市场人民币对美元中间价为6.5079，小幅升值到4月中旬的上半年最高价6.2771，之后一路贬值到8月初6.8关口，然后维持小幅震荡贬值，全年最低点出现在 11 月 13 日 6.9629，后两个月保持基本稳定。全年人民币对美元中间价即期汇率共计贬值 5.46%，对欧元、英镑等主要货币全年保持平稳走势。

（五）黄金市场

2018 年，受国际金价下跌影响，四川辖内金融机构代理上海黄金交易所黄金业务总体交易量下滑明显。全年总成交量 21 434.08 千克，较上年同期下降 45%；实物黄金成交量 5 470.65 千克，较上年同期下降 52%；账户黄金成交量 35 520.51 千克，成交金额 96.1 亿元，与上年基本持平。黄金租赁、黄金远期等衍生品业务有所下降，黄金租赁业务成交量 19 866 千克，较上年同期下降 37.2%，黄金远期业务成交量 9 211 千克。

（六）期货市场

2018 年 12 月末，四川期货投资者开户数 9.04 万户，同比增长 8.11%；期货公司市场交易额 6.62 万亿元，同比增长 16.05%。

四、金融基础设施建设

2018 年，四川金融基础设施建设不断完善，服务广度和深度持续拓展，服务质量明显提高，运行管理安全高效，为辖内金融体系平稳运行提供了可靠保障。

（一）金融法治环境建设

1. 大力推动执法普法工作

2018 年，人民银行四川各级机构加大行政执法力度，依法查处金融违法行为，对 528 个金融机构网点开展执法检查 496 次，对金融机构违法行为实施行政处罚 126 件，处罚金额 2 175 万元。认真落实“谁执法、谁普法”责任制，以跨境人民币业务、反洗钱、反假货币、征信知识、金融消费者权益保护等为内容，大力开展面向社会的金融法律法规知识宣传，辖区各级行组织对外普法宣传共 603 场次，发放宣传资料 150 多万份，接受咨询 86 万多人次。加强规范性文件管理，组织辖区各级行清理规范性文件 681 件。

2. 持续推进金融综合管理

2018 年，人民银行四川各级机构受（办）理新设银行业机构开业管理申报 94 件；收到和处理重大事项报告 5 055 期。6 家城商行进一步完善法人治理机制，多渠道壮大资本实力，不断优化资本结构，提高抗风险的能力和水平。

3. 互联网金融风险专项整治工作取得阶段性成果

2018 年，四川省认真履行好相关职责，积极动员部署，建立工作机制，落实责任分工，有序推进机构状态分类和监督整改实施。经过连续清理整顿，全省互联网金融存量风险水平不断下降，增量风险得到及时管控。分领域来看，股权众筹、互联网资产管理、互联网保险、第三方支付、ICO 和虚拟货币交易基本完成清理整顿，全省互联网金融风险主要集中在 P2P 网贷领域。专项整治各项工作将继续深入推进，加快实施机构分类处置，妥善消除突出风险点，严密遏制新增和输入性风险，确保风险隐患得到及时化解。

（二）支付体系建设

1. 支付系统平稳运行

2018 年，四川支付系统运行平稳，支付清算总体安全有序。截至 2018 年末，四川省支付系统直接参与者 16 个，间接参与者 5 007 个，支付系统全年发生业务 2.45 亿笔，同比下降 19.67%，金额 149.81 万亿元，同比下降 4.95%。其中，大额支付系统发生业务 0.75 亿笔，金额 147.83 万亿元；小额支付系统发生业务 1.71 亿笔，金额 1.99 万亿元。

2. 企业开户优化取得实效

按照“放管服”改革要求，在坚持账户实名制的基础上做好优化企业开户服务工作。全省小微企业从递交申请到账户激活平均耗时由 5.37 天降至 2.04 天，账户资料差错率从 11% 降至 2%。

3. 农村支付环境建设深入推进

实施四川省“支付兴农工程”，持续加大对集中连片特困地区和深度贫困县等“硬骨头”的金融服务投入，2018 年共计消除集中连片贫困地区基础金融服务空白行政村 801 个，在 2 421 个易地搬迁安置点布放 3 220 个服务点。

4. 支付服务市场监管持续加强

加强对支付违法违规行为的检查和处罚力度。全年全省共开展支付结算执法检查 30 余次；对 4 家银行和支付机构开展专项检查，共发现无证机构 18 家并限时关停其支付接口与资金结算通道。

5. 非现金支付环境持续改善

推进移动支付便民示范工程。2018 年末四川省云闪付 APP 累计注册用户 508 万户，累计新增 305 万户。在重要场景如公交领域有近 1 万台公交上线云闪付，40 所高校受理云闪付，连锁商超门店共计 9 000 余家，餐饮店 1.74 万户，非现金支付环境得到持续改善。

（三）征信体系建设

1. 加强市场监管

修订全省《个人征信风险防控指引》，推进全省综合信用信息服务平台建设，开展征信机构广告宣传治理和备案机构清理整顿，从严审慎启动新机构备案。2018 年共巡查辖区 396 家接入机构、4 家备案企业征信机构和 10 家信用评级机构。对 149 家金融信用信息基础数据库接入机构和 4 家企业征信机构开展了征信业务现场检查，依法对 24 家接入机构和 10 名责任人实施行政处罚，处罚金额 161.5 万元。

2. 推动市县金融生态环境评价

开展对全省 21 个市州和 178 个设乡镇的县（区、市）的金融生态环境评价，多方式多渠道通报评价结果排名情况，有效促进经济金融资源优化配置和营商环境不断优化。

3. 开展农村信用救助试点

开展农村信用救助试点，精准识别，锁定非主观恶意失信且有生产经营能力和致富愿望的 9 279 个农户作为信用救助对象，金融机构对其实行停息挂账、不计收复利、不计收逾期加罚息、只收本金和利息等特殊的金融扶持政策，重新评级授信 9 182 户，提供扶贫小额信贷 2.3 亿元。

4. 推进征信宣传和诚信文化教育

扩面推进“银行 + 校园 + 社会”三位一体的校园诚信文化教育模式，建立全省“线上 + 线下”

立体化、宽领域、多层次、广覆盖的宣传格局。全省227所大中小学校开展校园诚信文化教育活动232次，参加活动学生达31.58万人次。

（四）反洗钱

强化执法检查。2018年，对1 626家反洗钱义务机构建立监管档案，对187家法人机构和1 274家非法人机构开展分类评级和考核评级，对125家机构开展风险评估。约见谈话114家，发出质询39家，监管走访493家机构，发出监管意见书228份，发出风险提示70份。对75家机构开展现场检查，共处罚48家机构，85名直接责任人，合计1 380.2万元。强化反洗钱联席会议核心成员单位协作，推动洗钱罪判决8起。加强与特定非行业主管部门合作，拓展特定非反洗钱监管深度和广度。加强重点领域反洗钱资金监测，积极配合开展扫黑除恶等专项行动。

（五）金融消费者权益保护

2018年，建设四川12363呼叫中心，实现由原来的“属地接听，属地处理”转为“全省一点接入，属地分散处理”，推动金融消费纠纷非诉讼解决机制持续构建完善，及时化解金融消费纠纷。人民银行四川各级机构共受理咨询10 701件、投诉1 845件，投诉办结率99.19%。对25家机构开展金融消费权益保护现场检查，督促金融机构加强内控管理、依法合规经营。建立跨部门金融知识宣传协调机制，积极推动金融知识进课堂、进课程，构建宣传教育立体格局。推动完善地方金融广告治理机制，推进金融广告监测、甄别和分类处置工作取得实效。

中国人民银行成都分行金融稳定分析小组

组　长：周晓强

副组长：方　昕

成　员（以姓氏笔画为序）：

王　敏　刘　昇　杨宇焰　肖安富　苏　萍　陈艳丽

范智勇　梁　涛　龚志强　曾　妤　谢保嵩

《四川省金融稳定报告（2019）》编写组

总　纂：方　昕

统　稿：彭宇松

执　笔（以姓氏笔画为序）：

丁　锐　王大波　田萍萍　刘　波　刘雪梅　吕　璐

李岷檐　夏琳玲　聂　荣　蒋　平　雷　翔　霍　帅

贵州省金融稳定报告摘要

2018年，贵州省坚持以脱贫攻坚统揽经济社会发展全局，经济社会发展继续保持稳中有进的良好态势，延续了高于全国、高于西部的经济增长水平，高质量发展基础不断夯实、新旧动能加快转换，经济结构不断优化，居民生活不断改善。全省金融业呈现稳健运行态势，银行业资产负债规模稳步增长，对实体经济支持力度加大；证券业创新能力不断增强，资本市场融资功能较好发挥；保险业保费收入持续增长，服务领域逐步扩宽；支付、征信、反洗钱、跨境资金结算等金融服务及基础设施建设步伐加快。但是，部分中小法人银行机构风险凸显、大型企业债务违约风险暴露、政府性债务风险防控等问题需要高度关注，打好“防风险”攻坚战，维护区域金融稳定仍面临一定的挑战和压力。

一、区域经济运行

（一）经济运行情况

1. 经济总量不断扩大，综合实力稳步提升

2018年，贵州省完成地区生产总值14 806.45亿元，突破14万亿元，同比增长9.1%，增速高于全国2.4个百分点，位居全国前列。其中，第一产业增加值2 159.54亿元，同比增长6.9%，增速高于上年同期0.2个百分点。第二产业增加值5 755.54亿元，同比增长9.5%。第三产业增加值6 891.37亿元，同比增长9.5%。财政总收入突破2 900亿元。

2. 工业经济稳中有进，质量效益不断提高

2018年，全省规模以上工业增加值同比增长9.0%。其中，煤、电、烟、酒四大传统支柱产业合计增加值同比增长11.9%，合计利润同比增长26.7%，对全省工业经济的贡献率为75.2%。全省工业结构调整加快推进，规模以上装备制造业、高技术制造业增加值分别同比增长10.5%、14.8%，对工业经济的贡献率分别为9.8%、11.8%。

3. 农业生产持续向好，结构调整成效明显

2018年，全省农林牧渔业增加值2 276.74亿元，同比增长6.8%，对全省经济增长的贡献率为11.2%。其中，种植业结构深刻调整，全省粮食总产量1 060万吨，比上年下降14.7%，种植业增加值1 438.46亿元，同比增长8.0%。全省畜牧业平稳增长，林业较快增长。畜牧业增加值508.04亿元，同比增长4.3%，林业增加值174.61亿元，同比增长8.1%。

4. 财政收入稳定增长，质量持续改善

2018年，全省财政总收入实现2 975.66亿元，同比增长14.4%。其中，一般公共预算收入

1 726.80亿元，同比增长7.0%。税收收入1 265.97亿元，同比增长7.3%。全省一般公共预算支出5 017.32亿元，同比增长8.8%。其中，民生支出持续加大。教育支出995.33亿元，同比增长10.4%；医疗卫生与计划生育支出487.31亿元，同比增长11.7%；城乡社区支出280.57亿元，同比增长41.1%；扶贫支出288.31亿元，同比增长40.2%。

5. 居民收入持续增加，企业效益明显优化

2018年，全省常住居民人均可支配收入18 430元，比上年名义增长10.3%。其中，城镇常住居民人均可支配收入31 592元，同比增长8.6%；农村常住居民人均可支配收入9 716元，增长9.6%。全省规模以上企业主营业务收入利润率为9.4%，高于上年同期1.4个百分点。

6. 做强“三块长板”、补齐“三块短板”，持续推进供给侧结构性改革

2018年，全省围绕大数据、大生态、大旅游战略，着力推进供给侧结构性改革。“三块长板”投资力度不减，全省与大数据相关的信息传输、软件和信息技术服务业完成投资较上年同期增长49.7%，与生态相关的生态环保产业投资增长26.3%，与大旅游相关的批发和零售业、住宿和餐饮业投资增长分别为24.5%、29.7%。持续补强“三块短板”，全省着力实施大扶贫战略，脱贫攻坚投资力度不断加大，全省移民搬迁项目投资比上年增长59.9%，基础设施投资较上年增长15.8%，教育、卫生和社会工作等民生领域投资增长较快，分别比上年同期增长35.9%、38.9%。

（二）需要关注的问题

1. 经济发展不平衡不充分问题仍然突出

一是产业结构性矛盾突出，第一产业占比过高，第三产业占比偏低。2018年，贵州省第一产业占比高于全国10.19个百分点，第三产业占比低于全国9.96个百分点。二是产业投资结构有待进一步优化。全省第一、第二、第三产业投资增长分别低于上年同期0.9个、2.6个、0.2个百分点。三是消费结构矛盾突出，消费升级乏力。2018年，全省住户中长期消费贷款余额增长22.8%，增速大幅高于城乡居民收入增长速度，分流居民即时消费能力。居民人均可支配收入增速回落，城乡居民收入差距仍然较大。

2. 投资结构有待进一步优化

一是工业投资占比下降。2018年，全省工业投资占全部投资的比重为12.6%，较上年同期下降4个百分点。二是基础设施投资增速回落。全省基础设施投资较上年增长15.8%，增速较上年同期下降9.7个百分点，全年呈持续下降态势。三是项目到位资金增长缓慢。受国家宏观调控政策持续影响，全省投资建设项目到位资金比上年增长4.4%，增速低于全省投资增速11.4个百分点，投资资金来源趋紧。全省房地产开发投资第四季度增速持续回落，1～12月房地产开发投资增长6.7%，较前三季度下降4.3个百分点。

3. 多重因素影响行业竞争力

一是受贸易摩擦、关税壁垒、市场需求放缓和环保整治等因素影响，电子行业成本加大，出口竞争力减弱。2018年，全省规模以上计算机通信和其他电子设备制造业增加值比上年增长11.2%，较上年同期下降75.63个百分点。二是农副食品加工业、化工行业受环保整治影响，增加值分别下降3.8%和2.4%，较上年同期分别下降8个和1.8个百分点。三是受部分锰矿开采和锰冶炼企业停产整改影响，下半年，冶金行业增加值增速出现回落，全年增长1.6%，增速较上年同期下降5.9个百分点。

二、银行业

（一）运行情况

1. 资产负债增速放缓

2018 年末，贵州省银行业金融机构资产规模为 37 047.3 亿元，同比增长 6.6%，增速较上年同期下降 5.95 个百分点。从资产结构看，表内投资增速明显放缓，同比仅增长 0.71%，增速较上年同期显著下降。贵州省银行业金融机构负债规模为 35 313.1 亿元，同比增长 5.91%，增速较上年同期下降 6.4 个百分点。从负债结构看，单位存款和同业存放均为负增长，增速较上年同期分别下降 14.77 个和 3.48 个百分点。

2. 净利润增速放缓

2018 年，贵州省银行业金融机构实现净利润 462.06 亿元，同比增长 12.06%，增速较上年同期下降 5.38 个百分点。其中，国有商业银行利润为 187.19 亿元，地方法人银行利润为 130.77 亿元，合计占总利润的 70%。自 2012 年以来，作为银行业收入主要来源的净利差进入持续下降通道，本年为 3.46%，较上年同期下降 0.59 个百分点，行业面临转型压力。

3. 信贷资产质量有所好转

2018 年末，贵州省银行业金融机构不良贷款余额 480.92 亿元，较上年末减少 69.74 亿元；不良贷款率 1.94%，较上年末下降 0.69 个百分点。按机构类别看，全省主要银行业金融机构不良贷款率均有不同程度下降，其中，农村商业银行和股份制商业银行不良贷款率下降明显，不良贷款率较上年末分别下降 2.73 个和 2.57 个百分点。

4. 信贷结构持续优化

2018 年，贵州省金融机构人民币各项贷款余额 24 715 亿元，同比增长 18.5%，增速居全国第一，信贷投放结构持续优化。一是重点领域信贷投放力度持续增强。2018 年末，全省交通运输、仓储和邮政业以及水利、环境和公共设施管理业贷款余额分别为 4 053.7 亿元和 2 941.8 亿元，较年初分别新增 395.5 亿元和 594.9 亿元。二是涉农、小微领域贷款平稳增长。2018 年末，全省涉农贷款余额为 10 907.2 亿元，较年初新增 2 143.9 亿元，同比增长 24.7%；小微企业贷款余额为 6 007.3 亿元，较年初新增 1 597.6 亿元，同比增长 35.8%。三是贫困县获得较大信贷支持。2018 年末，全省贫困县（不含花溪区）人民币贷款余额 12 967.1 亿元，同比增长 18.7%，比年初新增 2 035.1 亿元，分别占全省同期贷款余额和当年新增额的 52.7% 和 54.3%。其中，16 个深度贫困县（不含水城县）贷款余额 1 353.8 亿元，比年初新增 292.1 亿元，同比增长 27.5%，增速持续高于全省及所有贫困县贷款平均水平。

（二）需要关注的问题

1. 信用风险持续化解难度较大

2018 年，全省银行业金融机构信贷资产质量情况有所好转，但信用风险持续化解难度较大。从行业看，不良贷款主要集中在批发和零售业、制造业、采矿业及农林牧渔业等四个行业，行业不良贷款化解存在处置手段单一、处置周期长、见效慢等突出问题，不良贷款持续化解困难较大；从机构看，全省农村合作金融机构（含农村商业银行、农村信用社）和村镇银行平均不良贷款率仍未达到监管标准（≤5%），且村镇银行不良贷款余额持续攀升，化解压力较大；从地区看，全省各地区资产质量差距扩大，区域信用风险防范和化解困难加剧。

2. 高风险金融机构风险化解形势严峻

一是高风险金融机构占比较高、地域分布较集中。2018 年第四季度，贵州省央行金融机构评级结果在 8 ~ 10 级的高风险金融机构共 29 家，占比 17. 06%。近 70% 的高风险金融机构集中分布在四个市州，风险集中度较高。二是高风险金融机构表外业务风险不容忽视。个别高风险金融机构还存在前期违规开展非标业务、违规开展票据业务导致票据追索等表外风险，风险形式严峻。三是高风险金融机构不良贷款化解压力大。截至 2018 年末，29 家高风险金融机构不良贷款余额占全省法人机构不良贷款余额的 43. 67%，而其贷款余额只占全省法人机构贷款总额的 13. 81%，不良贷款处置压力较大。

3. 重点领域风险防控压力较大

2018 年末，全省煤炭、钢铁、电解铝等六大能源矿产行业的不良贷款率仍居高位。受经济下行压力加大和产业结构调整等因素影响，商业银行不良贷款持续暴露，白酒、煤炭、钛等重点领域仍未能有效扭转企业大范围亏损的局面。特别是对于以煤炭、钢铁等为支柱产业的地区，产业经济不景气所导致的信用风险及企业债违约风险的防控压力仍然存在。

4. 不确定因素仍然存在

一是经济转型升级、产业结构调整、资管新规等新政策出台对银行业的深层次影响持续显现。二是房地产行业融资集中度较高，若未来房地产市场出现大幅波动可能对银行资产质量造成较大影响。三是小贷公司、融资担保机构等内部管理薄弱，互联网金融平台、非法集资等隐患较大，存在风险向银行体系传导的可能。四是个别基层地方政府远超财力进行大规模投资建设，部分地方政府性融资平台债务违约风险逐步显现，财政风险不断扩大，处理不好容易向金融体系转移。

三、证券业

（一）运行情况

1. 证券行业发展整体平稳

2018 年末，贵州辖区共有法人证券公司 2 家，证券分公司 26 家，证券营业部 107 家，期货营业部 11 家，私募基金管理人 78 家。全省证券从业人员 4 950 人，期货从业人员 66 人，基金行业从业人员 1 262 人。2018 年，受市场调整影响，贵州证券经营机构全年实现营业收入 17. 02 亿元，同比减少 16. 08%；贵州期货经营机构全年实现营业收入 1 828. 63 万元，同比减少 8. 44%。

2. 区域股权市场和法人证券公司规范发展

2018 年 6 月，贵州股权金融资产交易中心有限公司正式更名为贵州股权交易中心有限公司，经营范围已无金融资产交易业务，主要为贵州省内中小微企业证券非公开发行、转让及相关活动提供服务。2018 年，贵州省法人证券公司华创证券、中天国富证券持续推动合规风控能力建设，努力提高合规风控水平，有效平衡业务发展与风险可控的双重目标。

3. 市场融资能力进一步发挥

2018 年末，贵州省共有上市公司 29 家，比上年增加 2 家，总市值 9 378. 53 亿元。共有新三板挂牌公司54家，总市值136.48亿元。从融资情况看，2018年贵州辖区上市公司和新三板挂牌公司累计实现融资总额307.66亿元，其中，2家IPO公司募集资金总额11.83亿元，上市公司通过再融资募集资金54.81亿元。债券市场本年累计筹资金额237.53亿元，其中公司债（含非银行金融机构债券15亿元）179.59亿元，同比增长3.45%。

4. 期货市场交易有所回升

2018年末，贵州期货总资产3.78亿元，客户保证金3.41亿元。2018年全年完成期货成交量551.39万手，同比减少4.85%，成交金额3 513.9亿元，同比增加7.28%，较上年有所回升。从交易品种来看，螺纹钢、橡胶、冶金焦炭、铁矿石等传统品种交易活跃，成交量较大，而金融期货、期权等新兴品种交易量较小。

（二）需要关注的问题

1. 资本市场融资能力较弱

目前，全省支持企业利用多层次资本市场的政策体系和工作机制有待完善，全省各类企业充分利用多层次资本市场拓宽融资渠道的能力有待加强。2018年末，全省上市公司数量仅29家，整体规模落后于全国，与贵州经济的快速发展不相适应。其中，2018年首发筹资金额同比下降33.5%，境内新三板公司2018年度股票市场募集资金同比下降45.07%，资产支持证券同比减少41.23%。

2. 证券机构经营压力加大

2018年，受经济下行和股市持续低迷影响，辖区证券机构经营困难，近八成机构处于亏损状态，各类业务开展停滞不前，无新的利润增长点。辖内法人机构规模较小，与其他地区上市券商相比，在员工队伍、网点数量、营收规模等方面仍然存在较大差距，中天国富证券只有证券承销与保荐业务，业务牌照单一制约公司经营发展。

3. 融资主体潜在风险需要关注

一是部分上市公司高比例股权质押风险凸显。2018年末，辖区上市公司控股股东股权质押数占自身持股总数超过80%的上市公司有5家，在股价下跌环境下，上市公司控股股东若不及时解决资金问题，公司可能面临“股价下跌—平仓—股价进一步下跌”的恶性循环，进而影响上市公司的正常生产经营。二是2019年贵州省公司债兑付风险值得关注。2018年末，贵州省公司债存续规模为1 096.92亿元，存续106只，2019年面临到期、回售的金额分别是117.12亿元、471.95亿元，合计589.07亿元。

四、保险业

（一）运行情况

1. 业务发展平稳增长，保险保障不断夯实

2018年，贵州省实现原保险保费收入445.88亿元，较上年增长15%。其中，财产险业务保费收入208.03亿元，增长16.05%。人身险业务保费收入237.85亿元，增长14.09%。保险行业全年累计提供各类风险保障30.72万亿元，同比增长26.89%；赔付支出181.27亿元，同比增长17.85%，保险保障增速超过保费收入增速。

2. 财产险公司较快发展，非车险业务占比提升

2018 年，贵州省财产险公司保费收入 225.99 亿元，较上年增长 17.81%，增速高于全国平均水平 6.29 个百分点。全年车险业务保费收入 163.3 亿元，同比增长 11.12%，增速同比下降 4.14 个百分点，行业综合成本率 92.98%，同比下降 0.43 个百分点，低于全国平均水平 6.88 个百分点。非车险业务共计保费收入 62.69 亿元，同比增长 39.7%，保费占比为 27.74%，同比提高 4.35 个百分点，连续五年提升。

3. 人身险业务增速持续回落，业务结构持续优化

2018 年，贵州省人身险公司原保险保费收入 219.89 亿元，较上年增长 12.25%，增速同比回落 11.19 个百分点。人身险公司寿险业务保费收入 161.9 亿元，同比增长 3.38%，增速同比下降 18.21 个百分点，但仍高于全国平均水平 6.79 个百分点。其中，健康险业务保费收入 49.6 亿元，同比增长 55.88%，增速高于全国平均水平 33.76 个百分点。全年新单期交率 54.13%，高于全国平均水平 6.38 个百分点；十年期及以上业务占比为 59.6%，高于全国平均水平 12.45 个百分点。

4. 脱贫攻坚深入推进，服务实体经济质效提升

2018 年，全省保险业共开展保险扶贫项目 132 个，共承保贫困人口 884.43 万人次、贫困户 278.16 万户次，提供风险保障 7 770.58 亿元，为 66.05 万人次贫困人口、4.72 万户次贫困户支付赔款 6.58 亿元。一是全省每户贫困人口至少拥有大病、农房两份政策性保险保障，保险扶贫项目实现了对全部国定贫困县的全覆盖。二是持续扩大涉农保险特惠政策，加大产业扶贫力度，发展支农小额贷款保证保险，缓解“融资难”问题。三是加强重点民生领域保险保障。2018 年度大病保险项目为全省贫困人口赔付 3.63 亿元，倡导推进公益捐赠，全年向 155.47 万人次建档立卡贫困人口捐赠保险，提供风险保障 1 703.31 亿元。

（二）需要关注的问题

1. 人身险公司业务增速持续下降值得关注

在监管政策的引导下，人身险公司大幅压缩偏理财型短期业务，发展风险保障型和长期储蓄型业务，短期内直接影响业务规模和增速。同时，受经济大环境影响，当前保险公司“投资端”收益率整体下降，对“负债端”的保费增长也产生了一定影响。2018 年末，人身险业务保费收入增速同比下降 11.19 个百分点，呈连续下降趋势，转型升级进入“阵痛期”，对公司稳定经营的影响需加倍关注。

2. 服务能力有待进一步提升

财产险市场非理性竞争问题仍然存在，通过违规方式套费的行为时有发生，需进一步加以规范。同时，保险产品服务创新不够，对接经济社会发展、城乡居民多元化保险保障需求的力度需进一步加大，行业服务能力与水平有待持续提升，一些影响行业长期健康发展的风险因素值得关注。

五、金融市场

（一）货币市场及票据市场

1. 绿色金融债券发行实现新突破，债券融资工具发行量下滑明显

2018 年，贵州两家城商行发行绿色金融债券，金额共计 100 亿元，银行间债券市场支持全省

绿色金融创新发展取得创新突破；金融机构发行二级资本债券 28 亿元，发行同业存单共计 2 565. 4亿元。2018 年，全省共有 6 家非金融企业发行债务融资工具 51. 8 亿元，发行额较上年减少 61. 48 亿元；其中，发行中期票据 38. 5 亿元，短期融资券 7 亿元，超短期融资券 3 亿元，定向工具 3. 3 亿元。

2. 同业拆借市场成员稳步增加，利率总体回落

2018 年末，贵州省共有全国银行间同业拆借市场成员 52 家，成员家数较上年增加 19 家。全年发生同业拆借交易 2 604 笔，金额共计 6 676. 85 亿元。其中，拆入资金 2 044 笔，金额 4 697. 55 亿元；拆出资金 560 笔，金额 1 979. 30 亿元。2018 年，全省同业拆借加权平均利率 2. 6783%，较上年同期下降 96. 6 个基点。其中，7 天、21 天和 1 个月拆借利率同比下降明显，分别减少 116. 25 个、131. 86 个、110. 80 个基点。

3. 货币市场交易量稳中有升，资金流向以净融出为主

2018 年，贵州省银行间市场成员债券回购累计成交 12 万亿元，同比增长 3. 3%；资金净融出 1. 64 万亿元，交易产品以隔夜为主，交易规模占比达 81. 97%；现券交易 3. 95 万亿元，同比增长 226. 9%，低风险债券为现券交易主体，占全部现券交易量的比重达 71. 39%。非金融企业信用类债券占比 28. 61%，风险偏好较上年有所提升。

4. 票据市场签发规模持续下降，贴现发生额呈断崖式下跌

2018 年，受市场环境、监管政策、税收政策等多重因素影响，贵州省银行票据业务总量持续下降，但下降幅度趋缓。全年银行承兑汇票累计签发量 1 387. 45 亿元，同比下降 7. 34%；贴现累计发生额为 371. 79 亿元，同比下降 41. 74%。总体来看，票据市场利率呈分化趋势，其中，银行承兑汇票贴现利率 3 月后呈现逐月下跌，商业承兑汇票贴现利率整体平稳，票据转贴现利率小幅波动，年平均利率分别为 4. 77%、6. 23%、3. 35%。

（二）跨境资金市场

1. 跨境外汇收支总额与银行结售汇再创新高，企业汇率风险管理意识增强

2018 年，贵州省跨境收支总额 147. 98 亿美元，同比增长 9. 70%，其中，收入 93. 36 亿美元，同比增长 10. 33%；支出 54. 62 亿美元，同比增长 8. 64%；净流入 38. 73 亿美元，同比增长 12. 81%。银行即期结售汇总额 84. 71 亿美元，同比增长 23. 27%。经常账户与资本和金融账户呈现跨境收支和结售汇双顺差。远期结售汇签约大幅增长，全年累计新增远期结售汇签约共计 16. 71 亿美元，同比增长 219. 46%，其中，新增远期结售汇签约逆差 3. 85 亿美元，同比扩大 9. 38%，表明在人民币汇率双向波动增强的形势下，企业主动利用外汇衍生品进行汇率风险管理的意识明显增强。

2. 跨境人民币业务稳步发展，支持新动能取得实效

2018 年末，贵州省跨境人民币累计结算量突破 1 800 亿元，达到 1 844. 4 亿元；当年实际收付金额 213. 9 亿元，较上年同期上升 32. 8%。其中，贵州省经常项下人民币跨境结算量占本外币跨境结算量比例为 10. 6%，较 2017 年末提高 4. 7 个百分点，逐渐打开局面。当年结算量占国际收支的比重为 20. 3%，较 2017 年末提高 2. 8 个百分点，人民币仍为涉外结算重要货币，暂排在美元之后。跨境人民币参与机构不断增多，受益主体范围不断扩大；与全省企业发生人民币结算的境外地域范围扩大到 72 个国家（地区），较上年增加 5 个，业务覆盖面日益扩大。

六、金融基础设施和金融改革创新

（一）支付结算体系

1. 农村支付环境进一步改善

2018 年，全省农村支付服务环境建设工作得到有力推动和可持续发展，有效提升了农村地区移动支付服务水平。一是拓宽非现金支付工具收购农产品范围，将非现金收购扩展到蔬菜、水果、烤烟、茶青等农产品收购中。二是优化助农取款点布局，提升偏远山区支付服务水平，利用移动支付便民示范工程发展的契机，对助农取款服务点功能进行扩展，推动助农取款服务点特约商户的机具改造，实现受理二维码支付功能。

2. 优化企业开户服务出实效

2018 年，全省实现开户行政许可 1 个工作日办结，准确率达 98%；全省银行机构平均开户时间从 5 个工作日缩短为 3 个，贵阳辖内银行机构平均开户时间从 7 个工作日缩短为 4 个，效率分别提升了 36% 和 41%；开通小微企业绿色通道，开户时间已全部实现“2 +1”的模式，平均只需 3 个工作日即可完成，企业经办人对银行的开户服务满意度从 70% 提高到 90% 以上。

（二）信用体系

1. 社会信用体系建设与大数据融合发展不断推进

一是统筹规划贵州建设社会信用体系与大数据融合发展试点工作，建立金融机构联合奖惩信息应用情况监测机制，搭建涉及省级 70 多个部门、1 300 余条奖惩措施的联合奖惩系统，便捷金融机构参考使用联合奖惩信息并进行监测，充分发挥金融领域联合奖惩示范作用。二是开展“守信红名单”和“三个百佳”评选活动，共评选出企业及商户 800 户，农户 409 户，推动银行信贷融资并给予优惠政策，同时向政府相关部门推介为政策资金优先支持对象。

2. 全省中小微企业和农村信用体系建设富有成效

一是加强信用信息归集，解决银企和银户之间信息不对称，改善中小微企业融资环境。2018 年，中小微企业获得信用贷款 499. 29 亿元，较上年同期增长 62. 02%；减少中小微企业利息负担金额 3. 10 亿元，较上年同期增长 52. 26%。二是围绕金融支持精准扶贫，推进信用农户、信用村和信用乡的评定，促进农户脱贫增收。截至 2018 年末，评定信用农户 703. 29 万户，信用村 12 866 个，信用乡镇 986 个，对信用农户发放贷款余额 2 250. 88 亿元。

（三）反洗钱

1. 反洗钱评级扎实推进，监管工作有效性提升

2018 年，对贵州省 1 453 家反洗钱义务机构组织开展了评级工作，考核评级面达 100%；持续加强对高风险机构和低评级机构的监管力度，共对 76 家金融机构实施了约见谈话，走访 261 家，质询 16 家，提高分类监管有效性。依法对 21 家银行业金融机构、1 家证券业机构、7 家保险业金融机构开展反洗钱现场检查，对 17 家违反反洗钱法律法规情节严重的机构实施了行政处罚，处罚金额共计 800 余万元，对相关责任人均严格执行“双罚制”。

2. 跨部门监管合作力度加大，反洗钱入罪实现历史性突破

2018 年，公检法机关在关注上游犯罪的同时，通过深挖下游犯罪线索，主动打击下游的洗钱犯罪，全省成功促成 3 起洗钱罪宣判，洗钱入罪工作实现历史性突破。配合打击“虚开和骗税”专项行动，分析研判和移送 4 条涉嫌虚开增值税发票或骗税重点可疑交易线索，涉及金额 27.06 亿元；协助税务部门查处 5 起案件，涉案金额 10.2 亿元。梳理排查涉嫌地下钱庄重点可疑交易线索 8 条，涉及金额 233.84 亿元。

（四）金融消费权益保护

1. 打通金融消费维权“最后一公里”，推动金融消费纠纷非诉讼解决机制建设

2018 年，制作投放“蒲公英”金融志愿服务咨询投诉电话公示牌 18 825 块，打通金融消费维权“最后一公里”。成立贵州省金融消费权益保护联合会、贵州省金融消费纠纷调处中心和贵州省金融消费纠纷人民调解委员会，组建了贵州省金融消费纠纷调解员队伍，为贵州省金融消费纠纷非诉讼解决机制的建设奠定了坚实的基础。

2. 构建金融知识普及长效机制，推动金融知识纳入国民教育体系

2018 年，联合贵州省教育厅制定《贵州省推动金融知识普及试点方案》，共同推动全省金融知识普及教育工作。通过建立金融教育实践基地“金融馆”、开设《简易金融知识入门》课程、开展“跟着阿衣学金融　学成小小金融家”主题班会等方式，探索金融知识纳入国民教育体系典型模式。

（五）贵安新区绿色金融改革创新试验区

2017 年 6 月，贵安新区成为全国首批、西南地区唯一一个获准开展绿色金融改革创新的国家级试验区。截至 2018 年末，共有 22 家金融机构拟入驻新区，形成了多层次绿色金融机构体系。截至 2018 年末，全省绿色贷款余额达到 2 169 亿元，较年初增长 489 亿元，增速为 29.1%，其中，各金融机构投向贵安新区绿色金融改革创新试验区的绿色贷款余额约为 160.6 亿元；推动四家省内法人金融机构以环境保护设备制造项目贷款、绿色农业开发项目贷款、传统产业技改项目贷款等绿色信贷资产作为合格抵（质）押物获得支小再贷款共计 5.7 亿元，累计盘活绿色信贷资产 8.54 亿元，推动发放绿色贷款 9.19 亿元。

七、总体评估与政策建议

（一）总体评估

总体来看，面对国际经济金融环境深刻变化、国内经济金融领域稳中有变等复杂情况，贵州省经济增长在顶住下行压力中持续领先；脱贫攻坚在破解难题中连战连捷；农村产业革命在破除传统观念中实现重大突破；新旧动能在克服结构调整阵痛中加快转换；质量效益在突破多重约束中稳步提升。但是，贵州经济发展面临的风险和困难也明显增多，不确定性更加凸显。脱贫攻坚仍有不少“硬骨头”，部分工业企业经营困难、开工不足，民营企业、中小企业亏损面扩大；营商环境有待进一步优化；部分领域风险隐患突出。

2018 年，从贵州省金融稳定综合评价值来看，区域金融整体处于平稳状态。金融业整体实力增强，金融产品日益丰富，金融体系不断完善，金融监管有效运行。银行业机构资产负债规模不断扩

大，对实体经济和薄弱环节的支持力度加大；证券期货业机构业务发展较快，区域多层次资本市场建设稳步推进；保险业保持良好发展态势，保障功能和服务作用进一步发挥。但是，实体经济运行中的矛盾和压力持续向金融业传导，存款增速持续下滑，信贷投放压力和结构调整难度加大，金融支持脱贫攻坚后续困难增加，部分中小地方法人金融机构资产质量堪忧，证券期货机构和保险机构的服务能力有待进一步提升，地方政府债务风险向银行体系传导的压力加大，类金融机构风险暴雷指数上升，非法金融活动等风险需高度关注。

（二）政策建议

1. 合理优化金融资源配置，支持打赢精准脱贫攻坚战

坚持稳中求进工作总基调，结合“以脱贫攻坚统揽经济社会发展全局”的贵州实际，有效贯彻落实稳健的货币政策，推动新增金融资源继续向深度贫困地区倾斜。以农村产业革命为契机，推动金融产品和服务创新，更加精准对接脱贫攻坚“四场硬仗”等重大任务，提升金融支持精准脱贫效能。在做好对农村经济产业革命的金融支持的同时，有效防范化解扶贫贷款的风险，助推各项脱贫攻坚目标如期完成。

2. 发挥监管合力，打好防范化解重大风险攻坚战

加强中央金融监管部门与地方政府部门的监管协调和信息共享，加强对交叉性金融业务、互联网金融、地方政府性债务、农村资金互助组织等领域风险监测，对矛头性、倾向性问题早发现、早预警、早处置，坚决守住不发生区域性金融风险的底线。围绕“强监管、防风险、治乱象、补短板、服务实体经济”，制订区域防范和化解重大金融风险行动方案，积极化解存量风险，严控风险增量，坚决打好防范化解重大风险攻坚战。

3. 推进大数据金融监管运用，提高风险监测预警能力

将大数据、人工智能等技术应用于系统性、区域性金融风险的识别，打通不同机构和业务之间的数据关联，全面掌握跨市场、跨区域金融风险传递途径，更准确地把控金融风险冲击的强度和速度。在综合全面的金融数据采集、分析基础上，建立对金融活动的全流程、全链条动态监测平台，实现对金融业务的穿透式监管，在有效识别重大风险隐患的同时，降低监管成本，提升监管效能。

中国人民银行贵阳中心支行金融稳定分析小组

组　长：张瑞怀
副组长：孙　涌
成　员：向　明　王凯明　邓承红　何　伊　周　俊　林　坚
李家鸽　令狐春荣　罗永国　秦少华　闵培忠

《贵州省金融稳定报告（2019）》编写组名单

总　纂：孙　涌
统　稿：邓承红　舒　勤
主执笔：袁　燕
执　笔：黄　洲　陈红宇　张　笑　陈　羲
其他参与写作人员：
刘　爽　孔艳彦　程剑波　邵　骏　黄　蓉　陈旭东
孙　怡　赵　鑫

云南省金融稳定报告摘要

2018年，云南省全面贯彻落实党中央、国务院重大决策部署，坚持稳中求进的工作总基调，贯彻新发展理念，落实高质量发展要求，以供给侧改革为主线，工业经济平稳较快运行，固定资产投资和消费市场快速增长，对外贸易持续回升。云南省经济运行呈现总体平稳、质量提升的良好发展态势，为云南省金融发展和稳健运行提供良好基础。金融业进一步强化风险管理，积极应对挑战，坚守不发生系统性风险的底线，全省金融机构整体资产质量压力有所缓解，金融总体保持稳健运行态势。金融基础设施建设和服务不断加强，布局进一步优化。但部分行业、领域和地区的风险仍处于高发期，部分股份制银行和城商行风险防范压力上升。

一、区域经济

（一）宏观经济运行

2018年，云南省经济运行总体平稳向好，主要经济指标增速排位靠前，工业经济平稳增长，固定资产投资较快增长，消费市场保持活跃，对外贸易快速增长。全省经济呈现总体平稳、转型加快、质量提升的良好发展态势。

1. 经济运行稳中有升，产业结构继续优化

2018年，云南经济总量保持稳定增长，产业结构不断优化。地区国民生产总值17 881.12亿元，同比增长8.9%，增速高于全国平均水平2.3个百分点，增速排名全国第三位，2014—2018年保持了年均8.8%的中高速增长。其中，第一产业增加值2 498.86亿元，同比增长6.3%；第二产业增加值6 957.44亿元，同比增长11.3%；第三产业增加值8 424.82亿元，同比增长7.6%。2018年全省人均GDP为37 024元/人同比增长7.18%。非公经济对经济增长的贡献度上升。2018年全省非公经济占GDP的比重为47.3%，比上年同期提高0.1个百分点；三次产业结构不断优化。2018年云南省三次产业增加值比重为14:38.9:47.1，服务业对经济增长的拉动作用进一步加大。

2. 农业经济平稳向好，结构调整加快推进

2018年，云南省农林牧渔业增加值2 552.78亿元，同比增长6.3%，增速较上年提高0.3个百分点，排全国第2位。一是高附加值经济作物种植规模不断扩大，特色农产品产量增势较好。全省粮食产量1 860.54万吨，同比增长0.9%，农业实现增加值1 474.62亿元，同比增长6.7%。二是畜牧业发展由提量向提质转变。云南省猪牛羊禽肉产量425.99万吨，同比增长1.9%，全省牧业增加值687.82亿元，同比增长4.0%。三是林业、渔业较快增长。全省林业增加值277.96亿元，同比增长9.9%；渔业增加值58.46亿元，同比增长9.3%。

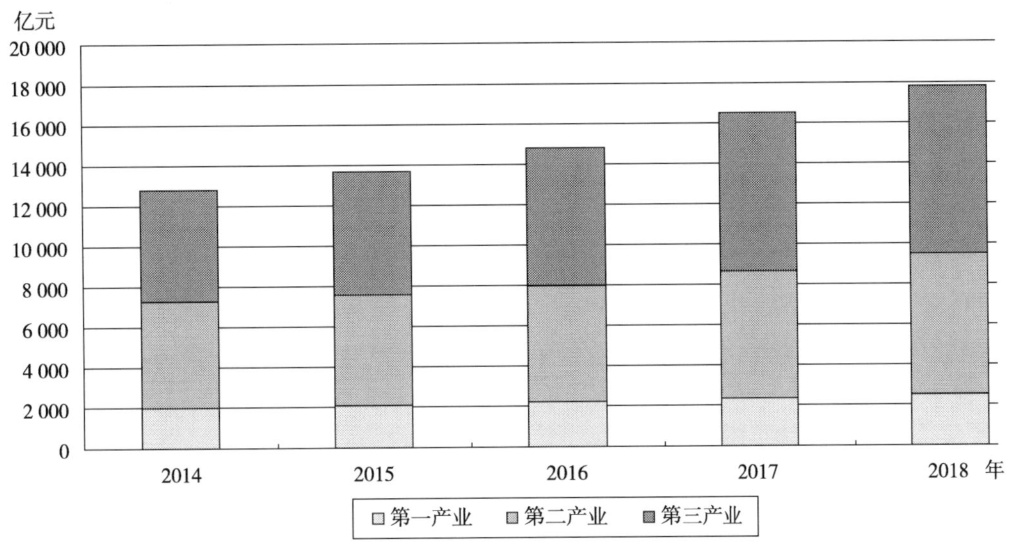

数据来源：云南省统计局。

图1　2014—2018年GDP及其构成比例

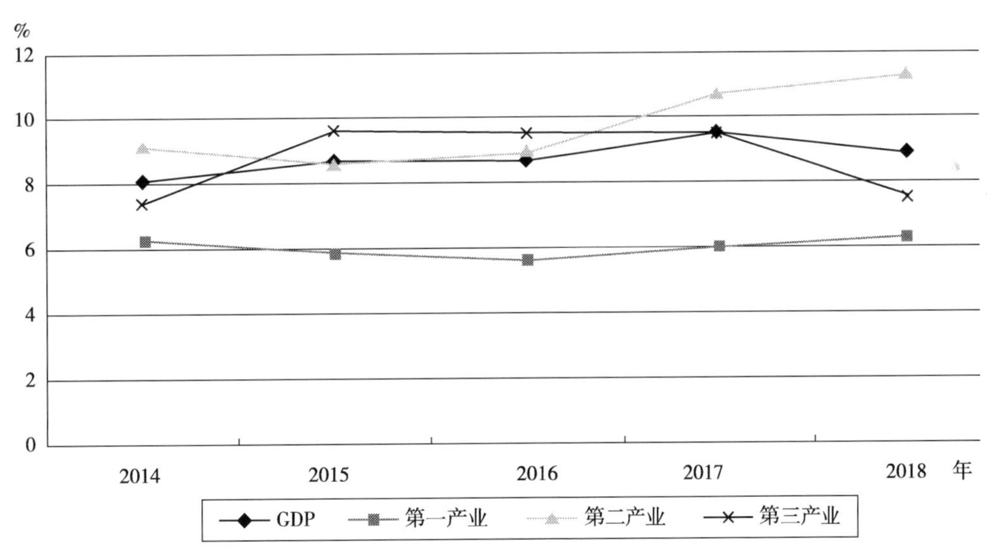

数据来源：云南省统计局。

图2　2014—2018年GDP及三次产业同比增速

3. 工业经济平稳增长，企业效益继续改善

2018年，云南省规模以上工业增加值同比增长11.8%，规模以上工业企业实现主营业务收入11 798.69亿元，同比增长15.0%；实现利润总额775.67亿元，同比增长15.3%。三大门类均实现增长，规模以上采矿业、制造业和电力热力燃气及水的生产和供应业增加值分别同比增长6.6%、10.9%和17.7%，分别拉动规模以上工业增长0.5个、8.1个和3.2个百分点。电力行业、石油加工、炼焦和核燃料加工业和电子行业对全省工业增长贡献过半，分别拉动规模以上工业增长3.0个、2.7个和1.3个百分点。

4. 固定资产投资较快增长，投资结构继续优化

2018 年，云南省固定资产投资同比增长 11.6%，增速高于全国（5.9%）5.7 个百分点，高于西部地区（4.7%）6.9 个百分点，排全国第 3 位，排西部第 2 位。固定资产投资资金到位率好转，云南省计划总投资 5 000 万元以上项目资金到位率为 63.3%。三大产业投资呈现“两增一稳”态势。第一产业投资持续快速增长，每月增速均保持在 25% 以上，全年同比增长 36.8%；第二产业投资扭负为正，全年同比增长 11.3%，较上年同期回升 11.4 个百分点；第三产业投资同比增长 10.6%。

5. 消费市场保持活跃，对外贸易稳定增长

2018 年，云南省社会消费品零售总额 6 825.97 亿元，同比增长 11.1%，增速高于全国（9.0%）2.1 个百分点，增速排全国第 3 位。乡村市场消费增长快于城镇。2018 年全省城镇消费品零售额 5 878.34亿元，同比增长 11.0%；乡村消费品零售额 947.63 亿元，同比增长 11.4%，网络零售继续保持快速增长，同比增长 39.7%。

2018 年，云南省进出口总额 1 973.02 亿元，同比增长 24.7%，其中，出口总额 847.68 亿元，同比增长 9.4%；进口总额 1 125.34 亿元，同比增长 39.3%，贸易逆差 277.66 亿元人民币。云南省与“一带一路”沿线国家（地区）贸易保持较快增长，进出口贸易额达 1 331.6 亿元，增长 30.3%，占全省外贸市场份额的 67.5%。

（二）需要关注的方面

1. 固定资产投资未完成目标任务，2019 年投资增速回升仍将受多方面因素制约

2018 年，云南省固定资产投资保持了中速增长，同比增长 11.6%，比上年同期下降了 6.4 个百分点，投资增速继续处于放缓通道。预计 2019 年制约全省固定资产投资的因素依然较多，投资增长面临更多不确定性。一是投资增长支撑薄弱。目前，拉动全省投资增长的主要力量来源于基础设施投资和房地产开发投资两大领域。二是项目资金到位率仍不高。全年云南省计划总投资 5 000 万元及以上项目本年资金到位率回落 18.0 个百分点。三是民间投资流向引导还需加强。

2. 工业经济增长内生动力不足，保持“稳增长”压力突出

一是固定资产投资增速回落对工业品需求造成较大影响。2018 年以来，云南省固定资产投资增速持续回落，对相关工业品需求降低，企业产出受到较大影响。二是烟草行业减产压力较大。受烟草行业卷烟产量调减影响，全年卷烟产量同比减少较多。自 2015 年以来，全省年度卷烟产量已经连续 3 年负增长，预计 2019 年国家控烟形势依然严峻，卷烟生产仍将面临较大的减产压力。三是石油产业的拉动作用将持续减弱。由于上年同期基数代入，石油加工及其他燃料加工业增加值增速继续回落，石油炼化行业对工业经济增长的拉动作用已呈回落迹象。四是工业投资保持持续加快增长的压力较大。工业企业贷款规模持续收缩，后续工业投资增长将缺少大项目支撑。

3. 企业经济运行面临诸多问题和困难

一是企业转型升级压力仍较大。一方面，各项成本上升使得企业发展受到严重影响。全年云南省企业营业总成本高达 10 203.96 亿元，同比增长 18.8%，且营业总成本的同比增速高于营业收入的同比增速 0.6 个百分点。另一方面，资源环境约束不断增强迫使企业需要进行转型升级。企业创新投入不足导致转型升级困难重重。全年云南省企业研发投入 20.5 亿元，仅占营业成本的 0.2%。二是提质增效仍处于攻坚期。企业盈利能力与营运能力不佳，受人才、技术和资金等制约，企业提质增效进程缓慢。三是企业成本上升较为突出。全年云南省企业财务费用 511.1 亿元，同比增长 16%。

企业收支矛盾短期内难以克服，企业各项支出持续增加，运营成本不断攀升。

二、银行业

（一）银行业运行

1. 资产负债规模增速放缓，股份制机构延续下滑趋势

2018 年，云南省银行业金融机构总资产 40 935. 47 亿元，同比增长 2. 73%，较上年末回落 6. 03 个百分点；全省银行业金融机构总负债为 39 438. 97 亿元，同比增长 2. 42%，较上年末回落 5. 73 个百分点。其中，大型国有商业银行资产同比增长 5. 3%，较上年末回落 2. 02 个百分点；股份制商业银行资产同比下降 7. 22%，在上年下降的基础上继续回落；地方法人金融机构资产总额 17 900. 84 亿元，同比增长 18. 71%。中小地方法人金融机构数量和市场份额继续上升，竞争程度进一步提高，地方法人金融机构资产同比增速高于银行业资产增速 16. 29 个百分点，地方法人银行业金融机构资产占比 43. 73%，较上年末提高 5. 89 个百分点。

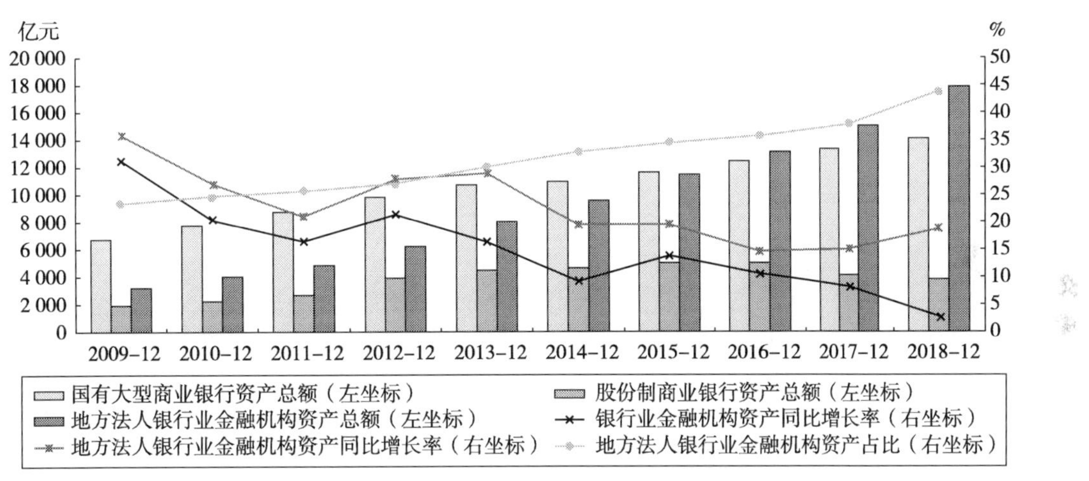

数据来源：中国银行业监督管理委员会云南监管局。

图 3　2009—2018 年云南省银行业金融机构资产变化情况

相较地方法人银行业金融机构资产规模不断增长，占比持续上升，股份制银行资产负债指标却表现为全面下滑。10 家股份制商业银行中七成机构资产和负债同比均为负增长，其中中信、浦发和平安银行资产和负债下降幅度均在 20 个百分点以上。

2. 存款增速继续回落，法人机构对存款拉动效应减弱

2018 年，云南省金融机构本外币各项存款余额 30 740. 84 亿元，较上年末增加 580. 1 亿元，同比增长 1. 92%，较上年末回落 6. 1 个百分点，增速为 5 年来最低。从机构类型看，除国有商业银行和城市商业银行外，其他类型机构存款均表现为同比下降，其中政策性银行、股份制商业银行、农村金融机构存款分别同比减少 17. 59 个、3. 16 个和 0. 35 个百分点，3 家政策性银行存款同比下降均超过 16 个百分点，股份制银行中浦发银行连续两年同比降幅超过三分之一；地方法人金融机构存款增速放缓，同比微增 0. 6 个百分点，相比上年末回落 11. 64 个百分点，对于全省金融机构存款总量增长的拉动作用大幅减弱。

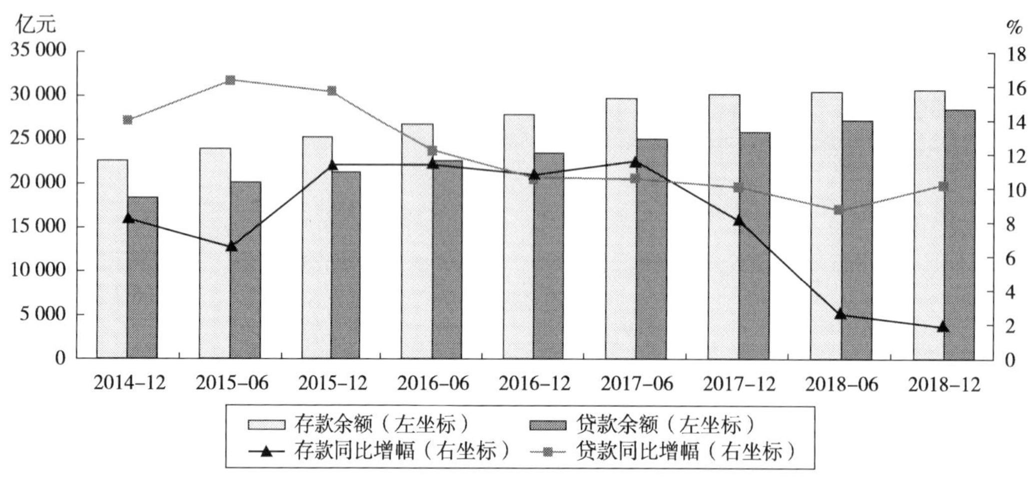

数据来源：中国人民银行昆明中心支行。

图4　2014—2018年云南省金融机构存贷款变化情况

3. 供给侧结构性改革的金融支持力度加大，助推经济转型升级

在存款增长持续回落的背景下，全省金融机构支持供给侧改革的力度不断加大，全年云南省金融机构本外币各项贷款余额28 485.69亿元，同比增长10.16个百分点。产业政策融合促进全省新旧动能转换，产业贷款余额18 393.21亿元，同比增长4.7%。其中，中长期制造业贷款同比增长7.9%，比中长期工业贷款平均增速高7.5个百分点，装备制造业、汽车制造业、信息服务业中长期贷款同比增速分别达16.7%、53.4%和164.2%，六大高耗能行业中长期贷款同比增长仅1.9%。

4. 大力支持实体经济发展，金融服务受益面不断扩大

2018年，云南省银行业继续加大对实体经济的金融支持力度，聚焦经济社会薄弱环节，助推全省脱贫攻坚。一是小微企业贷款“增量扩面”，融资问题边际改善。全年云南省本外币口径小微型企业贷款余额5 276亿元，同比增长7.78%；剔除政府投融资平台的小微型企业贷款余额5 126.82亿元，同比增长9.91%。二是精准扶贫贷款继续加大。全年云南省金融精准扶贫贷款余额为2 948.7亿元，排名全国第3位，同比增长10.63%，高于同期全省各项贷款平均增速0.22个百分点，贫困地区信贷投入持续增加；45.5万建档立卡贫困人口获得直接信贷支持；产业精准扶贫贷款带动建档立卡贫困人口达52.98万人（次），金融服务受益面不断扩大。

5. 机构改革持续推进，着力提高发展质量

2018年，云南省银行业进一步深化改革创新力度，国家开发银行、进出口银行、农业发展银行云南省分支机构根据改革方案积极强化自身职能定位，合理界定业务范围，加大对重点领域和薄弱环节的支持力度；大型国有商业银行进一步优化网点布局，提高县级网点覆盖率；云南省农业银行“三农金融事业部”试点改革全面推进，金融支持“三农”和县域经济发展力度不断加强。地方法人金融机构改革稳步推进，“按照成熟一家，改制一家”的原则，17家农村信用社县级联社改制为农村商业银行。截至2018年末，云南省共有43家农村信用社县级联社改制为农村商业银行。

（二）需要关注的方面

1. 资产质量下降压力有所缓解，但部分机构和地区不良率仍然高位运行

2018年，云南省银行业加大风险防范和不良资产处置力度，资产质量有所提升，但整体情况仍

不容乐观，截至2018年末银行业不良贷款余额和不良贷款率实现双降：不良贷款余额831.72亿元，同比减少29.14亿元，不良贷款率2.91%，同比下降0.41个百分点。分机构类型来看，大型商业银行和股份制商业银行不良贷款率环比略有下降，但其中个别机构风险应引起关注；城商行不良贷款余额和不良贷款率双升，不良贷款余额58.29亿元，资产质量有所下降；农村金融机构不良贷款余额328.17亿元，比年初减少53.77亿元，不良贷款率5.67%，资产质量改善有限；村镇银行不良贷款余额11.81亿元，不良贷款率5.35%，整体上资产风险仍较为明显。从区域分布看，丽江、曲靖、临沧和德宏不良率较高，分别为10.87%、7.82%、6.02%、5.15%。资产质量持续下降给银行带来的经营压力不断增加，对银行的资本和利润造成侵蚀，削弱银行对风险的抵御和处置能力。截至2018年末，云南省银行业累计计提各项资产减值损失准备1 258.73亿元，较年初增加157.09亿元。

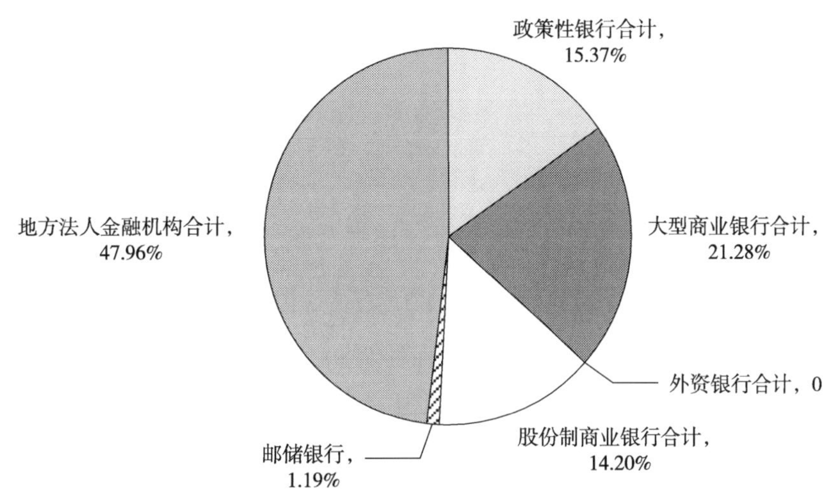

数据来源：中国银行业监督管理委员会云南监管局。

图5 2018年云南省银行业不良贷款构成

2. 地方法人金融机构资本充足率略有下降，风险防控压力仍较大

2018年，云南省地方法人金融机构积极贯彻落实新资本管理政策，通过多种方式补充资本，资本充足水平在资产质量持续下降情况下仍然保持相对高位运行。全省地方法人金融机构资本充足率和核心一级资本充足率均保持在11.47%以上，仍然高于监管标准1.37个百分点；农村金融机构由于潜在不良贷款暴露，资本充足下降水平较为明显，有15家农村金融机构资本充足率低于10.1%，其中7家资本充足率为负数。

2018年12月，云南省共有60家地方法人金融机构风险监测指标不达标。其中，38家地方法人金融机构不良贷款率高于5%，不良贷款率最高的2家分别为60.90%和60.42%。拨备覆盖率低于100%的金融机构有18家，拨备覆盖率最低的2家分别为4.95%和27.33%。单一客户授信集中度高于15%的金融机构有18家，单一客户授信集中度最高的2家分别为844.05%和262.67%。资本充足率低于10.1%的金融机构有21家，核心资本充足率低于7.1%的金融机构有16家，其中两项指标均为负的金融机构有7家，风险防控压力较大。

3. 企业债务和违约风险仍是风险防控的主要着力点

负债过高是实体经济债务风险的主要根源，企业债务规模增速高于产值增速，财务成本增速高于效益增速，导致债务违约事件频繁出现，企业风险对金融体系的传导仍然是风险防控的主要着力

点。2018 年以来，全省企业（含大型、中型、小型和微型企业）不良贷款余额在全省金融机构不良贷款余额中的占比一直高于 60%，企业风险对金融体系的传导仍然是第四季度风险防控的主要着力点。经济结构调整的影响，加大了金融体系对企业风险传导延续性。小微企业不良贷款增长态势严峻，截至 2018 年第四季度末，小微企业不良贷款余额 271.61 亿元，不良贷款率 4.61%，在整体不良贷款余额中的占比为 32.66%，持续高位运行；大型企业风险持续暴露，2018 年末，部分大型企业全面违约进一步削弱全省金融机构资产质量。

4. 表外业务①规模反弹

在金融监管部门对资管产品加强约束后，全省金融机构表外业务出现明显下降，2018 年 1 月末表外业务规模相较 2017 年末减少 78%，但 2018 年中以后，表外业务规模持续增长。2018 年第四季度末，全省银行业纳入统计的表外业务规模 29 140.06 亿元，相当于总资产的 71.19%，回到了 2017 年末的水平（2017 年末为 29 219.72 亿元，在资产中的占比为 73.33%）。大量表外业务为长链条、跨行业、跨市场、结构复杂的产品，由于监管困难、监管协调不足等原因出现标准不一和监管真空，表外综合融资的快速增长可能对表内贷款形成挤出效应，表内外风险可能出现交叉传染。表外业务规模反弹需要加以密切关注。

三、证券期货业

（一）证券期货业运行

2018 年云南省证券期货业紧密围绕服务实体经济，加强政策宣传和市场培育，推进企业上市挂牌，区域性股权市场建设，推动云南多层次资本市场加快发展，直接融资供给呈现持续加强和改进的良好态势，总体运行平稳。

1. 全力推进发展和利用资本市场改革，多层次资本市场建设取得新发展

2018 年，云南企业通过交易所市场新增直接融资 447.97 亿元，居西部第 4 位，全国第 19 位。一是贫困地区企业 IPO 取得突破。全年共有 2 家上市公司、13 家挂牌公司实现股票融资 69.35 亿元，居西部第 6 位、全国第 21 位。迪庆藏族自治州华致酒行连锁管理股份有限公司首次公开发行股票申请通过证监会发审委审核，成为云南省借助资本市场扶贫政策成功上市的首家贫困地区企业。二是债券产品不断创新。云南企业累计通过交易所市场发行 38 只公司债和资产证券化产品实现债券融资 378.62 亿元，居西部第 4 位、全国第 17 位。成功发行全国首单绿色扶贫资产支持证券、社会责任—扶贫公司债等债券创新产品。三是证券期货业服务实体经济能力进一步提升。云南证券市场累计交易额 22 388.39 亿元，新增资金账户数 241 623 户。期货市场累计交易额 17 044.42 亿元，新增期货账户数 2 081 户。截至 2018 年末，云南共有证券期货经营机构 223 家（其中证券公司 2 家、期货公司 2 家），完成登记的私募基金管理人共 100 家，备案基金 161 只，管理资金规模 885 亿元，较 2017 年末增加 261 亿元。

2. 加强与国家战略的对接，资本市场服务经济社会高质量发展取得新成效

2018 年，云南共有 2 家/次上市公司实施重大资产重组涉及交易金额 105.3 亿元，新增新三板挂

① 表外业务包括承兑汇票、不可撤销承诺、非保本理财、委托贷款、委托投资、代理代销、资产托管。

牌公司5家，挂牌公司数量达到94家，居西部第4位，14家入围创新层居西部第2位。云南30家证券期货经营机构开展扶贫项目，涉及资金8 694.11万元；两家证券公司在2018年中国证券期货业扶贫工作表彰大会上荣获最佳精准脱贫项目等奖项。14家证券期货公司结对帮扶云南24个国家级贫困县。持续推动“保险+期货”扩大试点规模，云南获批天然橡胶“保险+期货”项目现货交易量5.6万吨，专项支持资金5 040万元，涉及12个国家级贫困县；获批白糖“保险+期货”项目现货交易量8.8万吨，专项支持资金1 381万元。

（二）需要关注的方面

1. 直接融资规模持续扩大的后续动能不足，推动企业上市和挂牌的基础性工作亟待加强

在目前IPO审核常态化情况下，云南IPO在审企业仅为2家，与发达地区相比差距较大；除在审企业外，全省仅有4家拟上市辅导备案企业且质量一般，上市后备企业面临断档的可能，新三板挂牌公司的新增速度也呈现放缓趋势，后备上市资源不足、质量不高仍是制约云南省多层次资本市场加快发展的突出问题。同时，云南省缺乏推动企业上市、挂牌统一高效的制度安排，各部门在企业上市融资和发行债券协调工作方面运转不畅。由于上市公司数量较少，直接融资规模也相对较小，资本市场对经济发展的支持力度不够。

2. 上市公司整体再融资能力不强，未充分利用资本市场优化资源配置

云南上市公司两极分化严重，整体再融资能力不强，部分公司缺乏持续融资快速发展能力，未充分利用资本市场优化资源配置。云南省筹划并购重组的上市公司较多，但成功完成的较少，上市公司通过并购重组转型升级做优做强的典型案例较少。云南上市公司主要集中在有色金属、化工、房地产等传统产业，具有成长性、创新型的高新技术企业较少；与建设面向南亚东南亚辐射中心密切相关的交通、物流、文化等产业上市公司尚属空白；旅游文化、绿色资源等云南优势资源资本化程度仍然较低，资本市场助推产业结构调整和新兴产业发展的作用发挥不够。

3. 退市、债券违约、私募基金运作不规范等风险凸显

受经济转型、行业低迷等多种因素的影响，云南部分上市公司、挂牌公司出现不同程度的经营困难，少数公司甚至陷入持续困难，公司自身化解风险的手段和能力也在逐步下降，经营问题转化为违法违规行为的风险凸显。个别上市公司已被退市，面临较大的维稳风险。一些上市公司业绩回升的基础仍不牢固，仍需关注盈利水平下滑、经营压力不减、杠杆水平较高等问题。个别挂牌公司也因持续经营或盈利能力不足，主动摘牌或被强制摘牌。部分企业高杠杆经营，负债多、业绩差，资金链断裂和债务违约风险凸显，个别债券发行人出现债券兑付风险。部分私募基金日常管理和运作不规范，存在变相公开募集、违规代持、“名股实债”等违法违规行为，甚至涉嫌非法集资，隐含较大的风险隐患，个别私募股权基金出现兑付风险等。

四、保险业

（一）保险业运行

2018年，云南省保险市场呈现增速回调、结构优化、质量提升的良好态势，支持云南省社会经济稳步发展。但国内外经济形势依然复杂严峻，云南省保险业发展仍然面临一些问题和新挑战。

1. 行业实力稳步提升，保费增速好于全国

2018 年，云南省保险公司总资产 1 012 亿元，较年初增加 109.5 亿元。全省共有保险公司法人机构 1 家，省级分公司 41 家，其中当年新开业 1 家，外资保险省级分公司 2 家。州市级中支及以下机构 2 740 家，实现 129 个县区全覆盖。全省累计实现原保险保费收入 667.99 亿元，保费规模排名全国第 21 位，西部地区第 4 位。保费增速 8.92%，排名全国第 16 位，高于全国平均 5 个百分点。其中，财产险公司保费收入 302.54 亿元，同比增长 8.23%，人身险公司保费收入 365.45 亿元，同比增长 9.5%。

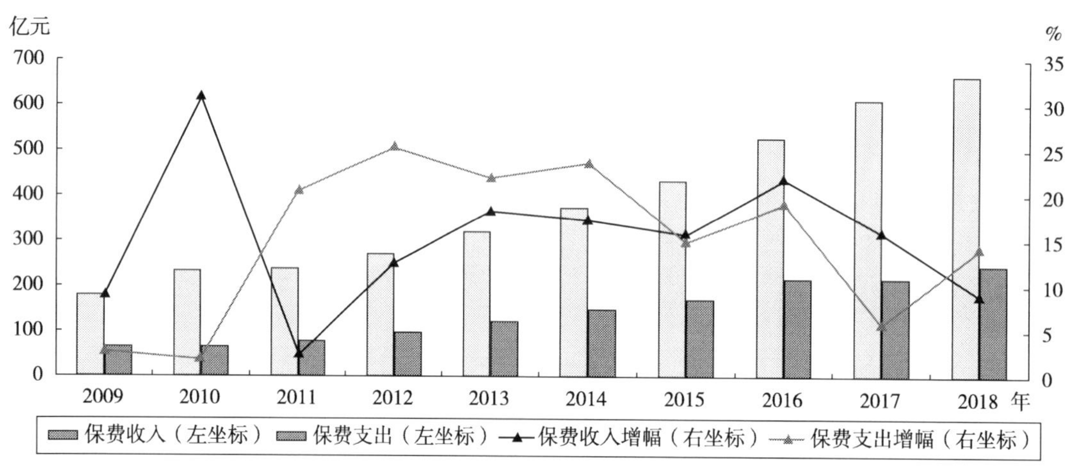

数据来源：中国保险监督管理委员会云南监管局。

图 6　2009—2018 年云南省保费收支增长情况

2. 结构转型明显提速，保障不断提升

云南省保险业财产险综合成本率低于全国平均 3.96 个百分点；人身险公司寿险业务新单期缴率高于全国平均水平 12.87 个百分点，保险业务可持续性增强。云南保险业为全省工程建设、对外贸易、人身意外提供各类风险保障 44.25 万亿元。各项赔款给付同比增长 14.01%，与群众生活和人身健康相关的机动车辆保险、健康保险赔付支出分别同比增长 15.42% 和 18.82%。

3. 创新机制，助推脱贫攻坚

深入推进保险服务高原特色农业和“一村一品、一县一业”发展，为大理、玉溪、保山等 9 个州市的 101.63 万贫困人口提供“财产 + 人身”的 490 亿元风险保障。全省补充医疗保险项目已达 15 个，覆盖 106.99 万贫困人口。全省沿边行政村群众人身意外伤害保险项目使 305 个沿边行政村的 81.27 万居民，获得 1 015.75 亿元的意外伤害保障。“儿童保险礼物”公益项目在云南落地，为 29.25 万名贫困儿童提供 193 亿元重大疾病、住院医疗保险保障。运用保险增信机制和保险资金“支农支小”模式帮助贫困地区获得资金支持，2018 年新增放款项目 474 笔 3 257 万元。

（二）需要关注的方面

总体来看，保险业仍然处在难得的发展机遇期，但随着我国经济步入新常态，云南省保险业仍存在以下问题需要关注，一是适应经济新常态，实现高质量发展能力亟须提升。云南省地处沿边经济欠发达地区，保险业整体规模小，覆盖面低，功能作用尚未得到充分发挥，需要进一步增强行业创新发展动力，提供完善多样化、个性化的产品服务，进一步提升服务实体经济能力。二是防控风

险能力仍需加强，在稳步拓展保险业务的同时，保险机构加强风险发现识别能力，增强处置风险能力，加强流动性风险管理和监测水平还需进一步提升。三是对消费者权益保护仍需加大，自媒体日益成为推介保险产品、介绍保险服务、宣传保险理念的重要渠道，但由于自媒体渠道参与门槛低，发布主体多、审核信息弱、不实信息传播快，已经成为保险销售误导、不实信息传播的高发领域，不同程度的损害保险消费者权益。需要保险机构进一步加强合规意识，加强从业人员合规教育和职业道德培训，切实维护保险消费者合法权益。

五、金融基础设施

（一）金融基础设施运行

1. 支付清算体系建设不断完善，社会信用体系建设持续推进

2018 年，云南省各类支付系统继续保持连续稳定运行。云南省支付系统处理业务笔数同比减少 2.42%，清算资金同比增长 15.69%；以推动“一带一路”建设为方向，稳妥推进境外边民账户服务平台建设工作，促进国际金融友好合作；人民银行柜台服务延伸至金融机构，全省共有 179 家金融机构完成中央银行会计核算数据集中系统（ACS）综合前置系统建设接入工作；创新农村多样化支付服务发展模式，全年累计完成 6 100 个普惠服务站的建设任务。征信系统覆盖面进一步扩大，全年为全省金融机构提供信用报告查询 874.41 万次，实现不良贷款清收 2.37 万笔、金额 24.90 亿元，拒绝企业授信、个人贷款和信用卡申请 57.66 万笔、金额 391.67 亿元；在政府部门贷款贴息、项目审核、评优评先资格审查等方面，以及公众求职、商业合作等领域，分别为政府部门和企业个人提供信用报告查询服务 1 849 次、124.27 万人次。

2. 反洗钱成效显著，全面推进反假货币工作

2018 年云南省人民银行积极协助有关部门调查涉嫌洗钱及案件线索，全省共分析处理重点可疑线索 512 份，开展行政调查 112 次，向总行或有权部门移送可疑案件线索 50 条，获立案侦查 5 条。共协查案件 206 起，开展行政调查 2 960 次，涉及交易金额 3 700 余亿元。协助破获案件 18 起，涉及金额 20 余亿元。挖掘“洗钱罪”判决案件 1 起，推动“掩饰、隐瞒犯罪所得犯罪”立案、批捕、起诉 1 起，有效增强了反洗钱调查协查工作影响力。2018 年全省人民银行共收缴假人民币 232 548 张，合计金额 18 533 095 元，同比下降 1.96%。联合公安部门开展打击整治假币违法犯罪专项行动，全省银行业金融机构按专项行动要求报警 58 次，公安机关按要求出警 58 次，全省假币立案数 66 起，采取强制措施人数 91 人，破获假人民币案件 42 起，假美元案件 4 起。

（二）需要关注的方面

随着信用环境建设力度的加大，征信市场发展中需要关注以下问题：一是部分未向当地人民银行备案的机构从事企业征信业务，业务开展游离于监管之外，对征信市场带来负面影响。二是部分机构提供的服务非严格意义上的征信服务，但却以征信机构的名义开展，误导市场主体对征信业务的判断和认识，影响市场秩序。三是部分机构非以独立、客观第三方开展业务，按照市场主体要求提供服务，损害市场公信力。

六、稳定评估

（一）定量评估

运用区域金融稳定定量评估模型对2018年云南省金融稳定状况进行定量评估，基于评价指标的可比性和可获得性，从宏观经济运行、银行业、证券业、保险业和金融生态环境五个方面选取了27个指标进行量化评价。从定量评估的结果来看，受银行资产质量改善、保费收入继续增长的影响，云南省金融稳定状况综合得分79.11分，较上年上升0.66分，属于“B类地区较好地区+”。从具体指标变动来看，固定资产投资增长率等17项指标与上年持平，地区生产总值增长率等4项指标较上年继续改善，第三产业增加值增长率等6项指标较上年下降。从分项指标看，宏观经济运行方面，地区生产总值增长率较上年继续改善，宏观经济得分较上年上升0.93分；银行业方面，资产质量有所改善，资本充足率、利润率指标保持稳定，得分较上年上升0.81分；证券业方面，整体市场不景气，得分较上年下降0.44分；保险业方面，保费收入继续增长，得分较上年上升1.2分；金融生态环境方面，银行服务密度和征信数据库覆盖率继续改善，但金融债权案件执行面临较多困难，得分较上年下降0.15分。

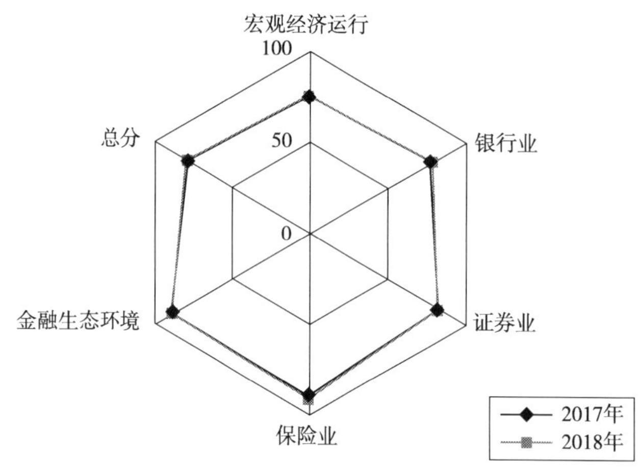

图7　2017年和2018年云南省金融稳定定量评估情况

（二）总体评估

2018年，云南省经济运行继续保持持续向好态势，全年实现GDP增速排名全国第三名，工业经济平稳较快运行，固定资产投资和消费市场快速增长，对外贸易持续回升，金融运行总体稳健，云南省经济运行呈现总体平稳、转型加快、质量提升的良好发展态势。同时也存在固定投资增速继续处于放缓通道，投资增长面临更多不确定性的现实问题，全省工业经济增长内生动力不足，固定资产投资增速回落对工业品需求带来一定影响，企业转型升级压力仍较大。2018年云南省经济运行总体平稳，经济向好态势对有效化解企业债务，减轻银行违约风险起到良好的推动促进作用，全省金融机构整体资产质量下降压力有所缓解。但部分行业、领域和地区的风险仍处于高发期，部分股份制银行和城商行风险防范压力上升，资产质量风险防范压力仍然较大。证券期货市场总体运行平稳，但也存在着直接融资规模持续扩大的后续动能不足，资本市场优化资源配置利用不够充分等问题。保险业实现高质量发展能力亟须提升，防控风险能力仍需加强。总体来看，云南省经济金融呈现经济发展平稳向好、金融业规模日益扩大、支持实体经济发展能力不断提高的良好局面，区域金融在改革发展创新中继续保持稳健运行。

中国人民银行昆明中心支行金融稳定分析小组

组　长：李　波

成　员：段　云　雷一忠　芦江波　洪丕莉　李　捷　穆海韬

乔政府　吕　华　杨长明　王　森　陈志平

《云南省金融稳定报告（2019）》编写组

总　纂：李　波

统　稿：段　云　杨百昕

执　笔：许黎华

其他参与写作人员（以姓氏笔画为序）：

张建伟　朱　可　李雁东　沈姗姗　和治臣　和淑华

杨信信　胡祥文　康晓虹　雷　波

西藏自治区金融稳定报告摘要

2018年，西藏自治区深入贯彻落实习近平新时代中国特色社会主义思想和党的十九大、十九届二中、三中全会以及中央第六次西藏工作座谈会精神，坚决贯彻落实习近平总书记治边稳藏的重要论述和一系列中央指示、批示精神，按照自治区第九次党代会的安排部署，统筹推进“五位一体”总体布局和协调推进“四个全面”战略布局，坚持稳中求进、进中求好、补齐短板的工作总基调，以供给侧结构性改革为主线，以处理好“十三对关系”为根本方法，认真落实稳增长、促改革、调结构、惠民生、防风险等各项措施，全区经济保持了稳中向好的发展态势，经济结构持续优化；全区金融保持平稳健康运行，金融服务实体经济能力继续增强。

一、区域经济运行与金融稳定

2018年，西藏经济结构持续优化，消费价格涨幅控制在合理范围内，城乡居民可支配收入大幅增长，财政收支较快增长，进出口贸易实现顺差，全区经济保持平稳较快增长的态势。

（一）区域经济运行情况

1. 经济保持平稳较快增长

2018年，西藏经济运行平稳，全区实现生产总值1 477.63亿元，同比增长9.1%，较全国经济增速高出2.5个百分点。其中，第一产业增加值130.25亿元，同比增长3.4%；第二产业增加值628.37亿元，同比增长17.5%；第三产业增加值719.01亿元，同比增长4.1%。一般公共预算收入230.29亿元，同比增长23.9%；社会消费品零售总额达597.58亿元，同比增长14.2%；居民消费价格涨幅为1.7%，主要经济指标基本实现预期目标，各项增速和控制指标均走在全国前列。

2. 人民生活水平大幅改善

2018年，西藏城乡居民人均可支配收入分别为33 797元和11 450元，同比增长10.2%和10.8%。城镇新增就业5.4万人，城镇调查失业率4.6%，高校应届毕业生实名制就业率达到86%以上，超过一半的学生通过市场实现就业。社会保障力度加大，城乡最低生活保障标准分别上调至每人每月750元、每人每年4 450元。

3. 财政收入和支出保持较快增长

2018年，西藏实现地方财政收入319.42亿元，同比增长23.3%；地方财政支出2 082.48亿元，同比增长17.8%，其中，农林水事务支出同比增长38.4%，交通运输支出同比增长80.0%，财政支出向基础设施建设等方面倾斜。

4. 金融业对经济增长的贡献保持稳定

2018 年，西藏实现金融业增加值 118.07 亿元，同比增长 3.5%，占全区生产总值的比重为 7.9%，拉动经济增长 0.27 个百分点，对经济增长的贡献率为 3.5%。

5. 进出口贸易实现顺差

2018 年，西藏实现进出口贸易总额 47.52 亿元，同比下降 19.0%，其中，出口额为 28.57 亿元，同比下降 2.5%；进口额 18.95 亿元，同比下降 35.4%。全区对外贸易进出口实现顺差，顺差额为 9.62 亿元。2018 年，全区涉外收支总额为 7.95 亿美元，同比下降 19.21%。其中，涉外收入 1.84 亿美元，同比增长 57.26%；涉外支出 6.11 亿美元，同比下降 29.53%。涉外收支逆差额 4.27 亿美元，较上年同期大幅下降 43.07%。

6. 社会融资渠道趋向多元化

从融资总规模看，西藏金融业支持实体经济力度继续加大。2018 年末，全区社会融资规模存量达 5 951.3 亿元，同比增长 10.02%。从融资结构看，人民币贷款稳定增长，表外融资有所下降，人民币贷款增量较同期增长 12.72%，信托贷款增量较同期下降 3.91%，未贴现银行承兑汇票增量较同期增长 129.31%。企业债券融资规模有所扩大，年末融资余额 100.5 亿元。

（二）区域经济运行中值得关注的问题

2018 年西藏经济稳定健康运行，但仍存在以下问题需要关注：西藏经济总量小，实体经济小散弱，市场主体发育不充分，民营企业实力不强。部分企业生产经营困难，科技、人才支撑亟待增强，发展环境有待优化。经济发展过度依赖投资，长期依赖于高投资率，投资边际效率递减，消费对经济的拉动作用有限，导致经济发展内生增长动力不足。产业基础薄弱，总体为“三二一”的产业结构，但呈现“一产弱、二产散、三产层次低”的特征。

二、金融业与金融稳定

2018 年，西藏金融业深入贯彻党的十九大、全国第五次金融工作会议以及中央、全区经济工作会议精神，紧紧围绕稳中求进工作总基调，围绕“服务实体经济、防范化解金融风险、深化金融改革”三大任务和防范化解重大风险攻坚战，牢固树立新发展理念，狠抓稳增长、调结构、强支撑、促改革、惠民生、保稳定、防风险等各项措施，全年全区金融保持平稳健康运行，金融服务实体经济能力继续增强，区域性和系统性风险得到有效防控，对全区经济社会由高速增长向高质量发展转变发挥了重要支撑作用。

（一）银行业与金融稳定

1. 银行业机构持续增加，组织体系不断完善

截至 2018 年末，西藏辖区共有银行业金融机构 17 家，其中银行机构 15 家、信托公司 1 家、金融租赁公司 1 家；法人机构 5 家；共有各级银行业分支机构 717 家。较上年末新增 1 家股份制银行分支机构，1 家地方法人银行机构，本年累计新增 17 家机构网点，进一步丰富了区内银行业金融机构组织体系。

2. 资产负债规模稳步扩大，盈利能力下滑明显

截至 2018 年末，西藏银行业金融机构总资产 7 053.14 亿元，同比增加 431.77 亿元，增长

6.52%；总负债6 817亿元，同比增加396.8亿元，增长6.18%；2018年，全区银行业金融机构实现净利润73.47亿元，同比减少29.33亿元，下降28.53%。

3. 贷款投放保持合理增长，中长期贷款占比仍较大

截至2018年末，西藏银行业金融机构本外币各项贷款余额4 555.74亿元，同比增长12.66%。从贷款期限来看，中长期贷款余额3 649.93亿元，同比增加225.60亿元，增长6.59%，占各项贷款余额的80.10%，较上年末下降4.63个百分点，中长期贷款占比仍较大。

4. 各项存款小幅下滑，存款活期化仍然显著

截至2018年末，西藏银行业金融机构本外币各项存款余额4 934.62亿元，同比下降0.49%。从存款类别来看，住户存款余额925.95亿元，同比增长4.39%，其中活期存款余额670.53亿元，同比增长6.12%，占住户存款余额的72.41%，较上年末上升1.39个百分点，存款呈活期化趋势，存款活期化仍然显著。

5. 信贷投向重点突出，扶贫领域金融供给不断增强

2018年，西藏金融机构紧密围绕全区经济发展方向，信贷投向重点突出，金融包容性不断增强。截至2018年末，全区小微企业贷款余额1 502.71亿元，同比增长21.85%，非公经济贷款余额为564.6亿元，小微企业和非公经济贷款保持较快增长。涉农贷款余额1 398.35亿元，同比增长18.70%，涉农贷款持续稳步增长。全区精准扶贫贷款余额1 405亿元，同比增长11.16%，占全区贷款总规模的28.47%，是2018年全区GDP规模的95.08%，投入力度居全国首位。2018年末，绿色贷款余额652.95亿元，同比增长19.87%。

6. 资产质量总体较好，不良贷款略有反弹

截至2018年末，西藏银行业机构不良贷款余额15.28亿元，同比增加2亿元，不良贷款率0.34%，同比增长0.01个百分点。全区银行业金融机构关注类贷款余额35.46亿元，同比下降10.79亿元。

7. 地方法人银行业机构健康运行，盈利能力有所下降

2018年，西藏地方法人银行业机构无重大风险事件发生，保持平稳健康运行。截至2018年末，全区5家地方法人银行业机构[①]资产总额1 148.30亿元，同比增长25.59%；负债总额979.11亿元，同比增长24.92%；本外币各项存款余额414.27亿元，同比下降15.65%；各项贷款余额717.71亿元，同比增长39.61%。2018年，全区地方法人银行业机构累计实现净利润16.08亿元，同比下降32.37%。

（二）证券期货业与金融稳定

1. 证券期货业主体日益丰富，法人机构利润水平大幅提高

截至2018年末，西藏共有证券期货业金融机构30家，较上年末减少1家，其中证券法人机构2家，证券分支机构26家，期货分支机构1家。此外，公募基金管理公司3家[②]。2018年末，辖区26家证券分支机构合格资金账户数2 705 797户，代理买卖证券款69.97亿元，同比增长20.76%。累计证券交易量36 251.17亿元，同比增长18.57%。法人机构实现营业收入26.55亿元，实现净利润15.79亿元，同比增长47.43%。

---

① 五家法人银行业机构为：西藏银行、林芝民生村镇银行、堆龙民泰村镇银行、西藏信托和西藏金租。

② 2018年获批2家，尚未正式营业。

2. 基金管理业务快速发展，管理规模不断增长

截至2018年末，泓德基金管理有限公司管理资产规模368亿元，其中，管理公募基金产品22只，同比增加2只，管理规模208亿元；管理专户产品14只，同比增加2只，专户总份额管理规模160亿元。已在中国证券投资基金业协会进行登记备案的各类私募基金管理机构231家，同比增加4家，管理基金1 193只，同比增加180只，管理基金规模2 625亿元，同比增长17.08%。

3. 上市公司数量稳步增加，经营状况持续向好

截至2018年末，西藏辖区共有A股上市公司17家，较上年增加2家。2018年，辖区上市公司股票市场累计募集资金44.57亿元，同比增长180.49%；其中，首发筹资金额27.08亿元，同比增长678.16%，再筹资金额17.49亿元，同比增长40.93%。截至2018年第三季度末[①]，辖区A股上市公司总资产为746.85亿元，同比增长25.19%；实现营业总收入247.16亿元，同比增长33.96%；实现净利润43.87亿元，同比增长36.62%。

（三）保险业与金融稳定

1. 保险业机构日益丰富，组织体系逐步完善

截至2018年末，西藏辖区有地方法人保险公司1家，省级分公司10家；其中财产险分公司7家，人身险分公司3家；各级保险机构74家，同比增加2家；西藏保险业机构日益丰富，组织体系逐步完善。

2. 保费收入不断增长，赔付能力显著提升

2018年，西藏保险市场实现原保险保费收入33.45亿元，同比增长19.41%，增速较全国平均水平高15.49个百分点，增速全国排名第一。全区保险机构累计赔付支出18亿元，同比增长46.06%，较全国平均水平高35.23个百分点。

3. 保险覆盖面持续扩大，农业保险保障能力不断提高

2018年，西藏保险覆盖面持续扩大，大病保险和大额补充医疗保险已实现了城镇职工、城镇居民、农牧民全覆盖，农险已实现地域、险种、责任全覆盖，并积极推动巨灾保险实施落地。2018年，西藏农业保险保费收入5.63亿元，累计赔付超过4.83亿元，已实现了地域、险种、责任的全覆盖。保险费率大幅下降，保险金额不断提高，目前保障程度已达到或超过了内地省市的平均水平。

4. 保险市场发展日趋成熟，保险普及程度不断加深

2018年末西藏保险业市场保险密度为983.82元/人，较年初增加160元/人，增长19.42%；保险深度为2.39%，较年初增加0.25个百分点。保险业市场保险密度和保险深度呈增长态势，保险普及程度不断加深，全区保险业在地区经济中的地位不断提高，保险市场发展日趋成熟。

（四）新金融类金融与金融稳定

截至2018年末，西藏设有小额贷款公司56家，贷款余额22.89亿元[②]。截至2018年第三季度末，全区设有融资性担保公司15家，其中国有控股融资担保机构5家，民营融资担保机构10家，注册资本合计19.70亿元，在保余额14.03亿元。典当行12家，注册资本共计2.25亿元。融资租赁公

① 上市公司年报一般于次年4月公布，所以此处采用第三季度数据，数据来源于Wind数据库。

② 数据来自人民银行拉萨中心支行统计研究处统计的19家小额贷款公司的情况。

司5家。交易中心共4家[①]，其中天府联合股权交易中心由川藏两省（区）政府共建，是目前全国唯一一家跨省区的交易中心。1家资产管理公司，即海德资产管理公司。

（五）金融业中值得关注的问题

1. 银行业相关风险值得关注

一是宏观经济政策调整导致银行业机构盈利能力大幅下滑。2018年，中央及地方均出台了一系列重要文件，包括财金23号、60号，银发106号，藏政发22号等，均对西藏金融机构运行产生了一些影响，其中以财金60号文影响最大。受60号文影响，全区银行业金融机构普遍收缩信贷规模，市场流动性偏紧，机构盈利状况也有所下滑，部分机构甚至因此而出现亏损。截至2018年末，西藏银行业金融机构累计实现账面利润同比减少29.33亿元，下降28.53%。二是西藏银行业不良贷款余额及不良贷款率呈现“双升”态势。截至2018年末，全区银行业金融机构不良贷款余额为15.28亿元，较年初增加2亿元，不良率为0.34%，较年初上升0.01个百分点。三是银行业机构操作风险有所抬头，全区两家银行业金融机构分别出现相关业务人员涉及金融案件的事件，涉案金额1 000余万元，操作风险有所抬头。

2. 证券期货及私募基金行业风险有所增加

受资管新规的出台及资本市场行情波动影响，全区证券公司及上市公司风险隐患增多。证券公司股票质押式回购业务存在平仓风险，融资融券业务存在逾期及追保违约风险。13家上市公司存在大股东股票质押强制平仓风险，部分上市公司公司治理有待完善，1家上市公司存在违规担保诉讼事项。此外，辖区私募基金公司数量较多且募集资金规模较大，双双位于全国中上游，且多数机构本地注册异地经营，给相关监管工作带来极大不便，风险防控难度较大。

3. 保险业退保风险值得关注

西藏辖区寿险公司因行业发展转型，导致相关产品停售退保，且由于分红型寿险产品收益逐渐覆盖成本，投保人提前退保等原因，辖区非正常退保有上升趋势。2018年，西藏保险业共支出退保金2.27亿元，同比增长17.78个百分点，主要集中在寿险公司年金、分红产品。

4. 法人银行机构出现阶段性流动性紧张问题

2018年，由于存款集中度过高、财政专户清理、部分大客户集中走款等原因导致法人银行机构存款大幅下降，部分机构流动性指标出现阶段性不达标现象。截至2018年末，由于存款逐渐回笼、部分贷款到期收回、财政补贴逐渐到账等原因，辖区法人银行状况均有所好转，但相关流动性风险仍需高度关注。

5. 非法金融活动防控形势仍艰巨

2018年，全区出现各类不规范民间融资风险事件，输入性非法集资的风险和压力日益增大，举报线索和上级转办案件呈上升态势。全区涉众型经济犯罪案件较多，2018年，全区共接警电信网络诈骗刑事警情851宗，其中电信诈骗465宗，网络诈骗386宗。另外，西藏辖内某公司涉嫌伪造监管部门公文获取工商营业执照、伪造私募基金登记备案信息证明从事私募基金业务，利用私募基金产品销售方式进行非法集资活动。

① 天府四川联合股权交易中心、西藏产权交易中心、西藏商品交易中心、西藏锦绣商品交易中心。

三、金融基础设施与金融稳定

2018 年，西藏自治区金融基础设施建设不断稳固和完善，支付清算体系稳健运行，反洗钱、反假币工作不断深入，征信体系建设不断完善，普惠金融不断深入，对外合作不断加深，消费者保护不断增强，为维护辖区金融稳定提供了有力支持。

（一）存款保险工作有序推进

2018 年，人民银行拉萨中心支行以《存款保险条例》实施三周年为契机，组织全区银行机构走进学校、街道、社区、农村、医院集中宣传存保知识，并邀请西藏电视台、《西藏日报》、《西藏商报》、中新网等进行报道，有关负责人接受媒体采访，提升公众认知度。同时，首次组织开展投保机构存款保险核查工作，依法办理了西藏堆龙民泰村镇银行存款保险投保手续。全区存款保险各项工作有序推进，公民认知度进一步提升。

（二）支付清算体系高效运行

2018 年西藏辖区共有现代化支付系统各类参与者 249 个，其中直接参与者个数为 1 个、间接参与者 248 个。2018 年全辖大小额支付系统共处理业务 671. 78 万笔、金额 44 940. 18 亿元，同比分别增长 2. 01% 和 7. 57% 。直接参与者西藏银行从 2018 年 8 月加入网银系统以来，处理业务 3. 44 万笔、2. 47 亿元。全区非现金支付方式稳步发展，银行卡受理环境明显改善。微信支付、NFC 支付、网络支付等各类新型支付工具，覆盖经济社会发展的各个方面，提高支付效率。截至 2018 年末，全区累计发行在用的银行卡 692. 16 万张，同比增长 16. 29% 。ATM 终端 2 552 台、POS 终端 32 832 台、电话支付终端 6 117 台。全区累计升级改造 POS 机 22 053 台，2018 年新改造 14 213 台。以公交、菜市场、医院等八大场景建设为契机，改善辖内居民的支付环境，移动支付金额 2 510 亿元，同比增长 42% 。

（三）征信系统覆盖面不断扩大

征信系统采集的企业和个人信用信息已基本涵盖西藏金融机构各类信贷业务。截至 2018 年末，企业、个人征信系统分别收录企事业单位 8 117 户、自然人 144. 7 万人，同比分别增长 0. 25% 、4. 45% ，信用报告全年分别累计查询 7 037 次和 54 万次；共为 75 275 户发放机构信用代码证，同比增长 18. 31% 。中小企业信息系统建设工作稳步推进，中小企业信用信息系统已录入全区 55 802 家企业基本信息，较 2017 年底新增 1 481 家，增幅为 2. 72% 。农村信用体系建设全面开展，共发放农户贷款证 455 002 户，西藏农牧民贷款证发证面达到 93. 62% ，“四卡” 贷款余额为 200. 85 亿元，较年初增长 30. 69 亿元，“四卡” 不良贷款余额为 4 028 万元，不良贷款率为 0. 2% 。应收账款融资平台上线运行。截至 2018 年末，平台注册用户总数达 274 家，累计成交 64 笔、成交金额 227. 4 亿元，较 2017 年底分别增长 26% 、13% ，其中中小微企业、个体工商户融资笔数和金额分别占 63. 4% 和 66. 7% 。

（四）反洗钱工作深入开展

2018 年，西藏反洗钱部门接收可疑交易报告 41 份，启动反洗钱行政调查 10 起，涉及总金额为

882.1亿元；向自治区公安经侦总队移送可疑交易7份，向自治区税务局移送可疑线索5份，向自治区纪委移送1份。2018年，反洗钱配合相关部门开展案件与线索协查150起，其中立案28起，涉及金额29.52亿元。充分运用反洗钱行政调查手段，配合打击危害社会稳定的犯罪活动。西藏首例地下钱庄案于2018年4月宣判，全年发现涉及地下钱庄重点可疑交易线索7起，其中已向公安机关移送1起，涉及金额20 434.64万元。协助税务部门申请跨省协查15起，涉及账户557个，涉及交易数50万余笔，涉及金额4 441.2亿元。

（五）反假币工作成效显著

2018年，西藏银行业金融机构收缴假币70.4万余元，较上年同期减少11.4万余元，下降了13.9%，假币收缴量总体略微下降。收缴假币中100元假币占比最高，20元假币近两年增长趋势较为明显。2018年辖区破获假币案件2起。2018年6月在日喀则萨迦县破获一起持有使用假币案件，缴获假币16 810元，根据案件线索，首次在辖区捣毁假币窝点1家；2018年9月在那曲比如县破获一起贩卖假币案件，缴获假币7 300余元。

（六）国库信息化建设迈向新阶段

2018年，“二代TIPS”成功落地西藏，有力地推动了西藏辖区财税电子化迈向更高层次；全区现有12家商业银行、西藏银联接入TIPS，通过该系统收纳税收收入19.42万笔，同比增长81.16%；金额295.25亿元，同比增长93.51%；通过该系统收纳关税收入278笔，金额0.35亿元；通过该系统收纳非税收入28笔，金额315.1万元；通过该系统开启了退库业务电子办理新模式，办理7笔电子退库业务，金额0.11亿元。

（七）金融消费者权益保护工作不断加强

通过开展“3·15金融消费者权益日”宣传活动、“普及金融知识，守住‘钱袋子’”宣传活动、“金融知识普及月　金融知识进万家”暨“提升金融素养　争做金融好网民”等活动，开展地市推进金融知识进国民教育体系试点，多措并举，深化金融消费者教育和金融知识普及工作。组织金融机构开展年度金融消费权益保护评估、支付服务领域金融消费权益保护监督检查、辖区银行业金融机构消费权益保护工作情况调查、违规金融广告治理、金融产品干预等工作，强化落实，认真开展金融消费权益保护监督检查和评估工作。

（八）普惠金融建设深入推进

加强普惠金融发展的规划设计和协调。督导金融机构、协调地方各级政府部门做实做细《西藏自治区普惠金融发展规划（2016—2020年）》，使西藏社会各界共同分享金融改革发展的成果。稳步开展普惠金融指标体系建设和评估工作。组织西藏辖区各金融机构开展2016年度及2017年度51项普惠金融指标省级、地市级及县级数据的收集与填报工作，完成了全区普惠金融发展现状省级及地市级数据分析工作。研究建立西藏特色普惠金融指标，向全区印发《关于建立西藏辖区特色普惠金融指标的通知》（拉银办发〔2018〕110号），从多维度探索评估辖区普惠金融发展状况，切实掌握西藏辖区金融服务的覆盖率和可得性，为促进全区普惠金融均衡发展提供决策参考依据。

（九）对外金融合作不断加深

在人民银行总行统筹安排和自治区外事办的支持下，继 2016 年 11 月、2017 年 9 月后，拉萨中支通过自组团形式于 2018 年 8 月再次对尼泊尔央行进行访问，双方就互设金融机构、互开本币结算账户、推进双边金融开放、联合打击洗钱和恐怖融资等问题交换了意见，在增进了互信的同时，建立了良好的交流平台，为进一步加深交流与合作夯实了基础。并于 2018 年 9 月 8 日承办西藏首次中尼央行座谈会，共议央行金融开放合作，共商深化双边金融合作和共建繁荣区域经济带之大计。

四、总体评估与下一步工作措施

（一）总体评估

2018 年，全区经济平稳健康发展，金融运行平稳安全，服务实体经济能力持续提升，有力促进了全区经济平稳健康发展和社会和谐稳定。从西藏辖区人民银行系统对金融机构开展的稳健性评估、存保核查、非现场的风险监测、快速调查以及与“两局一办”交流相关情况看，西藏辖区金融运行平稳总体可控。但是，金融运行中长期积累的问题和风险隐患时有暴露，监管空白、监管盲区仍然存在，金融对民营企业支持力度不足等问题仍然存在。

从西藏经济金融稳定监测分析系统[①]对 2018 年辖区经济金融总体景气状况的监测情况来看，

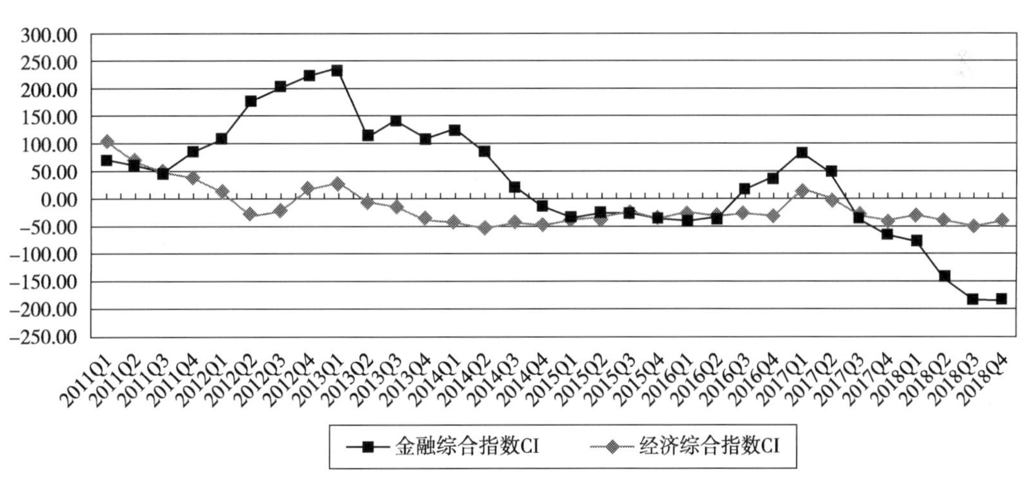

图 1　西藏自治区经济金融景气 CI 和 DI 指数变动

① 2013 年，人民银行拉萨中心支行研究开发了“西藏自治区金融稳定监测分析系统”。该系统首先依据灰色关联分析方法，选取了第一产业增加值、第二产业增加值、第三产业增加值、固定资产投资总额、社会消费品零售总额、进出口总额、CPI、一般预算收入、一般预算支出、工业产品销售率、各项税收、发电量、储蓄存款、各项贷款余额、中长期贷款余额等 15 个具有代表性的经济金融指标建立西藏金融稳定监测分析指标体系；其次采用国际较流行的景气预警监测分析技术，构造 CI（合成指数）和 DI（扩散指数），构建出西藏经济金融稳定监测分析系统，按季度监测并分析辖区经济金融总体景气状况。

全区经济金融总体运行平稳，但增速持续放缓，经济总体呈现不景气状态，金融总体呈现景气的状态。

（二）下一步工作措施

1. 引导辖区金融机构建立健全全面风险管理体系，落实风险防控主体责任

党的十九大将防范化解重大风险列为三大攻坚战之首，打好防范化解重大风险攻坚战，重点是防控金融风险。一是辖区金融机构应切实履行风险防控主体责任，增强风险意识，牢固树立风险防控责任意识；二是要建立健全全面风险管理体系，有效识别、计量、评估、监测和控制各类风险，落实责任，强化操作风险和道德风险的管控力度；三是加强对新形势下金融机构信用风险和流动性风险管理，特别是要加强地方法人机构的管理，加强风险监测、现场评估和现场检查力度。

2. 加强各监管部门的沟通协调，强化防控风险的监管基础

国务院金融稳定发展委员会办公室设在人民银行，要认真贯彻金融委办公室的工作要求，按照金融委办公室安排部署建立健全辖区金融稳定发展委员会工作机制。一是要加强监管协调，建立健全协调机制，及时共享监测数据、监测成果、风险评估报告等风险信息，及时通报风险苗头以及重要风险情况，形成有效的防范化解风险的合力；二是要充分发挥中央及地方各监管部门的作用，落实地方政府防范化解处置风险主体责任，加强地方金融监管机构建设，健全地方金融监管体系，筑牢风险防范堤坝。

3. 完善风险防控体系，加强对区域重要性金融机构及非金融企业投资金融机构的监管

为补齐监管短板、打好防范化解金融风险攻坚战，2018 年“一行两会”联合发布《关于加强非金融企业投资金融机构监管的指导意见》和《关于完善系统重要性金融机构监管的指导意见》，根据指导意见制定辖区相关监管、监测制度。一是要加强对地方法人金融机构及其股东行为的监测，防范以非自有资金虚假注资或循环注资、不当干预金融机构经营、通过关联交易进行利益输送等问题，防止脱实向虚以及实业风险与金融风险交叉传递；二是要完善西藏区域系统重要性金融机构监管框架，建立区域系统重要性金融机构的识别、监管和处置机制，防范系统性风险，有效维护金融体系稳健运行，建立西藏区域系统重要性金融机构监测制度。

4. 落实责任，加强新金融类金融机构风险治理

一是压实具有融资功能的非金融机构的监管责任，指导地方金融监管部门建立健全小额贷款公司、典当行、融资性担保公司以及互联网金融监管制度，加强各类机构的日常经营信息统计，强化事中事后监管；二是建立具有融资功能的非金融机构的市场退出机制，对长期失联机构、“空壳机构”、严重违法违规机构依法依规予以市场出清；推动各类机构加强公司治理和内部风控建设，提升可持续经营能力。

5. 引导银行机构优化信贷结构，加大民营经济发展支持力度

党中央、国务院高度重视金融服务民营经济工作，出台《关于加强金融服务民营经济的若干意见》，要求金融机构平等对待各类所有制企业，有效缓解民营企业融资难融资贵问题，促进经济社会平稳健康发展。一是要引导辖区金融机构充分认识信贷投放过于集中的潜在风险，防范信贷过度集中于政府类平台以及高杠杆企业，引导信贷资金投向民营企业和实体经济，降低贷款集中度；二是要着力疏通货币政策传导机制，重点解决金融机构对民营企业“不敢贷、不愿贷、不能贷”问题，

增强金融机构服务民营企业特别是小微企业的意愿和能力；三是金融管理部门要切实承担好监督、指导职责，督促和引导金融机构不断加强和改进对民营企业的金融服务。

中国人民银行拉萨中心支行金融稳定分析小组

组　长：刘家荣

副组长：洛桑占堆　李玉福　普布次仁

成　员：办公室　金融稳定处　法律事务处　货币信贷管理处　统计研究处
会计财务处　支付结算处　反洗钱处　科技处　货币金银处　国库处
外汇管理处　征信管理处　营业部　清算中心

《西藏自治区金融稳定报告（2019）》编写组

总　纂：刘家荣

审　核：尼玛潘多　罗布参旦　王书碧

统　稿：卢立超

执　笔：扎西坚才　成　辉　孟凡春　马晓宇　沈　吉

其他参与写作人员（以姓氏笔画为序）：
曹大命　陈宇琳　丹增晋美　苟春华　李　亮　刘运祺
洛桑尼玛　孟凡启　乔　俊　严　亮

陕西省金融稳定报告摘要

2018年，陕西经济稳定增长，金融业运行总体稳健，金融市场平稳发展，金融基础设施不断完善，金融机构改革持续深化，服务实体经济能力进一步增强。但陕西经济持续增长的压力加大，省内个别地区、机构和领域金融风险问题需要关注和警惕。

一、区域经济发展与金融稳定

（一）区域经济发展概况

1. 经济增长稳中有进，增速持续好于全国平均水平

2018年陕西经济运行总体平稳、稳中有进，主要经济指标均好于全国平均水平，整体呈现出农业稳步发展，工业和服务业加速增长，投资、消费、进出口持续向好的态势。2018年，全省实现地区生产总值24 438.32亿元，同比增长8.3%，较上年加快0.3个百分点，高于全国1.7个百分点（见图1）。其中，第一产业增加值1 830.19亿元，同比增长3.2%，略低于全国0.2个百分点，占GDP比重为7.5%，较上年下降0.4个百分点；第二产业增加值12 157.48亿元，同比增长8.7%，高于全国2.9个百分点，占GDP比重为49.7%，较上年下降0.1个百分点，其中，规模以上工业增加值同比增长9.2%，较上年加快1个百分点，高于工业增长预期目标1.7个百分点，处于2015年以来最好水平；第三产业增加值10 450.65亿元，同比增长8.8%，高于全国1.2个百分点，占GDP比重为42.8%，较上年上升0.5个百分点，第三产业增加值占地区增加值的比重连续8年上升，地

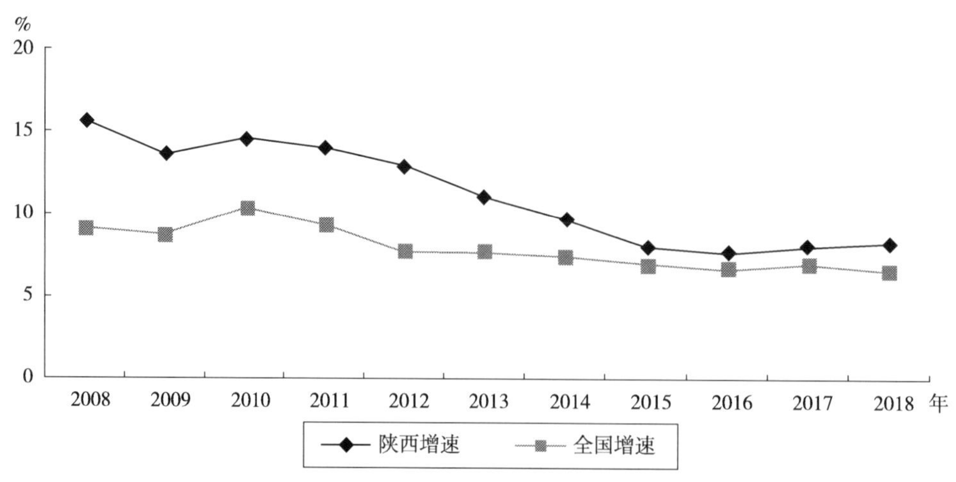

图1 陕西省国内生产总值增速与全国比较

区产业结构调整逐步推进。战略性新兴产业增加值同比增长 10.4%，占 GDP 的比重为 10.84%。从时序看，陕西省季度 GDP 累计增速自 2017 年以来已经连续 8 个季度稳定在 8% 以上，增速从 2017 年第一季度高于全国 1.2 个百分点到 2018 年第四季度高于全国 1.7 个百分点，增速高于全国的态势不断加强。全省固定资产投资同比增长 10.4%，较上年回落 4.2 个百分点，高于全国 4.5 个百分点（见图 2），其中民间投资增长 21.3%；社会消费品零售总额 8 938.27 亿元，同比增长 10.2%，较上年回落 1.6 个百分点，高于全国 1.2 个百分点。2018 年，陕西省外贸经济持续保持高速增长，全省实现进出口总额 3 513.78 亿元，同比增长 29.3%，虽较上年回落 8.1 个百分点，仍高于全国 19.6 个百分点。

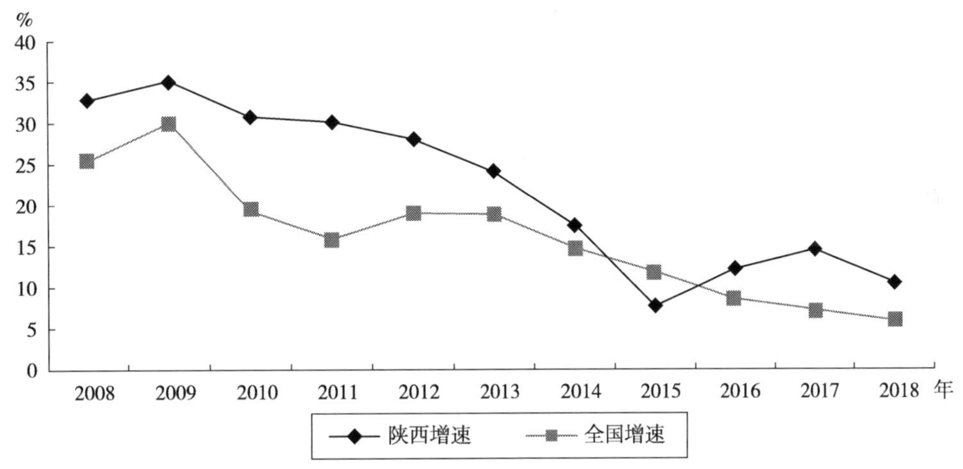

图 2　陕西省固定资产投资增速与全国比较

2. 财政收入增长较快，重点支出得到较好保障

2018 年全省地方财政收入 2 243.11 亿元，同比增长 11.8%。其中，地方级税收收入 1 774.21 亿元，同比增长 19.4%，占地方财政收入的 79.1%。煤炭、石油、房地产业仍是全省财政收入的主体，2018 年来自这三个行业的税收占全省全口径税收收入的 42.6%。全省财政支出 5 301.9 亿元，同比增长 9.7%。扶贫、教育、社会保障等民生领域支出得到了较好保障，其中，扶贫支出同比增长 36.7%，社会保障和就业支出增长 10.4%，学前三年毛入园率达到 86.8%，省级标准化高中占比达到 80.8%。

3. 供给侧结构性改革扎实推进，新动能发展加快

2018 年全省扎实推进“三去一降一补”工作，煤炭去产能 596 万吨，处置“僵尸企业”70 户，落实减费降税政策，取消省级涉企金融服务和行政事业性收费，为企业降低成本 800 多亿元。深入实施创新驱动发展战略，精心打造创新平台。西北首家产权保护中心落地；军民融合企业超过 1 000 家，产业规模居全国第 2 位；33 项科技成果获国家科学技术奖，全省技术合同交易额突破 1 100 亿元，万人发明拥有量居全国第 7 位；新能源汽车、工业机器人产量同比分别增长 70% 和 36.9%，战略性新兴产业增加值增长 10.4%。

（二）区域经济发展中需要关注的问题

1. 工业增长减弱趋势有所显现，经济持续增长压力加大

一是年末能源工业增速回落较快。2018 年全省能源工业增加值增长 10.4%，增速同比上升 4.9

个百分点，但年末出现较为明显的回落趋势，12 月全省能源工业增加值增长 6.2%，较 11 月回落 2.4 个百分点，较 10 月回落 15.1 个百分点，能源工业对工业增长的支撑力逐步减弱。二是大中型企业增长放缓。1～11 月，全省大中型工业企业总产值累计增长 12%，低于全省产值增速 1.9 个百分点，11 月增速 7.8%，较 10 月回落 3.5 个百分点。三是停产、半停产及减产企业占比较高。11 月末，全省规模以上工业企业中，停产、半停产及减产企业户数占规模以上工业企业总数比重达 28.5%。四是规模以上工业新入库企业对工业增长带动作用有限。1～11 月，全省规模以上工业新入库企业 240 户，较上年同期减少 32 户，新入库企业户均完成工业总产值 0.99 亿元，合计拉动工业总产值增长仅 1.2 个百分点，带动作用有限。

2. 新旧动力接续不畅，投资增长后劲不足

一是新开工项目持续下滑。2018 年，全省新开工项目个数同比下降 12.9%，新开工项目投资额同比下降 22.2%，年内持续负增长，投资增长主要依靠存量项目拉动，且投资规模呈现小型化趋势。二是基建投资大幅减速。2018 年 1～11 月陕西省基础设施投资同比增长 2.2%，增速自下半年以来持续在个位数徘徊。据人民银行西安分行 2018 年第三季度抽样调查显示，受政策、资金、市场等多因素交织影响，省市县各级重点建设项目进度均有放缓现象。三是工业投资持续处于低位。2016 年以来，陕西省工业投资持续低位，2018 年，全省工业投资增长 5.3%，年内完工的大项目较少，新的增长点有限。

3. 多重因素制约，消费潜力难以释放

一是低收入水平制约居民消费能力。2018 年，陕西省居民人均可支配收入 22 528 元，排全国第 20 位，较全国居民收入平均水平少 5 700 元。二是房价上涨限制居民消费能力。截至 2018 年末，陕西省个人住房贷款余额同比增长 23.5%，高出居民人均可支配收入增速 14.3 个百分点，居民债务增长对未来的消费动力或将产生影响。三是产品供给端转型升级不足制约消费增长和升级。主要表现在低端供给过剩和高端供给不足并存，难以满足个性化、定制化以及特色化等消费需求，消费增长和升级后劲不足。

二、金融业稳健性

（一）银行业稳健性

1. 银行业运行状况

资产负债规模平稳增长，抵御风险能力较强。截至 2018 年末，陕西省共有银行业金融机构 184① 家，其中地方法人机构 148 家，较上年末增加 5 家。各级机构及营业网点 7 258 家，同比增加 27 家。从业人数 106 315 人，同比增加 2 676 人。银行业机构资产总额 5.13 万亿元，同比增长 8.20%，高于全国增速 1.84 个百分点；负债总额 4.95 万亿元，同比增长 8.07%，高于全国增速 1.7 个百分点；实现利润 518.88 亿元，同比增长 6.54%。全省人民币各项贷款余额 30 513.81 亿元，同比增长 14.37%，在全国排第 17 位；人民币各项存款余额 40 567.42 亿元，同比增长 7.37%，在全国排第 15 位（见图 3）。全省银行业机构拨备覆盖率 158.14%，同比上升 16.21 个百分点。贷款损失准备余

① 本数据未包括资产管理公司。

额928.68亿元，同比增加65.54亿元。法人银行业机构平均资本充足率13.92%，同比上升0.46个百分点。

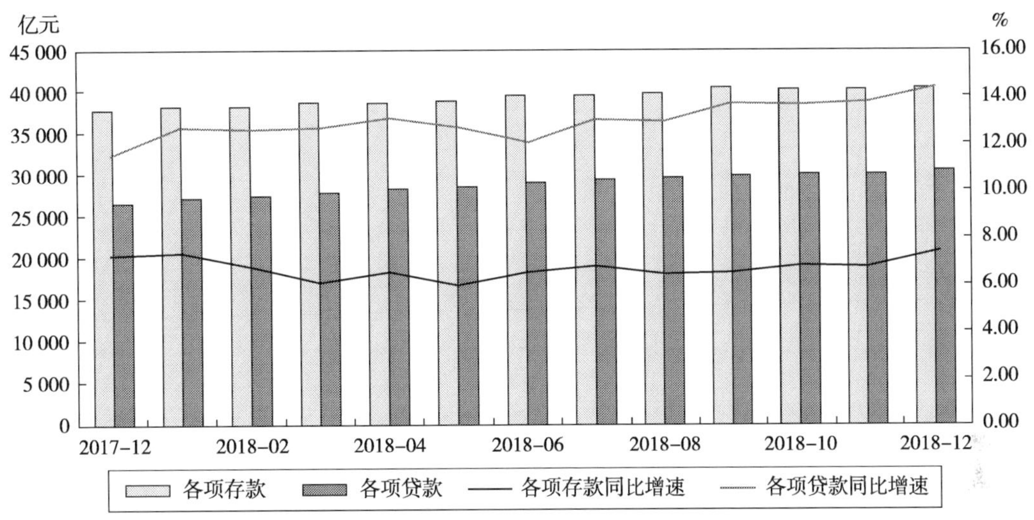

图3 陕西省银行业金融机构存贷款变化趋势

业务结构趋于规范，表外业务增速显著下降。截至2018年末，银行业机构各项资产中同业资产2 044.18亿元，占各项资产比重为3.99%，较年初下降1.13个百分点；各项负债中同业负债2 067.14亿元，占比4.18%，较年初下降1.39个百分点。表外业务余额27 478.11亿元，同比增长10.97%，增速较上年同期下降18.81个百分点。

金融支持重点领域力度持续加大，普惠金融服务水平进一步提高。截至2018年末，陕西银行业机构为104个省级重点建设项目提供了资金支持，余额合计1 601.36亿元。民生领域支持力度进一步加强，保障性安居工程贷款余额2 172.21亿元，同比增长20.55%。省内大型银行二级分行均已建立普惠金融专营机构。涉农银行业机构开展“双基联动”提升行动，夯实信贷支农基础。全省银行业机构开展小微企业金融服务“创新推动年”活动，切实解决小微企业融资难融资贵问题。调查显示，2018年末，小微企业贷款加权平均利率分别同比下降0.13个、0.63个百分点。

2. 影响银行业稳健性的主要因素

银行业机构不良贷款双降，但部分地区、机构风险防控压力依然较大。截至2018年末，银行业机构不良贷款余额同比减少20.9亿元，不良贷款率同比下降0.35个百分点，银行业机构资产质量持续改善（见图4）。但省内部分地市信用风险较为集中，不良贷款有所增加。农村信用社不良贷款率同比上升0.06个百分点，抗风险能力较弱。同时，关注类贷款余额等反映资产质量的先行指标未出现明显好转，信用风险防控压力犹存。

流动性指标有所改善，部分机构风险管理能力有待提升。截至2018年末，陕西法人银行机构流动性比例56.20%，同比上升7.87个百分点；流动性缺口率39.83%，同比上升5.41个百分点。流动性指标整体高于监管要求，但部分农合机构流动性风险管理能力相对较弱，存在一定的流动性风险隐患。

资管业务逐步收缩，个别交叉性金融产品风险仍需关注。随着资管新规等政策的相继出台，省内机构主动进行业务调整，资金空转、多层嵌套等行为得到初步遏制，影子银行风险逐步收敛。当

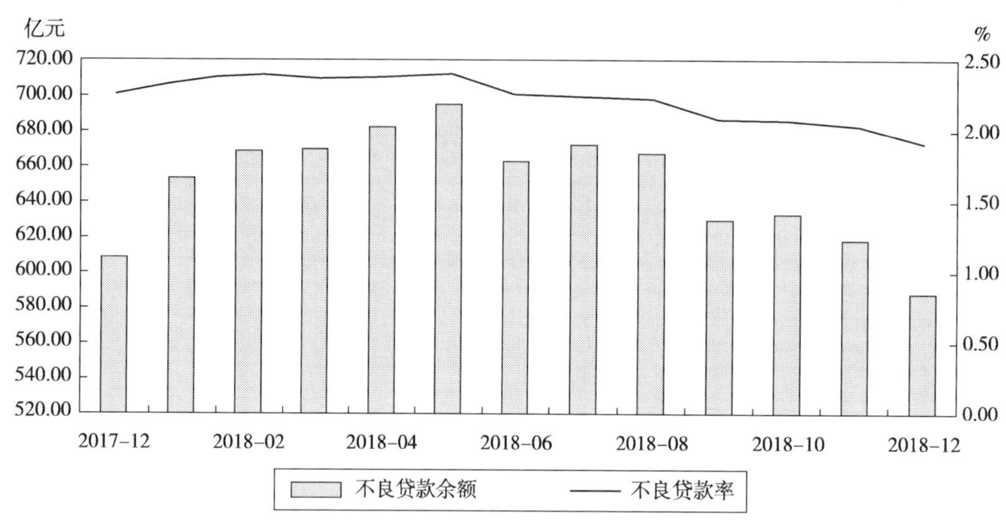

图4 陕西省银行业金融机构不良贷款变化情况

前既要防范资金链紧缩引发的信用违约，也要防范银行风控体系对资管业务转型适应性不足导致的风险。

（二）证券业稳健性

1. 证券期货业运行状况

证券市场运行平稳，区域股权交易持续增长。截至2018年末，陕西省累计代理证券交易额41 743.29亿元，同比下降10.83%；累计代理期货交易额90 628.29亿元，同比增长30.87%。在陕西省股权交易中心业务合作企业共计1 746家，同比增加249家；累计融资金额46.63亿元，同比增长9.87%。

法人证券机构资本实力不断增强，但盈利能力持续下降。2018年，3家法人证券公司通过多种方式增强资本实力，持续扩大资产规模。开源证券定向增发募集资金17.59亿元，中邮证券完成股东增资19亿元。截至2018年末，3家地方法人证券公司总资产750.32亿元，同比增长13.47%；净资产282.4亿元，同比增长10.04%；净资本251.96亿元，同比增长9.03%。2018年，3家法人证券公司实现营业收入35.83亿元、净利润5.49亿元，同比分别下降14.38%和47.41%[①]。

法人期货机构资产规模稳步增长，但盈利能力有所下降。2018年，西部期货、长安期货顺利完成原股东增资，金额分别为2亿元、1.7亿元。截至2018年末，3家法人期货公司总资产57.17亿元，同比增长0.65%；净资产15.71亿元，同比增长30.08%；净资本12.49亿元，同比增长34.87%。2018年，3家法人期货公司实现营业收入2.90亿元、净利润0.17亿元，同比分别下降10.61%和76.27%[②]。

上市公司发展缓慢，经营业绩不佳。截至2018年末，陕西省内上市公司49家，较上年增加2家，市价总值4 869.17亿元，同比下降22.68%。全省上市公司股票市场融资61.25亿元，其中上市公司定向增发38.53亿元，配股22.72亿元。截至9月末，全省上市公司实现营业收入1 799.95亿

① 以上数据未经年报审计机构审计。

② 以上数据未经年报审计机构审计。

元，同比增长 1. 36%；实现净利润 147. 30 亿元，同比下降 10. 96%。

2. 影响证券期货业稳健性的主要因素

上市公司整体规模小，竞争力不强。陕西省上市公司仅占全国总数的 1. 37%，居第 18 位。上市公司整体规模偏小，资产规模、盈利能力与全国平均水平差距明显。上市公司虽然行业门类比较齐全，但行业竞争力、行业地位普遍薄弱。上市公司中战略新兴产业公司较少，未充分展现陕西省科教资源优势。公司整体资本结构较为稳健，但部分上市公司资产负债率较高，经营风险较大。

证券公司信用风险增加，部分资管类业务违约风险加大。在去杠杆的大背景下，受经济环境的影响，部分负债率较高、前期扩张过快、经营状况不佳的企业出现流动性不足甚至资金链断裂问题，加之证券公司前期开展业务时风险评估不足，导致股票质押回购、资管等业务风险有所上升。

（三）保险业稳健性

1. 保险业运行状况

保险市场规模持续扩大，风险保障功能有效发挥。截至 2018 年末，陕西省拥有法人保险机构 2 家，省级分公司 62 家，同比增加 3 家。保险业总资产 1 892. 81 亿元，同比增长 10. 63%。全年实现保费收入 969. 39 亿元，同比增长 11. 59%。全省保险业赔付支出 280. 92 亿元，同比增长 8. 04%，经济补偿功能有效发挥。

业务结构调整持续深化，发展稳定性不断提高。从财产险来看，2018 年陕西省非车险业务快速增长，增速 28. 21%，同比上升 10. 75 个百分点；非车险业务占比 25. 68%，同比上升 4. 08 个百分点，财险市场车险独大的局面有所改善。从人身险来看，2018 年陕西省寿险新单期缴业务占比 51. 51%，同比上升 2. 1 个百分点，保险业可持续发展能力逐步提升。

保险功能不断发挥，服务经济社会能力增强。一是大力助推脱贫攻坚。2018 年累计投入扶贫资金 3 454 万元，实施扶贫项目 24 个；全省大病保险实现全覆盖，税优型健康保险全面推开。二是不断完善农业发展风险保障网。2018 年，农业保险保费收入同比增长 48. 72%，支付赔款同比增长 31. 85%，保险服务农业生产能力进一步增强。三是积极支持陕西自贸区建设。2018 年，出口信用保险累计支持陕西省外贸出口 22. 99 亿美元，同比增长 23. 20%；申报保费 828. 28 美元，同比增长 15. 22%。通过保单融资功能带动陕西省外贸企业获得银行融资约 1 741 万美元，支付赔款 511. 92 万美元。四是保险资金有力支持实体经济发展。截至 2018 年末，保险资金已累计在陕投资 1 132. 90 亿元，投资项目涉及能源、交通、市政、水利等诸多领域。

2. 影响保险业稳健性的主要因素

市场体系建设仍有待加强。与发达地区相比，陕西省保险公司法人机构数量、种类较少，市场体系不够健全，保险供给的多样性和有效性不足，保险业供给侧结构性改革仍需深化，行业稳健、可持续发展能力有待进一步提升。

部分保险公司可能面临一定的流动性风险。受市场环境、监管政策、业务调整等因素影响，部分保险公司业务出现负增长，现金净流入下降。如满期给付及退保压力加大的情况下，可能面临一定的流动性风险。

三、金融市场与金融稳定

2018 年，陕西省金融市场运行平稳，直接融资持续发展，融资结构不断优化。社会融资规模增量 3 599. 11 亿元，同比少增 3 001. 58 亿元，社会融资规模增势放缓的趋势与全国一致。货币市场流动性合理充裕；债券市场走势分化，不同等级间利差走阔。

（一）融资结构

直接融资持续发展，融资结构不断优化。在强监管、去杠杆、去嵌套等政策引导下，陕西省金融机构主动调整业务结构，降低金融杠杆。2018 年全省表内信贷增加 3 769. 63 亿元，同比多增 1 047. 66亿元，占社会融资规模比重为104. 74%，较上年上升63. 50 个百分点，表内信贷成为社会融资规模增长的绝对主力。全年表外融资减少 1 580. 42 亿元，同比少增 4 242. 51 亿元，与全国趋势一致。陕西省直接融资规模提升，全年直接融资规模达到582. 04 亿元，同比多增 178. 59 亿元，占社会融资规模的比重为 16. 17%，较上年上升 10. 06 个百分点，高于全国 1. 39 个百分点。其中，非金融企业债券融资增加 559. 61 亿元，为上年的 6. 7 倍。

（二）货币市场交易情况

同业拆借成交量大幅增长，市场仍以融入资金为主。2018 年，陕西省加入全国银行间同业拆借市场的成员共 50 家，较年初增加 5 家。全省金融机构通过全国银行间同业拆借市场累计成交 1 202 笔，成交金额 5 224. 5 亿元，同比增长 966. 8%。其中，同业拆入 4 213. 1 亿元，同业拆出 1 011. 4 亿元，净融入 3 201. 68 亿元，依然延续金融市场以拆入资金为主的拆借结构。

（三）债券市场交易情况

1. 债券回购成交量持续下滑，回购加权平均利率窄幅波动

2018 年，陕西省加入全国银行间债券市场的成员共 71 家，较年初增加 4 家。全省金融机构债券回购累计成交 45 943 笔，成交金额 88 732. 25 亿元，同比减少 17. 56%。其中，正回购累计成交30 202笔，成交金额 57 404. 86 亿元，同比增长 2. 4%；逆回购累计成交 15 741 笔，成交金额 31 327. 38亿元，同比减少 39. 3%，市场整体净融入资金 26 077. 48 亿元。从利率走势看，利率曲线呈现先扬后抑走势。年初加权利率窄幅攀升，第二季度 MLF 的超量操作，加之定向降准政策的实施，财政政策的更加积极，第三季度市场整体资金面有所改善，回购利率维持低位运行并创出年内新低。

2. 债券交易量下滑，债券到期收益率震荡下行

2018 年，受债券交易降杠杆影响，陕西省金融机构及产品计划参与全国银行间债券市场交投整体不活跃，交易量较上年同期下滑，累计成交 7 488 笔，成交金额 6 331. 27 亿元，同比减少 34. 68%。全年债券收益率呈现前高后低走势。

四、金融基础设施与金融稳定

（一）支付体系建设有效推进，支付服务效率持续提升

1. 加大支付系统推广应用力度，支付服务能力显著增强

截至 2018 年末，陕西省支付系统参与者达 5 781 家，较上年末增加 69 家。西安分行积极开展移

动支付便民示范工程建设，助推银行卡助农取款服务规范可持续发展。全省共建立银行卡助农取款与农村电商融合发展服务点6 342个，同比增长27%，农村金融基础设施进一步健全，支付服务普惠面不断扩大。

2. 加大监督执法检查力度，支付服务环境持续优化

西安分行强化支付系统日常运行监控，增强支付清算规则执行力，维护良好的支付清算秩序。开展了无证机构清理整治、防范和打击电信网络新型违法犯罪、强化非银行支付机构日常监管等工作，组织开展清理整治为赌博等非法交易提供支付结算服务专项检查，有效净化了省内支付结算服务环境。

3. 加大支付体系风险管理力度，应急处置能力不断提升

西安分行建立银行卡助农取款业务非现场监控机制，强化非银行支付机构客户备付金监管力度，切实防范支付体系风险。组织开展中央银行会计核算数据集中系统（ACS）应急演练，不断提升支付清算系统危机处置能力。

（二）征信服务水平显著提高，信用体系建设富有成效

1. 完善征信网络建设，征信服务水平明显提升

2018年西安分行建成各类查询网点124个，布放个人自助查询机137台，信用报告查询便利化程度明显提高。全年共提供征信信息查询服务953.8万笔，同比增长35.3%。大力推广应收账款融资平台，累计为企业和个人提供融资1 700亿元。陕西省征信查询监测系统上线运行，开发跨地域查询等13个监测预警指标，实现了对征信查询的动态监控，确保了征信信息安全。

2. 创新信用体系建设模式，支持地方经济发展

2018年西安分行打造以“园区+市场化”为依托的信用金融服务新模式，促进了西安高新区信用环境的改善与小微企业信贷投放的增加，实现了园区政策、金融和信用等资源的合理高效配置。从信用角度精准识别帮扶对象，帮助符合条件的贫困户获得信贷支持，提高“失信”贫困户信用水平，充分发挥信用体系建设在全面脱贫过程中的积极作用。

3. 推进地方社会信用体系建设，营造社会诚信氛围

西安分行通过社会信用体系建设联席会议制度，推进社会信用体系建设重点工作。着力加强社会信用体系制度建设，出台了《陕西省社会信用体系建设工作要点》《关于对全省履行兵役义务领域失信主体实施联合惩戒的合作备忘录》，营造良好的社会诚信氛围。

（三）反洗钱工作机制持续完善，防控洗钱风险能力有效增强

1. 完善工作机制，强化区域洗钱风险监测与防控

西安分行自主研发的陕西省洗钱风险监测与评估系统在全省推广应用，构建区域风险评估、洗钱风险核查等五大功能模块，推动反洗钱监管系统化、整体化、数字化，实现对全省重点洗钱风险领域、洗钱高风险机构的动态监测。扩充监管资源，探索建立陕西省第三方机构反洗钱评估资质标准；探索建立特定非金融行业反洗钱和反恐怖融资监管模式，制定出台11项省/市级监管制度，发布房地产行业风险提示，建立社会组织、房地产、会计师、律师公证四个行业反洗钱监管档案，覆盖3 266个机构/组织。

2. 突出风险为本监管理念，反洗钱监管工作力度不断加大

突出风险为本、联合监管和法人监管，充分运用大数据监管系统，强化反洗钱检查工作。2018年西安分行检查金融机构59家，处罚30家，处罚金额突破1 100万元；下发风险提示39期、监管意见书69份，开展监管质询49次、现场走访127家次、风险评估24家次、约见谈话71人次。共收集重点可疑交易线索102份，向公安机关移送线索90份，立案线索10份。向中国反洗钱监测中心上报涉嫌地下钱庄线索4份、非法传销线索3份、非法集资线索2份、电信诈骗线索1份、虚开增值税发票1份。共开展反洗钱调查28起，完成调查任务505次，涉及交易金额922.94亿元。人民银行西安分行反洗钱工作受到国家税务总局、公安部、海关总署、中国人民银行四部委联合发文表彰。

（四）营造良好金融法治环境，切实保障金融消费者权益

1. 加强法治央行建设，规范行政执法行为

2018年，西安分行新建3项制度，全省各级行共制定印发规范性文件11份，完善了依法行政制度体系，加强了规范性文件管理。全面推行“双随机一公开”检查监督机制，全省各级行共计公示行政许可信息376 284条，行政处罚信息77条，增强了依法行政的透明度和公信力。严格检查处罚流程，全省各级行共计开展执法检查334次，实施行政处罚81次，处罚金额1 276.73万元，没有发生1起行政复议或行政诉讼案件。

2. 开展金融知识普及，有效办理金融消费者投诉

2018年，西安分行联合银证保监管部门统筹开展“3·15金融消费者权益日”活动、“守住‘钱袋子’”活动、“金融知识普及月”活动，全省共组织开展各类宣传活动5 607次，惠及消费者320万余人，发放宣传资料190万份，微信推送阅读量120万次，各类媒体宣传9 000余次。在省级层面统一建成了一点接入的12363投诉咨询电话呼叫中心，确保了投诉渠道畅通，全省共接受金融消费者咨询2 891件，受理投诉546件，办结469件，办结率86%，满意率100%。

（五）存款保险工作持续推进，金融安全网逐步完善

1. 强化风险监测与识别，加大法人银行核查力度

2018年西安分行更新完善存款保险监测指标，加强对机构同业业务、流动性状况的监测，持续对全辖投保机构运行状况、风险状况、账户结构等进行综合监测分析，风险监测质量进一步提升。制定《陕西省存款保险现场核查工作方案（2018—2020年）》，规划对全省所有地方法人投保机构三年内实现核查全覆盖。年内共对35家投保机构深入开展现场核查，摸清机构风险底数。

2. 完善差别费率机制，发挥激励约束作用

2018年下半年，在总行的安排部署下，西安分行进一步完善各档费率水平设置，适当拉开档次差距，强化风险约束。完善风险评价指标体系，增加公司治理、风险管理水平等定性评价指标，真实反映投保机构经营管理状况。加大对农村信用社的政策扶持，减轻其保费负担，存款保险风险差别费率机制的激励约束作用进一步发挥。

3. 发挥风险校正功能，促进机构稳健经营

2018年西安分行共发出风险预警提示函29份，开展约见谈话68次。对2家机构根据核查结果进行了费率调整依据记录。对2家机构开展早期纠正工作，采取多种措施督导机构落实早期纠正措施，其中1家已达到阶段性早纠目标。

五、地方金融改革与金融稳定

（一）法人银行机构改革全面深化，服务地方经济的能力不断增强

1. 城市商业银行不断深化改革，经营转型成效显著

2018 年西安银行 IPO 获通过，成为西北首家 A 股上市获准通过的城商行，实现了获准登陆国内资本市场的中期目标，迈向战略发展新阶段。长安银行坚持多点发力，成立普惠金融部，集中资源专注发展普惠金融，持续推进小微业务线上多渠道发展，创新小微企业融资渠道。

2. 农村合作金融机构改革稳步推进，农商行继续保持良好发展势头

2018 年，临潼、高陵、阎良 3 家农信社并入秦农银行。至 2018 年末，全省共有农信社 44 家[①]，农合行 2 家，农商行 53 家。此外，秦农银行与陕西省农村信用联社牵头发起筹建的丝绸之路农商银行发展联盟规模进一步扩大，年末成员单位增至 82 家，成为全国成员机构数量最多的农商银行联盟组织，辐射范围 15 个省市，总资产近三万亿元。

3. 新型农村金融机构快速发展，农村金融服务供给不断增加

稳妥推进村镇银行发展，至 2018 年末，全省共有村镇银行 38 家，全年新增 8 家[②]，同比多增 3 家。村镇银行总资产、存款余额和贷款余额分别达到 148. 24 亿元、111. 58 亿元和 72. 23 亿元，同比增长 26. 95%、34. 04% 和 28. 31%。

（二）多措并举支持自贸区建设，金融服务自贸区能力稳步提升

2018 年，西安分行出台《进一步推进中国（陕西）自由贸易试验区外汇管理改革试点实施细则》，指导杨凌支行出台《关于金融支持中国（陕西）自由贸易试验区杨凌示范区片区建设的意见》，为试点任务有效落实提供金融支持政策。在陕西自贸区开展资本项目收入结汇支付便利化试点，至 2018 年末，陕西自贸区办理便利化试点业务 31 笔，累计支付金额约 14. 63 亿元人民币。推动丝路经济带跨境资金结算功能建设，正式上线运行"通丝路"陕西跨境电子商务人民币结算服务平台。10 月 10 日首批销往美国的 5 吨小米结算金额成功到账，"通丝路"平台首单业务顺利落地。

（三）信托业发展速度放缓，财务公司等机构规模快速增长

受经济下行和监管趋严等多重因素影响，陕西省信托业发展速度有所放缓。至 2018 年末陕西 3 家信托公司总资产同比下降 12. 84%。7 家财务公司资产总额同比增长 23. 87%，负债总额同比增长 22. 67%，不良贷款率较年初下降 0. 02 个百分点。比亚迪汽车金融公司加快发展，资产总额 103. 43 亿元，同比增长 54. 30%，净利润增幅达 19. 20%。长银消费金融各项贷款总额达 36. 73 亿元，增长 353. 78%，在促进地区消费增长和消费升级方面发挥了积极作用。

（四）准金融机构平稳发展，机构类型更加丰富

截至 2018 年末，陕西省共有小额贷款公司 275 家，贷款余额 282. 46 亿元，同比增长 5%。全省

① 农信社、村镇银行机构数以在人民银行办理存款保险投保手续为标准统计，不含陕西省农村信用合作社联社。

② 村镇银行开业时间以取得营业执照时间为标准统计。

共有融资性担保公司172家，较上年末增加3家，其中法人机构167家，注册资本493.27亿元；融资性担保公司在保余额1 053亿元，同比增长11.67%。典当企业195家，数量与上年末持平；典当总额45.36亿元，同比增长21.20%。融资租赁公司123家，较上年增加33家；注册资本512.34亿元，业务规模344.45亿元，同比下降34.81%。

截至2018年末，陕西金融资产管理公司资产规模达到532亿元，是2016年成立之初的16倍；累计收购金融不良资产近90亿元，占全省市场份额的一半多，居全国近60家地方金融资产管理公司前列；实现利润5亿元，同比增长3倍。2018年8月长安金融资产管理有限公司筹建工作小组正式成立，长安金资组建工作正式展开。

六、总体评估与政策建议

（一）总体评估

2018年是全面贯彻党的十九大精神的开局之年，陕西省以供给侧结构性改革为主线，统筹稳增长、促改革、调结构、惠民生、防风险各项工作，着力稳就业、稳金融、稳外贸、稳外资、稳投资、稳预期，全省经济保持了持续健康发展态势，为区域金融发展和稳定奠定了良好基础。整体来看，2018年全省金融体系平稳运行，银行业资产质量有所好转，资金脱实向虚态势初步遏制，宏观杠杆率基本稳定。证券市场运行平稳，法人证券机构资本实力不断增强，保险业回归本源成效初显，服务经济社会能力提升。地方金融改革稳步推进，化解重点地区不良贷款、改善金融生态环境方面的具体措施逐步落地，成效初显。但是陕西经济金融面临的不确定因素依然较多，经济体制的结构性矛盾尚未得到根本解决，个别金融机构风险依然较高，证券公司盈利能力持续下滑，保险业销售不规范等问题仍值得关注，部分资管产品业务风险加大，黑天鹅事件仍有可能爆发，地区金融风险防控形势较为复杂。

（二）政策建议

1. 继续推进供给侧结构性改革和现代产业体系建设，提升金融服务实体经济能力

一是巩固“三去一降一补”成果，稳步推进企业优胜劣汰。统筹推进“产业链、创新链、资金链、政策链”有机结合，提升产业链水平。鼓励中小企业加快成长，不断增强市场主体活力。二是加大技术改造力度，提升传统产业质效。深化“三个融合”，增强产业技术创新能力。大力发展先进制造业，培育新的经济增长动能，通过经济发展来为存量风险化解争取时间、腾挪空间。三是优化金融服务，加大金融资源对经济发展重点领域和薄弱环节的倾斜力度，积极支持“乡村振兴计划”。拓宽直接融资渠道，降低融资成本，继续做好对小微企业、贫困地区、扶贫事业等普惠金融领域的支持力度。进一步丰富地方金融组织体系，落实转贷基金、担保基金等风险分散缓释机制，增强金融服务实体经济的能力。

2. 落实防范化解重大风险攻坚战措施，强化地区风险防范

一是坚持“堵后门”与“开前门”并重，疏堵结合，进一步强化金融机构依法规范审慎经营意识，稳妥处理地方政府债务风险。继续加强交叉性金融产品、房地产金融等领域宏观审慎管理，做好经营风险和舆情风险防范工作。二是完善金融风险监测、评估和预警体系，突出重点地区、行业

和领域的风险防控，做好金融机构风险处置防范化解工作。拓宽不良资产处置方式和渠道，在法律许可的范围内，探索债转股、不良资产证券化等多样化的处置措施。三是全面发挥存款保险制度功能，切实推动高风险投保机构风险化解和处置工作。四是进一步落实区域金融风险化解处置属地责任。五是完善跨部门风险联合处置机制，妥善处置各类金融突发事件。

3. 深化地方金融改革，推进地区金融基础设施建设

一是坚持依靠发展化解风险。坚持重点领域和薄弱环节的投入力度不减，力争保持总盘子稳定，坚决避免金融资源继续流向丧失偿债能力的“僵尸企业”。加强监管，完善激励约束机制，改变过度追求短期利润和报表好看，造成风险后移的经营方式。二是加快农信社改革步伐。在保持农信社县域法人地位基本稳定的前提下，加快农村法人机构风险处置和改制重组，利用重组、收购、注资、改制等手段，增强农信社资本实力。三是加强金融基础设施建设。在可持续的前提下全面提升省内支付服务水平，积极推进部分地区的金融生态环境修复。加大金融知识宣传和普及力度，共同营造良好的金融生态环境。

中国人民银行西安分行金融稳定分析小组

组　长：魏革军

副组长：郑　锋

成　员（以姓氏拼音为序）：

陈敏安　冯　梅　古丹娜　刘　迪　刘旭华　马小明
钱　皓　王　钢　辛积金　解群锁　杨　瑾

《陕西省金融稳定报告（2019）》编写组

总　纂：魏革军

统　稿：郑　锋　刘旭华　肖瑞婷　王　敏

执　笔（以姓氏拼音为序）：

包　琼　方　蕊　雷梦菲　刘天宇　李　彦　孙庆卫
王　青　王　蓉　张志暹

其他参与写作人员（以姓氏拼音为序）：

范念龙　关　伟　黄　丹　刘佳珍　连太平　刘亚军
孙炎炜　温秋鹏　张　雯

甘肃省金融稳定报告摘要

2018年，面对复杂严峻的发展环境，甘肃省坚持稳中求进工作总基调，全力推动经济高质量发展，紧盯堵点难点深化改革，着力打好“三大攻坚战”，经济运行呈现出止滑回稳，稳中向好的发展态势。全省金融机构立足甘肃实际，认真贯彻执行稳健的货币政策，不断加大服务实体经济力度，切实加强风险防控，金融运行总体平稳。

一、区域经济运行与金融稳定

（一）经济运行情况

1. 经济运行总体平稳，产业结构优化调整

2018年，甘肃省实现生产总值8 246.1亿元，同比增长6.3%，增速比上年提高2.7个百分点，增速居全国第23位。三次产业结构比例为11.17:33.89:54.94，经济增长的动力向第三产业拉动转变，第三产业对经济增长的贡献率持续上升。全年全省十大生态产业完成增加值1 511.3亿元，占全省生产总值的18.3%，同比增长6.7%。规模以上工业水电、风电、太阳能发电等清洁能源发电量比上年增长21.4%，生态产业发展强劲。

2. 工业生产企稳向好，“一带一路”建设稳步推进

全省规模以上工业增加值增长4.6%，增速高于上年6.3个百分点，工业用电量增长11.25%；规模以上工业企业利润1～11月增长31.2%，增速居全国第4位。2018年，全省外贸进出口总额达到394.7亿元，同比增长21%，增速比上年提高44.9个百分点，对“一带一路”沿线国家贸易增长22.9%。国际产能合作项目加快推进，对外直接投资6.87亿美元，增长42%。招商引资成效显著，招商引资到位资金4 100亿元。

3. 居民收入稳步增长，民生保障全面推进

2018年，全省城镇居民人均可支配收入达到29 957元，同比增长7.9%；农村居民人均可支配收入8 804元，同比增长9%。全省民生支出2 983.8亿元，同比增长14.4%，占财政总支出的79.1%。城镇新增就业43.13万人，城镇登记失业率为2.78%。城乡居民养老保险基础养老金从每人每月85元提高到103元，城乡低保省级指导标准分别提高7.6%和6.3%，特困人员救助供养省级补助标准提高7.6%。实施城镇棚户区改造23.22万套。

4. 脱贫攻坚强力推进，稳定减贫成效显现

2018年，全省减少贫困人口77.6万人，贫困发生率由9.6%降到5.6%。18个县区退出贫困序列，贫困县从75个减少到57个，是国家设定贫困县以来甘肃省第一次实现贫困县数量净减少。“两

州一县”减少贫困人口 12.75 万人，贫困发生率由 12.57% 降到 7.4%。全省建档立卡贫困人口人均可支配收入由上年的 4 800 元增加到 5 390 元，增长 12.3%。

（二）经济运行中需要关注的方面

1. 固定资产投资持续负增长

近两年，全省固定资产投资增速大幅下跌，2018 年降幅虽有所收窄，但仍在下降，同比下降 3.9%。全省项目计划总投资由第一季度的增长 27.8% 逐月回落至全年的下降 1.2%，其中新开工项目计划总投资与开工数目持续双降。基础设施投资自 5 月以来持续下降，全年基础设施投资同比下降 13.6%。5 000 万元及以上项目和房地产开发投资到位资金同比下降 2.0%，项目资金到位率低。

2. 工业持续稳定增长面临较多困难

在全省固定资产投资持续负增长的背景下，工业投资下滑尤为严重。全省工业投资自 2015 年以来持续负增长，2018 年同比下降 10.9%，其中制造业投资下降 13.4%，工业增长后劲不足。12 月末，全省规模以上工业企业数为 1 916 户，同比净减少 220 户。规模以上战略性新兴产业和高技术企业工业增加值增速持续回落。其中，占全省规模以上工业 6.8% 的战略性新兴产业降幅巨大，由 1～2 月的增长 28.9% 回落至全年下降 3.8%。

3. 居民收入水平与全国的差距拉大

2018 年，全省城镇居民人均可支配收入居全国第 30 位，与全国的差距由上年的 8 633 元扩大到 9 294 元。农村居民人均可支配收入居全国末位，与全国的差距由上年的 5 356 元扩大到 5 813 元。从深层次看，甘肃经济发展相对滞后，基础薄弱，就业形势严峻，地区经济发展不平衡是居民收入水平与全国的差距拉大的根本原因。

二、金融业与金融稳定

（一）银行业

1. 银行业运行情况

（1）资产负债规模持续扩大，金融机构参与市场能力明显提升。2018 年末，全省共有银行业金融机构 137 家，其中法人银行业金融机构 120 家。银行业金融机构资产总额 27 463.38 亿元，同比增长 6.86%；负债总额 26 150.15 亿元，同比增长 6.72%。甘肃银行成功在香港上市，成为西北首家上市银行；兰州银行已报送 A 股上市首发申请材料，机构实力不断增强。法人银行市场参与度不断提升，累计发行大额存单和同业存单等市场化定价负债产品分别达 122.52 亿元和 1 600 亿元，2018 年实现了全省农商行同业存单首发。

（2）存贷款保持平稳增长，贷款结构逐步优化。2018 年末，全省银行业金融机构各项贷款余额 19 371.74 亿元，同比增长 9.40%；各项存款余额 18 678.46 亿元，同比增长 5.07%。信贷投向明显倾斜于第三产业，全省银行业金融机构第一、第二、第三产业的贷款结构由 2017 年的 3.72:35.89:60.39 调整为 3.82:33.71:62.47，贷款结构更加优化。

（3）重点领域支持力度加大，服务实体能力不断增强。2018 年末，全省交通运输、仓储和邮政业贷款余额 2 906.32 亿元，同比增长 16.41%，较全省贷款增速高 7.01 个百分点；水利、环境和公共设施管理业贷款余额1 515.89亿元，同比增长19.57%，较全省贷款增速高10.17个百分点。租赁和商务服务业、科研技术服务业贷款同比分别增长24.02%、64.41%，较全省贷款增速分别高14.62个、55.01个百分点。小微企业贷款持续增长，年末全省小微企业贷款余额4 635.17亿元，同比增长10.27%。

（4）不良贷款处置力度加大，市场乱象得到有效遏制。按照打好金融风险防范化解攻坚战的要求，全省银行业金融机构加大不良贷款处置力度，其中核销112.15亿元，同比增长116.67%。随着资管新规及配套政策的深入实施，金融体系内部资金空转、监管套利等市场乱象得到有效遏制。年末，全省银行业金融机构同业资产同比下降10.90%，委托贷款同比下降11.12%，投资业务以1.37%的增速低位运行。

2. 银行业运行中存在的问题

（1）信贷资产质量持续承压。近三年全省银行业金融机构不良贷款率以年均1.5个百分点的增速上升，截至2018年末，全省银行业金融机构不良贷款余额977.10亿元，较年初增加356.06亿元；不良贷款率5.04%，较年初上升1.54个百分点，高于全国银行业金融机构不良率3.03个百分点。逾期贷款快速增加，年末，全省银行业金融机构逾期贷款余额1 138.53亿元，同比增长61.59%；关注类贷款向下迁徙率为25.41%，贷款质量有进一步下降的倾向。全省银行业金融机构拨备覆盖率88.21%，较年初下降25.71个百分点，风险抵补能力下降，且受盈利能力制约损失准备金计提存在较大压力。

（2）经营压力不断加大。受前期贷款快速增长、非标回表、不良贷款率上升等影响，法人银行机构资本不足问题凸显，全省资本充足率为负值的机构超过15家。在贷款增速持续高于存款增速背景下，年末全省银行业金融机构存贷比80.53%，较年初提高2.33个百分点。全省银行业金融机构净利差和净息差较上年同期均有所下降，经营利润普遍下滑，全年实现利润152.57亿元，同比下降30.34%。

（3）农信合机构风险问题突出。长期以来，甘肃省农信合经营管理粗放，风险意识淡薄，不良贷款持续攀升，风险防控压力较大。截至2018年末，全省农信合系统不良贷款余额633.78亿元，同比增长93.54%，占全省法人银行机构不良贷款余额的89.31%，占全省银行业金融机构不良贷款余额的64.86%；不良贷款率17.72%，同比上升8.29个百分点，较全省法人银行机构不良贷款率高7.47个百分点，较全省银行业金融机构不良贷款率高12.68个百分点。

（4）案件风险不容忽视。2017年以来，全省银行金融机构共发生各类案件30多起，违法放贷、挪用资金、票据诈骗、同业业务违规操作等风险案件屡禁不止，这些案件多为内部人员作案、内外勾结、涉及金额大、部分案件持续多年而未被发现，暴露涉案机构内控合规、风险稽核等方面均存在制度缺陷，流程管理、事后监督不足等突出问题，对金融机构的社会声誉、社会形象、市场竞争力造成了严重负面影响。

（二）证券业

1. 证券业运行情况

（1）证券期货经营机构规模保持平稳。2018年末，全省共有法人证券公司1家，证券分支机构115家，较上年增加1家；法人期货公司1家，期货分支机构7家，较上年减少1家。法人证券公司华龙证券资产总额300.68亿元，同比增长3.04%；法人期货公司华龙期货资产总额9.62亿元，同比增长 2.45%。

（2）证券期货经营机构经营效益大幅下滑。2018 年，全省证券经营机构[①]累计实现证券交易额 8 474.86亿元，同比下降 25.10%；全年实现净利润 1.05 亿元，同比下降 65.12%。其中，华龙证券全年实现净利润 0.47 亿元，同比下降 89.94%。全省期货经营机构[②]累计实现期货交易额 4 332 亿元，同比下降 12.76%；实现净利润 1 633.4 万元，同比下降 48.68%。其中，华龙期货全年实现净利润 1 957.27 万元，同比下降 42.24%。

（3）法人机构抗风险能力整体较强。2018 年末，华龙证券净资产 139.65 亿元，同比下降 0.73%；净资本 100.19 亿元，同比下降 6.15%；风险覆盖率 364.09%，同比下降 63.57%；资本杠杆率 37.32%，同比下降 5.02%；流动性覆盖率 245.18%，同比下降 617.56%；净稳定资金率 174.65%，同比上升 3.82%。华龙期货净资产 6.25 亿元，同比增长 3.48%；净资本 4.82 亿元，同比增长 2.77%。两家法人机构各项风险控制指标均高于监管要求，抵御风险能力总体较强。

（4）上市公司经营业绩整体向好。2018 年末，全省共有 A 股上市公司 33 家[③]，数量同上年持平；H 股上市公司 2 家，较上年增加 1 家；拟上市公司 9 家，兰州银行已报送首发申请材料，华龙证券等其余 8 家正在接受上市辅导。受供给侧结构性改革影响，辖区上市公司中占比较大的钢铁、水泥、煤炭、有色金属等传统产业企业产品价格持续反弹，经营业绩实现大幅提升。截至 2018 年第三季度，辖区上市公司资产总额 2 883.16 亿元，同比增长 9.96%；净资产 1 285.27 亿元，同比增长 13.34%；归属上市公司净利润 103.50 亿元，同比增长 40.40%。

2. 证券业运行中存在的问题

（1）证券期货机构经营压力加大，服务实体经济能力仍需加强。全省证券期货经营机构创新发展水平较低，业务收入仍是依赖经纪业务，受市场景气程度影响较大。2018 年，受经济下行、市场低迷及交易违约等因素影响，全省法人证券、期货经营机构净利润分别下降 89.94% 和 42.24%，盈利水平大幅下滑。同时，受全省经济发展落后和业务创新不足等因素影响，证券期货经营机构创新业务对接实体经济存在较大难度，实体企业利用期货市场进行套期保值的积极性和主动性不高，参与期货市场的程度不高，服务实体经济能力十分有限。

（2）部分上市公司风险较高，可能通过股票质押业务向金融机构传导。截至 2018 年末，有 4 家上市公司经营业绩大幅下滑，出现亏损，辖区 33 家上市公司中存在大股东股票质押的公司 22 家，质押比例超过 80% 的公司 10 家。其中，3 家公司由于控股股东运用质押融资开展资产并购，造成自身流动性紧张。

（3）上市公司整体实力不强，拟上市后备资源不足。2018 年末，全省上市公司家数占全国的 0.95%，总市值占比仅为 0.39%，上市公司总体发展滞后；全省市值 100 亿元以下的公司 26 家，占比 79%，上市公司规模总体较小，集中于传统优势行业，整体质量不高，对全省经济增长的贡献和带动效应仍显不足。此外，受历史和区域等多因素影响，上市公司后备资源严重不足，9 家拟上市公司虽属省内优质企业，但与经济发达省份同类型拟上市公司相比，普遍存在规模较小，核心竞争力不足和盈利能力不强等问题。

---

① 不包括华龙证券在甘肃辖外经营机构的数据。

② 不包括华龙期货甘肃辖外经营机构的数据。

③ 主板上市 24 家，中小板上市 6 家，创业板上市 3 家。

（三）保险业

1. 保险业运行情况

（1）市场规模保持稳定，整体运行稳中有进。2018 年末，全省共有法人保险公司 1 家，省级保险分公司 30 家，较上年增加 1 家，其中产险公司 18 家，人身险公司 12 家。保险专业中介机构 74 家，较上年增加 19 家；兼业代理机构 5 360 家。年末，全省保险业资产总额 886. 34 亿元，同比增长 16. 41%；全年累计实现原保险保费收入 398. 98 亿元，同比增长 8. 9%。其中，产险公司累计实现原保险保费收入 138. 09 亿元，同比增长 12. 69%；人身险公司累计实现原保险保费收入 260. 89 亿元，同比增长 6. 99%。全年累计发生赔付支出 139. 03 亿元，同比增长 16. 65%。其中，产险公司赔付支出 72. 17 亿元，同比增长 17. 97%；人身险公司赔付支出 66. 86 亿元，同比增长 15. 26%。

（2）业务结构不断优化，发展质量稳步提高。寿险业务结构调整持续优化，全年健康险业务累计实现保费收入 49. 16 亿元，同比增长 35. 50%；中短存续期产品规模得到有效控制，全年保户储金及投资款净增加额 17. 31 亿元，同比减少 0. 48%。产险市场发展质效提升，与国计民生和社会治理密切相关的险种实现快速增长，其中，保证险业务发展迅猛，全年累计实现原保费收入 11. 28 亿元，同比增长 102. 04%，保费收入占比达到 8. 17%；责任保险、农业保险增速分别达到 14. 63%、24. 60%。

（3）服务保障力度加大，稳定功能有效发挥。2018 年保险资金在全省共投资 10 个项目，落地资金 171. 02 亿元，创历年同期最高，连续三年每年突破 100 亿元。农险保费收入达到 11. 53 亿元，提供风险保障 592. 8 亿元，受益农户达到 117. 39 万户次。大病保险承保 2 188. 62 万人，累计赔付 36. 64 万人次，补偿金额 10. 78 亿元。2018 年全省保险业累计提供各类保障供给 24. 46 万亿元，较上年增长 21. 03%，在服务实体经济发展、民生保障、大灾大害方面继续发挥重要作用。

2. 保险业运行中存在的问题

（1）产险公司盈利能力下降。2018 年，全省产险公司实现承保利润 4. 31 亿元，同比下降 35. 08%；承保利润率为 3. 67%，较上年同期下降 2. 47 个百分点。其中，车险实现承保利润 5. 36 亿元，同比仅增长 0. 01%。非车险业务中，工程险、企财险、农险、家财险和意外伤害保险承保亏损较大，承保利润分别为 -16 026. 57 万元、-6 320. 38 万元、-4 657. 03 万元、-2 393. 50 万元和 -1 973. 92万元。

（2）人身险公司转型压力较大。2018 年，除监管政策对于快速返还储蓄型产品的销售限制之外，银行理财产品收益率较高也对储蓄型保险产品的销售形成冲击，人身险公司面临较大转型压力。全年人身险公司实现保费收入 260. 89 亿元，同比增长 6. 99%，增速较上年下降 15. 86 个百分点。普通寿险实现保费收入 91. 03 亿元，同比下降 7. 57%，增速较上年同期下降 21. 64 个百分点。银邮渠道保费收入 44. 53 亿元，同比下降 11. 67%，渠道业务占比 17. 07%，较上年同期下降 3. 61 个百分点。

（3）保险中介乱象亟待整治。当前全省保险中介市场仍处于粗放型发展阶段，发展质量和竞争水平仍有待提升。从内部管理看，部分保险中介机构高管人员不履职、经营管理不规范、决策随意，风险防控和应急处理机制缺失，导致机构蜕变为违法违规业务“通道”，易造成风险跨行业传递。从业务经营看，部分保险中介公司通过线上平台向线下客户出单，向客户返还佣金，造成销售误导和理赔难题。部分保险公司设立专业中介机构，承揽无资质兼业代理机构业务，涉险虚构中介业务。

三、总体评估与相关建议

（一）计量分析

运用区域金融稳定定量评估模型对2018年甘肃省金融稳定状况进行量化评估，从评价结果看：2018年甘肃省金融稳定综合评价得分0.458分，较2017年下降0.091分，金融稳定水平有所下降。分析板块组成时间序列变化，金融生态板块评价指数保持缓慢上升态势，宏观经济、银行业、证券业、保险业板块评价指数均有所下降，其中银行业板块评价指数下降幅度最为显著。宏观经济运行中，经济增速呈现出止滑回稳、房地产处于合理增长区间，而全社会固定资产投资增长率持续负增长、城乡居民收入增速下降等因素对宏观经济稳健运行产生一定负面影响。银行业评价指数下降主要是全省银行业金融机构资产质量、资本充足率水平和盈利能力下降所致。证券业评价指数下降主要是省内法人证券公司资本充足率、盈利能力下降所致。保险业评价指数下降主要是应收保费率和寿险退保率上升所致，反映出全省保险业应对经济下行的实力有待增强。金融生态评价指数上升放缓主要是地方财政收入占地区生产总值的比重持续下降所致，反映出全省应对经济下行的经济实力有待加强，而法制信用环境的逐年向好、金融深化程度的不断提升对全省金融体系稳健运行发挥了良好的基础性作用。

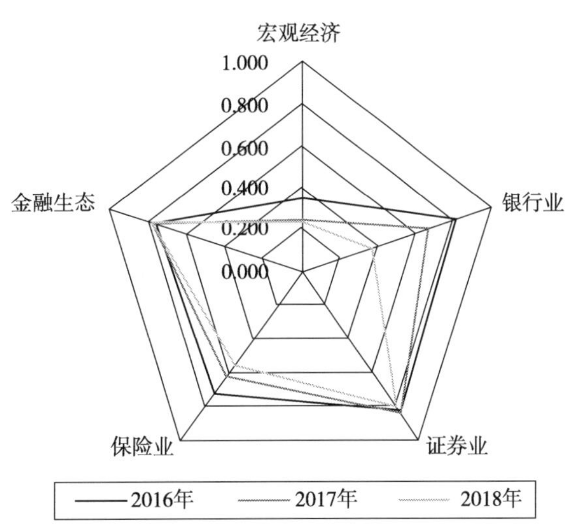

数据来源：计算所得。

图1 2016—2018年甘肃省金融稳定总体状况及组成部分比较

（二）总体评估

2018年，面对复杂严峻的发展环境，甘肃省全面贯彻新发展理念，坚持推动高质量发展，以供给侧结构性改革为主线，以打好“三大攻坚战”和构建十大生态产业体系为着力点，统筹推进稳增长、促改革、调结构、惠民生、防风险各项工作，经济运行呈现总体平稳、稳中向好、稳中有进的发展态势。农业生产稳步发展，工业生产增速回升，固定资产投资降幅明显收窄，消费市场基本稳定，对外贸易快速增长，城乡居民收入稳步增加，脱贫攻坚取得初步成效。但工业生产还没有稳定实现局面扭转，固定资产投资仍未实现由负转正，经济增长对传统产业依赖性强，发展方式转变缓慢，经济回稳向好基础尚不牢固。

全省金融业稳步发展，金融体系不断健全，业务规模平稳增长，重点领域支持力度加大，服务实体经济能力不断增强，有效地促进了全省供给侧结构性改革和经济转型发展。

但由于周期性和结构性因素、信贷增长和风险防控压力交织，金融机构经营压力不断加大，信贷资产质量持续承压，农信合机构风险防控压力较大，部分上市公司风险较高，可能通过股票质押业务向金融机构传导，人身险公司面临较大转型压力，保险中介乱象亟待整治。金融市场整体运行平稳，地方法人机构市场参与度明显提升，债券发行规模稳步增长，市场交易相对活跃，票据业务规模缩量，外汇市场交易持续低迷。金融基础设施建设稳步推进，各种软、硬件设施进一步完善，综合金融服务水平不断提升，有力地支撑了金融精准扶贫、绿色金融的有序推进。

总体来看，甘肃省经济金融运行中虽然存在一些不利因素和风险隐患，但是风险总体可控，区域金融发展继续保持稳定态势。

（三）相关建议

一是深化金融改革和创新，提升金融服务实体经济的能力。把支持民营和小微企业发展作为服务实体经济的着力点，用好用足货币政策工具，将再贷款、再贴现等央行资金重点向经营稳健、符合宏观审慎要求、监管合规的金融机构倾斜，支持金融机构扩大扶贫、民营和小微企业、乡村振兴等领域信贷投放。积极培育发债主体，促进更多的企业发债融资，助力优化融资结构、降低融资成本。进一步拓宽企业融资渠道，支持金融机构加快融资产品创新，不断推动融资租赁、产业基金、专项金融债券、绿色债券等融资模式快速发展，着力提升金融服务实体经济的能力。

二是强化风险防范和化解工作，守住不发生系统性金融风险的底线。建立健全与监管部门的协调工作机制，强化与政府相关部门的信息共享，提升各部门防控金融风险的整体合力。加强风险监测预警，密切关注表外业务、同业业务、投行业务、金融市场业务发展转型情况，不断加大与宏观经济形势高度关联的地方政府债务、房地产、影子银行、互联网金融等重点领域风险摸排力度，及时发现和化解苗头性、趋势性风险隐患。督促辖内金融机构将防范化解金融风险作为当前的“头号任务”，摸清风险底数，多措并举化解存量风险，严控增量风险。重点监测地方法人金融机构，加大不良贷款清收化解力度，不断督促农信合机构提高风险防控和审慎经营水平。从省级层面统筹规划、顶层设计农信合系统风险防范化解方案，不断加强基层金融监管力量，推动地方政府落实风险处置主体责任。进一步建立健全各类金融风险应急预案，强化应急实战演练，推动建立健全地方金融风险处置机制，切实提升突发金融风险处置能力。

三是加强金融基础设施建设，不断优化金融生态环境。建立风险案件追责问责机制，促使金融机构强化内部管理和风险源头管控。充分利用各种新闻媒体，不断加强法制宣传力度，引导和教育广大群众远离非法金融活动，切实保护金融消费者合法权益。加快完善社会信用联合惩戒机制，依据法律法规确定联合惩戒对象，定期对违信、失信企业和个人予以通报，司法和执法部门加大对违信行为的处罚力度。进一步完善金融法制环境，借助公检法的力量，加快金融案件快立、快审、快结、快执机制，进一步加大对债权类胜诉案件的执行力度，惩治“老赖”行为，切实保护债权人合法权益，维护良好的金融生态环境。

中国人民银行兰州中心支行金融稳定分析小组

组　长：张庆昉

副组长：李文瑞

成　员：金融稳定处　货币信贷处　金融研究处　调查统计处
　　　　国际收支处　支付结算处　征信管理处　反洗钱处
　　　　办公室

《甘肃省金融稳定报告（2019）》编写组

总　纂：李文瑞

统　稿：王宗祥

执　笔：边永平　杨　柳　景小娟　安子靖

其他参与写作人员：

李高元　赵林虓　张　莉　张　乾　王丽娟　张　峰
刘海申　孙雪峰　刘　蘅　杨召举　孟秋敏　王　琼
陈　全

青海省金融稳定报告摘要

2018 年是打好防范化解金融风险攻坚战的关键一年。青海省牢牢把握稳中求进工作总基调，着力推进供给侧结构性改革，多措并举稳增长、促改革、调结构、惠民生、保生态、防风险，全省经济社会呈现发展总体平稳、稳中有进的良好态势。银行业资产负债规模小幅收缩，证券期货业稳步发展，保险业保障功能进一步增强，金融基础设施不断完善，金融生态环境进一步优化，金融业整体运行稳健。但与此同时，仍面临金融市场活力不足、银行业金融机构资产质量下滑、部分领域金融风险防控形势严峻等困难和挑战，维护地区金融稳定的任务依然任重道远。

一、区域经济运行与金融稳定

2018 年全省实现地区生产总值 2 865 亿元，同比增长 7. 2%，高于全国平均水平 0. 6 个百分点，高于年度目标 0. 2 个百分点。其中，第一产业增加值 268 亿元，增长 4. 5%；第二产业增加值 1 247 亿元，增长 7. 8%；第三产业增加值 1 350 亿元，增长 6. 9%。

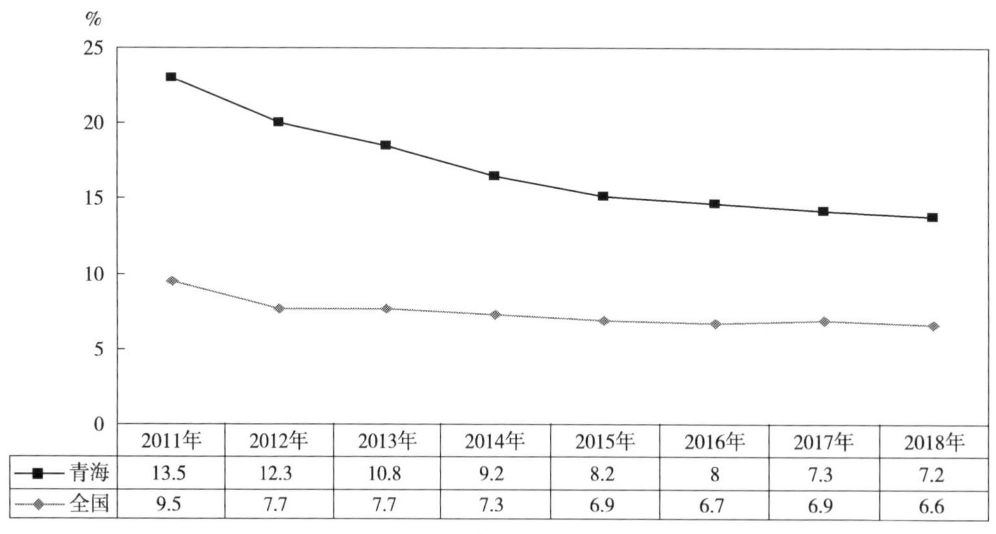

	2011年	2012年	2013年	2014年	2015年	2016年	2017年	2018年
青海	13.5	12.3	10.8	9.2	8.2	8	7.3	7.2
全国	9.5	7.7	7.7	7.3	6.9	6.7	6.9	6.6

数据来源：国家统计局。

图 1　近年来青海省与全国生产总值增速对比情况

（一）区域经济运行特点

1. 高原农牧业提档升级、工业以传统产业为支撑、三产增长仍以“财政八大项”为主

2018 年，全省粮食总产量稳定在 100 万吨以上，建立了优质农产品联盟、牦牛产业联盟、三文

鱼产业联盟。全省规模以上工业增加值同比增长 8.6%，高于全国平均水平 2.4 个百分点，高于上年 1.6 个百分点。第三产业增长对以“财政八大项”为主的非营利性服务业的依赖程度依然较高，新兴业态尚未形成规模。

2. 投资承压上行，消费增幅回落，进出口增速止跌回升

2018 年，全省固定资产投资遭遇较大压力，增速曾一度跌至零点以下，9 月之后颓势扭转并承压上行。全省 500 万元及以上固定资产投资较上年同期增长 7.3%，高于全国平均水平 1.4 个百分点。全省社会消费品零售总额同比增长 6.7%，增幅低于上年同期 2.6 个百分点。全省进出口总值同比增长 3.49%，在年末扭转了自 2018 年 3 月以来的持续下跌局面。

3. 财政收支双升，城乡居民收入稳步增长

2018 年，全省公共预算收入同比增长 9.7%，增幅低于上年同期 3.8 个百分点，主要税种中企业所得税、个人所得税和资源税分别增长 7.7%、24.6% 和 9.2%，全省公共财政预算支出同比增长 7.6%，增幅高于上年同期 7.2 个百分点。全省全体居民人均可支配收入突破 2 万元，同比增长 9.2%，其中，城镇常住居民增长 9.0%、农村常住居民增长 9.8%，二者增长的主要拉动力均为转移净收入。

4. 居民消费价格涨幅较高，工业价格涨幅回落

2018 年，全省居民消费价格总水平同比上涨 2.5%，高于全国平均水平 0.4 个百分点。居民消费八大类商品和服务价格呈现全面上涨态势，其中，教育文化和娱乐类、医疗保健类食品和居住类价格涨幅较高，分别为 4.8%、3.4%、3.3% 和 2.5%。全年工业生产者出厂价格同比上涨 4.5%，涨幅较上年回落 10.9 个百分点；工业生产者购进价同比上涨 4.3%，涨幅较上年回落 3.5 个百分点。

5. 房地产呈量缩价涨态势

受政策调控、建安投资放缓以及统计口径调整等影响，2018 年全省房地产投资同比下降 0.63%，本年新开工房屋面积同比下降 28.07%；商品房销售面积同比下降 9.33%，商品房销售额同比下降 2.23%，商品房价格同比上涨 7.83%；全省商品房库存 569 万平方米，去化周期 9.5 个月；全省棚改任务由 2017 年的 56 315 套降至 2018 年的 30 050 套。

（二）需要关注的问题

1. 投资增长缺乏支撑

基础设施投资融资成本上升、大项目接续不畅，民间投资信心和动力不足，房地产开发进入深度调整期，投资增长后劲不足。资金使用效率和增量资本产出率十分有限。

2. 财政收支矛盾突出

受经济增速放缓、减税降费政策力度进一步加大等因素影响，地方公共财政增收难度加大，财政八项支出增速下降。同时保运转、保民生、保生态等刚性支出持续增加，债务还本付息压力持续加大。

3. 企业效益分化严重

全省规模以上企业亏损面高达 36.3%，企业经营效益在少数大型国有控股支柱企业的拉动下有所增长，众多中小微民营企业经营形势未有明显改善。同时伴随原辅材料价格、劳动力成本、环境治理成本持续上升，企业积蓄力量、转型发展依然面临多重困境。

（三）经济运行对金融稳定的影响评估

2018 年，青海省经济运行总体呈“前低后高”态势，上半年，二产、三产均显疲弱，投资、消

费均增长乏力；下半年，在政策组合拳的强力推动下，工业发力、投资补位、财政支出加快，主要经济指标回升较快。但与此同时，企业效益下滑、物价反弹压力较大等问题凸显，实体经济运行发展存在一定困难，对地区金融稳定的影响不容忽视。

二、金融业与金融稳定

（一）银行业

截至2018年末，全省共有银行业金融机构57家，其中，国有商业银行5家，政策性银行2家，股份制银行7家，邮政储蓄银行1家，城市商业银行1家，农村金融机构38家，信托投资公司1家，财务公司1家，资产管理公司分支机构1家。银行业改革不断推进，华夏银行西宁分行顺利开业，6家农村信用社成功改制为农村商业银行，新设立2家村镇银行。银行业运行总体平稳，但信用风险等风险防控形势依然严峻。

1. 银行业运行特点

（1）资产负债规模小幅收缩。截至2018年末，全省银行业金融机构资产总额8 846.68亿元，同比下降1.42%，增速同比回落8.32个百分点。负债总额8 549.45亿元，同比下降0.84%，增速同比回落7.11个百分点。

（2）存贷款变动出现分化。2018年，受部分企业经营效益下滑、资金链紧张及非金融企业存款大幅减少等影响，全省本外币各项存款余额5 770.89亿元，比年初减少50.93亿元，同比下降1.24%，增速同比回落5.84个百分点，低于全国平均水平9.04个百分点，自2014年以来年度存款余额同比首次出现下降。受固定资产投资增速减缓，省内优质项目储备不足等影响，全省本外币各项贷款余额6 634.93亿元，比年初增加277.03亿元，同比增长4.44%，增速同比回落6.68个百分点，低于全国平均水平8.46个百分点。

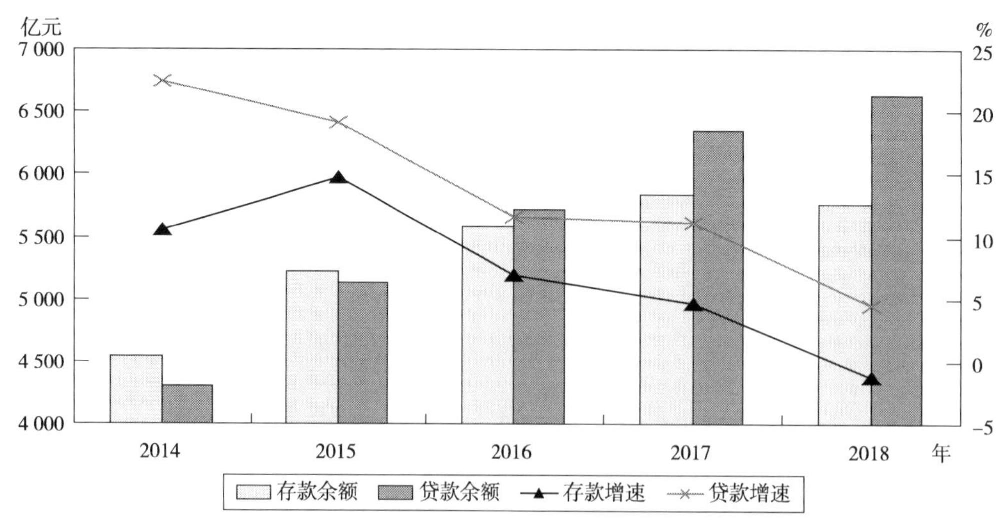

数据来源：人民银行西宁中心支行。

图2 2014—2018年青海省本外币存贷款变化情况

（3）利润水平急剧下跌。2018 年，受不良贷款大幅增加，增提贷款减值损失准备 124.37 亿元的影响，全省银行业金融机构利润水平大幅下滑，仅实现净利润 15.43 亿元，同比减少 76.13 亿元，降幅达 83.13%[①]。

（4）地方法人银行资本水平较为充足。截至 2018 年末，全省地方法人银行机构的核心一级资本充足率为 15.34%，同比上升 1.08 个百分点；资本充足率为 16.41%，同比上升 1.09 个百分点。各地方法人银行机构资本状况较为充足，抵御风险能力较强。

（5）服务实体经济质效进一步提升。一是工业贷款增长较快。截至 2018 年末，全省工业贷款余额 2 026.53 亿元，较年初增加 116.52 亿元，同比增长 6.18%。二是薄弱领域信贷支持力度加大。涉农贷款余额 2 178.19 亿元，较年初增加 101.63 亿元；全省新增小型和微型企业贷款 58.32 亿元，同比增长 5.12%，增速分别高于大型和中型企业贷款增速 5.01 个和 4.23 个百分点；全省金融精准扶贫贷款余额 1 163.43 亿元，同比增长 3.33%。

2. 需要关注的问题

（1）信用风险持续暴露。受经济下行压力加大等影响，银行业金融机构不良贷款余额和不良贷款率增长较快，信用风险防控形势严峻。截至 2018 年末，银行业不良贷款余额 206.62 亿元，比年初增加 36 亿元，同比增长 21.1%；不良贷款率 3.11%，同比上升 0.43 个百分点，高于全国平均水平 1.22 个百分点。同时，关注类贷款余额达到 316.58 亿元，同比增长 27.6%，不良贷款余额继续增长的压力依然较大。

（2）地方法人银行机构相关风险需要警惕。一是不良贷款余额和不良贷款率双升。截至 2018 年末，地方法人银行机构的不良贷款余额 39.09 亿元，比年初增加 17.42 亿元，同比增长 80.39%；不良贷款率 3.46%，同比上升 1.31 个百分点，高于全省银行业金融机构不良贷款率 0.35 个百分点。二是部分流动性指标劣变。受存款下降影响，个别地方法人银行机构的流动性比例、人民币超额备付金率等指标趋于恶化。三是公司治理和内部控制仍有不足。部分地方法人银行机构董事和监事履职不到位，公司治理存在缺陷，内部制度执行不严格，一些问题屡查屡犯，内部控制仍需加强。

（3）房地产贷款风险不容忽视。截至 2018 年末，全省银行业机构新增房地产贷款 36.3 亿元，达 816.24 亿元，同比增长 5.51%，高于全省贷款平均增速 1.07 个百分点。新增房地产贷款占全部新增贷款的 13.11%，占比较同期上升 3.3 个百分点。受个别房地产公司经营困难，资金链较为紧张的影响，2018 年，全省新增房地产不良贷款 1.18 亿元，不良贷款余额 2.68 亿元，同比增长 78.67%；房地产业不良贷款率 0.51%，同比上升 0.22 个百分点。

（4）个别企业债务违约风险值得关注。2018 年经济下行压力下，部分企业经营困难，发生债务违约的可能性增大。一旦不能按期偿还债务，对地区银行业金融机构金融生态环境将产生不利影响。

（二）证券期货业

截至 2018 年末，全省共有法人证券公司 1 家，法人期货公司 1 家，证券分公司 4 家，证券营业部 28 家。

1. 证券期货业运行特点

（1）证券期货机构经营业绩下滑。2018 年，全省法人证券公司经营稳定性下降，业务规模出现

---

① 利润数据来源于青海银保监局。

萎缩，代理交易额及盈利能力连续三年下滑；法人期货公司受母公司合并影响，业务发展尚处过渡期，经营业绩不佳。其中，法人证券公司累计代理交易额同比下降 50.18%；营业收入同比下降 55.4%；净利润同比下降 94.29%。证券营业部累计代理交易额同比下降 21.47%；营业收入同比下降 26.64%；净利润下降 75.43%。法人期货公司营业收入同比下降 5.22%；净利润同比下降 27.49%。

（2）上市公司运行相对平稳。2018 年，全省 12 家上市公司市值虽出现下滑，但盈利能力得到一定程度提升。截至 2018 年末，上市公司总股本同比下降 0.64%，总市值同比下降 37.28%。截至第三季度末，上市公司总资产同比增长 1.16%，净资产同比下降 4.64%。前三季度，上市公司实现营业收入 576.5 亿元，同比增长 9.5%；净利润同比上升 27.65%；平均每股收益同比上升 10%。

（3）公司债券市场及私募基金募资能力有所提升。截至 2018 年末，全省共有 17 只公司债券处于存续状态，共募集资金 154.9 亿元，存量余额 117.86 亿元。私募基金管理人 16 家，同比增加 1 家；管理基金总数同比增加 6 只；管理基金实缴规模 146.72 亿元，同比增长 13.67%，私募资金超过 97% 已投向本省企业，有效发挥了服务地方经济的作用。

2. 需要关注的问题

（1）部分证券期货经营机构经营管理能力有待提升。一是个别证券期货经营机构业务规模缩减，从业人员数量不断减少，导致公司不断调整内部组织架构，经营稳定性下降。二是个别证券期货经营机构通道类资管业务比重较高，部分资管产品存在流动性风险。部分资管产品经办人员离职，对后续信息披露、投后管理造成不利影响。三是证券分支机构代理交易额连续三年下滑，行业吸引力下降，人员流失严重，人员素质亟待提高。

（2）上市公司经营风险值得关注。一是部分上市公司受宏观经济环境、增长动能转换缓慢等影响，盈利的可持续性不佳，偿债压力较大，债务违约风险较高。二是部分上市公司治理结构不完善，存在大股东股权质押占比过高和股权平仓风险。

（3）上市公司商誉减值风险需要警惕。截至 2018 年第三季度末，全省共有 6 家上市公司存在商誉，商誉账面余额 62.57 亿元。一旦上市公司因被收购方未实现业绩承诺等原因大额计提商誉减值，将会显著影响企业当年经营业绩，商誉减值风险不容忽视。

（三）保险业

截至 2018 年末，全省共有保险机构 328 家，同比增加 9 家，其中，分公司 16 家，包括 8 家产险公司，8 家人身险公司；中心支公司 35 家；支公司 178 家；营业部 7 家；营销服务部 92 家。

1. 保险业运行特点

（1）保险业实现较快发展。一是保险业资产规模不断扩大。截至 2018 年末，全省保险公司资产总额达 175.54 亿元，同比增长 14.38%。其中，产险公司资产总额 24.77 亿元，同比增长 23.92%；人身险公司资产总额 150.77 亿元，同比增长 12.95%。二是保费收入进一步增加。全年累计实现原保险保费收入 87.66 亿元，同比增长 9.33%。三是保险深度与保险密度得到提高。其中，保险密度 1 453.18[①]元/人，同比增加 113.5 元/人；保险深度 3.06%，同比上升 0.03 个百分点。

（2）保险产品结构得到优化调整。人身险方面，健康险和意外伤害险加速发展，同比分别增长

① 根据青海省统计局网站公布的 2018 年底青海省常住人口计算而得。

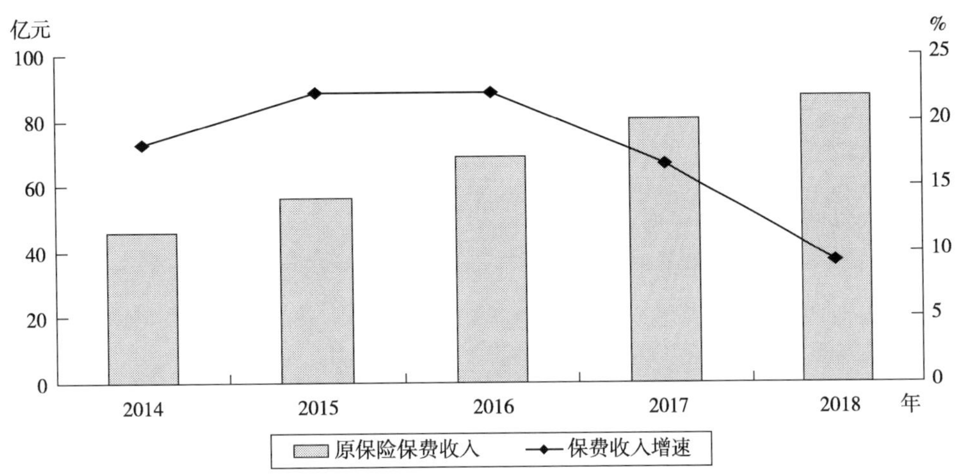

数据来源：青海银保监局。

图 3　2014—2018 年青海省原保险保费收入变动情况

29.81%和 17.95%。财产险方面，车险保费收入占比同比下降 7.44 个百分点，车险“一险独大”的局面有所改善；农业保险保费收入同比增长 53.76%，高于全国平均水平 34.22 个百分点；环责险、承运人责任保险等重点领域责任险取得进展，全年责任险保费收入同比增长 24.69%。

（3）保险参与社会保障功能进一步增强。一是大病保险覆盖人口扩增至 453.25 万人，累计报付 6.53 万人次，赔付金额 3.35 亿元。二是商业保险机构经办城乡居民基本医保实现全省覆盖。三是个人税优健康险、老年人意外伤害保险、计划生育失独特殊家庭人员住院陪护保险等险种发展良好。全年为 35.75 万名老年人提供意外伤害风险保险赔付 475.83 万元。

2. 需要关注的问题

（1）人身险公司退保和满期给付压力较大。2018 年，全省人身险公司退保金额同比增长 22.36%；退保率同比上升 0.35 个百分点。全省实付满期保单同比增长 124.09%；实付满期金额同比增长 45.67%。退保支出和满期给付居高不下给人身险公司现金流带来的压力值得关注。

（2）保证保险业务风险需要关注。2018 年，全省保证保险业务原保险保费收入同比增长 154.64%，但业务结构相对单一，主要为消费贷款保证保险。保证保险作为贷款增信措施，相关借款人资信状况良莠不齐，风险敞口较大，且保险机构对贷款风险管理的专业水平和能力不足，可能导致银行业不良贷款风险向保险业传递。

（四）金融业运行对金融稳定的影响评估

2018 年，青海省金融体系运行平稳，金融风险总体可控。但受经济下行压力加大和新兴金融业态不断涌现等因素影响，金融业面临的风险更趋复杂和隐蔽，金融业在稳增长和防风险之间把握平衡的难度不断加大，金融风险防控形势依然严峻。银行业信用风险持续暴露，个别地方法人银行机构的流动性风险和合规风险有所显现，上市公司经营风险和商誉减值风险上升，保险公司退保和满期给付压力加大，部分大型企业债务违约风险增加，个别风险还可能通过资金流动、产品交易、资产价格波动、市场预期等渠道引发跨市场风险联动，导致单个、局部风险进一步扩散和放大，给辖区金融稳定带来挑战。

三、金融市场运行与金融稳定

（一）区域金融市场运行特点

1. 货币市场交易同比下降，呈现净融入格局

受宏观经济环境影响，全省机构银行间货币市场交易量下滑，2018 年交易量共计 17 199.38 亿元，下降 28.11%，其中，累计融入 11 674.58 亿元，累计融出 5 491.79 亿元。由于部分市场参与者个别时点资金需求较旺，市场整体呈现净融入格局，净融入 6 182.79 亿元。

2. 债务融资工具发行量下滑，特色债券实现突破

受融资环境与债券市场投资者避险情绪等影响，2018 年全省企业利用银行间市场债务融资工具实现直接融资 58.2 亿元，同比下降 44.83%。全年积极探索创新型债务融资工具，西宁农商行成功发行青海首单 1.7 亿元绿色金融债券，青海银行申请发行不超过 15 亿元绿色金融债券已进行备案；西宁经济技术开发区投资控股有限公司成功发行青海首单 10 亿元双创债券。

3. 黄金市场规模较小

全省黄金市场存量规模较小，市场总体稳定，变动幅度较小。2018 年，全省人民币账户金买卖 14 772.71 千克，增长 8.31%；美元账户金交易 2 625.54 盎司，下降 23.71%；实物黄金交易 890.85 千克，下降 6.35%。

4. 票据业务发展平稳，中小企业占比较大

2018 年末，全省企业票据融资余额 877.02 亿元，占人民币贷款比重的 13.32%，较上年同期提高 3.32 个百分点。金融机构累计签发银行承兑汇票 207.75 亿元，比上年同期减少 9.49 亿元，其中大型企业累计签发占比 45.59%，中小微型企业占比 54.41%。2018 年小微企业融资政策发力，票据在期限和额度上占有优势，受中小企业融资青睐。

5. 跨境收支下降明显，由大额顺差转为逆差

2018 年，全省跨境收支总额 19.03 亿美元，下降 23.60%，其中，收入 8.79 亿美元，支出 10.24 亿美元，逆差 1.45 亿美元，同比由大额顺差转为逆差，主要原因是企业境外发债大幅下滑、国内外经济增速放缓和贸易摩擦等。分项目看，全省经常账户跨境收支额 7.82 亿美元，下降 16.09%，占跨境收支额的 41.09%，资本与金融账户收支额 11.21 亿美元，下降 28.09%，占跨境收支总额的 58.91%，呈现经常项目顺差和资本项目逆差的格局。受外部不确定性因素增加影响，2018 年全省办理跨境人民币业务 2.61 亿元，同比下降 90.27%。

6. 结售汇总额基本持平，涉外主体风险意识明显增强

2018 年，全省银行结售汇总额 19.80 亿美元，下降 3.88%，其中，结汇 8.38 亿美元，下降 49.40%，售汇 11.42 亿美元，增长 1.84 倍；结售汇逆差 3.04 亿美元，其中，经常账户逆差 0.48 亿美元，资本与金融账户逆差 2.56 亿美元。全省平均收入结汇率为 96.99%，增长 1.85%，平均支出购汇率为 112.42%，同比持平。在汇率波动幅度加大的背景下，市场主体人民币汇率预期稳定，企业规避汇率风险的意识明显增强，远期和掉期等外汇衍生品业务快速增长。

（二）金融市场运行状况对金融稳定的影响评估

2018 年，全省金融市场受宏观经济环境及政策调整等因素影响，市场整体规模、交易活跃程度

均有所下降。与全国其他省份相比，全省金融市场规模依然偏小，为进一步促进金融市场健康发展，应稳步提高市场活力，丰富交易层次和产品种类，发挥市场在资源配置中的决定性作用，全面增强对金融体系稳定运行的支撑。

四、金融基础设施与金融稳定

（一）运行状况

1. 支付服务市场良性健康发展

一是支付清算、会计核算系统安全稳定运行。截至2018年末，全省支付系统直接参与者2家，间接参与者923家。全年全省支付系统处理业务笔数和金额同比分别增长3.87%和0.71%。二是银行卡等非现金支付工具运用不断普及。2018年全省累计发放银行卡、布放ATM、布放POS机具同比分别增长8.16%、31.36%和10.92%；网上支付笔数同比增长22.96%，金额同比下降7.88%；移动支付笔数同比增长17.26%，金额同比增长62.40%。三是便民惠民金融服务发展模式取得突破。持续组织开展移动支付便民示范工程建设，实现省会西宁市全部公交线路和公交车辆支持银联“云闪付”乘车。设立低成本、高效率的惠农金融服务点4 887个，符合惠农金融服务点设立条件的村级覆盖率达100%。印发了《青海省普惠金融发展专项资金管理实施细则》，对全省惠农金融服务点的补贴政策延长至2020年。

2. 征信市场发展和社会信用体系建设持续推进

一是征信系统覆盖面继续扩大。截至2018年末，国家金融信用信息基础数据库已收录全省2.52万户企业和422.05万个自然人的信用信息，全年全省累计查询个人、企业信用报告分别为139.6万次、2.8万次。制订了《青海省央行内部（企业）评级推广工作实施方案》，为全省35家地方法人金融机构联通了央行内部评级操作系统。二是地方信用体系建设有序实施。持续治理涉金融领域失信问题，对核实失信的企业及个人开展专项治理。省社会信用体系建设成员单位联合出台25个涉及各领域的联合奖惩合作备忘录，在全省共建立131个诚信教育基地，搭建12所高等院校与银行机构结对开展金融诚信知识“进校园”活动长效机制。三是信用助推企业、“三农”稳步发展。在海西州试建“中小微企业信用信息和融资对接平台”，为当地910户中小微企业建立了电子信用档案。应收账款累计融资4 68.34亿元。全省“农户信用信息数据库暨惠农金融服务平台”录入信用户33.05万户，线上受理农户贷款申请4 654笔。为全省92.03%的农户建立了信用档案，评定信用县、乡（镇）、村、户分别同比增长150%、8.02%、9.18%、5.43%。贫困户“谅解+救济”信用修复机制成效显著，全省1 652户信用得到修复的贫困户再获贷款5 575.18万元。四是征信合规管理和信息安全防控体系初步构建，非现场监测机制建设步伐加快，信用信息泄露风险有效防控。

3. 反洗钱工作水平和监管效能逐年提升

一是加大反洗钱监管力度。2018年，全省人民银行对省内14家金融机构开展了反洗钱专项检查，处罚6家，双罚比例首次达到100%；完成对全省293家义务机构分类评级，开展监管走访70家，风险评估6家，约见谈话22家，质询27家，实现分类评级义务机构全覆盖。二是发挥反洗钱金融情报价值，维护地区稳定大局。启动青海省金融情报工程，向侦查机关移送线索百余份，侦查机关立案、破案率逐年增长。开展反洗钱调查三百余次，成功推动以洗钱上游犯罪宣判并取得新的突破，遏制了洗钱和恐怖融资及其上游犯罪活动。三是开展区域特色反洗钱工作。稳步推进特定非金融行业监管和数据报送工作，摸清全省特定非金融机构底数。引入第三方会计师事务所开展分类评级试点工作，探索适合省情的分类评级工作模式。开展洗钱罪推动试点工作，深化人民银行、税务、公安、海关等部门反洗钱协作。

4. 金融消费权益保护工作日趋完善

一是做好事前管理与教育预防。严格落实新设机构消保业务开业管理与服务事项，建立健全机构消保工作机制。组织开展“3·15金融消费者权益日”“普及金融知识，守住‘钱袋子’”“金融知识普及月”等集中性宣传活动，不断提高消费者金融素养。二是持续开展事中监管与专项治理。加入青海省整治虚假违法广告联席会议，依托联席会议制度开展治理工作。印发《关于开展金融广告治理工作的通知》《金融广告监测处置工作规程》，促进广告治理工作有序规范开展。组织开展2018年支付服务领域金融消费权益保护业务监督检查与评估工作，被查机构网点覆盖率达到27.42%。三是提升事后救济与服务水平。建成“青海省12363投诉咨询电话呼叫中心”，实现全省12363电话“一点接入”，提高了投诉受理处理质量和效率。全年全省人民银行系统共受理处理金融消费者投诉116起、咨询76起，同比分别增长16%、130.30%，办结率达100%。

（二）金融基础设施运行对金融稳定的影响评估

2018年，青海省金融基础设施建设取得新的进展，为金融市场有效运行提供了有力支撑。随着全省金融业的快速发展，青海省金融基础设施建设依然任重道远，应着力完善制度建设、提高科技应用能力、强化薄弱环节管控，充分发挥金融基础设施在提高金融体系弹性、防范和化解金融风险方面的作用。

五、总体评估与政策建议

（一）总体评估

2018年，青海省经济社会发展总体平稳、稳中有进，呈现结构优化、质量提升、民生改善的良好态势，金融业稳健运行的宏观经济基础得到进一步巩固。银行业不断强化风险防控，对实体经济支持力度进一步加大；证券业整体运行平稳，资本市场融资功能较好发挥；保险业服务领域继续拓宽，保障服务功能进一步增强；金融机构改革持续推进，风险排查和处置能力不断加强，全省金融业运行整体稳健，风险总体可控。但与此同时，青海省经济金融运行中仍面临着不少困难和制约，经济发展不平衡不充分，发展质量和效益有待提高，生态保护任重道远，脱贫攻坚任务繁重，金融业稳健发展面临挑战。

但同时，在内部和外部等因素共同作用下，全省经济金融发展面临着不少困难和问题。一是实体经济增长困难。原材料价格、劳动力成本、环境治理成本持续上升，工业积蓄力量、转型发展依然面临多重困难。二是投资增长缺乏支撑。基础设施投融资成本上升，民间投资信心和动力不足，房地产开发进入深度调整期，投资增长后劲不足。三是潜在金融风险不容忽视。银行业不良贷款“双升”，证券期货业绩下滑，保险业退保和满期给付压力增加，金融风险防控形势依然较为严峻。

（二）政策建议

1. 切实打好防范化解金融风险攻坚战，守住不发生系统性风险的底线

一是持续强化对地方法人金融机构、影子银行、地方政府债务、房地产、大型有问题企业、债

务违约、非法集资等重点领域的风险防范，强化对资产质量下行和寿险非正常退保等问题的跟踪关注，完善应急预案，做好突发事件应对，积极稳妥防范重大风险点。二是强化金融机构防范风险的主体责任，督促金融机构持续完善公司治理、内部控制，督促其稳健合规经营，不断提高风险防控和化解能力。三是健全多方联动风险监测预警机制，充分发挥存款保险早期干预和风险处置功能，及时有效识别重大风险隐患，实现风险早发现、早处置，牢牢守住不发生系统性风险的底线。

2. 深化供给侧结构性改革，增强金融对实体经济支持力度

一是银行业机构主动对接“一带一路”、西部大开发等国家战略，按照资金回归实体、经营回归主业、管理回归主责的大方向，结合自身资源禀赋和比较优势，制定科学清晰的差异化、特色化、专业化发展战略。二是破除无效供给，借助兼并重组、资产证券化等方式，有序将低效、无效信贷资源从“僵尸企业”和不符合国家产业政策的企业中腾挪出来，加大对智能制造、绿色制造的金融支持，切实强化金融对新旧动能转换的支撑作用。三是加快金融创新，完善资本市场。健全金融机构创新机制，注重产品和服务模式的创新，增强金融服务供给的有效性。同时，积极推动直接融资、间接融资发展，灵活运用各项政策工具，拓宽金融业融资渠道。

3. 进一步完善金融服务体系，营造良好金融生态环境

加强支付清算系统业务管理，推广非现金支付工具应用，提升非银行支付业务监管和服务水平，促进支付服务市场合规高效发展。稳步拓展征信系统接入范围，完善评级机构考核机制，积极开展征信文化教育宣传工作。构建全方位反洗钱工作体系，严厉打击反洗钱犯罪。推动金融相关基础法规的建设，推进金融消费者权益保护工作。优化外汇管理服务，提升贸易投资自由便利化水平。严厉打击非法集资、非法理财等违规金融活动，加强金融知识普及和舆论引导，增强社会公众对风险的识别能力，不断优化全省金融生态环境。

中国人民银行西宁中心支行金融稳定分析小组

组　长：马　骏
副组长：石海城
成　员（以姓氏笔画为序）：
冯可心　张云莉　赵春梅　荆海龙　胡　冰　贾丽均
曹建勋　韩涌泉　裘冠民　潘　娟　魏　平

《青海省金融稳定评估报告（2019）》编写组

总　纂：曹建勋
统　稿：潘　娟　苏中华
执　笔（以姓氏笔画为序）：
王建民　孙亚刚　李宝莹　徐　静　郭建勇　常家升
魏春飞
其他参与写作人员（以姓氏笔画为序）：
孔芳媛　毛泽强　刘　涛　李生海　邸小宁　陈阳阳
赵爱珍

宁夏回族自治区金融稳定报告摘要

2018年，宁夏深入学习贯彻习近平新时代中国特色社会主义思想和党的十九大、习近平总书记视察宁夏重要讲话精神，坚持稳中求进工作总基调，深入推进供给侧结构性改革，着力打好“三大攻坚战”，全面实施“创新驱动、脱贫富民、生态立区”三大战略，全区经济转型在应对下行压力中取得新成效，质量效益稳步提升，为区域金融稳健运行创造了良好的环境。

宁夏金融业深入推进改革创新发展，行业规模稳步扩大，组织体系日益完善，金融业总体保持稳健运行。银行业认真落实稳健的货币政策，存贷款总量适度增长，信贷业务结构持续优化，防控风险能力不断提升；证券业保持平稳发展，市场投资者队伍不断壮大，资本市场培育不断增强，市场功能有效发挥；保险业保费收入持续增长，业务结构调整加快，重点领域险种稳步发展，风险保障功能显著增强；小额贷款公司、融资性担保公司继续发挥补充作用，服务实体经济发展。

一、区域经济运行及金融稳定

（一）经济保持平稳发展

2018年，宁夏经济运行总体平稳，发展质量和效益稳步提升。初步核算，全年实现地区生产总值3 705.2亿元，同比增长7.0%。

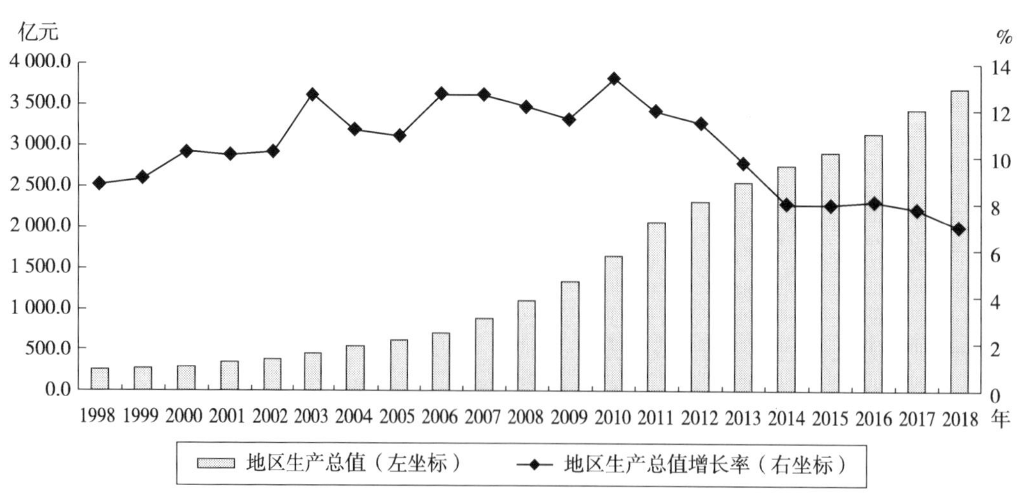

图1 1998—2018年宁夏地区生产总值及其增长率

1. 内需增长趋缓，外需整体疲软

（1）投资下降明显，投资质量提升。2018年，宁夏全社会固定资产投资同比下降18.2%，比

2017 年低 22.4 个百分点。其中，房地产开发投资同比下降 31.1%，基础设施投资同比下降 23.5%。投资质量进一步提升，工业技改投资增长 15.6%，电子设备、仪器仪表、现代纺织等工业制造业投资分别增长 149.3%、34.8%和 13.4%。

（2）居民收入较快增长，消费需求有所放缓。2018 年，宁夏城镇常住居民、农村常住居民人均可支配收入同比分别增长 8.2%和 9.0%，城乡居民人均收入倍差 2.72，比 2017 年缩小 0.02。实现社会消费品零售总额 935.8 亿元，同比增长 4.8%，比 2017 年回落 4.7 个百分点。其中，乡村旅游和农村电子商务快速发展，带动乡村消费品零售额同比增长 8.4%，快于城镇消费 4.0 个百分点。汽车类消费下滑明显，全年汽车类消费同比下降 13.2%。

（3）对外贸易降幅较大，市场布局更加多元。2018 年，受外需低迷、部分企业停限产、生产经营成本上升等因素影响，对外贸易呈下降态势。全年实现外贸进出口总额 249.1 亿元，同比下降 27.0%。其中，出口下降 27.1%；进口下降 26.8%。宁夏积极融入"一带一路"建设，对"一带一路"沿线国家出口占比为 36.1%，比 2017 年提高 11.9 个百分点。实际利用外资出现下降，全年批准项目 32 个，实际利用外资 2.1 亿美元，同比下降 31.1%。

2. 三次产业协调发展，产业结构持续优化

2018 年，宁夏加快推进经济转型升级，三次产业协调发展，三次产业结构由 2017 年的 7.3:45.9:46.8 调整为 7.6:44.5:47.9，第三产业比重上升 1.1 个百分点，产业结构进一步优化。

（1）粮食产量创新高，特色农业增势良好。2018 年，宁夏认真贯彻乡村振兴战略，大力推进农业供给侧结构性改革，围绕发展"一特三高"现代农业，聚焦"1+4"特色优势产业，优势特色农业快速发展，农产品供给能力进一步提高。粮食生产"十五连丰"，总产量达到 392.6 万吨，同比增长 6.1%。特色优势农业稳步发展，粮食、蔬菜、草畜、枸杞、酿酒葡萄等产值占农业总产值比重达到 86.7%，特色优质农产品品牌达 317 个。

（2）工业经济平稳向好，新兴动能较快发展。2018 年，宁夏规模以上工业实现增加值同比增长 8.3%，比全国高 2.1 个百分点。其中，重工业增加值同比增长 11.4%，对工业增长支撑作用增强。新兴产业较快发展，煤化工、专用设备制造业、仪器仪表制造业分别增长 32.2%、22.5%和 13.1%。工业创新能力显著提升，煤炭间接液化关键装备、铸造砂型 3D 打印、高端智能控制阀、铝合金枕梁、核电配套铸钢件等实现重大技术突破。

（3）服务业稳步发展，支撑作用不断增强。2018 年，宁夏实现服务业增加值 1 775.1 亿元，同比增长 7.7%，对经济增长的贡献率为 49.6%，比第二产业高 3.7 个百分点。"互联网+"服务较快发展，快递业务量增长 82.0%，互联网宽带接入用户增长 36.4%。现代服务业提档升级，6 个服务业集聚区、30 个服务业品牌化和标准化试点项目稳步推进，现代金融、文化旅游、信息产业、科技服务、健康养老等新业态加快发展。

（4）供给侧结构性改革成效明显。2018 年，宁夏继续深化供给侧结构性改革，"三去一降一补"取得积极进展。取缔地条钢生产企业 6 家，淘汰化解落后过剩产能 318 万吨。继续推进棚改货币化安置，全区商品房库存面积同比下降 9.4%，去库存周期较上年减少 1.2 个月，其中住宅待售面积同比下降 20.2%。出台稳增长 20 条、服务业 23 条、民营经济 20 条、促进民间投资 30 条等针对性强的政策措施，降低实体经济成本 90 亿元，规模以上工业企业每百元主营业务收入中的成本为 83.4 元，比全国低 0.5 元。宏观杠杆率实现近年来首次下降，宏观杠杆率为 236.1%，比上年下降 2.6 个百分点。加大补短板力度，深入实施创新驱动战略，建成宁夏技术交易市场，国家级高新技术企业

增加到150家，R&D投入强度达到1.3%；坚持精准扶贫、精准脱贫，142个贫困村出列、11.5万人脱贫、贫困发生率下降至3%。

（5）生态环境质量明显提升。深入实施蓝天、碧水、净土“三大行动”，完成大气污染治理项目611个，地级城市空气质量优良天数比例达到87.2%，较2017年提高5.8个百分点，五级河长制全面建立，黄河流域宁夏段水质优良比例达到73.3%。

3. 消费价格保持稳定，生产价格涨幅趋缓

（1）消费价格保持稳定。2018年，宁夏居民消费价格同比上涨2.3%，涨幅比2017年提高0.7个百分点。其中，食品价格上涨3.3%，非食品价格上涨2.1%。八大类商品及服务价格均有所上涨，其中食品烟酒、居住、交通通信、衣着等涨幅较高，分别上涨2.5%、2.6%、2.7%和2.2%。

（2）生产价格涨幅趋缓。2018年，宁夏工业生产者出厂价格同比上涨7.3%，涨幅比2017年回落4.8个百分点，其中，生产资料类价格同比上涨7.7%，是带动生产价格上涨的主要因素，生活资料类价格同比上涨3.7%。

（3）就业形势总体稳定。2018年，宁夏城镇登记失业率为3.9%，低于年初4%控制目标；城镇新增就业8.0万人，完成全年目标任务的107.1%；农村劳动力转移就业78.1万人，同比增长3.4%，实现工资总收入90.3亿元。

（4）推进完善重要领域的价格形成机制。2018年，宁夏积极推进电价改革，在全国率先实现了一般工商业电价平均降低10%的目标任务，降幅达10.2%，累计降低用电成本3.4亿元。推进天然气价格市场化改革，不断完善天然气价格形成机制，车用气销售价格全面放开，居民用气销售价格进一步理顺。

4. 财政收入保持稳定，民生支出增长较快

2018年，宁夏一般公共预算总收入751.4亿元，同口径增长6.0%。其中，地方一般公共预算收入444.4亿元，同口径增长8.2%。在地方一般公共预算收入中，税收收入298.3亿元，同比增长10.4%，占地方一般公共预算收入的比重由2017年的64.7%提高至67.1%。公共一般预算支出1 430.6亿元，同比增长4.2%。其中，节能环保、城乡社区、社会保障和就业等民生领域增支较多，同比分别增长27.8%、10.2%和8.1%。

（二）区域经济运行中需要关注的问题

1. 经济增长压力大、转型慢

2018年，宁夏GDP同比增长7.0%，其中固定资产投资同比下降18.2%。受资源禀赋、发展基础等因素影响，宁夏经济“倚重倚能”现象突出，高技术制造业增加值仅占规模以上工业比重的4.3%，服务业占比较全国平均水平低4.3个百分点。

2. 经济各部门宏观杠杆率较高

一是地方政府债务水平高、偿还能力弱。截至2018年末，宁夏地方政府债务余额1 599.7亿元，为2018年宁夏财政收入的2.15倍，且部分县区债务风险较为突出。二是国有企业债务保持较快增长。2018年，全区国有企业杠杆率（不含票据融资和表外融资）为76.1%，同比增长5.3%。三是居民杠杆水平逐步抬升。全区居民部门杠杆率由2016年末的46.1%上升至2018年末的51.8%。

二、金融业与金融稳定

2018年，宁夏金融业主动适应经济新常态，组织体系日趋完善，机构改革稳步推进，整体抗风

险能力和综合竞争能力不断提升，金融服务实体经济发展的作用更加突出。

（一）银行业与金融稳定

2018 年，宁夏银行业认真落实稳健的货币政策，不断提升金融服务水平，有效防范金融风险，加快金融改革创新步伐，为全区经济转型升级和平稳发展营造了适宜的货币金融环境。

1. 银行业发展基本情况

（1）资产负债规模增速放缓，增长趋势分化明显。2018 年末，宁夏银行业金融机构资产总额 9 384亿元，同比增长 2.8%，增速比 2017 年下降 6.5 个百分点。负债总额 9 084 亿元，同比增长 3.9%，增速比 2017 年下降 5.5 个百分点。政策性银行资产规模小幅下降，国有商业银行、城市商业银行、农村商业银行、农村信用社资产规模增速放缓，而股份制商业银行和村镇银行资产规模仍保持两位数的增长速度。

（2）存款增速明显放缓，贷款保持平稳增长。2018 年末，宁夏银行业金融机构人民币存款余额 6 028 亿元，同比增长 3.1%，较 2017 年下降 4.4 个百分点。人民币贷款余额 6 809 亿元，同比增长 7.5%，较 2017 年下降 4.2 个百分点。全年新增人民币贷款 475 亿元，同比少增 190 亿元。其中，基础设施行业贷款增长较快，同比增长 20.4%，高于全部贷款增速 12.9 个百分点。

（3）地方法人银行经营总体稳健，金融风险可控。2018 年，宁夏地方法人银行机构运行平稳，支持地方经济发展的力度进一步增强，各项存款、各项贷款同比分别增长 5.5% 和 12.2%，分别高于全区平均增速 3.4 个和 3.7 个百分点。拨备覆盖率、贷款损失准备充足率分别为 136.4%、239.8%，均高于监管要求，保持了较强的抗风险能力。

（4）金融改革持续深入，金融服务提质增效。政策性银行明确职能定位，聚焦深度贫困地区和重大战略，助力宁夏经济发展。国有商业银行、股份制商业银行优化资源配置，加大实体经济支持力度，助力小微企业发展。农信社改革持续推进，13 家农信社完成改制，改制完成率为 65%。农行“三农金融事业部”改革持续推进，服务“三农”效力进一步提升。2018 年末，“三农金融事业部”各项贷款余额 192.2 亿元，全年累计投放涉农贷款余额 136.3 亿元，同比增加 0.9 亿元。

（5）跨境收支平稳增长，跨境人民币业务主体进一步扩大。2018 年，宁夏跨境收支总额 41.9 亿美元，同比增长 10%，跨境收支差额由 2017 年顺差 5.8 亿美元转为逆差 2.3 亿美元；与“一带一路”沿线国家双边贸易和投资规模保持稳定，实现跨境收支 9.3 亿美元，占宁夏跨境收支总额的 22.2%。跨境人民币业务主体进一步扩大，2018 年，办理跨境人民币业务的企业扩大至 520 家，较 2017 年末增加 130 家，全年跨境人民币收支额 31 亿元。

2. 银行业发展中需要关注的问题

（1）不良贷款持续“双升”。受经济结构转型缓慢及调控政策叠加效应影响，银行机构资产质量不断承压，信用风险持续积累。2018 年末，宁夏银行业（不含宝塔财务）不良贷款余额 206.2 亿元，较年初增加 81.8 亿元，同比增长 65.7%；不良贷款率 2.95%，较年初上升 1.05 个百分点。

（2）部分地方法人银行资本充足水平不足。2018 年末，有 6 家农村地方法人银行资本充足指标未能达到最低监管要求，其中，有 3 家机构资本充足率为负值，消化存量风险和抵御风险冲击的实力不足，影响中长期稳健发展。

（二）证券业与金融稳定

2018 年，宁夏证券期货业总体运行平稳，证券经营机构引进力度增大，机构数量持续增加，资本市场培育不断增强，企业投融资渠道进一步拓宽，多层次资本市场不断完善。

1. 证券期货业发展基本情况

（1）经营机构数量稳步增加，服务水平不断提升。截至2018年末，宁夏共设立证券分公司14家，证券营业部45家，期货营业部3家，其中29家证券营业部具备期货IB业务资格。开放式基金代销机构43家，包括27家证券类基金代销机构、13家银行类基金代销机构、1家保险类基金代销机构和1家期货类基金代销机构。随着经营机构持续进入宁夏市场，机构竞争意识不断增强，服务水平进一步提升。

（2）投资者队伍稳步扩大，交易规模保持平稳。受沪深股市波动影响，宁夏证券期货市场规模波动较大，但投资者数量仍保持稳定增加，开户数、交易额均有一定程度提升。2018年，证券账户开户29.6万户，同比增长28.9%；期货账户开户2 101户，同比增长61.7%。全年宁夏证券、期货市场交易额同比分别增长3.1%和13.3%。

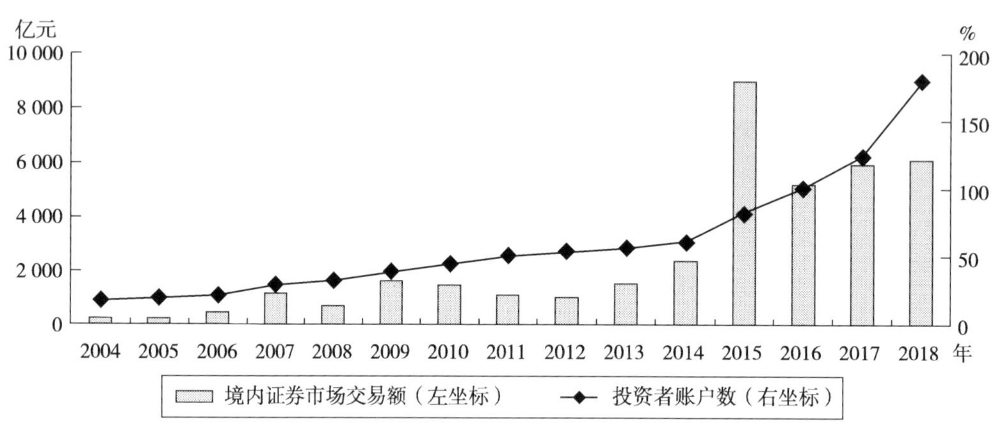

图2 2004—2018年宁夏资金账户数、证券交易变化情况

（3）企业境外上市取得突破，多层次资本市场体系不断完善。2018年末，宁夏境内上市公司13家，总市值466.2亿元，占地区GDP的比重为12.6%。达力环保有限公司在香港联交所主板成功上市，实现宁夏企业境外首发上市零的突破。新三板挂牌企业58家，较上年减少8家。区域股权交易市场挂牌企业1 047家，较上年增加181家。

2. 证券业发展中需要关注的问题

（1）创新业务拓展不足，经营机构盈利能力持续下滑。目前宁夏辖区证券期货经营机构收入主要来源于传统经纪业务，创新业务拓展不足。2018年，宁夏证券期货经营机构累计实现营业收入2.3亿元，同比下降18.4%；营业利润0.24亿元，同比下降51.0%。

（2）上市公司整体业绩不佳，部分公司存在退市风险。受到经济下行压力与股市低迷影响，部分上市公司业绩持续承压，仍处于亏损状态。2018年前三季度，13家上市公司有3家公司处于亏损状态，累计亏损额达5.7亿元；宝塔实业因连续2年持续经营能力不足存在退市风险。

（三）保险业与金融稳定

2018年，宁夏保险业积极主动转型，资产规模不断扩大，保费收入持续增长，业务结构调整加快，重点领域险种稳步发展，法人保险机构业务全面开展，保险功能作用显著增强。

1. 保险业发展基本情况

（1）资产规模不断扩大，组织体系日益完善。2018 年，宁夏共有保险法人公司 1 家，省级保险分公司 22 家，其中，财产险分公司 10 家，人身险分公司 12 家。宁夏保险行业资产总额 411.8 亿元，同比增长 14.9%，其中，财险公司资产总额 44.7 亿元，同比增长 17.9%，寿险公司资产总额 367.0 亿元，同比增长 14.6%。

（2）保费收入稳步增长，保险业务快速发展。2018 年，宁夏保险业累计实现保费收入 182.8 亿元，同比增长 10.7%，高于全国 6.8 个百分点。保险密度和保险深度进一步提高，年度保费收入占地区 GDP 的比重达到 4.93%，较 2017 年提高 0.14 个百分点；人均保费 2 657.0 元/人，同比增长 9.65%。

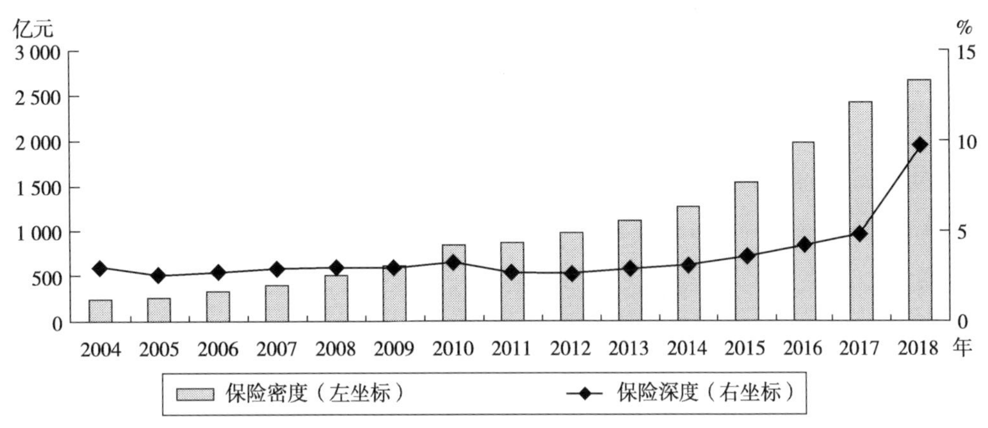

图 3　2004—2018 年宁夏保险深度、保险密度变动情况

（3）法人保险公司收入快速增长，盈利能力持续下降。截至 2018 年末，建信财险（宁夏唯一一家地方法人保险公司）全年累计实现原保险保费收入 4.3 亿元，同比增长 75.5%。但赔付支出和各项费用同步增加，主营业务亏损 0.55 亿元，亏损额较 2017 年增长 164.6%，净利润较 2017 年下降 247.5%。

（4）重点领域险种稳步发展，保险功能不断增强。财产险中非车险业务快速发展，保证保险、责任保险的原保费收入较 2017 年分别增长 117.7% 和 42.0%。农业险保障范围不断扩大，全年原保险保费收入和赔付支出同比分别增长 30.1% 和 48.0%，成功应对了“7·22”特大暴雨灾害，发挥了经济减震器和社会稳定器的作用。人身险回归本源、突出主业，仍保持较快增长，实现原保险保费收入同比增长 8.9%。2018 年，宁夏保险业累计赔付支付 60.5 亿元，同比增长 22.1%，保险保障功能不断增强。

2. 保险业发展中需要关注的问题

融资性保证保险业务存在潜在风险。保证保险已成为除车险和农业险等传统盈利险种外的第三大盈利险种，2018 年，保证保险累计保费收入 5.6 亿元，同比增长 117.7%。但随着经济增速放缓，企业效益下降，借款人违约现象不断增多，金融机构不良贷款率持续上升，保证保险的风险也随之增加。全年保证保险累计赔付 9 248.5 万元，同比增长 190.9%。

（四）具有融资功能的非存款类金融机构与金融稳定

1. 具有融资功能的非存款类金融机构发展情况

2018 年，宁夏具有融资功能的非存款类金融机构在规范中稳步发展。截至 2018 年末，宁夏共有小额贷款公司162家，较2018年初减少15家，贷款余额78.2亿元，同比增长6.5%。其中，新成立互联网小贷公司4家，贷款余额17.7亿元。融资性担保机构68家，较2018年初减少6家，其中政策性担保机构32家，占比为47.1%。融资性担保责任余额155.6亿元，同比下降9.9%。

2. 发展中需要关注的问题

一是小贷公司积聚的经营风险逐步暴露。2018年末，全区小额贷款公司162家，贷款余额78.2亿元，不良贷款余额7.5亿元，不良贷款率为9.6%。二是担保机构市场普遍代偿压力加大。2018年末，宁夏68家担保机构在保余额221.6亿元，代偿金额20.2亿元，同比增长11.7%。

（五）非法金融活动与金融稳定

一是“泛理财化”成为非法集资的重要形式，呈现出“传播速度快、覆盖范围广、涉及人数多”的特点。截至2018年末，宁夏公安机关立案涉嫌非法集资33起，涉案金额8.2亿元，参与集资人数5 290人，二是交易场所违规经营，后期风险仍需关注。截至2018年末，宁夏8家商品类、5家文化艺术品类已停业整顿，1家权益类交易所已对违规事项进行了整改，但仍存在交易场所管理混乱、接入登记结算平台进度缓慢、客户资金风险隐患等问题。此外，企业逃废债务数量及金额较往年大幅增加，非法金融活动对地方金融生态环境产生不利影响。

三、总体评估与政策建议

（一）总体评估

运用区域金融稳定定量分析模型，从宏观经济、金融机构、金融生态环境三个方面构建指标体系，对2018年宁夏金融稳定状况进行量化评估。从总体评估结果看，金融稳定总体形势受综合评价、宏观经济及银行、证券、保险市场交易额减少影响，2018年宁夏金融稳定综合评价评估值较2017年下降0.2293。从分析板块组成可以看出，受到全社会固定资产投资增长率及进出口总额增长率下降的影响，宏观经济评估值比2017年下降0.1809；银行业主要由于资产利润率下降，综合评估值较2017年下降0.3396；证券业虽然投资者账户数增长率大幅增长，但由于境内证券市场交易额增长率下降，综合评估值较2017年下降0.6726；保险业在保费收入增长率下降的影响下，综合评估值较2017年下降0.3004；金融生态环境评估值因法制环境调查综合得分、银行服务密度上升，较2017年上升0.0086。

（二）政策建议

1. 加快经济结构优化升级，深化供给侧结构性改革

大力实施创新驱动战略，持续推进新旧动能转换，进一步夯实高质量发展基础。围绕特色重点产业领域，推动产业创新，提升创新支撑能力。持续扩大有效需求，深挖消费需求潜力，培育信息服务、健身休闲、健康养老等消费热点，促进消费结构优化升级。

2. 发挥金融支撑作用，促进金融更好地服务实体经济

全面深化民营企业和小微企业金融服务，完善货币政策传导机制，加大信贷投放力度，提高对国家重大战略、重点领域和薄弱环节的信贷支持。继续推动多层次资本市场体系建设，拓宽企业直

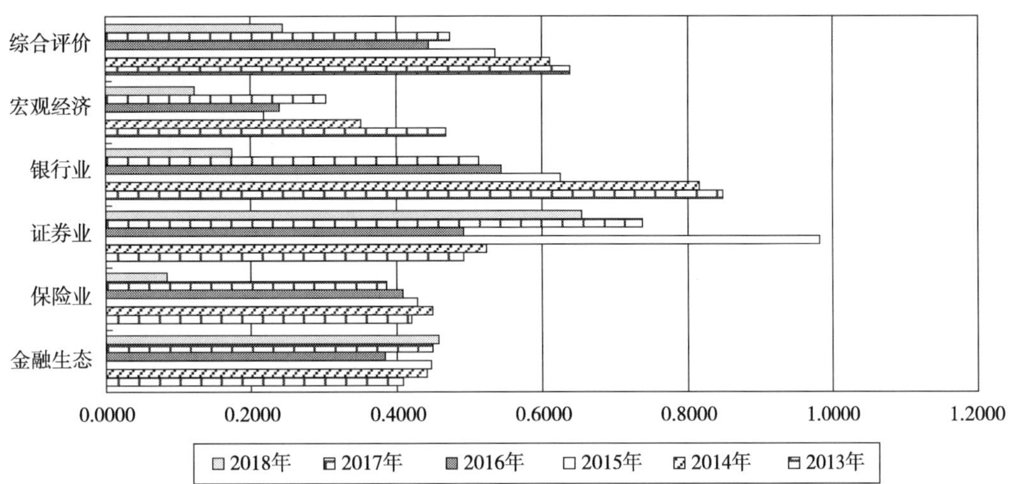

图4　2013—2018年宁夏金融稳定总体状况及组成部分对比

接融资渠道。加快保险产品创新，发挥保险保障和融资功能，增强金融服务实体经济的能力，提升金融服务实体经济效率。

3. 防范化解重大风险，推动金融业高质量发展

继续深化金融供给侧结构性改革，平衡好稳增长和防风险的关系，有效处置重点领域金融风险。切实加强金融监管，全面摸排重点行业、领域金融风险，加大不良贷款处置力度，严厉打击违法违规金融活动，维护金融市场秩序。进一步完善和发展金融组织体系，全面深化金融改革，切实提高金融风险防控和处置能力。

中国人民银行银川中心支行金融稳定分析小组

组　长：高　波

副组长：李　宁

成　员：曹洪强　梁非哲　刘永奎　李文靖　强起宏　马　飞

王　青　马　康　崔淑娟　王　谦　孙登云　庄淑霞

夏　勇　冯爱华　马建斌

《宁夏回族自治区金融稳定报告（2019）》编写组

总　纂：李　宁

统　稿：冯爱华　李　斌　刘　玲

执　笔：马　娟

其他参与写作人员：

周　豹　陈　曦　刘江帆　虎文娟

新疆维吾尔自治区金融稳定报告摘要

2018年，新疆以习近平新时代中国特色社会主义思想为指引，深入贯彻落实党的十九大精神，紧紧围绕社会稳定和长治久安总目标，以推进供给侧结构性改革为主线，全面落实自治区“1+3+3+改革开放”[①]的工作部署，经济保持积极向好发展态势，三大攻坚战开局良好，改革开放稳步推进，人民生活持续改善，高质量发展态势良好。2018年作为防范化解重大风险攻坚战的开局之年，新疆金融业全面贯彻落实党中央、自治区党委关于防范重大风险的安排部署，全面做好重大风险攻坚战的各项部署工作，坚决守住不发生系统性金融风险底线。区域金融整体运行平稳，银行机构积极调整业务结构，持续助力地方经济发展，上市公司数量增加、融资规模持续增长，保险业经济补偿能力持续发挥，辖区金融机构金融市场参与度不断提升。但银行机构存贷款增幅下滑，信贷风险持续暴露，个别单体机构风险高、化解处置难度大，部分企业债务风险持续显现，债券市场融资难度加大、成本上升，部分上市公司连续亏损，地方性非金融机构风险持续上升等问题和风险亟须关注。

一、经济金融运行及稳健性评估

（一）区域经济运行

1. 经济增长下滑明显，第三产业对经济发展的拉动作用日益提升

2018年，新疆实现地区生产总值12 199.08亿元，比上年增长6.1%，增速分别低于上年、全国1.5个、0.5个百分点。三次产业增加值分别比上年增长4.7%、4.2%、8%，对经济增长贡献率分别为11.3%、26.4%和62.3%。第三产业对新疆经济的拉动作用日益提升，高端产业快速增长。

2. 固定资产投资明显收缩，高技术及补短板投资增长较快

2018年，新疆完成固定资产投资比上年下降25.2%，增速回落45.2个百分点。从投资结构看，高技术制造业投资增长21.1%、互联网和相关服务业投资增长1.3倍；基础设施投资领域补短板力度加强，航空运输业增长1.8倍、铁路运输业增长22.4%、管道运输业增长20.7%；民生类投资、民间投资分别占全区固定资产投资比重为27.7%、34.3%，比重分别比上年提高3个、3.2个百分点。

3. 消费稳中有降，网络消费增势强劲

2018年，新疆实现社会消费品零售总额3 186.97亿元，比上年增长5.2%，增速比上年回落2.5

① “1+3+3+改革开放”：聚焦社会稳定和长治久安一个总目标，打好防范金融风险、精准扶贫、环境治理三大攻坚战，推动核心区建设、乡村振兴、旅游业发展三项重点任务，加快改革开放。

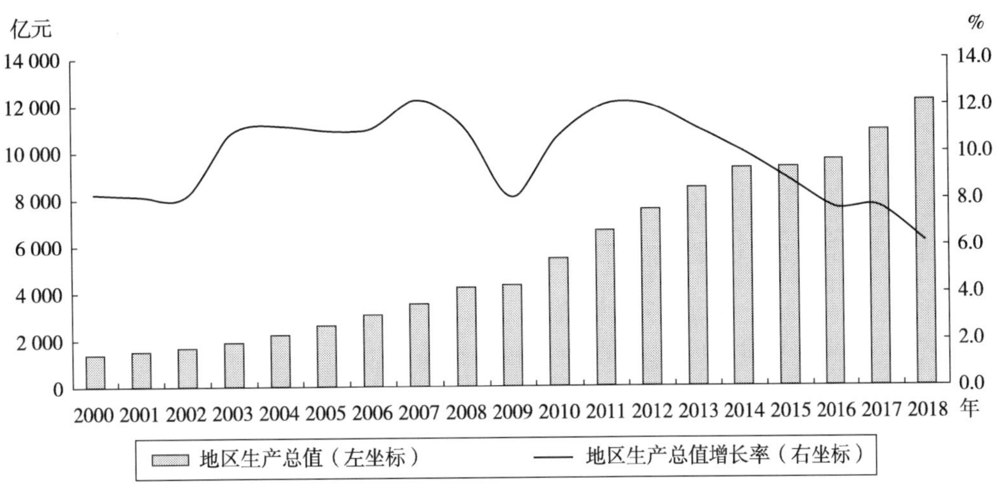

图 1　2000—2018 年新疆地区生产总值增长变化情况

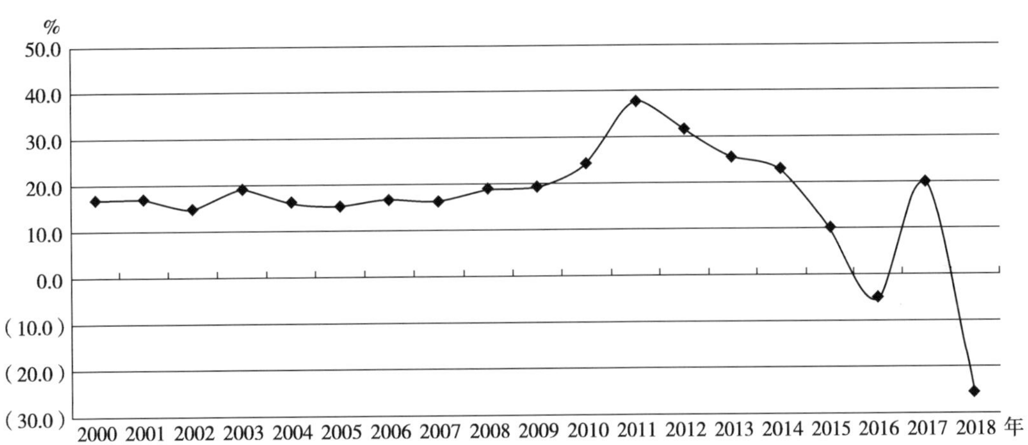

图 2　2000—2018 年新疆固定资产投资增幅变化情况

个百分点，其中实现商品零售收入 2 742.48 亿元，比上年增长 4.5%。限额以上零售额下降，其中汽车类零售额下降 10.1%，石油及制成品类零售额增长 8.1%。网络消费增势强劲，企业实现网上销售额 159.7 亿元，比上年增长 44.8%；本地消费者网上零售额 720.6 亿元，比上年增长 17.7%，占同期新疆社会销售品零售总额的 22.6%。

4. 居民消费价格涨势温和，工业生产者出厂价格涨幅收窄

2018 年，全区居民消费价格指数（CPI）上涨 2.0%，涨幅低于上年 0.2 个百分点。其中，医疗保健类上涨 12.5%、食品烟酒类上涨 3.1%，生活用品及服务类上涨 2.3%；衣着类下降 1.1%，居住类下降 2.1%。全区工业生产者出厂价格（PPI）上涨 11.2%，涨幅比上年回落 2.5 个百分点，工业生产者购进价格上涨 9.2%，涨幅较上年回落 3.6 个百分点。

5. 对外贸易规模下滑明显，利用外资连续下滑

2018 年，新疆实现进出口总额 1 326.17 亿元，比上年下降 4.7%。其中，出口 1 089.32 亿元，比上年下降 8.8%；进口 236.85 亿元，比上年增长 19.5%；实际利用外资 1.9 亿美元，比上年下降 22.4%。辖区非金融类企业对外直接投资（含境外放款）10 亿美元，增长 25.2%。

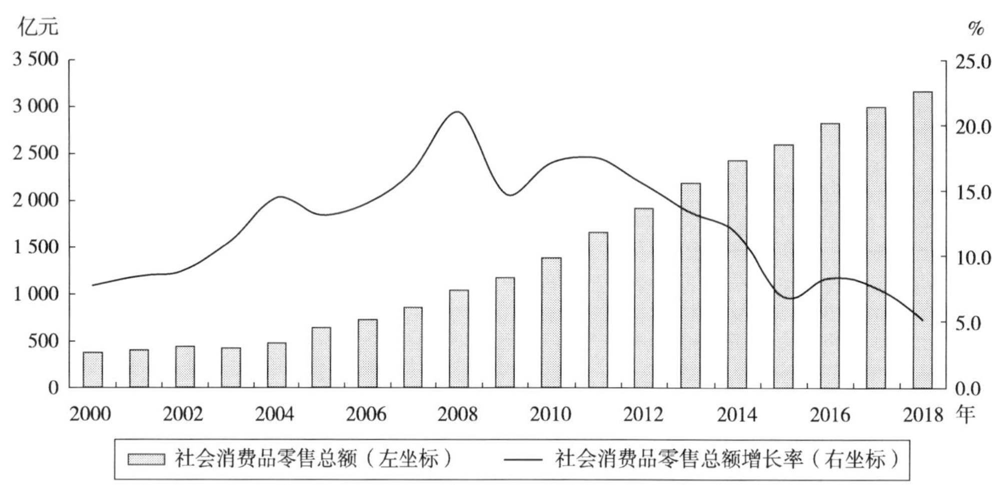

图3 2000—2018 年新疆社会销售品零售总额增长变化情况

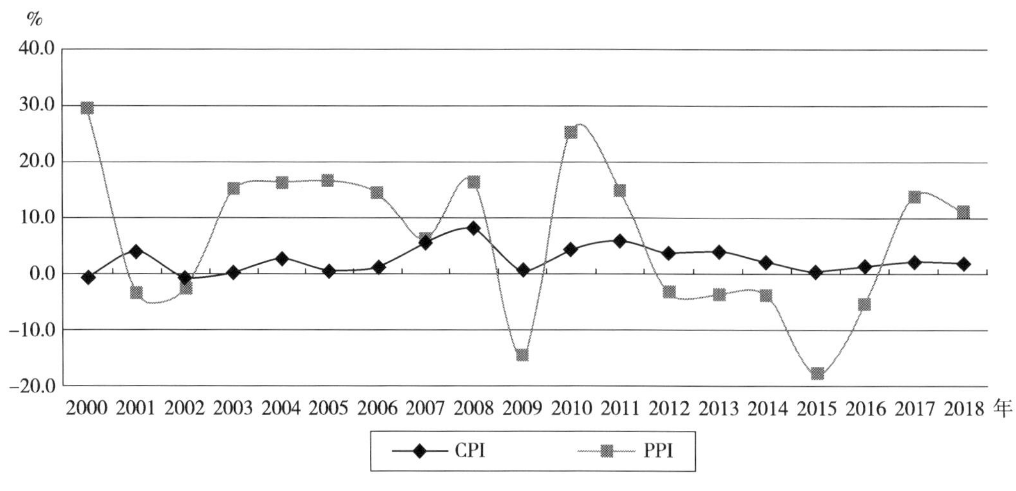

图4 2000—2018 年新疆价格指数增长变化情况

6. 财政收入总体平稳，人民生活持续改善

2018 年，新疆一般公共预算收入 1 531.5 亿元，比上年增长 4.5%。其中税收收入 1 051.76 亿元，比上年增长 11.5%，非税收入 479.7 亿元，比上年下降 8.1%。一般公共预算支出 4 985.57 亿元，比上年增长 9.8%。居民收入持续增长，城镇居民人均可支配收入比上年增长 6.5%，农村居民人均纯收入比上年增长 8.4%，全区登记失业率比上年下降 0.1 个百分点，贫困发生率降至 6.51%。

7. 供给侧结构性改革扎实推进，“去降补”成效显著

2018 年，新疆化解钢铁产能 215 万吨，煤炭 462 万吨，关停 133.1 万千瓦能耗高的煤电机组；规模以上工业企业综合能源消费量增幅比上年回落 6.2 个百分点，六大高耗能行业能源消费量增速比上年回落 7.1 个百分点；商品房待售面积比上年下降 11.1%，其中住房待售面积下降 19.3%；规模以上工业企业资产负债率 60.1%，比上年下降 2.7 个百分点；航空、铁路和管道运输业等重点领域和短板弱项投资分别比上年增长 1.8 倍、22.4%、20.7%。

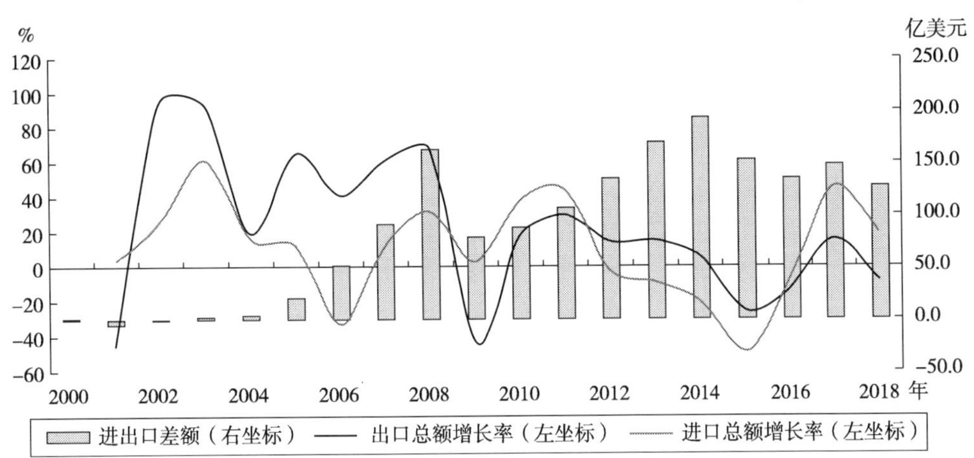

图 5　2000—2018 年新疆进出口贸易增长变化情况

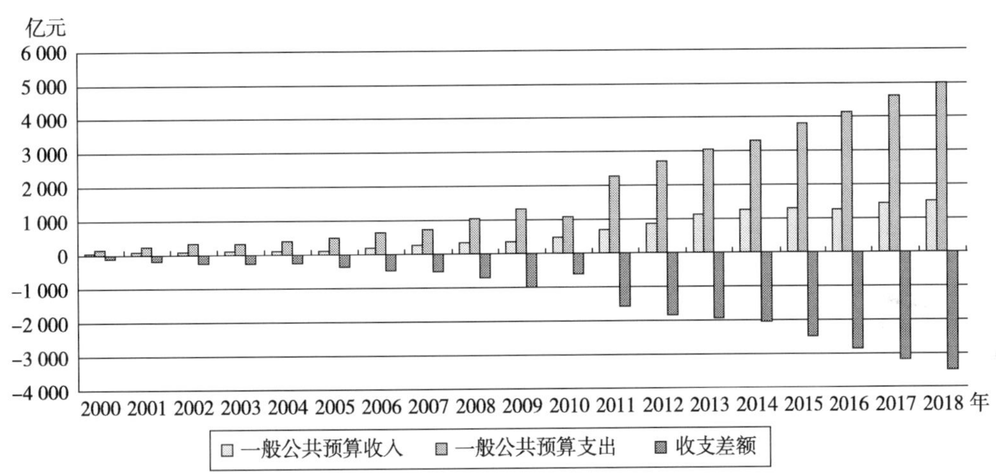

图 6　2000—2018 年新疆财政收支增长变化情况

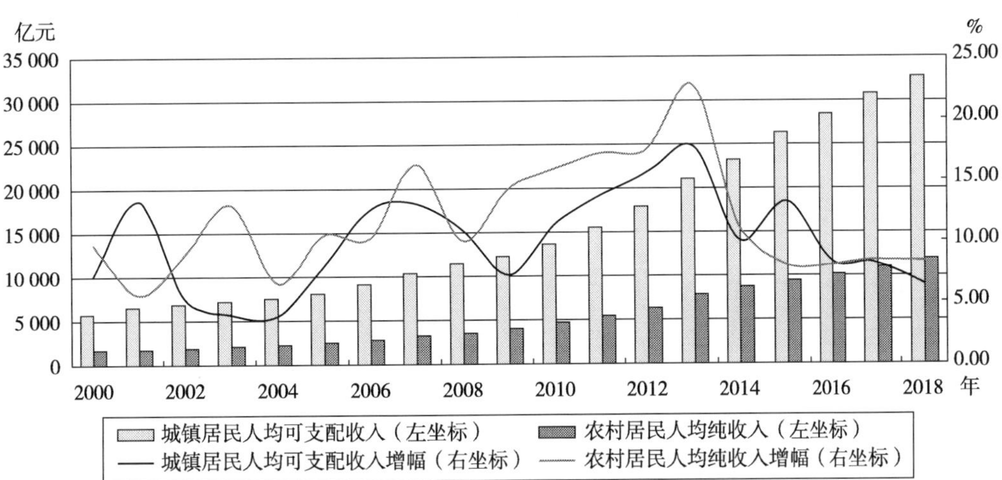

图 7　2000—2018 年新疆居民收入增长变化情况

（二）区域金融运行情况

1. 金融业稳步发展，金融机构规模持续扩大

2018 年末，新疆银行业金融机构本外币各项存款余额 2. 24 万亿元，比上年增加 625 亿元，同比少增 1 827. 9 亿元，增长 2. 87%，分别低于上年同期、全国 9. 8 个和 4. 9 个百分点；本外币各项贷款余额 18 774. 3 亿元，比上年增加 1 296. 7 亿元，同比少增 984. 8 亿元，增长 7. 2%，分别低于上年同期、全国 7. 6 个和 5. 5 个百分点；证券交易总额为 1. 37 万亿元，比上年下降 23. 71%，期货交易 6 419. 06亿元，比上年下降 5. 4%；保险业保费收入 577. 26 亿元，比上年增长 10. 21%，赔付支出 206. 62 亿元，比上年增长 19. 2%。

2. 社会融资规模增势放缓，银行信贷和表外融资下降较多

2018 年末，新疆社会融资规模存量达 24 470. 8 亿元，当年新增 838. 2 亿元，比上年少增 2 437. 9 亿元，增长 2. 9%，增量创近十年来新低。其中，银行信贷新增 1 323. 7 亿元，比上年少增 974. 4 亿元；表外融资减少 1 055. 2 亿元，比上年少增 1 405. 3 亿元，下降 40. 2%；非金融企业直接融资减少 8. 5 亿元，比上年少增 281. 8 亿元。

3. 货币政策有效促进了信贷结构优化，普惠金融成效显现

2018 年，新疆人民银行系统运用再贷款、再贴现等政策工具加大对涉农和小微企业的信贷投放力度，支农、支小再贷款及再贴现累放额 353. 1 亿元。普惠金融定向降准政策持续落实，4 次累计降低存款准备金率 3 个百分点，为疆内金融机构共计释放可贷资金 600 亿元，小微企业贷款比上年增长 12. 3%，“两免”扶贫小额信贷实现全覆盖。

4. 绿色金融政策支持持续提升，融资方式不断拓宽

2018 年，新疆成立全国首个绿色金融自律组织，在全国率先编发绿色项目库，昆仑银行在克拉玛依成立西北首家绿色支行，绿色专营机构已达 51 家。累计办理绿色票据再贴现 1. 54 亿元，下拨 8. 4 亿元再贷款定向支持优质绿色产业；昆仑银行发行了 5 亿元绿色金融债，全国首单 1 亿元绿色债券融资计划成功挂牌，发行了新疆首只总额度 15 亿元的绿色公司债，首个绿色资产证券化项目已进入融资阶段。

5. 跨境人民币业务稳定增长，与周边国家的合作不断加深

截至 2018 年末，新疆跨境人民币收付金额 461. 5 亿元，比上年增长 35. 1%，与周边国家开展跨境人民币业务 20. 56 亿元，比上年增长 88%，增速较上年提高 96 个百分点。2018 年，首批参与银行间外汇市场的 2 家境外银行成为坚戈交易的境外报价行。

（三）稳健性评估

2018 年，新疆经济调整下行，第三产业对经济的拉动作用持续提升。金融业积极应对经济形势变化影响，调整业务结构持续加大对新疆经济发展的支持力度，货币政策对“三农”、小微企业的支持作用不断提升。但经济、金融运行中仍存在一些影响金融稳定的因素，一是产业机构中高技术制造业、战略新兴产业增加值仅占规模以上工业企业增加值的 6. 5%，新动能尚不足以承接转型期经济下行压力。二是固定资产投资大幅下滑，对部分已开工项目后续进展及资金供给造成较大影响。三是内需仍然过度依赖石油及制成品和汽车消费。四是由于有效资金需求不足，社会融资规模出现下滑。

二、金融业运行及稳健性评估

（一）银行业稳健性评估

1. 运行情况

（1）新疆银行业改革持续推进，农村金融机构改制工作成效显著。2018 年，新疆农信社系统完成 4 家农村信用社改制农村商业银行工作，完成了 4 家高风险农村信用社的风险处置工作；新疆农业银行“三农”事业部组织和保障体系更趋完善，111 家“三农”事业部涉农贷款余额占其贷款的 78.76%；政策性银行依托“一带一路”建设，主动服务国家战略，增强金融服务实体经济水平。

（2）资产规模持续增长，盈利能力有所下降。截至 2018 年末，新疆银行业金融机构资产、负债总额分别比上年增长 3.94%、3.89%。其中，本外币各项存款、贷款余额分别比上年增长 2.9%、7.2%，增幅为近年来最低点。2018 年，新疆银行业实现净利润 281.89 亿元，比上年减少 66.98 亿元，整体资产利润率 0.91%，比上年下滑 0.29 个百分点。

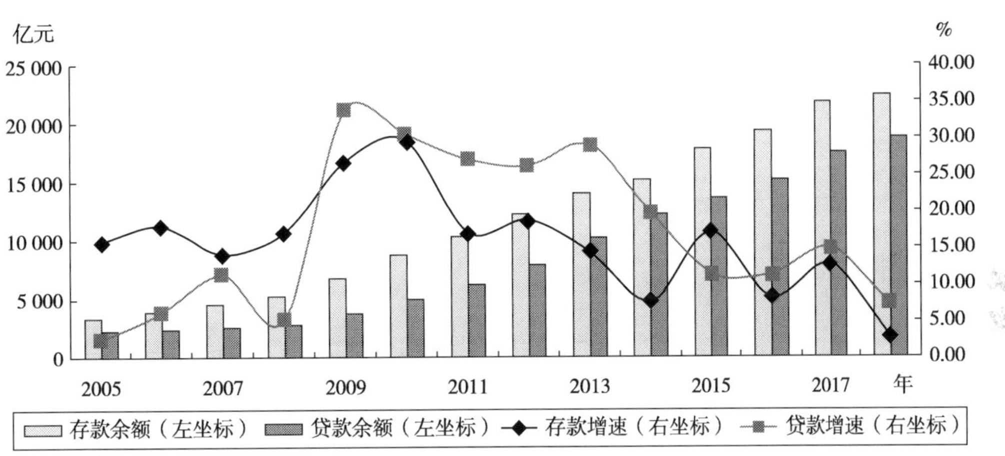

图 8 2000—2018 年新疆存贷款增长变化情况

（3）资产质量整体较好，信贷风险整体可控。2018 年末，新疆银行业金融机构不良贷款率为 1.54%，低于全国总体水平 0.35 个百分点；地方法人银行机构整体不良贷款率为 2.75%。各类法人银行机构拨备计提均满足监管要求，整体资产安全性较高，资金风险可控。

（4）法人银行机构资本持续增长，整体流动性较为充裕，盈利能力有所下滑。截至 2018 年末，新疆法人银行机构资本净额为 1 092.94 亿元，比上年增长 8.95%；核心一级资本充足率、资本充足率分别为 14.13%、15.4%，各类机构的资本充足率、杠杆率均满足监管要求；法人银行机构整体流动性比例为 67.9%，整体存贷比为 78.66%。2018 年，新疆法人银行机构实现净利润 92.57 亿元，比上年减少 5.27 亿元，资本利润率和资产利润率分别为 9.45%、0.89%，比上年分别下降 1.1 个百分点、0.12 个百分点。

（5）受政策变化影响理财业务规模增幅明显下降。截至 2018 年末，新疆银行机构理财业务资金余额为 3 282.74 亿元，较年初增加 129.18 亿元，比上年少增 138.69 亿元，增长 4.1%。新疆法人银行机构开展理财业务的机构有 11 家，理财业务资金余额为 576.47 亿元，比上年增长 3.92%，资金

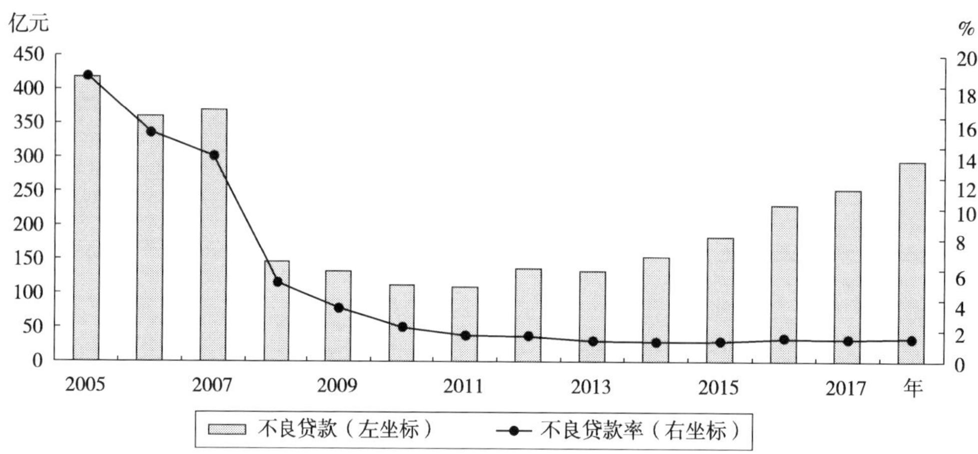

图9 2005—2018 年新疆银行业不良贷款变化情况

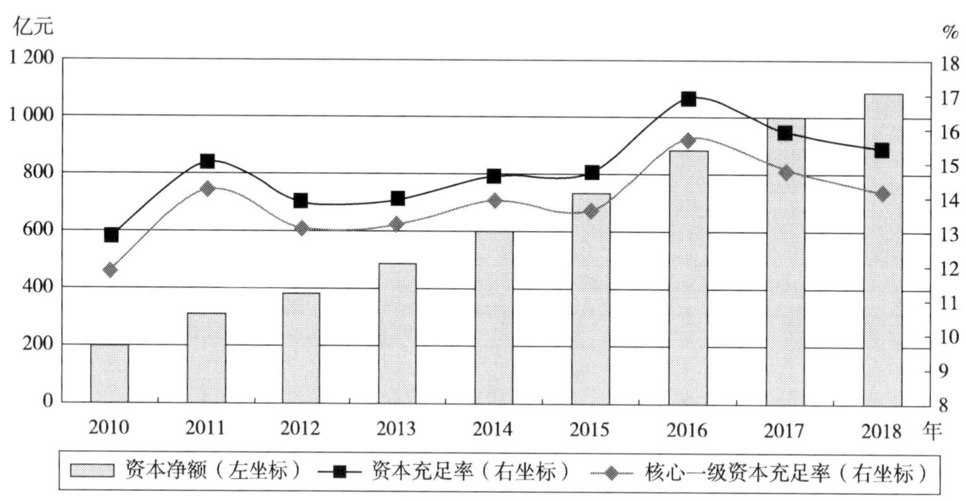

图10 2010—2018 年新疆银行业资本充足水平变化情况

余额占新疆银行机构理财业务资金余额的 17.56%。

（6）表外业务规模下滑，承兑汇票和表外理财是主要增长点。截至 2018 年末，新疆银行业表外业务余额为 9 703.1 亿元（不含代理代销业务），比年初减少 899.8 亿元，比上年少增 915.19 亿元，下降 8.49%。其中，承兑汇票业务较年初增加 244.79 亿元，比上年增长 31.36%；发行表外理财产品余额比上年增长 11.08%。

（7）非银行机构运行平稳，机构数量增加。2018 年，新设两家财务公司，共有非银行机构 6 家（法人机构 5 家）。截至 2018 年末，新疆 6 家非银行机构资产总额为 871.6 亿元，比上年增长 15.97%；负债总额为 666.19 亿元，比上年增长 13.14%。2018 年实现利润 8.91 亿元，同比减少 8.45 亿元。农村资金互助社贷款余额比上年下降 11.16%，存款余额比上年增长 1.60%，核心一级资本充足率、资本充足率分别为 23.44%、26.97%，流动性比例 233.65%。

2. 稳健性评估

2018 年，新疆银行业金融机构面对经济发展和市场形势变化，积极应对业务下滑挑战，调整业务结构，以适应当前新疆经济形势和政策调整变化需要，同时采取切实措施防范化解重大风险。总体来看，新疆银行业运行稳健，风险整体可控。但银行业体系内部仍然存在一些风险因素，影响银行业稳健发展，需要密切关注。

（1）银行业信贷风险持续显现，部分地区风险突出，隐性信贷风险有所加大。截至2018年末，新疆银行业金融机构不良贷款余额296.76亿元，比上年增长16.63%；不良贷款率为1.54%，比上年上升0.11个百分点。农村商业银行、村镇银行不良贷款余额比上年分别增长79.37%、62.11%，农村商业银行、农村信用社不良贷款率分别为3.6%、3.98%；塔城地区不良贷款率整体已达6.01%；政策性银行、国有商业银行关注类贷款分别是不良贷款的4.57倍、7.44倍。

（2）大型企业债务风险凸显，引发银行信贷风险。2018年第四季度新疆有大型有问题企业9家，其中6家已出现风险，3家企业存在一定风险隐患。截至2018年末，9家大型企业资产负债率为87.27%，其中两家企业资产负债率超过了100%；9家大型有问题不良贷款余额为18.17亿元，不良率为6.67%，其中有3家企业贷款已全部进入不良；两家企业逾期90天以上贷款进入不良比例仅占23.56%，潜在信贷风险突出。

（3）高风险法人银行机构风险处置化解难。2018年第四季度新疆有高风险机构10家。截至2018年末，高风险机构贷款质量严重恶化，9家机构不良贷款余额比上年增长30%以上，3家机构的不良贷款率比上年上升了14.75个百分点，4家机构拨备计提严重不足，资产安全性十分脆弱。6家机构资本充足率未达到审慎监管要求，个别机构资本充足率已为负值，资本严重不足。

（4）地方法人银行机构流动性风险隐患仍较为突出。截至2018年末，新疆法人银行机构存款比上年少增514.9亿元，受此影响辖区117家法人银行机构中57家机构的流动性比例比上年下降，整体存贷比上年上升了7.18个百分点，部分机构存贷比超过了100%，个别机构流动性缺口较大，负债稳定性严重不足。

（5）个别法人银行机构票据业务风险凸显。2018年，辖区3家机构票据业务风险较为突出。博湖农村商业银行、乌苏农村商业银行购买的买断式转贴现商业承兑汇票已到期，博湖农村商业银行目前只承兑了2.41亿元，其余3.59亿元兑付再度延期，乌苏农村商业银行0.8亿元已转入不良；疏勒县联社购买的11.35亿元买断式转贴现商业承兑汇票2019年上半年将陆续到期，出票人信用等级低，风险隐患较大。

（二）证券期货业稳健性评估

1. 运行情况

（1）证券业机构市场交易回落较快，利润大幅下滑。2018年末，新疆证券业主体机构达到45家，较上年增加2家。全年证券交易13 739.99亿元，比上年下降23.7%。其中，股票交易、国债交易、债券交易比上年分别下降27.2%、18.5%、356.9%，基金交易比上年增长17.8%；证券市场投资者资金账户比上年增长13.5%，投资者人民币资金账户余额比上年下降34.3%。2018年，新疆证券经营机构实现利润总额0.63亿元，比上年下降72.5%。

（2）期货业机构业务规模大幅下降。2018年，新疆期货机构7家，较上年增加1家。全年期货交易量1 026.91万手，比上年下降8%，交易额6 419.06亿元，比上年下降5.4%，交易额创2010年以来新低。期货经营机构全年净亏损4 748.2万元，亏损同比增长118.8%。

（3）上市公司数量稳步增加，企业资本市场融资快速增长。2018年，新疆新增3家上市公司，上市公司总数增至55家，总股本925.3亿股，比上年增长7.4%，总市值5 474亿元，比上年下降

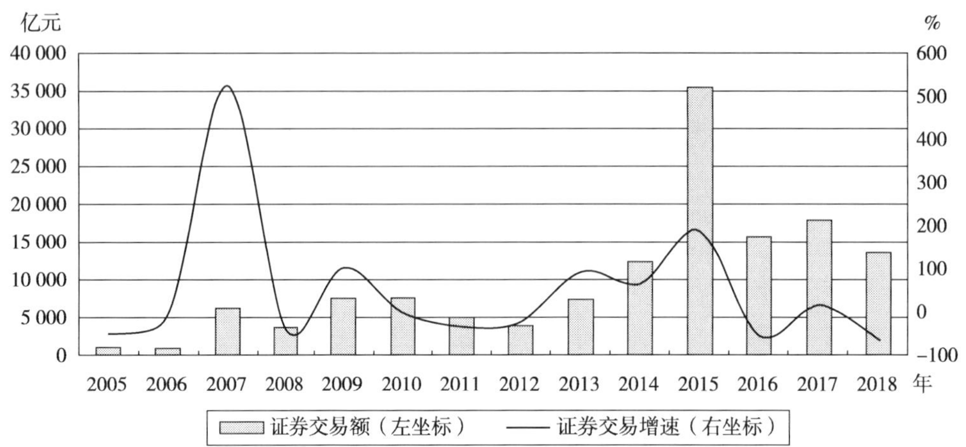

图 11 2005—2018 年新疆证券交易变化情况

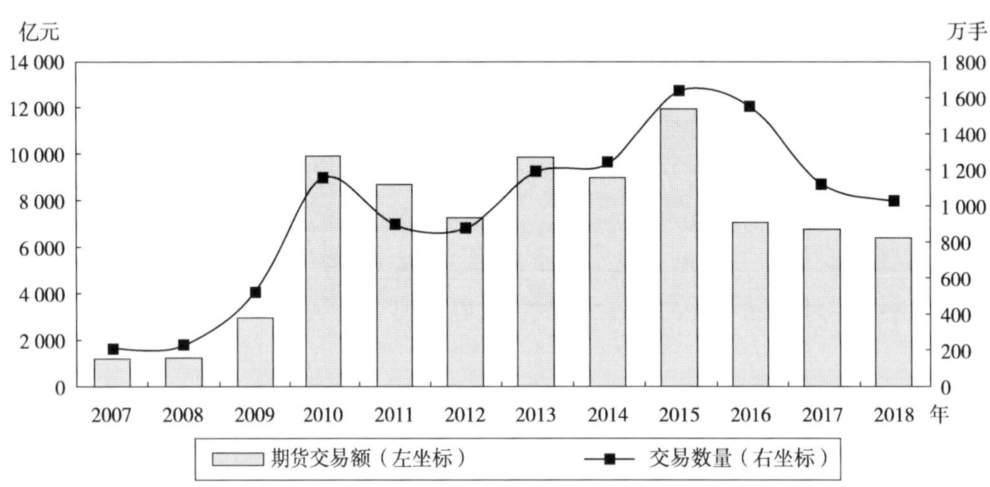

图 12 2007—2018 年新疆期货交易变化情况

27.2%。全年新疆企业共从资本市场融资 579.88 亿元，比上年增长 9.3%。其中，股票市场融资 191.34 亿元，发行公司债 329.08 亿元。

2. 稳健性评估

2018 年，新疆证券期货市场交易量和交易额比上年双降，资金参与意愿处于较低水平，经营机构融资融券、经营利润大幅下滑，但总体保持稳健发展。新疆企业直接融资能力有所增强，上市公司整体经营业绩有所好转，但部分上市公司经营持续亏损，存在违规经营和退市等方面风险需要关注。同时也存在后备上市资源相对匮乏、本地券商投行高端人才不足，深耕本地市场能力不够等突出的困难。

（三）保险业稳健性评估

1. 运行情况

（1）保险体系不断健全，保险业规模持续扩大。2018 年，新疆保险主体机构共有 34 家，其中财产险公司 20 家（包含两家法人财产保险公司）、人身险公司 14 家。截至 2018 年末，新疆保险业资

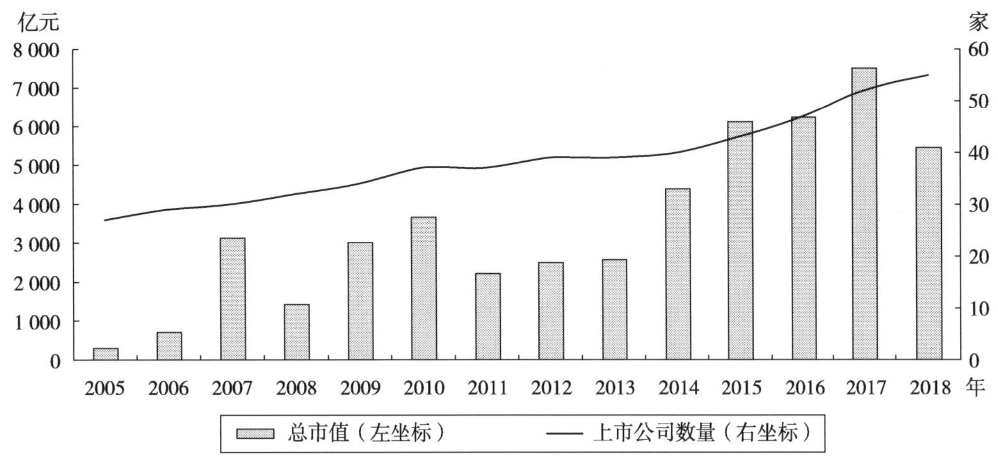

图 13 2005—2018 年新疆上市公司数量、市值增长变化情况

产总额 1 150. 6 亿元，比上年增长 13. 8%，增速比上年下降 0. 8 个百分点，高于全国平均增速 4. 3 个百分点；保险深度为 4. 73%，比上年下降 0. 07 个百分点。

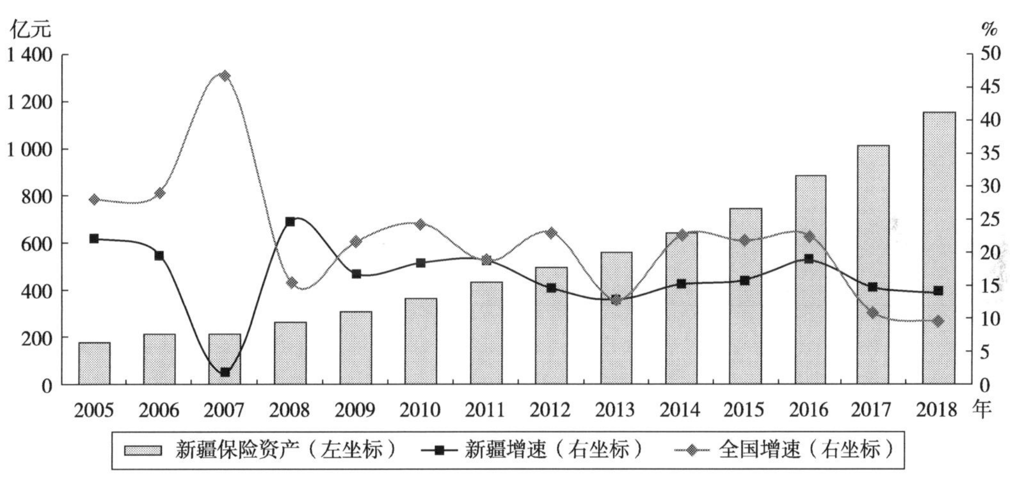

图 14 2005—2018 年新疆保险业资产规模变化情况

（2）保费收入增速有所回落，财险增幅快于寿险。2018 年，新疆保险业累计实现保费总收入 577. 26 亿元，比上年增长 10. 21%，增速较上年同期回落近 7 个百分点，高于全国增幅 6. 3 个百分点。其中，财产险保费收入 221. 61 亿元，比上年增长 13. 01%，增速比上年下降 1 个百分点；寿险保费收入 355. 65 亿元，比上年增长 8. 5%，增速比上年下降 13. 8 个百分点。

（3）保险保障能力增强，服务社会力度加大。2018 年，新疆保险业赔款与给付支出 206. 62 亿元，比上年增长 19. 2%，增速上年较提高 7. 3 个百分点，增幅高于全国增幅 9. 17 个百分点。其中，财产险累计赔付支出 126. 7 亿元，比上年增长 19. 7%，增速比上年提高 8. 6 个百分点；寿险累计赔付支出 81. 54 亿元，比上年增长 19. 2%，增速比上年提高 4. 6 个百分点。

（4）保险业助推脱贫攻坚战精准发力。2018 年，各类扶贫保险签单 305. 19 万件，承保建档立卡贫困户 718. 80 万人（户）次，累计提供农业生产、健康医疗、意外伤害等风险保障 5. 05 万亿元，已向 59. 49 万人（户）次赔付 4. 71 亿元；大病保险累计承保贫困人口 210. 21 万人，提供风险保障

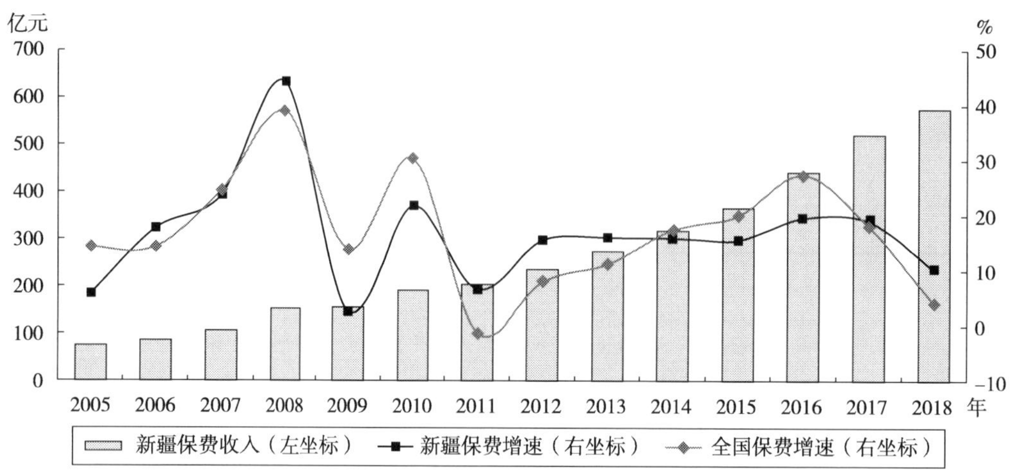

图 15　2005—2018 年新疆保险业保费收入变化情况

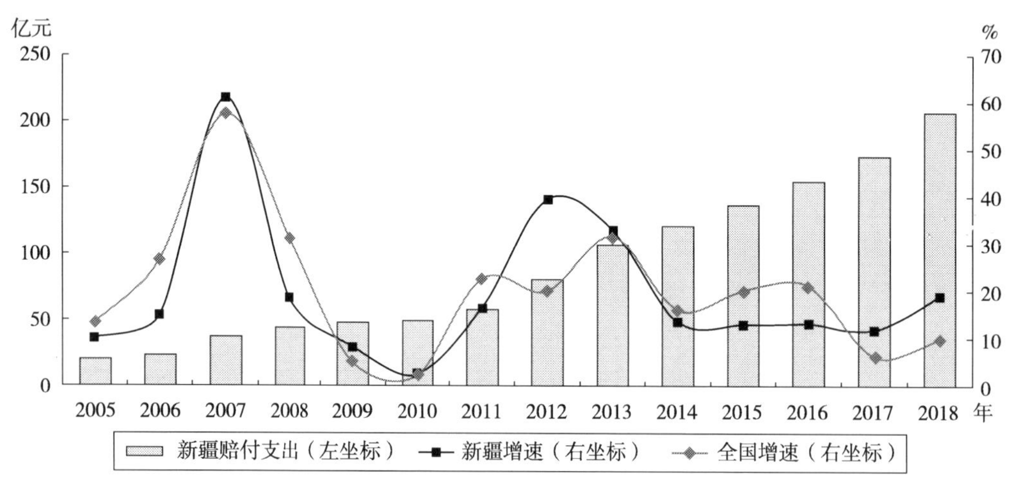

图 16　2005—2018 年新疆保险业赔付支出情况

1.72 万亿元，向 1.07 万人次贫困人口赔付 3 718.31 万元；深度贫困人口补充医疗保险参保人数 133.84 万人，累计赔付 33.06 万人次，报销 2.22 亿元。

2. 稳健性评估

2018 年，新疆保险业持续快速发展，市场秩序良好，偿付能力稳定、退保风险可控，主要监管指标稳健，规模实力持续大幅增强，整体保持平稳运行态势。2018 年，新疆保险业主要风险指标处于监管范围，财产险公司平均应收保费率为 19.37%，高于 8% 的警戒线；财产险综合赔付率 58.7%，低于 65% 的警戒水平。但发展中信用风险跨界传递可能性增大、互联网业务风险形式多变、人员管控风险持续集聚、中介机构违法违规风险管控难等问题依然较为突出，对新疆保险市场稳健发展带来潜在影响，互联网保险快速发展中出现的短板问题需要加强监测监督。

（四）地方性非金融机构风险

1. 运行情况

（1）小额贷款公司发展缓慢。2018 年，新疆有小额贷款公司 365 家，比上年减少 24 家。截至

2018 年末，新疆小额贷款公司注册资本共计 250.28 亿元，比上年增长 13.3%；贷款余额 241.73 亿元，比上年下降 0.02%，增速比上年上升 1.23 个百分点。

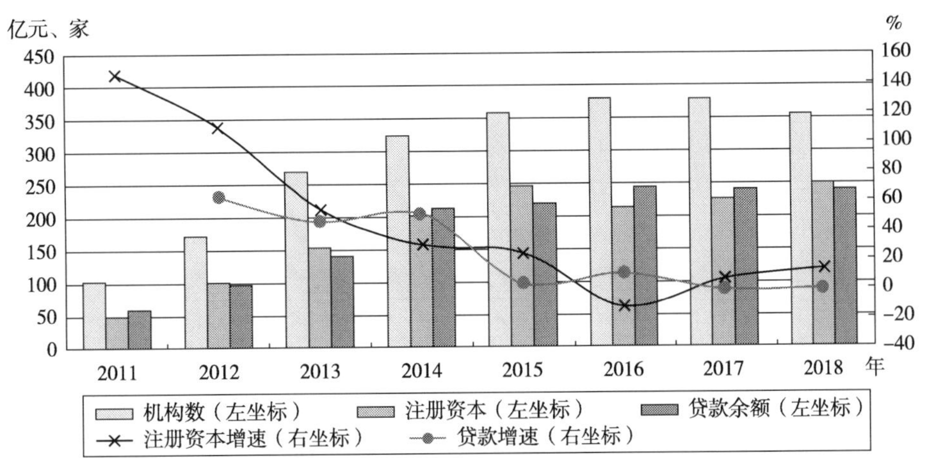

图 17 2011—2018 年新疆小额贷款公司发展情况

（2）融资性担保公司业务持续下滑，代偿风险有所控制。2018 年，新疆有融资性担保公司 170 家，较上年减少 2 家。截至 2018 年末，新疆融资性担保公司注册资本 195.71 亿元，比上年下降 13.1%；担保责任余额 129.66 亿元，比上年下降 29.9%；代偿余额 22.84 亿元，比上年下降 1.9%，增速比上年下降 29.91 个百分点，代偿余额自 2013 年高速增长首次出现负增长。

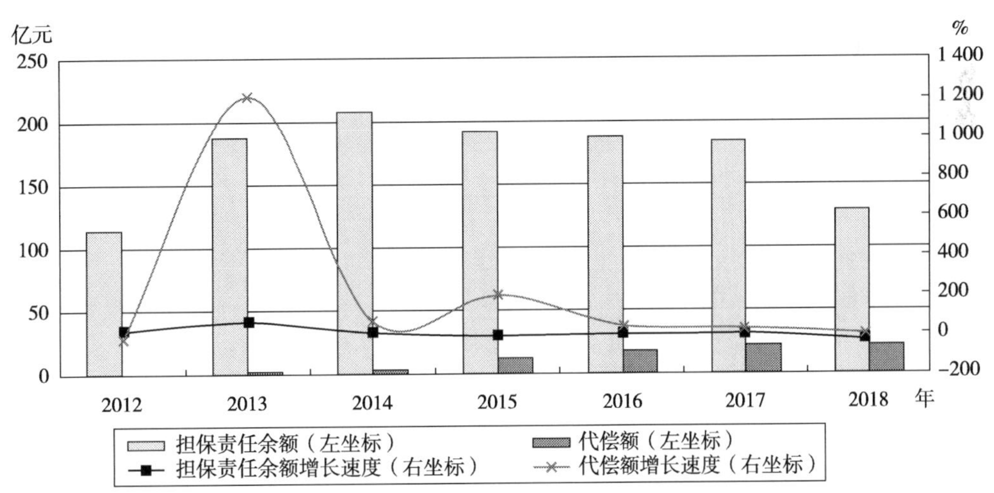

图 18 2012—2018 年新疆融资性担保公司发展情况

（3）典当业经营业绩有所好转，业务规模有所上升。2018 年，新疆有典当企业 298 家，其中，地方 234 家，兵团 64 家。截至 2018 年末，新疆典当企业注册资本 50.14 亿元；典当总额 54.2 亿元。其中，地方 38.6 亿元，兵团 15.6 亿元。2018 年，新疆典当业实现净利润 0.4 亿元。

（4）处置非法集资工作持续推进，案件数量和涉案金额下降较多。截至 2018 年末，全区新发非法集资案件 42 件，比上年下降 36.92%；涉案金额共计 22.89 万元，参与集资人数达 1.63 万人，比上年分别下降 36.9%、12.5%。全区重大非法集资案件（100 人以上）涉及人数、涉案金额占比高，非法集资陈案中受损人员稳控及资金追缴压力较大。

（5）互联网金融风险整体可控。截至2018年末，全区P2P网贷机构共83家，业务余额合计74.83亿元，涉及8.43万人。全年全区出险P2P网贷机构3家，累计待偿金额62.13亿元，累计未兑付投资人数为59 774人。其中，疆内累计待偿金额1.86亿元，累计未兑付投资人数为1 535人。

2. 稳健性评估

2018年，新疆准金融机构整体业务发展不佳，潜在风险仍需要关注。一是小额贷款公司贷款质量恶化。截至2018年末，新疆小额贷款公司不良贷款余额比上年增加120.66亿元，比上年增长160.3%；不良贷款率49.92%，比上年上升30.73个百分点。二是融资性担保业务持续下滑。截至2018年末，新疆融资性担保公司担保责任余额比上年下降29.9%，连续四年呈现负增长趋势。三是典当企业抵御风险能力弱。典当企业融资渠道不畅，资本金规模较小，抵御风险能力有限。四是监管不足。地方性非金融机构监管人员不足、监管职责不清存在监管真空。

（五）金融市场稳健性评估

1. 运行情况

（1）货币市场交易增长较快，市场利率整体下行。2018年，新疆金融机构累计发生同业拆借交易6 943.7亿元，比上年增长69.2%；银行间市场累计发生债券交易64 441.8亿元，比上年增长28.3%。货币市场利率呈下降趋势，12月隔夜月拆借加权平均利率为2.5%，较1月下降0.2个百分点；12月质押式隔夜回购（R001）月平均加权利率为2.4%，较1月下降0.3个百分点；12月现券加权平均到期收益率3.7%，较1月下降1.4个百分点。

（2）票据融资需求增强，票据交易规模显著上升。截至2018年末，新疆银行承兑汇票余额1 025.4亿元，比上年增长31.4%；累计签发票据1 664.0亿元，比上年增长13.6%，高于全疆人民币各项贷款增速5.7个百分点。全年票据贴现发生额为1 000.63亿元，比上年增长82.26%。

（3）黄金价格总体波动下行，交易量稳步增长。2018年，新疆商业银行累计发生黄金业务90.3吨、261.4亿元，分别比上年增长18.5%、23.9%。其中，账户金和代理业务占总交易量的64.5%和26.9%；自营业务和账户金交易量分别比上年增长17.5倍和1.1倍。

（4）债券发行增长出现分化。2018年，新疆发行各类债券3 191.1亿元，比上年增长13.5%。地方政府债和公司信用类债券分别比上年下降6.2%和5.4%，金融债大幅增长59.2%。公司信用类债券中公司债发行389.4亿元，比上年增长34.7%；银行间市场非金融企业债务融资工具发行456.9亿元，比上年下降18.6%。

2. 稳健性评估

2018年，新疆金融市场总体平稳。2018年下半年以来，国内货币条件进一步宽松，银行间市场利率快速下降，票据融资显著扩大。人民银行引导银行机构通过贴现加大对小微企业和民营企业的支持，金融机构贴现业务量明显上升。金融市场运行中风险集中在债券市场，一是受经济下行、债券违约频发等因素影响，低等级信用债发行困难，2018年17单（15单AA级、2单AA+级）64.5亿元债务融资工具取消或推迟发行，而且发行利率要高于全国平均水平。其中1笔业务发生技术性违约。二是新疆存量债券进入集中偿付期，2018年共有37家企业554亿元债务融资工具到期，占债券余额的55%，2019年将有26家企业340亿元债务到期，占存量债券的34%，在当前经济发展背景下，企业缺乏风险缓释手段，债券违约风险概率显著上升。

（六）金融基础设施稳健性评估

1. 运行情况

（1）维护金融稳定工具日渐丰富，防控风险作用有效发挥。2018 年，新疆人民银行系统完成 117 家投保机构存款保险评级工作，征收保费 1.41 亿元，受保存款达 3 174.93 亿元，客户覆盖率为 99.38%；完成 118 家法人机构央行金融机构评级工作，先后对 50 家机构开展了 64 次"一对一"现场约谈和风险提示；完成 15 家法人银行机构稳健性现场评估工作，对 43 家法人银行机构开展压力测试。全年共受理新设金融机构及其分支机构 16 家，受理金融机构各类重大事项 431 项，对辖内 259 家金融机构及其分支机构执行人民银行政策情况进行综合评价。

（2）防范处置重大风险的机制不断完善。制定了《新疆维吾尔自治区重大风险处置预案》，修订完善《新疆银行业金融机构重大事项报告制度》，重大风险防范处置机制不断完善；"一行三局 + 自治区金融办、兵团金融办"的常态化联系机制初步形成，防范处置重大风险的合力不断提升。

（3）支付系统平稳运行，支付环境有效改善。2018 年，新疆大小额支付系统共办理业务 7 768.17万笔，金额 38.30 万亿元。农村地区银行网点、助农取款服务点、银行卡受理终端数量比上年分别增长 3.62%、29.91% 和 15.23%，支付服务空白村减少 2 076 个。兵团地区银行网点、助农取款服务点、银行卡受理终端数量比上年分别增长 7.75%、14.46% 和 9.12%。配合公安部门通过电信诈骗风险交易事件管理平台紧急止付账户 3 520 个，止付金额 5 467.1 万元；冻结账户 3 481 个，冻结金额 1.69 亿元。

（4）社会信用体系不断完善，中征应收账款融资规模显著提升。截至 2018 年末，全疆共有 81.3% 的农户建立信用档案，其中 85.94% 的农户被评定为信用农户；辖区农村金融机构向已建立信用档案的 97.31% 农户累计发放贷款 4 275.09 亿元；通过中征应收账款融资服务平台办理 9 485 笔融资业务，金额 3 394.3 亿元，比上年增长 248%。

（5）反洗钱监管日益加强，反恐融资工作成效显著。2018 年，对辖区 274 家义务机构开展反洗钱监管，反洗钱现场检查对 14 家机构、26 名责任人员共计罚款 269.23 万元。全年向相关机关移送涉嫌各类犯罪线索 99 宗，协助侦破各类洗钱、恐怖融资及税务类案件 41 起，是上年的两倍，助推全国首例恐怖活动为上游犯罪的洗钱案件宣判。

（6）金融司法环境不断改善，金融消费者权益保护工作持续推进。2018 年，全辖 16 部 12363 呼叫热线成功实现省级一点接入，金融消费者投诉受理渠道更加顺畅、便捷。全年共受理投诉 204 笔、咨询 221 笔，较 2017 年分别下降 12.82%、41.07%，各金融机构能积极、妥善地解决金融消费者投诉，办结率、满意率均达 100%。

（7）反假币工作成效显著，收缴假币数量明显下降。2018 年新疆辖区收缴假币面额 573.2 万元，比上年下降 44.5%。其中，金融机构柜面收缴 535.1 万元，比上年下降 35.2%；公安部门案件解缴 35.8 万元，比上年下降 82.6%。

（8）金融监管力度显著增加，市场乱象有效整治。2018 年，全疆人民银行系统开展综合执法检查 33 次，检查银行业金融机构及其分支机构 503 家，非银行业金融机构 27 家，实施行政处罚 205 笔，累计行政处罚金额 766.37 万元，其中处罚个人 46 人，罚款处罚金额 38.03 万元；新疆银保监局对辖区 5 家银行分支机构、28 家法人银行机构违法违规行为严肃处罚，对辖区两起挪用客户资金案件当事人处以终身禁止从事银行业务的处罚。

2. 稳健性评估

2018 年，新疆金融基础设施日渐完善，辖区金融生态环境不断优化。人民银行防控金融风险的手段日渐丰富，成效不断显现，防范处置重大风险的机制逐步建立，部门间的合作不断加强。支付环境日渐改善，征信体系作用充分发挥，公众对征信信息的认知度不断提升。反洗钱监管日益加强，对恐怖融资打击力度不断提升。司法环境不断改善，金融消费者保护工作更趋完善，消费者投诉渠道更趋畅通。各级监管部门监管力度持续加大，监管处罚的针对性显著提升，金融市场乱象得到持续整治。

三、总体评估与政策建议

（一）总体评估

2018 年，新疆经济发展稳中有降，三次产业平稳发展，第三产业对经济发展的贡献度持续上升，特别是高端产业快速增长，民生领域固定资产投资稳定增长，消费需求稳中有升，网络消费增势强劲，财政收入和居民收入增长，“三去一降一补”扎实推进。金融业整体稳健运行，金融组织体系不断完善，银行业改革持续推进，存贷款持续增加，信贷资产质量整体较好，地方法人银行机构资本和流动性整体充裕；证券交易下滑幅度较大，上市公司数量增加、融资规模持续扩大；保险业规模持续增加，保险风险补偿能力持续发挥，服务经济社会能力持续提升；金融市场运行平稳，货币市场交易增长快，票据融资需求增强，规模快速上升；金融基础设施日趋完善，风险防控手段不断丰富，能力明显提升。

新疆经济金融在平稳运行中存在一些问题和风险。一是工业结构中重工业占比仍旧偏高，高新技术产业虽然增长较快，但总量小，对经济拉动作用有限。二是地方政府债务规范和清理工作降低了政府部门的债务风险，但后续影响仍需关注。三是银行机构信贷风险持续暴露，农村机构信贷风险突出，高风险机构风险处置化解难。四是证券经营机构盈利能力下滑，期货公司经营亏损，部分上市公司存在退市风险。五是地方性非金融机构风险呈上升趋势，风险形势复杂，处置化解难度大。

（二）政策建议

1. 紧盯区域政策调整变化，引导金融机构业务发展

2018 年，自治区“1+3+3+改革开放”的工作部署，明确了今后新疆社会发展和经济建设的核心思路，辖区金融机构应紧紧围绕这一工作部署，积极调整业务结构、改善运营环境，助力自治区打好三大攻坚战，重点加大对丝绸之路经济带核心区建设，乡村振兴战略和旅游产业发展三项重要工作的支持力度，推动经济结构优化、经济高质量发展。

2. 落实好重大风险攻坚战各项工作任务，切实防范风险维护金融稳定

按照国务院金融委重大风险攻坚战安排部署，进一步明确 2019 年、2020 年及后续年度新疆重大风险攻坚战各项工作任务，以及各相关部门工作职责。加大部门间合作配合，对当前新疆重点风险领域要加大攻坚力度，加快处置工作进度，有效控制和化解风险。根据风险状况，制订更具操作性的重大风险处置预案，进一步完善重大风险处置机制。

3. 加强监管协作配合，持续优化和改善金融运行的外部环境

加强监管部门间、监管部门和政府经济金融相关主管部门间的协作配合，逐步完善职责更趋合理、明确，符合当前金融监管形势的监管协调机制。充分发挥政府部门职能，明确各级地方政府重大风险化解第一责任人职责，进一步完善社会信用体系和相关法律法规，提升司法执行效率，为金融业发展创造良好的运行环境。加强金融监管力度，严厉打击市场乱象，加大对地方性非金融机构的监管力度，明确监管职责消除监管真空。

中国人民银行乌鲁木齐中心支行金融稳定分析小组

组　长：郭建伟

副组长：阿达来提·吐尼亚孜

成　员（以姓氏笔画为序）：

马　军　王　勇　王杰璞　孙海芹　杨婷君　庞小红

邴志坚　赵　冰　热夏提·莫合买提　黄公健　颜　开

《新疆维吾尔自治区金融稳定报告（2019）》编写组

总　纂：庞小红

统　稿：赵　强

执　笔：赵　强　李国俊

其他参与写作人员：

王坤衍　杨　涛　赵　莹　胡恒武　高　兴　苏长青

陈　磊　刘遵乐　付　娉　邹兴军　王　哲　王春燕

宋雪丽

大连市金融稳定报告摘要

2018年，大连市经济保持平稳运行，多项宏观指标企稳回升，经济发展从质量、效率、动力各方面改进，为区域金融稳定创造了较好的外部环境。金融业整体保持稳健运行，市场运作有序，法人金融机构稳健经营，风险防范意识逐渐增强。但经济增长的内生动力略显不足，经济微观主体发展的体制机制不活，经济、金融稳定发展中蕴含着一定的风险，金融业的平稳运行仍面临较大的挑战。

一、区域经济运行与金融稳定

（一）经济运行保持平稳，夯实金融稳定基础

经济运行健康平稳，产业结构继续优化，现代服务业升级趋势明显。2018年，大连市经济运行"稳"的基础在巩固、"进"的势头在延续，高质量发展迈出坚实步伐。全年实现地区生产总值7 668.5亿元，同比增长6.5%，与全国平均增速基本持平。经济结构优化升级，三次产业比重优化为5.8:42.3:51.9。

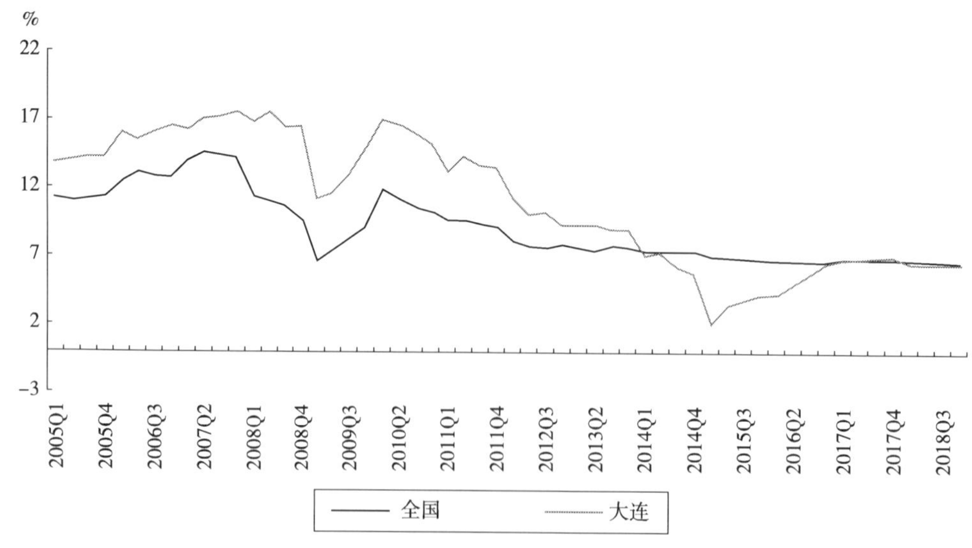

数据来源：国家及大连市统计局。

图1 地区生产总值（GDP）累计同比增速

制造强市建设扎实推进，固定资产投资止跌回升，有效投资不断增加。2018年，大连市固定资产投资额1 819.7亿元，同比增长10.1%，全市规模以上工业增加值、规模以上工业利润和工业投

资分别增长 15%、23%、40%。全年推进实施重大项目 177 个，英特尔非易失性存储器项目二期工程正式投产，创造了英特尔工厂建设和投产全球新纪录；恒力 2 000 万吨/年炼化一体化项目投料开车，成为国家七大石化产业基地中推进速度最快的项目。大连市被国务院评为“推动中国制造 2025、促进工业稳增长和转型升级成效明显市”。

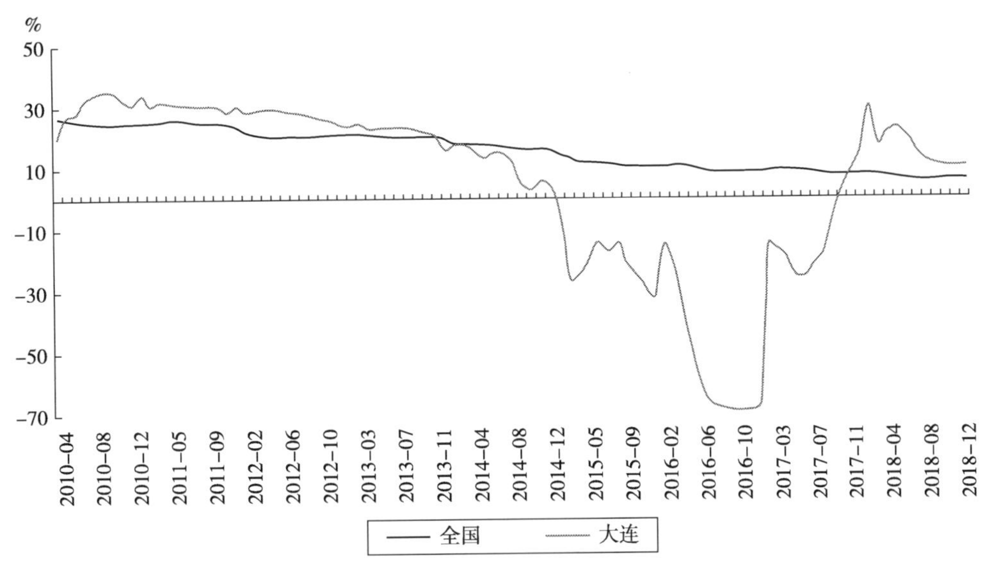

数据来源：国家及大连市统计局。

图 2　固定资产投资累计同比增速

着力推进改革开放，招商引资和对外贸易平稳增长，发展活力有效释放。2018 年，大连市进出口总额 4 701.4 亿元，同比增长 13.9%。自贸区建设水平进一步提升，大连片区共复制前两批自贸区经验 173 项，评估形成 40 个制度创新案例。积极推动港口资源整合，辽宁港口集团总部落户大连市。积极推进国际产能合作，在 20 多个国家设立服务中心、展示中心、研发中心，筹建和在建的海外仓 30 多个，积极创建“一带一路”综合试验区和中国—中东欧“16＋1”经贸合作示范区。加大对日韩、美欧及长三角、珠三角、京津冀地区招商力度，实际利用外资 27 亿美元；签约国内项目协议 92 个，引进省外实际到位资金 1 057 亿元、同比增长 15.1%。积极推进贸易便利化，国际贸易“单一窗口”功能拓展至口岸通关全流程，综合覆盖率排名全国第二位。

着力推动经济高质量发展，新动能加快成长，经济活力明显增强。2018 年，全市高技术产业、战略性新兴产业增加值同比分别增长 36.4% 和 41.6%。华为大连软件开发云累计运行项目 7 000 余个，中国移动 5G 联合创新中心实验室挂牌。强力推动战略性新兴产业发展，松下新能源汽车电池、华录集团超大容量蓝光存储研发及产业化等项目投产，融科储能电池核心技术取得重大突破。装备制造业加快向中高端迈进，重工起重研制全球首支世界最大 2.2 万标箱船用曲轴、中国一重“核电快堆”技术填补我国空白、东北首个海上风电项目实现并网发电。提高航运中心能级，国内首船期货原油在大连港交割，国内首笔铁矿石期货保税业务在大连港落地，商品车年吞吐量增长 16.2%、创历史新高。强化物流中心功能，国家多式联运示范工程重点项目基本完工，瓦房店跨境电商物流产业园、铁成物流园入选国家优秀物流园区。扎实推进金融中心建设，引进金融及融资类机构 109 家，大商所实现铁矿石期货国际化，继续保持全球最大农产品期货市场地位。

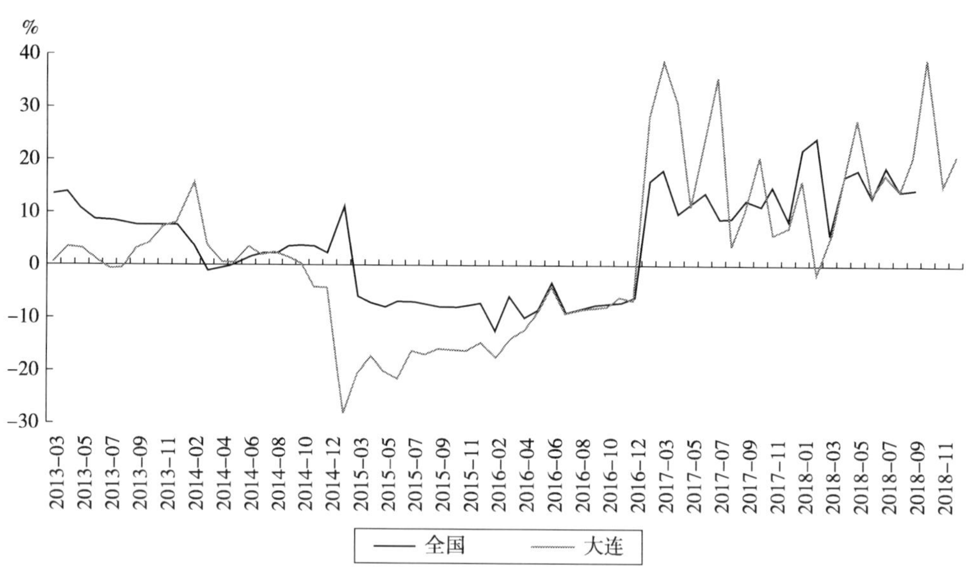

数据来源：国家及大连市统计局。

图3 进出口总额累计增速

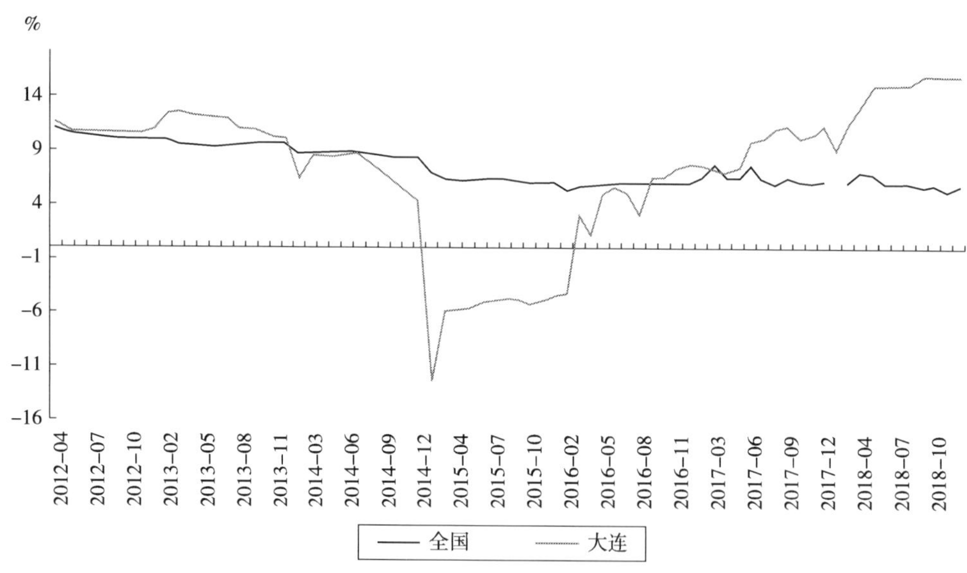

数据来源：国家及大连市统计局。

图4 规模以上增加值累计同比增速

着力保障和增进民生福祉，乡村和城市功能品质有效提升，居民生活持续改善。2018 年，大连市城乡居民人均可支配收入均增长 7.3%，居民消费价格指数涨幅控制在 3%，城镇登记失业率为 2.58%。全市城镇新增就业 11.6 万人，就业困难人员实现就业 2.9 万人。全年举办创业就业博览会等专项对接活动 253 场，提供就业岗位 35.7 万个。实现培育创业带头人 1 637 人，带动就业 10 207 人，组织开展职业技能培训 3.2 万人。城乡居民基础养老金领取标准、低保标准、特困人员救助供养标准全面提高。

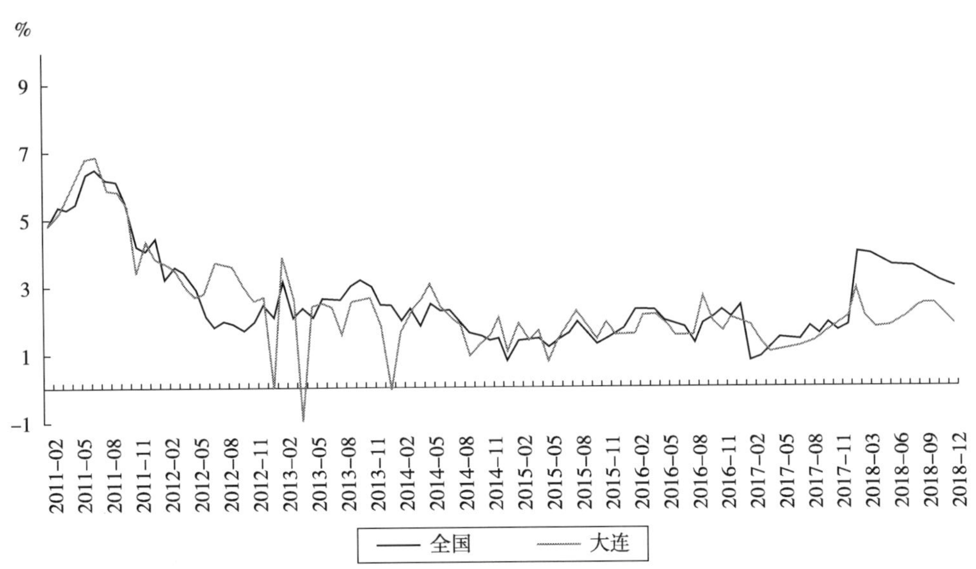

数据来源：国家及大连市统计局。

图5 大连市CPI走势

（二）区域经济运行中不利于金融稳定的因素

2018年，大连市经济运行健康平稳，重大项目加快推进，工业经济实现较快增长，主要经济指标好转迹象明显，部分行业和企业进行了技术创新和战略调整，为全市振兴发展提供有力支撑。但是，大连市经济发展同样面临困难和压力。大连市正处于转型发展的关键期，推动质量变革、效率变革、动力变革的任务仍十分艰巨，同时大连经济整体对投资的依赖度较高，国际上单边主义、贸易保护主义抬头，导致投资环境堪忧。传统行业石化、造船、装备制造和电子信息四大支柱产业，都面临结构调整和优化升级问题，对经济的拉动作用逐步减弱。东北特钢、大机床、大化、金玛商城等一系列债务事件相继爆发，在凸显了企业信用风险的同时，也对地方政府的声誉产生了一定的影响，可能会影响区域金融生态环境建设。当前，需要进一步加大防范风险力度，把防控金融风险摆在更加突出的位置，严格防控政府债务风险，坚决遏制隐性债务增量，稳妥处置存量；密切关注高负债企业，做好企业信用债违约、网络借贷等风险点整治，有效防范和化解互联网金融、交易场所等风险，继续推进法治化、市场化债转股，大力化解国有企业债务；加强对中小银行监管，加大不良贷款处置力度，防止发生系统性金融风险。

二、金融业与金融稳定

（一）银行业运行状况及风险分析

截至2018年末，大连市共有地方法人银行业金融机构13家，分行40家。2018年，大连市银行业金融机构存款增速下降，贷款增长整体乏力，存贷款利率整体小幅上升，金融机构资产质量下行，银行业持续健康发展依然面临挑战。

1. 银行业运行状况

（1）金融机构存款规模持续下降，非金融企业存款降幅扩大。截至2018年末，大连市银行业金融机构本外币各项存款余额13 999.1亿元，同比下降1%，比上年同期提高2.8个百分点，比全国低8.8个百分点。其中，外汇存款余额74.9亿美元，同比下降15.7%；非金融企业存款余额4 397.9亿元，同比下降6.9%。

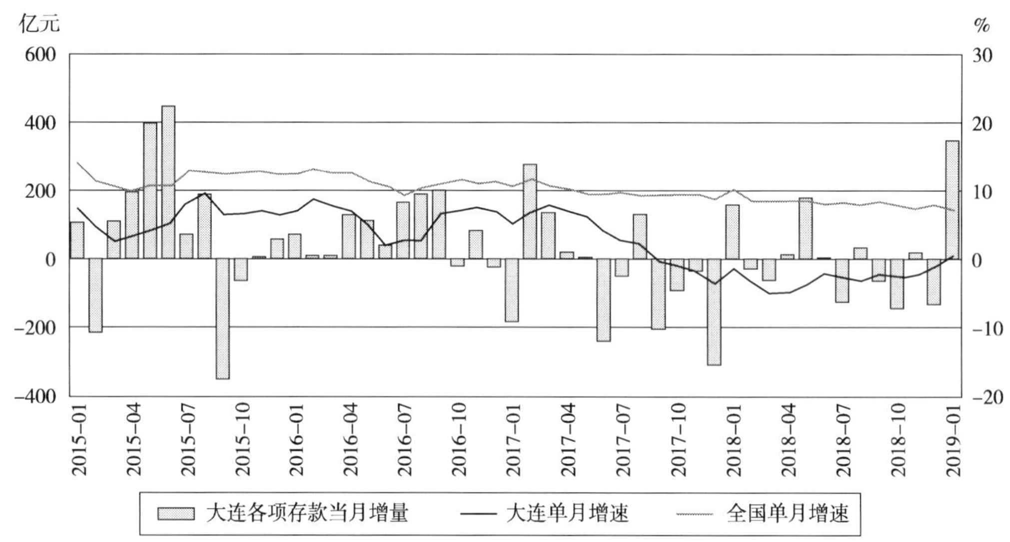

数据来源：中国人民银行。

图6 金融机构存款增量、增速走势

（2）金融机构贷款增速较低，非金融企业贷款负增长，票据融资增速逐步扩大。截至2018年末，大连市金融机构本外币各项贷款余额12 006.2亿元，同比增长0.4%。其中，非金融企业及机关团体贷款余额8 900.5亿元，同比下降2.6%；票据融资余额650.1亿元，同比增长44%。2018年，全市贷款增速低于全国12.5个百分点，全年贷款增速持续低位运行，年内多次出现贷款余额净减少。

（3）人民币定期存款利率略有上升，普惠口径小微企业贷款信用利差缩窄。2018年，大连市银行业金融机构人民币活期存款加权平均利率0.32%，与全国持平；人民币定期存款加权平均利率2.19%，同比提高19个基点，低于全国7个基点。新发放人民币贷款加权平均利率5.59%，同比提高34个基点，其中，新发放全口径小微企业贷款加权平均利率5.99%，同比提高19个基点，低于全省92个基点，信用利差同比缩窄16个基点。

（4）不良贷款持续“双升”，盈利水平下降。截至2018年末，大连市银行业金融机构不良贷款余额623.7亿元，同比增长13%；不良贷款率5.2%，同比增加0.6个百分点，增幅12.6%。金融机构贷款损失准备金余额730.2亿元，同比增加202.8亿元；拨备覆盖率117.1%，同比上升21.6个百分点，风险抵补能力有所增强。因不良贷款大幅增加推高资产减值损失，各金融机构盈利显著下降，全市金融机构累计实现税前利润-196.5亿元，同比减少208.4亿元；净利润-194.7亿元，同比多亏188.6亿元。

2. 银行业风险情况分析

（1）资产质量下行压力较大。一是关注类贷款快速增长。截至2018年末，大连市银行业金融机

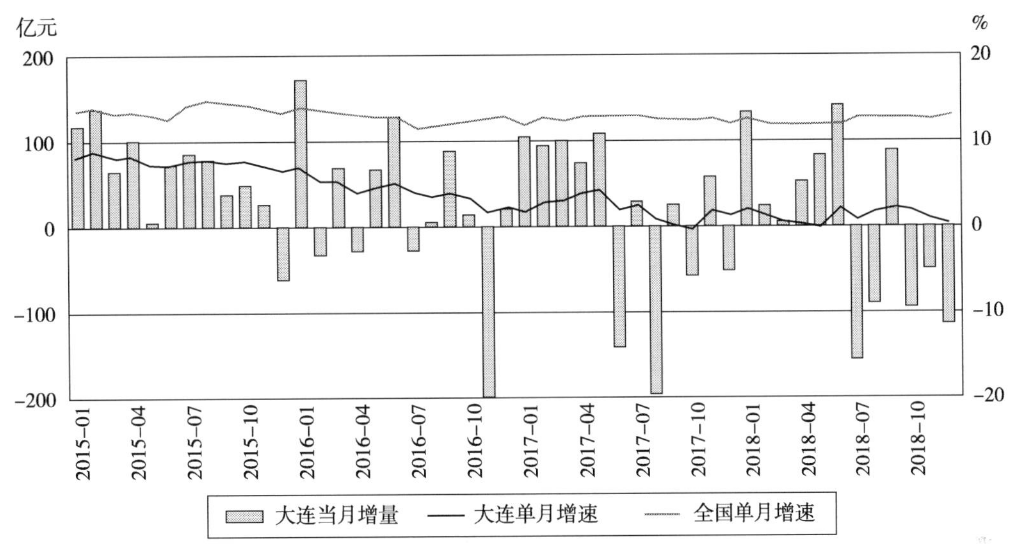

数据来源：中国人民银行。

图7 金融机构贷款增量、增速走势

构关注类贷款余额815.8亿元，同比增加118.6亿元，增长17%。二是大额集团客户违约风险积聚。辖内50亿元贷款以上的大型集团客户（不含政府融资平台）中，已经暴露风险的为5户，风险企业数占比较高。三是伴随着实体经济增速放缓，银行业前期高速扩张时期潜在的信用风险逐步暴露，贷款分类不实问题存在隐患。

（2）部分中小法人机构风险较高。截至2018年末，大连市8家村镇银行，资产规模合计130.4亿元，净利润-0.04亿元，不良贷款余额为15.2亿元；贷款损失准备余额为5.4亿元。其中有3家村镇银行处于亏损状态，全市法人银行业机构针对信用风险计提的拨备对不良贷款的覆盖不足。

（3）重点领域风险向银行体系积聚。一是房地产信贷风险增仍需关注。2018年，个人住房贷款不良率与关注率均有回落，但是房地产开发贷款不良率高于历史同期水平，需重点关注开发贷款质量走势。二是政府债务偿还压力不减。大连市政府债务规模大，今后一段时间政府性债务陆续进入偿债期，潜在风险不容忽视。三是国企、央企违约风险增大。国企、央企等大客户普遍存在资产负债率长期居高不下、杠杆率过高、资金链紧张等问题，风险传导压力仍然较大。

（二）证券业运行状况及风险分析

截至2018年末，大连市共有证券公司1家，证券分公司25家，证券营业部92家；期货公司1家，期货分公司20家，期货营业部55家；境内上市公司29家。2018年，大连市资本市场总体运行保持平稳，法人证券机构盈利水平下滑，期货交易量有所下降，上市公司融资额同比小幅下降。上市公司股票质押风险隐患突出、债市违约风险加大、证券机构盈利能力较弱等值得关注。

1. 证券业运行情况

（1）证券机构平稳运行，法人证券机构盈利水平下滑。截至2018年末，大连市证券经营机构118家，沪深开户数310万户，同比增长8.8%。大连辖区全年股票成交额9 371.9亿元，同比下降24.6%，证券交易额20 917.7亿元，同比下降48%。法人机构大通证券资产总额75.3亿元，负债总额26.8亿元；盈利水平有所下降，累计实现营业收入4.2亿元，同比下降22%，净利润1.1亿元，同比下降42%。

（2）期货公司代理交易量有所下降。截至2018年末，大连地区期货分公司和期货营业部开户数9万户，同比增长11.7%，客户保证金合计98.4亿元，同比下降9.4%；期货公司实现期货成交量2.9亿手，同比下降11.4%；实现期货代理交易额合计16.3万亿元，实现手续费收入1.4亿元，同比下降15.5%。

（3）上市公司融资额同比小幅下降。截至2018年末，大连辖区境内上市公司29家，其中主板20家，中小板7家，创业板2家，总股本664.4亿股，总市值2 867.9亿元。新三板挂牌公司89家，新三板挂牌公司成交量0.2亿股，境内上市公司本年股票市场累计募集资金187亿元，同比下降7.6%。全年辖区上市公司完成再融资和并购重组225.3亿元，新增公司债券发行94.6亿元，新三板挂牌公司定向增发募集资金1.3亿元。

2. 证券业风险情况分析

（1）上市公司股票质押风险隐患突出。大连辖区29家境内上市公司中，有23家公司持股5%以上股东进行了股票质押，大股东质押数量占其持股总数比例超过80%的有10家。主要原因：一是上市公司经营出现滑坡；二是股票市场整体下跌，存在一定系统性风险；三是民营企业融资困难对流动性产生一定影响；四是部分上市公司或其大股东、实际控制人涉嫌违法甚至犯罪，风险传导所致。

（2）公司债进入偿债高峰期。2018年起，大连辖区公司债券发行人陆续进入偿债高峰期，地方政府融资平台普遍收入规模有限，刚性支出较高，财务压力较大，而且在银行等渠道融资存在不同程度的限制，本金兑付具有更大的不确定性。2019年仍是公司债兑付高峰，全年预计有411.3亿元公司债券本金须到期兑付或进入回售选择期，风险防范处置工作面临较大压力。

（3）多方因素造成证券机构盈利能力减弱。2018年，资本市场流动性趋于紧张，股票市场相对低迷，大连市证券机构的交易量和利润水平出现下滑。辖区证券机构对经纪业务等传统业务的依赖程度较高，而对资管、投行等业务的投入和发展相对滞后，直接制约了机构盈利水平的提升。同时，证券分支机构的数量较多，竞争相对激烈，对机构的利润水平造成一定影响。

（三）保险业运行状况及风险分析

截至2018年末，大连市共有保险总公司4家，保险分公司49家，从业人员6.8万人。2018年，大连市保险业把握机遇、开拓创新，在经济下行时期，保险市场运行呈现出稳中有进、进中趋好的发展态势。但受国内外经济疲软的影响，保险市场仍存在退保支出增加、混业风险加大等潜在风险。

1. 保险业基本运行情况

（1）保费收入稳步增长。2018年，大连保险业实现保费收入335.3亿元，同比增长1.7%，增幅较上年下降17.2个百分点，低于全国2.2个百分点。其中，财产险业务实现保费收入84.1亿元，同比增长3.9%；人身险业务实现保费收入251.2亿元，同比增长1%。

（2）赔付支出有所增长。2018年，大连保险业赔款与给付支出103.9亿元，同比增长8.5%，其中，财产险业务赔款支出48.9亿元，同比增长17%，人身险业务赔款及给付支出54.9亿元，同比增长1.9%，其中，满期给付25.5亿元，同比下降21.8%。

（3）财产险经营效益下滑。2018年，财产险公司实现承保利润2.2亿元（不含出口信保），同比下降42.8%；承保利润率3.2%（不含出口信保）。车险实现承保利润2.4亿元，同比下降

29.3%，承保利润率4.8%，在全国排名第9位。

(4) 人身险业务结构持续改善。2018年，人身险业务新单期交保费52.7亿元，同比下降16.6%，新单期缴率55.3%，高于全国7.5个百分点。健康险与意外险保费实现收入37.5亿元和4.7亿元，同比分别增长17.9%和5.2%。

(5) 资产规模稳步提高。截至2018年末，大连保险公司资产总额878.6亿元，同比增长7.5%。含三家总公司的资产总额达到1 957.6亿元，同比增长17.5%。

2. 保险业风险情况分析

(1) 企业经营风险扩散至保险业。受部分传统性企业和国企不景气影响，企业财产保险、工程险等财产保险保险费率持续下降，一些公司签单后产生长时间的应收保费，对财产保险市场经营产生很大影响。

(2) 财产险盈利能力不足带来财务风险。2018年以来，受市场竞争不断加剧，车险手续费水平持续增加，非车险业务费率不断下滑影响，辖内财产险业务盈利能力出现了明显的下滑趋势。部分财产险公司过度重视保费规模和市场占有率，而忽视了盈利能力，存在较大的财务风险，严重的可能导致对外偿付能力不足，引发信誉危机。

(3) 非寿险理财型产品给付风险。2018年，非寿险理财型产品处于给付高峰期，大连地区非寿险理财险产品满期给付金额达到119.6亿元，同比增长62.8%，涉及客户9.7万人次，给付压力较大。

(4) 满期给付和退保风险。2018年，大连地区满期给付和退保规模约为133.5亿元，资金量需求较大，在保费收入增长乏力的情况下，存在一定的现金流压力。在总体风险可控情况下，因客户在满期给付时对产品收益不满意或前期销售误导带来的群体性纠纷仍然值得关注。

三、金融市场运行与金融稳定

2018年，大连市金融市场继续保持规范发展态势，市场配置资源的基础作用进一步发挥。银行间同业拆借市场交易规模显著扩大，债券市场成交量大幅增长，票据市场交易更加活跃，外汇市场交易量显著增长。

(一) 金融市场配置资源功能日趋完善

同业拆借市场交易规模显著扩大。2018年，大连市通过全国银行间市场开展同业拆借业务的成员共3家，全年参与市场交易金额3 532.8亿元，是上年同期的5.6倍。其中，拆入资金565笔，成交金额2 603.7亿元；拆出资金226笔，成交金额929.1亿元。年内拆入和拆出加权平均利率分别为4.56%和2.62%，同比分别上升38个基点和下降94个基点。

债券市场成交量大幅增长。2018年，大连市金融机构参与全国银行间债券市场交易3.3万笔，成交金额9.7万亿元，同比增长80.2%。从资金流向上看，全市金融机构累计融入金额56 111.4亿元，融出金额40 762.4亿元，资金净融入15 349亿元。从利率走势上看，质押式回购融出资金加权平均利率2.64%，利率波动区间2.6%~5%；融入资金加权平均利率2.49%，利率波动区间2.2%~3.4%。现券交易融出资金加权平均利率3.67%，利率波动区间2.5%~7%，融入资金加权平均利率3.66%，利率波动区间2.6%~4.5%。

票据市场交易更加活跃。2018 年以来，受宏观调控、经济结构不断优化等影响，票据服务实体经济能力进一步增强，票据承兑、直贴业务明显增长。全年大连市金融机构累计签发银行承兑汇票 3 185.6亿元，同比增长 5.8%；银行承兑汇票直贴规模累计 2 196.2 亿元，同比增长 126.3%。截至年末，银行承兑汇票签发余额 2 140.6 亿元，同比增长 8.4%。金融机构贴现利率自 3 月达到最高值 5.26%后震荡下行，11 月达到全年最低点 3.73%，极差 1.53 个百分点。年末全市票据贴现利率 3.83%，同比下降 43 个基点。

外汇市场交易量显著增长。2018 年，银行间外汇市场全年成交 1 043 笔，同比下降 9.1%；外汇总成交量累计折合 29 亿美元，同比增长 91.9%。其中买入外汇折合 12.1 亿美元，卖出外汇折合 16.9 亿美元。成交币种以美元为主，年初以 6.503 元人民币/美元开盘，年末以 6.881 元人民币/美元报收。

地方政府债务置换债券发行规模扩大。2018 年，大连市合计发行地方政府债 621.4 亿元，其中公开招标发行金额为 389.6 亿元，定向发行金额为 231.7 亿元。

（二）金融市场创新步伐提速，市场化探索逐步深入

法人金融机构金融市场参与程度提高。2018 年 12 月，大连银行成功在银行间市场发行 3 年期、20 亿元的绿色金融债，为全市首单。该笔债券的发行不仅有利于大连银行自身优化资产负债结构，提升绿色信贷投放能力，而且为辖内法人机构探索建立长期稳定的市场化、证券化融资机制进行了有益探索。

市场化债转股取得实质进展。2018 年 10 月，东北特钢完成工商变更，公司名称从东北特殊钢集团有限责任公司更名为东北特殊钢集团股份有限公司，市场主体类型从有限责任公司（国有控股）变更为其他股份有限公司（非上市），东北特钢集团的债转股程序顺利推进。转型后，企业生产经营实现质的飞跃，产品结构优化达到新水平。

四、金融基础设施与金融稳定

（一）支付体系运行平稳规范，普惠支付服务向深入发展

2018 年，大连地区支付系统运行安全平稳。大额支付系统处理业务 634.4 万笔，金额 19.5 万亿元；小额支付系统处理业务 1 029.9 万笔，金额 1 634 亿元；同城票据交换系统清分票据 284.7 万笔，金额 4 124.3 亿元。全年开立核准类账户 5.4 万户，办理销户 2.3 万户。联网核查公民身份信息系统累计处理业务 3 693.8 万次，日均处理业务 10.1 万次。支付服务组织规范发展，取得“支付业务许可证”的法人支付机构 2 家，已备案的非法人支付机构 27 家。银行卡服务功能不断增强，全市银行卡发卡总量达 5 979 万张，同比增长 9.7%；注册商户 12.2 万户，同比下降 5%；银行卡 POS 交易金额 3 433.6 亿元，同比增加 8.1%。银行卡助农取款服务持续深化，全市共设立服务点 3 184 个，累计办理取款、转账、缴费等业务 215.4 万笔，交易金额 13.3 亿元，极大地便利了偏远地区农民的生产与生活。

（二）坚持防风险为本，强化国家金融安全保障

2018 年，大连市金融机构坚持落实底线思维，服务稳定大局，洗钱风险防范能力显著增强。坚

持依法行政，全年共检查金融机构9家，其中银行机构5家、保险机构1家、证券机构1家、期货机构1家、非金融业支付机构1家，督促机构有效履职。突出风险导向，实施分类监管，全年本级开展监管走访16家、电话质询2家、书面质询9家、约见谈话8家、风险评估3家，通过差异化、有针对性的监管措施，提高辖区机构反洗钱工作实效。合理配置资源，提高监管效率，对20家法人机构开展反洗钱分类评级，其中BBB级4家、BB级8家、B级8家；对244家非法人机构开展反洗钱考核评级，其中B级46家、C级152家、D级42家、E级4家，全辖机构反洗钱工作整体水平较上年有所提高。强化协调联动、深化案情会商，通过召开会议、举办培训、联合宣传、信息共享等加大协同监管，全年与经侦、税务等部门开展案情会商9次；向禁毒、税务部门移送案件线索4份；协助开展反洗钱调查57次。协助税务、公安部门破获公安部督办的“5·03”虚开增值税专用发票案，助力专项行动取得重要战果。

（三）推进社会信用体系建设，加强征信管理和服务

2018年，大连地区进一步完善企业与个人征信系统建设，辖内接入企业征信系统和个人征信系统的机构分别达到54家和48家，覆盖银行、信托、财务、资产管理及小额贷款公司等行业，共收录全市40.7万余家企业、651万自然人的相关信息。窗口服务水平不断提升，全辖累计设立15个查询网点、18台自助查询机，全年辖区人民银行累计提供个人报告查询46.1万人次、企业报告查询1 500余笔，为各类信息主体了解自身信用状况、参与经济活动等提供了便利。对6家接入机构实施执法检查，对12家接入机构和4家人民银行分支机构开展征信信息安全巡查；开展各类培训5场，参训机构70余家、600余人次，进一步规范接入机构征信业务；组织金融机构举办进校园、进乡村、进企业等各类宣传700余场，受众达20万余人，有效增强公众信用意识。2018年，大连市小微企业金融服务平台采集企业、金融产品及融资需求信息2 000余条，银企对接融资2.2亿元；全年为4.3万余户新设社会组织配发机构信用代码证，持有机构信用代码证组织达40.7万余户；推广中征应收账款融资服务平台拓宽中小企业融资渠道，全年新增用户61户，实现融资交易400笔，融资金额110.3亿元。

五、总体评估及对策建议

（一）总体评估

1. 定量评估结果

大连市近年金融稳定综合评估得分和稳定状况如表1所示：

表1　　大连市金融稳定综合评估表

年份	2005	2006	2007	2008	2009	2010	2011
得分	72.01	85.09	86.5	84.16	84.44	89.94	89.29
稳定状况	较好 -	良好 +	良好 +	良好 -	良好 -	良好 +	良好 +
所属类别	B类地区	A类地区	A类地区	A类地区	A类地区	A类地区	A类地区

续表

年份	2012	2013	2014	2015	2016	2017	2018
得分	89.92	86.07	81.93	78.51	77.97	77.24	70.97
稳定状况	良好+	良好+	良好-	较好+	较好+	较好+	较好-
所属类别	A类地区	A类地区	A类地区	B类地区	B类地区	B类地区	B类地区

2018年，大连市金融稳定综合得分70.97分，稳定状况为“较好-”，所属类别为B类地区。2013年以来，国内经济逐步进入新常态，经济增速转向中高速区，经济结构、特点发生调整和转变。在调整过程中，大连市主要经济指标出现了一定波动，金融稳定综合评分受到经济指标的影响，得分呈现下降趋势。随着经济领域的调整向金融领域传导，大连地区的金融指标也出现了波动，受到两方面的综合影响，2018年大连市金融稳定综合得分降幅加大，稳定状况由“较好+”下降到“较好-”，所属地区类别没有变化。

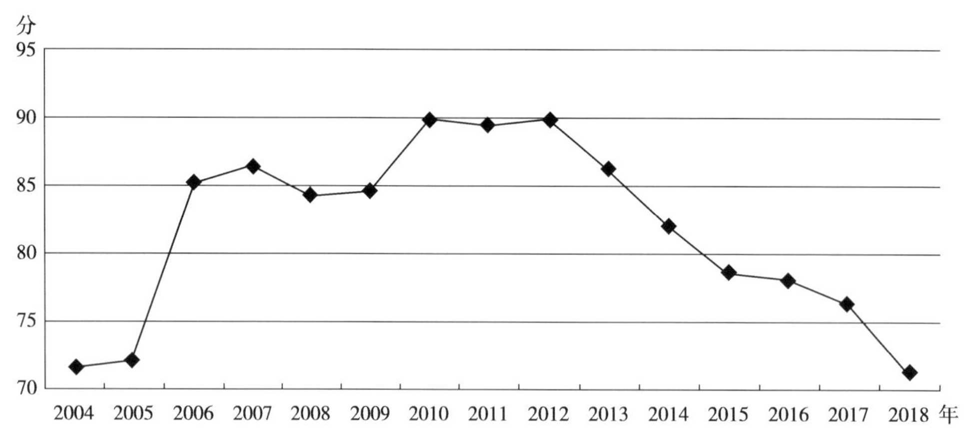

图8 大连市金融稳定综合评估得分趋势

2. 定量评估结果分析

具体看宏观经济、金融机构和金融生态环境三部分指标得分，如图9所示，呈现出不同的变化趋势。金融生态环境受整体经济形势变化影响较小，2004年以来最大波动区间在20%左右，其中2016年降幅较大，2017年和2018年连续两年回升；金融机构得分受金融机构指标影响呈现阶段式特征，2006年，大通证券改革后，得分升幅达到10.7%，之后金融机构得分保持平稳，2011年以来，受经济回升势头减缓影响，金融机构发展速度放缓，得分有小幅下降，2013年以来，受整体经济形势低迷影响，金融业面临一定考验，得分持续下降，在2018年得分较2016年下降20.9%；宏观经济得分与经济形势密切相关，2007年以前整体呈“U”形上升趋势，2008年，在国际金融危机影响下，得分出现下降，跌幅为7.8%，2010年以后，在国际金融危机影响减弱的形势下逐步上升，得分增幅达到20.2%，2013年开始，得分再次下降，降幅15.1%，从2017年得分大幅度上升，2018年再次出现下降。

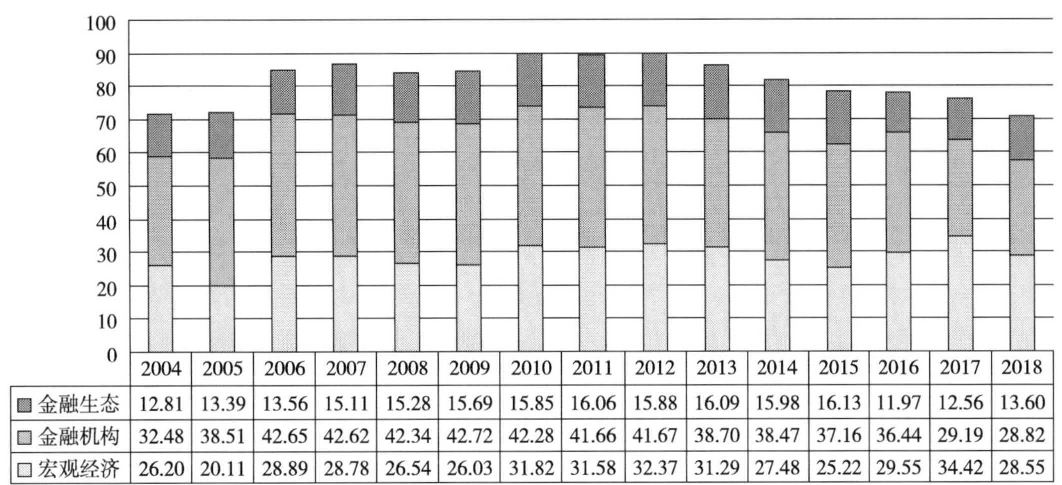

	2004	2005	2006	2007	2008	2009	2010	2011	2012	2013	2014	2015	2016	2017	2018
■金融生态	12.81	13.39	13.56	15.11	15.28	15.69	15.85	16.06	15.88	16.09	15.98	16.13	11.97	12.56	13.60
■金融机构	32.48	38.51	42.65	42.62	42.34	42.72	42.28	41.66	41.67	38.70	38.47	37.16	36.44	29.19	28.82
□宏观经济	26.20	20.11	28.89	28.78	26.54	26.03	31.82	31.58	32.37	31.29	27.48	25.22	29.55	34.42	28.55

图9　金融稳定定量评估三方面指标变化趋势

具体细分金融机构指标，从宏观经济、银行业、证券业、保险业和金融生态环境五方面，得到雷达图：

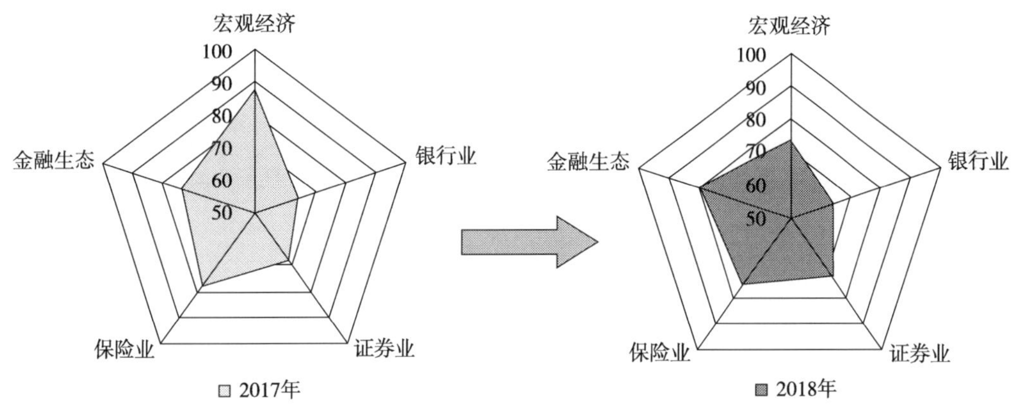

图10　2017—2018年大连市金融稳定定量评估雷达图

从定量评估结果来看，2018年大连市宏观经济发展得分回落；金融生态环境得分有所提高；金融机构发展面临不同挑战，整体得分下降，证券业得分小幅上升、银行业和保险业得分有不同幅度下降。

宏观经济方面，得分73.2分，低于2017年15.1分，其中收入与价格指数相关指标得分好于2017年，固定资产投资、就业情况等相关指标得分与2017年持平，经济增长、消费增长、对外经济和房地产市场等相关指标得分低于2017年。这说明大连市经济发展的拉动力不突出，整体发展趋缓；民生领域情况较好，居民收入有所增加，消费价格适中，需要关注房地产价格变动。金融生态环境方面，得分80分，高于2017年6.1分，其中地方法制环境、地方政府财政、市场体系完善等相关指标得分高于2017年，信用环境完善相关指标得分与上年基本持平。2016年以来大连地区连续发生多起债务违约事件，随着事件逐渐进入后期处置程序，对大连市金融生态环境的负面影响逐步减弱。金融业发展方面，银行业得分63.5分，低于2017年1分，其中资本充足性、资产流动性、对市场风险的敏感度等相关指标持续保持较高得分，但是由于不良贷款大幅度增加，资产质量、盈利能力等方面得分均持续降低，拉低了银行业整体得分。证券业得分72分，高于2017年3.2分，资本充足率、资产安全性、盈利能力和资产流动性等各项相关指标得分与2017年相比，有小幅度增加。但是由于行业盈利能力处于较低水平，证券业得分整体不高。保险业得分74.9分，低于2017年3.5分，其中资产充足性和资产安全性等相关指标得分较2017年有所提高，资产流动性指标得分与2017年持平，盈利能力指标得分降幅较大，拉低了保险业整体行业得分。

（二）对策建议

以创新引领金融业发展。一是政策支持加速发展金融产业。进一步完善政策环境，营造功能齐全、竞争充分的现代金融组织体系。大力引进发展一批讲诚信、有实力的资信评估公司、律师事务所、会计师事务所、审计师事务所和资产评估公司，为金融业的快速发展和金融风险处置提供配套服务。二是建立完善多层次资本市场。推动更多的优质企业进入资本市场，推动企业多渠道上市。大力发展公司债券，增加中长期企业债券发行规模，推动辖区更多企业利用短期融资券、中期票据、中小企业集合票据等直接融资工具在银行间市场融资。发挥区域性产权交易市场作用。三是引导金融机构有效服务实体经济。督促金融机构完善公司治理、合理制订发展规划和目标，强化风险内控机制，促进自身健康稳定发展，切实提高服务实体经济水平。鼓励金融机构保障战略新兴产业等国家重点建设项目资金投放，加大对小微企业、“三农”、科技创新型企业等薄弱环节的金融支持。

引导性防范化解辖区金融风险。一是统筹规划金融风险防控处置机制。摆布好市场的决定性作用和政府的调节性作用，把握金融发展的大方向，严密监测金融形势变化，制订充实的政策预案，防范金融风险，在不断调整完善中恢复市场在金融资源配置中的决定性作用。二是加强区域金融监管协调。加强各金融监管部门、地方金融管理部门之间的沟通与协调，防止金融监管的真空，协同防范金融风险。推进金融业综合统计和监管信息共享，在更广范围内堵塞金融监管漏洞，形成维护金融稳定的合力。建立金融风险联合处置机制，联通各部门金融风险处置接口，防范区域金融风险跨区域、跨行业、跨市场交叉传递。强化重点领域的风险防控，改进对小额贷款公司、融资性担保公司、区域性股权市场、融资租赁公司、民间借贷的监管，防范和打击金融欺诈、非法集资、非法证券期货活动以及保险误导等各类违法违规金融行为。

促进地方金融生态环境优化。一是增强金融生态环境建设的领导。及时研究制订改善和加强大连市金融生态环境建设的可行方案和有效措施，提高社会公众对加强建设金融生态环境的认知度，营造金融生态环境建设的良好社会舆论氛围。二是完善社会法制体系建设。进一步完善市场经济条件下调整和规范交易主体之间债权债务关系的法律体系，加大对金融维权案件的清理力度，维护金融债权，改善金融司法环境。三是营造良好的社会信用环境。整合征信报告、失信记录、法院执行查询等信息，实现税务、社会保险、公积金、劳动仲裁、法院信息等相关资源的共享，建立农村地区失信惩戒机制，协助金融机构推动农村地区诚信体系建设。四是提供全方位信息交流保障。健全本地各类型企业尤其是中小微企业信息披露渠道，通过信息平台或文件形式向商业银行定期发布地方经济发展动态，组织商业银行对全市重点项目进行招投标，创建公平发展的金融平台。

中国人民银行大连市中心支行金融稳定分析小组

组　长：张远军

副组长：符　林

成　员：货币信贷管理处　办公室　统计研究处　会计财务处
反洗钱处　货币金银处　国际收支处　资本项目管理处
经常项目管理处

《大连市金融稳定报告（2019）》编写组

总　纂：符　林

统　稿：单晓丽

执　笔：陈家宁　姚　宁　冯　雪　徐海波　汪　静　李　瑞
尹燕海

其他参与写作人员：
赵娜娜　顾文欣　万　晨

青岛市金融稳定报告摘要

2018年，在国内外形势复杂严峻、经济出现新的下行压力的背景下，青岛市以习近平新时代中国特色社会主义思想为指导，坚持稳中求进工作总基调，贯彻新发展理念，落实高质量发展要求，以新旧动能转换重大工程为引领，统筹推进稳增长、促改革、调结构、惠民生、防风险，经济社会保持持续健康发展。全市金融业总体运行平稳，金融业服务实体经济的能力进一步提升，社会金融活动保持平稳，金融基础设施建设不断加强。

一、区域经济运行

（一）经济运行总体平稳

经济增速处于合理区间。初步核算，全年全市实现生产总值12 001.5亿元，按可比价格计算增长7.4%，高于全国水平0.8个百分点。其中，第一产业增加值386.9亿元，增长3.5%；第二产业增加值4 850.6亿元，增长7.3%；第三产业增加值6 764.0亿元，增长7.7%。

动能转换激活新引擎。打好转型发展“组合拳”，做好“存量变革”和“增量崛起”两篇大文章，在保持增速平稳的基础上，向高质量发展新阶段更进一步。新产品产量增速较快，工业机器人、城市轨道车辆、新能源汽车产量分别增长59.4%、20.5%、14.4%。新旧动能转换投资拉动明显。装备制造业投资增长10.7%，战略新兴产业投资增长32.8%，高技术制造业投资增长59.0%，工业技改投资增长22.6%。

创新驱动能力增强。高技术产业增加值增长6.9%。其中，高技术制造业增加值增长3.3%，高技术服务业增加值增长10.0%。战略性新兴产业增加值增长6.2%。其中，工业战略性新兴产业增加值增长5.0%，服务业战略性新兴产业增加值增长8.6%。

经济结构持续优化。全市三次产业比重为3.2:40.4:56.4，服务业比重较上年同期提高了0.9个百分点，对经济增长的贡献率持续提高。全市规模以上工业战略性新兴产业增加值占规模以上工业比重为28.7%，较上年提升7.8个百分点；高技术制造业和装备制造业增加值占规模以上工业比重分别为10.7%和49.0%，分别比上年提高3个和3.2个百分点。

三大需求展现新特点。全市社会消费品零售总额4 842.5亿元，增长10.0%。固定资产投资增长7.9%，其中亿元以上项目带动力强，完成投资增长18.8%，对全市投资增长贡献率高达132.6%。对外贸易较快增长，全市累计货物进出口5 321.2亿元，增长5.7%。其中，出口3 172.2亿元，增长4.7%；进口2 149.0亿元，增长7.3%。服务进出口完成176.1亿美元，增长9.6%。其中，出口87.5亿美元，增长5.6%；进口88.6亿美元，增长13.8%。

固定资产投资稳中有升。全年全市固定资产投资增速比上年提升0.5个百分点。分产业看，第一产业投资增长14.3%，第二产业投资增长9.1%，第三产业投资增长7.5%。进入第四季度以来，全市“双招双引”工作成效显现。工业投资继续向好，全市工业投资增长7.4%，工业技改投资增长22.6%。民间投资扭转近两年来的负增长态势，11月首次转正，全年增长7.1%。全市房地产开发投资1 485.2亿元，增长11.6%，较上年提高14.4个百分点。房地产市场调控政策效应显现，全市商品房销售面积1 808万平方米，下降4.9%。

税收比重提升。全年全市一般公共预算收入完成1 231.9亿元，增长6.5%；税收收入905.9亿元，增长9.9%，税收占一般公共预算收入比重73.5%，较上年提升2.3个百分点。

市场价格涨势温和。全市居民消费价格指数为102.1。八大类商品价格全部上涨，其中衣着类价格涨幅最大，为3.8%，拉动CPI总指数上升0.35个百分点。食品烟酒类价格同比上涨2.9%，拉动CPI总指数上升0.84个百分点，对CPI的贡献率为八大类商品之首。全年工业生产者出厂价格指数为104.2，工业生产者购进价格指数为105.2。

社会民生持续改善。全市城镇新增就业77.6万人，增长6.3%。民生投入持续加大。全市财政用于民生支出达到1 156.2亿元，增长9.3%。全体居民人均消费支出27 316元，增长8.3%。其中，城镇居民人均消费支出32 890元，增长7.6%；农村居民人均消费支出13 885元，增长7.4%。

供给侧结构性改革成效显现。去杠杆稳步推进，全市规模以上工业国有控股企业资产负债率为64.2%，同比下降1.4个百分点。去库存效果明显，12月末全市商品房待售面积433.3万平方米，比上年末下降7.8%。降成本继续显效，规模以上工业企业每百元主营业务收入的成本82.5元，较上年同期减少0.17元。补短板力度加大，农业投资增长15.8%，教育投资增长14.8%，基础设施投资增长15.7%。

（二）需要关注的问题

总的来看，2018年青岛市经济继续呈现“稳”的格局，延续了稳中有进、稳中向好的发展态势。同时，经济运行中仍存在不少困难和挑战，特别是外部不确定性因素较多，结构转型面临压力较大，经济下行压力加大。经济运行中存在的主要问题有：中美贸易摩擦对贸易形势存在潜在不利影响，居民杠杆率上升加大未来房地市场风险，部分企业生产经营出现困难等。

二、金融业运行

2018年，青岛市金融业实现增加值800.4亿元，同比增长5.2%，占GDP的比重为6.7%，较2017年提高0.1个百分点；实现全口径税收145.3亿元，同比增长10.6%，较2017年提高4.3个百分点，金融业税收占服务业税收收入比重为14.4%，较上年提升0.4个百分点。

（一）银行业

2018年末，青岛市银行业金融机构共计65家，其中，开发及政策性银行3家，国有大型银行5家、股份制银行10家，城市商业银行7家，农村商业银行4家，村镇银行8家，外资银行17家，企业集团财务公司6家，邮政储蓄银行、金融资产管理公司、信托公司、金融租赁公司、消费金融公司各1家。2018年新设立渤海银行青岛分行1家机构。

1. 银行业运行和发展情况

（1）资产负债规模稳步增长。2018 年末，青岛市银行业金融机构本外币资产总额 22 983.9 亿元，比年初增长 6.6%；本外币负债总额 22 060.4 亿元，比年初增长 6.5%。

（2）存贷款余额较快增长。本外币存款余额 16 121.3 亿元，同比增长 6.6%，较 2017 年提高 3.5 个百分点，比全省高 0.6 个百分点；余额比年初增加 992.3 亿元，同比多增 536.0 亿元。本外币贷款余额 16 098.0 亿元，同比增长 11.9%，较 2017 年提高 0.8 个百分点，比全省高 2.1 个百分点；余额比年初增加 1 692.9 亿元，同比多增 256.2 亿元，新增额再创新高。

（3）盈利水平有所下降，风险抵御能力稳步提升。2018 年，青岛市银行业金融机构共实现账面利润 193.6 亿元，同比减少 11.8 亿元。年末全市银行业金融机构贷款损失准备金余额 559.0 亿元，比年初增加 116.3 亿元，年末贷款拨备率 182.2%，处于近三年最高水平。

（4）不良贷款处置力度加大。全年共处置不良贷款 283 亿元，同比多处置 12 亿元。持续推进银行业不良贷款化解处置，全市银行业不良贷款余额 304.6 亿元，比年初增加 24.3 亿元，不良率 1.87%，较年初下降 0.07 个百分点，低于全国 0.14 个百分点，低于全省 1.47 个百分点。

（5）服务实体经济质效进一步提升。2018 年，交通运输行业、绿色信贷、保障性安居工程等重点领域贷款分别新增 275 亿元、221.5 亿元和 113.1 亿元，同比分别增长 31.4%、24.63% 和 17.1%，均高于全部贷款平均增速。普惠金融服务水平持续提升，加强民营及小微企业金融服务，全年新增小微企业贷款 309 亿元，多增 191.2 亿元，年末普惠型小微企业贷款完成两增目标。

2. 需要关注的问题

（1）信用风险防控压力较大。不良余额较年初增加 24.2 亿元，关注类贷款占比 4.28%，处于较高水平，贷款质量下迁压力不容忽视。部分大额授信客户风险变动存在不确定性，前期进行重组的部分客户经营状况没有明显好转，重现违约迹象，贷款质量下迁压力不容忽视。

（2）贷款结构仍不尽合理。虽然出现了一些积极变化，但银行信贷行业投向和客户选择偏好仍有待进一步调整。年末房地产相关贷款占比 34.2%，超过全国平均水平。制造业贷款全年增速仅为 0.1%，其中工业贷款增速仅为 3.2%。战略性新兴及高新技术企业贷款虽实现较快增长，但余额占比低于该类企业增加值与 GDP 比值 4.9 个百分点。

（3）服务实体经济能力需提升。面对新旧动能转换新形势，银行服务意识仍不够强，办法还不够多，主要表现在适应高质量发展的绩效考核机制建设滞后、客户基础薄弱、有效需求发掘不足、服务手段同质化等问题仍不同程度存在，金融综合服务体系跟不上经济社会发展需要，金融服务质效仍需进一步提升。

（4）合规管理有待进一步加强。2018 年，人民银行青岛中支与青岛银监局对辖内银行机构开出多个罚单。从处罚情况看，贷款业务“三查”不到位、银行承兑汇票贸易背景不真实等问题屡禁不止，客户身份识别不到位、违反账户管理规定、违规压占财政性资金的现象时有发生，说明银行机构合规管理意识有待加强。

（二）证券期货业

2018 年末，青岛市证券期货业金融机构共计 192 家，其中法人证券公司 1 家，证券分公司 27 家，证券营业部 117 家；期货分公司 8 家，期货营业部 32 家；独立基金销售机构 2 家，公募基金分公司 5 家。2018 年新设证券分公司 3 家、证券营业部 6 家，4 家证券营业部升级为分公司；新设期货分公司2家、期货营业部5家，1家期货营业部升级为分公司。

1. 证券期货业运行与发展情况

（1）证券交易额同比下降，期货交易额增速回升。受证券市场低靡影响，证券经营机构实现交易额27 268.1亿元，同比下降22.7%，较2017年下降25.1个百分点。期货经营机构实现代理交易额28 666.1亿元，同比增长2.9%，较2017年提高7.7个百分点。

（2）企业上市挂牌工作成效显著。2018年末，全市境内上市公司总数为30家，较上年增加1家。2018年共有6家企业通过证监会发行审核，在全国城市IPO过会排名中居第5位。其中，青岛海尔在中欧所挂牌，成为全国第一家境外D股上市公司；青岛银行成为全省首家A股上市银行、全国第二家A+H股上市城商行；青岛农商行将成为全国首家资产规模超过2 000亿元的A股上市农商行。拟上市公司共19家，其中待审企业6家、辅导企业13家。新三板新增挂牌公司9家，总数达到114家。

（3）资本市场直接融资大幅增长。2018年辖区各类主体利用资本市场实现直接融资565亿元，较上年实现翻番。其中股权融资60.29亿元，债券融资489亿元。此外，私募股权基金管理人达到160家，备案基金269只，管理规模550亿元，投资项目670个，投资规模483亿元，其中投向青岛的项目222个，投资规模165亿元。

2. 需要关注的问题

（1）资本市场发展尚不充分。全市证券化率不足30%，低于全国整体水平。直接融资产品种类不够丰富，直接融资规模偏小。上市公司整体实力偏弱，创新引领作用还不够。四板市场融资服务能力有待提升，挂牌企业获得感不足，基础建设和合格投资者制度尚需夯实。辖区证券期货基金业态尚不完善，无公募基金公司和全牌照法人证券、法人期货公司。

（2）重点领域风险防范化解工作任务依然繁重。股票质押个案风险依然存在，个别公司质押比例高居不下或仍有反复，平仓风险尚未实质性消除。私募基金行业风险正在显现，合规风险、道德风险、市场风险和流动性风险交织并存。在经济下行压力下，公司商誉减值风险和债券兑付仍需重点关注。各类金融乱象尚未根除，交易场所清整部分棘手问题尚未得到妥善解决，市场风险仍需高度警惕。

（三）保险业

2018年末，青岛市共有保险业金融机构67家，其中法人保险公司1家，财产险分支机构34家，人身险分支机构32家。2018年新引进保险公司分支机构1家。

1. 保险业运行与发展情况

（1）保费收入较快增长。2018年，青岛保险业实现保费收入439.4亿元，同比增长10.7%，保费增速高于全省（7.62%）和全国（3.92%）。在15个副省级城市中保费规模排名第8位，保费增速排名第5位。在5个计划单列市中保费规模、增速均排名第2位。财产险公司实现保费收入132.8亿元，同比增长20%；人身险公司实现保费收入306.6亿元，同比增长7.17%。保险业总资产达806.8亿元，同比增长11.46%。

（2）财产险市场出现分化。受新车销量下滑和保费充足率下降双重因素叠加影响，车险市场受多种因素影响增长放缓，全年车险保费收入83亿元，同比增长3.24%，占整体产险业务的比重为62.5%，比上年末下降了10.2个百分点。非车险市场异军突起，全年非车险市场保费收入49.8亿元，同比增长64.9%。其中责任险保费收入7.66亿元，同比增长43.9%；信用险保费收入19.1亿元，同比增长182.9%；保证保险保费收入7.37亿元，同比增长52.2%。

（3）人身险市场产品结构转型初见成效。理财型保险增长放缓，保障型产品发展进入黄金时期。全年万能险和投连险保费规模同比负增长7.67%和2.63%，健康险、意外险等保障型产品同比分别增长31.89%和11.57%。寿险业务仅增长1.13%，主要原因在于居民负债率持续攀升，居民可消费资金减少，对于保险业务的消费需求和消费能力降低。

（4）保险深度与保险密度稳步提升。2018年，青岛市保险深度3.66%，相比2017年提升0.07个百分点，在15个副省级城市中排名第13位；保险密度4 679元/人，相比2017年增加409元，在15个副省级城市中排名第10位。

2. 需要关注的问题

（1）保险业聚集效应未能充分显现。目前青岛市法人保险公司仅有1家，行业聚集效应以及对上下游产业链的带动作用不明显，也不利于高层次金融人才的引进和培养。在政府统计中，保险公司分支机构不纳入当地经济统计，尽管保费规模较大，但是对青岛市GDP的贡献度偏低。

（2）保险服务新旧动能转换作用尚未全部发挥。保险业对于提升改造旧动能、培育壮大新动能的支持作用发挥不充分，试点险种的覆盖面不够款，参与企业不够多，不能有效满足服务经济转型的需要。

（3）少数人身险公司流动性持续承压。在保险业回归保障的大背景下，少数依赖中短存续期投资型产品的人身险公司在产品受限后面临较大流动性压力。目前在青岛设立分支机构的32家寿险公司中，有6家公司第四季度净现金流为负。

（4）网贷行业风险向合作保险机构加速传导。2018年，网贷平台逾期、清盘、跑路等现象不断出现，风险正逐步传导至合作保险机构。网贷平台笼统宣称“所有资产由保险公司承保”，但保险公司实质仅为网贷平台提供账户安全险和借款人意外险。未来平台一旦出现问题，投资人势必要求保险公司兜底损失，保险公司以不在责任范围内为由拒赔，需重点防范群访群诉等群体性事件。

三、金融基础设施建设

（一）金融消费者权益保护工作进一步深化

认真贯彻落实《中国人民银行金融消费权益保护工作管理办法（试行）》，设立12363金融消费者投诉咨询呼叫中心，受理金融消费者投诉268件，采取直接处理、转办、调解等多种方式化解金融消费纠纷，成功率90.3%，居全省首位。牵头多部门做好“3·15金融消费者权益日”“普及金融知识 守住钱袋子”“金融知识普及月”等宣传活动，开展全市大学生金融知识竞赛，在全省率先组建30人的金融讲师，累计开展进课堂活动236次，有效提高金融消费者的风险意识与自我保护意识。

（二）账户管理与支付结算体系平稳高运行

推广银行为企业提供工商登记、银行开户“一站式”服务模式，简化优化审批程序，账户审批办理时间大大缩短。加快实施全国移动支付便民示范工程，率先发行“电子社保卡”，实现线上APP

社保在线缴纳、医院预约挂号等便民功能，二维码办税、缴税业务顺利推广。持续推进农村金融普惠进程，依托助农取款点提供综合化金融服务，加快"借贷合一"助农卡推广，打造"城乡支付一体化"。加强支付系统建设，稳妥推进客户备付金集中存管政策，开展非银行支付机构风险专项整治工作，切实维护辖区支付服务市场健康发展。

（三）征信服务和管理水平有效提升

制定个人征信报告自助查询业务管理办法，在全市布设28个商业银行自助查询网点，为市民提供自助查询55万余次。联合青岛市国土资源管理局推动建设青岛市不动产登记信息远程应用平台，为居民和企业提供抵押贷款、不动产登记"一站式"服务。推动将政府采购合同、国资企业等纳入应收账款融资服务平台，盘活小微企业应收账款。整合多部门企业信用信息，推动建立市级信用信息共享平台，畅通银企信息，提高贷款可得性。

（四）反洗钱监管持续深入

推动辖区主要银行建立并优化本地集中分析团队，实现可疑交易报告本地集中处理，提升可疑交易报告质量。创设ARROWS洗钱风险评估体系，获人民银行总行批复为全国唯一试点城市，开展基于ARROWS评估体系的洗钱风险管理试点工作。配合公安机关对4起涉黑涉恶案件开展调查，推动扫黑除恶专项斗争开展以来山东省首例涉黑洗钱案宣判，协助推动2起案立案，1起地下钱庄案正在被公安机关侦查中。

（五）反假币与现金管理进一步加强

建立印章印模备案、防伪机具年检机制，规范假币印章使用、防伪机具维护管理。联合公安机关开展打击假币犯罪专项行动，摧毁假币窝点2个。组织外币专业知识培训，开展反假货币业务竞赛，提升银行机构柜面人员本外币防伪能力水平。开展常态化的反假货币普法宣传，累计投放25万份反假宣传品，开展"反假小超人"有奖竞答活动，参与人数达31万人次。对银行机构营业网点的现金收付业务和小面额现金服务进行检查、暗访，通报并责令整改发现的问题，有效提升金融机构现金服务质量。开展拒收现金整治，维护消费者合法权益。开展"反邪教　反宣币"宣传教育和综合治理系列活动，银行机构通过柜面收兑各券别反宣币11.31万张，有效净化辖区人民币流通环境。

四、总体评估与政策建议

（一）总体评估

参照人民银行上海总部定量评估方案，采用专家调查法、层次分析法等技术方法，对山西省金融稳定状况进行了综合评估。评估结果显示，青岛市金融稳定状况良好。宏观经济层面，经济增速处于合理区间，经济结构持续优化，投资与税收稳中有升，市场价格涨势温和，社会民生持续改善，供给侧结构性改革成效显现。金融机构层面，银行业资产负债规模稳步增长，风险抵御能力稳步提升，不良贷款处置力度加大，服务实体经济质效进一步提升，证券业和保险业运行平稳，金融基础设施不断完善。但仍有一些问题需值得关注，如经济下行压力加大，外部环境复杂蕴藏潜在风险，资本市场发展尚不充分，金融服务实体经济能力有待提升，重点领域风险防范化解工作任务依然繁重。

（二）政策建议

深化金融改革与创新，助推金融业回归服务实体经济本源。稳步扩大社会融资规模，加快多层次资本市场建设，发挥青岛市蓝海股权交易中心作用，推动企业上市、挂牌培育和上市公司再融资，推进上市公司并购重组。培育引进产业投资基金和股权投资基金，支持民间资本联合设立投资基金。支持设立法人证券公司和保险公司，发挥金融机构的总部效应和集聚效应。完善地方金融体系，充分发挥政策性融资性担保公司在缓解小微、民营企业融资困难中的作用，规范地方金融控股公司发展，支持法人金融机构增资扩股、稳健发展。建立全面共享的企业信息平台，将企业基本信息、水电、纳税、社保、进出口、涉诉等信息进行整合，供金融机构查询，减少信息不对称，扩大信贷覆盖面，降低抵押担保需求。

防范和化解地方金融风险，打好防控金融风险的攻坚战。2019 年是打好防范化解重大金融风险的关键一年。要坚持底线思维，保持对金融风险的敏感性、警惕性，重点加大对政府隐性债务、高风险金融机构、非法金融活动等重点领域的监测预警，做到早发现、早报告、早处置。完善风险化解处置机制，强化金融机构在防范金融风险中的主体责任，提高风险防范意识，鼓励金融机构通过清收、转让、重组、核销等手段处置不良贷款。强化金融司法联动机制，缩短资产评估、拍卖等程序周期，完善资产流转市场建设，提高抵（质）押资产变现效率。加大对影子银行的监管力度，督导金融机构按照资管新规与理财新规的要求规范创新业务发展。加强地方金融监管协调厘清地方金融监管部门的职责边界，各部门责任，稳妥处置金融风险，营造良好金融生态。严防舆情和案件风险，健全应急管理工作。

加强金融基础设施建设，优化金融生态环境。持续推进金融消费者权益保护工作；进一步完善支付结算体系，提高清算服务的安全、稳健、便利性；不断提升征信服务与管理水平；强化反洗钱“穿透式”监管，落实差别化监管措施；扎实推进反假货币和现金管理工作；加强金融诚信环境建设，保护金融机构合法债权；严厉打击非法集资、非法理财等违法金融活动，创造良好的金融环境。

中国人民银行青岛市中心支行金融稳定分析小组

组　长：王均坦

副组长：顾延善

成　员（以姓氏笔画为序）：

万丽华　于　兵　于洪平　代　靖　曲维涛　孙利大

杨培和　郝龙敬

《青岛市金融稳定报告（2019）》编写组

总　纂：顾延善

统　稿：郝龙敬　李素萍

执　笔：吴亦男

其他参与写作人员（以姓氏笔画为序）：

马义军　王冉冉　刘　磊　刘翠萍　刘金文　牟晓丽

孙恺男　许　倩　邱　轲　张　欣　段　超　贺　坤

宁波市金融稳定报告摘要

2018年，宁波经济稳中有进，新动能发展势头强劲。金融业运行总体稳健，服务实体经济能力不断提升，金融风险管控逐步加强，金融基础设施建设深入推进。定量评估结果显示，2018年辖区金融稳定状况良好，风险总体可控。

一、区域经济运行

（一）区域经济基本情况

经济增长稳中有升，人均产出快速增长。2018 年，全市实现地区生产总值 10 745.5 亿元，按可比价计算，同比增长 7%。分产业看，一产、二产、三产分别实现增加值 306 亿元、5 508 亿元、4 932亿元，同比增长 2.2%、6.2%、8.1%，三次产业增加值之比为 2.85∶51.26∶45.9。按常住人口计算，全市人均地区生产总值 132 603 元，同比增长 6.92%。

工业经济平稳运行，创新转型稳步推进。2018 年，全市规模以上工业实现增加值 3 730.8 亿元，同比增长 8.4%；实现销售产值 16 513.5 亿元，同比增长 10.0%；利润总额 1 227.5 亿元，同比下降 1.4%。规模以上工业中，战略新兴产业、高新技术产业、装备制造业增加值分别增长 12.0%、6.9%、9.3%。

投资消费增长平稳，进出口成增长亮点。从投资看，2018 年全市固定资产投资 5 189.95 亿元，同比增长 3.6%。其中民间投资、房地产投资、基础设施投资分别增长 21.7%、15.5%、1.6%。从消费看，全年社会消费品零售总额 4 154.9 亿元，同比增长 8.1%，其中完成限额以上社会消费品总额 1 527.3 亿元，增长 4.2%。从进出口看，全年外贸进出口总额 8 576.3 亿元，同比增长 12.9%。其中，出口5 550.6亿元，增长 11.4%；进口 3 025.6 亿元，增长 15.7%。

企业利润下降、居民、财政收入稳步增长。2017 年全市规模以上工业企业利润总额 1 227.5 亿元，同比下降 1.4%。居民人均可支配收入 52 402 元，同比增长 5.7%。全年财政总收入 2 655.3 亿元，同比增长 9.9%。

价格水平温和上升。2018 年，全市居民消费价格（CPI）同比上涨 2.2%；工业生产者出厂价格（PPI）价格同比上涨 4.2%。

（二）区域经济运行中需关注的问题

投资增长动力不足。全市固定资产投资增速已连续两年处于较低的增长区间，2017 年、2018 年分别增长 3.5%、3.6%，为 2008 年国际金融危机以来的最低点，受规范地方政府举债、企业预期不乐观等影响，预计2019年投资增长仍然乏力。

出口持续走低的压力增强。中美贸易摩擦有所缓和，但仍存在一定的不确定性。12月，宁波市进出口总额同比减少0.9%，出口下行压力有所显现。由于2018年抢出口效应拉高了基数，2019年出口增速将放缓。

房市显露调整迹象。2018年，宁波市住宅成交量环比逐月回落，月环比房价有所松动，土地出让溢价率下降且部分地块出现了流拍现象。人民银行宁波市中心支行第四季度银行家问卷调查显示，银行家房地产价格预期指数为32.05，创2015年第二季度以来新低。房地产市场与金融稳定高度关联，下一步需密切关注房地产走势。

二、银行业

（一）银行业经营情况

截至2018年末，全市吸收公众存款的法人银行业金融机构共25家，总资产、总负债分别为15 425.57亿元、14 214.29亿元，比上年分别增长7.73%、6.20%；拥有市级分行36家（其中年内新成立渤海银行宁波分行和北京银行宁波分行两家），总资产16 593.39亿元，同比增长3.97%，总负债16 433.69亿元，同比增长3.47%。

表外业务增幅明显下降。截至2018年末，辖区银行业表外业务（包含金融衍生品）余额58 469.42亿元，同比增长12.16%，增速较上年大幅下滑55.22个百分点。其中非保本理财、委托贷款增长较快，年末余额分别为193.25亿元、1 146.04亿元，同比增长23.25%、26.99%。

存款增速趋缓，贷款占比上升。截至2018年末，全市本外币各项存款余额19 149.97亿元，同比增长5.51%，增速较上年下降1.32个百分点。各项贷款余额19 935.88亿元，同比增长12.24%；占广义信贷比重75.24%，分别较2016年、2017年上升1.67个、1.04个百分点。

资本充足水平稳中有升。截至2018年末，辖区25家法人银行资本充足率14.96%，同比上升0.96个百分点；核心一级资本充足率10.24%，上升0.39个百分点。有10家机构资本充足率超过25%、14家机构超过15%。

不良贷款余额与占比继续"双降"。2018年，辖区银行业积极推动不良贷款"降旧控新"工作，顺利完成将年末不良率降至1.5%以下的目标。2018年末全市银行业不良贷款余额247.82亿元，较年初减少71.90亿元；不良贷款率1.24%，较年初下降0.56个百分点。不良余额、不良率连续10个季度"双降"。

机构盈利快速增长。2018年，辖区银行业实现净利润309.79亿元，同比增长40.44%。从盈利来源、结构看，净息差、净利差分别为2.22%、2.26%，同比均上升22个基点；中间业务收入比率18.25%，同比下降2.0个百分点。从经营成本看，全年成本收入比27.88%，同比下降1.16个百分点。

资金价格同比上升，银行间市场发债规模创新高。2018年，全市银行业金融机构新发放贷款加权平均利率5.87%，同比上升44个基点；非金融企业债务融资工具发行437.9亿元，大幅增长186.77%，发行量创14年（2005年以来）新高。

（二）辖区银行业发展中需关注的问题

部分分支机构和村镇银行不良率较高。2018年，"三三四十"等银行业乱象整治继续开展，辖内银行业按监管要求纠正贷款分类，年末逾期90天（不含）以上贷款与不良贷款比例82.93%，同比下降11.21个百分点，创近5年新低，总体来看，账面数值已基本反映真实信用风险状况，但部分分支机构和村镇银行信用风险仍较高。2018年末，辖内有2家分支机构、1家外资银行不良率超过5%；村镇银行不良率3.46%，居各类型机构首位，高出全市平均不良率2.22个百分点，有4家机构不良率超过5%。

资金来源趋紧，潜在流动性风险有所上升。2018年，辖区银行负债端资金来源趋紧、资金成本上升，部分机构流动性管控不足，潜在风险有所上升。一是资金来源不能匹配信贷扩张的需求，年末全市各项贷款、存款增速分别为12.24%、5.51%，存款增速较贷款低6.73个百分点。二是有4家法人机构同业负债比例接近或超过监管标准（<33.3%），同业负债占比较高，潜藏一定流动性风险。三是有4家法人机构流动性匹配率小于90%[①]，不满足过渡期流动性监管要求，期限错配程度较高。

村镇银行和部分股份制银行持续“缩表”。2018年，银行业竞争加剧，辖内中小银行资金来源面临压力，出现了“缩表”的趋势。2018年末，辖内13家村镇银行总资产、总负债已连续18个月减少。股份制银行连续三年“缩表”，2018年总资产较2016年减少9.09%，个别机构总资产较2016年减少超过40%。

三、证券业

（一）证券业经营情况

经营主体数持续增加。截至2018年末，辖区证券经营机构170家，同比增加12家。其中，证券营业部148家，证券公司分公司22家，基金公司、证券投资咨询公司各1家。期货经营机构45家，同比增加2家。其中，期货营业部39家，期货经纪公司1家，期货分公司数3家；境内上市公司76家，同比增加3家，包括主板公司45家，中小板公司15家，创业板16家。

证券期货交易量下降。2018年辖区证券交易成交总额47 009.69亿元，同比下降15.35%；期货代理交易量、金额分别为6 619.36万手、41 922.48亿元，同比分别下降12.31%、上升6.13%。2018年末，证券投资者账户数200.21万户，同比增长6.72%，客户保证金余额100.63亿元，同比下降9.07%，证券托管市值3 436.53亿元，同比下降18.82%；期货投资者账户数4.27万户，同比增长11.78%，客户保证金余额60.58亿元，同比增长14.62%。

证券期货经营机构盈收水平下降。2018年，受A股股票交易量下跌影响，证券经营机构盈收水平下降。全年证券经营机构手续费及佣金收入9.89亿元，利润总额1.05亿元，同比分别下降24.81%、76.45%。期货经营机构代理交易手续费收入3.12亿元，同比减少20.18%，亏损-870.5万元，利润同比减少181.56%。

法人期货机构经营稳健。2018年法人期货机构兴业期货经营总体稳健，截至2018年末，资产总额38.82亿元，较年初上升14.8%，负债总额33.38亿元，较年初上升17.76%。2018年全年期货代理交易量2 041.73万手，同比增长52.68%；期货交易金额16 177.48亿元，同比增长72.66%。

① 流动性新规要求流动性匹配率2018年底前达到90%，2019年底达到100%。

2018 年实现营业收入 9 506. 19 万元，净利润 177. 18 万元。截至 2018 年 12 月末，公司净资本 2. 57 亿元，风险资本准备总额 1. 42 亿元，净资本与风险资本准备总额比例 181%，流动资产与流动负债比例 2 573%，负债与净资产比例 3%，持续符合监管要求。

永赢基金经营稳健。2018 年，永赢基金持续坚持稳健经营，各项业务稳步发展，无重大风险事件发生。截至 2018 年末，该公司总资产 13. 95 亿元，总负债 1. 65 亿元，所有者权益 12. 3 亿元，全年实现净利润 1. 2 亿元。年末共有 28 只公募产品，包含 2 只货币基金、24 只债券型基金以及 2 只混合型基金，管理规模 1 213. 27 亿元，其中非货币公募规模 714. 24 亿元。

（二）辖区证券业发展中需关注的问题

盈利渠道单一状况未有效改善。近年来，证券业各项创新业务发展较快，收入来源逐渐多元化，但从辖区证券期货经营机构的盈利情况看，受 2018 年资本市场下行，A 股交易量下降影响，证券经营机构净利润同比下降 76. 45%；期货经营机构全年利润为负，对经纪业务收入的依赖未得到根本性改变。

上市公司股权质押风险值得关注。2018 年末，辖内有 50 家上市公司的股权被股东质押融资，质押比例大于 30% 的有 19 家。有个别企业大股东股权质押比例超 80%，资金也出现了较大的流动性困难。在资本市场持续低迷的环境下，上市公司股权质押存在较大的风险隐患，可能引发信用风险，并直接导致公司实际控制人变更，影响企业正常经营，后续需密切关注。

市场直接融资有待加强。2018 年，辖区非金融企业资本市场融资总额 169. 45 亿元，同比下降 59. 06 亿元；占新增贷款的 7. 83%，同比减少 28. 49 个百分点。其中股票融资 95. 55 亿元，同比下降 70. 4%。2018 年全年新增上市公司 2 家，同比少增 16 家。除 2018 年资本市场下行，新股发行减缓影响外，一定程度上也反映出辖区直接融资与间接融资失衡现象未有明显改善。

四、保险业

（一）保险业经营情况

市场主体日益丰富，保障水平不断提升。截至 2018 年末，宁波保险市场共有市级以上保险机构 57 家，其中，产险 32 家，寿险 24 家，保险资产管理有限公司 1 家；保险其他组织即农村互助社 2 家；保险专业中介机构 98 家，较上年增加 21 家，市场主体日益丰富。保险从业人员 5. 8 万余人，同比增长 20. 8%，总资产达 603. 7 亿元，较年初增长 2. 1%，保险业支付各项税额 21. 3 亿元，增加值预计达 77. 1 亿元，同比增长 3. 4%，行业总体实力不断增强。保险业共提供 19. 7 万亿元的风险保障，赔付支出 130. 1 亿元，同比增长 14. 8%，对减少灾害事故损失、维持正常社会秩序发挥了积极作用。

保险业务发展平稳，结构持续优化。2018 年，宁波保险市场实现原保险保费收入（以下简称保费）320. 6 亿元，同比增长 5. 8%。保险创新项目共计带来保费 8. 9 亿元，其中 2018 年新落地的 29 项保险创新项目带来保费 2 970. 2 万元。保险深度 3%，与上年基本持平，保险密度 4 005 元/人，较上年提高 220 元。分机构类型看，产险机构实现保费 158. 5 亿元，同比增长 10. 2%，非车险保费占比 34. 8%，同比上升 4. 1 个百分点；寿险机构实现保费 162. 1 亿元，同比增长 1. 9%。其中，个人代理渠道保费同比增长14.5%，占比较上年同期上升7.5个百分点，新单期交率62.7%，同比上升13.1个百分点，续期保费增速29.3%，占比同比上升13.7个百分点。

风险防范不断加强，市场运行较为稳定。2018年，保险监管部门全面加强风险排查和监测，积极化解存量风险、严控增量风险，构筑风险防线，牢牢守住不发生系统性、区域性风险的底线，保险市场风险总体可控，辖内未发生案件风险、非法集资风险和群体性事件。

（二）保险业需关注的问题

满期给付和退保风险需关注。据预测，2019年宁波辖区寿险行业满期给付金额将达9.3亿元，退保金额约64亿元，满期给付低于预期和退保可能带来的损失容易引发消费者不满，防范化解满期给付和退保风险工作始终不能松懈。

外部风险传递需引起重视。因保险机构、保险从业人员代销第三方理财产品引发的非法集资案件仍处高发态势，第三方理财产品凭借较高的佣金吸引部分保险从业人员利用客户资源，假借保险机构名义或诱导客户退保转投，推销第三方非保险理财产品，隐藏较大的操作风险和声誉风险，防范非保险类理财产品的业外金融风险向保险业传导需密切关注。

五、影子银行

（一）小额贷款公司支农支小力度较弱

截至2018年末，宁波市小额贷款公司共计47户，同比增加1户，贷款余额73.72亿元，同比增加634万元。从业务结构上看，农业贷款余额12.21亿元，占比16.65%，同比下降2.06个百分点；150万元以下贷款余额29.55亿元，占40.08%，同比下降2.24个百分点。小贷公司的农业、小微贷款占比呈下降趋势，支农支小力度较弱。

（二）融资担保公司业务规模企稳回升

截至2018年末，宁波市融资性担保机构39家，比上年减少6家，其中国有17家，民营22家；注册资本37.57亿元，同比下降12.32%；全年担保总额47.28亿元，同比上升3.21%，结束连续11个季度同比下降的趋势；期末在保余额48.03亿元，同比少减19.29%。担保放大倍数从上年末的1.18升至1.28。

（三）典当企业经营业绩明显提升

截至2018年末，宁波市典当企业共98户，同比增加4户。总资产17.0亿元，总负债1.86亿元，同比分别增长6.12%、87.88%，其中银行短期贷款8 170.5万元，同比增长583.33%。行业整体形势趋暖，经营业绩明显提升，全年放贷总额26.6亿元，息费收入6 121万元、净利润1 838万元，均实现同比增长。

（四）互联网金融风险明显下降

2018年，深入推进互联网金融风险整治，年末注册地在宁波的互联网金融企业已退出284家，其中 P2P 机构数较高峰时减少 99.6%，借贷余额较高峰时减少 70%，互联网金融领域风险得到有效遏制。

六、金融市场

（一）同业拆借

2018 年，全辖有 12 家法人金融机构在银行间市场办理同业拆借业务，较上年增加 3 家。全年累计完成拆借交易 4 378 笔、25 192.7 亿元，同比分别增长 108.48%、129.27%。2018 年拆借加权平均利率除在税期月末敏感时点冲高之外，其余时点整体在相对低位小幅震荡，总体呈下行态势。

（二）债券回购

2018 年，全辖 13 家法人银行机构、1 家货币基金和多个资管账户参与债券回购交易 22.46 万亿元，同比上升 31.81%。交易品种以短期为主，其中隔夜品种占 94.86%，7 天品种占 3.23%。回购交易价格与同业拆借走势基本一致。

（三）现券交易

2018 年，全辖 14 家法人主体和多个资管账户累计交易现券 5.88 万亿元，同比上升 106.32%。从交易品种来看，政策性金融债、同业存单和国债的交易规模分别占 39.16%、37.43% 和 14.78%；从资金价格走势看，上半年呈冲高回落，下半年总体呈逐月下行态势，12 月下行至 3.36%，为近 25 个月以来的低点。

（四）债券发行

2018 年，宁波市 23 家非金融企业发行 68 笔债务融资工具，累计金额 437.9 亿元，同比分别上升 106.06%、186.77%。债务融资工具加权平均利率为 5.53%，同比提高 0.03 个百分点，较同期全市一般性贷款加权平均利率低 0.34 个百分点，结束了上年发债利率与贷款利率倒挂态势。2018 年，先后两次发行地方政府债券，累计金额 382.34 亿元，其中定向置换 123.74 亿元，公开发行 258.6 亿元。定向置换以同期限国债平均收益率上浮 15% 成交，公开招标利率呈上行态势。

（五）黄金交易

2018 年，辖内金融机构共发生境内黄金交易 2 892.75 吨，金额 7 820.90 亿元，同比分别上升 74.50%、70.89%。平均交易价格为每克 270 元，比上年下降约 6 元/克。一家法人机构还开展了 206.78 亿美元的境外黄金交易。

（六）外汇交易

2018 年，5 家法人机构外汇交易折合 6 784.39 亿美元，同比下降 59.10%。从交易类型看，美元/人民币掉期交易占 56.67%，即期结售汇交易占 38.67%。从趋势上看，四个季度交易量分别为 2 316.60亿元、1 568.45 亿元、1 357.58 亿元和 1 543.76 亿元，呈震荡下行态势。

七、金融基础设施

（一）支付清算体系运行

2018 年，宁波市支付清算业务量稳步增长，支付系统日均处理业务 32.64 万笔、清算资金 3 612.25亿元，分别较上年增长 8.91%、16.68%。强化支付结算检查力度，深入开展无证机构清理整治，严格规范持证机构业务，支付服务市场秩序得到进一步规范。持续优化普惠金融支付服务，全面推广实施移动支付便民示范工程，银联“闪付”已在地铁、公交领域实现全覆盖；开发建设金融服务地图 APP，初步实现助农服务点网格化管理。

（二）信用体系建设

新的宁波市普惠金融信用信息服务平台上线运行。截至 2018 年末，已采集政务信息、金融信息、公用事业缴费信息及商务信息 4 大类，共 121 小类，覆盖全市中小微企业 92 万户（含 54.5 万个体工商户）、产业工人 1.5 万、城镇低收入家庭 5.2 万户。持续推进农户信用档案采集和更新，累计建立农户信用档案 150.25 万户，评定信用农户 96.36 万户，同比分别增长 15.58%、14.16%。

（三）反洗钱监管

全年向公安部门移送可疑线索 55 起，立案 26 起，破获非法集资案 18 起。联合破获 4 起涉税大案，涉及税额 86 亿多元。2018 年加强反洗钱监管。处罚义务机构 7 家，金额合计 585 万元，对负有直接责任的 23 位高管等相关责任人处罚 88 万元。组织开展“客户信息质量提升年”活动；稳妥推进“可疑交易主体信息共享机制”试点。

（四）反假币工作

2018 年，银行和群众报案 853 起，破获假币案件 14 起，抓获犯罪嫌疑人数 30 名；收缴假人民币 205 273 张（枚），843.64 万元。通过制定工作进度表，走访调研、组织推进会、签订备忘录等形式推进冠字号码同步流转增点扩面。利用冠字号码追溯和同步流转技术，及时处置化解涉假纠纷事件 8 起。

（五）金融消费者权益保护

2018 年，对全辖 41 家市级银行业金融机构、2 家法人非银行支付机构开展了金融消费权益保护机构评估。向社会发布《宁波市金融消费权益保护环境评估报告（2014—2017）》。宁波市金融消费纠纷人民调解委员会全年接待来访 248 人次，完成调解 219 起。

八、总体评估与政策建议

经综合评估，2018 年宁波辖区金融稳定状况良好，风险总体可控。展望 2019 年，全球经济保持复苏态势，但增长动能有所减弱，辖区金融稳定面临的形势仍较为复杂。建议从以下三方面推动辖区经济发展，防范金融风险，维护区域金融稳定。

（一）提高金融服务实体经济能力

综合运用定向降准、再贷款、再贴现等货币政策工具，进一步疏通货币政策传导机制，做好宏观审慎评估（MPA），加强与地方政府相关部门的协调配合，通过“几家抬”，以市场化的方式调动金融机构支持实体经济的积极性，引导其做好国家制造业高质量发展示范区、乡村振兴、民营和小微企业等重点领域的金融服务。

（二）加强金融风险监测评估

密切关注中美贸易摩擦进展、房地产市场发展动向等对辖区经济金融的影响。重点关注县域融资平台杠杆率、上市公司股权质押等对辖区信用风险的影响。进一步完善金融风险监测体系，提升前瞻性和有效性。定期开展房地产、地方政府债务等重点领域的风险排查。综合运用存款保险、央行评级、压力测试等措施，摸清辖区金融机构风险底数，确保风险机构早识别、早处置。

（三）积极稳妥做好风险处置

认真贯彻落实辖区风险处置预案。加大破产重整、债转股工作推进力度，有效化解大型企业流动性风险，防止其向信用风险演变。抓牢做实早期纠正工作，积极推动问题投保机构、高风险机构的处置。深入推进互联网金融风险专项整治，打击非法金融活动，切实维护辖区金融稳定。

中国人民银行宁波市中心支行金融稳定分析小组

组　长：王海龙

副组长：鲍　雯

成　员（以姓氏笔画为序）：

李巧琴　周　豪　毛剑锋　包斌伶　应姬臣　鞠志杰
徐洪水

《宁波市金融稳定报告（2019）》编写组

总　纂：王海龙

统　稿：鲍　雯　徐洪水

执　笔：黄　健　楼东玮　徐希一

其他参与写作人员：

林　荫　蒋智渊　陈璐佳　刘良毕　邓　雄　童相新
马喜中　上官忠东

厦门市金融稳定报告摘要

2018年，厦门市深入推进供给侧结构性改革，积极应对国内外复杂挑战，经济实现总体平稳、稳中有进的发展态势。金融业运行总体稳健，去杠杆、抑泡沫、防风险工作取得成效。银行业持续优化资产负债结构，对实体经济支持力度加大；证券期货业经营主体继续增加，资本市场交易与融资功能较好发挥；保险业市场规模稳步扩大，业务结构与风险指标保持良好；金融市场平稳运行，金融基础设施建设持续完善。但厦门市经济金融运行仍面临一定困难和挑战，部分领域风险值得高度关注。

一、区域经济运行与金融稳定

（一）区域经济运行情况

1. 经济实现平稳增长，产业结构保持稳定

2018年，厦门市实现地区生产总值（GDP）4 791.41亿元，同比增长7.7%，增速比上年提高0.1个百分点，高于全国平均增速1.1个百分点。其中，第一产业、第二产业、第三产业同比分别增长2.6%、8.1%、7.5%，三次产业结构为0.5:41.3:58.2，第三产业占比较上年提高0.5个百分点。

2. 工业增速持续回升，服务业新业态不断拓展

2018年，厦门市规模以上工业实现增加值1 611.35亿元，同比增长8.8%，增速较上年提高0.7个百分点，高于全国平均增速2.6个百分点。工业经济集群化特征明显。电子、机械两大支柱行业工业产值占同期规模以上工业总产值的69.5%，占比较上年进一步提高1.3个百分点；全年10条产业链完成工业产值超百亿元。同时，工业经济效益保持良好。工业经济效益综合指数为254.07，较上年提高11.52个点；规模以上工业企业实现利润总额337.61亿元，同比小幅下降1.6%。

2018年，厦门市服务业实现增加值2 786.85亿元，同比增长7.5%，增速较上年下降0.4个百分点。其中，金融业继续助力实体经济增长，全年金融业实现增加值524.17亿元，同比增长5.3%，拉动GDP增长0.6个百分点。但部分传统服务业受市场环境、政策因素影响增长乏力，批发和零售业、住宿和餐饮业、房地产业增加值分别仅增长2.8%、3.9%、1.9%。

3. 投资增速略有回落，基础设施投资仍是主动力

2018年，厦门市固定资产投资（不含农户）同比增长10.1%，增速较上年回落0.2个百分点，但高于全国平均增速4.2个百分点。基础设施投资仍是主要动力，全年基础设施投资同比增长16.8%，增速较上年进一步提高2个百分点；房地产投资减速，全年完成房地产投资884.58亿元，增速大幅回落14.4个百分点至0.5%；民间投资增长乏力，在房地产开发民间投资下降的拖累下，

全年民间投资同比下降1.5%。

4. 消费增速回落，商品消费发挥“稳定器”作用

2018年，厦门市完成社会消费品零售总额1 542.42亿元，同比增长6.6%，增速较上年回落6.1个百分点，落后于全国平均增速2.4个百分点。商品消费发挥“稳定器”作用，全年商品消费零售额同比增长5.9%，拉动社会消费品零售总额增长5.3个百分点；但网络零售遭遇瓶颈，全年限额以上批发零售企业通过互联网实现商品零售额270.63亿元，同比增长8%，增速较上年回落73.3个百分点；汽车类商品零售呈现萎缩，全年限额以上汽车类商品零售额314.04亿元，同比下降3.6%。

5. 外贸增速放缓，利用外资力度加大

2018年，厦门市实现外贸进出口总额6 002.05亿元，首次突破6 000亿元，同比增长3.2%，但增速较上年大幅回落11.1个百分点，落后全国平均增速6.5个百分点。从贸易伙伴看，金砖效应持续扩大，全年对金砖四国出口额193.40亿元，同比增长19.1%；自金砖四国进口额308.90亿元，同比增长14.1%。从贸易结构看，传统产品和高新技术产品出口额同比分别下降8.8%、0.5%；受中美贸易摩擦影响，高新技术产品进口仅增长0.6%，粮食进口额则同比下降30.0%。

2018年，厦门市利用外资力度加大。全年合同利用外资总额465.91亿元，实际利用外资总额107.31亿元，均居福建省首位。但对外投资有所回落，全年对外协议投资额9.62亿美元，同比下降61.7%。

6. 住宅价格指数回落，物价涨幅收窄

在一系列住房市场调控政策作用下，2018年厦门市商品住宅成交量萎缩，价格指数回落。其中，一手住宅定基价格指数（2015年=100）较上年末下降0.4个百分点；二手住宅定基价格指数较上年末下降5.64个百分点。同期，厦门市居民消费价格（CPI）同比上涨1.8%，涨幅较上年收窄0.2个百分点，低于全国平均涨幅0.3个百分点。

7. 财政收入增长放缓，居民收入增长提速

2018年，厦门市实现财政总收入1 283.28亿元，同比增长8.1%，增速较上年回落1.5个百分点；全年完成财政支出892.49亿元，同比增长12.0%，增速较上年提高5.0个百分点。

2018年，厦门市全体居民人均可支配收入5.09万元，同比增长9.3%，增速较上年提高1.2个百分点；其中，城镇居民人均可支配收入5.44万元，同比增长8.8%。

（二）区域经济运行需关注的问题

1. 工业发展后劲不足

一方面，年度“升规”企业及新投产企业规模小，对全市工业拉动作用有限。2018年厦门市“规下”转“规上”工业企业共272家，新增统计的新投产企业4家，二者全年合计净增产49.84亿元，仅占当年规上工业产值增量的8.7%。二是规上企业减产形势依然严峻。全年规模以上工业企业减产面较上年进一步扩大2.2个百分点，减产企业合计减产297.06亿元，影响全市工业产值增速5.1个百分点。

2. 固定资产投资结构不均衡问题凸显

从固定资产投资结构看，一是2018年工业投资占厦门市固定资产投资的比重不足两成，且后续增长动力不足。目前工业投资仍主要依靠原有大项目拉动，部分大项目进入收尾阶段，而由于厦门市用地、劳动力等成本较高的固有缺陷，工业项目落地难度大，工业投资缺乏大项目接续。二是房

地产开发投资仍主要靠土地购置费拉动，受其波动的影响大。2018 年土地购置费增长放缓致使房地产开发投资失速，部分月份呈现负增长。三是民间投资增长乏力，且过度依赖房地产开发民间投资。2018 年房地产开发民间投资（占比超七成）下降 5.2%，拖累民间投资下滑 1.5%。

3. 中美贸易摩擦对进出口影响大

美国历来是厦门市的第一大贸易伙伴，2017 年厦门市对美出口占全市出口总额的 20.6%，自美进口则占 13.2%，为首要进出口市场。从产品结构看，对美出口以机电产品和传统劳动密集型产品为主，自美进口则以机电产品和粮食类商品为主。2018 年中美贸易摩擦升级，从两批征税清单看，涉及厦门对美贸易商品较多，且对进口影响大于出口。从数据看，即使存在企业在关税生效前抢占进出口的情况，2018 年厦门市外贸增速也已显著回落。随着“抢时点”效应消退，中美贸易摩擦对厦门市进出口的影响不容忽视。同时，贸易摩擦引发的汇率波动以及在其他地区市场的恶性竞争等间接影响也不容乐观。

二、金融业与金融稳定

（一）银行业

1. 银行业运行情况

（1）机构数量与资产负债规模稳步扩大

截至 2018 年末，厦门市共有各类银行业金融机构 45 家，较上年增加 1 家外资银行和 1 家消费金融公司。银行业资产总额 1.80 万亿元，负债总额 1.72 万亿元，同比均增长 4.3%，增速较上年末分别提高 1.1 个、1.9 个百分点。

（2）资产负债及表外业务结构有所优化

随着“资管新规”落地，辖区银行业资产负债结构不断优化，业外业务持续回表，资金空转明显减少。从资产投向看，贷款和债券投资较快增长，同比分别增长 8.5%、18.1%，“其他投资”同比下降 24.50%；从负债来源看，存款、债券发行均保持增长，同比分别增长 6.3%、122.0%，同业负债则同比减少 42.6%；从表外业务看，发行非保本理财产品余额 440.54 亿元，同比减少 36.23%。

（3）社会融资规模与存贷款增速回调

截至 2018 年末，厦门市社会融资规模存量 1.54 万亿元，同比增长 5.8%，增速较上年末下降 5.0 个百分点；本外币存款余额 1.10 万亿元，同比增长 3.7%，增速下降 4.6 个百分点；本外币贷款余额 1.06 万亿元，同比增长 8.3%，增速下降 4.8 个百分点。贷款对小微企业和民营企业的信贷支持力度加大，同时去房产化趋势强化。全年私人控股企业贷款、小微企业贷款分别增加 201.78 亿元、477.68 亿元，分别占同期本外币贷款增量的 25.6%、60.5%，占比分别提高 12.3 个、33.5 个百分点。年末全市个人住房贷款余额 2 740.35 亿元，同比下降 0.7%；全年个人住房贷款减少 17.79 亿元，扭转了上年的增势。存款增长以结构性存款、协定存款和大额存单为主，定期化特征显著。

（4）利润与不良贷款均呈现回落

2018 年，厦门市银行业实现税后利润 148.20 亿元，同比下降 20.9%，未能延续上年增势。利润负增长一方面与存款结构相关，随着客户的利率敏感度上升，银行高成本负债比重上升；另一方面由于不良贷款压降形势严峻，银行加大拨备计提和不良贷款核销处置力度。年末全市银行业不良贷款余额142.58亿元，同比减少1.03亿元；不良贷款率1.35%，同比下降0.12个百分点。年末拨备覆盖率为205.90%，较上年提高16.81个百分点；贷款拨备率为2.78%，较上年微降0.01个百分点。

（5）法人银行资本充足与流动性水平保持良好

截至2018年末，厦门市法人银行业金融机构核心一级资本充足率为10.6%，较上年提高0.13个百分点；资本充足率为14.25%，较上年提高0.01个百分点，资本较为充足。年末全市法人银行流动性比例为78.87%，较上年提高8.91个百分点，流动性整体充裕。

2. 银行业运行需关注的问题

（1）房地产市场风险积累较多，居民杠杆率有待降低

2017年4月以来，受市场调控影响，厦门市房价过快上涨势头得到初步遏制，但房地产依然占用了较多的金融资源，房地产开发企业资产负债率以及住户部门杠杆率仍保持较高水平，给银行业带来了较大的风险隐患。2018年末厦门市房地产开发贷款、住房按揭贷款和其他以房地产为抵押的贷款合计占各项贷款的比重为53%；2018年末厦门市住户部门杠杆率（住户贷款余额/GDP）同比下降2.03个百分点，虽然有所下降，但仍处于高位。

（2）资产质量承压，盈利能力面临考验

受经济下行、监管强化、个别项目风险集中暴露等因素叠加影响，2018年前10个月，厦门市银行业不良贷款持续双升，后2个月因加大处置才有所回落，但不良反弹压力仍然较大。年末关注类贷款余额480亿元，占各项贷款比重4.5%。另外，由于强化不良贷款处置和拨备计提，2018年全辖银行业税后利润同比下降20.90%，个别机构出现亏损。

（3）交叉金融业务风险仍需关注

随着监管短板陆续补齐，交叉性金融业务整体趋于规范，但在部分监管尚未到位的领域，监管套利、不当利益输送、调节监管指标等违规行为依然存在，带来了跨市场、跨行业风险传导的隐患。例如理财资金不规范投资、理财业务风险未有效隔离等问题在监管检查中仍现踪影；另外，在资本市场不景气的背景下，辖区金融机构开展的部分股权质押业务爆发风险，且异地企业占多数，存在一定处置难度。

（二）证券期货业

1. 证券期货业运行情况

（1）经营主体持续增加

截至2018年末，厦门市共有1家法人证券公司、25家证券分公司、证券营业部105家；2家法人期货公司、10家期货分公司、27家期货营业部；较上年新增13家证券经营机构及1家期货经营机构。

此外，2018年末厦门市有1家法人基金公司，数量保持不变；但登记备案的私募基金管理机构达363家，较上年增加36家。

（2）市场交投活跃度有所下降

2018年，厦门市证券交易总额3.84万亿元，同比减少13.66%；年末客户交易结算资金96.81亿元，同比减少1.54%；资金账户196.37万个，同比增加10.28%。同年全市期货交易额2.7万亿元，同比增加6.64%；年末期货投资者开户数为5.06万户，同比增加0.38万户；保证金余额41.15

亿元，同比减少24.86%。

（3）上市公司数量持平，但融资规模回落

截至2018年末，厦门市共有上市公司47家，数量保持不变；其中主板20家，中小板15家，创业板12家。上市公司实现首发融资16.88亿元，同比下降70.5%；实现再融资30.39亿元，同比减少67.74%。2018年前三季度，厦门市47家上市公司营业收入合计6 647.57亿元，同比增长25.54%；归属母公司股东的净利润117.17亿元，同比增长14.31%。此外，2018年厦门市“新三板”挂牌企业155家，较上年减少18家；累计融资4.66亿元，同比下降65%。

2. 证券期货业运行需关注的问题

（1）证券期货机构信用风险与会计风险突出

在经济下行压力大、资本市场震荡背景下，证券经营机构的信用风险防控形势严峻，尤其体现在股票质押式回购和债券业务上。另外，因2019年起证券公司将适用新的会计准则，涉及金融资产的重新分类，未来证券机构经营业绩与资本市场的关联度将进一步增大，行业周期性风险将进一步加剧。

（2）部分上市公司股票质押业务风险较大，个别公司面临退市风险

截至2018年末，厦门市47家上市公司中有30家存在大股东股票质押的情况，且其中7家公司的第一大股东股权质押率达到80%以上，受前期资本市场大幅下挫影响，个别大股东股权已处于平仓线之下，面临被处置风险。另外，2018年辖区有2家上市公司存在退市风险，亟待扭亏为盈，或采取债务重组措施。

（3）私募基金发展存在一定隐患

目前私募基金行业面临三大主要风险：一是道德风险，私募基金透明度不高，部分私募机构不诚信经营、虚假宣传、挪用资金、利益输送等违法违约行为仍时有发生。二是市场风险，叠加市场流动性下降、行业前期募资投资过多等因素，私募基金募资难、投资难、退出难问题日益突出。三是合规风险，由于行业法规尚在完善，私募机构合规管理较为薄弱，各类违法违规行为聚集了较大风险。

（三）保险业

1. 保险业运行情况

（1）保险市场整体实现平稳增长

2018年，厦门市保险市场呈现平稳增长态势，截至2018年末共有各类保险公司39家，较上年增加1家。全年共实现保费收入210.51亿元，同比增长5.1%。其中，财产险保费收入80.32亿元，同比增长9.2%；人身险保费收入130.19亿元，同比增长2.7%。保险公司赔付支出73.02亿元，同比增长1.9%。保险密度为5 122元/人，同比增长126元/人，保险深度为4.4%，同比下降0.2个百分点。

（2）保险业务结构继续优化

财产险方面，2018年厦门市车险、非车险保费收入分别为57.58亿元、22.74亿元，非车险占比同比提高2.0个百分点至28.3%。人身险方面，2018年普通寿险保费收入41.58亿元，占比同比下降5.1个百分点至43.7%；相比之下，分红险的占比有所上升。同时，寿险新单期交率同比上升23.5个百分点至81.8%，高于全国水平；APE折标率同比上升17.1个百分点至89.7%。

（3）主要风险指标均优于全国

财产险方面，2018 年厦门市产险公司应收保费率（扣除保证保险）为5.0%，与全国水平相当；行业综合成本率为92.5%，同比下降0.3 个百分点。人身险方面，2018 年寿险公司退保率为4.0%，同比上升0.3 个百分点，低于全国水平；简单退保率为18.2%，同比上升3.2 个百分点，低于全国水平。

（4）服务和保障经济民生能力持续提升

2018 年，厦门市绿色保险体系进一步健全，助力厦门生态文明建设，全年绿色险种共提供124.63 亿元的风险保障；大病保险服务水平持续提升，保障对象进一步扩大，全年累计赔付6 385 万元；车险创新试点继续推进，在全国率先上线出险地名标准化系统，启动车险电子保单试点；此外，推动社会治安综合保险实现全覆盖，全年累计赔付317.59 万元；推动自贸区产品服务创新，正式落地关税保证保险，保障金额累计1.26 亿元，有效降低了企业资金占用成本。

2. 保险业运行需关注的问题

（1）车险数据不真实问题仍未根治

目前车险市场虚列费用、虚挂中介等数据乱象仍未得到有效根治。2018 年监管查处的9 起车险违法违规案件中，6 起涉及虚列费用或利用保险中介机构虚开发票套取费用问题。

（2）人身险销售误导依然是顽疾

人身险市场的销售误导主要表现为销售过程中夸大保险收益、与银行产品做简单比较、隐瞒等待期、回访中诱导消费者等，直接影响了投保人的消费行为。据统计，全年厦门市寿险公司消费投诉有效件中，反映涉嫌销售误导事项占比逾四成。

（3）中小保险公司发展困难

一方面，机构独大现象突出，2018 年厦门市场规模最大的2 家产险和寿险公司市场份额合计占比分别达65.6%、59.8%，同比分别上升2.1 个、2.5 个百分点；另一方面，部分中小公司保费来源过度依赖银行、专业代理机构等中介渠道，自主营销能力弱，市场占比进一步下降。

三、金融市场与金融稳定

（一）金融市场运行情况

1. 货币市场与债券市场

2018 年，厦门市法人银行继续通过银行间市场加强流动性管理。全年法人银行在全国银行间同业拆借市场累计成交1.56 万亿元，同比增长1.09 倍；拆入资金及隔夜拆入为主要模式，占比分别达88.34%和88.76%。债券回购交易保持活跃。全年法人银行共完成债券回购交易11.31 万亿元，同比增长24.55%；质押式回购、正回购及隔夜回购占主导，占比分别为93.87%、58.61%和87.13%。此外，法人银行通过银行间债券市场发债规模上升，全年累计发行小微金融债90 亿元、普通金融债100 亿元；同业存单发行则同比下降250.2 亿元至3 213.6 亿元。非金融企业利用银行间债券市场融资的规模也呈现大幅增长，全年累计融资714.8 亿元，同比增长52.09%，融资品种以超短期融资券为主。

2. 票据市场

2018 年，厦门市票据市场业务总体回落。全年商业汇票承兑业务累计发生1 632.70 亿元，同比增长5.84%；票据贴现业务累计发生621.77亿元，同比下降14.21%。票据转贴现交易量全面下滑。全年买断式转贴现累计发生8 582.80亿元，同比下降33.72%；回购式转贴现业务累计发生131.76亿元，同比下降1.58%，其中卖出回购为主要操作方向。

3. 黄金市场

2018年，厦门市黄金市场业务量小幅攀升。全年合计成交1 144.90亿元，同比上升3.92%。从业务结构看，黄金交易所自营业务占比最大，成交金额375.41亿元，占比32.79%；其次为黄金交易所代理业务，成交金额211.56亿元，占比为18.48%。

4. 外汇市场

2018年，厦门市银行结售汇规模小幅下降，结售汇差额由顺转逆。在人民币汇率双向波动增强、中美贸易摩擦等多因素共同作用下，全年银行结售汇总额790.2亿美元，同比下降1.5%；其中，结汇388.5亿美元，同比下降16.3%；售汇401.8亿美元，同比增长18.9%。结售汇呈现逆差13.3亿美元，上年为大额顺差126.3亿美元。另外，2018年银行间外汇市场交易总量8 421亿美元，同比增长36%；其中掉期交易成交6 822亿美元，同比增幅达38%。

（二）金融市场运行需关注的问题

1. 民营企业债务融资支持工具运用范围受限

2018年，人民银行总行推出民营企业债务融资支持工具，但受多项因素掣肘，目前债务融资支持工具在辖区的运用范围较为有限。一是地方政府支持政策需要跟进，属地增信机构在缺乏地方政府支持下积极性有待强化。二是民营企业与银行业金融机构间的逆向选择问题亟待破解，对于资质好、风险低的民营企业，金融机构愿意单独创设信用风险缓释凭证，但此类型企业从金融机构获得的融资利率往往低于发债融资利率，导致企业发债意愿不强。

2. 外汇收支顺转逆态势值得关注

一方面，厦门市货物贸易收付汇顺差已连续5年收窄，且2018年以来货物贸易项下有3个月出现净流出，货物贸易结售汇连续6个月呈现净购汇。未来受贸易摩擦等因素影响、辖区出口可能会受到一定程度挤压，而进口方面受供给侧结构性改革及一系列政策提振影响，货物贸易顺差额可能继续下降。另一方面，国内居民境外留学、旅游意愿仍会加强，投资收益支出持续逆差，未来一段时间经常项目可能还会继续呈现逆差格局。

四、金融基础设施与金融稳定

（一）支付体系

2018年，厦门市支付服务环境总体良好，服务质量持续改善。一是支付清算系统运行安全平稳，通过大小额支付系统和同城资金清算系统业务共发起业务笔数1 987.09万笔，金额44.67万亿元，笔数同比增加12.02%，但金额同比减少11.47%。二是非现金支付工具使用量有所下降，全年签发票据9 236.47亿元，同比下降15.07%。三是支付密码推广率保持全国领先，截至2018年末支付密码推广率达95.69%，较上年提高0.88个百分点。四是非银行支付机构数量持续增多，截至2018年末共备案多用途预付卡机构9家，备案银行卡收单机构分公司33家。

（二）征信体系

2018 年，厦门市信用体系建设在人民银行与发改委“双牵头”工作模式下快速推进。一是社会信用信息征集和应用进展显著，地方信用制度建设取得重大进展。厦门市统一社会信用信息平台已归集 79 个部门数据，推出了市民“白鹭信用分”等具体应用。二是征信系统收录信息数量快速增长，截至 2018 年末信用信息基础数据库共收录厦门市 8.10 万户借款企业和超过 300 万人的信用信息，全年对外提供个人信用报告查询近 20 万笔，企业信用报告查询近 8 000 笔。三是机构信用代码推广工作稳步推进，截至 2018 年末共发放机构信用代码证 25.98 万份，当年新增 3.2 万户，变更 1.7 万户。四是应收账款质押登记系统和融资服务平台发展平稳，截至 2018 年末共有 429 家银行和企业注册为平台用户，实现融资交易近 900 笔，交易金额近 70 亿元。五是中小企业和农村信用体系建设成效显著，对全市纳税信用 A 级企业实施守信激励措施，累计对 11 000 多户次企业提供了近 200 亿元的信贷支持；截至 2018 年末共完成农户精准建档 15 万余户，共评定信用镇 2 个、信用街道 4 个、信用村 48 个、信用社区 55 个。

中国人民银行厦门市中心支行金融稳定分析小组

组　长：王彦青

副组长：黄　涛

成　员：于宏凯　潘望春　梁志瑾　陶文立　李世荣　郑紫萍
董玉霞　谢树峰

《厦门市金融稳定报告（2019）》编写组

总　编：王彦青

总　纂：黄　涛

统　稿：于宏凯　潘望春

执　笔：翁舒颖

其他参与写作人员：

李康宁　刘雅珣　陈　楠　柯玉琴　林志伟　周　超
张志杰　胡　蓉

深圳市金融稳定报告摘要

2018年，深圳经济保持总体平稳、稳中有忧、稳中向好态势，主要宏观调控指标处在合理区间，但经济结构性矛盾依然存在，新经济培育成长需要一个较长过程。深圳金融业重点领域重点机构的风险隐患逐步治理，为城市未来创新创意转型赢得了主动，为粤港澳大湾区经济增长作出了积极贡献。随着以中央银行为核心的宏观审慎管理理念、框架和基本制度逐步确立或改进，系统性风险防范机制进一步强化。深圳各金融监督管理部门加强统筹协调和市场预期引导，协同应对外部冲击和风险处置工作，落实以治理影子银行为导向的资产管理新规，支持表外资管业务有序收缩并逐步回归代客理财本源，深入开展金融控股公司模拟监管，探索落实央行金融机构评级机制，深入开展互联网金融风险专项整治，有序释放金融风险，金融乱象得到初步治理。2018年，深圳金融风险总体收敛。

一、经济运行情况

（一）经济增长稳中有变

1. 全市生产总值增速放缓

2018年，深圳全市生产总值2.42万亿元（包含深汕特别合作区），比上年增长7.6%，增速下降1.2个百分点。产业结构中，第三产业增加值14 237.94亿元，增长6.4%。其中，金融业增加值3 067.21亿元，较上年增长3.6%；房地产业增加值2 080.42亿元，增长6.9%。第二产业增加值9 961.95亿元，增长9.3%。全年工业增加值先降后升，下半年中兴复产、华为和富士康增速提升，带动全市工业增加值增速逐步回升。三次产业结构由上年的0.1:41.4:58.5调整为0.1:41.1:58.8。全市人均可支配收入5.75万元，增长8.7%。全年CPI同比上涨2.8%，涨幅比上年扩大1.4个百分点。PPI同比上涨0.2%，比上年回落1.6个百分点。受高技术行业价格总体趋降影响，PPI走势疲弱。

2. 固定资产投资增速回落

2018年，全市固定资产投资6 191.01亿元，增长20.6%，比上年下降3.2个百分点。其中，房地产开发投资增长23.6%，非房地产开发投资增长18.4%；基础设施投资增长23.4%，比上年回落5.8个百分点；按产业类别分，第二产业投资增长7.0%，第三产业投资增长23.4%。民间投资增长12.5%，比全市投资增速低8.1个百分点，比上年回落10.0个百分点，占固定资产投资比重47.6%，占比较上年下降3.4个百分点。

3. 消费升级类商品增势良好

2018年，全市社会消费品零售总额6 168.87亿元，增长7.6%，比上年回落1.5个百分点，低于全国9.0%和全省8.8%的增速水平。主要商品零售类别中，消费升级类商品增势良好，通信器材类、金银珠宝类、文化办公用品类、体育娱乐用品类零售额分别增长38.0%、8.0%、10.1%和8.3%，通过互联网实现的商品零售额增长24.5%。

4. 跨境收支20年来首现逆差

2018年深圳全年出口偏弱，经常账户收支顺差逐步收窄，资本项下跨境资本流动波动性加大。2018年，全市跨境收支逆差93.1亿美元，而2017年为顺差124.8亿美元。其中，2018年经常项目收支顺差60.7亿美元，同比下降74.4%；资本项下跨境收支逆差155亿美元，同比增长32%。全年结售汇顺差86.5亿美元，同比下降69.5%。全年出口2 460.4亿美元、进口2 076.9亿美元，同比分别增长0.7%和22.3%，进出口顺差383.5亿美元，同比下降48.6%。全年对美进出口418.9亿美元，同比下降2.9%。

5. 财政收入增速下降

2018年，深圳地方一般公共预算收入完成3 538.4亿元，增长6.2%，比上年下降3.9个百分点。其中，税收收入、非税收入分别为2 899.6亿元、638.8亿元，同比增长9.2%、-5.7%，分别回落2.5个、10.3个百分点。剔除证券交易印花税后，金融业贡献税收1 314.8亿元，同比增长17.5%，首次超过制造业位列第一；制造业税收1 205.38亿元，同比下降7.1%；房地产业税收1 043.05亿元，同比增长12.8%。一般公共预算支出4 282.5亿元，比上年下降6.8%。

（二）全社会杠杆率稳定

1. 企业部门杠杆率下降，政府部门杠杆率极低

截至2018年末，深圳实体经济杠杆率[①]为283.1%，与上年持平。其中，非金融企业部门杠杆率200.2%，比上年下降3.5个百分点。政府部门杠杆率0.6%，比上年上升0.1个百分点，市政府债务率0.81%，为全国省级财政中最低。2018年深圳市共发行政府债券52.4亿元，主要投向污水处理、棚户区改造、保障性住房和产业园区等项目。截至2018年末，地方政府债务余额145.92亿元，低于财政部核定的债务限额（551.1亿元）。

2. 居民部门杠杆率有所上升

2018年末，深圳居民部门杠杆率82.3%，比上年上升3.5个百分点。全市住户贷款19 976.00亿元，同比增长13.0%，增速高于全市GDP增速5.4个百分点，其中，消费、经营和信用卡贷款分别占77.1%、20.1%和2.8%，同比分别增长11.6%、18.0%和21.1%。居民消费贷款中，住房贷款11 707.91亿元，占住户贷款的58.6%，同比增长12.3%。

二、金融业运行和宏观审慎管理

（一）社会融资规模整体回调，结构向好

1. 社会融资规模下降

2018年，深圳市社会融资规模累计增量6 482亿元，同比少增4 484亿元。一是表内信贷新增

① 杠杆率按债务余额与GDP之比测算，实体经济杠杆率包括居民、非金融企业和政府三个部门。

5 706亿元，同比少增169亿元。其中，受美联储加息、境外美元融资成本快速抬升影响，外币贷款（折人民币）净减少1 542亿元，同比少增1 600亿元。二是表外融资受严监管限制，净减少2 236亿元，同比多减5 440亿元。然而，直接融资在债券融资回暖、股票融资规模较大的影响下，新增2 311亿元，同比多增1 527亿元①。

2. 人民币信贷增长稳健

2018年末，深圳金融机构境内非金融企业及机关团体人民币贷款余额27 881.40亿元，同比增长21.7%。其中，票据融资扭转下降趋势，比年初增加805.09亿元，同比多增1 336.21亿元，实现较快增长。小微企业本外币贷款余额5 816.89亿元，占企业贷款的20.8%，余额同比增长24.7%，增速较大型、中型企业贷款分别高出19.6个和10.4个百分点。辖内中资银行七大战略性新兴产业贷款余额2 380亿元，同比增长16.5%。生物产业、新能源汽车、新一代信息技术产业增幅位列前三，同比分别增长146.27%、44.15%、39.07%。

3. 表外融资大幅缩水

2018年以委托贷款、未贴现银行承兑汇票、信托贷款为代表的表外融资均呈收缩。其中，深圳地区委托贷款净减少1 097亿元；未贴现银行承兑汇票净减少364亿元；信托贷款净减少774亿元。

4. 债券融资不断回暖

2018年，债券收益率曲线持续下行。深圳辖区企业债券融资新增1 662亿元，同比多增1 346亿元。

5. 股票融资好于全国

2018年，深圳非金融法人企业股票境内融资新增609亿元，同比多增162亿元，IPO上市过审“独角兽”和创业板企业相对较多、规模较大，成为深圳股票融资形势好于全国的主因。

（二）金融市场运行总体平稳，交易活跃

1. 金融同业资金价格下降

2018年，中国人民银行四次“降准”，货币市场流动性更加适度，同业资金价格下降。12月，深圳金融机构同业定期和活期存款的平均利率分别为3.49%和1.41%，比上年同期下降131个基点和5个基点。质押式回购累计成交量141.55万亿元，同比大幅增长75.12%，受其影响，深圳银行间货币市场交易成交总量达161.87万亿元，同比增长63.83%，增速上升59.17个百分点。

2. 银行间外汇市场交投活跃

全年成交量总计2.45万亿美元，同比增长2.60%。其中，外汇市场即期交易量7 965.60亿美元，同比增长51.00%；受汇率波动加剧影响，远期交易量大幅下降，全年合计成交98.05亿美元，同比下降40.75%；掉期交易量13 845.04亿美元，同比下降15.89%；外汇期权交易量2 573.09亿美元，同比增长33.36%。

3. 债券市场运行平稳

截至2018年末，深圳辖区共发行债券356只，债券发行人109人，托管规模5 418.83亿元。从发行方式来看，面向公众投资者公开发行的债券（大公募）18只，托管规模259.68亿元；面向合格投资者公开发行的债券（小公募）190只，托管规模2 884.14亿元；非公开发行的私募债券148只，托管规模2 275.01亿元。

---

① 2018年7月和9月，人民银行分别将“存款类金融机构资产支持证券”“贷款核销”和“地方政府专项债券”纳入社融统计，此为将新增指标进行同比追溯和调整后的数据。

4. 股票通交易活跃

2018 年，深股通总成交 2.01 万亿元，同比增长 111.5%，净买入 1 130.32 亿元。2018 年，港股通总成交 2.83 万亿港元，同比增长 25.4%，累计净买入 826.96 亿港元，其中，港股通（深市）净买入 695.18 亿港元。债券通（北向）总体运行平稳，国际机构投资者入市数量持续增长，截至 2018 年末已覆盖 24 个国家和地区，汇集全球 503 家机构投资者，全年交易总量 8 841 亿元人民币，日均交易量 35.8 亿元人民币。

5. 黄金市场整体收紧

2018 年，深圳银行业机构黄金业务共交易黄金 788.1 吨，同比下降 38.4%，交易量占全国比重 6.5%。上金所深圳会员黄金交易量 11 795.1 吨，同比增长 37.4%，占上金所交易总量的 17.5%，增速高于上金所该项业务整体增速 13.1 个百分点，增长主要受招商银行自营业务交易量大幅增长推动（同比增长 233.6%）。2018 年深圳地区交割库出库量 1 356.3 吨，同比下降 3.5%，占上金所总交割量的 59.2%。深圳地区会员交割量 408.6 吨，占上金所交割量的 17.8%，因个人提金业务逐渐规范，深圳地区会员交割量同比下降 8.3%。2018 年金价震荡下跌、价格波动率减小，黄金竞价市场交易量降幅较大，上金所总体夜市交易 45.11 万吨，同比下降 32.7%，占上金所总交易量的 50.0%。

（三）金融机构经营比较稳健，业务有所收缩

1. 银行业资产规模首次负增长

截至 2018 年末，深圳市共有法人银行 19 家，中外资银行分行 63 家，法人非银行金融机构 16 家。全市银行业金融机构①总资产 8.02 万亿元，同比下降 4.37%，为 2008 年以来首次同比下降；银行业总负债 7.74 万亿元，同比增长 4.72%。全年共实现净利润 1 212.10 亿元，同比增长 5.74%，增速同比降低 13.06 个百分点。

银行业传统存贷款业务继续回归。截至 2018 年末，各项贷款余额 5.33 万亿元，同比增长 13.70%。外币贷款和贸易融资余额大幅下降，同比分别减少 1 119.96 亿元、948.82 亿元，下降 20.82%、32.34%。各项存款余额 5.58 万亿元，同比增长 1.36%，存款增速下降主要是第三方支付备付金大幅减少所致。个人存款受益于理财资金回流、业务创新活跃等因素，年末比年初增加 2 733.08亿元，增长 21.67%，高于各项存款增速 20.31 个百分点。

表 1 深圳市银行业金融机构资产总额分机构情况

	国有商业银行	政策性银行	股份制银行	城市商业银行	深圳农商行	村镇银行	邮储银行	微众银行	外资银行	非银行金融机构	合计
2018 年末资产总额（亿元）	26 787	5 295	27 363	5 939	3 073	360	823	2 200	3 812	4 524	80 177
2018 年末资产总额同比增速（%）	-13.62	5.89	-4.78	-5.93	14.52	0.96	-0.32	169.31	1.04	4.70	-4.37
2017 年末资产总额同比增速（%）	8.99	7.26	-0.06	10.61	14.64	13.06	19.20	57.14	4.36	26.82	6.85

数据来源：深圳银保监局。

① 统计口径为国有商业银行、政策性银行、股份制商业银行（平安银行和招商银行为深圳地区数据）、城市商业银行、深圳农村商业银行（深圳地区）、村镇银行、深圳邮政储蓄银行、深圳前海微众银行、非银行金融机构和外资银行业金融机构。数据来源于 1104 报表。

2. 证券期货类机构业务略有收缩

截至2018年末，深圳22家证券公司总资产14 559.06亿元，同比增长8.09%，净资产3 955.96亿元，净资本3 187.05亿元。全年营业收入635.82亿元，仅次于上海，同比下降8.78%；净利润212.56亿元，位列全国第一，同比下降17.85%。辖区证券公司风险覆盖率、流动性覆盖率和净稳定资金率分别为230.49%、267.22%和153.09%，整体经营风险和流动性风险相对可控。辖区基金公司28家，2018年实现营业收入200.62亿元，同比增长0.19%，净利润43.91亿元，同比下降15.93%。14家期货公司合计总资产674.84亿元、净资产146.70亿元、净资本94.93亿元，各指标规模居全国前列，全年实现营业收入和净利润26.18亿元、7.52亿元，同比分别下降3.22%和16.44%。

3. 保险业保费业务增长较快

截至2018年末，深圳市共有法人保险机构27家①，保险分公司76家②，法人保险机构数量在全国排名第3位。法人保险机构总资产4.44万亿元，同比增长6.99%，资产规模居全国第2位，占全国的24.22%。法人保险机构净利润1 175.57亿元，同比增长24.92%，占全国的61.28%。全年实现保费收入1 191.51亿元，同比增长15.71%，较全国平均水平（3.92%）高11.79个百分点，保费增速居全国第3位。其中，财产险保费收入380.35亿元，同比增长23.35%，人身险保费收入811.16亿元，同比增长12.44%。深圳保险业退保率4.65%，较全国平均水平低2.18个百分点。

4. 法人金融机构央行评级结果比较稳定

2018年第四季度，30家地方法人金融机构的央行评级等级保持平稳，介于2级至6级，无7级或以上的金融机构。其中，在17家地方法人银行中，最终等级（R2）为3级的机构有2家，4级的机构有4家，5级的机构有8家，6级的机构有3家；在13家非银行金融机构中，最终等级（R2）为3级的机构有2家，4级的机构有8家，5级的机构有3家。与上年同期相比，辖内有2家机构的最终评级结果下降了2级或以上，也有2家机构的最终评级结果上升了2级或以上。

5. 各类地方性金融机构数量巨大

深圳地方性金融机构数量庞大，种类繁多。受地方金融监管的7类金融机构共1.15万家，其中，小额贷款公司129家、融资担保公司100家、区域性股权市场1家、典当行142家、融资租赁公司2 854家、商业保理公司8 289家及地方资产管理公司1家。另有各类投资公司19.70万家、社会众筹机构133家、地方各类交易场所22家。此外，在中国证券投资基金业协会登记的深圳私募基金管理人4 629家，同比增长5.73%，家数居全国第2位，备案私募基金13 523只、实缴规模1.80万亿元，同比分别增长11.36%、7.60%，备案产品数量和资产规模均居全国第3位，仅次于北京和上海。

（四）跨境资金整体呈流出态势，跨境人民币收付结构较为均衡

与全国相比，深圳跨境资金流动对进出口变化、中美贸易摩擦等外部因素的反应更为敏感、更为迅速。2018年，深圳跨境收入3 137亿美元，同比增长10%；跨境支出3 234亿美元，同比增长

---

① 27家法人保险机构中，保险集团2家，保险控股公司1家，财产险法人保险公司9家，人身险法人保险公司6家，保险资产管理公司5家，再保险公司1家，互助保险公司1家，保险销售公司2家。2018年较2017年新增了2家保险销售公司：平安创展保险销售服务公司、微民保险代理。

② 2018年较2017年新增了3家保险分公司。

18%；收支逆差94亿美元，上年为顺差120亿美元。剔除港股通单向净流出[①]93亿美元，2018年收支逆差1亿美元，上年为顺差264亿美元。这是自1998年以来，深圳跨境收支首次出现年度逆差。分项目看，经常项目顺差收窄对2018年深圳跨境资金流动变化贡献率达82%，而资本项目逆差扩大的影响相对较小，贡献率为18%。

跨境人民币收入规模稳步增长，收付结构较为平衡。2018年，深圳市跨境人民币收付金额合计1.64万亿元，创历史新高，同比增幅49.6%，按省级列全国第3位。其中，经常项目收付6 776.9亿元，同比增长40.8%，资本项目收付9 620.5亿元，同比增长56.9%。跨境双向人民币资金池业务收付1 907.09亿元，带动直接投资项增长343.0%；服务贸易收付同比增长90.6%，以财付通为代表的跨境电商业务贡献度最大。深圳市跨境人民币收入8 120.3亿元，支出8 283.8亿元，收付比1:1.02，累计净支出163.5亿元，跨境人民币资金流动的平衡性在北上广深四地中，深圳为最佳。

（五）金融服务和金融管理水平持续提升

1. 现金业务规模继续缩减

2018年，深圳分库累计现金投放1 746.12亿元、回笼1 363.58亿元，净投放382.54亿元，净投放同比下降37.68%。若剔除境外人民币现钞因素，2018年深圳地区全年现金净投放同比下降15.21%，降速相比上年增加了11.59个百分点。深圳分库现金净投放变化的原因主要源于境外地区现金净回笼的增加以及境内非现金支付工具的普及。

2. 深圳支付体系运行平稳

2018年，深圳社会资金交易规模不断扩大，支付业务量保持稳步增长。各支付清算系统共处理业务4.36亿笔，同比下降49.26%，金额549.05万亿元，同比增长23.70%。非银行支付机构业务增长迅速，共有19家法人和31家非法人支付机构在深备案开展支付业务。19家法人支付机构累计处理互联网支付业务10.09万亿元、移动支付业务101.25万亿元、银行卡收单业务8.36万亿元，同比分别增长15.02%、93.90%、81.05%；预付卡发行156.93万张、14.45亿元，同比增长14.39%、-23.01%。截至2018年末，深圳市共有个人银行结算账户4.89亿户，同比增长34.10%。其中微众银行个人银行结算账户共9 602.89万户，同比增长246.05%。

3. 国库收入增速逐步放缓

2018年，深圳市全级次公共预算收入7 446.18亿元，同比增长6.2%，增速较上年下降1.9个百分点。2018年，深圳市累计投放国库现金管理定期存款2 120.00亿元，累计收回国库现金管理定期存款1 800.00亿元。深圳市国库现金管理存款规模从800亿元提高至1 120亿元。

4. 严厉打击洗钱犯罪活动

2018年，对辖内24家金融机构开展了反洗钱执法检查，对2家机构予以反洗钱行政处罚，并严格落实“双罚制”。人民银行、公安、税务、海关等部门密切配合，共同开展打击洗钱及上游犯罪专项行动，成功破获多起大案要案，累计捣毁犯罪窝点60个，抓获67名犯罪嫌疑人，涉案金额人民币1 000多亿元，促成深圳首例以洗钱罪移送起诉。

5. 征信系统覆盖面稳步扩大

2018年，全国首家市场化个人征信机构百行征信落户深圳，“政府+市场”征信体系初步形成。

① 香港中央结算有限公司作为深股通的名义持有人，其人民币NRA账户开立在上海，导致深港通北上资金体现在上海，南下资金体现在深圳。因此，为便于分析，通常剔除港股通南下流出资金。

截至2018年末，金融信用信息基础数据库收录深圳市18万户企业和1 338万自然人信息，其中为中小微企业建立信用档案2万余户，全年提供企业征信系统查询862.69万次，个人征信系统查询44 495万次，促进中小微企业缓解融资难问题。联合深圳市环保局、社保局等部门，建立“一处违法、处处受限”的失信联合惩戒工作机制，纳入征信系统的行政许可、行政处罚信息共21.92万条。

6. 切实加强金融消费权益保护

对金融机构开展金融消费权益保护监督检查，压实金融机构尤其是支付机构主体责任，对违规行为严厉处罚。组织金融机构开展金融消费权益保护宣传教育，督促金融机构做好金融消费者纠纷受理与处理工作。作为全国试点之一，加入市整治虚假违法广告联席会议，和市场监管局签订协议共享信息，联合银保监、证监部门开展违法金融广告的监测、甄别和处置工作，截至2018年末，共监测甄别疑似线索200余条。

三、面临的风险与挑战

（一）宏观经济存在持续下行压力

1. “三驾马车”发展动能不足

2018年深圳经济增长稳中有变、变中有忧。“三驾马车”中，消费为1995年以来最低增速，2018年深圳市社会消费品零售总额增长7.6%，低于全年GDP增速，仅3月实现10.1%的两位数增长，之后逐月回落。投资增速同比回落4.2个百分点。工业投资增长率9.6%，增速同比下降16.8个百分点。进出口增长压力显著加大，由于对美国和欧盟出口下降，2018年6月开始连续7个月出口负增长，并由此而造成全市进出口出现负增长。

2. 生产要素成本持续攀升

持续走高的原材料、地租、劳动力等生产要素成本和不断走低的产成品价格，不断挤压深圳企业利润空间。从辖内上市公司三季报来看，深圳非金融房地产业公司净利润增速较上年同期25.51%下降到8.71%，制造业增速仅为9.59%，较上年同期的38.54%显著放缓。前三季度深圳民营非金融房地产企业业绩增速下滑趋势更为明显，净利润同比增长2.40%，较上年同期下降22个百分点。若干企业开始外迁至要素成本更低的地区，2018年深圳制造业外商直接投资（FDI）撤资1.5亿美元，同比增长77.6%，产业迁移影响不容忽视。

3. 实体经济发展预期存在避险倾向

2018年深圳百强工业企业对工业增加值的增长贡献率超过100%，但部分大型企业受周期性、结构性以及外部冲击等因素影响，风险不断暴露，加剧了市场对实体经济的担心。多家高负债率的大企业发生信贷违约，涉及授信数百亿元，银行资产潜在损失较大。企业信用债券违约风险进入高发期，截至2018年末，深圳已有3家债券发行主体出现实质违约，3家可转债上市公司控股股东股票质押率较高，存在股债叠加风险，2019年将迎来辖区债券到期高峰，到期规模近1 500亿元。债券兑付违约将通过各类资管计划，把风险传导给承销人、托管业务服务商等金融机构和投资者。第三季度末深圳187家上市公司商誉总额185.48亿元，但计提商誉减值者极少，商誉减值风险可能在三年对赌期结束的2018年年报中集中爆发。截至2018年末，深圳辖区上市公司大股东或实际控制人股票质押融资总额逾1 500亿元，其中54家上市公司股票质押比例超过80%、金额829亿元，多家公司股价触及平仓线，部分质押风险经政府救助得以缓解，但仍存在经营不善、流动性紧张、纾困资金退出机制不健全等风险，质押平仓仍有可能引发证券期货经营机构资本不足，并危及金融系统稳定的负反馈循环风险。

（二）进出口贸易和跨境资金收支面临复杂环境

深圳经济具有外向型、科创型特点，外部环境日趋复杂严峻对深圳经济冲击尤为显著。2018 年深圳直接对美出口占地区出口的 14.7%，贸易摩擦导致直接对美出口同比下降 3.4%，还通过全球价值链的分布，间接影响对欧盟和东盟市场的出口，贸易摩擦升级将削弱贸易收支顺差的基础。从中兴、华为等系统重要性企业相关事件看，深圳市电子制造企业对进口集成电路等高新技术产品核心部件依赖度高，关键技术存在“卡脖子”问题，产业链具有显著脆弱性。

2018 年汇率波动中人民币兑美元贬值 5.5%，贬值预期偏强，且双向波动加大。大型贸易企业根据汇率走势安排资金结算和结售汇，使贸易收支与汇率波动间表现出较强的相关性。此外，个人境外旅游一直以来是服务贸易收支和结售汇逆差的重要因素，旅游支出和汇率波动有着明显相关性。因此，汇率波动中的贬值预期对经常项目外汇收支和结售汇的影响仍是经常项下的主要风险。目前，一年期美国国债收益率 3.15%，一年期中国国债收益率 3.59%，对照美联储相关货币政策，中美利差可能在 2019 年收窄，企业因此而可能减少贸易信贷中的外币负债，造成短期流出增加。

（三）金融机构资产质量风险加速显现

1. 银行业不良贷款率上升

2018 年，深圳企业和居民杠杆率仍处于高位，随着经济增速进一步放缓，流动性不足可能引发更多违约风险。截至 2018 年末，深圳银行业不良贷款余额 695.96 亿元，比年初增加 196.28 亿元，同比多增 131.93 亿元。累计核销不良贷款 181.89 亿元，同比增长 118.73%。不良贷款率 1.31%，比年初上升 0.24 个百分点。

不良贷款形成主体特征有所转变，大中型企业不良贷款余额比年初增加 153.48 亿元，不良率上升 0.53 个百分点，而小微企业不良贷款余额比年初减少 7.98 亿元，不良率下降 0.27 个百分点。随着零售贷款类别从以按揭贷款为主扩展至消费和经营类贷款，以及个人社会融资渠道多元化，共债风险也向银行业加速传导。截至 2018 年末，个人不良贷款余额（不含个人经营性贷款）比年初增加 33.69 亿元，个人不良贷款率上升 0.16 个百分点，其中个人消费类不良贷款率比年初上升 0.43 个百分点。此外，交叉性金融业务信用风险大幅增加，2018 年末风险类资产[①]余额 114.34 亿元，比年初增加 67.43 亿元，增幅 143.75%。

房地产授信资产质量承压加大。截至 2018 年末，深圳银行业房地产贷款余额 1.85 万亿元，同比增长 16.79%。房地产相关不良贷款余额 57.07 亿元，比年初增加 19.18 亿元，不良贷款率 0.31%，比年初上升 0.07 个百分点，为近 5 年以来最高水平。其中，企业购买商业用房贷款的不良额为 11.05 亿元，不良率 9.7%，同比提高 6.8 个百分点至 9.7%。个人住房贷款风险开始显现，年末不良余额 27.17 亿元，比年初增加 10.23 亿元，不良率 0.23%，比年初上升 0.07 百分点。其中二手房

① 风险类资产是指实际融资人的还款能力出现问题，有充分的理由认为其到期无法足额偿还投资资金，即使执行担保或采取所有可能的措施和必要的法律程序后，也可能会造成一定损失。如该笔资产本金或利息发生逾期，不论逾期天数，均纳入“风险类”统计。

是个人住房贷款不良增加的主要领域，占全部增量的97.6%。

2. 证券公司面临较大业务违约风险

2018年证券公司各项业务违约金额呈持续上升态势，2018年末违约金额达1 083.66亿元，较年初上升365.91%。其中股票质押业务、除股票质押外的资管计划、承销和托管债券违约情况最为突出，截至2018年末分别为595.09亿元、258.42亿元、190.84亿元。股票质押违约金额约为各项业务违约总额的55%，且占年末股票质押业务规模2 468.42亿元的24.11%，股票质押业务整体履约保障比例从上年末的225.42%下降至179.26%。

3. 个别保险公司风险隐患开始暴露

2018年以来，深圳个别保险公司风险隐患开始暴露：某新型财险公司经营持续亏损，产生大量消费者投诉；某人寿险公司主营业务亏损，扭亏主要依赖内部关联交易，个别产品存在较大利率风险；某人寿险公司偿付能力持续处于行业尾部，部分业务发展受到监管制约。辖内已有三家保险公司被派驻监管组或者被其上级机构接管。个别控股保险公司的金融控股集团内部关联交易不透明，实际控制人存在利用金融控股集团进行利益输送和掩盖真实风险的行为，存在“风险底数不清、预警不及时、处置不到位”等隐患。

4. 金融业资管业务规模巨大

金融综合统计初步显示，截至2018年末，辖内资管机构存续资管产品（私募基金发行的资管产品除外）共计13 613只，资产规模14.92万亿元，募集资金余额13.35万亿元①。截至2018年末，深圳市法人金融机构共有193只产品存在到期未兑付情况，主要集中于证券行业，未兑付金额369.20亿元，占当期应兑付金额②的1.1%。

2018年末，深圳市法人金融机构净值型资产管理产品募集余额为8.65万亿元，占总募集余额的64.8%，非净值型资管产品募集余额占比35.2%，尤其是信托和保险资管的非净值型产品占比分别高达78.3%和45.1%，向“净值化管理转型”的压力更为艰巨。

2018年末，深圳银行业交叉金融业务余额13.44万亿元，比年初增长8.77%。其中，涉及信用风险的业务余额1.16万亿元，从通道方类型③看，信托、证券基金、保险资管产品余额分别为4 029.06亿元、4 681.55亿元、89.43亿元，分别较年初减少12.91%、16.08%和38.07%；涉及私募、各类交易场所以及其他产品余额为352.29亿元、13.52亿元、227.86亿元，分别较年初减少16.51%、69.72%、14.08%。

辖区证券机构资产管理业务总规模超过12万亿元，约占全国的1/4。其中，证券公司受托资金规模3.85万亿元，同比下降14.73%。基金公司共管理公募、非公募基金分别为3.33万亿元、1.80万亿元，同比增长18.52%、-8.93%。辖内18家基金公司子公司共有存续产品3 196只、规模1.49万亿元，较2016年6月高峰期的4.36万亿元降幅超过60%。期货公司资产管理业务规模245.78亿元，同比下降8.46%。深圳在中国证券投资基金业协会登记备案的私募基金13 523只、实缴规模1.80万亿元，同比分别增长11.36%、7.60%，备案产品数量和管理资产规模均居全国第3

① 以上数据涵盖深圳市已开展资管业务的全部法人金融机构，即包括平安银行、招商银行、中信证券、招商证券资管以及招商财富资管5家由人民银行总行直采的法人金融机构。

② 由于资管产品统计中不包含当期正常应兑付情况，本文按如下公式测算：当期正常应兑付金额＝当期兑付金额－提前兑付金额－延期兑付金额＋当期到期未兑付金额。

③ 通道方类型的金额统计中，由于存在多层嵌套中一个产品存在多个通道方的问题，以通道方为维度的统计存在重复统计、加总金额远远大于投资余额的问题，但不影响对通道方现状的说明和解释能力。

位，仅次于北京和上海。

（四）地方金融风险处置压力大

1. 深圳互联网金融风险有所收敛

2018 年 5 月以来，深圳 P2P 开始出现风险密集爆发状态，在多部门联合持续整治下，下半年风险趋缓。深圳互金网站从 2018 年 3 月的 7 414 家下降至年末的 2 933 家。截至 2018 年末，纳入深圳市整治办整治名单的 P2P 网贷平台机构 431 家，还存在风险隐患的其他平台 136 家。2018 年，深圳完成对 12 家重点整治的资管平台的清退与处置，清退 34 家互联网外汇交易平台，联合公安机关破获非法炒汇案件涉案金额 5 700 万元。部分互联网黄金平台出现产品逾期、兑付困难甚至负责人失联和兑付危机等风险情况。人民银行深圳中支互金 APP 监测系统发现，截至 2018 年末，深圳各类手机应用金融 APP 3 881 个，涉及运营主体 2 237 家公司，其中已暴露风险的有 498 个。此外，一些被集中清理整顿的国内虚拟货币交易场所和 ICO 平台，“出海”在境外成立企业主体，面向境内居民开展业务，业务性质更加混杂，国内监管部门对其缺乏有效处置手段。

2. 私募基金监管不足风险开始暴露

据不完全统计，截至 2018 年末，深圳商事主体名称或经营范围带有“基金”“投资”“股权投资”等字样的 19.7 万家，仅 6.8% 私募基金机构在中基协备案。私募从业人员专业化水平相对较低，仅 53% 通过中基协职业资格考试（公募基金为 90%）；投资者风险教育不足，深圳 15 万个人投资者中 75% 购买了非标产品。私募基金违规承诺保本保息、欺诈发行、延期兑付、实控人失联跑路等乱象频发。截至 2018 年末，深圳已有 642 家私募机构暴露风险，金额 4 906 亿元，涉及 6.98 万名投资者，机构多为管理规模在 2 亿至 50 亿元的中型私募基金。大量私募机构或产品未受到实质监管，私募基金行业可能成为另一个诱发社会风险的地方金融领域。

部分 P2P 业务风险向私募基金传导，从深圳辖区摸排情况看，29 家私募机构与出现兑付风险 P2P 机构存在关联关系，8 家私募机构可能与 P2P 机构混业经营，或已出现投诉风险苗头。个别私募基金延期兑付、失联事件与 P2P 平台集中“爆雷”共振进一步引发投资者恐慌和挤兑。

四、展望与建议

展望 2019 年，全球金融市场震荡、经济共振下行的负向反馈还可能延续，国内新经济动能尚未成型，发展态势尚未出现实质性转机。深圳经济投资趋缓、消费乏力、外贸形势复杂、创新基础不牢，转型中一些“黑天鹅”“灰犀牛”性质的金融风险仍可能释放，化解潜在金融风险需要一个过程、付出一定成本，甚至要经历一些“阵痛”。另外，深圳经济发展转型较早、市场化程度较高、创新性民间投资活跃，在“粤港澳大湾区”国家战略引领下，能积极发挥先进制造业、科创产业和金融业既有优势。同时，深圳社会融资形态丰富、流动性合理充裕，金融监管前瞻性、开放性和服务意识较强，金融业服务实体经济的能力和风险防范能力也将进一步增强，能守住辖区系统性金融风险底线。

（一）开拓金融监管合作新机制，促进粤港澳大湾区融合发展

粤港澳大湾区金融业融合发展是大湾区建设中不可或缺的一环，深圳地区未来可研究借鉴欧盟

金融市场法律框架，探索推行大湾区内合格金融机构和业务“单一通行证”机制，推动人流、物流、资金流、信息流的畅通融合；可研究借鉴英国监管沙盒理念和经验，建立大湾区金融监管试验区，设立联合协调机构，促进监管标准趋同，避免监管套利，为建设国际一流的大湾区提供源源不断的金融支持。

（二）加强金融监管统筹协调，弥补金融监管短板

防止发生系统性金融风险是金融工作的根本任务，要切实履行好国务院金融稳定发展委员会办公室地方协调机构的牵头拿总职责。牵头会同深圳金融监督管理部门与地方金融监管局加强信息共享通报，定期会商研判辖区系统性金融风险，研究探索保持金融机构健康运营的资本补充预案，协调把握资管新规等各类综合性监管政策落地执行的力度和节奏，避免政策叠加共振引发次生风险。扎实推进金融控股集团和系统重要性金融机构的监测、评估、风险识别、实质穿透和并表监管。切实强化监管责任担当，对个别金控集团或者大型企业集团等具有系统重要性的单体机构，协调制订能够阻断风险传染的联动处置预案。

（三）加强重点领域风险监测，做实金融风险处置预案

防范化解金融风险是一场输不起的战役，要强化重点领域风险监测、预警处置和风险提示制度。跟踪研究国际经济周期变化趋势和贸易摩擦走势，着力防范金融市场异常波动和共振；重点监测辖区大型高风险企业杠杆率和信贷过度集中的风险；强化房地产领域信贷资金管理，防范居民杠杆率持续过快上涨风险；完善资管产品综合统计，做实跨市场、跨区域、跨境金融产品监测和“穿透式”功能监管；抓住“两头”，加强对辖区系统重要性金融机构和抗风险能力较弱的小型金融机构监测，及时发现和果断处理各种突发风险；建立大型网贷机构的账户信息和支付资金收支查询机制，及时移交账户和支付资金信息。金融机构应高度关注企业集团客户、上市公司和境外项目风险，关注多头授信、民间融资和过度融资现象，充分发挥大额授信联合管理机制和债权人委员会作用，依法加快不良贷款处置，运用好债转股政策及相关降准资金支持政策。

（四）跟踪关注贸易局势变化，强化跨境资金流动管理

2019 年，受外部因素制约，深圳企业出口可能困难更大困难，深圳经常账户收支差额可能低位运行。另外，随着粤港澳大湾区政策逐步落地，资本项目积极因素多于不利因素，预计流出压力有所缓解。鉴于此，应根据形势、市场情绪和预期变化，相机开展跨境资金流动管理，把握好促流入因素，坚持微观监管的稳定性、一致性和可预期性，营造良好的外汇管理政策环境。抓住粤港澳大湾区大发展机遇，积极推动金融业扩大开放和深度融合，进一步促进深圳 FDI 的长期稳定流入。

（五）支持金融科技发展，提高监管科技含量

充分利用深圳金融科技创新实力，拓展金融科技与监管科技的融合边界，探索集成各相关监管部门的风险信息，推动深圳金融业综合性风险信息的大数据集中和共享，尝试建立动态的深圳金融风险地图。不断摸索完善信息系统的智能分析和预警功能，探索建立深圳综合性金融风险信息预警处置系统。以科技手段扎实推进金融控股公司试点监管，研发运行从 R 端（金融监管端）—H 端（金融控股公司管理端）—M 端（金控集团成员企业端）的金融控股公司监管信息系统。

中国人民银行深圳市中心支行金融稳定分析小组

办公室 货币信贷管理处 金融稳定处 统计研究处 支付结算处
货币发行处 金银管理处 国库处 征信管理处 国际收支处
经常项目管理处 资本项目管理处 外汇检查处 反洗钱处
外汇交易中心 跨境办 网金办 研究办

《深圳市金融稳定报告（2019）》编写组

总　纂：林　平
统　稿：邹　颖　胡春冬
执　笔：朱雯君
其他参与写作人员：
熊　英　盖　鹏　管　超　刘倩薇　高　洁　庞春阳
钟俊芳　黄海涛　蓝　天　舒　磊　江　薇　王伟翔
苏昱宇　原昕昕　姜雨杉　叶　梅　周莹华　赵　灵
肖念琦　冯飞飞　郭航燕　白云鹏　师　翔　荣　璟
刘絮莹　马　媛